中国新供给经济学研究书系

BOOKS OF STUDIES IN CHINA NEW SUPPLY-SIDE ECONOMICS

中国新供给经济学研究书系
BOOKS OF STUDIES IN CHINA NEW SUPPLY-SIDE ECONOMICS

新供给：创新发展，攻坚突破

新供给经济学理论分析与政策设计、改革建议

贾康◎等著

企业管理出版社
ENTERPRISE MANAGEMENT PUBLISHING HOUSE

图书在版编目（CIP）数据

新供给：创新发展，攻坚突破 / 贾康 等著. -- 北京：企业管理出版社, 2017.4

ISBN 978-7-5164-1489-7

Ⅰ. ①新… Ⅱ. ①贾… Ⅲ. ①中国经济－经济体制改革－文集 Ⅳ. ①F121-53

中国版本图书馆CIP数据核字（2017）第061999号

书　　名：新供给：创新发展，攻坚突破

作　　者：贾　康　等

责任编辑：聂无逸

书　　号：ISBN 978-7-5164-1489-7

出版发行：企业管理出版社

地　　址：北京市海淀区紫竹院南路17号　　**邮编**：100048

网　　址：http://www.emph.cn

电　　话：总编室（010）68701719　发行部（010）68701816　编辑部（010）68701891

电子信箱：niewuyi88@sina.com

印　　刷：虎彩印艺股份有限公司

经　　销：新华书店

规　　格：787毫米 × 1092毫米　16开本　41印张　637千字

版　　次：2017年4月第1版　2017年4月第1次印刷

定　　价：128.00元

目　录

供给侧改革

企业、经济发展与调控

财税改革与政策优化

金融创新与发展

争　鸣

中等收入陷阱与国际视野

附录

代　序

纪念小平南巡25周年：创新发展亟需新一轮思想解放

贾　康

弹指一挥间，邓小平南巡已25年。神州大地在经历了南巡带来的整整20年日新月异、年均增幅超过10%的高速增长之后，中国经济已在近年间步入到中等收入阶段之后合乎一般规律的“新常态”。在先后受到亚洲金融危机和世界金融危机两次大冲击的洗礼之后，2016年以来的国际局面，更是“黑天鹅”乱飞，国家的内政外交、政治经济、社会文化各个方面，似乎都充满着不确定性。当下在“矛盾凸显隐患迭加”的纠结与迷茫中，在“惟改革创新者胜”的新时代召唤中，中国尤其需要重拾小平南巡时锐意改革的闯劲、思想解放的激情。

南巡所解决的问题，在以理论语言表述“思想解放”方面讲，是终于由邓小平一言九鼎地说清楚，计划多一些或市场多一些，都是经济运行层面的机制与手段组合问题，而不是多少年争议不休的根本制度问题，资本主义也要有计划，社会主义也要搞市场，中国把国情与人类文明发展的大潮流一并考虑，必须确立社会主义市场经济目标模式，以求进而实现和平发展中现代化的伟大民族复兴。这一实事求是的思想认识，“去意识形态”地打开了贯彻以经济建设为中心的党的基本路线而激发中国客观存在的发展潜力的巨大空间，带来了以解放思想而后解放生产力的“中国奇迹”。南巡被称为“邓小平有生之年的天鹅之舞”，并注定将成为中国现代化历史征途上的一座里程碑。

南巡讲话的内容是十分丰富的，而南巡讲话精神的时代内核，却可以一言以蔽之：创新发展。创新是一个民族的灵魂，是人类文明一路发展提升的沧桑正道，是中国在工业革命落伍之后完成奋起直追再造辉煌的生命线，也正是邓小平南巡讲话点睛之笔，思想精髓构成了其浓缩与示范。要发展，只有创新、要闯新、就一定要思想解放，敢于大胆地试、大胆地闯，勇于在正确把握世界潮流和现代化大方向的前提下，实现关键问题上决定全局的突破。党的十八大以来，最高决策层反复强调改革是中国实现现代化的“关键一招”，是我们的“最大红利”之所在，在改革深水区“再深的水也要蹚”，要把“壮士断腕”的改革勇气、对国家前途民族命运的“历史责任”担当与高超的改革智慧相结合，涉激流、过险滩、啃硬骨头，让市场在资源配置中发挥决定性作用和政府更好发挥作用，“冲破利益固化的藩篱”而攻坚克难，这些与南巡的精神内核正是一脉相承的，而且集中体现在中央新近凝炼的现代发展理念的第一条：作为“第一动力”的是创新发展，以此来引出协调发展、绿色发展、开放发展和作为发展归宿的共享发展——以人民为中心走向共同富裕的中华民族和平崛起中的可持续发展。

抚今追昔，与上个世纪80年代、90年代相比，我们今天的改革环境和任务已有极大不同，然而中国经济社会的转轨仍在进行中。进入深水区，有些“石头”可能是摸不到了，显然需要更高水平的顶层规划，而党的十八大以来的历届全会，正是提供了为社会高度关注、迫切需要的顶层规划性质的方针指导。以此把握改革推进的方向和路径、哲理与要领，正需要继往开来，把邓小平南巡的创新壮举及其服务于党的基本路线的思想解放精神元素发扬光大。

——从压力看，上个世纪80年代以后大刀阔斧的开拓性改革，固然是由于“十年浩劫”和传统体制弊病已生成了“不改革开放死路一条”的倒逼，再乘势加上思想解放大潮的有力助推，表现为改革者破釜沉舟的“哀兵”式一鼓作气、义无反顾、奋发昂扬地开创新局；而当下阶段的改革深化与攻坚克难，同样有进展之中“矛盾累积隐患迭加”的风险威胁，问题导向和形势逼迫之下，只能奋力向前涉险滩、啃硬骨头，“壮士断腕”般攻坚克难，力求在新的历史起点上继续大踏步地跟上时代。这如同“逆水行舟不进则退”，照样是别无选择的，照样要反复强调“狭路相逢勇者胜”、“惟改革创新者胜”。

——从动力看，党的十一届三中全会开启的中国人认清与把握世界大势和文明发展主流，紧紧扭住以经济建设为中心的基本路线“一百年不动摇”地追求“和平崛起”的伟大民族复兴，已推进到使“从未如此接近”的中国梦实现其“梦想成真”的关键性历史阶段。同时，改革的复杂程度和推进难度，正应得上“行百里者半九十”这句老话。在认识、适应经济新常态的同时，最为至关重要的是还必须能动地引领它。供给侧结构性改革正是沿着80年代从制度供给入手推动全局的基本逻辑和创新发展规律，继往开来并升级式地寻求可持续发展，这必须也必将得到80年代以来“实事求是、解放思想”所构建的创新发展的动力源、动力体系的升级式的支持。

——从经验看，其实80年代后的改革推进中，不仅有农村改革“蓄之既久，其发必速”的高歌猛进，也有城市改革的坎坷试错、“价格闯关”的时机误配，和其后“经济问题社会化、政治化”的严峻社会考验，但毕竟在探索中积累着改革经验，铺垫了、引出了下一个十年小平同志南巡后社会主义市场经济目标模式的确立及其后的巨大成就——改革中的上下互动、凝聚共识，是在风雨波涛之中按“进行时”曲折推进的；党的十八大之后，我们显然也需要经历新时期、新阶段进一步凝聚共识、减弱分歧的考验，实质性的改革不仅需要有冲破利益固化藩篱的更大决心、勇气和魄力，还需要借鉴国际国内经验形成更高水平的方案优化、运行智慧和协调艺术，争取最广大人民群众的认同、支持和积极参与。把握好人心向背、形成改革合力，既要借鉴自上世纪80年代以来的经验教训，又要超越式和建设性地处理好多种新的问题，应对新的挑战。在这个过程中，精神层面我们理应得到邓小平同志等老一辈改革家的改革信念与榜样力量的支持；实践层面我们要更多地强调实事求是与宽容态度，需要继续鼓励基层、地方在市场取向改革中的先行先试，应“允许改革者犯错误，但不允许不改革”！

改革的同义语是思想解放前提下的制度创新，创新就意味着有不确定性，但在制度创新方面，我们首先要努力提升其确定性，也就是在改革深水区、在前面三十余年成败得失、经验教训的总结基础上，需要牢牢把握其基本的理念、逻辑和大方向，有胆有识、务实可行地使改革在攻坚克难中深化而得到实质性推进。为此，我们亟需新一轮思想解放！

再次强调思想解放，就需要正视已经形成的利益固化藩篱而求其破解。只有人受益而无人受损的“帕累托改进”空间已经用完，业已十分坚固的部门利益、局部利益和短期利益的局限性，相当广泛地表现在一系列具体的改革与发展事项上，正日益凸显其惰性和阻碍作用。但是，“触及利益比触及灵魂还要难”，因为“天下熙熙皆为利来，天下攘攘皆为利往”，改革开放以来的动力机制，初始就是“明确物质利益原则”而抓住发展硬道理，调动一切积极因素，“使人民群众认识自己的利益，并团结起来为之而奋斗”，但正如邓小平晚年所说，当发展起来之后，问题并不比不发展的时候少，比如，如何针对收入差距扩大情况下部门、地方、小团体利益和短期利益的固化，升级改造相关体制机制、优化再分配，已成为十分得罪人、十分棘手但非解决不可的难题。新一轮思想解放，势必要求在继续贯彻物质利益原则的同时，反思并直言不讳指出利益格局从原来的“平均主义”向新阶段的“过度分化”的演化及其相关的新的不公正性弊端，借鉴收入再分配调节的基础性制度建设与政策运用的国际经验，并密切结合中国实际，设计实施攻坚克难的提高直接税比重、推行基本社保的全社会统筹、“大部制”与“扁平化”和落实省以下分税制、以及从官员开始实行财产申报制度配合反腐倡廉等改革方案。对方方面面刻意回避的“得罪人”的难题要捅破其窗户纸，就是新的思想解放的重要任务之一，而鼓起捅破这层窗户纸的勇气，却正是要求改革者牺牲自身利益而出以公心的——同时中国社会必须进一步强调给改革者“有所作为”空间的极端重要性。

再次强调思想解放，更需要正视已出现的极端化思维和观点交锋中的暴戾氛围来加以矫治。信息时代的“自媒体”功能加上网上“碎片化”特征的爆炸式传播效应，正面说是使当下观点的多元化表达十分便利，反面说是使非黑即白的极端化思维最易吸引眼球和形成“羊群效应”，形成思想和舆论宣传中的挑战性问题。于是在改革“步履维艰，综合疲劳”的深水区，新一轮的思想解放中，一方面仍应在某些“贴标签”式问题上继续把握邓小平称作“一大发明”的务实明智的“少争论，不争论”来引领舆论倾向，另一方面又需在无法回避争论、亦有必要深化认识的思想领域，培育和倡导理性讨论的国民素质，充分尊重“百花齐放、百家争鸣”的学术发展规律。新的思想解放，应从“坚持真理、修正错误”、“批评与自我批评”等党的优良传统和宪法、党章、改革开放基本路线中用好用足观点交流、理性讨论的坚实政治基础和巨大思想空间，鼓励创新发展，容忍试错失误，抑制恶俗弱智，开阔国民心态，从混沌中走出澄明激越、凝聚正气、催人奋进的中国“软实力”提升之路。

再次强调思想解放，一定要正视中国官场和社会仍然流行的一些落后于时代发展的思维定势而力求摒弃。明哲保身、因循守旧、偏狭嫉妒、固步自封、热衷于拉关系搞小圈子、讲排场重形式忽视内涵……凡此种种，都是改革创新的大敌，尤其是诸如此类的陋习积弊，一旦与公共权力结合，更是祸害连连，误事误人，伤国殃民，亟应排除。新的思想解放，正需针对性地引出官民思维特性的良化发展和社会风气的现代化改造，并发掘中华民族传统文化中的精华以弘扬光大，吸收人类文明的一切积极成果来支持改革、振兴中华！

供给侧改革

XINGGONGGEI:
CHUANGXINFAZHAN,GONGJIANTUPO

论供给侧改革

贾　康　苏京春

摘　要：2008年世界金融危机之后，现实生活促使人们作出对传统经济学理论框架和宏观调控“需求管理”为主实践经验的反思与“理论联系实际”的创新努力，引发了学界和决策层对 “供给管理”调控与供给侧结构性改革前所未有的重视。本文试基于“新供给经济学”理论创新的努力，从理论密切联系实际的创新、问题导向下引领新常态的动力体系再造创新、通盘规划的系统工程式全局长远创新、以改革为核心以现代化为主轴攻坚克难的制度供给创新等四个层面系统论述供给侧改革及相关认识。

关键词：供给侧改革　经济增长动力　制度供给

“供给侧改革”是2015年年末以来中国经济与社会生活中的热词。本文从以下四个层面来加以考察。

一、供给侧改革是理论密切联系实际的创新

理论一定是要服务现实的，但理论自有其超越片断现实、局部现实的规律认知追求，和高于一般经验、直觉的指导性品质，这才构成了理论服务现实的价值之所

在。学理层面的“供给管理”与“需求管理”不可偏废一方，并应将制度经济学、发展经济学、转轨经济学的启迪与影响，一并纳入新供给经济学理论体系，引出从供给侧发力应对现实挑战、破解瓶颈制约的整套认识、建议。

（一）新供给并非供给学派的简单复辟

新供给经济学强调，经济学基本框架需要强化供给侧的分析和认知，这样一个始发命题或可说源于萨伊的古典自由主义定律，并在新时代、新经济、新兴市场的背景下，被赋予弥补片面注重需求管理之缺陷的新思想。此外，还正视现实强化针对性，在肯定其理论模型意义的基础上扬弃“完全竞争市场”这样与现实环境大相径庭的假设，注重还原资源配置中“非完全竞争”的真实场景，力求以此为基础来扩展模型和洞悉现实。

虽然需求具有原生动力性质，但是供给侧升级换代的演变却可以决定生产和经济发展的不同阶段。在人类社会经济发展大的划分上，有石器时代、青铜时代、铁器时代，工业革命后走到了蒸汽时代、电气时代、信息时代，这些都是在供给侧由递进的不同升级换代形式所决定的时代划分，每一次产业革命的爆发都同时伴随着、实际肇源于供给侧的创新，而每一次供给侧的创新实际上又都直接提升着人类物质需求的满足度。（详见图1）

特别值得注意的是，新供给经济学所强调的时代进步与我们置身其中的后发经济的追赶—赶超密切相关。基于后发优势所强调的技术模仿、技术扩散带来的红利，发展中经济体可以实现经济高速发展，且随着技术差距的缩小，势必呈现出红利收敛的趋势，这种收敛压力放在新供给经济学所强调的供给侧观察视角下，应当是在每一次供给侧创新完成之后的一个稳定时期中，追求随技术革命开启新的时代，这种追赶势必也将随之掀起新的发展浪潮。制度供给所带来的改革红利，除了能够降低经济增长和发展中的成本，还是新技术发明创造的首因，是中国这样的后发经济体赶上甚至超前于先发经济体的时代进步的关键。

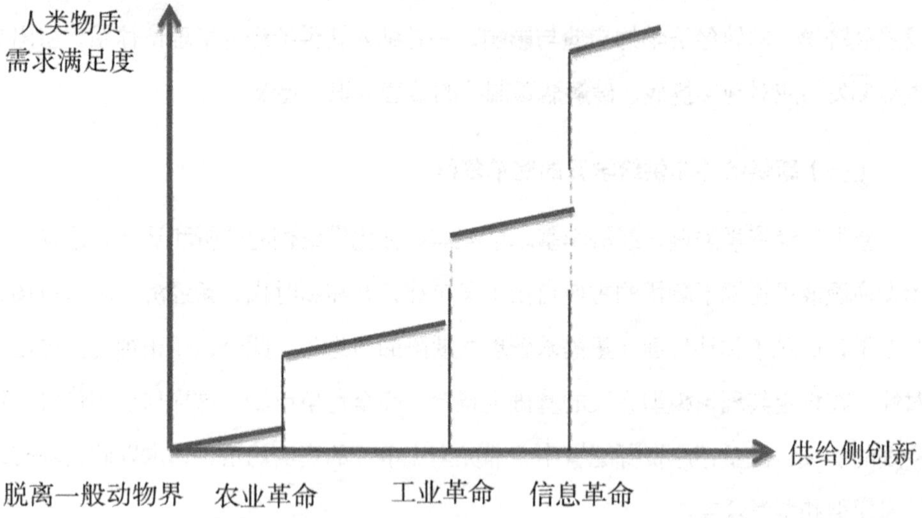

图1　供给侧创新作用原理的量化表达（阶跃量化曲线）

沿着经济学理论的发展脉络，“供给侧”学派呈现了“萨伊定律—凯恩斯主义—供给学派兴起—凯恩斯主义复辟—供给管理”这样两轮“否定之否定”的发展轨迹。21世纪渐具形态的“供给管理”以美国在宏观调控中的应用为例而影响可观，但实际上处于刚刚揭开序幕、方兴未艾之阶段。因此，中国供给侧结构性改革恰逢学界的“供给侧”经济学又一轮形似复辟的浪潮，其不是贴标签式地选择新概念，不是否定需求侧和简单搬用美国供给学派减税为主的思路，而是实行承前启后、继往开来、理论密切联系实际的创新，借鉴中外所有需求管理、供给管理的有益经验，又侧重于供给体系建设的系统工程。

（二）“三破”：破偏颇，破脱节，破滞后

从世界金融危机和中国改革开放的现实生活经验层面考察，众多研究者认为：经济学理论迄今已取得的基本成果亟待反思。我们认为，这一中外人士反复提到的挑战性问题可以归结为经济学理论所需要的、在新供给研究中已致力做出的“破”，这至少集中于如下三大方面。

第一，主流经济学理论认知框架的不对称性。古典经济学、新古典经济学和凯恩斯主义经济学虽然各自强调不同的角度，都有很大的贡献，但是共同的失误又的确不容回避，即他们都在理论框架里假设了供给环境，然后主要强调的只是需求侧、需求管理的深入分析和这方面形成的政策主张，都存在着忽视供给侧、供给管理的共同问题。最近几十年有莫大影响的“华盛顿共识”，理论框架上是以“完全竞争”作为对经济规律认知的假设条件，但是回到现实，即联系实际的时候，并没有有效地矫正还原，实际上拒绝了在供给侧作深入分析，在这样一个重要领域存在明显不足。世界头号强国美国前几十年经济实践里，在应对滞胀的需要和压力之下应运而生的供给学派是颇有建树的，其政策创新贡献在实际生活里产生了非常明显的正面效应，但其理论系统性应该说还有明显不足，他们的主张还是长于“华盛顿共识”框架之下、在分散市场主体层面怎样能够激发供给的潜力和活力，但弱于结构分析、制度供给分析和政府作为分析方面的深化认识。

第二，经济学主流教科书和代表性实践之间存在的“言行不一”。美国等发达市场经济在应对危机的实践中，关键性的、足以影响全局的操作，首推他们跳出主流经济学教科书来实行的一系列区别对待的结构对策和供给手段的操作，这些在他们自己的教科书里面也找不出清楚依据，但在运行中却往往得到了特别的倚重与强调。比如，美国在应对金融危机中真正解决问题的一些关键点上，是教科书从来没有认识和分析过的“区别对待”的政府注资，美国调控当局一开始对雷曼兄弟公司在斟酌“救还是不救”之后，对这家150多年的老店任其垮台，而有了这样的一个处理后又总结经验，再后来对“两房”、花旗，一直到实体经济层面的通用公司，就分别施以援手，大量公共资金对特定主体的选择式注入，是一种典型的政府区别对待的供给操作，并且给予经济社会全局以决定性的影响。

第三，政府产业政策等供给侧问题在已有经济学研究中的薄弱和滞后。比如，在经济发展中“看得见摸得着”的那些“产业政策”方面，尽管美国被人们推崇的经济学文献和理论界的代表人物均对此很少提及，但其实美国的实践可圈可点，从20世纪80年代《亚科卡自传》所强调的重振美国之道的关键是“产业政策”，到克林顿主政时期的信息高速公路，到近年奥巴马国情咨文所提到的从油页岩革命到3D

打印机，到制造业重回美国，到区别化新移民和新兴经济等一系列的亮点和重点，都不是对应于教科书的认知范式，而是很明显地对应于现实重大问题的导向，以从供给侧发力为特色。不客气地说，本应经世致用的经济学理论研究，在这一领域，其实是被实践远远抛在后面的“不够格”状态。

（三）“四立”：立框架，立原理，立融合，立体系

有了上述反思之“破”而后，我们强调，必须结合中国的现实需要，以及国际上的所有经验和启示，以更开阔的经济学理论创新视野，考虑我们能够和应当“立”的方面。

第一，经济学基本框架需要强化供给侧的分析和认知。在基础理论层面我们强调：应以创新意识明确指出人类社会不断发展的主要支撑因素，从长期考察可认为是有效供给对于需求的回应和引导，供给能力在不同阶段上的决定性特征形成了人类社会不同发展时代的划分。需求在这方面的原生意义当然不可忽视，但对于有效供给对需求引导方面的作用过去却认识不足。我们从供给能力在不同阶段特征上的决定性这样一个视角，强调不同发展时代的划分和供给能力、以及与“供给能力形成”相关的制度供给问题，具有从基础理论层面生发而来的普适性，也特别契合于在中国和类似的发展中国家怎样完成转轨和实现可持续发展方面的突出问题。

第二，正视现实，加强经济基本理论支点的有效性和针对性。过去经济学所假设的“完全竞争”环境，虽带有大量理论方面的启示，但它毕竟可称为一种1.0版的模型。现在讨论问题，应放在非完全竞争这样一个可以更好反映资源配置真实环境、涵盖种种垄断竞争等问题的基点上，来升级、扩展模型和洞悉现实。需求分析主要处理总量问题，指标是均质、单一、可通约的，但供给分析要复杂得多，处理结构问题、制度构造问题等，指标是非单一、不可通约的，更多牵涉到政府—市场核心问题这种基本关系，必然在模型扩展上带来明显的挑战和非比寻常的难度，但这是经济学创新与发展中绕不过去的重大问题。更多的中长期问题和“慢变量”问题，也必然成为供给侧研究要处理好的难题。

第三，市场、政府、非营利组织应各有作为并力求合作，这也是优化资源配置

的客观要求。在明确认同市场总体而言对资源配置的决定性作用的前提下，我们还需要有的放矢地来讨论不同的主体——即市场和政府，还有“第三部门”（非政府组织、志愿者、公益团体等），它们在优化资源配置里面可以和应该如何分工、合作、互动。由分工、失灵到替代，再由替代走向强调“公私合作伙伴关系（PPP）”式的合作，反映了人类社会多样化主体关系随经济发展、文明提升而具有的新特征、新趋势。

第四，制度供给应充分地引入供给分析而形成有机联系的一个认知体系。在中国要解决充满挑战的现代化达标历史任务，必须特别强调以推动制度和机制创新为切入点、以结构优化为侧重点的供给侧的发力与超常规的“追赶——赶超”长期过程。新供给经济学认为，应有最为宽广的视野，最为开阔的心胸，把人类文明发展在经济学及相关学科领域的一切积极成果，集大成式地形成科学体系，把供给侧“物”的生产力要素供给的分析认识与“人”的生产关系制度因素的分析认识内恰地、有机地结合在“认识世界，改变世界”的人类社会进步努力之中。

（四）基于理论密切联系实际的创新服务全局

简要地说，以上这些“立”，是生发于对经济规律的探究，面对古今中外的实践，兼收并蓄已有经济学和相关学科的积极成果，但首先是既对应于中国的“特色”和背景，又服务于中国现代化的赶超战略。邓小平所强调的“三步走”，可理解为一种实质性的赶超战略。其间前面几十年主要是追赶式的直观表现，最后的意图实现则确切无疑地指向中华民族能够实现伟大复兴，在落伍近二百年之后又“后来居上”地造福全中国人民和全人类，这也就是习近平主席所说的“中国梦”愿景。这个“中国梦”决不是狭隘民族主义的，而是一个古老民族应该在和平发展崛起中对世界和人类做出的贡献，是数千年文明古国在一度落伍之后，应该通过现代化来加入世界民族之林第一阵营、在人类作为命运共同体发展共赢中间做出自己应有的、更大的贡献，即服务于中国和世界人民把对美好生活的向往变为现实。

我们深知，相关的理论和认识的争鸣是难免的和必要的，而在中国现在的讨论中间，似乎还很难避免有简单化贴标签的倾向。比如说在一般的评议中，某些思路和主张很容易被简单地分类——某些观点被称为新自由主义，某些观点被称为主张政府干预和主张大政府，有些则被称为是主张第三条道路。贴标签的背后，是认识的极端化和简单化。

我们认为，对于理论研究的“从实际出发”应该加以进一步的强调。“一切从实际出发”既要充分体察中国的传统（包括积极的、消极的）；充分体察中国的国情（包括可变的与不可变的）；也要特别重视怎样回应现实需要——有些已认识的固然是真实合理的现实需要，但也会有假象的现实需要即不合理的、虚幻的诉求，我们要通过研究者中肯、深入的分析，来把这些理清。既从实际出发体察中国视角上必须体察的相关各种事物，同时也要注重其他发展中国家以及发达国家的经验和教训、共性和个性，包括阐明和坚持我们认为现在已经在认识上可以得到的普世的共性规律和价值。

二、供给侧改革是问题导向下引领新常态、激活要素潜力的动力体系再造创新

我们所致力构建的新供给经济学认为，仅从需求侧看重“三驾马车”并将其认作经济增长的动力，认识远非完整，因为经济发展动力的认知框架需从需求侧对接供给侧的结构性动力机制构建，才能得以完成。

（一）需求侧总量调控不可以“包打天下”

按照经济增长“三驾马车”理论，人们已结构化地将消费、投资和净出口视为需求侧总量之下应划分出来认识经济增长的“三大动力”。凯恩斯主义的分析得出：由于消费需求、投资需求和出口需求构成的有效需求总是不足的，所以认为政府应当通过宏观调控手段刺激总需求，同时还不得不具体处理消费、投资和出口间的关系，从而才可实现宏观经济增长的目标。这一认识框架的内在逻辑，实已指向了一个重要判断：必须把对应三方面需求的结构性响应因素——供给的方面纳入研究，但在传统经济学中这一框架隐含的（非内洽的）“完全竞争”假设下，在绝大

多数经济学家那里，这种应继续努力探究的供给侧分析认识，却被简化为“市场决定供给结构并达于出清”而无须再作分析的处理。

我们则认为，“三驾马车”不能构成经济增长根本动力的原因，在于其并不能仅在需求侧继续实现其“动力”特征与功能。消费、投资和出口三大认识上所称的“动力”，其实已是“需求”这一“元动力”层面不得不再作出其结构分析而派生出的结构化认识框架，一旦脱离了元动力层面而变为合力的部分，便已失去了元动力属性和定位，所以严格地作学理的推演，这三个力自然不可能归为“根本动力”，只是“动力”的不同传递区域在人们认识上的一种归类。从研究者针对实际生活应做的需求原动力的回应考察或动力响应机制认知来说，不能不进一步沿需求侧的“结构化”认识推进到供给侧响应机制的相关分析认识——意在反映和指导实际生活的经济学理论理应如此。如果仅局限于消费需求、投资需求和出口需求的层面，便走入了近年学界已普遍不再满意的局限性状态。

第一，仅从需求侧看消费，带有过强的静态特征，这与真实产品市场中种类更新日新月异这一现实大相径庭，许多新消费动力的产生并非因为消费需求发生了变化，而恰恰是对消费的供给发生了变化。

第二，仅从需求侧看投资，带有过强的主观特征，按照对投资需求的重视，似乎刺激了投资需求就能够在经济体量上有所体现，而现实的经济实践绝非如此，最典型的例子就是中小企业投资需求强烈而充分，但投资供给却往往跟不上；同样的投资规模，不同的投资机制和投资结构，结果可能有天壤之别，诸如此类例子不胜枚举；资本市场中如资源错配、结构性失衡的格局长时期存在，在这种情况下再大力刺激需求于宏观经济显然极易导致长板更长、短板更短，百害而无一利。

第三，仅从需求侧看出口，多带有纯比较优势理论与纯汇率理论主导的色彩，出口产品在国际市场中影响力越大则对本国宏观经济增长的拉动作用就越强，这种利用经济学抽象模型演绎的分析无可厚非，但真正落实到全球化背景下的开放经济中，发展中国家通过后发优势赶超发达国家的增长路径显然难以得到全面解释，常识就可以告诉我们，仅仅是实际汇率的变化并无如此大的魔力，先进经济体对后进经济体的“高端选择性供给”往往对于双边贸易的中长期基本格局具有某种决定性意义。

一言以蔽之，“三驾马车”完全无法认作拉动经济增长根本动力的道理在于：对需求“元动力”的回应和传导，关键已不在需求侧。

（二）结构性动力体系的作用空间需在“供给侧”构建

“三驾马车”所强调的消费、投资和出口需求三大方面的分别认知，只有联通至消费供给、投资供给和出口供给，才有可能对应地成为各自需求的满足状态，其中蕴含着由需求侧“元动力”引发的供给侧响应、适应机制，或称其所派生的要素配置和制度安排动力体系与机制。

在经济增长动力的全景图上，首先，我们当然应该肯定需求的原生意义，人活着就会有需求，有需求才有各色各样被激活的动机和满足需求的创业、创新活动。但特别值得注意的是，这些创业、创新活动的动力实已传到、转移到供给侧，供给是需求元动力（“第一推动力”）之后由响应而生成的最重要的“发动机”与增长引擎。事实上，人类从茹毛饮血时代发展到今天，已看到科技革命产生巨大的生产力飞跃，创造着上一时代难以想象的供给能力，同时这些原来让人难以想象的供给，并没有充分满足人类的需求，原因是在于人类作为一个适应环境进化的物种来说，其需求是无限的。正因为如此，现实地推动人类社会不断发展的过程，虽然离不开消费需求的动力源，但更为主要的支撑因素从长期考察却不是需求，而是有效供给对于需求的回应与引导。在更综合、更本质的层面上讲，经济发展的停滞其实不是需求不足，而是供给（包括生产要素供给和制度供给）不足引起的。在其中一般而言，要素供给（如生产资料、劳动力、技术供给等）是经济层面的，与千千万万的微观主体相关联；而制度供给是政治社会文化层面的，直接与社会管理的主体相关联。人类的长期发展过程正是因为不确定性的科技创新产生一次次科技革命，带来一次又一次生产力的提升，也进而推动制度安排的一轮又一轮改革和优化，使总供给能力一次次大幅度提升，促进并保持了经济的长期发展和趋于繁荣。人类的供给能力现实地决定着人类的发展水平，也正是因为这种原因，我们可划分人类社会的不同发展时代：狩猎时代、农业时代、工业时代、信息技术时代，以后随着生物技术的不断飞跃，我们还可能会迎来生物技术时代。与之相呼应，人类社会经济形态与制度框架上经历了自然经济、半自然经济、自由市场经济、垄断市场经济和“混合经济”的各种形态，包括中国这个世界上最大发展中经济体正在开拓与建设的“中国特色的社会主义市场经济”。我们所处的当今时代，全球化的社会化大生产所具有的突出特点，就是供给侧一旦实行了成功的颠覆性创新，市场上的回应就是波澜壮阔的交易生成，会实实在在地刺激需求增长。这方面例子已有很多，比如乔布斯和他主导创造的苹果产品，再比如“互联网电子商务与金融”这种带有一定颠覆性特征的创新等等。

其次，应当特别注重供给侧投资的特殊性、针对性和结构特征。需求侧强调的投资需求，概念上还是总量中的“三足鼎立”的一足（即“三驾马车”中的一驾），而一旦表现为对应投资需求的投资供给，便成为生产能力的形成与供给，成为消费和出口的前提，并天然地要求处理其具体的结构问题——事实证明这恰恰不是传统概念的需求管理就能够完全处理好的。在市场发挥“决定性”作用的同时，只要不是纯理论假设的“完全竞争”环境和完全的“理性预期”行为，政府的供给管理就必不可少，而且在实践中往往还会表现为决定性的事项（可观察美国应对世界金融危机的关键性举措）。仅刺激或抑制投资需求，并不能就同时解决好了结构性问题，必须同时处理好投资的结构优化政策与机制，达到基于结构优化形成的投资质量与综合绩效的提升，才形成势必推动经济增长的动力（发动机）。比如，当下中国进入“新常态”增长的最关键投资动力源，就包括应当启动以增加有效供给的选择性“聪明投资”，来实现“补短板、挖潜能、转主体、增活力、提效率、可持续”，以达到投资拉动经济增长的意愿目标。至于外贸的出口净值也决不属于需求管理可直接解决的对象，真正应抓住的，是在全球化进程中的自身结构优化，以及不断提升国家综合竞争力。

消费供给、投资供给和出口供给，实际上构成了供给侧的动力机制，这种动力机制带有非常明显的结构性特征。与需求侧的均质、可通约明显不同，供给侧的产出是千差万别、不可通约的产品和服务，以及以各种特色表现的必须具体设计、鲜可照搬的制度供给——产品服务供给的升级换代产生“供给创造自己的需求”的巨大动力，制度供给的优化更会带来“解放生产力”的巨大“引擎”与“红利”效果。“物”的供给能力的竞争，也相应地呼唤着与之匹配“人”的利益关系视角的制度供给优化竞争。而通过上述这种与需求侧“元动力”相对应的供给侧的结构性动力机制的优化构建，我们才能促使经济增长的“动力体系”浑然天成又升级换代。

不论是理论工作者还是实际工作者，所普遍认可的“创新驱动”，显然是一种关于发展动力的描述和认知，但如果放到需求侧与供给侧的分别考察中，便可知实指供给问题。因为需求是永无止境的，即是“永新”而“无新”的，经济调控管理所讲的有效需求，只能是指有货币支付能力的需求，即可通约总量状态下的有支付意愿与能力的需求，这种需求会升级、细化、个性化，等等，却在其本身无法具有、无所谓其“创新”含义；唯有到了供给侧，创新才是有实质意义的、必然具体地细分（即结构化）的，且在成败上是不确定、变化多端的，因而特别需要制度激励，包括以制度环境来试错、容错，最终达到创新成功。在一般而言的经济发展中，供给侧的调控管理均不可回避和忽视，对于后发、转轨的经济体，供给管理的重要性还往往会更为突出，比如中国，在特定阶段上和历史时期内，以制度供给统领的全面改革式创新驱动，必然成为其可持续增长的现代化过程能否如愿实现的“关键一招”。

（三）要素层面要破解“供给约束”与“供给抑制”

总结已有的经济理论分析，可形成供给侧要素结构认知的一个简化的理论模型，即支持经济长期增长的要素（动力源）主要有五个：劳动力、土地及自然资源、资本、科技创新、制度与管理。国际经验表明，各经济体在进入中等收入阶段之前，前面三项对于经济增长的贡献容易较多地生成和体现出来，而进入中等收入阶段之后，后面两项的贡献更大，并且极其关键。所以，中国新时期的增长动力构建，实为城镇化、工业化、市场化、国际化、信息化与民主法治化发展过程由五大要素动力源合乎规律的优化重构而成的混合动力体系。结合中国当前的实际情况，这几个要素方面都存在明显的供给约束与供给抑制，需要通过全面的制度改革，化解制约、释放经济社会潜力、提高经济增长活力。

第一，人口红利下降、劳动力成本上升，低廉人工成本比较优势正在与我们渐行渐远。中国人口总量世界第一，改革开放以来，以农民工及其家庭成员为代表的农村人口向城市、向工业领域的巨量转移，是支持中国获得当今经济发展的主力贡献因素之一，支持我们一路走到“世界工厂”。但是，据学界测算，在2011年前后，中国经济发展中的“刘易斯拐点”（通常指劳动力由过剩变为短缺的转折点）已经出现，2012年后社会劳动适龄人口规模每年净减少数百万人，以低廉劳动“无限供给”为特征的劳动力转移及劳动适龄人口充裕状况对于中国经济的贡献和支持，颓势已现，近年在各地不断出现的民工荒、招工难以及劳动力工资水平明显上升，就是明证。与此同时，中国人口结构已明显老龄化。新供给团队的研究表明，在未来不到10年的时间，中国将步入超老龄化社会，速度之快超过日本。通观全球人口与国力变化史，人口基数与结构的变化对国力、国运长远而言具有决定性的作用。因此中国自20世纪70年代以来执行的以严格控制人口数量为目标的人口政策，已到了非调整不可的时候，切不可再作拖延。

第二，土地制度僵化落后，自然资源粗放、低效耗用。中国土地及相关自然资源管理方面存在的供给机制不能适应市场经济的问题十分明显。随着城镇化的发展，大量邻近城市的农村土地（包括集体建设用地和宅基地等）通过各种形式转化为城市发展用地，这本是城市化的题中应有之义。但是，由于现行土地管理制度过于僵化，未能形成与时俱进的供给机制，征地拆迁补偿的综合成本迅速抬升，并引发诸多社会冲突与群体性事件，以及“小产权房”等棘手难题。除土地之外，中国其他各类自然资源方面，也存在着比价关系严重扭曲、市场化价格形成机制缺失，以及政府发展经济急切而强烈的动机之下的粗放、低效使用，已经造成近年来各方面有深切感知的、公众意见十分强烈的各类水体、土壤、大气污染问题以及资源能源挥霍式耗用等严重问题。

第三，金融压抑明显，对实体经济的多样化融资和升级换代支持不足。无论是从国内储蓄还是外汇储备上看，中国似乎都是世界上“最有钱”的国家。但从资本的使用效率上看，从实体经济得到融资支持的程度上看，中国金融领域存在的供给抑制与供给约束又可居世界之冠。一是利率市场化到现在刚刚走上“行百里半九十”的关键性路程。二是金融市场主体“大小不均”，主体的国有比重过大而民资外资比重过低、超级银行占比过大而中小型金融机构占比过小。三是资本市场结构不合理，主板市场占比过大而创业板、新三板、场外股权交易市场还严重不足。四是除银行间投融资体系高利差抬高融资成本之外，设租寻租、“红顶中介”等，又将创业创新活动的综合融资成本抬得更高。这些导致长期以来中国对经济增长贡献可观，特别是对就业贡献最大的广大中小微企业，得不到较充分的融资供给，实体经济升级换代“突破天花板”得不到投融资供给机制有力支撑，“三农”领域的金融支持也始终盘桓于政策倡导层面而实质性进展十分缓慢，大众创业、万众创新面临的实质性融资门槛仍然比较高。

第四，教育体制扭曲、僵化，科技创新驱动力弱。早在党的十六大文件中，就提出了建设创新型国家。中国经济增长的动力机制应当而且必须强化创新驱动，已成为各方共识。但从进展看，科技研发的创新活力和相关人才的培养、供给机制，被行政化、官僚主义、形式主义和种种违反科研规律的不当制度机制所扼制，虽然一方面中国科研人员的论文发表数、专利申请数快速增长，已名列世界前茅，然而另一方面科技成果向产业、市场的转化率不到10%，究其原因，相当重要的前置环节——教育领域即人才培养体系中，由于严重的行政化、应试教育化等而窒息创造性人才的生长，形成“钱学森之问”的难解之题；具有支撑意义的基础科研领域中，激发科技人员潜心研究的体制机制不到位，科研经费管理中繁文缛节的官场化规则近乎荒唐，把对应于官员的行政规则十分起劲地套用于知识分子专家，完全不合科研规律；应用研究中，一是科技成果转化的激励机制明显滞后，二是知识产权保护不力，三是后勤支持机制落后，四是狭窄的部门利益形成“条块分割”式创新阻碍和资源条件共享壁垒。

第五，政府职能与改革不到位，制度供给仍严重滞后。改革开放以来中国经济社会获得的巨大增长和进步，与政府管理理念的改变、职能的调整、方式的转化、体制机制的不断优化有极其密切的关联。但随着改革进入深水区，政府职能的优化进程与制度变革的推进，已经大为滞后。一是关键功能不到位。市场经济条件下政府的主要功能应是维护公平正义和市场监管、公共服务与社会管理，但实际生活中，市场公平竞争环境受到过度垄断、设租寻租、“红顶中介”等的困扰与损害，假冒伪劣等不良行径往往不能得到有效监管和打击；应有的公共服务被管理部门与环节上的“权力最大化、责任最小化”之争和扯皮推诿所销蚀；应履行的政府社会发展管理规划职能，其形态与水平明显落后于时代要求，各方一再呼吁的把经济社会发展中国土开发整治、城乡基础设施、交通运输、生态环境保护、产业园区和主体功能区“多规合一”，始终未有实质性进展。二是关键和重点领域改革不到位，如财税改革、土地改革、金融改革、国企改革、收入分配改革、人口战略调整等，大都慢于社会预期，党的十八届三中全会后首先由政治局审查通过的财税配套改革方案，实施中已出现与时间表要求不匹配的明显迹象。三是政府支持经济发展手段方式陈旧，仍然习惯于以“政”代“经”，以“补贴”、“优惠”、“专项”等吃偏饭方式，代替扎实的市场环境打造与市场基础建设。四是政策机制的设计质量往往不高，效果还有待提升，如政府主推的棚改、医改、中心区域交通体系建设等，大方向正确但方案纰漏、缺陷不少。

作为一个转轨中的发展中大国，追求后来居上的现代化，为成功实施赶超战略，在政府职能方面必然要有意识地把需求管理与供给管理相互紧密结合，而且尤需做好供给管理。特别应当注重制度供给，在新的时期以全面改革为核心，来促进供给侧解放生产力、提升竞争力，以此生成中国经济社会升级版所需的有效供给环境条件，解除供给约束，推动改革创新“攻坚克难”、冲破利益固化的藩篱，充分激发微观经济主体创业、创新、创造的活力。这是续接和有效增强经济增长动力的“关键一招”，也是从要素投入、粗放增长转向供给升级、集约增长，引领市场潮流而创造需求，得以实质性联通“脱胎换骨、凤凰涅槃”式结构调整的主要着力点。

三、供给侧改革是通盘规划的系统工程式全局长远创新

在中国发展新阶段的“问题导向”下，克服“一条腿长、一条腿短”的发展不

协调和结构失衡弊端，就要追求全面、协调、可持续的发展，也就特别需要高水平的“规划先行，多规合一”。政府牵头提供的这种“通盘规划的供给”，是供给管理与供给体系的极为重要的内容和引领机制，涉及系统工程式全局长远创新。

以规划来处理生产力结构和社会生活结构中区别对待和通盘协调问题的解决方案，实质上就是形成综合要素供给体系必须前置的规划供给，以其带出供给管理的全过程。中国现阶段必须“先行”且走向“多规合一”的顶层规划中，相关内容至少应考虑框架、制度、分类融合和动态优化四个方面。

（一）框架：实现法治框架下的规划先行

顶层规划一方面做到避免规划中缺乏前瞻性导致很快出现严重供给短缺所引发的更多成本投入，另一方面做到可放可收。经济社会发展最大程度上避免“试错一改错”的有效手段就是“规划先行”，国土开发、城乡一体化发展中所有项目建设都应当建立在具有前瞻性，力求高水平的科学规划基础之上，同时法律所规定的规划权的行使决不能独断专行、率性而为、朝令夕改。顶层规划关系到发展中经济体能否实现赶超战略目标，具体内容涉及一个经济体国土范围内从城市到农村的所有区域，土地开发利用、生态环境、文教卫体、交通、市政、水利、环卫等各个方面。

（二）制度：打开制度结节，开展先行的多轮顶层规划

现阶段，中国尤其应当在多轮顶层规划开展之前打开行政审批制度结节，达成“多规合一”的合意结果。截至目前，行政审批制度改革显然已经涉及到更深层的体制性问题，要从减少审批项目的数量推进审批质量的提高，这就需要结合“大部制”和“扁平化”改革，实现政府职能机构的整合式瘦身消肿改造与新境界中的协调联动。除了提高行政法治化程度，顺应精简机构的要求之外，更要扩充动态优化设计至全覆盖，以后择时启动整个“大部制”框架下的、行政审批的国家标准化工作，而后联通“规划先行，多规合一”相关工作的开展。多年来由不同部门分头来处理的国民经济发展规划和国土开发、城乡建设、交通体系、环境保护、产业布

局、财政跨年度规划等等，都应该纳入“多规合一”的综合体系，并基于全国统一的行政审批信息数据库和在线行政审批平台，矫治 “九龙治水、非旱即涝”的弊端，实现决策体系和业务流程的优化再造。

就中国的经济社会发展现状而言，所有发展中出现的矛盾和问题亦不可能通过某一次顶层规划全部解决，势必要通过动态处理结构性问题的多轮顶层规划逐步落实。但每一轮顶层规划都应当建立在基于现状对未来力求科学预测的基础上，将城建、交通、文教卫体、市政、水利、环卫等方面规划合理地打上 “提前量”，从而最大程度上减少沉没成本的发生，提高增长质量、社会和谐程度和发展可持续性。

（三）分类融合：要素分类视角对“多规合一”的把握

经济增长要素可分为竞争性要素和非竞争性要素，前者包括土地、劳动力和资本，后者则随第三次科技革命的爆发在以往所强调的技术和制度基础上，增加了信息。除了这些经济增长的动力要素以外，某一经济体发展过程中还存在制约要素，主要包括财政三元悖论制约、社会矛盾制约、资源能源制约、生态环境制约等。顶层规划，显然就是将以上经济增长要素与经济发展制约要素全部纳入系统考虑，通过供给管理实现供给侧优化，从而促使经济活力最大化。特别值得注意的是，在经济增长中，土地要素对经济增长产生贡献的效应往往与交通网络有关，交通网络越发达，土地要素对经济增长做出有效贡献的能量（经济上可量化为“级差地租”）就越大。科技创新与制度供给，就社会全局和长期而言，则完全或几近完全属于效用不可分割，受益无竞争性的“公共产品”。随着经济发展，无论采用发展经济学中所强调的弥合二元模式的城乡一体化，还是采用规划学中所强调的区域性、大都市圈或城市群，都是体现城市自身形态的升级，而这一升级于经济增长的要素支持效应就是环境承载能力、多元要素流通能力、合意配置能力等的提升。以技术、制度和信息构成的非竞争性要素更多决定着质量增长的实现。经济发展的相关制约要素则决定着经济增长要素在多大程度上能够顺利发挥作用，顶层规划中应当尽量通过合理的供给侧安排缓解经济增长制约。

这里的 “多规合一”，实际上包括国民经济和社会发展规划、城乡建设规划、土地利用规划、生态环境保护规划以及文教卫体、交通、市政、水利、环卫等专业规划分类基础上的有机融合。如城市通盘规划中的交通规划决定着城市的运转效率，因此城市交通规划也是都市圈、城市群规划是否能够形成的关键所在；城市生态环境规划目标在于通过规划实现人与自然的有序组合和平衡，因此城市生态环境规划在工业化时期，首先是体现制约特征，在后工业化时期，则颇具更高层次追求特征（如“望得见山，看得见水，记得住乡愁”）。

（四）动态优化：锁定不同发展阶段每轮顶层规划的主要矛盾

经济社会发展的不同阶段，其所面临矛盾的紧迫性会有所不同。“多规合一”的顶层规划下，每一轮顶层规划都应当首先锁定解决当时面临的主要矛盾。从国外经验来看，首先应当解决的就是动态地在产业布局基础上进行均衡性区域规划。

顶层规划首先应当考虑的是工业化相对落后地区增长极的培养、工业化中等发达地区城市点的扩大以及工业化发达地区城市辐射力的增强，这势必要求通过国土规划、产业布局规划、交通规划、环保规划及专项规划的合理衔接、搭配，形成有效合力。针对工业欠发达地区，可启动依托当地资源禀赋建立差别化工业基地的规划项目，工业化水平的提升势必吸引更多人口入驻目标城市，因此目标城市应根据工业、产业发展规划预测未来的人口增长、收入增长，并针对劳动力数量、人口结构及居民收入的预测，有针对性地配以交通、文教卫体、市政、水利、环卫等方面的专项规划。

针对工业化中等发达地区，可启动以几个“城市点”共同带动“城市面”的一体化规划发展。这一轮顶层规划，是基于由几个“城市点”所划的大区域“都市圈”，其最终追求的发展目标则要形成“城市群”式的均衡发展。以中国现阶段经济社会发展的案例观察，“京津冀”一体化就是这一阶段必须优化顶层规划的典型。北京“大城市病”已非常突出，天津既有产业发展潜力又有纠结烦忧，它们周边的河北地区却相对落后，显然有协调、均衡的必要。这一类型的顶层规划，应特别注重“网络”和“网状结构”的应用和落实。交通运输网络是关键，地铁、公路、城际铁路等的供给全面跟进，能够实实在在地缩短附属中心与原城市中心之间的空间距离。对于人口已达2300万以上的北京市而言，城市运转所面临的问题绝非再建几条环路就可以解决的，势必要突破现有格局，建立“大首都圈”，以北京市、天津市为点，以外围的河北省为一体，在顶层规划中疏解首都非核心功能，确立卫星城式的“副中心”和新的增长点。在“副中心”等区域力求在高水平上全面落实国土规划、产业规划、功能区规划、公共交通规划、住宅区等一系列的顶层规划。在新城建设的过程中，则应当特别注重为未来发展预留动态优化的空间，同时可在预算约束线以内尽量高水平地加入对建筑设计规划、自然生态规划与人文保护规划的创新。

现代城市的产生和发展是生产力不断集聚的结果，而随着城市自身规模扩大、数量增多，在地理区位、自然条件、经济条件、贸易往来、公共政策、交通网络等多重作用下，会逐步形成一个相互制约、相互依存的统一体。中国目前较为典型的城市群包括沪宁杭地区、珠三角地区、环渤海地区等，这些区域已经形成的“一体化”态势，需在进一步发展中高水平制定区域层面贯彻总体发展战略的顶层规划，至少应在总结经验教训的基础上，把在区域内会产生广泛关联影响的产业发展、基础设施建设、土地利用、生态环境、公用事业协调发展等方面的规划内容作出升级版的有机结合。

四、供给侧改革是以改革为核心现代化为主轴的制度供给创新

三十余年发展带来的“中国奇迹”固然是依靠全面开放、利用人口红利参与全球分工和竞争等带来的比较优势所促成，但更主要的，是依靠改革调动了相关经济资源的积极潜力。但中国的市场经济在逐步替代计划经济、降低交易成本、提高经济效率的同时，其制度优化进程还存在明显不对称之处。目前，我国一般产品市场已基本完全放开，但要素市场和大宗基础能源、资源市场仍然存在严重扭曲，人为压低要素价格，从而粗放地（高能耗、高污染地）促进经济增长。也正是与此有关，对生产者和投资者的补贴，使得经济严重依赖投资和形成大量过剩产能，经济结构失衡的矛盾在前些年间迟迟不能有效化解，甚至趋于突出。因此，我们必须在

实质性推进“顶层规划”下的全面配套改革中，更多依靠市场力量对经济结构进行调整，从而合理地运用市场和政府力量的结合，顺利实现向较高水平的“升级版”经济增长方式和可持续增长路径转变。这里最为关键的要领是，应考虑从根本上通过一系列的改革衔接短期诉求与中长期目标，化解制约我国长期发展和全要素生产率进一步提升的深层制度因素。值得再次强调，在研究者“理论密切联系实际”的分析考察中，有必要把供给侧的重要主体——公权体系和供给形式中的重要内容——制度供给，更充分地纳入“新供给经济学”集大成包容性的理论框架，来面对中国改革深水区重大的现实问题寻求解决之道。

以政府和立法、司法机构一并构成的公权体系，其所必然实施的制度供给，是客观存在、有弹性空间（即有可塑性）和必有高下之分的。在中国追求现代化的历史过程中的供给管理，除经济部门、产业、产能、产品、技术等结构方面的供给内容之外，最关键的还须着眼于打开“制度红利”这一转轨中最大红利源的释放空间，形成激发经济社会活力、潜力的有效制度供给，及实现相关改革决策的较高水准。

制度安排层面深刻变革的取向是坚定不移地市场化，但又不能简单限于、止步于市场化概念下的作为。“使市场在资源配置中发挥决定性作用”的基本认识是千难万难之后实现的重大思想解放式突破，但市场的“决定性作用”绝非可以理解为决定一切领域和一切事项。其实，中国独特的市场发育和经济赶超正是改革中最难处理的一项基本矛盾：国际竞争的基本现实已不允许我们再常规地、跟随式地经历和等待以平均利润率机制主导的漫长的市场发育及经济结构优化的自然过程，需要从供给侧得到一种比自然、自发的市场配置在某些领域、有限目标下更强有力的机制——政府“理性主导”机制，并使之与市场机制“1+1＞2”式地叠加，才能逐渐接近并最终实现赶超目标。把后发优势与理性的政府主动作为结合在一起，摆脱经济学发展到凯恩斯主义、新古典学派和货币学派的“百家争鸣”仍未摆脱的需求—供给不对称框架，在现实生活中就要着眼于此，形成凌驾于“政府与市场绝对冲突”或“要么政府，要么市场——二者必居之一”旧式思维之上的新思想、新理论、新方法，来指导改革与发展的实践。在尊重市场、培育市场的旁边，供给侧的特定作为必须包括政府积极有效地建设市场、组织市场和“合作式”地超越市场平均利润率机制自然过程。“混合所有制”有望成为其重要产权基石，进而推进国有经济部门的实质性改革和“现代市场体系”在中国的发育和成型。基于党的十八届三中全会通过的带有顶层规划意义的《中共中央关于全面深化改革若干重大问题的决定》（以下简称《决定》），以及党的十八届四中全会所强调的“全面依法治国”，“供给侧”制度变革的总纲应当体现其最浓缩、最不可忽视的精神实质，即从现代国家治理、现代市场体系、现代财政制度到现代政治文明所形成的重要逻辑联结。

（一）现代国家治理：国家治理体系和治理能力的现代化

中共中央关于全面改革的《决定》中将“现代国家治理”表述为“国家治理体系和治理能力的现代化”。所谓“治理”，是强调把管理和自管理、组织和自组织、调控和自调控有机结合而最大限度地调动一切潜力、活力来解放生产力实现包容性发展。所谓“现代化”，是需基于不同经济体横向比较而得出的概念，具体而言，是世界民族之林横向比较后进入文明发展前列状态的判断。作为四大文明古国之一，中国在鸦片战争之后落入距离“现代”特征越来越远的境地，一路积贫积弱、被动挨打、内忧外患。作为“甲午惨败”后中国方面的创痛型回应的“戊戌维新”，仅百日便告失败。至20世纪的百年间，中国历经三件大事。第一件大事是辛亥革命推翻千年帝制。当时的政治领袖孙中山先生表达了非常清晰的取向，即“振兴中华”。第二件大事是1949年中华人民共和国成立。在中国最主要的国土版图上终于摆脱了内战和外国干涉欺凌局面，成为一个统一的民族国家站立起来。在此基础上，以“一五计划”为标志，中国迅速开展大规模经济建设。但其后在取得成就的同时又历经种种坎坷挫折。第三件大事则是终于迎来了1978年以后的改革开放。此时，邓小平清楚地确立了“三步走”现代化战略，生产力的提升和经济的发展意味着真正进入解决“民生”问题的实质性阶段。截至2000年，“三步走”战略的前两步目标已提前实现，下一个阶段性目标是2020年在民生上实现“全面小康”。这一目标要靠“依法治国”、“依宪行政”体系的建立来实现。对此，党的十八届三中全会后的党的十八届四中全会以“全面依法治国”的部署做出清楚明白的对接。

中国共产党对于“实现现代化”的历史性、战略性取向，始终是坚定不移的。启动“一五”计划之后，毛泽东主席曾经在1956年前后反复讨论怎么样发展更快更好些，并在讨论过程中形成了《论十大关系》。他说搞社会主义必须发展起来，如果中国搞了多年社会主义，还是没能发展起来，是要被开除“球籍”的（即丧失在地球上自立的资格）。中国在20世纪60年代告别“三年困难时期”后，在人民代表大会上，周恩来总理明确宣布了总体奋斗目标，即20世纪末（指2000年）我们要实现工业、农业、国防和科学技术的现代化，简称“四个现代化”。即使在1975年，重病中的周恩来总理在全国人大上，又一次明确宣布了“四个现代化”的奋斗目标。这样的目标引领确实对全体社会成员产生了强烈的激励鼓舞，形成了莫大的社会影响和向心凝聚力。1979年后，邓小平设计勾画了现代化伟大民族复兴“三步走”战略，提出了2050年前后中国要以主要人均指标达到当时中等发达国家水平而实现现代化的宏伟奋斗目标。后来的种种技术性修正（如由工农业总产值到国民生产总值、再到国内生产总值的指标选取），都是服从这个基本思路表述的，无伤于这个伟大战略构想的总体水准。可以认为，经济学相关的模型或测算并没有为邓小平这一宏伟战略提供多少量化的决策参考，但改革开放的总设计师邓小平看准了中国的潜力所在，并在其后正是由实践证明了这一决策的高水准。当2000年第二步目标（“翻两番”）提前实现之后，中国经济发展又在近年跃至世界经济“第二位”，那么2050年实现第三步目标就成为十八届三中全会提出“现代国家治理”面对的最实质性问题。为解决好这个问题，中国要在原来的治国理念上实现一个重要提升，即强调“治理”。“治理”与“管理”虽一字之差，但内在逻辑与导向却有明显不同，调控管理是表述政府居高临下、自上而下掌控的架构，而治理则是要求有多元主体更多平面展开的充分互动而形成最大包容性的发展所匹配的制度安排和机制联结。“治理”体系包括管理和自管理，调控和自调控，组织和自组织，更为注重的是以横向展开的良性、包容性“多赢”发展来充分调动各方面的积极性和一切潜力、活力。

习近平总书记已把中国现代化“三步走”战略目标凝结为“中国梦”的生动概

念，这与百多年志士仁人的主流追求和孙中山、毛泽东、邓小平的现代化战略思维一脉相承。在多年的探索和奋斗之后，中国“伟大民族复兴”的内涵已有了充分提升和明确的理性支点：第一，“中国梦”是从人本主义立场出发的，即总书记所讲的“人民群众对美好生活的向往就是我们的奋斗目标”。实现“中国梦”是为人民群众谋幸福，且这种幸福是要正确处理眼前与长远、局部与全局利益关系的实质、可持续的幸福。第二，“中国梦”不带有狭隘民族主义局限，而是寻求世界各民族“命运共同体”的多赢、共赢，是在全面开放中以经济手段为主走“和平崛起”之路。邓小平当年有一个全局性的基本判断，即我们现在所处的时代是“和平与发展的时代”，也就是说，我们的时代主题已不是要解决原来“战争与革命的时代”战略判断之下“谁战胜谁”的问题，而是要解决如何共赢发展的问题。“核威慑”现实已清楚表明，虽局部的摩擦、战乱仍然不断出现，但第三次世界大战可以避免成为极大概率事件，正因为如此，邓小平特别强调一定要抓住战略机遇期，“扭住”经济建设为中心一百年不动摇，再不可丧失机遇！在这个大背景下，邓小平提出2050年前后中国经济发展的主要人均指标要达到当时的中等发达国家水平——当邓小平十分艺术、含蓄地做出这种谋划时，这一目标听来并无多大震撼力，毫不咄咄逼人。但几十年过去，中国经济总量已上升至世界排名第2位之时，人均GDP却仍排在世界第一百位左右，由此可见，如果中国再经过30多年的奋斗，能够以世界第一人口大国的身份达成人均指标排名进入前20位左右（即中等发达国家水平），再配之以其他现代化要素，综合国力在世界民族之林中势必将名列前茅。这一“后来居上”“后发先至”的现代化赶超战略，是中国“伟大民族复兴”不可否定的实质内涵。中国的现代化过程，十分明显，一不能走历史上某些经济体大量海外殖民之路，二不能走另一些国家“剑走偏锋”的军国主义之路，只能在全面开放框架下走与全世界“做生意”的经济社会和平发展之路，以“三步走”而联通抵达“中国梦”的战略设计，实质上是从“韬光养晦”“不争霸”连接追赶过程，最后实现伟大民族复兴。

然而，当前中国正站在历史发展的新起点上，一方面“从未如此接近”民族复兴，另一方面却有“矛盾凸显”无可回避，外部面对国际竞争的同时，内部从

“物”的角度遭遇的资源环境制约（如雾霾代表的环境危机因素）和“人”的角度面临的人际关系矛盾制约（如收入分配、财产配置方面普遍感受到并引起了强烈不满的不公与紊乱）日趋明显，要想如愿跨越“中等收入陷阱”阶段，就必须依靠“60条”《决定》所规定的实质性全面改革来化解矛盾和隐患，在2020年实现全面小康的同时，使全面改革“取得决定性成果”，即攻坚克难推进全面改革化解矛盾制约和阻碍，才能继续“大踏步地跟上时代”。

总之，“现代国家治理”这个核心理念，必是在中国人过去所有的追求和逐步形成的现代化认识基础之上，承前启后、聚焦到全面改革取得决定性成果与“中国梦”愿景追求之上的。

（二）现代市场体系：市场在资源配置中发挥“决定性”作用

与全面改革取得决定性成果相关联，必然要讨论总体资源配置的机制问题，以及经济基础决定上层建筑，文化、政治也必须在资源配置经济机制层面之上一并解决好的制度建设基本取向问题，这就直接涉及党的十八大《报告》所强调的政府与市场关系这一“改革的核心问题”。此问题又必然联通到党的十八届三中全会《决定》中紧跟“现代国家治理”的第二个核心概念，即“现代市场体系”。在相关表述上，《决定》第一次于中央最高层级文件上明确要求“使市场在资源配置中发挥决定性作用”，这是极其来之不易的。邓小平在改革开放之初1979年接见外宾时，就明确提到：社会主义为什么不能搞市场经济，我们也要搞市场经济。但此话当时对内不作传达，秘而不宣。为什么呢？当时邓小平意识到如果那时传达下去，会吵作一团，于事无补。在百废待兴、亟须发展之际，他作为高超政治家的要领是少争论、最好不争论（他曾说“不争论是我的一大发明”，不想争来争去，把时间都消耗掉、机遇丧失掉），要力求把“实事”做起来。此后，中国渐进落实了一系列“实事”：第一，从容忍、鼓励农村的“分田到户”走向联产承包责任制，几年之内使农村面貌改观；第二，以“杀出一条血路”的决心和魄力在深圳等地建立特区，“撞击反射”、梯度推移；第三，“摸着石头过河”，微观层面试行国有企业基金与利润留成，宏观层面上设计渐进改革，首先于 1980年从财政实行分灶式吃饭开始放权，并在向地方放权的同时，明确要求权力要继续下放到企业，让企业活起来。打开财政分权这个空间以后，后续的计划体制改革、投资体制改革、劳动人事制度改革、金融制度改革等等再逐步推出；第四，1984年终于通过中央全会的形式正式做出关于经济体制改革的决定，总体上定位为“有计划商品经济”；第五，1986年考虑经济改革必须配上政治体制改革，否则经济改革就走不远，并把“有计划的商品经济”进一步表述为“国家调节市场，市场引导企业”，即政府不再是一竿子插到底管控企业，而是使用法治化环境中规范的经济参数手段（如利率、税率、折旧率）影响生产要素的价格信号，给出微观主体自主做出生产经营决策的空间，以解放生产力，使千千万万分散的市场主体的聪明才智可以得到最大的自由选择空间真正地释放出来；第六，政治风波发生后，邓小平曾不得不做出妥协姿态：那两句话（指“国家调节市场，市场引导企业”）如果认为不合适，可以先不提，但他又给出十分强硬的态度：“党的十三大的政治报告一个字都不能改”，要把人民群众公认是改革的人放到领导岗位上；第七，在1992年年初有决定性意义的南方谈话后，中国得以在几个月内由最高决策层确立了社会主义市场经济目标模式，继之，1994年财税配套改革就成为打造社会主义市场经济中的间接调控体系的重头戏。然而，即使是在确立市场经济目标模式之时，文件中的表述也只是说到使市场在资源配置中“发挥基础性作用”。现在，又经过20余年的发展，终于有了《决定》所说发挥市场在资源配置中的“决定性作用”，这就把汉语语境中的市场经济应有的资源配置机制合乎逻辑地说到位了。当然，这个“决定性作用”是对于资源配置总体而言，并不是市场决定一切，不是在每一个场合、每一个具体领域、特别是非经济领域都决定，紧跟其后的是“政府更好地发挥作用”的要求。习总书记曾以很长一段话对“决定性作用”做出专门解说，其核心意思在于这一表述有利于实质性地解决好党的十八大所提出的政府和市场关系这一改革核心问题，有助于实质性地推动攻坚克难的配套改革。

“决定性作用”的表述，对于今后中国长远发展的影响一定是不可忽视的、巨大的，特别是在“决定性作用”概念后，还强调地提出了市场经济基石——产权制度层面值得大书一笔、具有突破性意义的表述——要大力发展“混合所有制”，把它作为基本经济制度的重要实现形式。对于混合所有制的理解虽然还有分歧（比如有的专家学者说，多种经济成分并存就是混合所有制，我们并不认同，“并存”问题在改革开放初期就早已解决），但我们认为应有的认识之关键点，是现在所强调的“混合所有制”的内涵，实际上是在一个个企业体内，以股份制这种现代企业制度形式，联结于内部治理结构，以最大的包容性，把所有的产权包括“公”的股、“非公”的股，“国”的股、“非国”的股都混合、涵盖在里面，寻求多赢、共赢——更实质的追求，便是有效解决国有股“一股独大”、民营企业如何突破“玻璃门”“旋转门”“弹簧门”等问题。

萨缪尔森《经济学》中提炼的“混合经济”概念，刻画到股份制这个产权基石形式上，实际上与此是相通的：如以通用汽车、通用电气等跨国公司为代表来做观察，其股权结构已高度分散，通用公司最大股东的股权份额只有区区几个百分点，不少普通劳动者和产业工人都有股份，这就是我们早就听说的所谓“人民资本主义”。这种混合所有制的运行形式是在高度法治化情况下，使所有权益纠纷都能够低交易成本地依法解决的标准化股份制。股份制的现代企业制度，对于市场经济中产权制度基石的处理，提供了顺应社会化大生产的发展、工业革命后人类文明提升过程的良好制度载体。实际上，混合所有制在我们观念上所要求的突破，就是要淡化和摒弃过去面对企业股权层面“国进民退”还是“国退民进”，穷追不舍地问到底是姓“公”还是姓“私”、到底是姓“社”还是姓“资”的“贴标签”思维，以微观层面的现代治理呼应宏观全局的现代治理，进一步打开包容性发展的潜力空间。

如果考察PPP（Public Private Partnership，过去直译为“公私合作伙伴关系”，现意译为政府与社会资本合作）与混合所有制的天然对接，我们可以对混合所有制调控机制的包容性与适应性（响应机制）方面形成充分肯定的认识。PPP中典型的项目开发主体SPV（Special Purpose Vehicle，特殊目的载体，即特殊项目公司），正是清晰的混合所有制，而且政府的内在动机是天然地不想“一股独大”。基于这种混合所有制，PPP实现的融资模式的创新，通过政府、企业、专业机构“1+1+1〉3”的绩效提升机制，又升华为管理模式和治理模式的创新。

近十余年来影响全球经济运行的调控大事件，一是针对亚洲金融危机，二是针对美国次贷危机引发的全球“金融海啸”与金融危机。亚洲金融危机在我们身边最有冲击力的事件之一，是媒体所称的“港元保卫战”，索罗斯在香港地区市场布局后启动其“狙击”时，特别行政区政府的应对措施是把隔夜拆借利率一下提高300%，使游资的运作成本一下高得难以想象——当然这也就加剧了股市的急跌，但是特别行政区政府又动用政府外汇基金和土地基金入市托住股市，结果没有发生索罗斯预测那么深度的跌落情况，这就是混合所有制框架下特有的调节调配空间。“港元保卫战”的结果是索罗斯在香港没有如在泰国等地那般得手。当香港的金融市场恢复稳定后，港府又以盈富基金模式，逐步有序地出售手中“官股”，尽量减小对市场的影响，而且还可以卖个好价钱，溢价部分成为公共收益。这是混合所有制框架下的调控产生了很好正面效果的案例。美国爆发金融危机后，政府实际上跳出主流教科书和“华盛顿共识”的套路，在供给侧区别对待地出手调控：在一开始没有救雷曼公司导致局面迅速恶化后，美国当局总结经验，分别出手为“两房”、花旗、通用注资。美国并没有争议过这个操作中姓“社”还是姓“资”的意识形态问题，也就是认为，在这个特殊的调控阶段，需要有这样的操作，从而使混合所有制的包容力对于以后整个经济全局产生了明显的正面效应，不仅美国的经济社会走向稳定，而且使世界性的危机恐慌得到收敛。目前，中国一个迫切需要解决的认识问题，其实就是不要再陷入前几年实际讨论水平不高、谁也说服不了谁的“国退民进”还是“国进民退”的简单化争议，特别是不要再简单地贴用姓“社”姓“资”的标签，把握好实事求是导向下的企业改革“真问题”。

混合所有制是社会主义市场经济基本经济制度的重要实现形式，这是中央在过去已有关于“股份制是公有制的主要实现形式”认识基础上的新的提升，并一定会助推民企发展中真正冲破“玻璃门”“旋转门”“弹簧门”，使公的、非公的股份共赢发展。马克思在《资本论》中说过，如果没有股份制，铁路的兴建还将是不可想象的。马克思有生之年已敏锐意识到股份制的包容性对于经济和公众的影响，指出它是原来私有制的一种“扬弃”，但是还没有体现如何总体冲破资本私有制的外壳，所以马克思称为“消极扬弃”。一百多年又过去了，随着人类社会发展、文明提升，我们的认识应与时俱进，应可实事求是地考虑这一认识从“消极扬弃”走向“积极扬弃”。比如，上市公司作为标准化的股份制公司模板，在上市环节其英文表述为 go public（走向公共），绝非“私”的导向与逻辑了。这种产权非常清晰、充分披露信息、体现社会责任、接受全社会监督、对公众产生正面效应的公众公司，其实已不能再以严格的私有制一言以蔽之，它既带有混合所有制的框架形式，也具有不同成色的“混合实质”。未来中国要在“社会主义市场经济”中继续“大踏步地跟上时代”，混合所有制一定会打开空间。这对中国今后几十年完成“中国梦”愿景，其影响一定是非常深刻和长远的。

（三）现代财政制度：财政是国家治理基础、重要支柱与全面改革支撑

《决定》中第三个重要的逻辑链接，是把“现代国家治理”、“现代市场体系”以及“使市场在资源配置中起决定性作用”、“积极发展混合所有制经济”结合在一起后，又引出了作为基础支撑的“建设现代财政制度”的要求。文件中明确指出，财政是“国家治理的基础和重要支柱”，这在如此高规格的文件中是第一次，但完全符合学理，是一种严谨的表述。财政可称为政权体系“以政控财”“以财行政”的分配体系，处理的是公共资源配置问题，而公共资源配置及其优化一定会拉动和影响整体资源配置及其优化。财政预算体现国家政权活动的范围、方向、重点和政策要领，以“钱从哪里来，用到哪里去”的财力安排规范政府该做什么、不做什么，既不越位，也不缺位，使政府能“更好地发挥作用”——这种公共资源配置中政府职能的合理化，当然要成为现代国家治理的基础，这完全符合所有的经济学知识和逻辑演绎分析，没有任何夸大。因此，推进现代财政制度的构建，也就是要对应“60条”的主旋律，为全面改革做支撑。这是对财政服务全局的必然要求，也是对整个中国完成现代化转轨的历史性考验。

面对2020年，我们要力争使全面改革取得决定性的成果，否则全面小康即使实现，其意义可能也是大打折扣，因为虽然从人均收入指标的动态趋势看，以“稳增长”措施使2020年达到原已设定的要求几无悬念，但只讲全面小康而无改革取得决定性成果，并不足以解决跨越中等收入陷阱、转型陷阱的现实挑战性问题。我们应

该更多地注意把握住问题的实质——目前改革已经推进到“攻坚克难”阶段，所有容易做的事已经做完了，好吃、容易吃的肉吃光了，剩下的都是硬骨头。习近平总书记反复说的“要冲破利益固化的藩篱”，就是学者常说的要冲破既得利益的阻碍。在此背景下，任何一项改革都可能称得上千难万难。中央已经成立了深化改革领导小组，对所有改革的事情做出一元化的统筹指导和协调。对于当下改革阶段特征的基本判断时，在此提出三个基本概念。第一是矛盾凸显期（前文已提及矛盾最主要凸显为两点：一是资源环境的制约，比如大家都能感受到雾霾的冲击；另一个是人际关系的紧张，比如中国现在谈到收入分配，几乎人人都认为不公平、有问题——这些矛盾如果不能有效化解的话，“中国梦”前景中的阴云会越来越重）；第二是深水区，换句话说就是总书记所说的“好吃的肉吃光了”，现在于深水区牵一发动全身，要动真格的，特别需要配套、统筹规划；第三是关键时期，中国的转轨已到了“新权威主义”的尾巴阶段，但仍不可能设想以全社会完全分散化、布朗运动式地实现社会制度安排的全套更新，所以必须强调执政党“壮士断腕”般的自我革命、在中国共产党作为执政党可以有效组织各种资源的情况下，未来一段时间这种所谓新权威主义的组织能力，有可能使我们相对便捷地去自我革命和贯彻后来居上的发展战略。然而新权威主义是效能递减曲线，并且不能天然地保证我们如愿走到伟大复兴现代化目标实现的轨道上，也有可能走岔道。今后十年，是决定中国能不能在度过1840年后的低落时期并终于走到面对2020目标的新起点之际，继续大踏步跟上时代完成“中国梦”目标的关键时期。

在这种情况下，接下来的思维是一定需要居安思危，防患未然，要有紧迫性。这种紧迫性可以用祁斌先生所说“两只老虎的赛跑”来比喻，中国现阶段整体的形势就像有两只老虎在赛跑，一只叫“改革”，另一只叫“社会问题”。这两只老虎各自要素齐全，似乎也看不太清楚对方，但都在往前跑，哪只老虎跑得更快一点，将决定中国的命运。周其仁教授后来意味深长地补充指出：改革还要和新生代的主流诉求赛跑。试观察社会上的“80后”“90后”以及还会有的“00后”们，他们可能已没有耐心来听前辈们“忆苦思甜”和讲解“主旋律”，他们也可能大多不会有多少兴趣去深究1949年新中国成立后各个发展阶段的得失，但他们是会有主流的诉求和以“人心向背”形成的“水能载舟，亦能覆舟”的社会力量的。

辛亥革命后，孙中山先生在海宁观潮之后曾题写：“世界潮流浩浩荡荡，顺之则昌逆之则亡”。这种只能顺应、不可违拗的世界潮流，我们现在可以归纳为这样几条：第一是工业化。这别无选择，中华民族作为世界上唯一的几千年古老文明没有中断的民族，落伍就是从工业革命开始的，民族复兴必须在工业化中迎头赶上。第二是城镇化。工业化必然伴随城镇化，过去我们曾经历几千万人上山下乡，逆势操作。第三是市场化。即市场取向改革，我们的探索已落到邓小平“南方谈话”之后锁定社会主义市场经济目标模式。第四是国际化或全球化。已表现为以中国的“入世”来锁定全面开放格局。邓小平同志的判断非常清楚：不改革开放是死路一条。正是有了这样巨大的扭转，我们的路才越走越宽。第五是信息化。或者说高科技化，也即所谓第三次产业革命浪潮我们决不可再擦肩而过。除此之外，显然还有另外一个重要的不可逆转的要素，即依法治国、法治化、民主化。新生代的主流诉求一定会在上述这些的发展轨道上综合体现出来。

财政作为国家治理的基础和重要支柱来服务全局，就要以合理的财力分配和自身的改革，支撑全面改革的攻坚克难。

（四）现代政治文明：全面改革联结“全面法治化”

2014年12月举行的党的十八届四中全会，以“法治化”为主题，鲜明强调了“依宪治国”、“以宪行政”的总原则，并给出了法治建设上的“全面依法治国”指导方针和推进制度建设的部署；2015年10月举行的党的十八届五中全会，则形成了以“创新”、“协调”、“绿色”、“开放”与“共享”为主题词的系统化发展理念。这两次全会与党的十八届三中全会的改革精神贯通，从而构成以创新驱动全面改革联结“全面法治化”现代政治文明、践行现代发展理念的“供给侧”制度变革总纲的进一步延伸。

要想实现全社会可预期的稳定环境与健康发展，就要贯有现代文明范畴里的法治。习总书记所说“把权力关进笼子”，是非常有建设性的。共产党是执政党，执政党是有权力的，这个权力就是公共权力。公权由一个一个具体的私人执行，实际生活中肯定会发生扭曲，立法的关键是把权力关进笼子，力求最大限度减少扭曲。如果笼子是法律，那么就还要说到一个我们的治国理念——法治（不是“法制”，翻译成英文不是rule by the law，而是rule of the law）。现代文明要实现健康的民主化，一定要用“法治”的治理概念，真正“走向共和”。在义理上讲，“法制”（rule by the law）以法律为统治工具，“法治”（rule of the law）则是“法律的统治”，表达“法律最大”的思想。“法制”强调法律的工具价值，“法治”强调法律体现公众意志和至高无上的权威。“法制”是静态的法律制度体系，制度体系有好有坏。“法治”则是一个好的法律制度体系得到有效实施的动态描述，逻辑取向上说，“法治”只有好的法治，没有坏的法治。法治的首要任务是剔除现有制度体系中的“恶法”，法治的目标是“良法善治”，也就是“好的法”运行在现实秩序中，达到了“好的效果”。

在严重缺乏法治传统的中国，法治体系的建立，当然首先要优化宪法。宪法是根本大法，最上位的法，如前所述，在经济社会转轨中，看来中国的宪法还需要一轮一轮地修改。宪法下面要有完整的法律体系。这段时间，中国法律体系建设理念上最值得称道的一个进步，是从“法律”和“法规”的发展中形成两个方向，即负面清单和正面清单。负面清单所列上去的是不能做的事，这是对企业、对市场主体最适合的“高标准法治化营商环境”的打造，以上海自贸区为代表而首先明确提出，其后党的十八届三中全会《决定》提出要全面实施负面清单，因而对于企业和市场主体来说，“法无禁止即可为”——只要是负面清单上没有的，什么事情都可以做，“海阔凭鱼跃，天高任鸟飞”，充分发挥自主权和创造性。正面清单则适用于公共权力，即“法无规定不可为”，政府作为公共权力的主体在没有法律规定予以授权的情况下是没有权力做任何事的——“权为民所赋”。而且“有权必有责”，呼应于权力清单要有责任清单，落实问责制。这一套逻辑隐含的实际内容，是抑制官员动机中内在的“权力最大化、责任最小化”不良匹配，使权责约束清楚到位。把对市场主体的负面清单和对调控主体的正面清单合在一起，显然是一种比现在状况更理想的法治环境。

如此笼罩着、覆盖着的法规体系，第一重要的事项是“有法可依”，无论是负面清单还是正面清单，力求能够一步一步推到全覆盖。当然这只是一种向理想目标的“无限逼近”，比较成熟发达的经济体，比如美国、英国，也不敢说自己浩如烟海的法律条文或案例把所有的事情都穷尽了，也需要不断动态地优化，中国作为一个转轨国家更是如此。在有法可依的起点上再往下走，还有人们已说惯了的“执法必严”“违法必究”，这和现实生活的差距也还很大。其实，在“有法可依”后面、在“执法必严”前面，中国现在特别需要强调的是有“良法”可依。目前尚有很多“法”的水平是相当低下的，甚至可说合法不合理的情况比比皆是，另一方面合理不合法的事情也相当多。完善优化现有法律体系势在必行。白纸黑字未必代表着公平正义，对于一些有争议的问题，如果简单“依法执行”，并不一定能很好地得到解决。

邓小平在改革开放初期提出，要把党和国家的制度建设问题放到非常高的地位上，制度设计好了，坏人就不可能任意横行，制度设计不好，好人也会被动犯错误。只有制度才有稳定性、长期性和有效性，才能摆脱依靠以领导人的个人精力、注意力、偏好决定党和国家整体运行轨迹的风险。习总书记提出的“依宪行政”下的全套规范制度建设，与之是一脉相承的。但这些在现实中还是会遇到一些很有挑战性的问题，举两个具体的例子：一是上海自贸区。创立自贸区时，所需的众多新规则与现行法规都有所冲突，所以综合部门对其持反对态度，依据就是“讲法治”，但中央很快发出明确信息：现实中所有和自贸区所需新规发生的矛盾，在处理上都要给自贸区让路。二是当年中国加入世界贸易组织（WTO），所有和WTO规则相抵触的法规都要以“清理文件柜”而被清理掉。这些与严格执行法规的理念看上去似有所冲突，但如果要使法治能够达到一个合格的境界，就必须考虑鼓励先行先试因素和“变法革新”，必须给出弹性空间。先行先试的意义是积累经验，不能说试验无懈可击、非常完美，就是成功了，而以后出现调整就失败了——可以此视角看待房产税在沪、渝的“两地试点”。习总书记已非常明确地表示，今后的改革要继续鼓励先行先试，要继续鼓励摸着石头过河。

中国要走向现代国家，走向“国家治理现代化”的境界，不建设法治社会是注定没有出路的。习总书记强调“司法腐败是最大的腐败”，则是直指这一问题对我们现在执政党“自然法”式合法性意义的严重销蚀和挑战。习总书记在司法工作会上提出要清除我们司法队伍中的“害群之马”，取向是“让人民群众从每一个案件中看到公平正义”，这个方向完全正确。但是实际生活中，不可能让中国天文数字的每个案件都能真正符合公平正义，我们要尽一切努力使不公平正义案件判决的比重下降到最低限度。

在把握潮流、创造历史的关键时期，我们所要掌握的就是如何化解矛盾以及跨越种种陷阱，在这个过程中，除“中等收入陷阱”和“转型陷阱”，具体的陷阱形式中，还有已经被很多人意识到的“塔西佗陷阱”。2000多年前的历史学家、政治学家塔西佗指出，在社会生活中存在着一个政府公信力的临界点，过了这个临界点，政府的所有决策，即使是正确的，也会无济于事，局面将变得不可收拾。我们在某些局部场合（如贵州瓮安事件），已经看到这样的威胁。另外，政治局会议讨论住房问题时，已提出“福利陷阱”问题。虽然我们应该从人民群众最关心、最涉及直接利益的事情做起，但政府作为调控主体，还必须考虑在眼前利益与长远利益、局部利益与全局利益、根本利益之间，怎么样权衡，否则福利陷阱会把我们拖入中等收入陷阱，最典型的前车之鉴，就是一些拉美国家。一百多年前，阿根廷跟美国的人均GDP等经济指标不相上下，但现在美国已经成为头号强国这么长时间，阿根廷则进入中等收入陷阱后一蹶不振，智利等国曾大同小异。“民粹主义”基础上的福利赶超，结果不仅是福利不可持续而从云端跌落尘埃，一起跌下来的还有发展的后劲，痛失好局之后所有社会矛盾全被激发出来，引出多少社会动荡，多少血泪辛酸。中国经过前面30几年的发展，有了历史性的新起点，已进入中等收入阶段，但绝不是以后自然而然地就能实现“中国梦”，如何真正避免这些陷阱，是有重大实际意义的真问题。

西方主流意识中的“现代化”是和中世纪切割，在告别“黑暗的中世纪”后进入一个新的境界，转折点是文艺复兴。文艺复兴有很强烈的人本主义色彩，引导形成的主流意识是法国大革命和美国《独立宣言》追求确立的自由、平等、博爱、民主、法治。党的十八大提炼的三个层次二十四个字的核心价值观（国家层面的富强、民主、文明、和谐；社会层面的自由、平等、公正、法治；个人层面的爱国、敬业、诚信、友善）里面，实际上包容了所有自文艺复兴以来人类文明不断提升的主流要素。必须承认无论是西方还是东方，某些属于人性的东西是相通的，比如孔孟之道里的“己所不欲，勿施于人”就完全立得住，是普世的，只要明确这个立场，就一定会引到按照人类社会文明发展的取向来处理人际关系。所以从另外一个角度来说，虽然“现代化”这种主流意识带有一定的西方色彩，但不能简单地认为是西方中心论，不能在文明比较的情况下认为西方的都立得住，东方的都立不住，这是需要具体分析的。东方的一些东西，在我们合理地发掘它的积极因素之后，要使之更好地跟外部世界互动，形成“美美与共，天下大同”的境界，虽然道路很漫长，但是趋势越来越清楚：在全球化时代、互联网时代，如果不寻求多赢共赢，可能会处处碰壁，甚至头破血流。相反，如果更多地强调“己所不欲，勿施于人”，讲民主法治和相互尊重，那可能就是增加朋友、减少敌人。

人们说到的“现代化”横向比较的概念，是不断动态推进的组合，这个动态推进也需要依靠一些基本原理去实现，比如“自由”应是法治限制之下的，否则无法处理个体自由间的冲突；“民主”要走向共和，否则可能引出“多数人的暴政”。共和是承认所有参与主体的诉求都应该得到尊重和表达，然后做理性的讨论，寻求最大公约数。

所以“现代化”不是一个可以贴东西方标签的问题，应该在全球化新阶段东西方互动的过程中不断提升综合境界。中国要真正走向现代社会，不是贴东西方标签的问题，是在看到前边的探索之后，把各种各样人类文明提升的要素，真正综合在一个现代国家治理的制度联结里，形成一个可持续的制度安排，这其中有很多重要的探索，也有种种细节的问题。中国的伟大民族复兴，要认同“顺之则昌，逆之则亡”的世界潮流，争取达到把中西方所有的文明要素组合在一起、融汇在一起的可持续发展状态。

（五）现代发展理念：以创新为“第一动力”、改革为“关键一招”的守正出奇

党的十八大之后，“全面深化改革”和“全面依法治国”的部署又继续推进到党的十八届五中全会提出的以创新发展为“第一动力”结合协调、绿色、开放发展而归宿于共享发展的系统化的现代发展理念，在此背景下，决策层十分清晰地表述了“着力推进供给侧结构性改革”的指导性意见。把供给管理依其内在规律摆在长期视野中，更多加以强调和优化，是合乎逻辑地服务实现中国现代化伟业之全局战略。作为一个转轨中的发展中大国，我们要追求的必然是以“追赶—赶超”过程而达到后来居上的现代化“伟大民族复兴”。中国“三步走”现代化之路，其实就是邓小平设计的从追赶到赶超而和平崛起的现代化过程。“中国梦”作为第三步战略目标实现之时一个非常形象化的表述，在其实现过程中，过去我们更多依靠了“后发优势”，而推进到认识、适应还必须加以引领的“新常态”新阶段，现在一定要努力转为更多地争取供给侧发力的“先发优势”。我们认为，大思路定位必然是以供给侧改革、创新引出整个供给体系质量、效率和综合功能、绩效的总体跃升，体现为以改革为现代化“关键一招”的制度供给“守正出奇”。

所谓“守正”，就是政府更好发挥作用的前提是要充分认识、适应和尊重市场规律，对市场要怀抱敬畏之心，充分尊重市场机制在资源配置中总体而言的决定性作用。这是人类历史各经济体长期实践反复证明了的“共性”规律。所谓“出奇”，就是还必须充分认识和把握中国特色社会主义市场经济发展中必然要处理的特定“个性”，在关于国情、阶段、相关制约条件、发展机遇的通盘理解与判断基础上，不是简单照搬他国的经验和自己过去的经验，而是建设性、创新性地打开“有效市场+有为、有限政府”合成的有效供给体系的潜能、潜力空间，在政府履行职能方面有意识地把“总量型”需求管理与“结构型”供给管理相互结合，特别是把“理性供给管理”作为“十三五”及中长期中国经济升级发展、可持续发展的内在要求和重要组成部分。“供给侧结构性改革”命题承前启后、继往开来地紧密结合“有效制度供给”这一改革的关键。守正出奇的含义，一言以蔽之，就是实施

理性的供给侧改革创新——以有效制度供给为统领的供给体系，更好地解放生产力来回应需求侧的演变，而在创新驱动中继续超常规实现经济、社会的发展。中央决策层实已把“供给侧改革”这样一个视角从学理层面提升到中国特色社会主义政治经济学对于政府科学决策的支撑，未来中国在供给侧改革视角上的开拓进取，也正是践行制度供给为龙头的现代化创新发展过程。

（本文发表于《管理世界》2016年第3期）

“供给侧改革”的理论内涵和主要着力点

贾　康

基于十八大后全面改革和全面依法治国的部署，党的十八届五中全会又提出了以创新发展为“第一动力”结合协调、绿色、开放发展而归宿于共享发展的系统化的现代发展理念，随后，决策层十分清晰地表述了“着力推进供给侧结构性改革”的指导意见，引起广泛关注和热议。

中国的“新供给经济学”研究群体（我所在的华夏新供给经济学研究院和“新供给经济学50人论坛”），在迎接中国共产党的十八大和十八届三中、四中、五中全会的背景之下，提出了从供给侧发力应对现实挑战、破解瓶颈制约的一套认识和建议。十八届三中全会关于全面深化改革、四中全会关于全面推进法治化和五中全会关于十三五建议的指导文件的发表，又给予我们更多的研究激励和改革、转型的紧迫感。作为研究者，我们力求在世界金融危机冲击后有所作为地形成对主流经济学理论框架的反思，和对于实现从邓小平提出的“三步走”到习近平表述的“中国梦”现代化目标的理论创新支撑。相关认识的切入点，是需要对已有的经济学成果有“破”有“立”。而引出的基本认识，就是中国为完成十三五“全面小康”决胜阶段的任务并乘势跨越“中等收入陷阱”去对接现代化伟大民族复兴“中国梦”，必须紧紧抓住并处理好“理性的供给管理”与“供给侧结构性改革”的命题。

一、现实生活迫切需要对已有主流经济学成果"破"和"立"

需求管理和供给管理是经济学研究中已有定义的一对概念。总需求与总供给的平衡已被研讨多年，制度需求与制度供给问题的深入研究则尤需跟上。有研究界的朋友问："新供给"新在哪里？我们已有的研究成果还属初步，但其新意已可作出概要总结：一是新在"破"、二是新在"立"，三是新在我们成体系的政策主张与思路设计。

（一）"新供给"研究中的"破"

从世界金融危机和中国改革开放的现实生活经验层面考察，人们普遍发问：为什么经济学家对于"千年之交"后震动全球的金融危机既无像样的预测，又无有效、有力的经济学解说与对策思路框架？如何以经济学理论阐释中国的不凡发展与艰巨转轨进程？众多研究者认为：经济学理论迄今已取得的基本成果亟待反思。我们认为，这一中外人士反复提到的挑战性问题可以归结为经济学理论所需要的、在"新供给"研究中已致力作出的"破"，这至少集中于如下三大方面：

第一，我们直率地指出了主流经济学理论认知框架的不对称性。古典经济学、新古典经济学和凯恩斯主义经济学虽然各自强调不同的角度，都有很大的贡献，但是共同的失误又的确不容回避，即他们都在理论框架里假设了供给环境，然后主要强调的只是需求侧的深入分析和在这方面形成的"需求管理"政策主张，都存在着忽视供给侧和供给管理的共同问题。最近几十年有莫大影响的"华盛顿共识"，理论框架上是以"完全竞争"作为对经济规律认知的假设条件，但是回到现实，即联系实际的时候，并没有有效地矫正还原，实际上拒绝了在供给侧作深入分析，在这样一个重要领域存在明显不足。世界头号强国美国前几十年经济实践里，在应对滞胀的需要和压力之下应运而生的供给学派是颇有建树的，其政策创新贡献在实际生活里产生了非常明显的正面效应，但其理论系统性应该说还有明显不足，他们的主张还是长于"华盛顿共识"框架之下，在分散市场主体层面怎样能够激发供给的潜力和活力，但却弱于结构分析、制度供给分析和政府作为分析方面的深化认识——因为美国不像中国这样的经济体有不能回避的如何解决“转轨问题”与“结构问题”的客观需要，也就自然而然地难以提升对供给侧的重视程度。相比于指标量值可通约、较易于建模的需求侧，供给侧的指标不可通约而千变万化，问题更复杂、更具长期特征和“慢变量”的特点，更要求结构分析与结构性对策的水准，更不易建模，但这并不应成为经济学理论可长期容忍其认知框架不对称的理由。

第二，我们还直率地批评了经济学主流教科书和代表性实践之间存在的“言行不一”问题。美国等发达市场经济在应对危机的实践中，关键性的、足以影响全局的操作，首推他们跳出主流经济学教科书来实行的一系列区别对待的结构对策和供给手段的操作，这些在他们自己的教科书里面也找不出清楚依据，但在运行中却往往得到了特别的倚重与强调。比如，美国在应对金融危机中真正解决问题的一些关键点上，是教科书从来没有认识和分析过的“区别对待”的政府注资，美国调控当局一开始对雷曼兄弟公司在斟酌“救还是不救”之后，对这家150多年的老店任其垮台，而有了这样的一个处理后又总结经验，再后来对从“两房”、花旗一直到实体经济层面的通用公司，就分别施以援手，大量公共资金对特定主体的选择式注入，是一种典型的政府区别对待的供给操作，并且给予经济社会全局以决定性的影响。然而，如此重要的实践，迄今还基本处于与其经典学术文献、主流教科书相脱离的状态。

第三，我们还直截了当地指出了政府产业政策等供给侧问题在已有经济学研究中的薄弱和滞后。比如，在经济发展中“看得见摸得着”的那些“产业政策”方面，尽管美国被人们推崇的经济学文献和理论界的代表人物均对此很少提及，但其实美国的实践却可圈可点，从上世纪八十年代亚科卡自传所强调的重振美国之道的关键是“产业政策”，到克林顿主政时期的信息高速公路，到近年奥巴马国情咨文所提到的从油页岩革命到3D打印机，到制造业重回美国，到区别化新移民和新兴经济等一系列的亮点和重点，都不是对应于教科书的认知范式，而是很明显地对应于现实重大问题的导向，以从供给侧发力为特色。不客气地说，本应经世致用的经济学理论研究，在这一领域，其实是被实践远远抛在后面的“不够格”状态。

（二）“新供给”研究中的“立”

有了上述反思之“破”而后，我们强调，必须结合中国的现实需要，以及国际上的所有经验和启示，以更开阔的经济学理论创新视野，考虑我们能够和应当“立”的方面。

第一，我们特别强调的是经济学基本框架需要强化供给侧的分析和认知，这样一个金融危机刺激之下的始发命题，需要更加鲜明地作为当代学人“理论联系实际”的必要环节和创新取向。在基础理论层面我们强调：应以创新意识明确指出人类社会不断发展的主要支撑因素，从长期考察可认为是有效供给对于需求的回应和引导，供给能力响应体系及其机制在不同阶段上的决定性特征，形成了人类社会不同发展时代的划分。需求在这方面的原生意义，当然是不可忽视的——人有需求才有动力、才要去追求各种各样的可用资源——但是在经济学角度上，对于有效供给对需求引导方面的作用过去却认识不足。我们从供给能力在不同阶段特征上的决定性这样一个视角，强调不同发展时代的划分和供给能力、以及与“供给能力形成”相关的制度供给问题，具有从基础理论层面生发而来的普适性，也特别契合于在中国和类似的发展中国家怎样完成转轨和实现可持续发展方面的突出问题。回应和解决这个视角上的问题，其实也包括那些发达经济体怎样在经历世界经济危机冲击后更好地把理论服务于现实需要。在现实生活中，关键是在处理“生产产品满足消费”的需求侧、总量调控为基本要领的“需求管理”问题的同时，解决“生产什么”和“如何生产”的供给侧问题——尤其是“制度供给怎样优化”的问题，其强烈的“供给管理”结构性特征和复杂性特征无法回避。这种把需求与供给紧密联系起来的研究，在人类经济社会发展实践中正在日益凸显其必要性和重要性。

第二，我们强调正视现实而加强经济基本理论支点的有效性和针对性。比如“非完全竞争”，应作为深入研究的前提确立起来，因为这是资源配置的真实环境，牵涉大量的供给侧问题。过去经济学所假设的“完全竞争”环境，虽带有大量理论方面的启示，但它毕竟只可称为一种1.0版的模型。现在讨论问题，应进一步放在非完全竞争这样一个可以更好反映资源配置真实环境、涵盖种种垄断竞争等问题的基点上，来升级、扩展模型和洞悉现实。需求分析主要处理总量问题，指标是均质、单一、可通约的，但供给分析要复杂得多，处理结构问题、制度构造问题等，指标是非单一、不可通约的、更多牵涉到政府—市场核心问题这种基本关系，必然在模型扩展上带来明显的挑战和非比寻常的难度，但这却是经济学创新与发展中绕不过去的重大问题。更多的中长期问题和“慢变量”问题，也必然成为供给侧研究要处理好的难题。过去经济学研究中可以用一句话打发掉的“‘一般均衡’或‘反周期’调控中可自然解决结构问题”，我们认为有必要升级为在非完全竞争支点上的一系列非完全自然演变过程而需加入供给侧能动因素作深入开掘的大文章。

第三，我们认为市场、政府、非营利组织应各有作为并力求合作，这也是优化资源配置的客观要求。在明确认同市场总体而言对资源配置的决定性作用的前提下，我们还需要有的放矢地来讨论不同的主体——即市场和政府，还有“第三部门”（非政府组织、志愿者、公益团体等），它们在优化资源配置里面可以和应该如何分工、合作、互动。在不同的阶段和不同的领域，分工、合作、互动的选择与特点又必有不同。政府、市场由分工、失灵到替代，再由替代走向强调“公私合作伙伴关系（PPP）”式的合作，反映了人类社会多样化主体关系随经济发展、文明提升而具有的新特征、新趋势。

第四，我们特别强调了制度供给应该充分地引入供给分析而形成有机联系的一个认知体系，即物和人这两个视角，在供给侧应该打通，各种物质要素的供给问题和实为人际关系的制度供给问题应该内洽于一个体系，发展经济学、制度经济学、转轨经济学、行为经济学等概念下的研究成果，需要加以整合融于一炉。通过这样的“立”来回应转轨经济和中国现实的需求，形成的核心概念便是我们在理论的建树和理论联系实际的认知中，必须更加注重“理性的供给管理”。在中国要解决充满挑战的现代化达标历史任务，必须藉此强调以推动制度和机制创新为切入点、以结构优化为侧重点的供给侧的发力与超常规的“追赶—赶超”长期过程。

当然，以上这些并不意味着我们就可以忽视需求方面的认识——“需求管理”的认识在已有的经济学理论成果中已经相对充分，我们希望在供给这方面更丰富地、更有针对性地提高认识框架的对称性。这样的认识落到中国经济学人所处的现实中间，必然合乎逻辑地特别强调要“以改革为核心”，从供给侧入手推动新一轮

“全面改革”时代的制度变革创新。这是有效化解矛盾累积和“滞胀”、“中等收入陷阱”、“福利陷阱”和“塔西佗陷阱”式的风险、实现中国迫切需要的方式转变与可持续健康发展而直通“中国梦”的“关键一招”和“最大红利所在”。我们的研究意图和可能贡献，是希望促使所有可调动的正能量把重心凝聚到中国迫在眉睫的“十八届三中、四中全会之后新一轮改革如何实质性推进”问题上，以求通过全面改革和理性的供给管理，跑赢危机因素的积累，破解中长期经济增长、结构调整瓶颈，从而使“中国梦”的实现路径可以越走越宽、越走越顺。

总之，世界金融危机之后，对于传统的经济学理论框架和宏观调控“需求管理”为主实践经验的反思，与“理论联系实际”的创新努力，已合乎逻辑地引出了对于“新供给经济学”理论创新和“供给管理”调控与供给侧结构性改革前所未有的重视。中国在认识、适应和引领经济新常态的当前阶段，迫切需要构建经济增长的新动力机制。传统的需求管理“三驾马车”框架下，显然其所强调的消费、投资和出口需求三大方面的分别认知，只有联通至消费供给、投资供给和出口供给，才有可能对应地成为各自需求的满足状态，其中蕴含的是由需求侧“元动力”引发的供给侧响应、适应机制，即其相关的要素配置和制度安排动力机制的优化问题，这些又必须对接十八大以来全面改革和全面法治化的通盘部署。

二、供给侧改革的核心内涵是有效制度供给问题：基于理论创新认识形成的思路建议

基于前述分析，我们认为中国所应强调的供给侧改革的核心内涵，就是理应统领全局的“以进一步深化改革解放生产力”问题，就是在市场化、全球化、民主法治化取向下于改革“深水区”攻坚克难继续推进经济社会转轨升级问题。一句话，就在于以有效制度供给支持结构优化，激活全要素生产率，对接“全面小康”、联通“中国梦”。

以理论创新基本认识引出的新供给经济学研究群体的基本政策主张，是以改革统领全局之下的“八双”和面对“两个一百年”历史任务的“五并重”。在这里简

介如下。

"八双"的基本要点是：

第一，"双创"——走创新型国家之路和大力鼓励创业。

第二，"双化"——推进新型城镇化和促进产业优化。

第三，"双减"——加快实施以结构性减税为重点的税费改革和大幅度地减少行政审批。

第四，"双扩"——对外开放格局和新的国际竞争局面之下，扩大中国对亚非拉的开放融合，以及适度扩大在增长方面基于质量和结构效益的"有效投资"规模（对于消费的提振当然是比较重要的，已经有了不少研究成果和重视程度的明显提高，但是对于投资这方面的进一步认识，我们认为也需要强调，所以放在"双扩"概念之下来体现）。

第五，"双转"——尽快实施我国人口政策中从放开城镇体制内"一胎化"管制向逐步适当鼓励生育的转变，和积极促进国有资产收益和存量向社保与公共服务领域的转置。

第六，"双进"——在国有、非国有经济发挥各自优势协调发展方面，应该是共同进步，需要摒弃那种非此即彼截然互斥的思维，在"混合所有制"的重要概念之下，完善以"共赢"为特征的社会主义市场经济基本经济制度的现代化实现形式。

第七，"双到位"——促使政府、市场发挥各自应有作用，双到位地良性互动、互补和合作。这方面的分析认识，需扩展到中国势必要发展起来的第三部门，即志愿者组织、公益慈善界的非政府组织、非盈利组织，这些概念之下的一些越来越活跃的群体，应该在社会主体的互动中间发挥他们的潜力。我们非常看重国际上已高度重视的公私合作伙伴关系（官方意译为"政府与社会资本合作"）——PPP模式，在此模式之下寻求共赢，应该是其基本的认识视角。

第八，"双配套"——尽快实施新一轮"价、税、财"配套改革，和积极地、实质性地推进金融配套改革。

在上述基本考虑中，"双创"是发展的灵魂和先行者；"双化"是发展的动力与升级过程的催化剂；"双减"则代表着侧重于提升供给效率、优化供给结构以更好适应和引导需求结构变化的制度基础；“双”是力求扩大供给方面在国际、国内的市场空间；“双转”是不失时机、与时俱进地在人口政策和国有资产配置体系两大现实问题上顺应供给结构与机制的优化需要，以支持打开新局；“双进”是明确市场供给主体在股份制现代企业制度安排演进中的合理资本金构成与功能互补和共赢效应；“双到位”是要在政府与市场这一核心问题上明确相关各方的合理定位；“双配套”是对基础品价格形成机制和财税、金融两大宏观经济政策体系，再加上行政体制，以大决心、大智慧推进新一轮势在必行的制度变革与机制升级。

“五并重”的基本内容是：

第一，“五年规划”与“四十年规划”并重，研究制订基于全球视野的国家中长期发展战略；

第二，“法治经济”与“文化经济”并重，注重积极逐步打造国家“软实力”；

第三，“海上丝绸之路”和“陆上丝绸之路”并重，有效应对全球政治经济格局演变；

第四，柔性参与TPP与独立开展经济合作区谈判并重，主动参与国际贸易和投资规则的制订；

第五，高调推动国际货币体系改革与低调推进人民币国际化并重。

这个“五并重”思路设计的视野，是把中国顺应世界潮流而寻求民族复兴的时间轴设为百年、空间轴设为全球，来认识和把握综合性的大格局、大战略问题。

“八双五并重”所引出的消除供给抑制、放松供给约束的取向，正是对应于十八大以来延续市场化改革取向下“国家治理现代化”的制度转轨、机制优化内涵。

三、供给侧改革发力服务全局：需着力解放思想创新思维

我们所主张的上述这些需“立”的学理与思路建议，是生发于对经济规律的探究，对应于中外古今全球视野实践总结，但又聚焦于中国的“特色”和背景，服务

于中国现代化的赶超战略。邓小平所强调的“三步走”现代化可理解为一种实质性的赶超战略。其间前面几十年主要是追赶式的直观表现，最后的意图实现，则确切无疑地指向中华民族能够实现伟大复兴，在落伍近二百年之后又“后来居上”地造福全中国人民和全人类，这也就是习总书记所说的“中国梦”。这个“中国梦”决不是狭隘民族主义的，而是一个古老民族应该对世界和人类做出的贡献，是数千年文明古国在一度落伍之后，应该通过现代化来加入世界民族之林的发展第一阵营、在人类发展共赢中间做出自己应有的、更大的贡献，即服务于中国和世界人民把对美好生活的向往变为现实。

我们深知，相关的理论和认识的争鸣是难免的和必要的，而在中国现在的讨论中间，似乎还很难避免有简单化贴标签的倾向。比如说在一般的评议中，思想解放、思维创新的空间并未充分打开，反而往往容易处处设限。某些思路和主张很容易被简单地分类——某些观点被称为新自由主义，某些观点被称为主张政府干预和主张大政府，有些则被称为是主张第三条道路。贴标签的背后，是认识的极端化和简单化、浮躁化。

我们自己的认识倾向是希望能够超越过去的一些贴标签式的讨论，侧重点在于先少谈些主义、多讨论些问题，特别是讨论真问题、有深度的问题，来贯彻对真理的追求。研讨清楚了“真问题”，“主义”也就呼之欲出了。没有必要在经济学框架之内、在对经济规律的认知领域之内，对这些讨论中的观点处处去贴意识形态标签，处处去分辩是左是右、姓资姓社。新供给研究的追求，是继承经济学和相关学科领域内的一切人类文明的成果，站在前人的肩膀上，对经济理论学说作出发展，包括补充、整合与提升。

我们对于理论研究的“从实际出发”应该加以进一步的强调。“一切从实际出发”既要充分体察中国的传统（包括积极的、消极的）；充分体察中国的国情（包括可变的与不可变的）；也要特别重视怎样回应现实需要——有些已认识的固然是真实合理的现实需要，但也会有假象的现实需要即不合理的、虚幻的诉求，我们要通过研究者中肯、深入的分析，来把这些理清。既从实际出发体察中国视角上必须体察的相关各种事物，同时也要注重其他发展中国家以及发达国家的经验和教训、共性和个性，包括阐明和坚持我们认为现在已经在认识上可以得到的普世的共性规律和价值。

由破而立，由理论而实际，在分析中就特别需要注重供给侧与需求侧的结合，政府、市场与第三部门互动等全方位的深入考察和相互关系考察，力求客观、中肯、视野开阔、思想开放。“新供给经济学”决不是为了创新而创新，而是面对挑战有感而发，为不负时代而做出理应追求的创新。中国自上世纪九十年代以来宏观调控中“反周期”的政策实践，有巨大的进步和颇多成绩，但延续主流经济学教科书和仿效发达国家的需求管理为主的思路，继续贯彻单一的“反周期”操作路线，随近年的矛盾积累与凸显，已日益表现了其局限性。今后随中国经济潜在增长率下台阶、经济下行中资源环境制约和收入分配等人际关系制约已把可接受的运行状态的“区间”收窄，再复制式地推出“四万亿2.0版”的空间，已十分狭窄，较高水平的理性“供给管理”的有效运用，势在必行。党的十八届五中全会，明确提出了“释放新需求，创造新供给”的要求，其后领导层更宣示了对于推进“供给侧结构性改革”和提升“供给体系质量与效率”前所未有的高度重视，直指形成有效制度供给这一中国现代化的“关键一招”和以创新驱动、结构优化解除供给抑制释放增长潜能的系统工程。既然在中国中长期发展中如何破解瓶颈制约，和攻坚克难全面深化改革、优化结构，是国人共同面临的历史性重大考验，那么我们应站在前人肩膀上，以严谨的学术精神，秉持理论密切联系并服务实际的创新原则，更好地解放思想、创新思维，追求经济学经世济民的作用，更多地注重从供给侧发力，在实践中破解瓶颈、服务全局、把握未来。

（本文主要部分曾发表于《光明日报》）

实现经济社会发展转型必须加快结构性改革[①]

徐　林

我国经济正进入新的发展环境和阶段，发展条件正在发生深刻变化，国内传统比较优势快速丧失，全球科技与产业变革加快，全球化贸易投资自由化趋势正受到各种政治因素的干扰，国际竞争日益激烈、竞争方式更加复杂，生态环境和气候变化约束日益强化，这些变化迫使中国必须加快发展转型。综合分析，我国未来发展转型的主要任务有三个：一是由农村社会向城市社会的转型；二是基于传统比较优势的产业结构向基于新的动态比较优势、附加值更高的产业结构转型；三是由过去资源环境消耗破坏型增长向资源环境可持续、更加绿色的增长模式转型。实现这三大转型，最根本的是加快结构性改革。

一、从农村社会向城市社会转型，重在建立城乡一体、双向流动的要素配置制度

按照现行统计办法，我国用城镇常住人口统计的城镇化率是56.1%，根据预测，到2020会达到60%左右，2030年会在70%左右甚至更高。从世界各国城市化发

① 本文曾在财新《中国改革》2017年第1期发表。

展的一般规律看，城镇化水平在30%—70%的阶段属于快速发展阶段。从我国城乡差距的现状看，城乡居民人均收入差距还处于2.8：1的高水平，城乡公共服务水平和质量的差距更大，“人往高处走”的理性追求，决定了我国城镇化依然具有强大动力，还处在快速发展阶段，而不是有些人说的进入了逆城镇化阶段。按照维基百科对城镇化的定义，城镇化是农业人口和农村居民向非农产业转移就业、向城镇地区集中居住，以及整个社会适应这一变化的过程。我国城市化需要解决的突出问题，就是整个社会适应这一变化的制度安排。

一是尽快取消城乡分割的户籍制度，建立城乡一体的公共服务均等化机制。劳动力跨区域、城乡流动就业、居住的本质是寻求更高的收入水平和更好的生活方式，其结果是要素配置效率的整体提高。总体上看，我国劳动力已基本可以在全国统一大市场内实现跨区域流动就业，流动就业的自由度虽然还受到户籍制度的制约，但总体的制度性障碍并不大，不过这仅限于对劳动力在经济层面的利用。从人的全面发展看，这些转移就业的劳动力很多还不能享受公平的社会待遇，还受到程度不同的社会歧视。我们现有2.7亿左右的农业转移人口（其中跨地区外出就业约1.7亿人），他们在所就业、居住的城市还不能享受和当地户籍居民同等的公共服务等社会待遇，有的还受到方式不同的歧视，不得不忍受妻离子散的悲苦。更值得关注的是，我们还有八千多万从小城市到大城市甚至到特大城市、超大城市就业、居住，已经具有城镇户籍的流动人口。这批人很多都是大学毕业生，其中不乏成功人士，他们虽然可以在目前的工作地就业、居住，但因为没有就业居住所在地户口，还不能享受和当地居民同等的公共服务待遇。这批人因此形成的抱怨比农业转移人口更大，缺乏就业居住所在地户口给他们带来的不便可能比农业转移人口更突出，他们文化程度高、权利意识更强，有着对现行制度的不满。这样的制度障碍如果不克服，他们对所服务的企业、所居住地城市，就不会有忠诚度，也不会有稳定的收入支出预期。他们不会把他所服务的企业、所居住的城市作为未来可以长期依附的对象来加以爱护，这既不利于企业发展，也不利于城市的发展。目前，中央政府虽然已经出台了户籍制度改革的文件，并开始实施居住证制度，并试图建立基于居住证制度的基本公共服务均等化提供机制，但各地的做法离中央要求差距依然较大，有些特大城市对落户的限制不是放开了，而是更严格了。站在公共财政的角度分析，这些转移就业的流动人口，他们在就业所在地劳动、居住、消费、缴税，对本地经济和财政收入的贡献无异于本地户籍居民，在享受公共服务的权利上也不应该异于本地户籍居民。如果我们不能在制度上解决这些问题，不仅违背了城市应该具有的包容性，还会在新市民中累积怨气，会被认为是城市对流动人口的剥削，成为社会不和谐、不稳定的隐患。新中国已经成立60多年了，我们完全有技术手段和能力来做好整个国家的人口流动管理和超、特大城市的人口管理，应该放弃通过户籍制度限制个人迁徙自由的做法，让人民享有自主选择就业与居住地的自由，并获得公平的社会待遇，这是包容性发展和共享发展应有的内容。这样做不仅可以提高劳动力等要素配置的效率，还有利于稳定流动人口的支出预期，使他们能够真正融入城市。

二是改革完善土地产权制度，建立城乡一体的建设用地市场和农村“三地”产权流转制度。在农村社会向城市社会转型过程中，大量农民逐步离开农村寻求更好的发展机会，但他们在农村的土地权益，特别是耕地承包权和宅基地的流转经营和有偿退出等高效配置通道，还受到现行制度不足的制约。在现行土地制度下，虽然农村人口在逐步减少，但农村建设用地却并未相应减少，甚至还在继续增加，由于农村建设用地使用效率大大低于城镇建设用地，实际上并不利于保护耕地。从现代农业和新农村发展看，特别需要城市资本和农村要素的结合，特别是城市资本和农村土地要素的高效结合。与此同时，还需要更高效的普惠金融服务，为农村土地产权抵押和农民财产性收入增加提供制度支撑。因此，无论是农业现代化建设，还是新农村建设和提高农民财产性收入，都需要在农村土地制度上有所突破。虽然各地都在进行形式多样的探索，但这种探索缺乏明确的法律保障，很多运作是在灰色领域打擦边球，具有不稳定性和不确定性。改革完善农村土地制度具有复杂性，需要兼顾粮食安全、耕地保护、农民保障等多重目标，但不能因此就不探索适合农业现代化经营、农村现代化发展需要的农村土地产权、用途管理和高效经营模式，加快在农业转移人口土地流转和土地产权自愿有偿退出等制度上进行改革。目前，我国非农产业发展能够提供较大的就业空间，社会保障体系覆盖面不断扩大，保障水平也在逐步提高，基于历史经验形成的对失地农民生计的担忧，以及由此形成的对政权冲击的顾虑，不应该再成为推进农村土地产权改革的障碍。中央政府应该认真归纳总结各地的探索和做法，提炼形成值得推广的制度规范。

解决好城镇化进程中的上述两个制度改革问题，不仅可以推进以人为核心城镇化，还可以大大提高人力资源和人力资本要素配置的效率，提高农村土地配置效率和农民基于土地的收益，使城镇化对拉动经济增长的潜在红利得到更充分的发挥。这一潜在红利的发挥，不是以提高债务杠杆率为代价，而是以提高要素配置效率为支撑的，是结构性改革对增长的正面效应。

二、从传统比较优势为主的产业结构向动态比较优势为主的产业结构转型，重在健全并强化市场竞争制度，推进产业政策转型

由于居民收入水平的持续提升，我国需求结构升级趋势明显，对优质产品和服务的需求快速提升，但国内产业结构升级相对滞后，不能很好满足需求结构升级的需要，导致大量服务和产品需求外溢。加之传统比较优势迅速丧失，劳动密集型低附加值产业的生存空间迅速收窄，这使得我国产业转型升级的压力愈来愈大。从产业发展和结构变动规律看，产业结构升级总体上是市场主体迫于竞争压力和迎合市场需求变动的结果，但好的政策和制度可以起到促进作用。

一是通过强化市场机制的竞争性作用，通过竞争压力推进结构升级。产业转型升级到底需要什么政策制度激励和保障？最近比较热点的讨论就是北京大学林毅夫和张维迎老师的产业政策之争。过去，中国政府制定过不少产业规划和政策。虽然我们没有对所有产业政策及其功效作过系统的实证分析和评价，但从总体看，产业政策对产业结构升级还是起到过积极作用。虽然学术界对产业政策及其功效有广泛争议，但我们不能把产业政策说得一无是处。通过中国的实践总结我们大致知道，过去以解决短缺为主要目标的产业政策相对比较成功。我们在上世纪九十年代交通、能源、电信等领域实施的产业政策，通过政府规划和公共资源配置、更好调动基于收费的市场参与等措施，我们较好解决了这些领域的服务短缺问题，基本达到

了政策目标。一些追赶型产业政策，如电信领域TD-CDMA的中国标准、高铁的国产化，也通过政府组织、集中攻关、标准推广等产业政策干预，取得了成功。当然，对这些基本实现政策目标的产业政策，也存在成本效益是否最佳的争议。在更多量大面广的竞争性领域，对产业升级起主导作用的主要还是市场机制，特别是基于市场的充分竞争，以及开放和外资带来的技术扩散和示范效应，这是经过政策实践后形成的基本共识。目前，越来越多的人认为，市场竞争压力促进企业技术进步的作用可能更强。

从产业结构演进的一般规律来看，产业升级的动力主要来自两个方面，一是技术创新及其产业化导致的新供给创造，二是受需求结构升级牵引的产业结构升级。对于鼓励创新驱动，政府应该在制度上强化激励，通过更好保护产权、知识产权、收益权、强化人力资本投入，以及构建更好的公共创新平台等制度性安排，来激励企业家投入更多资源用于创新、激励科技研发人员更多投入精力用于创新。需求结构变动升级所牵引的供给结构升级，最有效的制度是市场机制。最根本的是减少政府的干预和对市场准入的不合理限制，特别是减少政府在产业领域的行政垄断和不合理保护，让市场优胜劣汰的机制发生作用。市场一旦能够实现出清，就能使留下的企业更具竞争力。在面对纷繁复杂的市场变化时，企业家应对市场变化的灵敏度和能力高于坐在办公室的政策制定者，他们最需要的可能不是来自政府的选择性支持或补贴，而是组合配置各类要素和市场准入的自由度。因此，加强产权保护和激励、维护市场充分竞争，是政府推进产业升级需要提供的基本制度保障，特别是要消除行政权力维持的垄断，因为这类垄断比企业在市场竞争中击败竞争对手形成的垄断具有更低的效率。

二是推进产业政策转型，完善产业政策实施机制。虽然市场机制对推进产业升级具有重要作用，但政府在产业政策领域也不见得就无所作为。与普遍存在短缺的发展阶段相比，以提质增效为主要导向的产业升级，对政策制定者的判断和选择提出了更复杂的挑战，产业政策可能需要由过去政府选择性确定重点的指向性产业政策，更多转向以弥补产业发展基础性或普遍性不足为主的功能性产业政策转变。在针对所有产业都面对的薄弱环节，特别是企业缺乏动机和能力去投入的高风险领域，如必要的基础性研究和共性关键技术的研发等，政府能够通过组织调动资源进行投入，去弥补这样一些薄弱环节，最终让企业能够普惠性享受政府在这些领域发挥作用得到的好处。政府还可以提供更好的激励，引导创业投资机构更多支持基于新技术产业化的创业活动。即便是需要对特定产业领域实施支持，也应该精心设计支持或补贴机制，尽可能采取竞争性获取或间接补贴方式，争取更高的效率，避免直接违反WTO规则，留下反补贴或反倾销把柄。因此，在推动产业转型升级方面，未来政府可能需要重点强化市场机制建设和产业政策模式创新，使政策机制与市场机制的作用相一致。

三、由资源环境消耗破坏型增长向绿色可持续增长转型，重在更好发挥价格调节的作用，形成正向激励机制

我们已经在生态文明制度建设方面做了大量探索，建立了重点污染物排放总量控制制度，对能源、水、土地等资源利用实施总量和强度双控制度，还建立了基于国家主体功能区规划的国土空间开发与保护制度，对重点生态功能区实施财政转移支付补偿和产业准入负面清单制度。特别是生态转移支付和补偿制度的建立，是基于对生态也是产品和服务、也具有市场价值的理念，这是一个很大的进步。但目前的制度建设还存在机制上的不足，应该重点强化激励机制，更好的发挥价格的调节作用。以京津冀地区为例，京津冀地区是我国水资源非常短缺的地区，水资源消耗总量已经突破本地资源禀赋能力，不得不通过调水来满足用水需求，有效激励节水是我国北方地区的迫切要求。最近，北京用上了南水北调的水，水质也有了明显改善，但北京的水价可能还是偏低的，不能有效激励节水。而且在水价构成里，没有体现出哪一部分价格是用来补偿南水北调工程的成本，特别是南水北调工程生态保护的成本。南水北调的水源来自汉江，汉江过去水质很好，水量也很大。现在因为调水的缘故，流量减少、自净能力弱化，水质也受到影响。湖北因此提出要引江济汉，从长江引水补汉江。如此算下来，南水北调的综合成本是很高的。南水北调用水地区的用水价格，应该充分体现调水工程性成本、被调水地区补偿性成本、水源

地和工程沿线生态维护成本等各类成本，而且这种成本补偿应该让每个居民都知道。好的定价机制是，首先是价格应该充分体现水资源的稀缺性特别是做到完全的成本覆盖；其次，在价格构成中一定要分出来，比如，10块钱的水价，3块钱用来补偿被调水地区和沿线地区生态保护成本，这样的明码标价，才能让老百姓看到价格构成，才会形成北京人用水是不容易的，是建立在别的地区牺牲之上的的意识。通过价格足够补偿或覆盖成本，才能形成正确的价格调节和激励机制。但是现在我们的水价总体上是笔糊涂帐，不仅偏低，老百姓并不清楚其中的内涵和构成，以为有水用是天经地义的，价格激励的节水意识基本还没有形成。所以，生态环境建设也要有好的制度和正确的激励机制。我们目前实施资源消费总量和污染排放总量控制制度，要把总量指标分到各个省，这种分配涉及到资源利用权和排污权等公平问题，计划经济的时候都没有做到，给各省的额度很难有说服力。如果价格是完全到位的，政府不提供任何补贴，价格机制就会是一个很好的激励资源节约的机制，这一机制应该在水资源利用、能源消费、土地利用等领域广泛普及。在环境保护和减排等领域，虽然需要进一步强化排污标准及其执行，但更需要建立基于价格的激励调节机制。所以，发展的绿色转型，也应该建立在好的激励机制之上，特别是要有充分体现资源稀缺程度和成本全覆盖的价格调节。

总结起来，推进我国经济社会发展的上述三大转型，重点不在于强化政府的政策推动和干预，更重要的是要加快推进以市场为取向的结构性改革，核心就是要强化统一市场建设，减少政府管制和垄断，完善产权制度，促进要素自由流动，促进市场充分竞争，为企业家高效组合各类要素提供便利；推动产业政策转型，强化政府对共性薄弱环节的基础性保障和支撑作用；完善激励机制，让产权保护和正确的价格信号发挥激励和调节作用。

供给侧结构性改革几个理论问题与实现途径

马晓河

供给侧结构性改革需要研究的内容有几项，一、为什么要进行供给侧结构改革，二、供给侧结构性改革是什么，三、供给侧结构性改革的基本思路，四、供给侧结构性改革要处理那些基本关系，五、推进供给侧结构性改革要着重抓好那几个关键点。

一、供给侧结构性改革的背景

首先结构性改革起点在哪里。众所周知，2015年底全国GDP总量超过68.55万亿，折合美元是11万亿美元，美国是17.9万亿，我们经济总量是美国的61%，是日本的2.2倍。去年中国人均GDP是7990美元，美国是5万5千多美元，我们是美国的14.5%。过去30多年里，中国经济是在改革开放推动下，从1978年的占世界经济总量第10位，跃升到占世界经济总量第2位，1978年我们占世界GDP总量的1.8%。到2015年占世界14.2%，成为世界仅有的两个超十万亿美元的巨型国家。当前中国已经是典型的中上等收入国家。世界银行把世界各国分成四类国家，第一类是低收入国家，第二类是中低收入国家，第三类是中上等收入国家，最后是高收入国家，我国现在处于第三个台阶上，差一个台阶就走向高收入国家。此一时期，习总书记给我们设计了一个“中国梦”，“中国梦”有两个目标，第一个目标就是到2020年，全面建成小康社会；第二个目标是到2049年，中华人民共和国成立100周年，实现民族伟大复兴，达到发达国家的中等发展水平。在这个基础上，我们制定了一个五年规划纲要，以供给侧结构性改革为主线，推进全面建成小康社会。

二、原有增长方式难以为继

为什么我们要进行供给侧结构性改革？当前中国面临的国际、国内环境已经在发生着深刻变化，再用过去的发展方式来促进经济发展已经不灵了。现在，无论是机遇还是挑战，都要用新办法。“十三五”时期，国际环境我们遇到了两大机遇，三大挑战，仅靠需求侧来管理经济，已经受到了严重制约，必须从供给侧来找办法。

（一）国际环境已经发生深刻变化，虽然处于战略机遇期，但外部风险明显增加

一是国际环境面临两大机遇。第一个是“十三五”期间世界将有一批国家从现在的经济台阶迈上新台阶。比如说印度会迈向中上等收入国家，柬埔寨会迈上中低收入国家，越南也会迈上一个新台阶。我们周边一些国家，会相继从低收入迈向中低收入、从中低收入迈向中上收入台阶，这些国家会从供给和需求两方面给我国带来一些机遇，这些机遇靠等是等不来的，必须创造条件争取。还有今后5到15年之间，东亚、东南亚会成长一批新的中产阶层，这些中产阶层消费需求旺盛，创新动力强，也会给中国带来一些的新需求机遇。

第二个是当前世界正在进行着一场新的产业技术革命。这次产业技术革命有几个特点，第一是技术内容丰富，比历次产业技术革命的内容都多，它是以生物技术、信息技术、新材料技术、新能源技术为核心代表，而且这四大技术还在融合，融合带来了产业技术革命的深刻变化，它们对中国，对世界的产业变化和生活变化带来影响是渐进式、渗透式、融合式、跨界式影响。比如说文化创意产业跟农业结合，稻田里种出画来，麦田里种出来风景，它不是吃的，是参观旅游的。再比如说

生物技术跟信息技术结合，生产出电子生物芯片，导致产业之间边界模糊，出现了跨界融合。由此，出现了一批新业态、新产品、新模式、新产业。这种变化正在改变我们的生产、生活。比如说多轴无人飞行器，智能机器人、无人驾驶汽车、智能机器驮驴、机器人厨师、3D打印机、可穿戴设备、智能手机、记忆眼镜、DNA生物记忆卡、智能家居、超级环交通系统等。

面对新产业技术革命，各个国家都在采取应对对策。比如说德国提出“工业4.0”，美国提出“重整制造业”，日本提出“社会5.0”，韩国提出“制造业革新3.0”，法国提出“新工业法国”，英国提出“英国制造2050”，中国提出“中国制造2025”，印度提出“新季风计划”，大家都在争取新发展机遇。如果世界产业技术革命以德国的工业4.0划分，过去近300年，世界经历了四次产业技术革命，第一次工业1.0，发生于18世纪80年代，以蒸汽机为动力，实现了由手工作坊生产到大规模的机械化生产；第二次工业2.0，是以电力为动力，实现的是一种电器化生产；第三次工业革命3.0，是以电子信息技术为代表，实现了自动化生产。这三次产业技术革命都是一项技术作为代表，唯独第四次产业技术革命，工业4.0是以信息、生物、新材料、新能源为代表的，实现的是一种智能化生产。未来10年，有研究预机构预测，十二大技术将会改变世界，会给世界带来40万亿美元的潜在价值。移动互联网、人工智能、物联网、云技术、智能机器人、智能汽车、基因技术、能源存储、3D打印、新材料、油气开采、可再生能源等。上面两个机遇靠等是等不来的，靠现有的体制也没有效率的，因为我们现有体制是靠仿造、跟踪获得技术。

二是国际环境面临三大挑战。这也是我国目前体制适应不了的。第一个挑战是高端制造正在向发达国家回流。发达国家为了应对和抢抓世界产业技术革命新机遇，纷纷制定优惠政策，吸引一些高端制造的环节、产业、人才向他们国家回流，而且他们有技术比较优势。美国已经公开宣称，不用两年时间美国的综合制造成本将会低于中国，他们会吸引更多的高端人才，抢抓高端制造，与中国竞争。他们有明显的科技比较优势和综合成本比较优势，空气清洁度都比中国好，结果是出现“高端封顶”效应。比如说北京一套房子动辄1千万，2千万，在美国1百万美元就买一套别墅，还不说环境因素。中国正在结构转型中，产业要高端化，需要人才，需要高端制造支撑。高端制造向发达国家回流必然给我国带来极大挑战。

第二个挑战是低端制造正在出现供给替代。这次金融危机之后，世界上冒出一批比中国经济发展水平还要低的发展中国家，他们正在向中国学习，比如说柬埔寨、越南、印度、印尼、马来西亚、孟加拉、埃塞俄比亚，这些国家都在把中国作为学习的榜样，大办园区，招商引资，大力发展劳密产业，生产出中低端产品以后，国内消费不了，也向发达国家出口，在发达国家市场上中对我国形成替代，因为他们的劳动成本比中国更低，土地更不要钱，环境污染也不收费，汇率比中国更低。结果是他们每生产一双鞋，一件衣服，一件家具和电子玩具，汽车，比中国更便宜，所以现在出现了在低端制造上有人替代中国。比如说我到中越边境广西凭祥市调研，凭祥这边一个制造业工人一个月1800块钱左右，还要交三险一金，南边越南，一个月800块钱，土地优惠，税收优惠，汇率更低。中国的制造根本在成本上就无法与这些国家竞争。耐克鞋、服装、电子玩具、摩托车等制造业都向那边转移。更令人震惊的是，非洲的劳动成本更低，土地更便宜，政策更优惠，对劳动密集型产业吸引力更大。所以说，当前和今后中国面临一个很大的变化是，有一批发展中国家向中国学习，替代中国；有一批发达国家从高端制造挤压中国，产生了“天花板”效应。

第三个挑战是全球政治贸易格局正在发生变化。这种深刻的变化导致大国之间博弈强度在加大，增加了中国下一步的发展成本和阻力，中国必须拿出更多的政治、军事、经济、外交资源去应对。所以必须改变外交方式和发展方式。在我国东部，美国高调进入东南亚，通过两种手段制约中国。第一种手段是军事，它联合日本、韩国、澳大利亚、新西兰、新加坡强化对我U型包围圈，增加军事力量，排除飞机、军舰航母，同时在韩国部署萨德导弹，可以探测我内陆1000多公里；经济上，推出TPP，12个创成员国没有中国参加，并公开宣称，东亚，东南亚和世界的贸易规则，不应该由像中国这样的国家来制定，排斥中国。在环大西洋地区，也有一个“环大西洋地区投资与贸易自由协定”TTIP，也没有中国，企图在经济上边缘化中国，因为中国是世界上贸易出口第一大国，进口第二大国，这么大的贸易量，不如果让中国参加，对中国来说应该是“贸易净损失”。再看日本，日本到处搞战略搅局。每逢世界召开区域或全球会议，日本就借助“南海问题”、所谓的“普式价值”观念挑拨离间。南部，越南、印尼、菲律宾，在日本和美国挑动下，对南海提出声索权，挑起海上争端。再看西部，印度在崛起，把中国作为竞争对手，开展“龙象之争”，企图在大国之间博弈获得利益最大化。再看北部，俄罗斯推出“欧亚经济联盟”，提出要强化原苏联经济势力范围。俄罗斯现在向东看是无奈之举，最终是向西一体化的。今后5到10年，我国周边环境和国际环境要比过去严峻得多，靠过去那种发展方式和改革开放方式惯性走下去是无法应对新的国际形势。

（二）国内环境：新旧增长动力不接续

在国内，传统经济增长动力正在衰退，新动力还在孕育，新旧动力不接续。从需求侧来看，经济增长的快变量投资空间在变小，边际效益在下降，但是消费增长缺乏动力支撑，中低收入人群对中低端产品需求不足，中高端人群在国内有效供给缺乏的条件下，中高端的消费潜力受到抑制。从供给侧，看在现有体制下，资本、技术、资源过度进入中低端，造成产能过剩；而在缺乏有效制度供给条件下，资本、技术、资源进入到中高端产业严重不足，所以单靠需求侧管理难以解决国内问题。

一是产能过剩。当前中国产能过剩遇到的问题是，我们在投资持续扩张30多年的情况下，产能出现了世界上少有国家的过剩，中国的产能过剩特点是，首先，是绝大多数行业的产能过剩。其次，这种过剩不是完全由市场造成的。中国的产能过剩是由市场和政府一块造成的。30多年里，各级政府直接干预市场，形成了一大批产能过剩行业。我国从村开始，村有开发区，乡有开发区，县有开发区，地市有开发区，省有开发区，国家也有开发区，各级政府都采取各种优惠政策扶持企业进入园区，纷纷大干快上，发展一批产业，生产一批产品，特别是钢铁、水泥、电解铝、平板玻璃等，根本不顾市场需要。国内需求满足不了，就到国际上去，瞄准世界，瞄准国际市场，两个市场、两种资源一块用，本地没有企业，从外地去引，外地没有，从国外引，“世界500强”，“全国500强”引过来，一味的追求扩张。因此，现有产能是在各级政府刺激下形成的，单靠市场是无法出清的。一定要理解清楚，现有的产能有些不是靠市场形成的，靠市场是无法出清的，而有些是能靠市场出清的，比如说服装、鞋帽、电子玩具靠市场可以出清，而钢铁、水泥、电解铝、平板玻璃等能出清吗？这些产品一旦市场出清不了，在出口受阻，国内需求萎缩的情况下，产能就难以释放。结论是，中国当前正在积累生产过剩危机。完全靠市场是出清不了的，靠现有体制下去产能也是很困难的。按道理，在国外经济持续低速增长、需求偏弱情况下，我们应该让国内居民增加消费，特别是劳密产品的消费，但关键是缺乏销售市场。现在，国内有一批中低收入阶层，想消费但没有能力消费，所以造成一大部分中低端产品消费不足，供给过剩。其实这些产品是有效的，并不是无效的，比如说手机，到去年为止全国生产手机18.1亿台、微型计算机4.1亿台、鞋45亿双、服装近300亿件，这么多产品它是有效的，但是没有人消费，为什么？中低收入人群，第一没有钱消费，第二有钱不敢消费，造成了这一批产品消化不了，出口不出去。比如说2015年，全国农村人均每天收入在1.36美元以下的，有1.2亿人，世行规定，一个人一天收入在1.9美元以下的，算绝对贫困人口。我国每天收入在1.36美元以下人口就达1.2亿人，还有城镇吃低保的近2000万人，加在一块是1.4亿人，这1.4亿人是所谓的贫困人口。习近平总书记访问美国时讲，中国人均收入每天2美元元以下的人口是2亿人，这2亿人有消费潜力，但没有消费能力。为什么？收入低，没有保障。我国的体制是一种生产人多，积极性高；消费人少，积极性不高。大家都在储蓄，储蓄会变成投资，投资会变成产能。过去16年，从2000年到2015年，全国的储蓄增加了近9倍，从13.78万亿，增加到135.7万亿，今年的8月份增加到148.5万亿，增加了9.8倍，消费从不足4万亿增加到30万亿，增加了6.5倍，消费远远低于储蓄。一个家庭收入等于储蓄加消费，一个国家总收入也是等于总储蓄加总消费，当总储蓄大于总消费时，这个国家投资进而产能就大于消费了。这就是中国正在积累风险的原因所在。原有体制从上到下都在鼓励生产、鼓励积累、鼓励投资，鼓励消费只是停留在文字层面。现在全国有一个倾向，各地都在搞供给侧，增加新供给，因为搞供给有抓手，搞消费没抓手，但如果只是增加了新供给，消费没有响应增加，新的产能过剩又会产生。

令人担忧的是，中国现在不仅是传统产品过剩，而且这种“过剩病”正在向新兴产业传染。风能和光能已经过剩，手机开始过剩。下一步作者预测，机器人、无人机也会很快过剩，因为全国31个省市，20多个都把无人机和机器人作为新产业增长点进行扶持发展。31个省市、291个地级市、2850个县都去生产机器人和无人机，不就又成了新一轮生产大于消费热潮了吗？所以作者认为，中国过剩危机还在积累，真正的危机还未到来。

二是创造财富的年轻人、廉价劳动力供给越来越少，而消耗财富的老年人越来越多，经济社会发展成本在增加。今后5年，中国将会有2000多万个创造财富的年轻劳动力净减少，每年净减少500多万，而需要领养老金的60岁以上的老年人到2020年要增加到2.54亿人，净增加4千万人，每年增加700万人。我国从2015年开始，劳动力供给出现了从绝对增长表现为绝对减少的转折。就是说，现在我国每生产一单位的财富，需要赡养的老年人大大增加了。到2049年，中国达到高收入国家中等发展水平时，全国的老年人将会超过4个亿，占全社会的比重达到36.6%，与日本差不多，远超过美国。届时，城市将会有40%的人是老年人，现在我国是三个年轻人供养一个老年人，到未来是一个年轻人供养一个老年人，中国正在进入一个未富先老的时代，经济社会发展升本在迅速上升。

三是受体制制约，中国依靠技术进步促进经济增长的难度加大。现有体制有什么问题呢？首先，企业研发投入低。100个企业只有16.9个企业有研发活动，像发达国家一般是60%到70%的企业有研发活动。其次，人才全面匮乏，高中低端人才系统性供给不足。再次，关键技术、基础技术、核心技术储备不足。最后，关键是体制滞后，缺少新的创新激励机制。

中国是个有严格等级制度的国家，城镇和乡村不一样，部级和厅局级不一样，厅级和处级不一样，等级制度很严格；研究员、教授分7级，飞机谁能坐头等舱，谁能坐经济舱；高铁谁能坐一等座，谁能坐二等座；酒店谁能住套间、标间都分得清清楚楚。从一出生你就定格在一个有级别的家庭里面，农民不如城市人，穷人不如富人，干部家庭子女优于平民子女。在此情况下，搞创新是很难的。我们的体制适用于集中创新，集中力量干大事，将人力、物力、财力集中起来搞导弹、飞机、氢弹、原子弹、航空母舰、歼击机、高铁、北斗卫星等有明显优势。但是要搞社会创新就困难了。为什么？社会创新特点是发散式，分散决策，需要调动人人的积极性。发散的社会创新需要有三个基本环境条件，只有通过改革才能实现。首先，需要充分的市场自由；其次，要创造公平的竞争环境。公平的竞争环境条件是要少有垄断，而现实是我们现在处处垄断，竞争环境不完全公平。再次，要有均等的创新机会。按道理，穷人、平民、富人和干部身份在经济社会中的机会是均等的，但我们还是存在不均等。所以说现在创新是有门槛的。面对如此情况，我们必须改革，不改革想要实现大众创新是不可能。目前，我国连圆珠笔的滚珠都造不出来，每年出口几十亿只圆珠笔，但滚珠要从德国进口。飞机C919我们造出来了，定单有500多架，发动机是谁的？是法国赛峰集团和美国通用电器设备公司的。目前，航空发动机里边需要的轴承我国都造不出来。无论民用或军用的需要耐三高，既高温、高压、高速，我们技术标准都达不到求。我们的超级计算机，关键芯片和处理器是从国外进口的。当今世界数控机床已经发展到七轴、九轴联动，但是现在我国还在“五轴”研制阶段。总是跟在人家后面创新。因此，原始自主创新，我国要有新的体制来促进科技创新。

四是金融风险在增加。在过去10年里面，中国的社会总债务大幅度上升，我国的债务总杠杆率跟发达国家相比不是最高的国家，比日本、新加坡、希腊、法国、意大利、英国等都低，但是我们的风险在于近年总杠杆率上升过快。促使杠杆率上升过快的是地方政府、企业债务。到去年底，我国总债务已经超过GDP2.5倍。恰恰从2016年开始，债务风险已经达到了国际公认的标准线，即250%到280%。当前令人担忧是，中国的债务风险领域集中在股市、汇市、产能过剩行业、房地产泡沫行业，风险主体是地方政府、企业、民间债务、互联网金融、影子银行等等。去杠杆就是要去掉风险，不要让杠杆率上升那么快，但控制力度过大过猛，又会加剧紧缩矛盾，从而影响短期经济稳定增长。

五是社会矛盾在积累。当前我国经济社会发展的风险点都在增加，而且经济与社会之间的风险关联度在上升，燃点多，关联度上升。老百姓对风险的容忍度降到最低，但是对解决风险矛盾的期望值达到最高。现在有一个需要思考的问题，许多地方政府总想建设一个能解决一切问题的和谐社会，好像政府是万能的，老百姓也认为政府应该我的一切问题。于是，有问题找政府就成必然，政府解决不了我的问题，就骂你、堵政府门口。政府不能把自己定位为万能政府，实际是有限政府。比如，拆迁事件、环境污染事件等，本来是企业与老百姓之间的事件，政府是第三方，但不知不觉政府变成了老百姓对立的第二方。在社会治理结构中，"万能"政府是不存在的，万众生存发展中的许多事情问题要靠市场、靠法制、靠自我管理去解决。政府要当好第三者，解决矛盾的中介、中立人，而我们一些政府往往是与资本方结合，与居民形成冲突。诸如环境问题、利益纠纷、征地拆迁、突发事件、文化意识形态等等，都存在政府定位错位现象。政府不要引火烧身。尤其是当前我国阶层分化，社会收入差距扩大，人口纵向、横向流动不畅，低层人口改变身份的通道不通，社会容易积累和加剧矛盾，使得经济社会发展处于"高风险窗口高发期"。再用过去的手段、方法解决不了问题。

从近期看，2010年以来，我们采取需求侧管理政策来稳增长，也遇到了重重矛盾，六年来中国最大矛盾是供求严重失衡，国内外需求不足，通缩压力在加大。为此，上届政府和本届政府前两年，基本上是依靠需求侧管理稳定经济增长，但效果越来越差。

主要采取以下四方面政策，第一，2010年以来，我们的M2供给量大幅度增加，2010年全年货币供给量是72.58万亿；到今年10月底，全国的货币供应量已经达到了151.95万亿，净增加79.5万亿，货币量翻了一倍多，就是说2010年我国每增加生产1元GDP，需要发行货币1.07个，到了去年增加生产1元GDP需要发行3.3个货币，今年估计需要发行4个货币，才能产生1元GDP。这意味着，货币供应的边际效益在下降。第二，2014年9月份以来，我国搞了11个工程包，推出了407个重大项目，完成固定资产投资6.6万亿元。第三，8次降息7次降准（含结构性降准）。其中2015年有一天内既降准又降息，强度达到最大。第四，积极的财政政策要加力增效。连续多年采取积极性的财政政策，持续扩大赤字。2016年，赤字扩大2.16万亿，最后的执行结果赤字会超过国民生产比值的3%，还有专项债券、建设债券发行，另外地方债务置换规模也扩大到5.27万亿，还有一批PPP项目，这么大的调控力度，结果是经济增长率还在下降，从2010年以来经济增长率连续26个季度从12.2%下降到6.7%。所以，这几年我们所采取的需求管理强度超过历史上任何时期，但是并没有制止住经济增长率下滑。在此情况下，必须寻找新出路。

三、新的选择：供给侧结构性改革

面对上述种种难题，单靠需求侧管理显然不行，必须在需求侧之外寻找良策，供给侧结构性改革，就是新的选择。

（一）供给侧结构性改革的提出

2015年11月，中央财经领导小组第11次会议上，习近平总书记提出“在适度扩大总需求的同时，着力加强供给侧结构性改革”，这是领导人第一次提出中国的宏观政策要从需求侧转向供给侧；第二次是在2015年12月中央经济工作会议上，中央再次要求进行供给侧结构性改革；2016年两会之后，国务院颁布的“十三五”规划纲要明确提出，“以供给侧结构性改革为主线，扩大有效供给，满足有效需求”。在此情况下，我国供给侧结构性改革成为宏观政策的主基调。

（二）供给侧结构性改革的理论框架

什么叫供给侧、需求侧？人类经济生活是由供给和需求两侧组成，供给侧是为社会生产提供商品和服务的一端或领域，需求侧是消费商品和服务的一端或领域。需求和供给是对立的统一体。需求和供给有三个关系，当生产的产品被需求方全部消费掉的时候，供求实现了平衡。但是日常生活中供求平衡是非常态的，某个时点产品可以实现供求相等，但是长期动态是很难相等的；第二个关系是供大于求；第三个关系是供小于求。在开放经济条件下，供大于求，必须依赖出口；供小于求必须依赖进口。

对于一个国家来说，宏观调控有两个视角框架。一是从需求侧管理。二是从供给侧管理。在需求侧，需求由是消费、投资、净出口“三驾马车”组成GDP，当年消费、投资、净出口直接构成当年的GDP。供给则由劳动、资本、技术和资源组成。这两个是不一样的。第一个区别是，当年的投资、消费、进出口就是当年GDP之和，但当年的劳动、资本、技术资源并不等于当年GDP。供给侧里面四要素组合会产生下一阶段或潜在GDP，需求侧"三驾马车"产生的是基期或当年GDP。需求侧管理侧重于短期，供给侧侧重于中长期。需求侧就像患了急病看西医，供给侧就像患了慢性病看中医，急病要看西医，慢性病或养病需要看中医，"中西结合"。短期的需求侧管理，将经济增长保持在合理区间，会给供给侧结构性改革创造一个良好的环境，否则，供给侧改革难以为继。

第二个区别是，需求侧的投资跟供给侧的资本两个在帐面上都表现为资金，但这两项内容是有区别的。供给侧的资本项是与潜在生产力直接相关的厂房、设备和路水电气管网等直接于潜在生产力有关的公共服务。需求侧的投资可以不是厂房、设备、直接为潜在生产力服务的投资，它可以搞广场、花园、办公大楼、运动会、博览会等，这些虽然无法直接形成潜在生产力，但却能直接产生当期GDP。

供给侧结构性改革要提供什么？现在社会上普遍认为供给要提供有效产品供给，对不对？只对了一部分。在中国供给侧结构性改革要提供三方面供给。第一，要素的有效供给。要从过去的粗放，大量投入转向集约有效投入，要素供给要考虑人力资本提升、资金、资源、技术有效配置。第二，产品的有效供给。有两个方面，既要有中低端产品的有效供给，又要有中高端产品的优质供给。第三，制度供给。制度供给包括财政金融体制改革、户籍、社保、就业制度改革、教育卫生改革、产权制度改革、科技制度改革、科技创新制度改革，甚至包括政治体制改革。供给侧结构性改革重中之重是制度供给，没有体制机制的改革，其他两个供给都无从谈起，必须依靠体制机制改革来提供新制度供给。

从供给侧进行改革和宏观调控，不是中国的发明，早就有之。比如说19世纪萨伊的《政治经济学概论》里面就提出，供给可以创造自己的需求，即"供给创造需求"。后来凯恩斯提出需求侧管理。再后来到70年代末期80年代初期，美国的里根政府，英国的撒切尔政府在面对滞胀，供给不足的情况下，纷纷采取供给学派的主张搞供给侧管理。如里根在70年代末期面对经济滞胀采取供给侧主张，主动为企业减税，减少政府干预，缩减政府开支，收缩货币供给，稳定经济增长。撒切尔政府在80年代初面对滞胀，紧缩货币，控制通胀，推进国有企业私有化，减税、废除价格管理，减少政府干预。

（三）中国供给侧结构性改革的特点

中国的供给侧结构性改革到底跟西方有什么不同之处？有5个方面不同。

一是阶段不同。我国现在工业化没有完成，还未进入到发达的高收入国家，美、英等国家采取供给侧主张的时候已经进入到发达国家，目前我国是通缩，他们当时是滞胀。

二是供求环境不同。我国是供求严重失衡，国内外需求不足，居民社会福利比较低，消费率不高。而当年西方国家是供给不足，财政赤字高，居民福利高，居民消费率高。

三是制度环境不同。西方国家是私有制，市场成熟。我国是公有制与多种经济成本共存的基本经济制度，市场发育还不成熟。

四是政策手段不同。西方国家是在成熟的制度下采取供给侧主张，仅仅通过宏观调控，财税手段、货币手段来实现改革目标。中国调控手段和渠道比较多，我们可以采取宏观的财政政策，税收政策，货币政策，也可以采取中观的产业政策，微观的土地政策以及企业激励政策等，宏观中观微观政策都可以用。

五是动力机制不同。西方国家的制度比较成熟，在不动根本制度的情况下，可以达到目的。中国不同，必须通过体制机制改革来实现自己的目标。但是制度和体制不是那么容易动的，“千呼万呼出来了，出来了落地又遇到重重阻力”。因此，中国供给侧结构性改革的逻辑起点，与英、美当年不同，需要与国情、世情紧密结合，选择自己适合的改革路线。

（四）我国供给侧结构性改革的基本内涵

供给侧结构性改革的内涵是什么？供给侧改革就是从供给侧入手，围绕经济发展中的结构性问题推进改革，结构性改革的目的是以需求为导向增加有效供给，路径是以市场为导向增加资源配置活力，动力是以改革为引擎增加有效制度供给，最终形成供求结构的高效对接、生产力得到解放发展、经济保持中高速、产业迈向中高端。结构性改革的内容是，去除无效供给，即去产能、去库存，改革传统落后供给，增加新供给，补短板；同时也不能简单的理解供给仅仅是产品和服务供给，还要强化体制机制改革，提供新制度供给。

有人问，中国的供给侧改革仅仅是现在开始的吗？不是，改革开放36年来，我国每届政府宏观管理里都有供给内容，但是供给不一定是主线，而现在我们的区别是供给侧结构性改革是主线。

加大供给侧结构性改革已上升到国家最高决策，“十三五”规划建议中提出的“五大新理念”，创新、协调、绿色、开放、共享五大发展理念，作为“十三五”规划的灵魂，本质上就是供给侧改革。“十三五”规划纲要，也贯穿了新供给侧经济学思想，从根本上解决的是供给动力机制的转化问题，也是供给侧改革。今年是供给侧改革任务的第一年，也是宏观管理转折点第一年，今年宏观政策的内容，“五大任务”和五大政策内容就是供给侧结构性改革。“三去一降一补”，去产能，去库存，去杠杆，降成本，补短板，全是供给侧结构性改革。五大政策支柱，即宏观政策要稳、产业政策要准、微观政策要活、改革政策要实、社会政策要托底，也是围绕供给侧结构性改革来部署的。

四、推进供给侧结构性改革需要处理四大关系

（一）长期与短期的关系

推进供给侧改革一定要处理好长期和短期的关系。一般来说，一个国家的经济增长，短期稳增长是需要靠需求侧管理。只有需求侧管理才能使经济在短期内保持在合理区间，短期内稳增长可以为供给侧改革创造一个良好的宏观环境。比如财政政策，货币政策，搞得好经济就稳，搞不好经济就不稳。但是要培育潜在生产力，必须依靠供给侧改革。另外，供给侧改革在近期还有可能会使经济增长下滑，因为

去产能、去库存、去杠杆还会经济增长产生顺周期调控效应。

（二）供给和需求的关系

供给必须以需求为目标，需求又必须依赖供给，两者互为条件，缺一不可。现在全国各级政府都重视供给，因为供给最容易抓，需求最不容易抓。假定我们只重视供给，一味的改造传统供给，增加新供给，如果需求不变，结果增加的供给只能变成新的过剩。从供求曲线图可以分析出，在供求都不变情况下，供给与需求相交于均衡点。如果我们不考虑增加需求，只考虑增加供给，供给曲线会向右端移动，当右端出现了新供给时，如果没有出现新需求，这时右端会产生一块没有需求的过剩区间。所以，只有让需求曲线也向右移动，也增加一块与供给相适应的需求区间，才能使供求实现新的均衡。因此，结论是，在新形势下，供给跟需求两侧要同时发力，调整两侧关系。供给侧的结构问题单靠供给侧难以解决，必须对需求侧进行结构性改革，同时需求侧问题也必须依靠供给侧结构性改革来解决。不考虑需求，一味增加供给，供求结构是失衡的，只有供给和需求两侧同时发力，找到新平衡点，经济发展才能均衡。

（三）政府和市场的关系

市场不是万能的，政府也不是万能的，政府和市场要各归其位。政府干政府的事儿，市场干市场的事儿。现在我国的最大问题是，政府干预市场太多，干了许多市场要干的事，国有企业干了许多民营企业要干的事儿，最后市场就乱了。政府一般对市场的管理有三种手段。第一，行使公权，建立对市场干预，实施审批权。第二，对市场进行买方卖方垄断，提高市场进入门槛。第三，对市场主体进行征收税收。

当前和今后，我国要想搞好供给侧结构性改革，必须做好以下三方面改革，第一，减少政府干预市场的力度。政府不可能不完全干预市场，但干预市场要适度。当前我国的主要问题是政府干预市场过度。当前我国实行的下放和减少行政事项审批权、营改增对企业放权让利是完全正确的。世行2015年、2016年，连续两年对

189个国家营商环境调查显示，在我国国内建立一家企业，需要办理手续11道，31.5天才能获得批准。在发达国家，需要5道手续，9天时间。再看，今年上半年，中国政府调查组在全国调查，民营企业想办一个建设项目需要90道手续，日常运转一个项目需要办理50道手续。第二，减少垄断。买方垄断和卖方垄断，对生产者和消费者福利是一种侵害。垄断本身抬高了市场的进出入门槛，增加了他们的交易和消费成本，对生产者和消费者是一种福利权利的剥夺。所以减少买方、卖方垄断对消费者和生产者是一种福利。第三，税收。政府征收税收是正常的，但是要有一个边界，过度征收税收是对社会福利的一种侵蚀。因为征税100亿要有成本，花掉10个亿也要成本。这些中间成本最终要社会来承担。特别是征上来的税，如果不用于居民福利领域，而用于那些与居民福利无关的“高大上”项目，就更是对社会福利的一种侵害。公共税收既要征收合理，也要支出合理，假如远离居民必要福利、远离社会，最后是对社会的一种浪费。尤其是一些远离穷人消费的公共项目，更是需要注意支出方向。

（四）国际和国内关系

中国的发展成就是靠改革开放取得的，供给侧结构性改革，也得靠开放。供给侧结构性改革不能关着门进行。中国的供给侧结构性改革，必须是依托国际、国内两个市场、两种资源为基础进行。而且，在新常态下，实行新的改革开放路线。新的改革开放就是要适应现在的新形势新变化，比如说周边环境变化了，仅用过去老调调解决不了新问题。有一个问题需要思考，为什么当年邓小平改革开放一呼百应，上面一喊，下面人民群众全响应了？原因是上面弹的调，弹到群众及心里去了，上下是一根弦。现在有些政策不落地，就是因为这些政策不符合群众的需要。

五、供给侧结构性改革落地的三个关键点

说一千道一万，当前和今后五年，供给侧改革最关键之关键要抓两个关键点。

（一）能否尽快形成新的增长动力

今后五年，能不能在传统动力消失衰退之时，赶快让新动力成长起来。新动力的核心是产业支撑。我们要关注四个文件。

一是“互联网+”十一大行动要尽快的落地，要使中国产业实行网络化、智能化、服务化、协同化，形成“互联网+”新经济形态，即“互联网+”新经济形态的体系。

二是中国制造2025。中国政府推出中国制造2025，用3个10年把中国制造由大变强，有三个目标。第一个10年，制造由现在的大规模变成强国，进入世界制造业第三个方阵前列。再用10年，赶上日本和德国，走在日本和德国的前列。再用第三个10年，赶上美国，跟美国齐肩，进入世界制造前列。3个10年的目标非常雄伟，目标非常具有号召性，但是想达到目标需要克服许多困难。目前，在世界制造业三大方阵中，美国制造业是世界创新一流的国家，德国、日本的制造业是精准化、精细化、智能化。当前发达国家把智能制造作为重要目标，而智能制造的核心指标是每万个制造业工人平均拥有机器人数量，2015年我国每万名制造业工人拥有的工业机器人数量36台，而在2013年世界平均水平是60台，再看，2013年韩国制造业万名工人人均437台，美国152多台，日本323多台，台湾地区142台，我国14台。中国制造在第一个10年，要支持十大产业领域，包括新一代信息技术，高档生物技术和机器人，航空航天装备，海洋工程高技术船舶，先进轨道交通装备，节能和新能源汽车，电力装备，农机装备，新材料，以及生物制药和高性能医疗器械。为此国家制定了八项政策，其中包括了成立了产业引导基金。

三是国家最近公布了《国家创新驱动发展战略纲要》，战略提出三步走战略目标，第一目标是到2020年里进入创新型国家行列；第二目标是到2030年跻身创新型国家前列；第二目标是到2050年建成世界科技创新强国。为此提出了八大战略任务、六大战略保障。

四是“十三五”规划纲要提出，要支持发展六大支柱产业，培育发展四大战略新兴产业，打造一批新优势。六大支柱产业，包括新一代信息技术产业，新能源汽车产业、生物技术产业、绿色低碳产业、高端装备和新料产业以及数字创意产业。四大战略新兴产业，包括空天海洋、信息网络、生物科技、以及核技术。打造一批新优势，包括飞行器、飞机、航行器、无人机、新一代作业平台、空天一体化、量子通信技术、合成生物、再生医药、医学、新一代核电装备等。最终目的是在中国培养新动力，带动形成一批“十万亿”级的新兴支柱产业，着力打造一批高成长性创新企业。

在“十三五”期间，以下六大产业成长性比较好。第一，健康产业。比如现在每年老年人健康消费大概是6千亿，到2020年，每年老年人健康消费大概是1万亿以上。老年人目前2个点消费比较热，一是养老公寓，养老服侍；二是老年服侍机器人，对话、简单服侍、沏茶、端水、提鞋、递报纸，这个是未来非常需要的，我们的空巢家庭越来越多，这些产品非常需要。第二，文化创意产业，文化创意产业成长比较好，比如网游、手游、动漫、电影都非常好。2014年，中国的动漫《大圣归来》、《美人鱼》、《捉妖记》、《老炮》、《百鸟朝凤》、《泰囧》等收益都非常高，为什么？到这个发展阶段人们的消费结构发生变化了，城市乡村正在成长一批中产阶层，中产阶层温饱之后需要享受，需要发展。第三，节能环保产业。第四，新一代信息产业。第五，高端装备产业。第六，旅游业。

说到发展旅游业，有个案例。西安市在办旅游方面具有丰富经验，华山的华清池、兵马俑都在一块，过去人们从华清池到兵马俑仅用半天观赏，兵马俑参观一下，华清池看一看，抓蒋介石那个地方转一转，半天就完事。后来有一个企业，在那办了一个晚会演出，“露天水幕歌舞剧《长恨歌》”，一个《长恨歌》演出留了一批人。本来是看完兵马俑、华清池等就回家了，一听说晚上有演出，演出非常好看，就在那等到7点钟去看演出，7点之前还有吃个饭，吃完饭看演出，看完演出9点回不去了，又得住一晚上，第二天早上才能返回，但第二天走之前总得吃早餐吧，于是又多了一个早餐。这不一个产业链就拉长了吗？所以说消费到现在阶段，产业发展就需要创新。

再看新材料、互联网金融、教育培训、物流、绿色农业都是今后成长性比较好的产业。我国农业现在目前进入一个高附加价值发展阶段。给大家举个例子，东北吉林省有一个精气神有机农业有限公司，该公司生产的山野黑猪，在北京市场赚了大钱。这种猪10个月放养长180斤左右，分割出来的猪肉，在北京一公斤排骨卖244块钱，一公斤小里脊261块钱，一公斤五花肉140块钱，有人买，不愁销。为什么？大城市正在成长出一批高收入人群，他们有强需要健康，要安全，要长寿，对价格反映没弹性，只要质量好优质高附加值就卖得出去。还有，农产品一旦跟文化产品相结合，生产出的产品就价值翻倍，比如北京市场的文玩核桃价格则几年爆涨，河北涞水县农民在山丘种植文玩核桃，一亩地赚10多万，2014年北京市场青皮核桃一颗就卖5千块钱，两颗一万，青皮核桃当场给你割，割出来，一个5千，两个1万，如果发现一对奔驰型三纹对称核桃就能卖5万，最高一对卖了30万块钱。为什么？文化是精神需求，靠“忽悠”（宣传），一“忽悠”价值就上去了。

（二）能否尽快构建体制机制的新引擎

面向2020年，“十三五”规划提出“要坚持完善基本经济制度，建立现代产权制度，健全现代市场体系，深化行政管理体制改革，加快财税体制改革，加快金融体制改革，创新和完善宏观调控”，这都是供给侧结构性改革内容。为此，2016年国家部署了十大领域，50项改革，包括国有企业改革、创新驱动体制、政府职能转变、财税体制改革、金融体制改革、城镇化、对外开放、生态环境文明体制、社会体制以及改革试点。在十大领域部署了50项改革，并分解到各部委局。国家还部署了18个新区，有自贸区，有协同区，有口岸监管区，有产业集聚区，有土地改革示范新区，这些都是要落实到位的。下一步可能还会扩展，新常态下改革开放要有新制度供给。

最后一点解放思想是依托。无论是改革新引擎形成，新动力的形成，都要靠两个字“解放”。思想的解放是改革开放的前提，也是供给侧改革的重要依托，没有解放思想，供给侧结构性改革是难以推进的。大家看，邓小平改革开放之前，在1978年十一届三中全会前，用一年时间专门是解放思想，开展实践是检验真理的唯一标准大讨论，没有那次解放想大讨论，后来的改革开放不会那么顺利，靠原有思想推进不了改革开放，邓的改革开放完全体现了解放思想，第一，一块石头摸着过河。第二，“两只猫”，白猫黑猫抓着老鼠都是好猫。第三“三条于”，即三个有利于，是否有利于社会主义生产力，有利于社会主义国家综合国力，有利于提高人民生活水平。第四，“四只基”，即四项基本原则。

四句话围绕两个群体，一是农民有饭吃，有地种；工人承包计件制，按劳分配；城乡集贸市场开放，让失业的人有就业，所以把穷人稳定了，穷人响应改革开放。二是为精英群体打通上升通道。恢复高考，培育了7700多万个大学生专业人才，加上党校、夜大，电大，30多年就有一亿多，一个亿的知识精英人口支持改革开放，为改革开放成功奠定了基础。再接着看，平反昭雪几百万，摘帽“黑五类”几千万，给精英打通了上升通道。还有干部轮替可上可下。所以，这些都为精英上升提供了一个畅通通道。再加上对外开放，引进资本、技术、管理等，最后把中国从低收入贫穷国家推向了中上等收入国家。

现在我国又处在新阶段，主要目标要向发达的高收入国家迈进，仍然面临着怎么去解决穷人问题，怎么解决精英的上升通道问题，我认为新阶段，要为穷人解决“三有”问题，为中产解决“三道”问题。穷人“三有”，就是有饭吃、有业就、有保障；中产精英要有“三道”，即官道、商道、学道。“官道”，走仕途之路的人，要给他们开通公平的上升通道；“商道”，就是搞市场经营的人，要为他们开拓公平的市场竞争之道；“学道”，搞科研的人，要为他们开拓可发挥创新的自由之道。靠什么给？靠改革开放，靠解放思想。所以，最后的结论就是，解放解放再解放，改革改革再改革，开放开放再开放，这样供给侧结构性改革才能顺利推进下去，中国迈向发达的高收入国家行列才有希望！

供给侧结构性改革的核心是制度创新与制度供给

冯俏彬

摘　要：党的十八届五中全会提出，大力“释放新需求，创造新供给”。以现代服务业、“互联网+”为核心的新经济及其对传统产业的改造、巨大的区域和城乡差距的弥合等，将是未来我国经济发展新需求的主要来源。但是，对应于有效释放这些新需求，还面临着严重的“供给约束”与“供给抑制”，在决定经济长期增长的供给侧的主要要素，如土地、劳动力、资本、制度供给、创新等方面，均存在严重的结构性问题。为此，必须深入推进供给端改革来创造新供给，以释放经济社会活力，为中国经济长期稳定增长奠定坚实基础。

关键词　供给侧改革　需求管理　要素市场改革

当前我国引入供给侧结构性改革，既是因应国际经济形势的剧烈变化所需，也是基于我国经济发展中存在的突出矛盾与主要问题，改革的方法是长短结合，长期而言要以深化要素改革为核心，短期而言则要打好“五大歼灭战”；改革的核心是以政府为核心的各类制度创新与制度供给，改革的目标是通过更好地发挥政府作用进而发挥市场配置资源的决定性作用，提高我国供给体系的质量与效益。

一、当前我国急切呼唤深化供给侧改革

过去三十多年，我国经济实现了年均近10%的高速增长，经济规模在世界各国当中的排名由第十位上升到第二位，占全球经济总量的比重由以前的不足2%上升至10%左右。这一成就的取得，主要是在以经济建设为中心的基本路线指导下，从总供给角度，以制度供给和结构调整为核心，推动经济体制从计划经济向市场经济全面转轨所释放的惊人的制度红利，也与1998年我国政府以极大决心与勇气加入WTO，迎来新一轮制度变革大潮，主动融入国际贸易与全球化市场有关。

回望过去，尽管正确的需求管理对中国经济成长功不可没，但供给侧的系列重大制度变革才是中国经济增长真正的、最强劲的动力。但总体而言，一个完善、健全、规范的市场经济体制还没有完全建成，政府与市场的关系仍然没有厘清，还存在着很多政府对市场的不当管制与干预，在影响经济长期增长的供给侧要素方面，存在着严重的“供给约束”与“供给抑制”。这是推进供给侧改革主要的根本原因。

1. 人口红利下降，劳动力成本上升

我国人口总量世界第一。改革开放以来，以农民工为代表的农村人口向城市、向工业的巨量转移是支持我国获得当今经济发展的主力贡献因素之一。但是，据学界测算，在2011年前后，我国劳动力转移的“刘易斯拐点”已经出现，以数量为特征的劳动力转移对于中国经济的贡献度颓势已现，近年在各地不断出现的民工荒、招工难以及劳动人口工资明显上升，对此就是明证。与此同时，我国人口结构已呈现明显老龄化。有研究表明，在未来十年间，我国老龄化社会程度将超过日本，超过我国经济发展的速度。通观全球人口与国力的变化史，人口基数与结构的变化对国力、国运有着长远而决定性的作用。

2. 土地管理制度僵化，自然资源消耗过多过快

由于种种原因，我国土地及相关自然资源管理方面存在的供给抑制十分明显。

随着城镇化的发展，大量邻近城市的农村土地通过各种形式转化为城市发展用地，这本是城市化的题中应有之义。但是，由于现行土地制度管理过于僵化，导致大量农村土地在转为城市用地的过程中，利益天平过多偏向地方政府和房地产开发商，引发诸多激烈的社会冲突与群体性事件。在这种情形下，另一种声音以保护农村、保护农民的口号下，阻止市场与工商力量向农村的扩散，又从另一个角度延误了农村在现代化大潮中应有的发展，使我国本来就十分巨大的城乡差距迟迟得不到弥合。归根结底，这与现行土地管理制度缺乏在城市化背景下的走向判断有密切关系，与土地制度本身涉及到各相关群体的巨大利益调整高度相关，是制度供给滞后的另一个例子。除土地之外，我国其他各类自然资源方面，也存在着定价机制缺失以及政府发展经济的强烈动机之下的粗放使用，已经造成了近年来各方面有深切感知的、公众意见十分强烈的各类水、土、气污染问题以及资源能源过多过快消耗等严重问题。

3. 金融抑制明显，对实体经济支持不足

无论是从外汇储备还是国内储蓄上看，我国都是世界上“最有钱”的国家。但从资本的使用效率上看，从实体经济得到资金活动滋养的程度上看，我国金融领域存在的供给抑制与供给约束居全世界之冠。一是利率市场化到现在仍然只走了三分之二的路程。二是金融市场主体 “大小不均”，主体国有比重过大而民资、外资比重过低、超级银行占比过大、中小型金融机构占比过小。三是资本市场结构不合理，主板市场占比过大而创新板、新三板、场外股权交易市场高度不发育。这些导致长期以来我国对经济增长贡献最大、对就业贡献最大的广大中小企业得不到合理的融资支持，实体经济升级“突破天花板”得不到支持，“三农”领域的金融支持始终盘桓于政策倡导层面而实质性进展十分缓慢的主要原因。

4. 科技教育体制僵化，创新“驱不动”

各方公认，当前我国经济增长的动力机制应当而且必须转向创新驱动。早在党的十六大文件中，就提出了建设创新型国家。但从进展上看，科技与经济“两张皮”的格局还未得到根本扭转，一方面我国科研人员的论文发表数、专利申请数快速增长、名列世界前茅，另一方面科技成果向产业、市场的转化率不到10%。究其原因，还是因为激发科技人员、企业创新研发的体制机制不畅通。一是科技成果转化的激励机制明显滞后，二是知识产权保护不力。三是人力改善供给机制被行政化、违反规律的落后制度机制而扼杀，创新人才还未充分涌现。四是狭窄的部门利益阻碍，这在今年以来互联网在与传统产业结合过程中，各类磕磕绊绊的事例中特别明显。

5. 政府管理与改革不到位，制度供给严重滞后

政府是垄断性供给制度的主体。改革开放以来我国经济社会获得的巨大增长与政府管理理念的调整、方式的转化、体制机制的不断优化有着极其密切的关联。但是，随着改革进入深水区，各类利益纠葛日渐复杂，当下政府在供给端以改革为取向的系列制度方面已经大大滞后。一是关键功能不到位，市场经济条件下，政府的主要功能是市场监管，公共服务与社会管理等远未到位，目前各地一再呼吁的“多规合一”始终未有实质性进展，2015年6、7月份震动国内外的“股灾”就是其中的典型事例。二是关键领域改革不到位，如上文提及的土地改革、金融改革、国企改革、收入分配改革、人口战略调整等，慢于社会预期。三是政府支持经济发展手段方式陈旧，仍然习惯于替代市场，习惯于以“政”代“经”。以“补贴”、“优惠”代替扎实的市场环境与市场基础建设，近期在政府主推的棚改、中心市区交通体系等方面就可以清楚地看到。四是“简政放权、放管结合、优化服务”的质量与效果还有待提升，大众创业、万众创新面临的实质性门槛仍然比较高。

此外，在涉及市场环境与体制机制的其他方面，也还面临着一系列约束，如公平竞争的市场环境、居民收入分配差距明显、区域发展不协调、社会保障制度不健全，社会的公平正义有待加强。这些都表明，我国建立市场经济体制的任务还没有完成，距离市场机制发挥配置资源的决定性作用方面还有待努力。

二、供给侧结构性改革的重中之重是制度创新

2015年11月，习近平总书记在中央财经工作领导小组第十一次会议上强调，要推进供给侧结构性改革，引发各界高度关注，被认为是高层经济思路上的重大变化。随后，中央经济工作会议对于如何推进供给侧结构性改革进行了重点部署。

制度经济学代表人物之一、美国著名经济学家舒而茨说过："任何制度都是对实际生活中已经存在的需求的响应"。随着中国经济进入转型升级的新阶段，一些制度体系已严重滞后，进而提出了创新制度供给的迫切需求。所有这些需求加起来，可以概括为一句话：发挥市场配置资源的决定性作用与更好地发挥政府作用。这主要是因为，虽然我国实行社会主义市场经济体制已有三十多年了，但迄今为止，在影响经济增长至关重要的土地、劳动力、资本、创新等要素方面，还存在着十分明显的供给抑制与供给约束。现在制度结构、生产结构已经不能满足庞大中等收入家庭升级换代后勃兴的新需求，不利于中国潜在经济增长率的释放。正是基于此意义，党的十八届五中全会提出了"释放新需求，创造新供给"。

居于制度创新之首，应当是政府管理经济、社会方式的创新。具体表现在深入推进"简政放权、放管结合、优化服务"的行政审批制度改革，以管住、管好政府这支"看得见的手"。通过严格规范政府的行权方式，做到廉洁、高效、透明、公正、公正、公开，一方面优化合法经营、公平竞争、高度法治的市场环境，另一方面也要加强政府对市场的监管和规范，增加公共产品和公共服务的提供。目前，行政审批制度改革已进入深水区，诸多系统性、基础性问题正浮出水面，进一步深化改革不仅需要决心与勇气，更需要改革的系统设计与专业化的技术解决方案。政府在这方面可以作为的空间还很大。当前最重要的是明确政府的权力边界，以自我革命的精神，在行政干预上多做"减法"，把"放手"当作最大的"抓手"，同时切实履行好宏观调控、市场监管、公共服务、社会管理、保护环境等基本职责。

其次，深入推进财税改革，形成政府与公民、中央与地方之间稳定的经济关系以及规范的政府财政管理制度。财政是国家治理的基础与重要支柱。两年来，财税

改革的力度很大，也取得了一些进展。但在当前经济下行、财政收入增速放缓的情况下，推进财税改革的外部环境正在变得现实而严峻。今后一个时期，财政改革既要兼顾与其他改革之间的协调配合，自身更要向纵深推进，需要啃下多个“硬骨头”，如房地产税、个人所得税改革、中央与地方事权改革、地方收入体系重构、预算管理基础制度建设、PPP等。这些都是十分复杂而牵动全局的改革，但对提升国家治理体系与治理能力现代化都具有十分重要的意义，是制度创新的重要内容。

最后，在“管住权”、“管住钱”的同时，还要积极推进国有企业改革、收入分配制度改革、社会保障制度改革等，以营造良好的市场竞争环境，促进社会的公平正义。

三、供给侧改革的主战场是要素市场改革

结合中国的实际情况，当前供给侧改革的重中之重是对要素市场进行全面改革，以真正发挥市场在配置资源方面的决定性作用，全面释放经济社会活力。这是因为长期而言，要素的数量和质量，从根本上决定着一国经济增长的效率。目前，我国五大关键要素都面临着制度陈旧、不适应市场经济发展需要的情况，需要进行深入改革。

1. 立即调整人口政策，从控制人口数量转向实施人力资本战略

人是经济增长最根本的因素。随着我国人口红利的消失，老龄化社会的阴影正在逼近。必须尽快、果断调整我国人口政策。一是在十八届五中全会宣布全面“放开二孩”后，还应动态推进，后续优化，严密监控政策效果，做好应对不同情况的政策储备。二是切实将以计划生育为核心的人口控制，过渡到以优生和提高人口质量为核心的人口战略，并进一步改写为教育和提升创新能力为核心的人力资本战略。三是促进人口流动、适当吸引移民也应当成为我国人口政策的重要内容。四是尽快完善与人口流动密切相关的户籍制度改革、社会保障制度改革等，真正形成全国统一的劳动力市场。

2. 审慎推动土地制度改革，建立城乡统一的土地流通制度

土地是“财富之母”，土地制度是国家的基础性制度，也是供给管理的重要内容。土地制度改革关系到重大利益格局的调整，最需要长远谋划、审慎落子。当前，土地制度改革的焦点主要集中在农村集体经营性用地、农民承包地和宅基地等方面。对此，我们建议尽快落实十八届三中全会《决定》中的有关精神，赋予农村集体经营性建设用地出让、租赁、入股的权能，明确农村集体经营性建设用地入市范围和途径；建立健全市场交易规则和服务监管制度。全面推动农民承包土地使用权的确权、流通、转让、租赁制度，保护农民的合法权益。探索农民住房保障在不同区域户有所居的多种实现形式。建立兼顾国家、集体、个人的土地增值收益分配机制，合理提高个人收益。缩小土地征收范围，严格界定公共利益用地范围；规范程序，公开信息；建立对被征地农民的合理、规范、多元的补偿和保障机制。

3. 深化金融改革，全面解除“金融抑制”

金融是现代经济的核心。目前，我国金融市场结构失衡、功能不全，金融抑制比较明显，应全面推进金融改革。一是进一步深化金融机构特别是国有控股商业银行改革，适当降低国家持股比例，提升社会资本持股比例。二是加快民营银行的发展，积极发展一大批社区银行、村镇银行，以形成结构合理、功能互补的银行业生态体系。三是大力发展多层次资本市场，在继续完善主板、中小企业板和创业板市场的基础上，积极探索覆盖全国的各类产权交易市场、“大资产管理公司”等。四是全面放开存贷款利率管制，实现资本市场化定价。五是改革金融业监管体系，加强不同监管部门的统一领导与相互协调，合理界定中央和地方金融监管职责，实施分地域、分层监管。六是积极推动人民币国际化。

4. 全面实施创新驱动战略，建设创新型国家

创新是十八届五中全会提出的 “五大理念”之首。对于今日之中国，其重要性无论怎么强调都不过分。当务之急是科技创新和产业创新，努力实现科技与经济的融合，在高端“买不来的技术”领域靠原始、自主创新艰难前行，在中高端依靠全面开放和“拿来主义”、“引进、消化吸收再创新”与“集成创新”结合，最终建成“创新型国家”。与此同时，还必须改革科技管理体制、科研成果转化办法、加快高等教育改革，为创新培养更多人才。切实加强知识产权保护，提供强大的创新激励。

5. 切实以改革为企业经营创业活动减负，激发微观经济活力

企业是市场经济的第一主体。当前，我国企业效益不佳，投资动能缺失，是影响经济下行的主要因素之一。结合当前企业的实际情况，应从以下几个方面着手，切实为企业松绑、减负。一是进一步简政放权，降低门槛、减少企业的准入控制，同时改革监管方式，优化服务，推动全国统一的行政审批标准化改革、建立覆盖所有法人、自然人的全国性信息信用系统，执行统一的市场监管规则，以此最大程度地减少社会交易成本，为企业创造良好的经营环境。二是适度降低我国社保缴费率，同时加快推进、实施社会保障全国统筹，释放制度红利。我国现行各类社保缴费高达40%左右，居全世界前列，明显偏高。特别是在当前工资水平显著上升的背景下，已成为企业不可承受之重，应当适度降低，以此形成的社保资金缺口，要转向尽快建立全国统筹的社保体系、调入国资经营收益等方式来解决。三是进一步推进清理收费改革。要通过继续推进行政审批制度改革，削除各类收费滋生的制度性根源，彻底切断行政审批与收费之间的利益机制。要分类重建收费管理的体制机制，“准税收”性质的收费、基金尽快调入一般公共预算，“使用者付费”性质的收费、基金应加强成本核算与信息公开，行业协会、中介组织所提供的服务收费应打破垄断、增强竞争，等等。

四、近期供给侧改革要打好“五大歼灭战”

推进供给侧结构性改革，需要长短并重，一方面在战略上要始终坚持深化要素市场改革，从根本上释放经济社会活力，另一方面在战术上要抓住当前我国经济发展中存在的关键问题与突出矛盾，集中精力打好歼灭战。根据中央经济工作会议的有关精神，近期供给侧改革应重点打好以下五大歼灭战：去产能、去库存、去杠

杆、降成本、补短板。

1. 积极稳妥“去产能”，优化供给结构

由于种种原因，当前我国钢铁、煤炭、水泥、电解铝等制造业领域存在着严重的产能过剩，一方面造成这些行业利润率下降，经营风险增大，另一方面也占用了大量的土地、金融、人才资源，不利于整个经济体的调整与转型升级。今后一个时期，要以创新来优化供给侧的动力结构，倒逼市场出清，为此要出台全面配套的政策体系，因地制宜、分类有序处置，妥善处理保持社会稳定和推进结构性改革的关系。要重拳治理僵尸企业，淘汰落后产能。要加快行业的跨界兼并重组，消化过剩产能。要实施“走出去”战略，加快过剩产能的国际转移。要严格控制增量，防止新的产能过剩。

2. 多举并重“降成本”，提升供给能力

降低企业成本是帮助企业摆脱当前困境、保持竞争优势的需要。当前，我国各类制度性交易成本过高，企业负担很重，需要从制度、财税、金融、社保、流通、能源等多个领域发力，打出降低企业成本的“组合拳”。一是深入推进行政审批制度改革，进一步降低制度性交易成本。二是深化金融体制改革，降低企业融资成本。三是深化财税改革，清费立税，以清理、规范各类收费和政府性基金为重点，降低企业实际负担。四是深入推进价格改革，尽量发挥市场定价功能。五是适度降低各类社保缴费率，缓解劳动成本的上升趋势。六是推进电价市场化改革，完善煤电价格联动机制，降低企业用电成本。七是推进流通体制改革，降低物流成本。

3. 重拳出击“去库存”，清除供给冗余

目前，我国房地产库存严重过剩，已成为拖累经济、延滞改革的重要因素。今后一个时期，要以化解房地产库存为重点，促进房地产业健康发展。一是要推进农民工市民化，深化户籍制度改革，稳步提升常住人口的城镇化率，从而扩大房地产的消费基础。二是建立租购并举的住房制度，大力发展以住房租赁为主营业务的专业化企业，鼓励社会资本和投资机构介入公租房、廉租房市场，逐步做把公租房制度扩大到所有的非户籍人口。三是完善住房政策性金融制度，建立健全我国住房政策性金融体系。四是鼓励房地产开发企业顺应市场规律调整营销策略，适当降低商品住房价格，提高行业集中度。

4. 雪中送炭“补短板”，扩大有效供给

所谓“补短板”，就是培育和升级经济转型过程中维持经济中高速增长的主要动力，可以理解为供给侧改革的“加法”。当前，“补短板”的重点是以下几个方面：一是补民生短板，到2020年彻底解决7017万农村贫困人口的脱贫问题。二是补教育短板，建设现代职业教育体系。三是补医疗短板，深化医疗卫生体制改革。四是补养老短板，全面放开养老服务市场。五是补城乡基础设施短板，加快城际铁路、地铁、地下管线、互联网、教育、医疗、文化设施等新一代公共基础设施建设，同时改善贫困地区交通等基础设施，大力推进公共服务均等化。六是补“三农”短板，发展现代农业。

5. 防范风险“去杠杆”，确保供给安全

2008年以来，中国非金融企业和政府部门的债务占GDP比率（即“杠杆率”）整体呈上升趋势，如果管控不当，就可能引发金融风险，必须努力防范化解。一是要有效化解地方政府债务风险，做好地方政府存量债务置换工作，完善全口径政府债务管理，改进地方政府债券发行办法。二是要加强全方位监管，规范各类融资行为，开展金融风险专项整治，坚决遏制非法集资蔓延势头，加强风险监测预警，妥善处理风险案件，坚决守住不发生系统性和区域性风险的底线。三是加快金融体系再造，建立多层次金融服务体系。

总之，当前我国引入供给侧结构性改革，既是因应国际经济形势的剧烈变化所需，也是基于我国经济发展中存在的突出矛盾与主要问题，改革的方法是长短结合，长期而言要以深化要素改革为核心，短期而言则要打好“五大歼灭战”。改革的核心是以政府为核心的各类制度创新与制度供给，改革的目标是通过更好地发挥政府作用进而发挥市场配置资源的决定性作用，提高我国供给体系的质量与效益，为全面建成小康社会和实现中华民族伟大复兴的中国梦夯实制度基础。

主要参考文献：

[1] 国家行政学院经济学教研部编著. 中国供给侧结构性改革[M]. 北京：人民出版社，2016(1).

[2] 贾康,苏京春. 新供给经济学[M]. 山西：山西经济出版社，2015.

[3] 冯俏彬. 供给侧改革的核心是制度创新[J]. 瞭望中国.298.

[4] 冯俏彬. 深化供给侧改革:增强经济发展新动能[J].行政管理改革.2015,(11).

[5] 华夏新供给经济学研究院课题组. “十三五”时期的供给侧改革[R]. 国家行政学院学报. 2015(6).

我对供给侧结构性改革的一点新理解

徐诺金

供给侧结构性改革是当前我国宏观经济正在发生的重大变革，是我国各项工作适应新常态、引领新常态的大逻辑。正确理解这个大逻辑，需要结合中国经济发展中的现实问题，持续加强对习近平总书记系列重要讲话、中央经济金融管理政策以及各地推进供给侧结构性改革的实践进行学习、思考。根据我对供给侧结构性改革理论实践的学习和观察，结合自己近几年对我国宏观经济问题的一些研究，我谈几点自己的新看法：一、供给侧结构性改革是我国政治经济学的重大理论创新；二、全面正确理解供给侧结构性改革关键在要抓住改革这个根本；三、推进供给侧结构性改革要正确处理好五大核心关系。

一、供给侧结构性改革是我国政治经济学的重大理论创新

毛主席说，没有革命的理论，就没有革命的实践。同理，没有正确的经济理论，也就没有成功的经济实践，因为实践离不开理论的指导。用现代宏观经济学鼻祖凯恩斯的话来说，我们每个人，无论你是凡夫俗子，还是达官贵人，甚或是自认为不受任何理论影响的实践家，往往都是某个理论或思想家的奴仆。中国革命和建设的成功与失败，都与我们应用的理论正确与否有关。革命时期不说，就1949年以

来的建设时期，我们在所谓计划经济年代，否定个人自私动机，否定商品货币关系，以阶级斗争为纲，搞计划、靠行政，使国家和人民付出了高昂的代价。1978年以来的改革开放，提出以经济建设为中心，承认了个人利益动机，承认了商品货币关系，从农村土地经营家庭联产承包改革入手，推动以市场化为基本取向的一系列改革，使我国在前后不到30年的时间里取得了西方发达国家上百年才完成的经济社会建设成就。这其中的关键就是我们的理论正确了，方向找对了，方法对头了。归纳总结起来，这个时期的成功是邓小平理论的成功，是中国特色社会主义市场经济改革取向的成功，是对内改革对外开放政策的成功。如果说在革命斗争年代，是马列主义基本原理与中国革命具体实践相结合产生的毛泽东思想指导中国革命取得胜利，我们也可以说1978年以来中国改革开放的成功是人类社会市场经济基本原理与中国经济建设具体实践相结合产生的有中国特色的社会主义市场经济理论即邓小平理论所取得的成功。

供给侧结构性改革理论是社会主义市场经济理论的继承和发展，是具有中国特色、中国风格、中国气象的政治经济学，是对当代中国社会主义政治经济学理论的丰富和发展，是对中国经济发展过程中一系列重大问题的最新回答，也是对中国经济理论中一些认识误区的纠偏和澄清。

（一）供给侧结构性改革理论回答了中国经济发展的阶段性特征问题

这就是中国经济经过三十多年的发展所面临的主要矛盾正在从量变为质，即从过去如何最大限度地满足人民群众日益增长的物质和文化需求，演化转变为如何最大限度最有质量地满足人民群众日益增长的更高层次更多样化的物质和文化需求的问题。所以，当前第一要务仍是发展，但这里的发展是更有质量、更有层次的发展，不仅指量的做大，更要讲质的提升。我们既要讲量，也要讲质，是质和量相统一的发展，绝不能以一个代替另一个。因此理论界少数专家学者和实践中的部分同志只唯量、不顾质，只唯速度、不顾环境与效益，或相反以质取量、轻视甚至否定发展重要性的偏向都是错误的。

（二）供给侧结构性改革理论回答了中国经济发展的目的问题

中国经济是社会主义市场经济，发展的手段是市场，目的是社会主义，目标是实现公平正义共同富裕。这就要求我们必须解决社会公平问题，社会正义问题，极端贫困问题。在这方面，我们理论界也存在只重视市场而轻视对市场的道德约束，轻视市场竞争过程中的分化结果，轻视运用政府、运用国有体制弥补和解决市场失灵的必要性的问题。

（三）供给侧结构性改革理论回答了经济发展过程中如何重构中国发展优势、实现与自然、与社会、与世界和谐发展的问题

这就是创新发展、协调发展、绿色发展、开放发展、共享发展。国家为此推出了一系列重大的发展战略和措施。在这个方面我们的理论界却存在短视、片面、封闭的倾向。比如在总结过去的发展得失时，有人把发展和环境对立起来，认为过去发展中的环境恶化是发展带来的，是片面追求GDP的结果，为了追求绿色，进而否定GDP的重要性；讲创新发展时，有人离开资本、投资及其他基本生产要素的投入去讲创新；讲对外开放时总是以“货币战争”思维，讲零和博弈；讲激励机制时，只讲如何扩大收入分配差距，只讲降低成本，不讲劳动保护、共享发展。这些观点都不符合社会发展规律，不符合社会主义市场经济的发展目标，而供给侧结构性改革理论激浊扬清，是对这些观点的纠偏。

（四）供给侧结构性改革理论指出了当前中国经济发展中的主要问题在供给侧、在结构性、在改革

因此，中国经济发展的着力点要围绕供给侧来进行，主要解决供给如何更好地适应需求的问题；中国经济发展中要解决的主要矛盾是结构性的体制机制保障和供求关系的结构性失衡，因而不需要把整个体制机制推倒重来或对供求关系全面调整；中国经济发展中结构性问题的解决关键靠改革，改革要问题导向，围绕体制机制中阻碍市场供求关系调整的问题一个一个地去解决，有什么问题解决什么问题，不扩大，也不回避，攻坚克难，久久为功。

二、供给侧结构性改革的目标是发展本质是改革

（一）要全面准确理解供给侧结构性改革理论，先要正确理解西方经济学理论框架及学术渊源

从古典经济学提出财富的源泉理论到现代经济增长理论，所要回答的基本问题就是财富的生产、交换、流通、分配四大问题。由于回答问题的角度、理念不同，产生了各种经济学理论流派及其政策主张。古典经济学认为，财富或经济增长取决于土地和劳动投入，可以用威廉·配第的名言“劳动是财富之父，土地是财富之母”来精炼地表达。可以及用等式表示为：

$$S=F(L, La)$$

式中，S代表财富，L代表土地，La代表劳动。

随着经济进入以资本为主的阶段，资本在财富的生产中占据了越来越重要的地位，也是财富的源泉，也要参与财富的分配，所以，若用K代表资本，则财富生产函数变为：

$$S=F(L, La, K)$$

随着技术创新的加快，在财富或经济增长中的作用越来越突出，财富生产函数又扩展为：

$$S=F(L, La, K, T)$$

式中T代表技术创新。

随着东西方制度竞争的结果差异出现，人们发现制度的关键作用，即制度也决定财富的生产效率和分配结果。如果用In表示制度变量，现代经济增长函数的完整形式是：

$$S=F(L, La, K, T, In)$$

以上是从财富生产的角度研究财富的源泉问题。随着社会生产力的发展，财富如何实现的问题变得突出。二十世纪二三十年代的全球资本主义危机，使古典经济

学“供给自动创造需求”的理念受到挑战，直接催生了凯恩斯主义，产生了宏观经济学，供给的实现问题受到重视。根据凯恩斯分析，供给不一定能够自动创造对自己等量的需求，因为需求的实现受到三大因素的制约，一是边际消费倾向递减规律；二是投资边际收益率下降规律；三是流动性陷阱的存在。这三大因素会导致有效需求不足，形成供需缺口，阻碍经济自动实现供求均衡和良性循环。因此，根据凯恩斯的分析，需求也是影响财富生产的重要因素。如果我们也用函数来表达，则财富生产函数变为：

$$S=F(L, La, K, T, In; D)$$

式中D代表总需求。而对于总需求，又有

$$D=C+I+X-M$$

其中C表示消费，I表示投资，X表示总出口，M表示总进口，即总需求由总消费、总投资和净出口构成。将其代入财富增长函数，得到

$$S=F(L, La, K, T, In; C+I+X-M)$$

这个总函数说，现代经济运行不仅受到供给侧的影响，而且受到需求侧的影响。凯恩斯研究的核心问题是如何使$S=D$的问题。因此，凯恩斯主张利用宏观调控，即财政赤字和宽松的货币政策，去弥补有效需求的不足，恢复供求良性循环。这一理论我们可以称之为凯恩斯定理，即需求自动创造供给。

凯恩斯主义确实拯救了资本主义，至今为止，西方宏观经济政策的主流理论基础还是凯恩斯主义，即离不开通过扩张性的财政政策和宽松的货币政策去扩大总需求，通过需求去拉动经济，这在2008年次贷危机之后美国和欧洲应对危机的政策中表现得非常充分。

当然，应用凯恩斯主义政策是有前提的，关键是要有剩余潜在生产能力的存在，只有在这个前提下，凯恩斯主义定理才成立。忘记这个前提，只看凯恩斯定理的字面意思，容易得出只要扩大需求就会产生供给、只要扩大消费就能扩大生产的荒谬结论。实践中，西方政策实用者在上世纪曾经长期陷入这一误区，过度使用凯恩斯主义经济刺激政策，最终导经济陷入“滞胀”困境。为了全面理解这个前提，我们有必要区分一下现代经济增长的两种含义，即现实增长和潜在增长。

我把现实增长定义为利用潜在生产能力实现生产的财富数量，即我们现在统计公布的GDP。除了GDP以外，其实还有另外一种不同意义的增长，即潜在生产能力的大小及其变化情况，我们可以定义为潜在增长，这实际上相当于我们传统政治经济学中的生产力水平。根据前面的分析，我们可以这样表达，

潜在增长：$Sa=F(L, La, K, T, In)$

现实增长：$S=F(Sa, D)$

由此可见，潜在增长能力的大小，主要取决于各生产要素的实际投入数量及技术创新水平，以及在制度环境作用下，全要素生产力的发挥程度；而现实增长不仅取决于潜在生产能力的大小，而且取决于总需求的大小，一般用常态下生产能力的平均利用水平来代表。它们之间的关系是，在现实增长小于潜在增长时，需要扩大需求，摧热经济；当现实增长大于潜在增长时，要控制需求，冷却经济。这实际上就是凯恩斯主义的基本原理，各国多年的政策实践还告诉我们，凯恩斯主义的作用区间只在潜在增长能力利用不充分的时候，如果超过潜在能力，经济就会产生通货膨胀，对治理通货膨胀，凯恩斯主义并不灵光。

上个世纪70—80年代，由于过度使用凯恩斯主义而在西方世界引起“滞胀”，在对凯恩斯主义的批评与反思中产生了以货币主义和供给学派为代表的新自由主义学派。面对“滞胀”问题，货币主义主张运用货币政策改革控制货币供应量去管理需求，而供给学派则认为，是供给侧出了问题，应通过私有化、放松管制、减税等措施去激活企业，激活市场，从而实现供求良性循环，促进繁荣，走出滞胀。

从上述分析中，我们可以得出以下结论：

1. 一个社会的发展，关键是如何最大限度的提高潜在生产能力，即我们所说的提高生产力水平。

2. 真正决定潜在生产能力即生产力水平的变量是制度、土地、劳动、资本、技术等所有供给侧生产要素。

3. 投资、消费、净出口决定潜在生产能力的利用程度，即现实增长。投资影响资本数量的形成，进出口会涉及到技术和资本的引进，进而对潜在生产能力起作用。但消费变量并不会影响潜在生产能力的形成。因此，主张用消费取代投资来推

动经济增长的观点在理论上是站不住的，是错误的。

4. 供给侧和需求侧是经济运行的两个方面，两者都重要，但是不同时期更注重哪一侧，则取决于经济运行的不同情况，不能一概而论。

（二）要全面准确理解供给侧结构性改革理论，必须理解中国新供给经济学的产生及政策主张

中国新供给经济学是近年来由洪崎、贾康、滕泰、徐林、姚余栋、黄剑辉等一批跨部门跨行业跨领域跨学科的民间智库2010年前后在反思2008年以来的危机管理政策基础上产生的，是对中国经济下行趋势的一种理论与政策反思。其主要理论研究成果和政策主张集中反映在《新供给：经济学理论的中国创新》、《新供给经济学：理论创新及建言》、《新供给经济学》等由中国新供给经济学50人论坛成员出版的系列专著中。他们通过对主流经济学理论框架的反思和对我国现实经济问题的深刻思考，提出了以“供给侧”改革应对中国经济问题的思路。

以贾康为代表的部分新供给经济学家经过对经济学理论和政策实践的考察，形成的新供给理论主要观点及政策主张，可以简单地用“三破”、“四立”、“八双”、“五并重”来概括。

1.“三破”

经过对西方经济学界主要理论和政策实践的考察，他们指出当前西方主流经济学理论研究存在三大不足。

一是认知框架存在不对称性问题。古典经济学、新古典经济学和凯恩斯主义经济学各自强调不同的角度，都有很大的贡献，但是共同的失误在于，他们都在理论框架里假设了供给或需求的一侧，然后主要强调对另外一侧的深入分析，并单单在这方面形成政策主张，都存在着偏颇的不对称性问题，其中，尤其以凯恩斯主义盛行以来经济学界过分强调需求侧管理带来的问题为甚。

二是信赖完全竞争假说，只关注总量问题而对结构性问题关注不足。完美市场和完全竞争是西方经济学的核心假设，在此假设下，政府只需要关注经济总量问题并进行相应的总量调控，而市场会通过完全竞争引导资源配置、自动解决结构性问题。这次金融危机的出现以及西方政府的主要应对实践，均显示了以上理论的缺陷。本轮世界经济危机的起因，就在于美国房地产业和金融衍生品交易等局部风险的暴发而带来了全局性的危机。美国等发达市场经济在应对危机的实践中，关键性的、足以影响全局的操作，也首推他们实行的一系列区别对待的结构对策和供给侧手段的操作，比如美国对部分金融机构“区别对待”的政府注资等，这些在他们自己的教科书里面也找不出清楚依据，但在运行中却往往得到了特别的倚重与强调。

三是过度信赖完美市场，对政府在供给侧管理中发挥作用的认识落后于实践。比如，从上世纪八十年代亚科卡自传所强调的重振美国之道的关键是“产业政策”，到近年奥巴马国情咨文所提到的从页岩油革命到3D打印机，再到制造业重回美国等，美国的实践对经济产生了一系列积极效果，但被人们推崇的经济学文献和理论界的代表人物对此均很少提及。其实政府主导的这些政策都不是对应于教科书的认知范式，而是很明显地以现实重大问题为导向，以从供给侧发力为特色。不客气地说，本应经世致用的经济学理论研究，在这一领域，其实是处在被实践远远抛在后面的“不够格”状态。

2.“四立”

针对主流经济学的不足，尤其在解释和指导类似于中国这样的转轨经济发展实践中的不足，贾康等经济学家做出了全面反思和系统性思考，直接促成了中国新供给经济学一系列研究成果的产生。其理论观点主要体现在以下几个方面。

一是在新的经济学基本框架中强化供给侧的分析和认知。他们在基础理论层面明确指出人类社会不断发展的主要支撑因素，从长期来看是有效供给对于需求的回应和引导，供给能力在不同阶段上的决定性特征形成了人类社会不同发展时代的划分。同时承认需求在这方面的原生意义也是不可忽视的。人有需求才有动力、才要去追求各种各样的可用资源。他们从供给能力在不同阶段特征上的决定性这样一个视角，强调不同发展时代的划分和供给能力、以及与“供给能力形成”相关的制度供给问题，具有从基础理论层面发生而来的普适性，也特别契合于在中国和类似的发展中国家怎样完成转轨和实现可持续发展方面的突出问题。通俗来讲，新供给经济学在处理“生产产品满足消费”这类现实生活中的需求侧问题的同时，解决“生产什么”和“如何生产”的供给侧问题——尤其是“制度供给怎样优化”的问题。

二是正视现实而加强经济基本理论支点的有效性和针对性，比如把“非完全竞争”作为深入研究的前提确立起来。非完全竞争是资源配置的真实环境，牵涉大量的供给侧问题。过去经济学所假设的“完全竞争”环境，虽带有大量理论方面的启示，但它毕竟只是一种极度简化的模型。现在讨论问题，应放在非完全竞争这样一个可以更好反映资源配置真实环境、涵盖种种垄断竞争等问题的基点上，来升级、扩展模型和洞悉现实。需求分析主要处理总量问题，指标是均质、单一、可通约的，但供给分析要复杂得多，处理结构问题、制度构造问题等，指标是非单一、不可通约的、更多牵涉到政府—市场基本关系这种核心问题，必然在模型扩展上带来明显的挑战和非比寻常的难度，但这却是经济学创新与发展绕不过去的重大问题。更多的中长期问题和“慢变量”问题，也必然成为供给侧研究要处理好的难题。过去经济学研究中可以用一句话打发掉的“一般均衡”或通过“反周期”调控中可自然解决的结构性问题，新供给经济学认为有必要升级为在非完全竞争支点上的一系列并非完全自然演变的过程因而被纳入供给侧能动因素深入研究。

三是认为市场、政府、非营利组织等主体应各有作为并力求合作，这是优化资源配置的客观要求。在明确认同市场对资源配置的决定性作用的前提下，还需要有的放矢地来讨论不同的主体——即市场和政府，还有“第三部门”（非政府组织、志愿者、公益团体等），他们在优化资源配置里面可以和应该如何分工、合作、互动。在不同的发展阶段和不同的领域，分工、合作、互动的选择与特点又必有不同。由分离、失灵到分工、替代，再由替代走向强调“公私合作伙伴关系（PPP）”式的合作，反映了人类社会多样化主体关系随经济发展、文明提升而具有的新特征、新趋势。

四是强调制度供给应该被充分引入供给侧分析框架而形成一个有机联系的认知体系，使各种要素的供给问题和制度供给问题内洽于同一个体系，发展经济学、制度经济学、转轨经济学、行为经济学等概念下的研究成果，需要加以整合融于一炉。以此来回应转轨经济和中国现实的需求，新供给经济学的核心概念便是更加注重“理性的供给管理”。中国要解决充满挑战的现代化达标这一重要历史任务，必须强调以推动制度和机制创新为切入点、以结构优化为侧重点的供给侧的发力与超常规的“追赶—赶超”长期过程。

3.“八双”

基于对上述问题的理论思考和深入研究，新供给经济学人系统地提出了应对中国现实发展问题的政策主张，即以改革统领全局之下的“八双”和“五并重”。

“八双”的基本内容是：“双创”——走创新型国家之路和大力鼓励创业；“双化”——推进新型城镇化和促进产业优化；“双减”——加快实施以结构性减税为重点的税费改革和大幅度地减少行政审批；“双扩”——在对外开放格局和新的国际竞争局面之下，扩大中国对亚非拉的开放融和，以及适度扩大在增长方面基于质量和结构效益的投资规模；“双转”——尽快落实人口政策的转变，和积极促进国有资产收益和存量向社保与公共服务领域的转置；“双进”——国有、非国有经济发挥各自优势协调发展，共同进步，完善以“共赢”为特征的社会主义市场经济基本经济制度的现代化实现形式；“双到位”——促使政府、市场发挥各自应有作用，双到位地良性互动、互补和合作；“双配套”——尽快实施新一轮“价、税、财”配套改革，和积极地、实质性地推进金融配套改革。

4.“五并重”

“五并重”的基本内容是：“五年规划”与“四十年规划”并重，全面研究制定基于全球视野的国家中长期发展战略；“法治经济”与“文化经济”并重，注重积极逐步打造国家“软实力”；“海上丝绸之路”和“陆上丝绸之路”并重，有效应对全球政治经济格局演变；柔性参与TPP与独立开展经济合作区谈判并重，主动参与国际贸易和投资规则的制订；以及高调推动国际货币体系改革与低调推进人民币国际化并重。

5.滕泰派经济学家对新供给经济理论与政策主张的补充

经过近几年的发展，中国新供给经济学正在成为中国经济学界的主流声音，越来越多的专家、学者加入中国新供给经济学的阵营，在中国新供给经济学的大树上结出更丰硕的果实。这其中最具特色的就是以万博新经济研究院滕泰为代表的经济学家所取得的成果，主要反映在《新供给主义宣言》、《以新供给主义推动中国深层次改革》、《供给侧改革》等专著中。为论述方便，下文把上述以贾康为代表的新供给经济学人称为贾康派，把以滕泰为代表的新供给经济学人称为滕泰派。

滕泰派主要理论基础在于以新供给创造新需求的周期为基础，构建了新供给经济周期理论。他们认为，技术和产业的演进、供给和需求结构的变化，以及供给与需求循环往复的交互作用，是形成经济周期波动的主要力量。从供给和需求结构变化出发，一个完整的经济周期可以划分为四个阶段：（1）新供给形成阶段，此时经济处在新周期的导入期，供给能够创造等量需求。（2）供给扩张阶段，此时新供给内容被普遍接受，新的需求被创造出来，新供给与新需求形成良性促进。（3）供给成熟阶段，该阶段生产技术进一步普及，社会资源纷纷涌向新供给领域，供给数量迅速增加，而需求逐步趋稳，供给自动创造需求的能力开始降低，但供给仍维持惯性增长，社会资源配置效率开始降低，产能过剩开始出现，经济增速回落。（4）供给老化阶段，上一阶段出现并在这一阶段大量累积的过剩供给短期内难以消化，过剩产业资本沉淀不能退出；老化供给不能创造新的需求，造成总需求持续下降；新的供给力量尚未产生，经济整体将陷入萧条期。

任何行业、任何产业都会经历这样一个类似的新供给经济周期。因而，如果一个经济体中大部分行业处于新供给形成和供给扩张阶段，这个经济就会充满活力，其经济增长速度就会提高，整体运行趋势是向上的；反之，如果一个经济体的较多行业处于供给成熟和供给老化阶段，这个经济体的活力就会下降，其经济增长速度就会降低，整体运行趋势就会向下。同时，滕泰派经济学家认为，各行业新供给经济周期的演进，新老供给的交替，有其自身的客观必然性，不管是通过财政政策、货币政策刺激总需求，还是通过计划手段增加或者抑制老供给，都不可能从根本上解决技术周期和供给老化问题。真正应对经济增速下降的办法，是吸引社会资源创造新供给，让新供给创造新需求。为实现这一目标，滕泰派经济学家提出放松供给约束、解除对五大财富源泉的供给抑制，以提高长期经济增长潜力的政策主张。同时，腾泰派经济学家特别重视经济增长中的技术创新、稳定物价、合理分配收入的关键作用，提出以“优化供给结构、提高供给效率”为重点的房价、物价政策，以及以“供给要素贡献和边际报酬”为核心的收入分配机制。

（三）要全面准确理解供给侧结构性改革理论，必须全面系统总结我们改革开放30多年所取得的成功经验，正确看待我们的优势及存在的问题

1. 传统中国优势

我们改革开放30多年来的成功，说到底是围绕供给侧各生产要素和制度，通过改革体制机制，释放各生产要素生产力而取得的成功。我把它归为三大红利，一是制度改革红利，二是人口数量红利，三是对外开放形成的技术资本红利。

（1）改革红利

改革是我国过去三十多年高增长的重要支柱。自上世纪七十年代末十一届三中全会以来，我国从在农村推行家庭联产承包责任制开始，实施了一系列的改革措施，对原有的计划经济体制进行市场化改造，包括国有企业股份制改革、要素价格改革、金融体系改革等，同时在政府部门推行简政放权、财税金融改革等，最终实现从以“计划经济为主，市场调节为辅”到社会主义市场经济体制的过渡，政府的治理能力也在改革中得到提高。改革的深化同时还激活了微观主体的积极性，提高了资源配置效率，促进了经济发展，由此形成了中国的制度改革红利。

（2）人口数量红利

劳动力是经济增长的重要生产要素，劳动力增长是经济增长的重要源泉。新中国成立后鼓励生育的政策，尤其是在60年代末出现的婴儿潮，为改革开放后的中国带来了丰富的青壮年劳动力；随后的计划生育政策对人口生育进行控制，导致中国人口抚养比的大幅下降，从而带来大量的劳动剩余，形成储蓄。我国的高储蓄就是由此而来。根据我国历次人口普查情况，改革开放以来至到2010年左右，我国15~64岁劳动年龄人口占总人口比例一直处于上升阶段。1982年这一比例为61.5%，到1990年上升为66.7%，2000年为70.2%，到2010年左右达到峰值74.5%。青壮年劳动力绝对数量和占比的同时增长，既增加了劳动力供给，降低了劳动力成本，同时以抚养比下降为特征的年轻的人口结构，又为中国带来高储蓄率，为中国的高投资提供了充足的资金来源，共同促成了中国特有的巨大的人口红利，为我国三十多年的高增长提供了源源不断的储蓄和投资支撑。

（3）对外开放红利

伴随改革深入推进的，还有中国开放程度的不断加深。中国的开放从以下三个方面促进了中国的高增长。第一，外资的引进，为中国提供了在相对落后状态下发展经济所紧缺的资本和技术。第二，对外资的开放，提高了国内的竞争程度，促进了技术创新和管理创新，同时倒逼推动了国内改革的顺利推进。第三，随着开放程度的深化，尤其是中国加入WTO后全球化的发展，扩大了中国产品的市场空间，为中国发展外向型经济提供了有利条件。国内外众多实证研究表明，中国从全球化发展中受益很多，这可以看作是促进中国三十多年高速发展的第三个红利来源。

我把这三大红利统称为中国优势。正是这种巨大的人口红利和改革开放带来的制度红利的历史性结合，形成了中国特有的高储蓄现象，为中国的高投资创造了条件。中国正是采取了正确的高投资政策，抓住了历史机遇，促进了中国高储蓄向资本的转化和积累，最终带来了经济的高速增长。

2. 中国优势的未来发展空间

现在这三大优势都在减弱，但仍然存在，并且通过结构性改革仍有释放更多红利的空间。

（1）制度改革潜力

改革是经济发展的持久动力。目前我国已经建立社会主义市场经济体制，但受历史和现实两方面因素的约束，该体制仍不完善，依然存在较多体制机制障碍，阻碍市场配置资源，阻碍政府发挥作用。因此，我们有必要进一步深化制度改革。供给侧结构性改革对我国当前今后一段时期的制度改革都作出了安排，一方面我们要进一步完善社会主义市场经济体制，调整各类扭曲的政策和制度，矫正现存依靠行政手段配置资源带来的要素配置扭曲，进一步激发市场主体活力，充分发挥市场在资源配置中的决定性作用。同时明确政府的权力边界，通过自我革命，减少政府对经济的过多干预，把更多行政资源用于宏观调控、市场监管、公共服务、社会管理、保护环境等核心职责，发挥好政府这只手的作用。

（2）人口结构质量红利潜力

我国劳动年龄人口在2010年前后达到峰值后停止增长，但这并不代表人口红利的消失。一方面，我国劳动年龄人口占比仍然处于较高水平，按照当前的发展速度，人口数量红利还有15~20年的机会窗口期。另一方面，中国人口结构质量红利空间巨大。相对于劳动力绝对数量的增加，以劳动力的教育水平和劳动技能为核心内容的人力资本是影响经济发展的更重要因素。过去三十多年，随着高等教育的普及以及各种类型的培训机构的增加，我国的人力资本水平取得了长足的发展。但相对于发达国家，我国人力资本存量还有很大差距，高等教育在进一步扩大受教人群、提高教育质量方面仍有空间，产、学、研良性互动协调发展方面空间更大。同时中国户籍城镇化率还处在较低水平，第一产业劳动人口占比仍然很高，进一步推进以人为本的城镇化进程，改变“农民-农民工-市民”的不合理比例结构，会为我国经济发展提供强大持久动力。

（3）对外开放潜力

对外开放是促进中国过去三十多年高速增长的重要因素。目前中国仍有较多领域需要扩大对外开放。在国际经贸环境复杂多变的形势下，我们应该在维持已有开放渠道的同时，以“一带一路”和自贸区建设为抓手，打开对外开放新局面；排除贸易保护主义的影响，坚定对全球化的信心；在积极引进来的同时，更加注重本土企业走出去，实现在全球范围内优化配置资源；推动人民币国际化发展，促进更加合理的国际经济金融新秩序的形成。

（四）全面准确理解供给侧结构性改革理论，关键要抓住供给侧、结构性、改革三个关键词

1. 供给侧

供需矛盾是当前我国经济发展的基本矛盾，且矛盾的主要方面在供给侧，即社会生产力的发展满足不了人民群众日益增长和丰富的物质文化需要，当前的根本任务仍是发展社会生产力，通过提高全要素生产率，进一步提高全社会的供给能力。

因此，改革从供给侧着力，主要包括两个层面的内涵：一是短期看，当前经济运行中供给总量不足、质量不高，供给对需求响应速度不快、响应机制不灵活，供给侧的退出机制还不健全等问题并存，供需错配明显；加强和改善宏观调控、改进国民经济管理方式，减少无效供给、增加有效供给、有质量的供给、能满足需求的供给，提高供给结构对需求结构的适应性和灵活性，进而解决经济运行中突出的结构性矛盾，需要从供给侧着力。二是中长期看，实现经济稳定健康可持续发展，需要从供给侧着力。近年来，"三期叠加"、"新常态"、经济增长内生动力不足成为制约我国经济发展的主要因素。需求结构中由于边际消费倾向递减，投资后续增长动力不足，内部需求面临瓶颈制约，外部需求中全球出口见顶回落，中国制造成本优势减弱。此时再单纯依赖刺激需求政策效果只会越来越弱。提高供给侧生产要素活力，通过在供给侧加快培育新动能、改造提升传统优势，发挥中长期潜在增长优势，不断解放和发展社会生产力，成为着眼当前、立足长远，适应新常态、引领新常态的必然要求。

2. 结构性

结构性主要包括两个层面的含义。第一个层面是体制机制方面的结构性矛盾，即着力解决体制机制方面阻碍生产力发展、阻碍市场机制有效发挥作用的结构性矛盾，而不是否定体制机制的主要方面。改革开放以来我国经济的快速发展表明我国业已形成的整体市场经济体制机制框架是符合国情、是完全正确的，改革的主要目的在于解决局部和部分领域仍存在的结构性矛盾和问题，在制度层面破解阻碍生产要素、企业、市场出清的结构性体制机制障碍，不是对整个体制机制框架的否定，更不是推倒重来。第二个层面是供求的结构性错配问题，即产品市场、要素市场、企业市场的结构性矛盾。现实中，一端是供大于求，产能过剩、库存积压；另一端是大量消费外流，贫困人口、低收入阶层基本消费尚未完全满足，2亿多农民工城市无房，西部地区交通不便、基础设施建设滞后、教育医疗欠账等。这种生产与消费的脱节，市场供求的结构性扭曲反映了我国市场调节的灵敏度不足，政府调节的不当，实质上反映的也是体制机制阻碍市场调节的问题。

3. 改革

改革是过去，也是未来中国经济增长的重要源泉。改革既是解决结构性问题的根本办法，也是释放供给侧各要素潜力的关键一招。因此，供给侧结构性改革的本质是改革。这种改革一是要推动统一大市场的形成，构建公正公平的市场竞争秩序，让市场真正发挥决定性作用；二是要更好地发挥政府的作用，要政府把该管的管起来，该做的做起来，不该管不该做的要真正放手，交给市场或社会。改革的目的是真正实现增加供给能力，改进供给质量，提高供给效率。

改革涉及到社会的多个层面：一是在政府和市场层面，主要通过简政放权、放管结合，理清政府和市场的边界，让市场在资源配置过程中真正发挥决定性作用。同时政府也要加强监管、优化服务，大力推进市场法治化进程，构建公正公平的市场竞争秩序，促进各类生产要素在行业间、区域间、部门间的自由、合理、有序流动，推动全国统一大市场的形成。二是在企业层面，通过深化国有企业改革，优化完善市场环境，降低准入门槛，减少行政审批，完善破产重组制度，大力鼓励创新等政策措施，使企业充分竞争，优胜劣汰，激发市场主体活力。三是在个人层面，通过“双创”、“互联网+”等激发企业家精神、工匠精神和创新精神，提高社会创造力。各层面的改革互相配合、协同推进，力争取得最优效果。

（五）全面准确理解供给侧结构性改革理论要防止六种错误倾向

一是避免将供给侧结构性改革仅仅局限于我们平时理解的市场结构、行业结构、产品结构等。供给侧结构性改革不仅包含市场供求的结构性吻合，即行业结构、产业结构、产品结构等方面的结构性均衡与优化，而且更重要的方面是体制机制改革和制度创新。当前我国经济发展面临的突出矛盾和问题，表面上是市场结构问题，实质是体制机制问题。产能过剩与产能不足的并存，库存积压与短缺紧张的并存，重复建设与公共产品不足的并存，反映的都是体制性、机制性矛盾，都要依靠深化改革创新的办法来解决，我们推进供给侧结构性改革核心还在体制机制。

二是要避免满足总量、轻视人均、轻视增长和发展潜力等国情现实。要充分认识到进一步发展、做大做强总量仍是我国当前和未来相当长一段时期内的第一要务。尽管我国经济总量已达全球第二，但人均排名90多位。2015年，我国GDP为67.7万亿元，仅次于美国，但人均GDP只有8000美元左右，与美国、日本、德国、英国等发达国家3.7万美元的人均水平存在很大差距。只有保持足够高的经济增速，才能逐步缩小与发达国家人均收入水平的差距，才能逐步解决城乡差距、区域差距、收入差距等结构性问题，才能解决城镇化、农民工、老龄化等现实问题。当前我国经济的最大问题不是潜在经济增长能力的下降，而是现实增长远远低于潜在增长，原因在于我们轻视增长的重要性。因此，不能简单把扩大经济总量与供给侧结构性改革对立起来。

三是避免把扩大投资仅仅当作凯恩斯主义的强刺激政策而有意回避，或简单理解为短期的需求刺激、低水平重复建设等不可持续的需求侧变量，而要客观全面认识投资在供求两端、在推动技术进步和创新、在推动转型升级中的重要性。投资既是短期需求，又是长期供给，是影响长期潜在增长和短期现实增长的关键变量，是生产要素中最活跃、最关键、最可调节的变量，在短期稳增长和长期促供给中具有非常独特的作用。在推动供给侧结构性改革中，要在深化投资体制改革、优化投资结构、提高投资效率的前提下，最大限度扩大投资规模，因为只有扩大投资，才能推动增长、推动技术进步、推动创新、推动真正的市场结构调整和企业的转型升级。

四是避免把供给侧结构性改革的任务完全归于政府，也不能完全否定政府在其中的应有作用。我们推进供给侧结构性改革，不是搞新的计划经济，而是为了更好发挥市场在资源配置中的决定性作用。要避免计划经济思维，防止行政干预回归。同时要明确政府的权力边界，更好发挥政府这只手的作用，这样，既能充分发挥市场机制在供给侧结构性改革中的决定性作用，也能找到政府在其中的应有定位和作用方式。当前，经济发展中产能过剩、库存积压、杠杆过高、成本过高、存在短板等突出问题，本质上都与市场机制没有真正有效发挥作用有关。要通过改革，放开行业准入，鼓励竞争，政府要确保和维护公平的竞争环境，为市场发挥决定性作用创造条件。要运用市场机制去实现企业出清、劳动力出清、产品出清，通过体制机制改革和制度创新来解决结构性问题，让市场真正在资源配置中发挥决定性作用。

五是避免把供给侧结构性改革作为需求管理的简单替代，供给侧结构性改革不能忽视或弱化需求管理。当前，我国供给侧结构性改革是对多年来过于强调需求管理、忽视供给侧的“纠偏”，但不是全盘否定需求管理，不是离开需求谈供给。这一点，可以借用权威人士的表述，我们“不是实行需求紧缩，供给和需求两只手都得抓，但要主次分明，当前要把改善供给结构作为主攻方向。”事实上，供给侧和需求侧是宏观经济的两个方面，需求引导供给调整，供给创新满足需求，二者相互促进、缺一不可。在市场机制失灵、信心不足、消费与投资都出现收缩的情况下，供需不平衡、不协调、不匹配就会造成市场出现总量上的内向性收缩，现实增长会与潜在增长有很大差距，价格机制会失灵，资源配置效率会下降，必然影响经济的持续稳定发展。这时，矛盾的主要方面是在需求侧，就有必要通过加强需求管理去启动市场、增强信心、复苏经济，激活供求。因此，在供给侧结构性改革过程中，应当同时关注需求管理，适当扩大总需求，释放新需求，根据现实经济的运行情况，使新创造的需求能够激发新供给，使新创造的新供给又反过来能够提高需求潜力、激发更大的需求活力。

六是要防止把供给侧结构性改革当成新自由主义。这一点，习总书记说的明白，“我们讲的供给侧结构性改革，同西方经济学的供给学派不是一回事，不能把供给侧结构性改革看成是西方供给学派的翻版。更要防止有些人用他们的解释来宣扬‘新自由主义’。”我们讲的供给侧结构性改革，无论是它的新供给经济学理论基础，还是主张中对制度变革以及政府这只有形的手作用的重视，还是所要解决问题的中国特色，都同西方供给学派或者新自由主义有着本质的不同。我们要深刻理解其中的差别，避免供给侧结构性改革在推进、落实中走样，给中国经济社会带来新的风险。

三、有效推进供给侧结构性改革关键要正确处理好五大核心关系

（一）正确处理近期稳增长与长期优结构的关系

在经济发展新常态下推进供给侧结构性改革，近期的重点是树信心、引预期、

扩投资、稳增长，加强和改善宏观调控，改进国民经济管理方式。长期的重点在于促改革、转动能、增后劲、抢高点，使国民经济行稳致远。其中，扩投资、优投资是关键，是实现近期稳增长和长期优结构的关键变量，因为投资近期是需求，长期是供给，在平衡短期目标和长期目标中可以起到关键作用。同时要注意，供给侧结构性改革的综合目标在于完善社会主义市场经济体制，提升政府治理能力，理顺政府与市场的关系，实现有效市场和优良政府的有机结合，既能充分发挥市场的决定性作用，又能发挥好政府的作用。要在稳增长与调结构双重目标的追求中，为中国经济建立良好的体制机制，推动综合目标的实现。

（二）正确处理改革与发展的关系，通过改革建立和完善有利于“五大发展理念”的体制机制

党的十八届五中全会提出了“创新、协调、绿色、开放、共享”五大发展理念，集中反映了我们党对经济社会发展规律认识的深化，极大丰富了马克思主义发展观，为我们党带领全国人民夺取全面建成小康社会决战阶段的伟大胜利，不断开拓发展新境界，提供了强大思想武器。其重大意义正如全会所指出的，“这是关系我国发展全局的一场深刻变革，影响将十分深远。”

创新发展是“十三五”时期经济结构实现战略性调整的关键驱动因素，是实现“五位一体”总体布局下全面发展的根本支撑和关键动力；协调发展是全面建成小康社会之“全面”的重要保证，是提升发展整体效能、推进事业全面进步的有力保障；绿色发展是实现生产发展、生活富裕、生态良好的文明发展道路的历史选择，是通往人与自然和谐境界的必由之路；开放发展是中国基于改革开放成功经验的历史总结，也是拓展经济发展空间、提升开放型经济发展水平的必然要求；共享发展是社会主义的本质要求，是社会主义制度优越性的集中体现，也是我们党坚持全心全意为人民服务根本宗旨的必然选择。

简单来讲，改革是手段、是方法，发展是目标、是目的。创新发展、协调发展、绿色发展、开放发展、共享发展要靠正确有效的体制机制和政策去引导，只有通过深化改革，完善体制机制和财税、金融、环保、技术、安全、社会保障等方面的政策法规体系，发展才能真正符合创新、协调、绿色、开放、共享的要求。同时改革的有效推进离不开发展理念的指导，发展理念科学不科学，从根本上决定着改革的成效乃至成败。五大发展理念的提出本身就是一场思想领域的改革，符合并揭示现代社会发展规律，契合中国发展实际，合乎中国两个百年的发展目标，必能经受住历史的考验，推动中国特色社会主义道路越走越宽。因此，未来所有的改革，都应以五大发展理念的要求为指导，只有符合五大发展理念要求的改革措施才会有成效，才会经受住历史考验，取得成功；除此之外的改革恐怕都是折腾，都会是原地踏步甚至会带来倒退。

（三）正确处理“三去一降一补”阶段性重点任务与供给侧结构性改革的长期性之间的关系，防止把“三去一降一补”与供给侧结构性改革等同

供给侧结构性改革与“三去一降一补”有很大的相关性，也有着根本的区别。他们的关系，可用长期与短期、战略与战术、目标与任务来类比。完成战术任务很重要，因为长期战略目标的实现，离不开不同时期一个个战术任务的完成。但如果把战术等同于战略，甚至用具体任务去代替战略目标，往往会迷失战略的方向，也不利于战术任务的完成。

“三去一降一补”是当前阶段供给侧结构性改革的具体任务，抓住了当前经济发展阶段供给侧存在的主要矛盾和问题，但它不是供给侧结构性改革的全部，也不是供给侧结构性改革本质和核心问题。未来一段时期内在供给侧结构性改革推进中，要重点围绕去产能、去库存、去杠杆、降成本、补短板这五个方面的问题来展开，制定针对性极强的措施和办法，使这五个方面的问题得到有效的解决。但更重要的是，要为解决这五个方面的问题建立和完善一套有效的体制机制。因此，我们必须全面准确地理解五大问题的真实情况，找准五大问题产生与存在的真实原因，提出真正有效解决问题的办法。在此过程中，要防止走偏，防止本意要解决问题，实际却制造出更大问题。

譬如去产能。去产能是“供给侧结构性改革”最重要的方面，也是难度最大的方面。因为去产能带来的不仅仅是经济增速的变化，更涉及居民就业、财政收入增长、金融风险等方面的突出问题。去产能的实现，是一项系统工程，是一项需要几年时间才能见效的庞大工程。在去产能时要认识到，我们仍处在社会主义初级阶段，产能过剩是相对的、结构性的，而不是绝对的或者总体的，它同资本主义经济周期中出现的绝对过剩有本质的区别，并且部分过剩产能也仅是当前宏观经济进入下行周期、需求出现暂时性的萎缩的结果，这种情况在所有市场经济中都会出现。因此去产能中要针对不同过剩产能的性质，分门别类制定不同的压缩淘汰目标，而不可只定一个总体目标后对所有行业搞一刀切，或者搞行政指标平均分解。对过剩产能的判断和治理，第一要靠市场来认定无效产能和僵尸企业，通过竞争实现优胜劣汰；第二要靠政府制定合理的能耗、环保和技术标准，通过准入和经营标准淘汰高耗能、高污染的落后产能，促进产业升级。去产能的有效推进也离不开健全的企业退出机制，健全企业退出机制的关键在于解决下岗员工的生活保障和再就业问题，要改变以往大而不能倒、维稳而不能关的想法，要救人但不救落后企业，注意把控民生底线，健全劳动和社会保障制度。依法处理破产倒闭、兼并重组，特别要创新破产重组制度。

譬如去库存。主要是去房地产库存，关键有两点：一是房地产库存的结构性问题，主要表现为一二线城市的供不应求和三四线城市的库存量过大。具体来说，我国一二线城市目前不仅没有什么库存，而且供不应求严重，房价上涨过快。如目前上海、北京和深圳等城市的房地产市场面临的不是去库存压力，而是急需通过补库存、增加供给来缓解房价过快上涨的压力。而三四线城市则从2011年以来，在全国房地产的大牛行情中，盲目进行了大量的房地产投资，住房供给迅速上升，然而三四线城市的常住人口却没有同步上升，不少城市还出现了人口持续向一二线城市流失的问题，因此待销售库存积压严重。然而从整体来看，目前我国城镇化率同发达国家还有较大差距，为了提高我国城镇化水平，我们还有太多农民和农民工需要在城镇安家，相对于这个需求，我们现在的库存总量并不大，甚至还远远不够。据国家统计局数据，2016年8月末，全国商品房待售面积70870万平方米，而据调查，2015年底全国外出的农民工共有2.74亿人，其中欲定居城市的80、90后就达到1.68亿人。按照城镇户籍人口人均36平方米的住房面积来计算，理论上只要这些年轻的农民工中有1/8左右的人能够在城市安居，就可以完全消化掉全国的库存量。二是房地产问题的产生同房地产政策尚未调整到位有密切关系，去库存关键在于完善房地产调控政策，在完善中低收入阶层住房保障制度、保障中低收入阶层尤其是农民工的住房的同时，对投资性房地产需求要实现更有效地调控，真正把房地产市场引导到健康、理性、可持续发展的轨道上来。

譬如去杠杆。中国的高杠杆率问题是一个老问题。2008年金融危机之后，中国实体经济的杠杆率出现了快速上升。2008–2015年期间猛增了82.8%，到2015年末中国非金融部门负债与GDP的比值达到240%。有研究显示，过高的杠杆率隐含着经济增长率下降、衰退风险上升。但对于中国的杠杆率是否过高、风险是否过大，判断起来并不容易。对风险的判断不能简单看杠杆率高低，而要结合该国经济发展阶段、经济结构差异及增长潜力，静态和动态相结合。同时还要重点关注其债务资金的使用结构和使用效率。基于这种考虑，两条简单可靠的判断标准是，投资率是否小于储蓄率；杠杆成本是否小于或等于经济增速。从这两个标准看，我国杠杆率总体可控但结构存忧。具体来说，我国传统过剩产能行业、内陆地区、国有非金融企业杠杆率最高，风险最大；部分地方政府债务风险较大。中国非金融企业的杠杆率高，同我国的所有制结构、融资结构等国情有着直接的关系：（1）中国仍处于高储蓄高投资的经济发展阶段，在这个阶段的国家杠杆率普遍较高；（2）中国资本市场以间接融资为主，直接融资占比低；（3）我国公有制经济占比大，很多国有企业承担了部分社会公共职能；（4）僵尸企业多，受社会稳定等非经济因素影响，市场出清失灵。

因为杠杆率一般用债务水平与收入水平或者GDP的比例来度量。去杠杆就有了两种不同的思路，一是消极地去杠杆，即通过抽贷、断贷、压缩债务等方式，减少经济中的债务，减小分子。这种做法一般会伤害经济，也容易触发风险。另外一种做法是积极地去杠杆，即致力于做大分母，主要措施有深化改革，采用多种方式化解过剩产能，提高资金使用效率，促进经济增长等。这种去杠杆的方法当然有更多的优点，相当于用时间换空间。但并不是对所有的行业所有企业都适合，对于技术落后的过剩产能、扭亏无望的僵尸企业，必须坚决的去产能、去杠杆，而不能久拖不决。

譬如降成本。这与现行政府管理体制有着密切关系，一定程度上也与杠杆率有着密切关系。高成本，是企业经营的大敌，也是发展经济的大敌。特别是中小企业，更是受到了高成本的强大压力，降低了经济的活力。至于降成本的方面，要依据企业的真实运营情况来确定。据调查，税、费、交易成本确实是我国企业经营成本高的主要原因，要着实降下来。具体来说，要加快简政放权等行政改革，减少附着在权力上的各种收费；要深化改革、优化制度，降低制度性交易成本；要深化社保等领域改革，降低企业人工成本；要深化金融体制改革，降低企业融资成本。

譬如补短板。补短板则是经济发展到一定阶段，必须高度重视的问题。如城市建设过程中的基础设施投入不足，经济发展与社会发展的不协调，极端贫困仍然存在，经济发展中生态环境遭到破坏，公共服务水平整体仍不高，社会保障滞后，农民工工作环境差、社会地位低等等，是我国现阶段的突出问题。因此当前阶段，补短板的重点应当放在两个方面，一个方面是部分领域的市场化不足或者存在阻碍市场发挥作用的体制机制障碍，另一个方面是公共服务的短缺问题，重点在与百姓生活最为密切的就业、扶贫、收入增长、社会保障、居民住房、农民工市民化等方面。

（四）正确处理国有经济成分与其他所有制成分的关系

公有制经济成分、国有企业是我国经济结构的重要组成部分，对公有制经济成分进行改革一直是我国从上世纪70年代末开始的宏大改革篇章的重大主题，同样也是当前和今后供给侧结构性改革的重要内容。中国社会主义市场经济的健康发展离不开公有制经济成分的健康发展。首先，公有制是社会主义制度的本质特征之一，对公平正义的追求是我国社会主义制度的核心要义，发展公有制经济可以为我们追求公平正义的社会目标提供必需的资源和手段。其次，公有制经济是对市场失灵的必要补充。在公共产品供给、环保、研发等存在外部性的行业、自然垄断行业等领域，单纯依靠市场无法实现资源的有效配置，公有制经济和国有企业则可以在一定程度上解决或者缓解市场失灵带来的问题。但是，由于公有制经济天然产权结构局限，委托-代理问题带来监督成本和经营成本高昂，社会目标和经济目标冲突，使国有企业一直存在效率低下、浪费严重等制度性问题。经过30多年的改革尤其是多年来的股份制改造，目前我国国有企业经营体制机制的市场化程度已经有了很大提高，但国有股份一股独大、行政干预过多、公司法人治理不健全等体制机制问题仍然存在。为进一步完善我国社会主义市场经济体制，未来在推进供给侧结构性改革过程中，需要以市场化为导向，通过深化国有企业混合所有制改革，推动完善现代企业制度，健全企业法人治理结构，解决阻碍国有企业发展的体制机制障碍。国有企业要逐步退出竞争性行业和领域，把公共资源更多投向公共品生产、自然垄断、高新技术研发等有利于社会主义市场经济健康发展的基础性、核心性、保障性领域，提高国有资本配置和运行效率，优化国有经济布局，增强国有经济活力、控制力、影响力和抗风险能力，推动国有企业与非国有企业相互补充、各尽其责，实现各种所有制经济成分错位发展，夯实社会主义基本经济制度的微观基础。

（五）正确处理发展金融与支持实体经济的关系，让金融围绕供给侧结构性改革而发力

金融资源是现代经济的核心资源，金融的功能就是服务实体经济的发展。既然通过供给侧结构性改革解决现有经济结构失衡问题已成各界共识，在这一过程中，金融助力于供给侧结构性改革也就是下一阶段金融业改革发展的应有之义。从宏观层面来说，可以从以下两个方面来看这个问题。

一方面，金融要支持经济社会体制机制转换。金融是服务于经济、服务于社会的，只有在服务经济服务社会中金融才有存在的价值。因此，从我国经济社会发展的战略目标来看，金融要为推动我国经济社会转型服务。其一，作为经济供给侧改革的重要内容，金融业自身改革要与经济社会体制机制改革和制度创新有机结合，相互支持，相互促进。其二，金融要为体制机制转型提供相对稳定的环境，通过灵活适度的货币信贷政策为体制机制改革争取时间和空间，最大限度地推动社会体制机制的转型与进步。

另一方面，金融要围绕实体经济做文章，把实体经济做大做强要成为金融的首要任务和目标。金融与实体经济是共生共荣的命运共同体，实体经济不发展，是金融业面临的最大风险。特别是在当前日益复杂的经济金融环境中，金融要与实体经济同甘苦共患难，银企联手，共度难关。要运用多层次金融市场机制和多样化的金融工具品种为实体经济提供高效服务，监督引导资金真正进入实体企业，而不是在金融系统空转。要在保持宏观政策稳定的同时，围绕稳增长、调结构、惠民生创新服务方式，运用大数据、云平台等改造提升传统金融业，拓展为实体经济服务的渠道，不断满足经济发展和转型升级中多元化的融资需求，破解金融资源供需错配难题。

从操作层面看，可以将以下几个具体的经济社会发展目标作为金融支持供给侧结构性改革的着力点。

其一，金融要围绕“中国制造2025”，支持制造业转型升级。制造业是实体经济的代表和核心，制造业的强大对于提升我们的国家竞争力至关重要。目前，我国制造的产品主要以中低端为主，要实现传统制造业的改造升级，发展高端装备制造业，就必须发挥金融业在支持“中国制造2025”方面的独特优势。通过金融体系高效的投融资体制，为制造业企业提供多样化的融资方式，努力实现制造业与金融业的“产融结合”，构建具有国际竞争力的现代产业体系，助推中国从制造业大国走向制造业强国。

其二，金融要加大对基础设施建设特别是新型城镇化的支持力度。继续城镇化是当前我国经济的最大特征，在相当长时期内我国仍会处于这一阶段。金融要围绕这一领域，加大投入，加大创新。从我国的情况来看，经过近些年来的大规模建设，我国基础设施在整体上有了很大发展，但总体水平仍不高，尤其是中西部和农村地区在水利、交通、能源、电力等方面的基础设施仍然很落后，还有很多投资需求和空间。金融要做好储蓄充分有效向投资转化的工作，运用多层次金融市场机制和多样化的金融工具品种为这些投资提供高效服务，努力为加快推进基础设施建设和新型城镇化进程提供更好的金融服务。

其三，金融要加大对“四农”特别是农民工转型的支持力度。长期以来，我们一直高度重视“三农”问题，但从现实情况来看，我们面临的不只是“三农”问题，而是在农业农村农民“三农”的基础上，出现了一个更重要的问题——“农民工”问题。农民工问题已经成为影响和制约我国解决“三农”问题的关键，要真正解决“三农”问题，必须切实推动农民工转型为产业工人、城市市民和城市主人。作为金融业来讲，我们要坚持从城市和农村“两头发力”，一方面，做好农民工在城市“进得去、留得下、过得好”的全程金融扶持；另一方面，做好农村公共服务体系现代化、农业生产经营条件及服务体系现代化、农民生活水平和方式现代化的全方位金融服务，只有这样才能从根本上解决“三农”问题，实现“农业丰、农民富、社会稳”。

其四，金融要加大对“大众创业、万众创新”的支持力度。长期来看，“大众创业、万众创新”是我国经济健康可持续发展的重要引擎，我们必须进一步增强金融支持创业创新的服务意识，创新产品模式，加大信贷投放，降低融资成本，增强创业创新主体融资的便利性和可获得性，激发创业创新活力，释放新需求，创造新供给，加快实现发展动力转换，促进我国经济保持中高速增长的同时向中高端水平迈进。

其五，金融要加大对“一带一路”战略的支持力度。“一带一路”战略是我国在新的历史条件下，推动全球和平发展，真正实现人类命运共同体的重大战略，意义重大，影响将非常深远。同时它对打造全球新的增长极，推动基础设施互联互通，推动经济发展潜力巨大。我们金融的供给侧结构性改革要围绕这一战略，进一步推动金融对外开放，进一步放松金融管制，支持、鼓励有条件的金融机构走出去，提升金融业的跨境金融服务能力。应深入研究“一带一路”沿线重点国家的利益诉求和项目信息，引导金融机构和企业瞄准重点国家、行业、项目精准对接，精准发力，推动中国经济金融走出去。

（作者为中国新供给经济学50人论坛成员）

供给侧结构性改革之思考

刘陈杰

一、财政体制改革纲举目张

2015年12月中央经济工作会议提出，2016年重点推进供给侧结构性改革，主抓“去产能、去库存、去杠杆、降成本、补短板”五大任务。关于供给侧结构性改革的思考，我想先就经济体制改革的重头戏——财政体制改革谈起。合理的财政体制是优化资源配置、维护市场统一、促进社会公平、实现国家长治久安的制度保障。

财政体制改革在整个供给侧结构性改革中能起到纲举目张的作用。从历史看，1994年的财政“分税制”改革重构了我国的财政体制格局，既激发了地方政府的积极性，同时又保留了中央政府必要的控制力，是一次中央和地方政府激励相容的财政体制的供给侧结构性改革。从国外经验看，政治学家王绍光在《美国进步时代的启示》一书中指出，19世纪末美国的现代化开始于美国财政体制现代化。财政作为庶政之母，连接着国家的财力和政体。财政体制改革涉及中央和地方的关系、政府和企业、居民的关系、行政力量和市场的关系等。从现存问题看，地方一味追求经济增长的“锦标赛”竞争衍生出诸多债务和低效问题。财政预算外资金缺乏监督，滋生出预算软约束问题。中央和地方之间的财政关系在多方面不协调，造成部分地方“不作为”和方针政策执行的穿透力薄弱问题。财政体制运行不畅，经济改革和政策就会贯彻不通，经济主体的改革动力也很难凝聚。因此，供给侧结构性改革的关键并不在于短期的经济形势，也不在于具体某个领域的进展状况，而在于经济体制层面下激励相容的体系建设。无论从历史、国外经验和现实问题等方面看，财政体制改革的综合性和重要性，使其成为供给侧结构性改革中的重要一“纲”。

新时期推进供给侧财政体制改革的主要思考：

（一）建设促进机会公平的财政体制，防止社会阶层固化，促进社会纵向流动性

从世界范围内的经济发展经验来看，当一国人均GDP迈过3000美元的门槛之后，如果不能及时进行经济增长方式的转变，就有可能陷入“中等收入陷阱”，即人均GDP在达到一定水平之后，长期停滞在某一个中等收入水平。经过30多年的改革开放，中国经济取得了巨大成就。按名义汇率计算，2008年人均GDP首次突破3000美元。避免“中等收入陷阱”最核心的因素是社会流动性。具体而言，社会流动性的定义是上一代人的收入、教育和地位对下一代人收入、教育和地位的影响程度，其测度方式是收入、教育和地位在代际之间的相关系数。事实上，政府规模过大、劳动收入比例低和收入分配不均，都只是静态的不平等，并不是最可怕的。最可怕的是社会流动性低、社会利益结构被固化，从而造成动态的不平等，必将导致长期经济增长的停滞①。在财政政策方面，如何增加机会公平，促进社会纵向流动，主要从以下方面做起：

第一，财政大力支持实现人性化的新型城镇化。官方统计的城镇化率（2015年底为56.1%）包含了在城镇生活超过6个月以上的所有居民，这里面大约有2.3亿人并不具有城镇户籍，在教育、医疗、社保和保障房分配方面都面临着机会不公平。财政应该大力支持实现人性化的新型城镇化，逐步覆盖这部分常住城镇但不能获得公平生存和发展机会的庞大人群。

① 关于社会流动性和经济增长的关系，厉以宁教授曾经在《资本主义的起源：比较经济史研究》一书中指出，一个社会从刚性体制向弹性体制转变的重要环节，就是充分的社会流动性。麻省理工学院经济学教授阿西莫格鲁（Daron Acemoglu）的2008年的研究显示，一个由精英阶层垄断社会资源的社会，能够实现短期繁荣，但是不能实现长期繁荣，这主要是因为精英阶层为了保护既得利益，会设置各种进入壁垒，导致社会流动性低下。

第二，财政大幅增加对教育和健康的财政投入力度。在财政资源的投入结构上，应该着重解决教育和健康的不平等。从长期经济增长的角度看，教育和健康资源分配的平等，可能比总量更重要。以日本为例，法律规定，全国的学校设施和师资要尽可能统一标准，东京最好的小学人均教育经费不超过最偏远山区小学人均经费的2倍，而目前北京等大城市最好的小学和我国偏远山区小学的差距却何止20倍。教育机会的公平获得是提高社会流动性最重要的渠道，而在这一点上，中国有逐渐恶化的趋势。

第三，财政要进一步压缩一般公共服务支出，减少对经济的过度干预，对垄断性行业进行差别化的税收或支出政策，促进社会的竞争性，鼓励创新。

（二）建立全口径政府预算体系，加强人大对预算的监督、审议和修改能力

一个经济体的财政监督机制对于经济结构调整和中长期的发展动力来说同样都非常重要。财政分权体制使得地方政府具有实施扩张性财政政策的动力，而预算软约束有助于其融资能力，使得实施扩张性财政政策的动力变为现实。通过对全国31个省的面板数据实证检验发现：1）我国财政政策在经济衰退期采用的是反周期的扩张性调控，而在经济繁荣期，所采用的则是顺周期的财政政策，这样的财政政策不利于熨平经济周期，而其身后的财政体制原因是担忧的根本；2）从财政支出结构看，我们发现，在经济衰退期，基建支出扩张效应最大；在经济繁荣期，行政管理支出扩张效应最大。短期财政政策顺周期问题制约宏观调控效果，加剧了短期经济利益和长期发展目标的矛盾。

（三）以“营改增”为突破口，继续推进税制改革

“营改增”目前已经全面铺开，意味着所有的营业税将变成增值税，改革会影响地方财政收支平衡。要破解这一问题，需要深化税改，培育地方主体税种，增强地方自主发展力量。深化税收制度改革，完善地方税体系，逐步提高直接税比重，是供给侧结构性改革的应有之义。应该以以“营改增”为突破口，继续推进税制改革，比如：调整消费税征收范围、环节、税率，把高耗能、高污染产品及部分高档消费品纳入征收范围；逐步建立综合与分类相结合的个人所得税制；加快房地产税立法并适时推进改革，加快资源税改革，推动环境保护费改税。同时，应该按照统一税制、公平税负、促进公平竞争的原则，加强对税收优惠特别是区域税收优惠政策的规范管理，逐步重新规划中央和地方的税制体系，重建激励相容的税收制度。

（四）进一步扩大市政债试点，逐步建立公开透明、结构完善的地方基础设施融资体制

我们建议扩大地方政府通过透明方式独立发债的权力，逐步建立以市政债为主体的地方基础设施融资体制。同时，逐步要求发行市政债的地方政府公布资产负债表。加强地方人大监督、建立预警体系等改革来硬化地方政府的预算约束。打开作为“正门”的市政债发行，避免地方政府过度依靠卖地收入和城投债等“偏门”发展当地经济，从而形成财政和金融风险。

第一，在发达国家地方债的发债主体包括各级政府和公办机构，监管主要依靠市场，以及对地方政府的问责。建议开展真正意义上的市政债试点，打破目前以省为单位的代理发债模式，选取一些经济状况较好的地市甚至县进行试点。这意味着预算透明化、中央和地方权责明确。

第二，做好相关市政债的配套措施。从发达国家的经验来看，为了支持当期的建设而发行的市政债，未来的还本付息职责更多的是落在当地的财产税和准公共物品的收费上。应该适时扩大房产税试点，并在一定时间之后使之成为地方政府的主要税种，保证市政债的长期可持续性。

（五）建立财政收入的中长期预测体系，防范财政风险

建立中长期预算框架，增强财政的可持续性，防范财政风险。我们根据历史上中国名义GDP和财政收入之间的协整关系，建立中长期财政收入预测框架（2016-2020年期间）。我们发现名义GDP和财政收入之间存在稳定的长期协整关系，两者之间的相关性在98%左右。依据未来对于名义GDP增速的预测（假设2016-2020年，名义GDP平均增速为7%），财政收入到2020年可能达到20.5万亿，2016-2020

年期间的累计财政收入为89.8万亿。

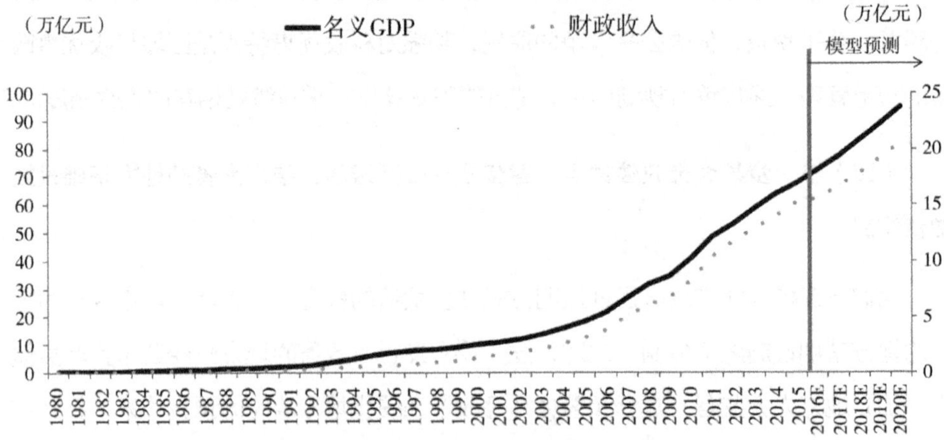

图1　中国2016–2020年间财政收入预测

资料来源：国家统计局，作者估计。

第二，除了财政收入预测之外，还应该对中长期的养老金缺口进行测算，并提前准备应对措施，避免中长期财政风险，保障居民养老安全。按照目前的人口结构、退休年龄、年度财政专项支持养老金规模、养老金年度平均收益、替代率等假设来测算（我们构建的Pension Reform Options Simulation Toolkit Model模型），到2030年，我国养老金当年缺口可能达到年度财政收入的10%以上，累积缺口可能更大。供给侧结构性改革在财政领域应该关注中长期养老金缺口风险。

供给侧结构性改革，财政体制改革纲举目张，牵一发而动全身。正如十八届三中全会报告中指出，财政改革必须完善立法、明确事权、改革税制、稳定税负、透明预算、提高效率，建立现代财政制度，发挥中央和地方两个积极性。我们在供给侧结构性改革的开篇讨论财政体制改革五个方面的问题，分别就促进机会公平的财政体制、全口径政府预算体系、继续推进税制改革、扩大市政债试点、财政收入的中长期预测体系和防范财政风险等方面进行了简要论述。

二、“去产能”之关键问题

推进供给侧结构性改革要加减乘除并用，“去产能”就是里面的一道减法，实施的难度很大。去年的中央经济工作会议把“去产能”列为2016年供给侧结构性五大改革任务之首。2016年5月9日，《人民日报》发表文章《开局首季问大势—权威人士谈当前中国经济》，要求各地要明确“去产能”的具体任务和具体目标，加大环保、能耗、质量、标准、安全等各种门槛准入、制度建设和执法力度，处置“僵尸企业”，该“断奶”的就“断奶”，该断贷的就断贷，坚决拔掉“输液管”和“呼吸机”。本文就“去产能”过程中的几个关键问题：我国产能过剩状况的总体测算、集中在哪些领域、“去产能”对短期经济和就业的影响进行简要论述，同时针对如何积极稳妥打好“去产能”战役提出政策建议。

我国目前工业产能利用率降至74.3%，处于十年来历史新低，产能过剩状况堪忧。本文用产能利用率指标来刻画产能过剩状况，是实际工业总产出对最大生产能力的比率。产能利用率的过低，造成人员、生产设备的闲置及成本的浪费，即表现为产能过剩。从测算方法看，我们主要使用了随机前沿分析（Stochastic Frontier Analysis，简称SFA）来测算中国工业部门总体产能利用率水平（目前中国统计部门并不公布连续的产能利用率数据）。随机前沿分析是前沿分析中参数方法的典型代表，在考虑随机因素的情况下，测算要素投入所对应的最大产出集合，从而得到产能利用率。我们发现，产能利用率与利润率水平高度相关（+80.3%）：企业只有看到了利润率的企稳回升，产能利用水平才会自发的逐步提高。从发展趋势看，我国工业产能利用率从最高峰的85.2%（2007年）降至目前的74.3%（2015年底），处于十年来的最低点，产能过剩状况堪忧。值得注意的是，1997–2002年，我国总体产能利用率也处于低位，但当年通过大规模的“去产能”改革，企业利润率重新抬升，产能利用率逐步恢复到较高水平。因此，借鉴历史，我国产能过剩问题的解决最终需要进一步“去产能”供给侧结构性改革，平衡好短期利益和中长期发展，逐渐恢复相关行业微观企业的自生能力。

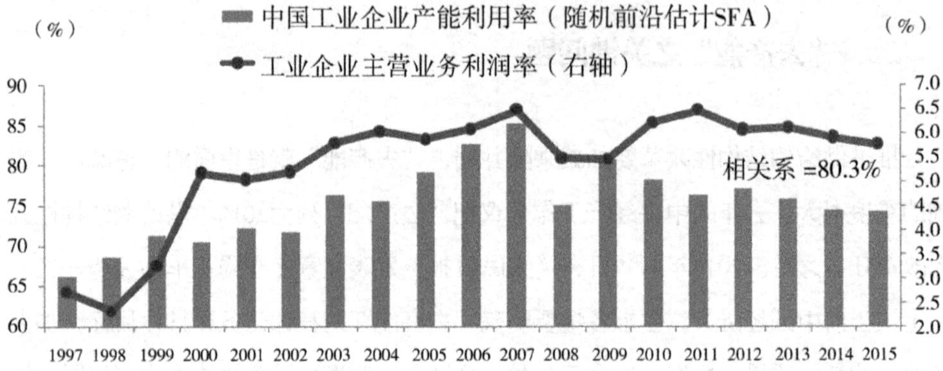

图2　中国工业企业产能利用率

资料来源：国家统计局，作者估计。

钢铁、煤炭、水泥、有色、石化等行业是产能过剩的“重灾区”。按照我们随机前沿分析的分行业测算结果看，钢铁、煤炭、水泥、有色、石化等行业的产能利用率水平在全部行业分类中排名倒数。从时间序列数据看，钢铁、煤炭、水泥等行业的产能利用率水平在2009年“四万亿”刺激计划之后，下降幅度最大。

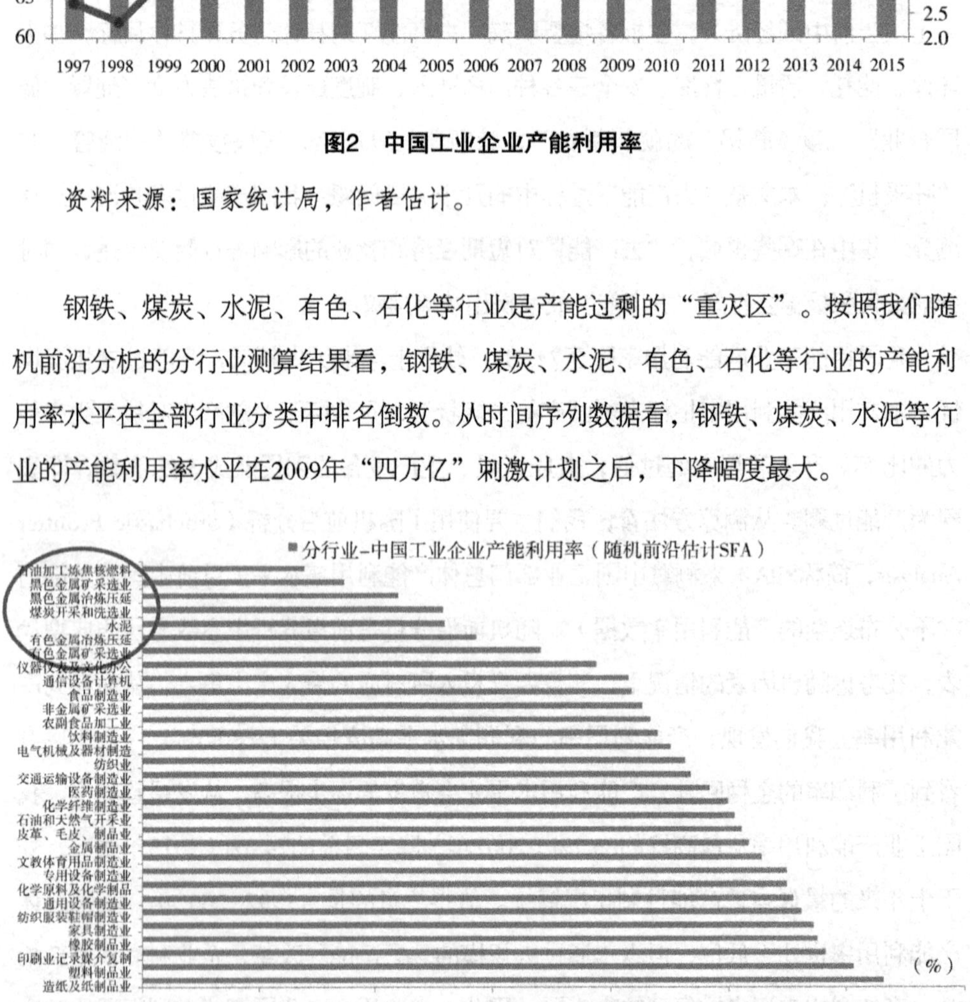

图3　分行业产能利用率

资料来源：国家统计局，作者估计。

具体而言，我们从公开资料查询的结果看，钢铁、煤炭和水泥行业目前的预计产能分别为12、57和34亿吨，而根据我们测算的行业产能利用率水平看，其潜在的过剩产能分别为3、15、9亿吨，平均的过剩程度达到25%左右。从工业企业分行业数据看，“去产能”的压力主要集中在这些领域。

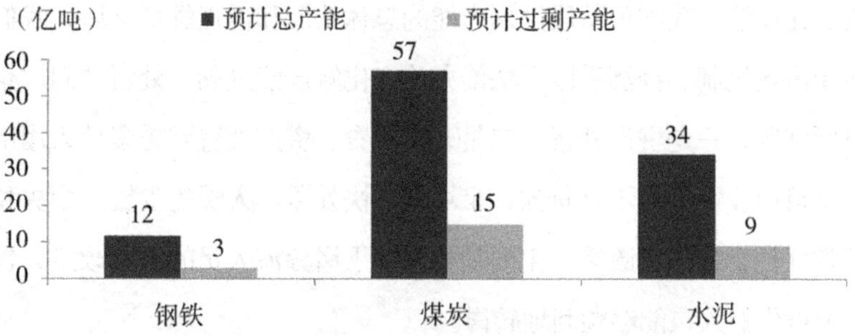

图4　三大产能过剩行业：钢铁、煤炭、水泥

资料来源：国家统计局，作者估计。

“去产能”对短期经济和就业确有影响，但经过一定的就业政策保障和增加新的有效供给，培育新的发展动力，短期压力可以承受。提高产能利用率、去除过剩产能、提高资源利用效率，需要消除短期的过度供给。国务院在2016年2月1日同时发布了今年6号、7号文件，分别是钢铁、煤炭化解过剩产能实现脱困发展的意见：从2016年开始用5年时间压减粗钢产能1亿至1.5亿吨；用3至5年的时间，再退出煤炭产能5亿吨左右、减量重组5亿吨左右。同时，国资委部署今明两年压减央企10%左右钢铁和煤炭现有产能。因此，我们通过估计去产能过程中产量减少这个角度，研究去产能对整体经济的影响。我们利用投入产出表数据（2010年版），假设2016-2017年在钢铁、煤炭、水泥领域分别去除5%的产能，那么对GDP增速的整体影响为-0.23个百分点（行业增加值直接影响和其对其他行业的间接影响），对短期经济确有影响，但并不显著。关于对就业问题，根据我们测算，本轮“去产能”先期影响到的就业规模在100万人左右。对此，财政部门印发《工业企业结构调整专项奖补资金管理办法》，安排1000亿元专项奖补资金支持化解过剩产能中的就业补助、培训再就业等社会问题。在去掉无效产能的同时，也要增加有效供给，培育新的发展动力，在高端制造、个性化服务业、健康消费和娱乐行业等有巨大的潜力可供挖掘。

积极稳妥打好“去产能”战役的政策建议。

第一，注重运用市场机制、经济手段、法治办法来化解产能过剩，同时社会政策要托底。在摸清了我国现阶段过剩产能的总体状况和重点领域之后，我们应该更加注重运用市场机制、经济手段、法治办法来化解产能过剩。处置“僵尸企业”要注意两方面问题，一是资产处置，二是人员安置。资产处置要更多地采用市场的办法，比如支持商业银行对不良贷款、呆坏帐加快处置。人员的安置，中央和地方两级政府要建立社会的保底政策，主要是要完善下岗分流人员的安置政策，包括培训其技能，使得失业人员能够顺利地转岗。

第二，“去产能”的行业和区域政策要精准，事前有规划、事中有监督、事后有验收。“去产能”作为供给侧结构性改革的重头戏，在宏观层面确定大方向之后，具体的政策措施上需要力求精准。比如说，在钢铁行业，重点推动山东、河北、辽宁、江苏、山西、江西等地区钢铁产业结构调整，并根据各省的具体情况，统筹考虑“去产能”的力度和步骤。在水泥行业，要加快制修订水泥、混凝土产品标准和相关设计规范，推广使用高标号水泥和高性能混凝土，尽快取消32.5复合水泥产品标准，逐步降低32.5复合水泥使用比重，同时针对河北、山东等地过剩的中小水泥企业进行重点整顿。在煤炭行业，山西、陕西地区大量小煤矿生产力水平较低，资源不能充分利用，同时市场主体过多也加剧市场无序竞争。因此，要鼓励大型煤炭企业对中小型煤矿进行兼并重组，推动产业结构迈向中高端。同时，需要建立一整套督查“去产能”战役的指导办法，做到事前有规划、事中有监督、事后有验收。

第三，落实有保有控的金融政策和财政支持。必须清醒认识到“去产能”过程中可能遇到的金融风险（不良贷款等）以及其对资本市场的潜在冲击，提前做好应对预案。对于“去产能”过程中的企业，财政部门应该综合考虑到这些企业进行

“去产能”过程中遇到的发展压力，给予适度的财税优惠安排和支持。

供给侧结构性改革的重头戏之一就是“去产能”。本文着重讨论了“去产能”过程中需要面对的几个关键问题，分别为：我国产能过剩的总体状况（产能利用率降至新低：74.3%）、集中在哪些领域（钢铁、煤炭、水泥等）、“去产能”对短期经济和就业的影响（对GDP增速的整体影响为-0.23个百分点）等。厘清了这些关键问题之后，我们给出了一些具体的政策建议，力求打赢“去产能”这场战役。

三、探寻合意增长速度

当前及今后一个时期，需要正确理解中央提出的“在适度扩大总需求的同时，着力加强供给侧结构性改革”这句话。也就是说，供给侧是主要矛盾，供给侧结构性改革必须加强、应该作为主攻方向。需求侧起着为解决主要矛盾营造环境的作用，投资扩张只能适度，不能过度。那么，探寻未来合意增长速度，安排好供给侧和需求侧两方面的协调，关乎供给侧结构性改革的实质推进。本文主要从人口红利、资本存量和全要素增长率等方面入手，基于新古典增长方程，对中国经济在“新常态”时期的合理增速目标进行了测算。结合我国实际，本文综合考虑了：（1）政治层面的要求，即全面建成小康社会的总体目标；（2）新型城镇化进程，即我国经济社会发展潜力；（3）面临的各种约束，即我国目前面临的资源环境和债务压力等，探寻未来五年我国经济的合意增长速度。精确认识合意增长速度，有助于把握好供给侧结构性改革和需求侧营造稳定环境的“度”，防范短期经济出现过“冷”或过“热”的风险。

（一）未来五年我国经济潜在增速测算

一般而言，用生产函数法估算潜在产出和潜在经济增速通常选用柯布—道格拉斯（C-D）生产函数，该函数能够较好地估算出各投入要素（资本、劳动和技术进步）对经济增长的贡献度，其函数形式为：

$$Y = AK^{\alpha}L^{\beta}$$

其中，Y代表总产出，K代表资本存量，L代表劳动人口，α和β分别代表资本和劳动对总产出的弹性，A代表全要素生产率。

两边取对数，可以得到：

$$\ln(Y) = \ln(A) + \alpha\ln(K) + \beta\ln(L)$$

通常假设生产函数为常规模弹性，即$\alpha + \beta = 1$，那么生产函数可以变形为：

$$\ln(\frac{Y}{L}) = \ln(A) + \alpha\ln(\frac{K}{L})$$

关于资本存量，本文采用永续盘存法估算，其公式为：

$$K_t = K_{t-1}(1-\delta_t) + I_t$$

其中，K_t代表t时期的资本存量，K_{t-1}代表t-1时期的资本存量，即上一期的资本存量。δ_t代表t时期的折旧率，I_t代表t时期的净投资。本文按照历史文献的研究成果，根据不同时期选取不同的折旧率，其中1978—1990年为5%，1991—2000年为6%，2001—2010年为6.5%，2011—2020年为7%。关于未来的新增投资增速，我们采用中国资本回报率（ROC）的估计结果倒推。我们主要按照白重恩等（2007）对资本回报率的测算方法扩展至2015年，被解释变量为新增投资增速（I），对1982—2015年的时间序列数据进行估计，可以得到如下基本方程：$I_t = -6.67 + 0.92 \times ROC$。其中t值分别为19.73和2.25，$R^2$=0.87。

我们按照2008—2015年的年均下降速度（0.7%）外推未来10年的资本回报率情况，代入新增投资增速方程，可以得到2016—2020年期间的新增投资增速在12.7%左右。根据当期固定资本存量、折旧率和新增投资数据，我们可以测算得到2016—2020年中国的资本存量数据。

关于劳动力（L）的数据，主要参考蔡昉（2012）年的分析，即15～59岁劳动年龄人口持续减少（根据其人口方程的测算，2016—2020年劳动年龄人口平均增长率为-0.28%）。

关于全要素生产率。我们利用高路易（Louis，2009）的数据，通过对趋势全要素生产率的HP滤波分解，我们得到了中国2011—2020年的趋势全要素生产率增长率。可以看出，2011—2015年中国平均每年的TFP增长率约为3.20%；2016—2020年平均每年TFP增长率可能下降为2.70%。α和β分别表示资本和劳动对总产出的弹性，且我们假设生产函数为常规模弹性，因此$\alpha+\beta=1$。我们假设资本总产出的弹性保持不变，即运用历史数据测算值作为未来的预测值。

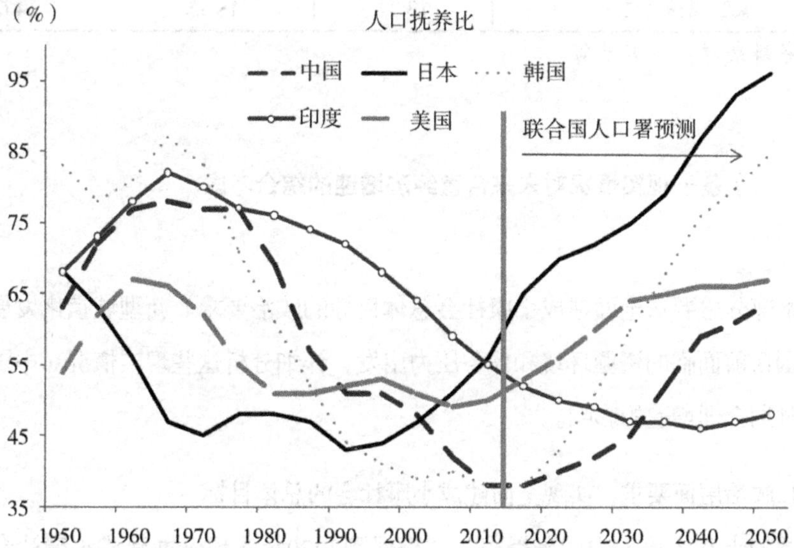

图5　中国、日本、韩国、印度和美国的人口抚养比

资料来源：联合国人口计划署（http://www.un.org/esa/population/unpop.htm），作者计算整理。

通过对中国资本存量、劳动力要素、全要素生产率三个方面的测算，我们可以估算出“十二五”时期（2011—2015）中国平均潜在GDP增长率约为7.62%，“十三五“时期（2016—2020）即新常态下中国平均潜在GDP增长率将进一步下降到6.33%。

表1　基于增长方程测算的中国经济潜在增速

主要指标	年份		
	1995–2009	2011–2015	2016–2020
潜在 GDP 增速（%）	9.82	7.62	6.33
潜在劳动力增速（%）	0.90	–0.76	–0.72
TFP 增速（%）	3.89	3.20	2.70
K/L 增速（%）	13.32	18.35	14.67

资料来源：作者估算。

（二）基于现实情况对未来合意经济增速的综合考虑

本部分主要从全面建成小康社会总体目标的政治要求、新型城镇化发展潜力以及我国目前面临的资源环境和债务压力出发，详细分析这些现实情况对中国经济新常态时期合理增速的影响。

1. 政治层面要求：实现全面建成小康社会的总体目标

党的十八大报告中明确提出，“确保到2020年实现全面建成小康社会宏伟目标”，“实现国内生产总值和城乡居民人均收入比2010年翻一番”。这里所谓的翻番，是指剔除通胀因素后的实际增长。为了实现在2020年实际GDP翻一番的目标，2016—2020年期间GDP的平均增速为6.5%即可。

2. 经济社会发展潜力：基于新型城镇化战略的考察

从经济社会发展潜力来看，我国目前正处于全面建设新型工业化、信息化、城镇化、农业现代化的关键时期。2014年初，我国发布了《国家新型城镇化规划（2014—2020年）》。因此，我们从新型城镇化的角度，将新型工业化、信息化、城镇化、农业现代化综合考虑，对经济增长新常态下，新型城镇化战略要求下的GDP增速目标进行定量测算。借鉴朱孔来（2011）和简新华（2010）的方法，我们建立省级面板数据模型分析城镇化与经济增长之间的内在关系。

我们对中国31个省市进行比较分析，数据包含了所有省市资料，这里选用固定效应模型进行分析。根据面板数据固定效应变系数模型，从弹性角度分析，我国城镇化率每提高一个百分点，可以维持7.1%的GDP增长（各省平均，按照新型城镇化规划的目标，2014—2020年期间每年城镇化率大约提高0.9百分点）。因此，从目前经济社会发展的潜力看，建设新型城镇化中工业化、信息化、城镇化、农业现代化等各项需求将使得未来五年我国GDP增速保持在6.4%左右。

表2　各省城镇化率对GDP增速的弹性

省市地区	弹性	省市地区	弹性	省市地区	弹性
北京	11.6	浙江	7.4	海南	5.7
天津	13.5	安徽	2.6	重庆	3.6
河北	1.5	福建	6.9	四川	4.7
山西	5.7	江西	3.9	贵州	5.7
内蒙古	11.6	山东	5.7	云南	2.7
辽宁	7.9	河南	3.8	西藏	1.5
吉林	13.4	湖北	9.1	陕西	5.7
黑龙江	11.3	湖南	4.7	甘肃	4.7
上海	29.6	广东	7.9	青海	9.0
江苏	5.9	广西	2.6	宁夏	3.9
全国加权平均（按 GDP 加权）	7.1			新疆	5.7

资料来源：作者估算。

3. 我国发展中面临的约束：债务压力和环境压力

当前，我国正在经历经济增速换挡期、经济结构调整期、前期刺激政策消化期三期叠加的阶段，经济增长面临各项约束条件，突出的如债务压力（2015年底包括居民、非金融企业和政府等的全口径债务占GDP的比重已经达到260%，企业负债率排在新兴市场经济体第一）和环境压力。

关于环境压力方面的因素，我国已提出到2020年单位GDP碳排放比2005年减少40%～45%的目标。面对这一条件约束，为此，本文选取1960—2012年间的数据样本进行实证分析。为把碳排放对于经济增长的作用分离出来，我们建立状态空间模型，以体现碳排放对经济增长的动态影响。

量测方程：$\ln(\frac{GDP}{L})_t = c_0 + \alpha_t^{(k)} \ln(\frac{K}{L})_t + \alpha_t^{(CO_2)} \ln(\frac{CO_2}{L})_t + \alpha_t t_{1960-2012} + \mu_t(C_0^{'})$

状态方程：$\alpha_t^{(k)} = \alpha_t^{(k)}(-1)$，$\alpha_t^{(CO_2)} = \alpha_t^{(CO_2)}(-1)$，$\alpha_t = \alpha_t(-1)$

其中，$\ln(\frac{GDP}{L})$、$\ln(\frac{K}{L})$和$\ln(\frac{CO_2}{L})$分别为人均GDP、人均资本存量和人均碳排放的对数，参数$\alpha_t^{(\cdot)}$为各个变量的弹性，t为1960—2015年的时间趋势，相应的参数α_t为长期增长中的技术进步因素；c_0为方程的截距，$\mu_t(C_0^{'})$为量测方程的残差项。

表3　碳排放约束对潜在经济增长的影响（控制资本存量、劳动力和技术进步）

	2013	2014	2015	2016	2017	2018	2019	2020
碳排放的参数弹性性	0.149	0.145	0.141	0.137	0.133	0.129	0.125	0.121
碳排放年均增长（%）	–2.3	–2.3	–2.3	–2.3	–2.3	–2.3	–2.3	–2.3
考虑环保的潜在经济增长（%）	7.9	7.5	7.0	6.4	6.2	6.0	5.8	5.6

测算结果表明，综合考虑到资源环境约束的影响，中国经济增速在新常态时期可能稳步降低，2016—2020年间的平均增速将降到6.0%附近。

综上所述，我们从经济潜在增速、全面建成小康社会的政治要求、经济社会发展潜力以及经济发展中的债务约束和环境约束来看，我国未来五年合意经济增速将随着资源禀赋、环境要求、增长限制等因素的变化而变化。根据我们的测算，我国经济增长未来五年的合意经济增速将从201–2015年的7.8%逐步降至2016—2020年的6.0%–6.5%附近，且增长趋势缓慢下降。供给侧结构性改革的实质性推进需要精确认识未来五年我国合意经济增速，并据此制定需求侧政策措施的配合力度。应该看到，今后五年，总需求低迷和产能过剩并存的格局难以出现根本改变，经济增长不可能像以前那样，一旦回升就会持续上行并接连实现几年高增长。同时，我们也认识到我国经济潜力足、韧性强，增速不会出现急剧下跌。

四、铁马冰河“去杠杆”

杠杆一词，最早来自于古希腊著名科学家阿基米德的名言：给我一个支点，我就能撬动地球。随着金融业的发展，杠杆成为了利用小股力量撬动大量资源的代名词，对于实体经济活动和金融投资都意义非凡。杠杆率（总债务/GDP）作为宏观经济领域的重要指标，一直以来都受到政策制定者的广泛关注。对一国杠杆率的衡量一般可以按照家庭、非金融企业、金融企业和政府四个部门分别测算加总。从各国的发展经验看，杠杆率与经济增长之间存在倒“U”型关系，即适度的杠杆对经济有益，但如果杠杆率过高，债务增速过快，杠杆反而会拖累经济增长。当前，确实存在一些“两难”或“多难”的问题。最突出的表现是，一方面经济面临下行压力，另一方面实体经济高杠杆，如果急于克服下行压力，杠杆率就会进一步提高。2015年12月中央经济工作会议明确将“去杠杆”列为五大任务之一，彰显了中央对经济领域化解高杠杆风险的决心和魄力。从国际经验来看，加杠杆如饮酒喝蜜，施行顺畅；去杠杆如铁马冰河，艰难险阻。本文尝试从三个方面阐述“去杠杆”战役的关键：（1）在保底线增长的背景下，未来五年我国总的杠杆率变化趋势；（2）“去杠杆”的结构性关键在于非金融企业部门；（3）在我国金融周期的顶部“去杠杆”需要巨大勇气和防范金融风险。

（一）未来五年：保增长vs.去杠杆 – 总体杠杆率水平的展望

根据相关测算，要实现全面“建成”小康社会的总体目标，未来五年我国经济增速应该保持在6.5%以上。然而，根据中国社会科学院发布的《中国国家资产负债表（2015）》中的统计数据：截至2015年底，我国债务总额为168.48万亿元，全社会杠杆率为249%。在结构上，居民部门杠杆率在40%左右，金融部门杠杆率约为21%，包含地方融资平台的政府部门杠杆率约为57%，非金融企业部门杠杆率高达156%（这里包含地方融资平台债务，与政府部门有重叠）。那么保底线增长与“去杠杆”之间的稳妥协调，将会对未来五年我国整体杠杆率水平产生什么影响？这里我们借鉴和拓展陆婷、余永定（2015）对于债务/GDP比例的动态路径模型，以期测算出未来五年我国整体杠杆率可能的变化趋势。

假设企业新增债务=新增投资–股权融资–自有资金，其表达形式为：

$$\frac{dD}{dt}=I-X-\Omega$$

其中，D代表企业债务余额，I代表企业新增投资，X代表企业股权融资规模，Ω代表企业上一期投资产生的投资收益。

当政府定好经济增长目标之后，为了实现该目标，全社会的投资水平也相应的确定，这里简化为总产出和资本回报率的线性函数：

$$I=vnY$$

其中，v代表资本产出比，n代表资本回报率，Y代表总产出水平。

股权融资规模可以表达为$X=qY$，q代表股权融资占总产出比例。

自有资金=税前利润率×收入−债务利息率×债务余额，即：

$$\Omega=wY-rD$$

其中，w和r分别代表息前利润率和债务利息率。整理以上各式可得：

$$\frac{dD}{dt}=vnY-qY-(\omega Y-rD)$$

定义债务/总产出比例：$\beta=\frac{D}{Y}$，那么上式可变化为：

$$\frac{d\beta}{dt}=vn-\omega-q-\beta(n-r)$$

在$n\neq r$的情况下，求解上式可得：

$$\beta=\frac{vn-\omega-q}{n-r}+C_0e^{-(n-r)t}$$

给定$t=0$时β的初始值为β_0，那么$C_0=\beta_0-\frac{vn-\omega-q}{n-r}$，那么全社会债务/总产出比例的动态路径可以用以下方程描述。

$$\beta=\beta_0+\frac{vn-\omega-q}{n-r}-\frac{vn-\omega-q}{n-r}e^{-(n-r)t}$$

我们发现，如果资本回报率大于债务利息率，即$n\rangle r$，当$t\rightarrow\infty$时，$\beta\rightarrow\beta_0+\frac{vn-\omega-q}{n-r}$，即全社会债务/总产出收敛于一个常数。给定其他参数不变，则资本产出比越高，稳态时的全社会债务/总产出比越高，相反，息前利润率越高或股权融资占总产出比越高，则稳态时的全社会债务占总产出比例越低。

如果资本回报率小于债务利息率，即$n < r$，那么全社会债务/总产出比例，即杠杆率，将不再存在稳态解，即全社会杠杆率将随着保增长的要求而不断升高。

参考笔者在《中国金融风险的聚集与应对》和《供给侧改革之思（三）：探寻合意增长速度》两篇文章中对中国资本回报率、融资成本和未来合意经济增长速度的讨论，我们认为：（1）未来五年我国资本回报率可能继续下降；（2）由于大量对资金价格不敏感经济主体的存在，融资成本未必能及时随着资本回报率相应下降；（3）未来五年我国潜在经济增长速度可能缓慢下降。因此，在未来五年有保底线增长的目标存在的情况下，如果没有实体经济或资本市场重大的改革出现，那么，全社会杠杆率水平很难显著降低，且可能持续攀升。这里可以根据参数的假设，对未来的全社会杠杆率水平做模拟，但囿于篇幅限制，本文不再赘述。

（二）去杠杆是结构性问题，关键在于非金融企业部门

从国际经验看，一国的总体杠杆率水平并不一定是风险的症结所在，高杠杆背后的结构性问题才是重中之重。我国非金融企业杠杆率全球第一（156%，远超90%的全球警戒水平），债务风险突出。我国去杠杆的关键就在非金融企业部门，特别是国有企业、产能过剩行业。

从行业分布上看，越是那些产能过剩的行业、资本密集型行业，其杠杆率越高，尤其是在钢铁、媒体、造船、地产、有色、基础化工等行业。同时，这些周期性行业对资金成本上升的敏感性较大，利息支出负担最为显著。结合过去几年的数据，考虑到我国企业特别是工业企业盈利能力较低这一因素（为全球平均利润率水平的1/2左右），我国产能过剩行业的企业债务负担可能已达到全球平均水平的3–4倍。

从企业投资回报率来看，资本利用和资本配置效率下降是过去和未来杠杆率和债务风险进一步上升的重要原因。参考工业企业数据，我们发现，1997–2015年期间，我国的增量资本产出率（即ICOR=当期固定资本形成总额/GDP增加值，数值越高表示投资产出效率越低）平均为4.2左右。这一数据与处于相似增长阶段的发达国家相比，中国现阶段的增量资本产出率（ICOR）数值明显偏高。我国单位投资所带来的单位GDP增量下滑，企业的资金周转大幅度放缓增加了进一步融资需求，但企业自身的现金流创造能力却大幅度下降，这必然带来投资效益进一步的下滑和实体部门偿债能力的下降。

从企业性质来看（按国企和民企分类），国企的杠杆率显著高于民营企业。自2009年“四万亿”刺激计划之后，国有企业的杠杆率开始显著攀升，且与民企杠杆率之间的差距迅速拉大。非金融企业债务将近70%来自于国有企业，特别是上文提到的产能过剩行业和地方融资平台。然而，从A股上市公司的数据来看，国企的杠杆率上升的同时，资本性支出（CAPEX，一般是指用于基础建设、企业设备、扩大再生产等方面）却没有明显增加。这说明国企债务融资加杠杆之后，有很大部分资金并没有进入实体经济，有的是通过成立财务公司等渠道进入资本市场，有的通过各种方式以高于贷款利率的融资成本满足其他经济主体的融资需求。

我国的“去杠杆”问题具有结构性特征，整体的杠杆率水平高其实并不意味着风险就会爆发（我们目前249%的杠杆率水平相比日本、美国400%–500%的杠杆水平并不高）。我们认为，目前高杠杆的压力主要来自于非金融企业部门，特别是产能过剩行业的国有企业部门。

（三）金融周期顶部去杠杆需要更加注重风险

20世纪80年代，Bernanke等人的开创性研究对货币和证券“中性论”进行了批判，金融周期理论取得突破性的进展，其后的一系列研究 奠定了金融周期理论的基础，并建立了一般理论框架。金融周期是一个较新的概念，它主要是指金融经济活动在内外部冲击下，通过金融体系传导而形成的持续性波动和周期性变化。一般经济周期涵盖1–8年不等，一个金融周期持续15–20年。在上半场，信用扩张快、资产价格上升、经济增长比一般经济周期的动能强；到了下半场，信用紧缩，增长下行压力持续的时间较长。金融周期的拐点可能和金融危机联系在一起（比如2008的美国金融危机），在没有发生金融危机的地方，信用收缩也对实体经济带来冲击。

央行2016年4月8号的工作论文《金融周期和波动如何影响经济增长与稳定？》通过对全球68个主要经济体1981 –2012年的面板数据进行实证分析，系统考察了金融周期和波动对经济增长与稳定的影响。实证结果表明，在金融高涨期和衰退期，经济增长率较低，同时容易爆发金融危机；相比之下，金融正常期的经济增长率更高，同时金融体系的稳定性也更强。这意味着，只有当金融周期处于相对平稳的正常状态时才有助于经济增长和金融稳定。金融波动的增加都伴随着更低的经济增长率和更高的金融危机发生概率，这意味着，金融波动的可能进一步降低经济增长，同时增加金融危机爆发的可能性。

按照相关文献测算，我国目前从信贷和房地产等金融属性领域考察，已经处于金融周期的高涨期。这一时期如果单纯从短期经济稳定的角度来看，可能很难觉察出“去杠杆”可能带来的金融领域信用收缩对经济增长的影响。结合金融周期理论和我国所处的金融周期阶段来看，目前我国开始“去杠杆”改革面临的金融风险不容小觑。非金融企业、金融企业、地方融资平台等部门着手去杠杆的过程中，很可能带来信用违约、银行坏账增加、资产抵押物重估等一系列信用冲击。结合央行工作论文展示的国际经验，在金融周期顶部的信用冲击很可能带来意想不到的风险，因此我们建议在“去杠杆”的过程中，应该时刻把防范金融风险放在突出的位置。

综上所述，我们从三个方面阐述了“去杠杆”过程中可能遇到的问题：（1）在保底线增长的背景下，未来五年我国总的杠杆率变化趋势；（2）“去杠杆”的结构性关键在哪；（3）我国金融周期的顶部“去杠杆”需要防范金融风险。诚然，“去杠杆”在我国现阶段并不仅仅是一个总量的问题，而且从我们构建的数理模型看，在未来五年保增长的环境下，我国总体杠杆率水平很难显著下降，可能还会继续攀升。其中，非金融企业的杠杆率是问题的关键，特别是产能过剩行业的国有企业部门。这部分杠杆率未来可能向政府部门或居民部门腾挪，但问题的关键是增强非金融企业的自生能力，而不是简单的搬移杠杆。值得注意的是，应该清醒认识到我们目前金融周期处于高涨阶段，这一时期铁马冰河“去杠杆”，更加应该注意到信用冲击对实体经济和金融体系的冲击。供给侧结构性改革中，“去杠杆”是重要一环，绕不过去，萦怀不绝，在清醒的认识下，制定好稳妥的政策尤为关键。本文囿于篇幅，先讨论“去杠杆”战役的三个重要方面，具体行业测算、国际比较和政策建议，将另起篇幅讨论。

五、将金融稳定纳入宏观调控目标

供给侧结构性改革，就是着眼于矫正供需结构错配和要素配置扭曲，全面落实“去产能、去库存、去杠杆、降成本、补短板”五大重点任务。当前及今后一个时期，相对于以往需求侧的管理，供给侧结构性改革将会得到加强、且会作为经济工作的主攻方向。需求侧起着为解决主要矛盾营造环境的作用，投资扩张只能适度，不能过度，决不可越俎代庖、主次不分。如果认真研究供给侧结构性改革的五大重点任务，我们不难发现，虽然这些任务与实体经济直接相关，但其与金融稳定也存在着深厚的联系。回顾2008年全球金融危机，一个重要的教训即是金融稳定、金融周期与实体经济波动的相互作用。我们认为，在大力开展供给侧结构性改革的同时，必须把保证我国金融稳定放在突出的位置，并建议纳入新时期的宏观调控框架。供给侧结构性改革的成败，金融稳定可能不一定是充分条件，但一定是必要条件。本文尝试从三个方面阐述金融稳定的关键：（1）重新定义和测算我国的金融周期和金融稳定；（2）将金融稳定纳入宏观调控目标体系的必要性和可行性；（3）我国潜在金融风险部门和金融稳定的关键领域。

（一）把脉金融周期，重视金融稳定

金融周期在经济体金融深化到一定阶段之后，对实体经济运行和金融稳定具有重大影响。2008年美国次贷危机引发全球金融危机， 全球主要危机发生国的经济增速都出现了“断崖式下降”。如果从传统的宏观经济监测体系来看，一切都“显得” 那么突然， 毫无征兆。危机前，传统的经济周期分析方法未能给出准确的预警信号：无论是统计滤波法（HP滤波）， 抑或是OECD的生产函数法得到的危机国的产出缺口接近于零， 意味着实际产出低于或接近潜在产出水平，经济并无过热。我们认为，传统的宏观经济监测体系（滤波、失业率、通胀等）都未能纳入金融因素，即便考虑了通胀水平，却没有全面考虑资产价格和金融周期。由于美国前期信贷环境的过度宽松和资产价格泡沫膨胀等因素，导致经济系统中金融失衡和系

统性风险不断累积，但这些金融风险被稳定的宏观基本面数据所掩盖。金融失衡和系统性风险的释放往往是由于金融体系受到货币政策风向改变或市场风险偏好变化等因素的冲击，经由金融中介机构等加速器渠道，传导到实体经济。随着利率市场化改革等一系列金融体制改革的深入，我国金融周期对实体经济波动的影响也在加大，金融稳定的重要意义逐渐显现。

度量中国的金融周期—目前我国金融周期处于高涨时期。衡量金融周期一般考虑信贷周期，特别是非金融私人部门信贷和房地产价格等指标。非金融私人部门主要由非金融企业、居民和为居民服务的非盈利机构两部分构成。信贷来源包括国内银行信贷、跨境银行信贷和其他国内金融机构信贷三个部分。数据主要来源于中国人民银行公布的社会融资规模。同时，未来准确反映各类“影子银行”和地方政府融资平台的信用扩张情况，我们综合考虑了总杠杆率和非金融企业的杠杆率水平。我们将间接金融部分和直接金融部分的信用扩张综合起来，通过对比其与实体经济活动的相对强弱关系，并分离出偏离均衡值的周期项，得到了我国金融周期指数。相比于文献对于金融周期的测算，我们增加考察了往往被忽视的“影子银行”和准政府的信用扩张，因此结论更加接近目前的实际情况。从我们的测算结果看，我国目前处于金融周期的高涨时期。

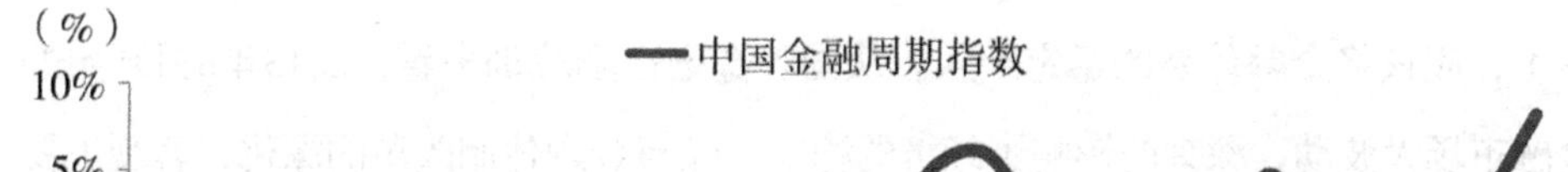

图6 我国金融周期指数处于高涨时期

资料来源：中国人民银行，CEIC，李扬等《中国国家资产负债表2015：杠杆调整与风险管理》，作者估算。

金融稳定在当期是重中之重。按照央行2016年4月8号的工作论文《金融周期和波动如何影响经济增长与稳定？》里的分析，在金融周期高涨期和衰退期，经济增长率较低，同时容易爆发金融危机。这意味着，只有当金融周期处于相对平稳的正常状态时才有助于经济增长和金融稳定。金融波动的增加都伴随着更低的经济增长率和更高的金融危机发生概率。因此，当我国金融周期处于高涨时期，供给侧结构性改革进一步推进的过程中，对金融稳定的强调是明智之举，也是重中之重。

（二）金融稳定应该纳入宏观调控目标体系

金融稳定纳入宏观调控目标体系的必要性。从国际经验来看，一般而言，宏观调控目标主要包括四个：促进经济增长，增加就业，稳定通胀，保持国际收支平衡。按照以上分析，当一个经济体金融深化到一定阶段，金融周期，即金融稳定与否，将对实体经济运行产生重要影响。借鉴2008年美国次贷危机的教训，如果只是拘泥于传统的宏观调控目标体系，那么2008年金融危机是很难被预测或提前警示的。从现实情况来看，按照前文的测算，考虑我国目前间接融资、直接融资体系，以及潜在的“影子银行”的影响，我国目前处于金融周期的高涨期，金融稳定对于实体经济的影响重大。因此，在传统的宏观调控目标的体系下（保增长、稳物价等），应该将金融体系的稳定纳入。从国内金融市场教训来看，2015年6月开始的金融市场大波动，深刻的影响了经济的稳定。随着金融体制改革的深化，客观上要求我们将金融稳定纳入到宏观调控目标体系里。

金融稳定纳入宏观调控目标体系的可行性。第一，金融稳定的新理念先行。根据陆磊和杨骏的研究（2016），新时期人们对金融稳定的关注重点发生了革命性转变：从原来“只要每一个金融机构在财务上都是安全且可持续的，那么整个金融体系就是稳健的”转向“我们承认单个机构健康运行是重要的，但是在一个预期多变的时空，更重要的是确保全系统的安全性”，避免“覆巢之下，岂有完卵”的全局性悲剧的出现。通俗一点说，金融稳定的新理念先行，也就是从传统的微观审慎监管到宏观审慎监管的发展。第二，盯住各类资产稳定的流动性管理成为重要的工具。金融波动往往是由于信用收缩（受到冲击）引起的流动性危机引起的，2008年次贷危机和2015年中国股市波动就是不远的例子。那么，维持各类资产在各个时刻稳定，不出现短时间内暴涨暴跌，流动性管理工具就成为有力武器。第三，金融稳定引入宏观调控目标体系，要求实现事前有监控、事中有协调、事后有维护的运行体系。对于维护金融稳定，在金融市场大幅波动的事前，对各类金融市场进行高频和密切监控，打通各类金融市场之间的藩篱，实时掌握金融市场运行的情况。事中各个监管机构之间互相配合，积极协调，共同应对，既能起到精准抵御金融波动的作用，也能引导预期，保证金融稳定。事后对金融市场的维护主要是保证金融市场日常的合理流动性，避免继续发生"踩踏"事件，缓和市场预期，重新恢复金融市场信心，为金融稳定保驾护航。

（三）我国潜在金融风险和维持金融稳定的关键领域

供给侧结构性改革成功与否，金融稳定可能不一定是充分条件，但一定是必要条件。没有一个稳定的金融市场，供给侧结构性改革的每一步推进都将十分艰险。前文分析了我国金融周期所处阶段，金融稳定纳入宏观调控体系必要性和可行性等关键问题。本部分在前文的基础上，简要讨论我国潜在金融风险部门和维持金融稳定的关键领域。

正如笔者在文章《中国金融风险的聚集与应对》里提到的，中国经济在2014年以后，出现了实体经济投资回报率持续低于融资成本的重要变化。这一重要变化使得经济可能陷入"庞氏增长"。具体而言，相关调研数据表明，新增广义信贷扩张的52%用于实体经济主体还本付息，只有少部分流动性真的进入实体经济。具体而言，笔者认为以下几个部分，可能是现阶段维持金融稳定的关键。

（1）非金融企业的信用风险。我国非金融企业的杠杆率在2015年底达到了创纪录的153%，居全世界首位。目前而言，国有企业的盈利增长急剧下滑，民营企业盈利增速更多是通过外延式的并购重组取得，而不是踏实的内生增长取得。非金融企业的负债攀升，盈利能力和潜力下降，将在未来相当一段时间内困扰微观主体的正常经营。2016年以来，非金融企业屡屡爆出信用风险，虽然我们鼓励打破刚性兑付，但是在金融周期处于高涨时期，大范围爆发信用风险可能引起金融稳定的隐患。供给侧结构性改革实施过程中，去产能、去库存、去杠杆等措施，很难避免引起短期的信用冲击，危及金融稳定。因此，非金融企业的信用风险，成为维持供给侧结构性改革顺利推行，保证金融稳定的关键领域之一。

（2）金融市场波动性加大。按照国际市场的经验，当经济体陷入“庞氏增长”，即实体经济投资回报率持续低于融资成本之后，金融市场的波动性将加大，比如日本和拉美国家的例子。我国股票市场、债券市场的波动性在2013年之后开始逐渐加大，从一个侧面应证了这一规律。金融市场波动性加大，对于维持金融稳定提出了新的难度。必须坚持宏观审慎调控的框架，才能在各个金融市场保持协调，各个监管机构才能各司其职，维护金融稳定。

（3）短期资本流动和人民币汇率冲击。短期资本流动对于经济体的金融稳定非常重要，特别是依赖于外部融资的国家。相比而言，我国的金融市场纵深足够，且内向型特征明显，但是有时也会受到短期资本流动的影响，特别是随着金融市场逐渐走向开放。关于人民币汇率，笔者在《人民币汇率没有大幅贬值的基础》一文中明确指出，基于动态随机一般均衡模型和BEER模型，我们认为目前的人民币汇率与均衡汇率之间较为接近，略有贬值压力，但没有大幅贬值基础。但是，外汇市场，特别是短期外汇市场并不一定服从中长期的基本面。维持金融稳定，应该密切关注短期资本流动和人民币汇率波动。

（4）新兴金融业态（P2P，互联网金融等）的风险。目前在推进的金融创新、互联网金融等背景下，金融监管机制尚存弊端，不规范的金融运作现象明显增加。具体来说，新兴的金融业态涉及到多个监管部门，从银行、保险到证券，往往使得监管部门无所适从，难于监管。特别是2014年底以后，随着股市上行，一些银行理财资金通过各种渠道纷纷加人股市投资，投资风险加大，但相关的金融监管却没有及时跟上，给维持金融稳定增加了很大难度。

综上所述，我们从三个方面阐述了维持金融稳定在推进供给侧结构性改革过程中的重要性，可能不一定是充分条件，但一定是必要条件：（1）当前我国的金融周期处于高涨阶段，维持金融稳定是重中之重，意义深远；（2）将金融稳定纳入宏观调控目标体系，具有现实的必要性，也有很强的可操作性，宜早不宜迟，宜重不宜轻；（3）非金融企业信用风险、金融市场波动性加大、短期资本流动和人民币汇率冲击，和新兴金融业态（P2P，互联网金融等）的风险，是我国现阶段金融稳定的关键领域。将金融稳定纳入宏观调控目标体系，防范潜在的金融风险，供给侧结构性改革才能平稳顺利。

六、优化供给侧改革的动力机制

随着我国经济进入“新常态”，经济增速逐渐从以往的高速状态过渡到目前的中高速水平，用改革的办法矫正供需结构错配和要素配置扭曲，减少无效和低端供给，扩大有效和中高端供给，促进要素流动和优化配置，实现供给侧结构性改革，已经成为全社会的期待。宏伟而精细的规划是改革部署的前提和关键，供给侧结构性改革动力机制是改革落实和成效的核心。区别于以往偏重经济增长的改革背景，今后一段时间我们需要实践的供给侧结构性改革充满了“加减乘除”（去产能、去库存、去杠杆、降成本、补短板）。需要我们权衡短期利益和长期利益，全局利益和地方利益，个人利益和国家集体利益。2007年获得诺贝尔经济学奖的哈维茨创立的机制设计理论中，提出了“激励相容”理论：每个理性经济人都会有自利的一面，会按自利的规则行动；如果能有一种制度安排，使追求个人利益的行为正好与集体价值最大化的目标相一致，这一制度安排就是“激励相容”。理论可能过于理想化，但我们确实应该优化供给侧改革的动力机制，使得时间维度、空间维度、群体维度的各个阶层能目标函数接近，取得改革的良好效果。本文从供给侧结构性改革中可能出现的“强制性制度变迁”和“诱致性制度变迁”之间的权衡，从若干重大改革的阶层之间的利益一致等角度，阐述如何优化供给侧结构性改革的动力机制。

供给侧结构性改革，要充分发挥“强制性制度变迁”的后发优势，积极调动“诱致性制度变迁”的主观能动。新制度经济学从变迁发起者的角度区分制度变迁的模式。变迁者选择制度安排的主要根据是制度变迁的成本和收益。如果两种制度安排提供的服务数量相等，那么交易费用低的制度安排或者能提供预期收益多的制度安排可能会被采用。这种以利益驱使为基点的变迁被称为“诱致性制度变迁”（inducing institutional change）。但在现实中，制度的变动并非都是受新的获利机会所驱使，有的制度变迁是由国家强制推行的，这种以权力推动为基点的变迁被称为“强制性变迁”（enforcing institutional change）。在诱致性制度变迁模式下，人们可以在法制框架下自由追逐与自身利益相关的合法利益，会为了响应获利机会自下而上的创设或改变制度。这种变迁花费的时间较长，但由于变迁主体对于新制度的发展路径与效益有明确的预期与理解，所以能带来巨大的经济和社会效应；相比较而言，强制性变迁是一种自上而下的变迁过程，可能在较短时间内完成。变迁主体是国家（经由政府完成），国家发动制度变迁不是简单由获利机会促使的，而是常常受高层权力执掌者的知识积累、变迁给其带来的“成本-收益”比较及实施能力等的影响。纵观中国三十多年的改革开放，大局和方向性的谋划基本属于“强制性制度变迁”的范畴，最高领导集体审时度势，当机立断开启并坚持改革。相比而言，细节和局部的制度变迁更多来自于各类微观主体的试验和创新，大体属于“诱致性制度变迁”的范畴。笔者在文章《供给侧改革之思（三）：探寻合意增长速度》和《中国金融风险的聚集与应对》中探讨了未来五年我国经济增速和可能面临的潜在风险。过去的改革过程中，经济增速较高，风险整体较小，全民能较为顺畅的分享经济发展和改革红利，因此很多改革措施与各阶层之间的利益趋于一致，改革的动力机制也是激励相容。未来一段时间，中国经济可能逐步回落到中高速增长，经济和金融风险增加，资产和金融领域泡沫化趋势显现，实体经济经营困难。当经济的“蛋糕”增速减缓，资产泡沫促进阶层固化的时候，需要更加注重微观主体的改革创新和改革机制摸索，尽量考虑各个阶层的利益诉求，这样才能使得改革的动力机制更加稳健，造成的社会影响更为积极和谐。供给侧结构性改革自上而下的“强制性制度变迁”，结合我们传统的体制和后发优势，有利于在一些关键领域迅速看到改革的成效。然而，供给侧结构性改革需要进一步持续发挥效用，应该积极调动广大微观主体的主观能动的声音，鼓励“诱致性制度变迁”。两种制度变迁上下联动，通盘考虑，守正出奇，可能成为新时期优化供给侧结构性改革动力机制的题中之意。

供给侧改革强调“结构性”，就是要有所为和有所不为，有所“重急”和“轻缓”，凝聚共识，改革突破。供需结构错配是我国当前经济运行中的突出矛盾，矛盾的主要方面在供给侧，主要表现为过剩产能处置缓慢，多样化、个性化、高端化需求难以得到满足。需求管理政策重在解决总量问题，注重短期调控，难以从根本上解决供需结构性矛盾，也难以从根本上扭转经济潜在产出水平下行趋势。目前而言，广大居民面对的是相对质量粗糙的供给。“住”方面，一、二线城市高企的房价给年轻一代带来了巨大压力；然而，三、四线城市房地产高库存（库存销售比达到6倍）又使得企业生产困难、地方政府财政压力增大。“吃”方面，虽然粮食连年丰收，但广大居民想要的更健康、更绿色、更便捷的食物供应体系依然相对脆弱，甚至缺乏信任感。“行”方面，城市内部交通和城际交通近年来得到了长足的发展，然后很多大型城市依然拥堵严重，航空延误率偏高等问题市场出现。“玩”方面，我们注意到最新的出境游同比增长超过50%，而国内很多景区的管理和相关配套措施滞后于时代的新要求。基本公共服务方面，教育、医疗、城市管网基础设施、环保、社会保障等诸多方面，时时刻刻都需要我们提供切实和高质量的供给侧改革，属于改革的“重急”部分。在经济增速缓降、资产价格高企降低社会纵向流动性的阶段，符合大部分阶层的公共服务领域，既是经济和改革的短板部分，也是最适合凝聚改革共识的部分。我们在平时的投资研究中，习惯将当前中国经济中观行业划分为“旧经济”和“新经济”两大部分。“旧经济”领域主要是指钢铁、煤炭、化工、建材等过去中国经济高增长时代的重要行业，但如今已经变成“高污染”、“高耗能”、“产能过剩”的代名词，已经逐渐不符合中国经济转型和改革的方向。“新经济”主要是指高科技、新技术、节能环保、医疗服务、互联网等行业，代表了中国经济未来发展方向，广大居民阶层的实际消费升级，全面提升中国经济质量的新要求。供给侧结构性改革的顺利推进，就是要顺应历史潮流，推动新经济，限制旧经济，满足老百姓的要求。凝聚共识是改革取得实际成效的关键所在，供给侧结构性改革并不是文件，也不是口号，更不是形式，需要通过实事求是的顺应时代发展潮流，使之符合全社会的激励相容，才能优化改革的动力机制。

供给侧结构性改革，需要调动广大地方的积极性，改变以往地方追求经济增长的“锦标赛”模式，形成促进经济长期健康发展，经济结构趋于高质量的更高追求。中国的历次改革和制度变迁，始终少不了地方的身影。如何调动地方参与供给侧结构性改革的积极性，一定程度上决定了改革的执行力和穿透力。1978年之后我们进行的改革与开放，符合地方政府发展的各自利益，加上中央的分权效应，各地在改革红利释放背景下，很多走出了各自特色的发展道路，创造了一系列的经济奇迹。有些学者描述经济高速增长阶段的地方政府行为是“锦标赛”模式（周黎安等，2007），即各地在政策允许的情况下，积极发挥主观能动性，展开“锦标赛”竞争，全力推动当地经济增长。这一模式在相当长一段时间，成为了中国保持经济高速增长的重要制度力量。过去的辉煌值得铭记，现实的困难更需要客观面对。现阶段，追求经济高增长已经逐渐被追求高质量经济增长的诉求替代，强调地方之间相互竞争的关系慢慢被区域之间相互合作替代，传统的“锦标赛”模式已经越来越不适应供给侧结构性改革的要求。如何构建适应新时期供给侧结构性改革的中央和地方关系，地方和地方之间的关系，将触及到改革的动力优化核心。从财政分权方面，1994年财政领域分税制改革之后，中央和地方的利益趋于一致、激励相容、税制稳定且明晰，从而形成了多年的良性循环关系。现阶段而言，地方政府的预算内税收趋弱，应属于地方税制的房产税迟迟不见实质性进展，预算外财政施展愈发困难，在一定程度上降低了地方政府进行中长期供给侧结构性改革的热情和能力。从金融分权上，从以往的经验，金融分权是给财政分权一种额外的预算软约束，即地方政府融资功能的拓展。从我们的计量实证检验结果来看，金融分权使得地方政府的行为更具扩张性，即往往倾向于追求短期经济利益，放低中长期的利益，对融资成本和投资收益不敏感。当然，财政分权和金融分权在一定历史阶段对于中国经济增长发挥了重要作用，但在强调供给侧结构性改革的现阶段可能在一定程度上助长了短期利益，阻碍了改革的进程。供给侧结构性改革，必须要得到地方政府和广大地方人民的自发支持，那就必然需要进一步优化改革的动力机制。对于财政分权而言，需要逐步硬化预算约束，诱导地方政府大力进行供给侧结构性改革，需要加速推进建立全口径政府预算体系，加强人大对预算的监督、审议和修改能力。同时以

“营改增”为突破口，继续推进税制改革，特别是房产税的试点和实施，逐步使其成为地方政府稳定的税种，使得地方政府更加注重当地的长期发展，提供有效的公共服务，更为积极的推进供给侧结构性改革。对于金融分权而言，为了避免重复建设，增强金融配置的效率，更好的为地方供给侧结构性改革服务，防范金融风险，应该逐渐规范地方金融机构，地方政府与金融机构的关系，硬化财务约束，建立责权明晰的金融分权体系。供给侧结构性改革，着眼于长远的经济发展，抓手于中长期结构调整，根植于广大阶层和地方的积极推进。在经济新常态阶段推进供给侧结构性改革，优化动力机制问题的首要就是地方的积极性。当然，政治和行政体制的改革非常重要，政绩考核的实质性变化往往影响地方政府的行为。本部分就经济领域的问题进行探讨，并未涉及到行政体制方面的考量。

供给侧结构性改革，总体方案和主要措施较为清晰，优化改革的动力机制显得格外重要。本文主要从四个方面：如何建立新一轮改革的激励相容机制，如何协调“强制性制度变迁”和“诱致性制度变迁”之间的关系，如何保障改革从经济发展自身趋势上符合最广大人民的利益，如何规范地方政府改革过程中的行为和调动其积极性，简要阐述了现阶段优化供给侧结构性改革的动力机制可能遇到的关键问题。体制更张、机制设计，当然不只是经济领域的事情，行政体制领域可能更为重要，本文只是就经济领域的制度安排进行粗浅思考。

供给侧改革：攻坚克难引领新常态的系统工程

贾 康 刘 薇

内容摘要：现阶段的中国正处在“中等收入”发展阶段、力求跨越“中等收入陷阱”，对接全面小康和伟大民族复兴“中国梦”历史任务的演进中，我们应当以世界金融危机发生之后的经济学反思为重要的思想营养，以宏观经济进入“新常态”为当下背景，把握“攻坚克难”深化改革来进一步解放生产力的供给侧改革核心要义，理论密切联系实际地认识和引领阶段转换后的“新常态”。“需求管理”视野下经济增长的“三驾马车”动力机制，需要将其“结构化”的逻辑传导、转移到供给侧，在不完全竞争市场中，加入政府结构优化政策措施及合理制度安排，形成经济增长动力机制、体系的贯通和“结构化”的真正落实，构建、塑造和强化我国经济长期稳定发展的新动力，构造实现中国现代化赶超战略的系统工程。

关键词：供给侧 改革制度 供给 系统工程

中国的“供给侧改革”实为在认识、适应和引领“新常态”的新阶段，以“攻坚克难”的全面深化改革为核心内涵，进一步解放生产力、实现动力机制转换和体系转型的系统工程。作为一个转轨中的发展中大国，追求“追赶—赶超”式后来居上的现代化，大思路定位必然是“守正出奇”，在充分尊重市场的资源配置决定性作用的同时，也在政府职能方面有意识地把总量型需求管理与结构型供给管理相互紧密结合。我们特别强调制度供给应该充分地引入供给分析而形成有机联系的一个认知体系，将“物”和“人”从供给侧有机联通，即追求通过理性的供给管理，一方面充分促使生产力中的技术创新带来经济升级优化，另一方面充分发挥生产关系中的制度结构优化能动性，从而互动地实现经济增长。理性的供给管理的实质任务，是使制度创新、管理创新和技术创新充分互动而解放生产力、焕发现代国家治理可包容的一切潜力、活力空间，其核心内容落实于现阶段中国经济社会发展进程中，就是强调全面深化改革的统领。

一、世界金融危机之后对主流经济学的反思与挑战

自2008年全球经济危机爆发以来，尽管美国、欧洲、日本等经济体采取了以宽松货币政策为核心的宏观经济政策，历经五年，在局部及个别时段也有一些积极信号，美国已基本走完复苏阶段，但全球总体形势依然复杂严峻，一方面表明中国简单仿效欧美日的需求带动出口、进而带动经济增长的模式在可预见的未来将不可持续，另一方面也表明欧美近几十年的主流经济学派专注于从需求端入手调控经济的思路已面临步入穷途的窘境，需要深入反思。

（一）对已有主流经济学成果的反思

从世界金融危机和中国改革开放的现实生活经验层面考察，人们普遍发问：为什么经济学家对于“千年之交”后震动全球的金融危机既无像样的预测，又无有效、有力的经济学解说与对策思路框架？如何以经济学理论阐释中国的不凡发展与艰巨转轨进程？众多研究者认为：经济学理论迄今已取得的基本成果亟待反思。我们认为，可以归结为经济学理论所需要的、在“新供给”研究中已致力作出的“破”，体现在如下三大方面：

第一，我们直率地指出了主流经济学理论认知框架的不对称性。古典经济学、

新古典经济学和凯恩斯主义经济学虽然各自强调不同的角度，都有很大的贡献，但是共同的失误又的确不容回避，即他们都在理论框架里假设了供给环境，然后主要强调的只是需求侧的深入分析和在这方面形成的“需求管理”政策主张，都存在着忽视供给侧和供给管理的共同问题。最近几十年有莫大影响的“华盛顿共识”，理论框架上是以“完全竞争”作为对经济规律认知的假设条件，但是回到现实，即联系实际的时候，并没有有效地矫正还原，实际上拒绝了在供给侧作深入分析，在这样一个重要领域存在明显不足。美国的供给学派是颇有建树的，其政策创新贡献在实际生活里产生了非常明显的正面效应，但其理论系统性应该说还有明显不足，他们的主张还是长于“华盛顿共识”框架之下、在分散市场主体层面怎样能够激发供给的潜力和活力，但却弱于结构分析、制度供给分析和政府作为分析方面的深化认识。

第二，我们还直率地批评了经济学主流教科书和代表性实践之间存在的“言行不一”问题。美国等发达市场经济在应对危机的实践中，关键性的、足以影响全局的操作，首推他们跳出主流经济学教科书来实行的一系列区别对待的结构对策和供给手段的操作。比如，美国在应对金融危机中 “区别对待”的政府注资：美国调控当局对从“两房”、花旗一直到实体经济层面的通用公司，就分别施以援手，大量公共资金对特定主体的选择式注入，是一种典型的政府区别对待的供给操作，并且对经济社会全局产生决定性的影响。然而，如此重要的实践，迄今还基本处于与其经典学术文献、主流教科书相脱离的状态。

第三，我们还直截了当地指出了政府产业政策等供给侧问题在已有经济学研究中的薄弱和滞后。比如，从上世纪八十年代亚科卡自传所强调的重振美国之道的关键是“产业政策”，到克林顿主政时期的信息高速公路，到近年奥巴马国情咨文所提到的从油页岩革命到3D打印机，到制造业重回美国，到区别化新移民和新兴经济等一系列的亮点和重点，都不是对应于教科书的认知范式，而是很明显地对应于现实重大问题的导向，以从供给侧发力为特色。

（二）正视现实的新供给经济学理论创新视野

有了上述反思之“破”而后，我们强调，必须结合中国的现实需要，以及国际上的所有经验和启示，以更开阔的经济学理论创新视野，考虑我们能够和应当“立”的方面。

第一，我们特别强调的是经济学基本框架需要强化供给侧的分析和认知。在基础理论层面我们强调：应以创新意识明确指出人类社会不断发展的主要支撑因素，从长期考察可认为是有效供给对于需求的回应和引导，供给能力响应体系及其机制在不同阶段上的决定性特征，形成了人类社会不同发展时代的划分。需求在这方面的原生意义，当然是不可忽视的——人有需求才有动力、才要去追求各种各样的可用资源——但是在经济学角度上，对于有效供给对需求引导方面的作用过去却认识不足。

在现实生活中，经济增长的关键是在处理“生产产品满足消费”的需求侧、总量调控为基本要领的“需求管理”问题的同时，解决“生产什么”和“如何生产”的供给侧问题——尤其是“制度供给怎样优化”的问题，其强烈的“供给管理”结构性特征和复杂性特征无法回避。这种把需求与供给紧密联系起来的研究，在人类经济社会发展实践中正在日益凸显其必要性和重要性。

第二，我们强调正视现实而加强经济基本理论支点的有效性和针对性。比如“非完全竞争”，应作为深入研究的前提确立起来，因为这是资源配置的真实环境，牵涉大量的供给侧问题。过去经济学所假设的“完全竞争”环境，虽带有大量理论方面的启示，但它毕竟只可称为一种1.0版的模型。现在讨论问题，应进一步放在非完全竞争这样一个可以更好反映资源配置真实环境、涵盖种种垄断竞争等问题的基点上，来升级、扩展模型和洞悉现实。

第三，我们认为市场、政府、非营利组织应各有作为并力求合作，这也是优化资源配置的客观要求。在明确认同市场总体而言对资源配置的决定性作用的前提下，我们还需要有的放矢地来讨论不同的主体——即市场和政府，还有“第三部门”（非政府组织、志愿者、公益团体等），它们在优化资源配置里面可以和应该如何分工、合作、互动。

第四，我们特别强调了制度供给应该充分地引入供给分析而形成有机联系的一个认知体系，即“物”和“人”（生产力与生产关系）这两个视角，在供给侧应该打通，各种物质要素的供给问题和实为人际关系的制度供给问题应该内洽于一个体系，发展经济学、制度经济学、转轨经济学、行为经济学等概念下的研究成果，需要加以整合融于一炉。通过这样的“立”来回应转轨经济和中国现实的需求，形成的核心概念便是我们在理论的建树和理论联系实际的认知中，必须更加注重“理性的供给管理”。

当然，以上这些并不意味着我们就可以忽视需求方面的认识——“需求管理”的认识在已有的经济学理论成果中已经相对充分，我们希望在供给这方面更丰富地、更有针对性地提高认识框架的对称性。

总之，世界金融危机之后，对于传统的经济学理论框架和宏观调控“需求管理”为主实践经验的反思，与“理论联系实际”的创新努力，已合乎逻辑地引出了对于“新供给经济学”理论创新和“供给管理”调控与供给侧结构性改革前所未有的重视。

二、供给侧改革的核心内涵与实质举措建议

从概念上讲，“需求”和“供给”是经济社会中相辅相成的一对概念，政府的调控职能在于如何实现总需求和总供给的动态平衡。在调控的“技术路线”上，过去就已很清楚地区分为需求管理和供给管理，而现实生活中经验比较丰富、比较成熟的主要是需求管理，它属于总量型，指标是单一可通约的，掌握整个市场中的流动性，以对银根的抽紧或者放松、总需求的抑制或刺激来实施反周期操作。中国改革开放后，特别是邓小平南方谈话确立市场经济目标模式之后，也在这方面积累了相对丰富的反周期的需求管理调控经验。但是，中国在认识、适应和引领经济新常态当前的阶段迫切需要构建经济增长的新的动力机制，传统的需求管理的三驾马车框架下，显然所强调的消费、投资和出口需求三大方面分别的认知，只有连通到消

费供给、投资供给和出口供给才可能对应的形成各自需求满足的机制和状态，其中包含的就是由需求侧的所谓“元动力”引发供给侧响应、适应机制，即其相关的要素配置和制度安排动力机制的优化问题，这些又必须对接十八大以来的全面改革和全面法治化的通盘部署。

我们认为中国所强调的供给侧改革的核心内涵就是有效制度供给，即以改革为统领，解放生产力而守正出奇，引领新常态而继往开来。所谓“守正”，就是认识、顺应、尊重和敬畏市场规律，充分发挥其总体而言在资源配置中的决定性作用，所谓“出奇”，就是充分认识到并不能简单搬用发达市场经济体的已有经验和我们自己过去的经验，必须以特定国情下特定阶段上的成功创新来支持中国完成现代化全过程。在推进工业化、城镇化、市场化、全球化、民主法治化趋向下，攻坚克难，处理经济社会转轨升级的问题，而打造这个升级版最关键的就是创新驱动，即在供给侧以有效制度供给为龙头的三层次创新的结合（生产力和生产关系在供给侧打通的动力体系中，制度创新是“解放生产力”的最关键的创新，它也会打开管理创新和技术创新的空间，技术创新亦会“倒逼”管理创新和制度创新），就是有效的制度供给支持结构优化，激活全要素生产率的所有潜力来对接全面小康，连通中国梦。

以理论创新基本认识引出的基本政策主张，是供给侧改革的着力点。我们所在的中国新供给经济学研究群体，认为可具体概括为：以改革统领全局的“八双”和面对两个一百年任务的“五并重”，即“八双”（“双创、双化、双减、双扩、双转、双进、双到位、双配套”）引领我国经济可持续健康发展。“双创”——走创新型国家之路，大力鼓励创业；“双化”——推进新型城镇化，促进产业优化；“双减”加快实施以结构性减税为重点的税费改革，大幅度减少行政审批；“双扩”——对外开放格局和新的国际竞争局面之下，扩大中国对亚非拉的开放融合，适度扩大在增长方面基于质量和结构效益的投资规模；“双转”——尽快实施我国人口政策中“放开二胎”管制向逐步适当鼓励生育的转变，积极促进国有资产收益和存量向社保与公共服务领域的转置；“双进”——在国有、非国有经济发挥各自优势协调发展方面，应该是共同进步，摒弃那种非此即彼截然互斥的思维，在“混合所有制”的重要概念之下，完善以“共赢”为特征的社会主义市场经济基本经济制度的现代化实现形式；“双到位”——促使政府、市场发挥各自应有作用，双到位地良性互动、互补和合作，尤其看重在公私合作伙伴关系PPP模式下寻求共赢；“双配套”——尽快实施新一轮“价、税、财”配套改革，积极地、实质性地推进金融配套改革。

“五并重”的基本内容：一是“五年规划”与“四十年规划”并重，研究制定基于全球视野的国家中长期发展战略；二是“法治经济”与“文化经济”并重，注重积极逐步打造国家“软实力”；三是“海上丝绸之路”和“陆上丝绸之路”并重，有效应对全球政治经济格局演变；四是柔性参与TPP与独立开展经济合作区谈判并重，主动参与国际贸易和投资规则的制定；五是高调推动国际货币体系改革与低调推进人民币国际化并重。以上“八双五并重”引出的消除供给抑制，放松供给约束的取向，正是对应于十八大以来延续市场化取向下“国家治理现代化”的制度转轨、机制优化的最核心内涵。

在优化供给侧环境与机制，释放潜力托举经济质量“升级”式增长，创造发展新动力方面，我们也相应提出了系统化的分析认识和建议：

首先强调在“四个全面”总体布局新时期，“攻坚克难”地从增加有效供给角度实施制度创新供给和结构优化，衔接好从短期到中长期目标的运行调控。针对五大要素（劳动力、土地与自然资源、资本、科技创新、管理制度），我们提出如下主要的政策建议：

第一，尽快实施我国人口政策中“放开二胎”的转变，从控制人口数量转向优化实施人力资本战略。

党的十八届五中全会宣布的“放开两孩”政策调整出台后，应当继续动态优化后续措施，非常需要针对中国社会迅速进入超老龄化社会，择机适时引导我们人口政策转向鼓励生育。二是将以计划生育重点针对体制内的人口控制，过渡到以整个社会全面优生和提高人口质量为核心的人口战略，并进一步改写为以教育和提升创新能力为核心的人力资本战略。

第二，积极审慎推动土地制度改革，逐步建立城乡统一的土地流转制度。

当前，土地制度改革的焦点主要集中在农村土地方面（涉及集体经营用地、农民承包地和宅基地）。我们建议积极落实十八届三中全会《决定》中的有关精神，明确农村集体经营性建设用地入市范围和途径；建立健全市场交易规则和服务监管制度，积极总结借鉴重庆等区域以“地票”制度处理远离城市中心区的农民在农地“占补平衡”框架下分享城镇化红利的经验，扩大“地票”制度试点范围。应全面推动农民承包土地使用权的确权、流通、转让、租赁制度，保护农民的合法权益。应探索农民住房保障在不同区域户有所居的多种实现形式。还应充分重视深圳特区“先行先试”环境下形成的“国有平台，整合分类，权益求平，渐进归一”土地制度改革经验，在逐步建立城乡统一的土地产权框架和流转制度过程中形成兼顾国家、单位、个人的土地增值收益分配机制。

第三，全面实施金融改革，积极解除“金融抑制”有效支持实体经济升级换代。

一是进一步深化金融机构特别是国有控股商业银行改革，适当降低国家持股比例提升社会资本持股比例；二是积极发展证券、保险等非银行金融机构；三是在政策性融资机制创新中构建多层次、广覆盖、可持续的开发性金融、农村金融、绿色金融、科技金融等服务体系；四是依托存款保险制积极发展一大批社区银行、村镇银行，通过降低准入门槛，引入民间资本或将现行的民间放贷机构合法化，增加金融供给主体和金融产品，健全小型、微型企业融资体制，并引导小贷公司按“资本金融资、自负盈亏、自担风险”原则发展，改进小微企业的金融服务；五是依全面放开存贷款利率管制，实现市场化定价的方针，放开存款利率上取得突破后，继续优化相关运行机制；六是以显著提升直接融资比重为目标，大力发展多层次资本市场，在继续完善主板、中小企业板和创业板市场的基础上，稳步推进全国的股权交易市场（新三板），并推动“大资产管理公司”建设；七是提高金融业稳健性标准，积极稳妥地推进银行业实现第三版巴塞尔协议，防范银行表外业务风险，牢牢守住发生系统性风险、区域性风险的底线；八是加强金融业监管，落实金融监管改革措施和稳健标准，完善监管协调机制，界定中央和地方金融监管职责和风险处置责任；九是做好准备适时实行人民币在资本项目下的可兑换，支持人民币国际化；十是总结国内外经验，积极发展完善财政为后盾、可持续运行的政策性、开发性金融体系。

第四，切实以改革为企业经营创业活动“松绑”、“减负”，激发微观经济活力。

结合当前企业的实际情况，应以“负面清单”原则取向，创造“海阔凭鱼跃、天高任鸟飞”的高标准法治化营商环境。一是以自贸区为标杆，进一步简政放权，降低门槛、减少准入控制，同时改革监管方式，优化服务，推动全国统一的行政审批标准化改革，建立覆盖所有法人、自然人的全国性信息信用系统，执行统一的市场监管规则，以此最大程度地减少社会交易成本，为企业创造良好的经营环境。二是与减税的举措并行不悖地适度降低我国社保缴费率，同时加快推进实施基本养老社会保障全国统筹步伐；建立全国统筹的社保体系可结合调入国资经营收益等机制。三是进一步清理收费，降低企业实际综合负担特别是税外负担，在深化财税改革厉行结构性减税的同时，应注重彻底切断行政审批与收费之间的利益关联，分类重建收费管理的体制机制，将“准税收”性质的收费、基金尽快调入一般公共预算，“使用者付费”性质的收费、基金应在基金预算中加强成本核算与信息公开，行业协会、中介组织所提供的服务收费应打破垄断、增强竞争、压低负担水平，对“红顶中介”、设租寻租所强加的企业负担，更应结合反腐倡廉来有效消除。

第五，大力实施教育改革和创新驱动战略，培育高水平人才有效建设创新型国家。

以改造应试教育和去行政化为重点的教育改革势在必行，以利培养造就一大批创新人才。面对新一轮生产力革命（“第三次产业革命”）的挑战，我国从中长期来看，需要在高端“买不来的技术”领域靠原始、自主创新艰难前行，在中高端依靠全面开放和“拿来主义”“引进、消化吸收再创新”与“集成创新”结合，最终建成“创新型国家”，完成从工业时代经济向与“第三次产业革命”接轨的“中国新经济”的转轨。可以预计，信息产业、新能源产业、高铁式重大装备制造业、生物产业和纳米产业等战略性新兴产业，插上“互联网+”的翅膀，正在或可能成为中国经济的新引擎。为力求主动，必须积极深化科技体制改革，完善支持自主创新和成果转化的政策体系，引导各类创新主体加大研发投入，调动社会各方面参与和推动自主创新的积极性。要完善以企业为主体、市场为导向、产学研结合的技术创新体系；加强创新型人才队伍建设，重视培养引进高科技领军人才；培育创新文化，保护创新热情，宽容创新挫折，形成有利于创新的全社会氛围，多元化支持从发展基础科研、实施国家科技重大项目到促进科技成果产业化各个方面的自主创新，提升创新绩效。要充分遵从科研规律，以激励有力、制约到位、分配合理、管理科学的制度规范，“在问题导向”下及时纠正商标、事业单位横向课题经费管理的官场化、行政化清规戒律，调动全体科研人员的积极性与创造力，使科研投入的绩效水平得到提高。

供给端的以上举措，离不开我国行政、财政、国企、收入分配、价格、投资等多方面的综合配套改革。对此，我们亦有以下建议：“结合式”深入推进行政审批制度改革、大部制改革和“多规合一”制度建设；继续深化财税改革，支持政府治理体系与能力现代化；有序推进国有企业改革，促进国有资产收益和存量的转置；改善收入分配与再分配相关制度，打造“橄榄型”现代社会结构；以满足公共服务需求、优化结构和调动潜能为大方向，积极理顺基础资源、能源产品比价关系和价格形成机制，积极实施选择性“有效投资”和PPP机制创新。

总之，我们认为中国经济社会发展的现代化进程已经到达一个非比寻常的关键时期和历史性的考验关口，仅以短中期调控为眼界的需求管理已不能适应客观需要，应当及时、全面引入以“固本培元”为主旨、以制度供给核心，以改革为统领的新供给管理方略，针对中国经济社会的重大现实问题，“中西医结合”多管齐下，共收疗效。

三、攻坚克难的关键意义和系统工程式的全面性质

（一）未来10年跨越中等收入陷阱的关键意义

“十三五”规划时期正是中国全面深化改革与全面法治化的攻坚克难时期，在以实现“全面小康”为奋斗目标的同时，实行“全面依法治国”和“全面从严治党”，必须在供给方面考虑不同的要素塑造新的动力，形成可支撑“升级版”的混合动力体系。在整个人类社会经济生活中，原生动力当然是需求，人们必须满足自己的生存以及发展和享受需要——但是，回应这个需求原生动力的后面的供给，却决定了我们不同时代的特征和不同阶段上，有没有可能通过创新一个一个地迈上发展的台阶。国内外经验都表明，供给方面五项要素，即：劳动力、土地与自然资源、资本、科技创新、管理制度，前面三项在经济体进入中等收入阶段之前，动力作用是非常明显的，但进了中等收入阶段以后，这三项的支撑力却会衰减或滑坡，我国就是这样：过去低廉劳动力比较优势支持我们一路走来成为“世界工厂”，新近问题却是民工荒、用工贵、招工难；土地、资源开发中无价变有价、低价变高价形成物质利益驱动生机勃勃的超常规发展，但近年征地拆迁补偿的综合成本急剧抬高且频频引发矛盾冲突；引进外资引出本土原始积累过程并发展到民间资本十分雄厚状态，然而现常规投资已普遍出现“边际收益递减”。所以为引领新常态，更多需要强调的是后面两项，即科技创新和制度创新。

“中等收入陷阱”决非所谓“伪问题”和敌对势力打压中国的“概念陷阱”，它作为一种全球统计现象，反映的是真实世界中的“真问题”，更是一个在我国“十三五”及中长期经济社会发展过程中关乎现代化“中国梦”命运的顶级真问题。前面半个多世纪，世界上众多达到中等收入阶段的经济体，如愿上升为高收入阶段的，仅有约十分之一，绝大多数落入“陷阱”式的停滞与纠结状态。基于1962—2013年全球数据，对成功跨越“中等收入陷阱”经济体的路径进行研究，

可得到相关结论①：成功者跨越“下中等收入陷阱”期间GDP增长率均值则至少为8.50%，跨越“上中等收入陷阱”持续时间均值为15.9年，这期间GDP增长率均值为5.08%；中国前面跨越“下中等收入陷阱”持续时间为14年，GDP增长率均值为9.87%，表现不错，但今后在“十三五”及中长期将面临跨越“上中等收入陷阱”的严峻考验。国际经验还表明，中等收入经济体成员在试图摆脱“下中等收入陷阱”和“上中等收入陷阱”的过程中，不乏出现“晋级—退出—再晋级”的反复。我国如何顺利走出中等收入陷阱的潜在威胁，伴随有国内外一系列矛盾纠结和棘手难题，特别是渐进改革“路径依赖”之下制度性“后发劣势”的可能掣肘。这是摆在决策层及全体国民面前一道严肃的历史性考验课题，并对优化供给环境和机制、形成经济增长新动力机制提出了重大要求。

这其中特别需要注重供给侧结构性问题，在“三农”、区域协调、环境保护、社会保障、科技创新、国防、重点建设等方面补短板优结构，特别是以制度供给、深化改革来解放生产力、化解矛盾累积与隐患叠加，引领新常态，形成中长期可持续发展后劲，才能成功跨越“中等收入陷阱”。

（二）新供给不是简单的套用供给学派“减税为主”的经验，而是引领新常态对接现代化“中国梦”的长期、全面的系统工程

新供给经济学是基于对“萨伊定律”再解读进行“供给侧”认识的提升与反思，并非简单可贴“主义”“流派”等标签的简单供给派复辟，而是在把握“融汇古今、贯通中西”的全球眼光和历史视野基础上，更开阔地建立在传统理论经济学、制度经济学、转轨经济学、发展经济学、信息及行为经济学所构成的“五维一体化”理论框架基础上②，又切切实实根植于中国经济实践的诉求，认为“供给管理”与“需求管理”不可偏废一方，并且不认同如美国“供给学派”所主张的简单退回到古典自由主义或新自由主义所倡导的自由放任时代，而是认为

① 贾康，苏京春：《直面“中等收入陷阱”真问题——基于1962—2013年全球数据对“中等收入陷阱”的判断、认识》，载于《中共中央党校学报》，2015年第4期。

② 贾康，苏京春：《“五维一体化”供给理论与新供给经济学包容性边界》，载于《财经问题研究》，2014年第11期。

优化资源配置的客观要求是强调市场、政府各有所为，并主张考虑第三部门主体与两者的良性互动。而且，新供给经济学在基础理论层面，特别强调对制度供给的认识与重视，认为制度供给问题与供给能力的形成密切相关，应该充分地引入供给侧分析而形成有机联系的认知体系，打通"物"和"人"这两个都位于供给侧的分析视角，将各种要素的供给问题纳入紧密连于制度供给问题的分析体系。这一系列思想观点，落实到中国实践层面，就是要强调以改革为核心，从供给侧发力推动新一轮制度变革创新和加快发展方式转变与升级。由此可见，新供给经济学在总结美国等发达国家实践操作的基础上提出的理性的"供给管理"，强调的并不是对"供给侧"与"需求侧"选边式的"复辟"，而是在肯定需求管理重要意义和实践贡献的基础上，加入对供给管理的重视与强调，并加入了在制度经济学思想指导下对制度供给层面更具系统化特征的思考。

中国自上世纪90年代以来宏观调控中反周期的政策实践是在需求管理框架下的，它有巨大的进步和颇多的成绩，但是延续主流经济学教科书和仿效发达国家的思路继续贯彻单一的反周期操作路线，随着近年来的矛盾积累和凸显，已经日益表现出它的局限性，今后随着中国经济增长率下台阶，资源环境制约和收入分配等等人际关系制约，已经把我们可接受的所谓运行状态的区间收窄了，再复制式的推出"四万亿2.0版"的空间已经十分狭窄，比较高水平的理性管理的有效运用是势在必行的。党的十八届五中全会，明确提出了"释放新需求，创造新供给"的要求，其后领导层更宣示了对于推进"供给侧结构性改革"和提升"供给体系质量与效率"前所未有的高度重视，直指形成有效制度供给这一中国现代化的"关键一招"和以创新驱动、结构优化解除供给抑制释放增长潜能的系统工程。既然在中国中长期发展中如何破解瓶颈制约和攻坚克难全面深化改革、优化结构，是我们共同面临的历史性的重大考验，那么我们应该站在前人的肩膀上，以严谨的学术精神，秉持理论密切联系实际并服务实际的创新原则，更好的解放思想、创新思维，追求经济学经世济民的作用，更多的注重从供给侧发力，在实践中破解瓶颈，服务全局，把握未来。

参考文献：

[1] 贾康主编. 新供给：经济学理论的中国创新[M]. 北京：中国经济出版社，2013.

[2] 贾康, 苏京春. 新供给经济学[M]. 山西: 山西出版社, 2015.

[3] 贾康，苏京春. 供给侧改革：新供给简明读本[M]. 北京：中信出版社，2016.

[4] 贾康等. 中国需要构建和发展以改革为核心的新供给经济学[J]. 财政研究. 2013(1).

[5] 贾康, 苏京春.直面“中等收入陷阱”真问题——基于1962—2013年全球数据对“中等收入陷阱”的判断、认识[J]. 中共中央党校学报. 2015(4).

供给侧改革的理论基础：新供给经济学

金海年

2015年11月，国家“十三五”规划建议稿发布，供给侧改革成为未来五年的新关键词，刚刚结束的中央工作会议将供给侧结构性改革评价为重大创新。其实供给侧改革并非新生事物，早在改革开放之初，邓小平先生就提出中国社会的主要矛盾是人们日益增长的物质文化需要和落后的生产力之间的矛盾，因此改革就是要解放生产力、发展生产力。可以说，邓小平是新供给经济学的思想鼻祖。而将中国的改革开放放在全球经济发展的规律视角研究，既需要对真理的好奇和渴求，也需要对现实问题的社会责任感和历史使命感。

经济学理论的重要发展基本上都是围绕着全球经济发展的热点和中心发生的。从亚当·斯密开始，工业革命也将英国这个全球经济中心推上了全球经济学理论研究的中心，美国的兴起又将经济学理论的焦点带到了大西洋西岸。中国未来的复兴，必然与欧美形成全球经济多极化的新格局，来自中国的经济学理论创新也必将为世界经济学理论的发展做出重要的贡献。

一个代表真理的理论必然是规律的体现。如果这个理论只能解释西方国家，不能解释东方国家，只能解释发达国家，不能解释发展中国家，恐怕还不能反映真正的规律。Stigler曾经说过，一个合格的经济学理论应该具有三个特点，首先它应该与现实吻合，第二应该有一定的普遍性，第三要能够可跟踪和验证。我们认为，一个好的经济学理论应该符合三个原则：一是归纳性原则，能够解释普遍的现实；二是检验性原则，能够得到验证；三是应用性原则，能对实践有指导作用，对国家政策的制定提供依据，对未来能够进行预测。

从世界上经济学理论发展的历史来看，亚当·斯密首先建立了经济学研究的框架，提出了市场的作用，也发现市场不是万能的，但还没很好说清政府的作用是什么。为了应对1929年后的大萧条，凯恩斯理论形成，将宏观经济和微观经济区别开来，提出了政府刺激需求的作用，但存在重视总量忽视结构的缺陷，在1970年代美国滞胀问题中让位于新自由主义和供给学派。不过此后形成的华盛顿共识，却从未成功在其他发展中国家指导现实。西方经济学的基本假设明显与实际有着较大的差异，对文化和制度的外生性认知，使其理论难以融合东西方不同背景和发达落后不同阶段。传统的供给学派更多强调的还是税收，而发展经济学即使考虑到全要素的各个因子，却忽视了整合这些要素真正创造价值的主角—企业。新制度经济学研究制度时也忘记了以经济学研究视角对制度本身进行分类。

新供给经济学并非忽视需求，但发现需求和供给对于经济增长的作用是非对称的。一句话概括，新供给经济学是以需求为目的，从供给侧着手。因此，在经济增长过程中，需求是被动的，供给是主动的；从有效需求的有限性和供给的约束可以推导出经济的增长主要来自供给能力的提升和创新；供给是长期动力，需求侧可能仅是临时的刺激。供给的主体就是整合资源、创新、创造价值和财富的企业，也包括供给制度和公共服务的政府。

我们发现，在遇到问题和挑战时，如果从供给侧思考，往往是建设性的、更加积极的。政府在宏观等式中的位置不应在需求一侧，否则会得出政府支出越多产出越大的悖论。如果把政府换到供给一侧，就能得到政府支出的最优区间，不是越多越好，也不是越少越好，而是结构合理、机制得当为好。

市场有三个核心功能：价值的反映机制和调节机制，竞争的效率提升和创新促进，优胜劣汰的结构调整机制；政府也有三个核心功能：制度供给功能（权利界定、秩序规则和价值观体现）、外部性供给（公共服务与税收、外部性调节、基础研究与教育、人性关怀）、收敛性调节（宏观调控、收入分配调节、危机应对等）。

分析制度时，如果从供求关系的角度去分析，以供给者角色区分制度就可以将制度分为软性制度（供给者为整个社会、民族和国家）、强制制度（供给者为政府）和契约制度（供给者为市场主体）三大类，而研究制度就是为了有效供给，亦即改革或制度变迁。

同样的，如果我们回顾人类社会的发展，就会发现石器时代、铁器时代、工业革命、信息时代等等阶段其实都是从供给侧划分的，都标志着供给能力的革命性提升。中国的改革也主要聚焦在供给一侧，从家庭联产承包责任制、到国企改革、价格改革。创新从来都发生在供给一侧，企业和企业家是经济增长的主角。蒸汽机、电力、流水线、计算机、互联网、电冰箱、汽车、飞机、手机、航天技术等等改变人类生活状态和水平的，都来自于供给一侧。这些是无法从需求一侧调查或主动提出的。

再看中国的情况，我们从来也不缺需求，问题主要都在供给一侧。由于供给的产品存在质量问题、服务问题，中国的消费者就会去日本买马桶盖、去欧洲买高档商品、去新西兰买奶粉。而中国的医疗问题、教育问题，也都是由于供给不足、不均衡造成的，谁都不能压抑医疗的需求、教育的需求、居住的需求、养老的需求，任何人都有追求美好生活的权力，因此解决之道必须是如何保障与提升有效供给。福特从供给侧出发，采用流水线提高劳动生产率，提高工人工资，最终创造了中产阶级，让工人可以买得起汽车，创造了福特车的需求和市场。

再又比如机动车的污染问题，如果从需求侧解决就是限行限购，这是消极的，既压抑了中国人享受现代科技成果的平等权利，也不能真正解决污染问题。美国人也是人，每个美国人都可以享受现代科技文明的成果，可以开车，住大房子，同样享受青山绿水，为什么中国人就不可以呢？限制需求本身就是反人性的，是不合理的。在1970年代的美国，也发生过洛杉矶的光雾事件，而美国人从供给侧思考，积极解决了问题。美国人让汽车的供给者——汽车企业在发动机上安装尾气处理装置，让燃油的供给者提高燃油的标号，降低燃油的硫和硝的含量，最终解决了污染问题，每个人仍然都可以开车，都可以享受科技文明的成果。

怎么理解供给创造需求？它是创造一个新的历史还是一种历史的重复？供给侧的创新和思考问题的角度，就是供给在创造新的需求，创造新的历史；把人看成消费、消耗财富和价值的负担，还是看成创造财富的劳动力和智力资源，也是供给侧思考问题和需求侧思考问题最本质的区别。

新供给经济学从供给侧积极思考，2012年就提出了“八双五并重”的政策主张，即：双创（创新创业）、双化（新型城镇化和产业优化）、双减（减少行政审批和结构性减税）、双扩（对外扩大开放和融合，对内优化结构和效益扩大内需）、双转（转变人口政策和国有资产布局）、双进（国有、非国有共同进步，完成大混合经济的发展）、双到位（政府和市场职能都要到位，也包括第三部门的作用）、双配套（财政改革和金融改革的配套），五年规划与全球视野的百年战略并重、法治与文化并重、海陆丝绸之路并重、参与TPP等秩序和独立建立新规则并重、高调国际货币体系改革和低调人民币国际化并重。这些主张和建议已经全部纳入到国家的十三五和面向2049的战略规划中。

所以，新供给经济学既是面向中国现实的理论，也会是面向全球不同发展阶段、不同文化制度的经济体的理论。新供给经济学的诞生是一个新的起点，这个新理论从中国出发，促进中国的复兴，也必将走向世界，带来一个多极化、多彩多姿的多元世界的繁荣！

2015年12月

（作者为经济学博士、诺亚（中国）控股有限公司首席研究官、

中国新供给经济学50人论坛成员）

辖区顶层规划的优化是政府最好的理性供给

贾 康 苏京春

以供给管理优化推动政府“规划先行、多规合一”的顶层规划，能够进一步激活中国经济的增长潜力空间，包括产业布局聚集效应提升要素投入产出效率，提升城市承载能力，切实缓解城镇化中“城市病”。一方面能够容纳更多生产要素的共存，另一方面能够给关键性的生产要素以发挥龙头效应带动良性互动的合理空间，从而使全要素生产率的提升成为可能，以及优化能源结构、减少资源浪费及减少代际负外部性，实现更加良好的城乡一体化布局，从而以最大程度提升供给体系的能力、质量和效率，减少经济发展中社会矛盾摩擦所带来的负面影响。

规划中的问题

“顶层规划”一定要打出提前量。作为基本公共服务设施的重要组成部分之一，上下水管道系统和类似涵管、光纤等的建设及翻修窘境，近几十年来在全国多个城市最为人们所熟知。在统筹规划不到位的情况下，“马路拉链”的现象屡见不鲜，其所带来的停水、停电、交通堵塞、环境污染等问题又必给公众生活带来诸多不便。每次建、拆和每次再建，都创造统计上的GDP，这样的“政绩”实成民生之痛。高速公路建设中明显存在某些前瞻性不足问题。北京八达岭高速、沈大高速、沪宁高速建设，均因前瞻性与财力预算安排没有体现较充分的“提前量”，建成后均很快出现拥堵而又不得不再次投入资金翻修。

应理性避免供给满足需求过程中的频繁升级。基本公共服务设施的供给大体上呈现这样的轨迹：伊始表现为需求高涨，政府着手组织供给，总规模适度大于需求，或至少使供给与需求达到均衡，其后需求又高涨，下一轮建设再度开始。若前瞻性较高，从“供给大于需求”过渡到“需求供给双方均衡”的区间持续时间较长，下一轮供给开始的时点就可推迟。任何供给主体的投入能力都是有限的，所以设施建设只能分轮次逐步升级换代。由于规划水准和前瞻性不足，中国目前基本公共服务设施建设供给满足需求的时间段较短，首都机场扩建工程20几年内上马3次就是典型案例。

应着力加强地域配套，发挥综合效益。转轨时期基本公共服务设施前瞻性欠缺的另一个突出表现是配套要素滞后。例如，某些城市棚户区改造和保障房建设按时竣工了，但供暖、燃气并未随之落实；在廉租、公租房小区内，入托和入学、老人赡养、就医等问题也未解决。再如，在一些边远县、乡镇和欠发达地区，政府“金”字号工程名义上已告落实，各项补贴转入“人头卡”内，但群众因附近缺乏金融网点而难以取现的情况也时有发生。

中国极为特殊的基本国情所形成的多方约束，决定着城镇化必须更加注重从顶层通盘把握。

顶层规划过程正是供给管理过程

产业的培育、技术进步的推动、经济区域的协同发展、企业空间位置布局可能产生的聚集效应，实际上都建立在当地政府相关规划的基础之上。不仅如此，与生产力结构相关的市政基础设施结构也必须被囊括在规划范畴之内，从住宅区布局到交通、供电供热、给排水、文教卫生、生态环境等配套系统的建立健全，越来越带有包罗万象的特征。这就对全局视角下的顶层规划提出了更高的要求。

历史上在城市产生和发展的自然过程中，空间上的选择起初都是市场主体本身决策，且在规模效应、聚集效应等的作用下，市场主体的规模结构、产业的技术结构等都在不断发生变化。同时，市场个体在生产、交换、分配、消费过程中形成的空间布局伴随需求的产生以及供给的回应而形成初级阶段的试错式调整。政府运用强制性的旧城改造、城区扩大、城市重建等规划活动来作出重新安排，进而实现生产要素的有序供给，可以力求减少继续发展过程中“试错法”高昂的成本制约与巨大的社会代价，这实质上就是一种以理性、优化的供给管理掌控空间布局升级的过程。

从中国与国际经济社会发展实践来看，不论多么细致的专项规划，若不能实现供给侧的多种规划有机结合，必不能达到供给优化的目标。

“多规合一”顶层规划的供给管理对策建议

规划强调组织供给来处理生产力结构和社会生活结构中区别对待和通盘协调问题的解决方案，实质上就是形成综合要素供给体系的规划供给，以其带出供给管理的全过程。基于此，中国现阶段必须“先行”且走向“多规合一”的顶层规划，相关的规划内容至少应考虑框架、制度、分类融合和动态优化四个方面。

（一）框架：实现法治框架下的规划先行

顶层规划一方面做到避免规划中缺乏前瞻性导致很快出现严重供给短缺所引发的更多成本投入，另一方面做到可放可收。经济社会发展最大程度上避免“试错—改错”的有效手段就是“规划先行”，国土开发、城乡一体化发展中所有项目建设都应当建立在具有前瞻性，力求高水平的科学规划基础之上，同时法律所规定的规划权的行使决不能独断专行、率性而为、朝令夕改。顶层规划关系到发展中经济体能否实现赶超战略目标，具体内容涉及一个经济体国土范围内从城市到农村的所有区域，土地开发利用、生态环境、文教卫体、交通、市政、水利、环卫等各个方面。

（二）制度：打开制度结节，开展先行的多轮顶层规划

现阶段，中国尤其应当在多轮顶层规划开展之前打开行政审批制度结节，达成“多规合一”的合意结果。截至目前，行政审批制度改革显然已经涉及到更深层的体制性问题，要从减少审批项目的数量推进审批质量的提高，这就需要结合“大部制”和“扁平化”改革，实现政府职能机构的整合式瘦身消肿改造与新境界中的协调联动。除了提高行政法治化程度，顺应精简机构的要求之外，更要扩充动态优化设计至全覆盖，以后择时启动整个“大部制”框架下的、行政审批的国家标准化工作，而后联通“规划先行，多规合一”相关工作的开展。多年来由不同部门分头来处理的国民经济发展规划和国土开发、城乡建设、交通体系、环境保护、产业布局、财政跨年度规划等等，都应该纳入“多规合一”的综合体系，并基于全国统一的行政审批信息数据库和在线行政审批平台，矫治 “九龙治水、非旱即涝”的弊端，实现决策体系和业务流程的优化再造。

就中国的经济社会发展现状而言，所有发展中出现的矛盾和问题亦不可能通过某一次顶层规划全部解决，势必要通过动态处理结构性问题的多轮顶层规划逐步落实。但每一轮顶层规划都应当建立在基于现状对未来力求科学预测的基础上，将城建、交通、文教卫体、市政、水利、环卫等方面规划合理地打上“提前量”，从而最大程度上减少沉没成本的发生，提高增长质量、社会和谐程度和发展可持续性。

（三）分类融合：要素分类视角对“多规合一”的把握

经济增长要素可分为竞争性要素和非竞争性要素，前者包括土地、劳动力和资本，后者则随第三次科技革命的爆发在以往所强调的技术和制度基础上，增加了信息。除了这些经济增长的动力要素以外，某一经济体发展过程中还存在制约要素，主要包括财政三元悖论制约、社会矛盾制约、资源能源制约、生态环境制约等。顶层规划，显然就是将以上经济增长要素与经济发展制约要素全部纳入系统考虑，通过供给管理实现供给侧优化，从而促使经济活力最大化。特别值得注意的是，在经济增长中，土地要素对经济增长产生贡献的效应往往与交通网络有关，交通网络越发达，土地要素对经济增长做出有效贡献的能量（经济上可量化为“级差地租”）

就越大。科技创新与制度供给，就社会全局和长期而言，则完全或几近完全属于效用不可分割，受益无竞争性的“公共产品”。随着经济发展，无论采用发展经济学中所强调的弥合二元模式的城乡一体化，还是采用规划学中所强调的区域性、大都市圈或城市群，都是体现城市自身形态的升级，而这一升级于经济增长的要素支持效应就是环境承载能力、多元要素流通能力、合意配置能力等的提升。以技术、制度和信息构成的非竞争性要素更多决定着质量增长的实现。经济发展的相关制约要素则决定着经济增长要素在多大程度上能够顺利发挥作用，顶层规划中应当尽量通过合理的供给侧安排缓解经济增长制约。

这里的“多规合一”，实际上包括国民经济和社会发展规划、城乡建设规划、土地利用规划、生态环境保护规划以及文教卫体、交通、市政、水利、环卫等专业规划分类基础上的有机融合。如城市通盘规划中的交通规划决定着城市的运转效率，因此城市交通规划也是都市圈、城市群规划是否能够形成的关键所在；城市生态环境规划目标在于通过规划实现人与自然的有序组合和平衡，因此城市生态环境规划在工业化时期，首先是体现制约特征，在后工业化时期，则颇具更高层次追求特征（如“望得见山，看得见水，记得住乡愁”）。

（四）动态优化：锁定不同发展阶段每轮顶层规划的主要矛盾

经济社会发展的不同阶段，其所面临矛盾的紧迫性会有所不同。“多规合一”的顶层规划下，每一轮顶层规划都应当首先锁定解决当时面临的主要矛盾。从国外经验来看，首先应当解决的就是动态地在产业布局基础上进行均衡性区域规划。

顶层规划首先应当考虑的是工业化相对落后地区增长极的培养、工业化中等发达地区城市点的扩大以及工业化发达地区城市辐射力的增强，这势必要求通过国土规划、产业布局规划、交通规划、环保规划及专项规划的合理衔接、搭配，形成有效合力。针对工业欠发达地区，可启动依托当地资源禀赋建立差别化工业基地的规划项目，工业化水平的提升势必吸引更多人口入驻目标城市，因此目标城市应根据工业、产业发展规划预测未来的人口增长、收入增长，并针对劳动力数量、人口结构及居民收入的预测，有针对性地配以交通、文教卫体、市政、水利、环卫等方面的专项规划。

针对工业化中等发达地区，可启动以几个“城市点”共同带动“城市面”的一体化规划发展。这一轮顶层规划，是基于由几个“城市点”所划的大区域“都市圈”，其最终追求的发展目标则要形成“城市群”式的均衡发展。以中国现阶段经济社会发展的案例观察，“京津冀”一体化就是这一阶段必须优化顶层规划的典型。北京“大城市病”已非常突出，天津既有产业发展潜力又有纠结烦忧，它们周边的河北地区却相对落后，显然有协调、均衡的必要。这一类型的顶层规划，应特别注重“网络”和“网状结构”的应用和落实。交通运输网络是关键，地铁、公路、城际铁路等的供给全面跟进，能够实实在在地缩短附属中心与原城市中心之间的空间距离。对于人口已达2300万以上的北京市而言，城市运转所面临的问题绝非再建几条环路就可以解决的，势必要突破现有格局，建立“大首都圈”，以北京市、天津市为点，以外围的河北省为一体，在顶层规划中疏解首都非核心功能，确立卫星城式的“副中心”和新的增长点。在“副中心”等区域力求在高水平上全面落实国土规划、产业规划、功能区规划、公共交通规划、住宅区等一系列的顶层规划。在新城建设的过程中，则应当特别注重为未来发展预留动态优化的空间，同时可在预算约束线以内尽量高水平地加入对建筑设计规划、自然生态规划与人文保护规划的创新。

现代城市的产生和发展是生产力不断集聚的结果，而随着城市自身规模扩大、数量增多，在地理区位、自然条件、经济条件、贸易往来、公共政策、交通网络等多重作用下，会逐步形成一个相互制约、相互依存的统一体。中国目前较为典型的城市群包括沪宁杭地区、珠三角地区、环渤海地区等，这些区域已经形成的“一体化”态势，需在进一步发展中高水平制定区域层面贯彻总体发展战略的顶层规划，至少应在总结经验教训的基础上，把在区域内会产生广泛关联影响的产业发展、基础设施建设、土地利用、生态环境、公用事业协调发展等方面的规划内容作出升级版的有机结合。

（本文发表于《中国财经报》）

京津冀一体化：政府与市场

——基于高水平规划及政府行为优化实施投融资支持

贾 康

规划的重要意义（无法试错决定）和必要主体（政府牵头编制）

现实生活中有很多因素逼迫我们必须考虑“京津冀一体化”，以及把首都部分原有的城市功能向周边地区转移。北京现在遇到的挑战与问题已相当严重，如雾霾、交通堵塞，各种城市病都出现了。人们注意到习总书记在2014年2月26日专门参加了京津冀协调发展座谈会，要求三地打破“一亩三分地”思维定势，抓紧编制京津冀一体化发展规划。

说到规划，主体是政府。在我们承认市场在资源配置中发挥决定作用的同时，市场并不是决定一切——政府要做好自己的事情，比如要维持社会公平正义，也包括要牵头设计好、实施好城市规划。不客气地讲，过去在首都及三地发展顶层规划方面，政府是一向不够格的。从规划方面建国之初的首都“梁陈方案”之争开始，政府的规划与决策就不够格——这么多年以后，已足以看出当时被否定和批判的梁陈思路的高水平、先进性。以后，首都发展战略几经变异，上世纪80年代初，北京已明确不提“产业中心”的定位，提出的只是政治、文化中心。但这些年实际发展起来，一个中心都没少：政治、文化、产业、金融，无一不有（首都有中关村的一二十个园区和亦庄；还有金融中心的既成现实——很难设想现在能把“金融街”搬迁到天津，几乎不存在这个可能性）。跟其他经济体相对比，在半个多世纪的研究与发展过程中，很遗憾，首都都市圈的政府规划，的确没有体现出应有的高水平。

规划这个事情，政府如果没有高水平，从另外一个角度看，是不是市场能起到替代作用？我想来想去形成的看法是，以市场试错的方式替代政府规划总体上也是不可行的。在连片不动产的概念上，一旦实物形态形成以后，要往回纠正太困难了。比如说北京天通苑、回龙观等“经适房聚居区”，政府做得并不好，但如果不是政府来做，市场能有效解决这个方面的问题吗？如果政府完全放手，让市场自行解决这个问题，可能会出现更多的唐家岭，而在随之发生种种不安和威胁因素之后，政府又不得不强力介入，现在唐家岭也不得不搬迁改造。所以从另外一个角度来说，对市场的作用要充分重视，但不是简单地允许市场主体在通盘的发展中以试错法去解决国土开发、城市发展顶层规划问题。政府则还有可能吸取“天通苑”等的经验教训把事情做得好起来（问责压力的实化便非常重要了）

那么回过头来说，各经济体的发展中无一不需要政府牵头做规划，而且现代发展理念叫做“规划先行”，那么政府要规划好什么事情？关于各地的开发通盘设计，以及京津冀一体化发展设计，就是都要有高水准的经得起历史检验的长期方案，由决策层（实际上，在我国就是决策高层的常委会）拍板。前期流程中是部门具体牵头组织做规划，应尽可能加快做好，但最后在规划中总会是有争议的，专家群体意见也未必统一，那么摆在常委会上，怎么拍板？这需要有高水平判断力，决策者的水平、判断力问题，回避不了。如果当代对政府规划的要求是比过去的水平更高，那么按照“够格”的说法，规划应该至少是能管未来一二百年。在京津冀一体化进程中，三五十年就大调整，肯定是折腾不起的，一定要至少覆盖一二百年的眼界。试看国际经验，比如关于巴黎的城市规划，虽然我还没看到细致的研究材料，但人们已注意到它的辐射状布局确实很有想象力，跟辐射状的城市规划相配套的，还有排水系统，几百年过去以后，现在仍然有充分的容量，还派生出很多城市故事。巴黎扩展中后来不得已搞新区的时候，扁担式的拉出来一条线，形成拉德芳斯那一片，虽然有些人不满意，但总体来说还可以，没听说什么大毛病。人家在几百年的过程中怎么做的决策？我不相信是市场试错试出来的，城市发展还是要求决策层具有高判断力、高水平的顶层规划。

区域协调的迫切需要和教训观察

在对决策层有了要求之后，我们接下来一定要解决三地“互不买账”的问题。这么几十年下来互不买账，再好的规划，实施起来也会是捉襟见肘。都市圈概念下的功能配置合理化、产业群概念下的产业配置合理化，还有文教科卫社会事业功能的合理化等等，再要加上城乡一体化这种带有生态环境、人文要求的要素。中央关于城镇化的要求，正式写入了文件的有“望得见山、看得见水、记得住乡愁”，这可是综合的人文生态、民族特色、乡土民情要素融合在一起的、很高水平的要求。

因此，上述这些因素的全面优化组合，必须落实于一个够格的规划。如果有了一个过得去的规划之后，接下来的问题是有没有一个很有效的执行与协调机制，超越三地自己行政的较窄眼界，真正寻求合理的共赢，这也是一大考验。我曾注意到廊坊东方大学城的兴建与发展，听说现在衰败了。按道理说那里办个大学城很合适，一边是天津，一边是北京，中间是廊坊“洼地”，铺得开，环境又不错，跟两地距离不远，怎么搞来搞去成现在这样了？

据说相关的问题，一是开发商本身的，拿到一部分地是违规做了高尔夫。另外就是交通运营上理不顺，涉及到京津冀的协调：那里是北京938路的支5线，延伸过去车票定价是5块钱，本是个一般人承担得起的公交，但就是因为有些跑长途的小巴、中巴相关人员闹事，围堵大学城，支5线进不去，这就造成交通不畅无法解决——想搞同城化，交通不行。还有那里仅仅是一个孤零零的大学城，大学必须有文化氛围、有周围的配套。东方大学城没有，就是简单的上课，缺少文化氛围的营造和积淀，好多人说那里成了高考失败的学生不得已才选择的地方。

看来是政府该做的规划没有做到位，市场主体的积极性也产生了扭曲，利益冲突发生以后，又没有政府的有效协调。结果把大家的生意全都拖黄了，各相关主体自己也没什么前途。这个事情应该说教训为多——一个是政府规划，一个是市场作用，怎么样形成良性互动，这篇大文章确实需要好好总结经验教训。当然，也得积极借鉴国际经验。

京津冀一体化的产业发展和生态保护：弃零和博弈，建共赢机制

城镇化通常都伴随工业化概念下的产业发展。如果说考虑北京作为首都的功能特殊性，不提“产业中心”概念，有其道理（但北京也不可能不考虑发展适宜的产业——如中关村等新区）。然而，把京津冀放在一起考虑其一体化发展，明确地提出产业的布局和发展问题，便无可回避。这方面，过去有一个颇有纠结的产业发展与生态环境保护的矛盾关系问题，以张家口与北京的关系为例。属于河北的张家口地区地理位置属于北京的“上风上水”，为了保证张家口与北京之间官厅水库（属于北京的重要水源地）的水质，多年来对张家口的企业发展有种种限制性要求，过去这被叫做“服从大局需要”，改革开放后市场日益活跃，但张家口与市场“互动搞活”办企业的空间却不允许充分打开，使张家口的干部群众难免心生怨怼，认为他们那里为保北京人的利益而作出了巨大的牺牲，加剧了与发达区域的不均衡，总而言之是吃了大亏。反观北京方面，却对张家口一带不能有效控制产业发展而使环境污染压力节节上升而颇为不满：官厅水库已由于上游的产业发展带来的污染而丧失了北京生活用水水源地的定位，仅能供应工业用水了。两边都指责对方，两方的利益成为对立性质的非合作“零和博弈”，实际结果是双方谁也没有能够过得合乎意愿。

而现在结合“京津冀一体化”的取向，我们完全可以积极探求建立共赢机制的可能：如在三地通盘合理规划下确定涵养水源、保护生态的特定区域，以“绩效考核”方式逐年认定当地履行相应职责的结果，而由下游的受益区域（通常是较发达区域）按照透明、规范的规则（事先确定、并可作动态优化调整），以“横向转移支付”的方式向履职尽责的生态保护区域作出实质性的补偿支持（实为以利益分配方式肯定该区域对其他区域与全局的特定贡献），则原来的非合作博弈状态即转变成为共赢机制的作用状态。试想张家口与天津、北京之间，如可打造这种共赢机制，则将形成合作中的利益共享，大大提高产出发展与生态环境保护间的平衡水

准，使社会公众在“一体化”机制创新中得实惠，促进各种类型的区域共享产业发展、改革开放的成果。这方面要做的“实事”，一是以公开透明方式讨论设计三方以此种机制共赢的具体方案，尽快付诸实行；二是要在法治、规范和契约精神的综合效应之下，使参与各方形成利益诉求可表述、可妥协、可合作的确定性预期，从而减少运行摩擦，形成可持续的“一体化”保障条件。

城镇化和京津冀一体化中的企业参与和政策融资至关重要

另外，在政府与市场主体的互动方面，现在应比较看重的是，如果中国能够真正按照法治化和契约社会的精神，把民间市场主体拉动进来，应该鼓励PPP概念下的公私合作或称“政府与社会资本合作”的机制，能够充分让市场之手发挥优化作用。上面还是由政府牵头，让专家充分发挥聪明才智，有一个高水平的拍板罩着的通盘规划，在这种规划下，让过去已有的市场主体可介入的小区开发或者说是综合体开发，像现在的一些案例那样，升级为连片开发，这个事情可以进一步积极探索。当然，要以尽可能比较高水平的法治环境和契约精神做保障。

政府让企业积极参与，企业应得到的是长期稳定的、但不是特别高水平的回报。政府既不越位，也不缺位，以高水平的决策抓住京津冀一体化的战略机遇，使这一轮争取有一个像样的通盘规划。另外一端，让市场主体充分发挥作用，吸引、寻找国际国内的主体一起来做各种各样的事情，交通等基础设施、水务、电气、垃圾处理、绿化，等等，所有这些事情合在一起做，争取有一轮比较好的政府和市场两只手不是简单的较劲、而是真正相得益彰推进京津冀一体化的合作，这是最值得追求的效果。这就说到了在规划、政府行为优化上，必须再配之以投融资支持机制创新。京津冀一体化的实施需要大量的资金，当然财政应以专项支出、补贴、税收优惠等手段提供支持，但最重要的，是需“四两拨千斤”式地拉动、引致社会资本、民间资金跟进，这才能适应客观需要和市场经济环境，形成“一体化”的资金保障条件和绩效创新机制。

从“城管问题”看社会治理优化

在这个过程中，还需要优化社会治理。在新型城镇化、新农村建设、城乡一体化概念融合的时候，社会治理应得到问题导向下的重点提升。对这几年不断困扰我们的“城管问题”要痛下决心，从思路和管理机制上进行实质性改进。

城管方面屡屡出问题，甚至激起冲突制造麻烦，肯定是有毛病的，一定是机制出现了问题。从底层招来一些人当“临时工”，但给了公权，他马上换位了，马上不再同情草根底层“自己拼力糊口”的这些人，可能会拿着鸡毛当令箭，耍威风，败坏公信力和政府形象，这是非常坏的事情。可举个例子说说可类比的感受：我去北大授课，好不容易绕到允许外部人员进入的门，离上课时间还有一两分钟了，门卫却就是不让进，也不对内核实情况，我说是北大请我来讲课，他们说我可没有请你来讲课。这是北大看门的人，类似城管，牛得不得了。一个大学，只有一个门能进，不就是制造交通紧张吗，还碰上这样的管理水平。

总之，一个政府，一个市场，合在一起，在整个社会上怎么形成走向现代文明的治理理念和状态，是个大问题。整体管理水准的提高、国民素质的提高，这种互动过程，应该抓住一些要点，比如就从这些年不断刺激大家神经的城管开始，希望在京津冀一体化过程中出现城管的新形象，别再搞成现在这种样子。京津冀一体化，客观上也提供了一个机会，促使我们想得高一点远一点，在全面考虑问题导向下，如何提升治理的水平。这个治理应是具有现代化特征的多元主体互动，不是简单的自上而下的问题，应把管理和自管理、组织和自组织、调控和自调控、规范和自规范优化结合在一起，寻求最大的包容性、寻求最大的活力潜力释放。比如城管在让草根创业人员有一条生路的同时，当然十分需要引导他们，不要造成交通堵塞，不要弄出高峰期的矛盾冲突，不要让市面上过于肮脏。但决不可沉缅于把自己的威风耍足，这是很坏的东西，是与现代文明背道而驰的，需要在改革中求解决。

（本文发表于《中国地产》）

在供给侧改革中正确把握“三去一降一补”

贾　康

首先把握供给侧三个词语的联结关系。

大家都很关心的供给侧结构性改革，其一般时间中的要领，首先是“三去一降一补”。为正确理解和掌握它，首先应把“三去一降一补”放在供给侧结构性改革整体逻辑关联之内。习近平总书记的讲话里表述出“供给侧结构性改革”这一战略方针后，大家都在深化理解，如果从直接字义上来看，有三个词语：供给侧+结构性+改革。我认为首先要注意到它是落在“改革”上，这表明什么呢？可知现在决策层所强调的这个概念，不是横空出世全新的东西，它就是在邓小平于改革开放新时期之初就设定为大政方针的改革之路上“继往开来”的要求，当然它必是战略方针层面的要求。最高决策层的这样一个明确的要求，在继往开来的改革这一内容里，又突出了一个新意，即新在“供给”，直接标明了改革就是要解决供给侧的有效制度供给问题——这个供给侧改革的鲜明表达，是得到学理支撑的，就是现在最高决策层所说的“社会主义政治经济学”的发展支持下，通过学理分析而认定，我们新阶段的主要矛盾方面，在于供给侧，必须抓住这个供给侧，那么就必须面对与需求侧总量问题迥然不同的供给侧结构问题，就需要攻坚克难推进改革而首先解决有效制度供给的问题，进而可以提高整个供给体系质量和效率。需求和供给是经济生活中互动的、互为存在条件的、相反相成的一对概念，而主要矛盾方面抓供给，就是要抓住我们现在要发力的优化结构这样一个着眼点：在“供给侧”的后面标注“结构性”的表达，也就意味着要正视我们以攻坚克难的改革带动整个供给体系质量效益提高、进一步解放生产力的复杂性。因为供给侧改革是制度供给问题，制度供给首先就要涉及到所谓利益格局的问题、制度结构的问题，就必须解决“冲破利益固化藩篱”这样的啃硬骨头、涉险滩、攻坚克难的挑战性问题。它又要落在整个供给体系通过结构优化而总体质量与效率的提高上。

如果以供给侧结构性改革问题的以上三个具体概念，把它联结在一起理解，我想结合现实经济生活中的切入点，对于“三去一降一补”这样的具体要求、以及应怎样认识这个“三去一降一补”的要领，简要地作些分析。另对于“大众创业，万众创新”，谈些观察到的问题与对策建议。

其次，“三去一降一补”是侧重供给管理的方略组合。

第一，说到“去杠杆”，比较直截了当地讲，这是一个宏观间接调控体系里货币政策当局主导的控制广义货币供应量（就是M2）方面要把握的要领与“适度扩大总需求”而同时宏观审慎地防范风险的权衡有关，与如何更好掌握总量型的需求管理有关。实话实说，它和我们各个地方、各个行业、各个企业，并没有直接关系。其他宏观管理部门，则需要对我们的货币当局提供协调和配套，比如今年的财政政策，强调要提高赤字率，而提高赤字率意味着举借债务的规模要扩大，财政部门的领导说，这是以财政的加杠杆服务于全局的去杠杆，这就体现了全局观与国家层面的部门协调。这是从宏观角度来说的必须把握“去杠杆”概念实际上对于相关管理主体的要求。另外，从地方的角度来说，应有一个清醒的认识：全局的去杠杆并不排除局部的加杠杆，而且局部的加杠杆一定是要求“理性供给管理”的结构性加杠杆。比如我们知道，在重庆，黄奇帆同志非常明确地提出，在全局去杠杆的同时，重庆在自己发展战略实施过程中需要发力优化结构的一些关键点上，是要加杠杆的。这当然需要以一种理性的供给侧的管理方案来设计，以求达到优化结构、从而也服务于降低总体杠杆风险程度的意愿。总之，所谓去杠杆，主要是从宏观角度、从间接调控来说，管理当局他们要协调好的事情，地方、行业在这方面往往要理性处理好怎么样以必要的结构性加杠杆来顺应全局去杠杆，从而贯彻好发展战略的问题。这就是典型的供给管理的任务了。

第二，是“去产能”。至少要从以下几点来说。

其一，我不太同意笼统地讲去所有的“过剩产能”。我们现在必须聚焦的其实是要去落后产能。各个行业里产能的过剩还是不过剩，是在不断变化，而更准确的说法是，在行业里靠下的落后产能，是可以相对而言较好把握的概念。放在去落后产能上，实际上更直接、更聚焦地对应我们所说的打造升级版。

其二，所谓过剩产能，是可以通过我们的一些创新机制比如PPP——过去所说英文“Public-Private Partnership”直译的“为公私合作伙伴关系”，即现在官方文件所称的“政府和社会资本合作”的机制，这一创新显然会把一部分过剩产能转为有效产能。原来政府要做的公共工程、基础设施，以及产业园区连片开发这些事情，现在可以拉着雄厚起来的民间资本、社会资本、包括外资一起来做，只要把这个事情做得好，便会产生一系列正面效应，包括缓解政府未来很长时间段上城镇化和老龄化压力之下的财政支出压力；使老百姓得实惠而且实惠可持续，因为它是政府、企业和中介机构“1+1+1>3”的绩效提升机制，也正是落实共享发展的机制创新；它还会给一批跟政府合作的企业打开取得“非暴利但可接受”的长期投资回报这样的生存发展空间；它又对接混合所有制改革；以及对接非常重要的中国必须推进的法治化、民主化制度建设，是一种对全面法治化的倒逼机制和催化剂。同时，它又是非常重要的引领新常态过程中我们可以把一部分所谓过剩产能成功转为有效产能、进行有效投资、聪明投资的新制度机制。比如我们在北京，原来有地铁四号线PPP项目的基础上，现在继续运用这种成功经验引进外资建设地铁16号线，正是缓解首都的公共交通体系有效供给不足的一个重要的建设项目。PPP可以把这种建设项目投资做得更快，“好事做实、实事做好”的同时，加快建设所需要的钢材、建材、水泥是什么产能呢？是原来很多人指责的“过剩产能”，但是PPP这个机制创新会把一部分所谓过剩产能很快转为有效产能。所以，我认为一定要在去产能概念的实质上作准确把握。

其三，我们要意识到在行业、企业升级换代中，如果做得成功，也就是把所谓的一部分过剩产能转为有效产能，并不能说所有在竞争力上有一定劣势的企业，马上认定为所谓僵尸企业，“僵尸企业”这个概念是可以用的，但是它会带来某些认识误区。因为某些企业在竞争中已经感到有压力、有困难，但是如果能成功地实现了升级换代的创新，就可能改变面貌，它原来被人们认定为是过剩产能的代表，可能转为有效产能的组成部分，这是可变的，是要有“事在人为”的努力加入进去的。所以，在去产能这方面，一定要真正聚焦到在整个行业或者某一个领域里那种实打实的落后产能能不能去除这个关键问题和“真问题”上。

其四，这一点非常重要：去产能的主体与机制何在？去产能中，对于某些成规模的企业，政府可以认定它就是落后产能代表，在没有挽救的可能性的情况下，就可以由政府为主体实施关停并转的操作，这是最便捷的操作，但是对不起，这种方式的适应性非常有限。中国现在整个企业数量、市场主体数量，是接近七千万个，大量的中小微企业中谁是落后产能代表，政府没有本事一一甄别，必须依靠政府维持公平竞争的制度环境、让整个市场机制发挥作用的过程中，以竞争中的优胜劣汰解决去除落后产能的问题。这是一个最重要的去产能的主导机制。

第三，再往下说一说排在第三的“去库存”。其实大家都意识到，去库存主要针对的首先是房地产，而房地产现在的情况是什么？一定要有结构分析。大面上说，房地产现在叫做“冰火两重天”，而我们现在所说的房地产的去库存，绝对不能施加于火那一面。北上广深早已经火得一塌糊涂，它还去什么库存？它要赶快组织有效的供给，要缓解这种供需矛盾，平息民众新的不满。大量的二线城市，原来曾经更多的感觉是“冰”的压力，现在要开始转成“火”的压力了，就要未雨绸缪，要赶快借鉴现在一线城市的一些做法，以及一些教训，要有提前量地准备提供有效供给。相匹配的制度供给的问题，我认为一定要提到日程上：中央所说的“加快房地产税立法并适时推进改革”，这个方针怎么跟现实对接已经可以看得更清楚了。所以，房地产去库存，现在真正要抓住的主要是三四线城市怎么去库存，冰的这块怎么去库存的问题。在三四线城市去他们的库存，又必须注意不是简单依靠现在已有的商业性消费信贷、商业性的融资支持，就可以如愿地达到去库存目标的，因为三四线城市最值得争取的住房主体是所谓“农民工”，未来几十年，还要有差不多四亿人从农村到城镇来定居，一开始他们被称为农民工，是因为户籍还在农村，但是需要在城镇中“住有所居”地形成与他们的需求所对应的供给，最主要的部分不是一般商品住宅——他们的支付能力大多还对不上，而是低价的共有产权房或者公租房，要把这样的供给在现在的存量基础上提供出来，就一定要使用政策杠杆。所以，这又是一个鲜明的例证：在房地产去库存方面，在全局的去杠杆、控制杠杆的同时，还必须、或不得不处理好“政策性加杠杆”的合理解决问题，这才能如愿地在三四线城市真正使一大批农民工住有所居，得到有效供给的共有产权房，而且在他们支付能力更低下的时候，对应的则只能是公租房。这样如做得好，确实可以把一些我们的房地产库存，从原来的“存”的状态转为“用”的状态。

第四，还有“降成本”，很显然，对于企业自己可以降低的成本来说，不用政府太操心，政府只要维护了公平竞争环境，企业会千方百计把事情做到极致，在“细节决定成败”的所有的节点上去控制成本、降低成本。从政府角度来说，真正需其发力的降成本，一定要针对制度性成本。在制度性成本里，税收上已经在做一系列的减税改革，但税收之外的非税收入这方面的成本，比如说各种各样的行政性收费，以及我们社保体系的“五险一金”，还有降的空间和必要。特别是隐性的成本，比如一个企业开办要盖几十个章，每个章后面跟着的都要有打点，这种综合成本能不能降下来，绝对不是减税概念能覆盖的事情，一定是综合配套改革概念才能覆盖和解决的问题，要抓住这个实质。

最后一点“补短板”，我认为一定要清晰地注意到供给侧结构性改革和供给体系质量效率提高，在补短板方面哲理和的原则是非常鲜明的：它一定是要解决结构问题，但这个结构问题的具体分析基础上的对策，必须在各地、各行业、各企业专门“对症下药”地做出方案，绝对没有一个笼统拿来就可以套用的补短板的什么标准化解决方案。这就是供给管理明显区别于需求管理的特点之所在：需求管理是一个非常清晰的指标单一、政府以调控作反周期操作的模式，而到了供给管理、供给侧的补短板，特别强调的是因地制宜、因企制宜、因行业制宜，一定要有高水平的特定的解决方案设计，这是大家必须面对的供给侧结构性改革的挑战。但在实践中应充分意识到，为在新的历史起点上继续大踏步跟上时代，我们只有紧紧抓住供给侧结构性改革，这样才能“守正出奇”，把有效市场和有限、有为的政府结合在一起，真正解决“攻坚克难”的改革与发展历史任务。

“三去一降一补”并不代表供给侧改革的全部内容，但我们现在各个地区，各个行业，企业集团可以先从这个“三去一降一补”切入，来把握结构优化的要领。2016年，引人注目的“去产能”问题，一般宣传上都说去过剩产能，而我前面已强调，只讲去过剩产能没有点到问题的实质。真正去产能的关键是要去落后产能，一个行业、一个领域里高高低低的产能在一起，怎么把它落后的靠下的部分去除，这个去除的机制不能过于注重表面上算了一个总规模以后砍掉多少，关键是那些真正要淘汰的落后产能，怎么能被挤出去。最典型的，就是中国的钢铁行业、煤炭行业，整个产能规模看起来是过剩的，所以成为去产能的重点，但是实际生活中如以行政手段为主把钢铁和煤炭产能的总量控制作为目标下达“排头砍去”，这样操作能如愿去产能吗？这样的一种方式下，应有的行政甄别实际上就落入了不甄别。本来面对着千千万万分散的市场主体，政府管理部门它也没有这种能力、没有这样的本事，去一一甄别全部企业中每一个是什么样产能的代表。那些落后产能代表，本来应该主要通过市场竞争中的优胜劣汰被去除的，但靠行政官员去试图覆盖总计几千万个市场主体一一甄别，不可能真正掌握好准确度。实际生活中，我们很遗憾的看到在这样的一个矛盾面前，管理部门的很多的手段就是越来越倾向于靠行政手段来给出指标，切块下达任务，就是落入了不甄别的一刀切了。整个钢铁行业和整个煤炭行业要求要去多少多少万吨的产能作为任务，然后层层切块，下达到各个区域，各地区再在本地相关的企业里靠行政手段挑选“去产能”对象，而实际带来的结果往往是进一步的扭曲与不公正。

以煤炭行业为例简单看一下：煤炭行业已经过了几年的困难时期，产能总体来说过剩，价位一路走低之后，2016年的二季度以后开始回暖，三季度迅速回暖已成定局，在政协开会我听到的消息，是中国的动力煤从原来的280元/吨直冲600元/吨，而焦炭已经从原来的600元/吨直冲2000元/吨，这样迅猛的回暖，逼着我们的管理部门召开多次紧急会议，在全国重新考虑怎么样调配煤炭的供给能力。这个背景是什么呢？前面的一段时间里，有关部门要求所有的煤炭要按照矿井运行一年只能按276天封顶。这就完全改变了过去煤炭行业里早已经形成全套经验的全年连轴转的工作状态。我在70年代初曾经在北京矿务局做过工人，也下过井，我知道这种连轴转的情况。从经济学的角度来说，现在这种新的行政规定它解决什么问题呢？它看起来可以把整个煤炭行业的产能往下压，但实际上违背了规律，使一个个运行中的煤矿的固定成本分摊不充分，原来摊到365天的，现在按行政要求只能对应276天的生产运行，实际上是行政性压低了煤炭生产企业的效率，而且还可能增加了矿难的隐患。大家可想而知，煤田的煤层气是需要不断抽取的，瓦斯等等带来的不安全因素要靠这样的方式来控制，停工的这些天数里，抽气还是不抽气？从经济利益考虑，很多一线的具体工作管理者他自然会把抽气系统停下来，什么时候开工再恢复？有没有经验要提前多少天恢复通风，先把气抽得比较到位才可以施工？处理不好，抽得不充分，是不是就进一步增加了瓦斯爆炸之类的矿难隐患呢？显然存在这样的问题。实际上这样的结果不客气地说，煤炭行业的落后产能并没有被排除，它实际上是由一刀切的控制而被一起保护下来了，行业去产能在形式上好像有交代，但落后产能实际上没有排除，这是我们供给侧改革要追求的合理结果吗？是真正体现了全要素生产率这方面的提高吗？不是。这样的情况带来了我们现在值得重视的问题——我无意否定“去产能”的成果，但是我们必须注意，现在我们煤炭行业的回暖是不是猛了一点？这个特征它带来的在下一个阶段可能的不良影响是什么？一个大起之后很容易出现的是过了一个临界点，便跟着是大落。我们不希望经济的运行是这样大起大落式地打摆子，行政手段为主最容易造成这样的“打摆子”。我们的房地产业不也是有这样的“治标不治本”问题吗？经济手段为主的制度框架迟迟不能建立，那么前面十几年的调控就是从一端摆到另外一端，这样的一些经验教训，我们非常值得认真总结。

按照中央供给侧改革的实质性要求，我认为在去产能概念上，关键是要充分让市场起作用，要维持一个公平竞争的环境，在市场竞争中优胜劣汰去有效地去除落后产能，这样我们才真正走上了一条加快发展方式转变的正路。在2017年中央所要求的深化改革之年，显然我们要进一步总结相关经验与要领，把中央关于供给侧改革的本质精神贯彻好。

（本文主要部分发表于《华夏时报》）

以经济手段为主化解雾霾等环境威胁

——针对我国基础能源与环保重大问题实施配套改革突破

贾　康

改革开放以来中国经济社会取得长足进步，目前仍具有一定的“黄金发展”特征，但物质资源环境制约和人际利益关系制约互动交织而成的“矛盾凸显”，已带来潜在增长率“下台阶”和对于发展可持续性的明显压力。近来的“雾霾”问题，是我国生态环境中大气污染危害升级的突出标志。

必须高度重视雾霾所代表的环境威胁的挑战

我国改革开放新时期中，较早已有“避免重走发达经济体先污染后治理老路”的认识，并由最高决策层明确地提出了资源节约型、环境友好型这一“两型社会建设”方针，又提升到统领全局的“全面、协调、可持续”科学发展观，以及十八大以来“五位一体”建设生态文明的“国家治理现代化”治国理念。但面对当前现实我们不得不承认，由于种种原因，迄今为止我们并没有走通“避免先污染后治理”之路。严峻的挑战是，2013年以来，动辄打击大半个中国且已造成“国际影响”的雾霾，实已带有环境危机特征，引起了民众广泛不满和政府管理部门高度焦虑，形成了对于我国经济社会生活的现实威胁，亟待化解。

环境问题成因中最需注重、最为可塑的是制度机制因素，相关改革的重大意义必须挑明

正视环境危机挑战，我们一方面需要清醒地认识到，我国消除雾霾危害这一目标的实现，还需待以时日，因为在“先污染后治理”的既成事实轨道上再来解决此种问题，已不可能一蹴而就；另一方面，必须以最高重视程度，正确树立中长期减排治污、消除雾霾等环境危机因素的可行思路与务实的方案框架。

这里首先有一个“对症下药”的视角，即雾霾愈演愈烈的成因到底是什么？关于我国雾霾等环境危机因素的细致成因分析，固然还需要展开大量的科研工作，但目前基本的判断却已经可以形成：这明显地与我国具体国情中的如下几个要点息息相关：1.我国近95%的人口聚居于仅占42%左右国土的“瑷珲—腾冲线”（亦称“胡焕庸线”）之东南方，使能源消耗、环境污染压力呈现“半壁压强型”；2. 我国基础能源主要依靠国内储量丰富的煤炭——随着燃油国内供给明显不足等因素在近年浮出水面，加之水电、核电、风电、太阳能电所遇的各自制约，目前全国电力供应中的约80%已是烧煤发出的火电，而煤的清洁化使用难度高，大气污染等负面效应十分突出；3. 前面几十年我国特定发展阶段上形成了在经济起飞中以重化工业支撑的超常规粗放式外延型快速发展模式，单位GDP产出中的能源消耗系数相当高，污染因素集中度高而不能有效化解。以上这些，可称为我国能源—环境压力方面客观存在的“三重叠加”，我们极有必要据此如实认识理解相关环境挑战的严峻性质。

接下来，还特别需要指出，在上述基本国情中有关人口分布、自然资源禀赋、发展阶段特征等基本上不可选择的因素之外，还有可塑性高的制度机制因素密切相关，而在这个方面我国存在重大缺陷，对于雾霾等环境问题的恶化难辞其咎。也就是说，我国目前环境问题的一个重大原因，来自于机制性的资源粗放低效耗用状态，它涉及煤、电、油等能源耗用相关的制度安排问题，恶化着大气、水源水流、生态环境，形成了经济、社会生活中危及人们生存质量的不良传导链条。比如：在我国一般商品比价关系和价格形成机制基本实现市场化之后，在国民经济中基础能

源这一命脉层面“从煤到电”（又会传导到千千万万产品）的产业链上，却一直存在着严重的比价关系与价格形成机制扭曲、非市场化状态和由此引出的“无处不打点”的乌烟瘴气的分配紊乱局面，特别是助长着粗放式、挥霍式、与节能降耗背道而驰的增长状态和消费习惯，在现实的比价关系和利益相关性的感受之下，社会中的主体几乎谁也不真正把节电、节水当回事！而节电、节水，在我国实际上就是节煤降污，就是抑制和减少雾霾。

我们面对这种使发展过程不可持续的挑战与威胁，必须抓住可塑、可选择的机制与制度安排问题不放。下一阶段极有必要积极推进从资源税改革切入、逼迫电力价格和电力部门系统化改革、并进而引发地方税体系和分税制制度建设来助益市场经济新境界的新一轮税价财联动改革。这一主题，其实过去已在若干角度上被方方面面所关注和议论，但还缺乏一种“捅破窗户纸”或“打开天窗说亮话”式的正面审视，没有挑明并加以通盘连贯处理，亟待在“配套改革”概念上形成“路线图与时间表”式可行方案设计。

现实生活中政府、民众两方面的“两大悖反”，必须依靠配套改革中形成经济手段为主的长效机制来化解

我国现实生活中，存在两大悖反现象：一方面，官方反复强调科学发展、包容性可持续增长，但实际进展是在部门利益、垄断利益的阻碍下步履维艰，为此必须做的与煤、电相关而形成经济手段为主节能降耗长效机制的改革，一拖再拖；另一方面，公众对环境恶化、雾霾打击等的感受，日益趋向“民怨沸腾”，但一说到资源税、环境税等改革，却又会由其“加税”特征引发一片反对声浪，甚至有人会跳着脚骂娘，很不认同这种会牵动利益关系的经济调节方式；上述这种政府、民众两大方面的悖反和荒谬状态，导致“科学发展”、“生态文明”迟迟难以落地，必须依靠着眼全局、前瞻长远、逻辑清晰、设想周全的改革设计，与以更大决心、勇气、魄力和智慧构成的改革行动来破解悖反，贯彻绿色发展战略，从而把中国来之不易的现代化发展势头和仍然可能在相当长时期内释放的较高速发展和“升级版”

发展的潜力，真正释放出来。

实话实说，节能降耗方面政府行政手段为主的选择式“关停并转”，虽仍然被反复强调，但其操作空间有限，仅适合为数不多的大型企业；以法规划定“准入”技术标准的“正面清单”方式，逻辑上说可以用来面对中小企业，但如果以此为主来操作，一定会产生为数众多、防不胜防的“人情因素”和设租寻租，发生事与愿违的种种扭曲和不公，效果亦不具备合意性。真正可靠、效应无误的转型升级出路和可充当主力的调控长效机制，是通过改革，以经济杠杆手段为主，让本应决定性配置资源的市场力量充分发挥公平竞争中的优胜劣汰作用，把真正低效、落后、过剩的产能挤出去，进而引发出来一个绿色、低碳、可持续的经济社会发展“升级版”。

相关配套改革的一个关键和两个要领

新一轮价税财配套改革的一大关键，是抓住我国煤炭市场价格走低的宝贵时间窗口，推出将资源税“从量”变“从价”机制覆盖到煤炭的改革。这新一轮“价税财联动”配套改革，会通过理顺我国基础能源比价关系，和“冲破利益固化藩篱”使资源、能源价格形成机制顺应市场经济，在配合地方税体系建设等财政体制深化改革任务的同时，形成法治化框架下有规范性和可预期性的经济调节手段为主的制度体系与运行机制，促使全中国现已达6000万个以上的市场主体（含微型企业和个体工商户）和近14亿居民，从自身的经济利益出发，根据市场信号和政策参数“内生地”积极主动地节能降耗，企业会千方百计开发有利于节能降耗的工艺、技术和产品，家庭和个人会注重低碳化生活，这样群策群力以可持续的转型发展打造“中国经济升级版”，促使国民经济与整个社会，走上一条可以越走越宽的连通“中国梦”愿景的绿色、低碳新路。这时政府可做、应做之事，主要在于把握好两个要领：第一，是掌握力度，于上述配套改革中使大多数企业在比价关系变化面前，经过努力可以继续发展，少数企业被淘汰出局——可酌情渐进地做多个轮次，每次出局的便是所谓应被淘汰的“落后、过剩产能”；第二，是当比价关系变化传导到最终消费品时，及时适度地提高低保标准，使最低收入阶层的实际生活水平不下降，而中等收入阶层会自觉调整消费习惯，趋向于低碳化生活。总体上，如掌握好这样的关键内容和两大要领，这个价税财联动改革就可望成功。

这种配套改革为当代中国迫切所需、势在必行。纵有千难万难，我们也应群策群力，攻坚克难，力求突破，这才不枉负我们从未如此接近的中华民族伟大复兴的召唤，以及我们必须把握的“三中全会”后以全面改革实现“国家治理现代化”的战略机遇期。

（全国政协大会发言稿）

企业、经济发展与调控

XINGGONGGEI:
CHUANGXINFAZHAN,GONGJIANTUPO

蜕变和坚守[1]

——谈新实体经济与企业家精神

王广宇

各位嘉宾好！

“这是颠覆与蜕变的年代，也是坚持与守望的年代。这是一次无可抗拒的冒险旅途，我们会看到老骥伏枥的豪情和代际传承的微妙，也会感受正在蔓延的勃勃生机；我们看到新技术和商业梦想的完美对接，也体会被颠覆与被超越的落寞；我们看到更多的野心勃勃和志在千里，也继续目击欺骗、丑闻和大大小小的公司的陨落；我们会见证一幕又一幕的公司战争，也会亲历一次又一次突破商业边界与围城的冲击。可以相信，世界展示给我们的跌宕起伏一定会比过去几十年更为丰富与多元。终点到来之前，有些人把握机会，有些人接受宿命。”

这是我的朋友文钊在经济观察报新年社论中的一段话。相信不同的读者听完有不同的感受。作为市场参与者，观察实体企业和金融资本的变化，好像也非常的吻合。今天我主要谈谈两个观点，一是如何促进实体经济的发展，不能只谈转型老实体经济的转型，更要谈新实体经济的催生。二是发展实体经济中最重要的供给要素：企业家精神。

---

① 本文是作者在2016年新供给年会上的发言稿。

蜕变：转型老实体，催生新实体

实体经济是国民经济的命脉和基础。放眼世界，美国正在积极进行再工业化，提出让制造重返美国；德国掀起了工业4.0的浪潮，许多工业巨头对绿色工厂、机器人、智能制造领域的投资不遗余力。无一例外，世界主要经济体都把发展实体经济放在了国家战略高度上来对待。发展实体经济对社会的意义有以下几点，一是保证供给，特别是高品质的产品供给。实体工厂、企业能为我们消费者的需求提供解决方案，这几年国人在国外抢购马桶盖、电饭锅等等的行为，从根本上说明了当前我们的供给质量和效率上的缺陷，所以要高度重视实体经济的发展。二是促进就业、增加税收。我们这样的人口大国，每一个个体的就业都是离不开各种各样的企业，实体经济解决了大部分的就业，企业家在创造出来一个个经济成果的时候也带来了源源不断的工作岗位，为每个家庭提供了收入来源。同样，实体经济发展好了，税收才能不断有“活水来”，社会创新、国防、治安、基础设施建设都离不开税收的支持，为社会的和谐稳定营造了良好的环境。

发展实体经济，要研究“新实体”的范式，用新的眼光和思路去开展工作。一提发展实体经济，并不是说我们要去发展传统的产业，北方的雾霾这么厉害，有一个解释就是《经济学人》给出的，原因是2016年3季度以来，北京天津河北区域的工业产品：钢铁水泥出现了快速反弹式增长。我想，这样的实体经济是不值得振兴的，还是要按照三去一补的改革方向，坚决去除落后产能。

这意味着，并不是说看得见摸得着的才叫实体经济。信息技术、生物技术、互联网改变了许多传统的行业，为我们的实体经济找到了新的方向，不是传统实体经济不行了，而是我们正在进入“新实体经济”的时代，不能局限于生产和制造才是实体的看法，服务和流通也是实体经济的重要部分。“新实体经济”环境下要求我们不要用“虚拟”和“实体”来划分企业，而是以“好坏”来区分，好的企业就是能够为社会创造财富、为国家创造税收、为人民提供就业机会，为中小企业提供普惠金融，能持续推动技术创新，为传统行业提供新出路的企业，这是我们需要大力去扶持和发展的实体经济。

坚守：发展新实体的核心是培育和保护企业家精神

有一批企业家，是任何国家发展实体经济所必须的。在经济发展过程中，企业家发挥的重要作用在于生产要素配置，技术、组织和制度创新等等。企业家精神一直是西方经济学研究的重要组成部分。马歇尔认为企业家精神是第四种生产要素，其特征包括了果断、机智、坚定、自力更生等等。熊彼特认为企业家精神的本质是创新精神，经济发展和企业家精神密切联系，企业家必须具备意志力和领导力、洞察力才能不断创造新的生产要素和生产条件的组合。一国经济的腾飞必须有一批精英企业家，美国有洛克菲勒，日本有松下幸之助。我们国家在改革开放中也涌现出来了一大批敢于创新的企业家，他们的出现在改革开放过程中有着重要的意义。没有盖茨就没有微软，没有马斯克就没有特斯拉，没有乔布斯就不会有苹果。这样的清单在全世界可以拉上几千几万张。伟大的企业家和卓越的企业家精神，最终会造就基业长青的公司和优质的产品。

未来解决新实体经济的发展，更是离不开企业家这一要素。新常态下，发展实体经济需要依靠创新驱动，这在很大程度上依靠国家的科技战略，依靠科技研发人员的辛勤劳动，也更需要企业家的创新精神。我们有一些企业在这方面已经有了很不错的表现，我们在深圳看到一批这样的创新企业和企业家，包括华为、比亚迪、华大基因、大疆无人机、大族激光、中国燃气等等，从跟随模仿国外的技术到现在成为业界上数一数二的创新型企业，华为这样的企业不断加大科研投入跑到了世界领先位置。这些是社会和企业的成绩，也毫无疑问，与企业家的努力不可分割。同时我们也看到一些另外的例子，比如东北振兴中对民营企业的历史问题，最近玻璃大王曹德旺先生在美国设立新厂，在社会上引起了广泛关注或者说让不少人也产生了一种忧虑。

供给侧改革中，要让企业家真正释放市场创新的活力，要让企业家精神真正带动新实体经济的振兴。我有如下三方面的思考向大家汇报：

首先，对发展新实体经济的时期，企业家的作用要有所转变，实现四个聚焦：第一聚焦于技术研发，加快产品和服务的升级换代，提供新供给。第二聚焦于配置资源，适应市场变化，及时调整企业经营方向，重新配置市场资源。第三聚焦于合伙发展，优化企业的产权和治理结构，完善现代企业制度，新时代是合伙人的时代，分配出效益。第四聚焦于组织文化，构建良好的企业文化，有效组织和带领员工冲出困境，走向广阔的天地。

其次，企业家的能力要有所升级。作为投资者，对于企业家的能力发展有四点建议。第一，创新能力，是引领企业实现创业转型的关键，每一个企业在进行新的业务开拓都是一次创业，只有创新才能创造出与众不同的东西，开创新市场，赢得新客户。第二，战略能力是应对企业危机的关键要素，要在战略认识上要做到超前洞察，战略选择上要准确把握，注重长远利益。第三，管理能力是完成企业家职能的首要条件，在企业转型过程中，需要企业家根据企业的自身资源状况管理组织结构，有效配置资源。第四，资本能力是放大器，今天的企业必须要学会整合产融资源，企业家必须要学习和使用金融工具。

最后，社会综合改革中要重新给企业家定位。第一是要从法律上充分肯定企业家的贡献，保护产权，重视法制。第二是要加强诚信，建设社会信用体系，严厉打击失信行为。第三是对于商事制度和税收制度开展重大改革。第四是给予创业者和企业家超额回报，激励更多年轻人和优秀人才投身事业，对于初创公司在税费上减免，在手续上简化，在金融上扶持，创业千辛万苦，一旦成功回报百倍。没有从社会文化上对于成功者的正面褒扬，没有资本市场对成功者的超额激励，就不会有新的实体企业再次登上高峰。

各位嘉宾，我们谈供给侧结构性改革，谈跨越经济周期，谈产业升级改造，谈新经济生态圈，都期待看到中国新实体经济的春天，看到一批优秀企业家的力量。发展新实体经济的核心，是要发挥企业家的作用。培育和发扬企业家精神，也是解除供给抑制、深化供给侧改革的重要任务。

谢谢大家。

企业高成本与经济增长速度下行

周天勇

进入21世纪以来，2007年国民经济增长到14.2%以后，掉头下行，2012年跌破8%，2016年可能为6.7%，未来还看不到上行的迹象，速度一路下行。其中2010年以来实体经济企业的成本越来越高，是很重要的原因之一。

企业是一个社会创造财富的经济主力群体。然而，进入21世纪以来，中国企业，特别是民营企业所负担的税收、社会保险、政府各种收费罚款、利息、能源、运输、土地房租等各种成本越来越重，其所创造的GDP，除了工资外，被上述项目瓜分而所剩无几，甚至要亏损经营。其中政府和金融分配国民经济利润的力量越来越强。

从中国改革开放以来的商品生产和服务形成的GDP的分配来看，城乡居民收入分配的比例在持续下降，政府分配的比例在持续上升（当然，2013年开始，居民收入占GDP的比例微弱上升）；国有企业创造和分配GDP在比例上下降后，21世纪开始又在回升，但其容纳的就业比率在下降，导致所分配的GDP，要么形成国有企业的收入和资本，要么形成政府的收缴的利润；而对GDP的另一个分配走势是，2011年后，国民经济急剧高利贷化，银行借贷和其他社会融资的利润率越来越高，分配规模越来越大，它们的高成本，挤压性地分配了实体经济的一部分利润。以上三个方面的力量，从国民收入分流来看，不断地挤出相应城乡居民和民营企业对GDP中的分配流量。

经济增长为什么下行了，除了人口萎缩老化和城市化中断外，另一个很重要的原因，就是这样的流程，导致流向民营企业和城乡居民的部分减少，使其投资和消费能力下降；而政府、国企和银行等金融体系，由于负债率高启，国企产能过剩和结构转型困难，银行借贷等债务杠杆率快速上升趋势趋于放缓；而政府、事业、国企和银行的三公消费由于反腐倡廉，受到抑制。因而，加上人口萎缩原因，社会总投资和消费需求的增幅，从2011年后，掉头下行。

一、政府银行国企GDP分配比例的上升

中国各级政府的财政收入数据，一直是一个谜。除了每年公布的狭义的预算收入外，还有各种基金、社会保险金、国有企业上缴利润、发行彩票（包括地方国企上缴的利润）等收入，还有一部分没有列入这些项目的各行政及事业机构的行政性收费及罚没款等。见表2.2所列的项目。

从狭义的全国财政收入，即政府税收加进入预算内的收费等，占GDP比例的变化看，1995年只有10%，到2014年为22%，2015年更是18.46%。但是，从项目看，土地出让金从无到有，社会保险金从很少到规模很大，再加上行政机构和行政性事业收费罚款等非税收入增长较快，政府实际收入占GDP的比例迅速上升，1995到2015年分别为16.45%、21.1%、26.43%、36.22%、36.09%、35.84%、38.27%、37.59%和36.27%，2015年比1995年上升了将近20个百分点。其中，土地出让金增长最快，一方面表明对农民的土地财产价值部分分配过多，一方面高出让金和税费对城镇居民的收入（用于购房时）通过高房价形成再分配；而在政府税收之外，又有相当大一块进入统计和没有进入统计的非税收入，成为再分配企业和城乡居民收入的不合理的强行分配机制。

表1　政府实际收入占GDP比例　　单位：亿元

年份	税收	土地出让金	社会保险金	国有企业上缴	彩票销售	预算外及非税收入	没进入预算统计的	政府实际总收入	GDP 总规模	政府收入占GDP
1995	6038		187			2938	680	9843	59810	16.45
2000	12581	522	1006		181	4919	1476	20685	98000	21.10
2005	28778	5505	2645		411	8608	2582	48529	183617	26.43
2010	73211	28198	19276	440	1662	16693	5316	144796	399759	36.22
2011	89738	31140	25153	700	2216	14136	6016	169099	468562	36.09
2012	100614	26652	30739	1154	2615	16639	7290	185703	518214	35.84
2013	110497	39073	35253	1288	3093	18645	8828	216677	566130	38.27
2014	119158	42606	39592	2211	3824	21192	10682	239265	636463	37.59
2015	124892	32547	46012	2560	3679	27325	12818	249833	676708	36.92

数据来源：第1到6项数据来源和整理于国家统计局、财政部、国资委等网站；第7项数据根据我博士彭鹏所著论文研究进行的推算；[①]倍数是2013年与2000年相比。2014年国企上缴利润，1411只是央企数，地方国企上缴数估计为800亿元。2015年数据根据国家统计局季度月报和2015年度统计公报，财政部、人社部网站等其他项目，以及推算而得。

平心而论，1995年政府全部收入占GDP 16.45%，对于提供公共服务，是太低。

① 据没有进入预算的仅几个项目，2012 年卫生费 205 亿元，消防收费 400 亿元，社会抚养费 200 亿左右，交通罚款费 4000 亿元（类似相当多没有进入收支两条线，或者进入了在政府的另一个帐上），由企业交纳的工会费 3400 亿元；2013 年社会抚养费推算 260 亿元，交通罚款 4900 亿元。以这些不完全数据我们推算了一个仅卫生、计生和交通罚款三项没有进入政府预算的数据，2010 到 2013 年的数据分别是 2685 亿元、3005 亿元、3645 亿元、4414 亿元。还有考试、城管、质监、物价等一系列的政府行政和事业性机构收费罚款，相当多的收支两条线，没有入预算；或者根本就没有进入收支两条线。这些不能取得数据的收费罚款，非常保守地估计占上述能大体得到数据收费的 50%。则 2010 到 2013 年的没有进入预算的非税收入分别约为 5370 亿元、6010 亿元、7290 亿元、8828 亿元。

但是，2015年GDP比1995年增长了11.31倍，而政府的全部收入增长了25.38倍，作为一个发展中国家，并没有提供相当多的公共服务，在看病上学住房都很贵的格局下，政府所收的钱也确实过头了。比例增长的这部分，实际就是对企业和城乡居民分配GDP很大程度的挤出。

我国银行，特别是商业银行，多年体制的垄断和行政定价特征较为明显。商业银行数目逐年增加，但是资产和业务的集中度仍然很高；贷款利率由央行定价，到逐步放开，而存款利率2014年前则一直是央行定价，并且存贷利差只有1.8个百分点，而到1997年后扩大到3个百分点以上，实行到2013年，远高于国际平均水平。[①]加上银行其他费项的增加，以及花样翻新的业务，从城乡居民存款和企业贷款中所分配的收入越来越丰厚。这是商业资本和银行资本竞争不对等，以及银行对储户权力过强格局下，银行对非金融企业和居民收入的一种扭曲的再分配。

实际上，除了银行外，还有其他金融非金融机构的社会融资等进行借贷融资。一个国家，其借贷融资利润，占GDP的比例我认为以不超过3%为合理。然而，从近几年的变化情况看，2010年，银行净利润为7430亿元，非银行非家庭的机构，如小贷公司、信托、租赁、典当行、担保、国企财务公司、基金等等，其利润规模估计在7500亿元左右，民间家庭集资、地下钱庄等借贷利润估计在5500亿元左右，全社会总的借贷利润为20430亿元，占当年国民生产总值的5%左右，而当年全部非国有非银行实体经济利润收入匡算为44560亿，占GDP的11.15%。

到了2015年，情况比2010年急剧恶化。全社会借贷利润52917亿元，占国民生产总值的比重已经从5%左右大幅度上升到了7.86%。非国有非金融实体经济的收入才33838亿元，占比从2010年的11.15%下降到了5%左右。2014和2015是国民经济高利贷化，即借贷资本挤压非国有经济最严重的两年。

① 2013 年和 2014 年，由于余额宝等互联网金融的冲击，存款利率改革才被迫有所松动，特别是 2014 年 11 月末央行存贷款利率的调整，就带有利率双向改革的意图。

表 2　借贷业净利润　　　　单位：亿元

年份	1982	1985	1990	1995	2000	2005	2010	2014	2015
银行净利润	7.6	15	42	121	447	1480	7430	18270	15926
非家庭高利贷利润					565	7515	10583	13229	98000
民间家庭高利贷利润						5490	18500	24050	183617
合计						20435	47353	53205	399759
占当年 GDP　%						5.11	7.44	7.86	468562

注：2005、2010、2013年数据来自于银监会网站；1982、1985、1990、1995年，按照贷款余额乘以3%存贷利差，再乘以8%净利润率估计，2000年按照15%估计。根据社会融资减去人民币贷款及外币贷款和股票融资后，乘以利率，2014年年度为18%、2010年为15%、2005年为12%计算。民间借贷按照规模，2010年和2014年分别以15%、20%利率计算。2015是银行抽贷，高利贷最为恶化的一年，估计非银行和非家庭借贷利润增长25%左右，家庭等高利贷利润增长30%左右。

国民经济高利贷化形成的原因在于：（1）最重要的一点就是银行的高度垄断性，资金在几家大银行中太集中，几千万买家对应着为数不多的中农建工交银行，再通过各种服务理财信托等表内到表外环节流动，垄断导致资金分布和最终价格扭曲，所以中小企业，贷到的总是高利贷资金。（2）信托、租赁、国有企业财务公司、村镇银行、典当行、小贷公司等，都成了倒钱的机构。（3）整个社会都有一种投资短期化、高利化、赌博化等“不劳而获、一夜暴富”和“天上掉馅饼”的心态，由此陷入一些融资机构和单位允诺高利率、借新债还旧债的庞式骗局，集资、地下钱庄，也对利率的不合理上涨起了推波助澜的作用。司法解释民间借贷，“利率可以超过法定基准利息率的四倍”，起到了保护和怂恿高利贷的不良作用。

从上述2010到2015年金融借贷利率的增长率看，远高于非金融企业净利润和城乡居民收入的年增长速度。可以看出，这种与GDP、实业和城乡居民收入增长不同步的高增长，含义就是其优势位势对实业和城乡居民收入分配的一种挤出。

国有企业是创造和分配GDP的一个重要领域。在GDP的创造中，相当多的国有企业从政府手中获得了较为便宜的划拨和出让土地；从银行获得了相当于民营企业贷款利率一半，甚至三分之一低价格的贷款；有的企业，获得了定价和经营方面的垄断权利；而有的企业，则得到了政府相当多的补贴。2015年全国国有企业资产总额1192048.8亿元，负债总额790670.6亿元，所有者权益合计401378.2亿元，利润总额23027.5亿元，净资产利润率5.13%，这样的利润率是在其贷款利率价格比民营经济低一半和其使用的土地资源无成本划拨条件下取得的。

表3　国有企业净利润　　　　单位：亿元

年份	1982	1985	1990	1995	2000	2005	2010	2014	2015
净利润	–48	–32	–349	–883	1914	7238	15896	24765	23028

数据来源：财政部和国资委网站。

国有企业净利润，是交纳财政税费和支付工资年薪等等后所分得的收入分配，是GDP的重要组成部分。我们现在可以将政府银行国企所分配和再分配的GDP部分相加，看它们总的占到GDP的比例是多少。

表4　政府银行国企收入　　　　单位：亿元，%

年份	1982	1985	1990	1995	2000	2005	2010	2014	2015
国企收入	亏损	亏损	亏损	亏损	1914	7238	15896	24765	23028
银行收入	7.6	15	42	121	447	1480	7430	18270	15926
政府收入	2015	3535	5646	9843	20685	48529	144796	239265	249833
GDP	5330.	9041.	18719	59811	98000	183617	399759	636463	676708
三项收入	37.95	39.27	30.38	16.66	23.52	31.18	42.05	44.35	42.68

注：根据表1、表2、表3表计算整理。

可以看出，政府银行国企收入占GDP比例从1982年37.95%，下降到1995年16.66%，后又逐步上升，2014年达到了44.35%，2015年下降为42.68%。剩下的GDP，除了非金融机构和民间融资利润外，就是城乡居民和民营实体经济企业对GDP的分配部分。

二、城乡居民和民营实体经济分配的GDP

我们来看城乡居民分配了多少国民生产总值。1978年时，城乡居民收入占GDP比率为45.2%，改革开放后，城镇居民工资增加，发展个体私营经济，国企实行大包干，农村联产承包制，城乡居民增收，加上当时行政事业机构和人员负担还较少，政府轻税少费，1983年时，城乡居民收入占GDP的比例上升到62.8%，而到了2008年时最低，下降到41.8%，2015年略微回升到44.51%，比城乡居民收入分配比例最高时，下降了18.29个百分点。

表 5　城乡居民收入占 GDP 比例

年份	1982	1985	1990	1995	2000	2005	2010	2014	2015
城乡居民总收入	0.331	0.506	1.033	2.862	4.704	8.245	16.77	27.58	30.12
国民生产总值	0.533	0.904	1.872	5.981	9.800	18.36	33.96	63.65	67.67
居民收入比率 %	62.00	56.03	55.21	47.86	48.00	45.34	41.95	44.34	44.51

数据来源：根据国家统计局网站数据及其计算和整理。单位：亿元人民币。

从1982年城乡居民收入分配占GDP的水平看，2015年城乡居民少分配了11.84万亿元；如果我们将城乡居民收入分配定在较为合理的55%水平上，则城乡居民也少分配了7.1万亿元。

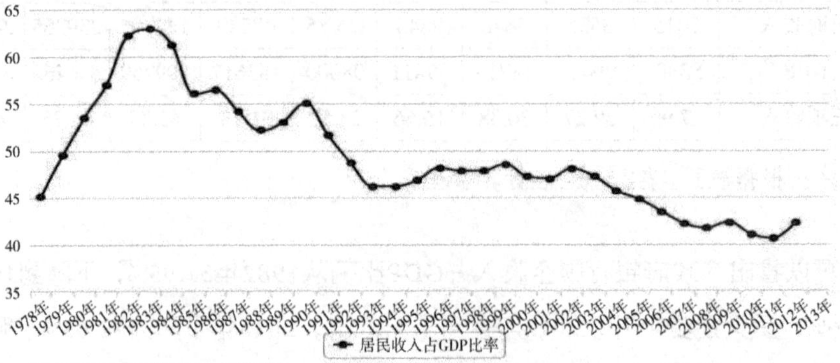

图 1　居民收入比下降情况

数据来源，国家统计局网站。

GDP中，政府银行国企收入，减去城乡居民收入，再减去非金融机构、社会和民间融资利润，就是民营实体经济所得的GDP。通过下表的匡算，我们看出，民营实体经济收入，1982年时，只有2.4亿元，占GDP比例仅为0.045%，1995年时规模为19097亿元，比例为31.93%，其后逐年下降，而到了2015年时，规模虽为33853亿元，但是占GDP的比例下降到了5%左右。非国有经济利润，从比例变化上可以看出，受到越来越强的政府税费罚没、借贷净收入、国企净利润等三方面强制和垄断分配的挤压。

表 6　民营实体经济 GDP 分配额及比例　　　　单位：亿元

年份	1982	1985	1990	1995	2000	2005	2010	2014	2015
GDP	5330.	9041.	18719	59811	98000	183617	399759	636463	676708
政银国收入 %	37.95	39.27	30.38	16.66	23.52	31.18	42.05	44.35	42.68
居民收入 %	62.00	56.03	55.21	47.86	48.00	45.34	41.95	44.34	44.51
非国有收入 %	0.045	4.23	12.97	31.93	25.63	20.82	11.15	6.74	5.00
非国有收入额	2.4	382	2428	19097	25117	38233	44560	42901	33835
非银行金融机械高利贷利润						565	7515	10583	13229
家庭集资地下钱庄高利贷利润							5490	18500	24050
以上两项比率									5.51

数据来源：据表2、表3、表4、表5，政府银行国企收入比例减去居民收入比例，再扣除10%左右的国有文化新闻广电出版和其他国有经营净收入，大体框算非国有实体经济收入比例和总额。2015年GDP的分配中，其中国有企业、银行和居民收入，是有关统计资料的数据，非金融机构和民间地下借贷等是按照一定增长比例推算的，民营实体经济利润估计有9000亿元的大幅度萎缩，最后GDP有2.3%的，即15564亿元的缺口，个人估计是其他金融形式的借贷没能被计算。

从政府收入部分占GDP比例过快增长的情况看：（1）从土地上获得的收入从无到有。土地出让金在21世纪以来的高速和大规模增加，以越来越高的地价和房价体现为地方为主的财政增收，然而，其实质是，由于土地进入建设领域，需要以强制的方式将农村和城郊的集体土地征用为国有土地，政府对征用农民土地的补偿很低，而出售价格很高，实际上是将应该归农民的一部分土地财产从农业和农村用地转成非农产业和城市用的增值性收益，大部分归为了政府自己所有；而另一方面，则通过推高房价，又从刚性需要住宅和投资房产的居民手中，集中了一部分价格脱离价值的收入。实际是，通过高地价和高房价，对农民和城镇居民两面不合理地分配他们的收入，而集中于政府。而且，加上垄断卖地，推高房价，造就了一批以房价上涨而增加财富的泡沫型中产阶层，农民工在城市中买不起房，实业被房地产高价格所逼迫，被其高利润诱导转移，社会资金弃实体而涌入泡沫经济。（2）社会保险金的提取比率，高达工资的42%—50%。我们这样水平的发展中国家，以工资比率的30%为宜，这实际上是过度从企业和员工收入中进行再分配，将其收入集中于政府手中。虽然2015年两会提出降低社保费率的改革建议，但是，大多都是收取比率小的项目，而对养老和医疗保险费率基本没有下调。（3）减税实际上没有到位。营业税改革为增值税，财政部门认为可以为企业减税5000亿元。但是，询问企业家，相当多的并没有税被减轻的感觉，特别是建筑、餐饮等行业拿不到购买砂石、菜蛋肉粮发票抵扣而税收增加了，银行业税负也增加并向贷款者转嫁。而3万元营业额以下规模企业免征税收，这样的小微就是15%的利润，也就是每月4500元，相当一个职工的月工资水平，减税的力度实在是太小。（4）税外各类行政收费和罚款难以清理和减少。 中央和国务院三令五申要清理行政性收费罚款，但难度非常大，并且这几年逆中央和国务院清理意愿高速增长，说明了近几年政府行政和事业机构的膨胀，行政和事业协编、临编、合同工、特勤、劳务外包等等的大幅度增加，使地方财政需要更多的收费和罚款，导致中央和国务院禁令实际上难以执行，使企业，居民，特别是中小微企业利润遭各种收费罚款盘剥的局面，久不能得以改观，并且有恶化的趋势。其后果无疑是，居民消费能力的下降和非国有实体经济创业和投资能力及意愿的下降。

三、居民消费能力趋弱

居民收入占GDP比例的高低，决定了其消费的支付能力。而投资与消费之间有着密切的关联，“投资→生产→分配→投资或者消费→购买生产的产品和服务”是一个循环。

前面分析，居民收入占GDP比例从1983最高的62.80%，降低到2011年的41.73%，2014年为44.34%；以此为基础，而居民消费占GDP的比例，同时也从1982最高时的54.46%，降低到了最低的2010年的35.21%，2014年消费比略有上升，为38.31%。

表7　居民收入与消费占GDP比例　　单位：%

年份	1980	1985	1990	1995	2000	2005	2010	2013	2014	2015
居民收入比	53.59	56.03	55.21	47.86	48.00	45.34	41.95	44.70	44.34	44.51
居民消费比	51.28	51.85	50.49	47.43	46.79	39.73	35.21	37.48	38.31	38.46

数据来源：国家统计局网站，表中数据据其整理，2015年居民消费占GDP比例为推算数据。

从下图我们可以看出，居民收入占GDP比例曲线和居民消费占GDP比例曲线，具有高度的相关性。也就是说，居民收入在GDP中分配比例的下降，是居民消费在GDP中比例收缩的最重要的原因。

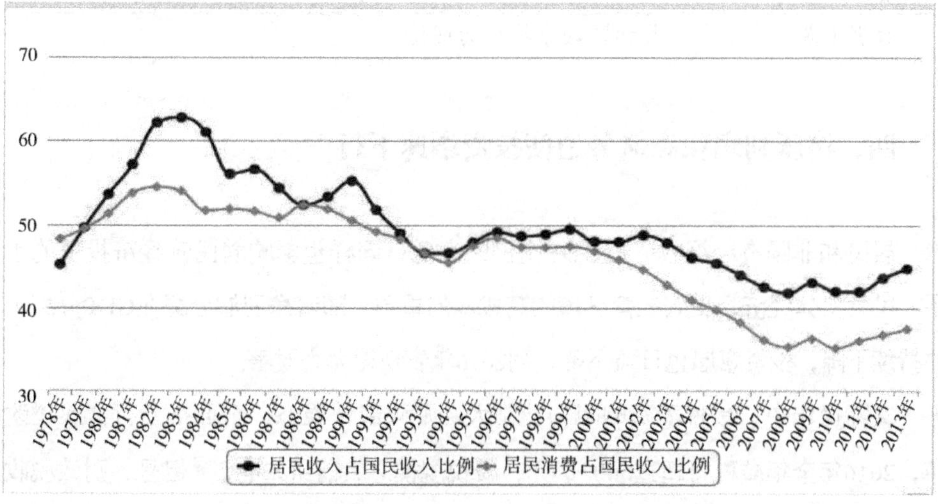

图2　居民收入比例下降与居民消费下降的相关图

数据来源：国家统计局网站。

迟富林等学者认为，中国到了从投资和出口导向的经济增长，向消费导向的增长模式转型的时候了。①而且，2009年中央财政对农民消费进行家电、农机具等补贴刺激，后来对城市居民也进行家电消费的补贴，但是，从大数据看，效果非常有限。最为重要的是，国民收入分配结构中居民分配得较少，政府和资本分配过多，形成的基础设施，特别是国有企业大规模生产形成的产品，没有居民相应购买力平衡，这是需求疲软，生产过剩，经济增长放慢的重要成因之一。因此，不解决居民的收入基础问题，想刺激消费，等于谋求无源之水。

前面已述，2015年与2000年相比，GDP分配中，政府分配的规模增加了11.38倍，而城乡居民收入规模只增加了6.29倍。使得社会零售消费品总额的增长幅度，从2008年最高时的22.72%，下降到了2015年的10.7%，降幅达10个多百分点。这与21世纪以来，政府银行国企在国民收入流程上越来越挤压中国居民分配，使消费能力相对不足有关。

表 8　全社会零售商品销售总额增长率下行趋势 %

年份	2008	2009	2010	2011	2012	2013	2014	2015	2015
增长率	22.72	15.54	18.33	17.15	14.38	15.46	11.96	10.7	23028

数据来源：中华人民共和国国家统计局网站。

四、挤压利润和高债务迫使投资增速下行

居民和非国有经济收入占GDP比例的高低，同样也影响着民营经济投资的水平。民营实体经济，受到经营环境的高成本的重创，随着净利润分配在GDP分配中的持续下降，投资意愿也日益下降，到2016年表现得尤为显著。

实际操作中，减税清费的阻力非常大。财政部曾表态，全面推开行营改增改革，2016年全年减税将超过5000亿元，减税规模之大前所未有。②但是，财政税收

① 迟富林："走向消费主导的战略选择"，人民网，2012 年 02 月 27 日。

② 新华社、中通社报道："营改增改革减税逾 5000 亿"，大公网，2016 年 4 月 14 日。http://news.takungpao.com/paper/q/2016/0414/3305627.html

系统的行动与表态相反，实际是在增税加费。从2016年1到5月的政府收入分析，在1到3月GDP增长6.7%情况下，全国一般公共预算收入同比增长了7.8%，超过了GDP的增长率， 在今年1到5月实体经济企业经营特别困难时，地方一般公共预算本级收入同比更是增长10.4%。而4到5月份，估计GDP增长无论如何也超不过6.6%，全国一般公共预算收入竟然同比增长14.4%和17.5%。其中，地方一般公共预算本级收入分别同比增长24.7%和18.3%。[①]从供给经济学方法的分析看，加税费，会使企业的利润进一步减少，甚至亏损，进而投资会收缩，经济繁荣会被抑制，国民经济增长速度会下降。

为什么在中国2016年经济持续下行这样紧要的关头，减税清费这样一个有效和迫切的经济政策，在当年的英美澳等国能顺利实施，而在中国政出不了中南海，实践中执行不了，根本就落实不下去呢？ 据国务院所派各地调研组的报告，减不了税和清不了费的原因：一是企业要交多少税，一些地方税务部门年初就定好了，基本上是根据“背的”收税指标确定的，说是年末多退少补，但从没退过钱；。近年来国家出台多项措施降低企业税负，特别是“营改增”试点范围扩大，但税收并非按企业实际经营状况收缴，而是由税务部门年初定指标，分配到各个企业。从企业反映和1到5月的统计数据看，国家出台的多项措施总体上没有用，所谓的“营改增”减税，执行中彻底走样，除了年初就定了税收指标外，还有回溯性收税、过头税等，最后将中央和国务院的减税执行成了增税。如企业家反问调研组的， “中央和地方都说要给企业降成本，可税务部门的任务指标一点不见减少，你说这企业的税收负担有可能降下来吗？”。二是各种各样的收费五花八门，除了一些违规的红头文件外，相当多的都合乎法律，国务院条例，以及各部门和地方颁布的法规。如国务院调研组报告反映的情况：河南一些企业反映， “耕地占用费、租赁费等原来已不收的税费，现在又开始收缴。地方上专门成立了非税收入管理局，到实体门店来收钱。前年就要求预交两年的税费。”。要征收残疾人就业保障金，征收标准偏高；有时质检机构到企业检查，连检测设备都没带，但只要说是检查，就得交费；安全、质检、土地、规划、环境、消

---

① 财政部国库司：2016 年各月财政收支状况，见 http：//www.mof.gov.cn/zhengwuxinxi/caizhengshuju/。

防、能耗、职业卫生等至少15个部门要进行评估，要花评估费，有的评估必须分几步进行，拉长了评价时间，也导致企业重复花钱等等。①

实际上，还有一个不太为经济学家们注意的问题是，对过去所谓超生人口征收的社会抚养费，从经济学角度看，是一种对新生人口的课税，也即新生人口未经批准而来到世界的惩罚性税收。事实上：（1）社会抚养费的征收，抑制了新生人口增长，导致了消费的收缩；也即使用财政政策，干预了生育决策，导致了消费人口减少，引致消费需求增长连续不断地减弱。（2）年年增长的社会抚养费，特别是多年平均200多亿规模，相当多来自于在城镇务工农民手中，来自于农村劳作和创业的农民，许多家庭本想用这笔钱建筑和购买房屋，或者创业，但是被政府征收后，不但未能实现买房和创业，甚至负债，日常生活消费都受到严重影响。它实际上是一种特种税，严重影响着农村的消费、投资和创业。（3）还有1300万黑户人口，相当多的是超生人口，虽然中央规定其户籍登记与征收社会抚养费脱勾。但是，往往这边到派出所登记，那边计划生育部门就得知，到当地法院按照《社会抚养费征收条例》起诉，被判违法，要求补交并重罚，许多家庭上了黑名单，并被强制判决执行。这也成为悬在黑户人口头顶随时将爆炸的炸弹，严重抑制着农村农民和城镇务工家庭的消费、投资和创业。

究其深层次原因，地方四级政府运转没有正规和大额的税收所保障，行政事业机构太多和人员庞大，协编临编人员越来越多，加上公务员、事业人员和协编临编人员工资社保的增长，最大限度收税，以及许多政府部门和事业单位收费罚款、收支两条线、超收奖励和罚款分成的运行体制，地方已经形成了向商户和企业千方百计收费罚款的强有力机制。比如，社会抚养费，就是用来供养50多万计划生育工作人员，以及基层乡镇政府的运转。此类利益，各类国务院的文件也已经难以撼动。

国民经济高利贷化，企业融资的高利率，已经重创实业。（1）银行方面，从民营经济的银行融资看，到了2014年前后，大型企业的贷款利率及其他收费一般需要12%，中型企业一般在16%—18%，小微型企业在20%—25%之间。尽管中央政府

① 记者白天亮等："企业要交多少税？税务部门居然年初就给定好了"，人民日报，2016年5月9日。

三令五申要求银行贷款向中小企业倾斜，并降低利率，但实际上绝大多数银行机构并不听政令，或者明降暗升，除了不断上浮的贷款利率，抵押物、担保费、咨询费、强行搭售理财产品等五花八门的要求也让企业不堪重负。①（2）多家到香港上市的小贷公司，其平均贷款利率高达15%到20%。②（3）民间借贷方面，根据2014年5月29日西南财经大学中国家庭金融调查与研究中心发布的《中国家庭金融调查》报告显示，民间有息借出资金规模在7500亿元，全国范围看，民间借贷利率为23.5%。③

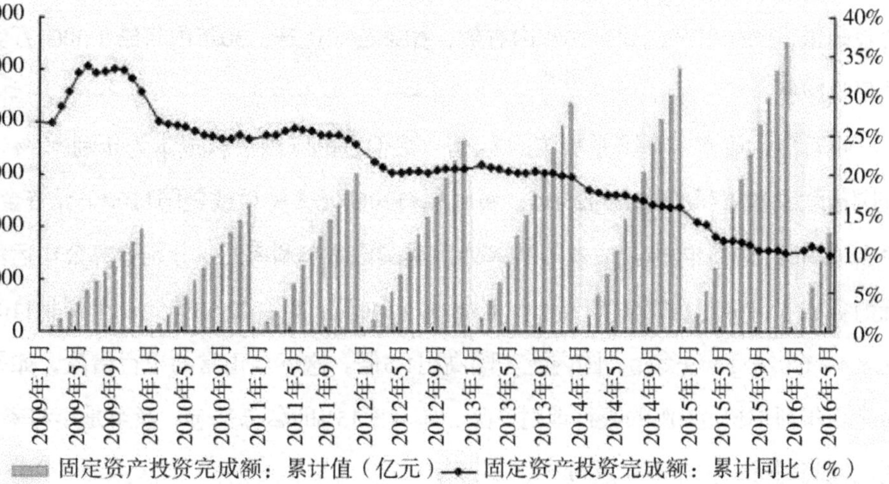

图3 国家资产投资示意图

数据来源：国家统计局网站。

当然，除了财政税收、社会保障、政府乱收费以外，运输、能源、土地、清关等成本，也是企业利润被挤压的重要原因。这里我们引一例证来说明。

一个真实的案例——中美制造业成本对比。④

① 企业实际资金成本高出贷款利率近一倍"，经济参考报，2014年9月29日。

② 乔加伟："多家小贷公司赴港上市 平均贷款利率15%–20%"，21世纪世界经济报道，2014年10月28日。

③ 见中国家庭金融调查网，http：//chfs.swufe.edu.cn/。

④ 慈溪市江南化纤有限公司："中美制造业真实成本对比"，腾讯财经，2016年1月26日。ttp：//finance.qq.com/a/20160126/010436.ht

浙江省慈溪市江南化纤有限公司成立于2000年，2015年“江南化纤”在美国南卡罗莱纳州投资办厂，成为首家在美国建立再生聚酯短纤维制造工厂的中国企业。为什么去美，主要原因是国内综合成本连年攀升，颇感吃力。其测算比较了创办相同规模企业的中美成本。

税收成本：美国税收优惠力度大。在中国，各种税收不断，把企业压得喘不过气。广州一家物流公司，运送一批货物到海南，总收入为1.9万元，但利润仅有216元，其中上税需要1260元。而美国的州政府最看重的是就业，常常给予企业优惠的税收政策，比如房产税优惠30年内有效，如果公司达产，30年内将给予3000万美元的税收减免。

银行借款成本：中国是美国的2.4倍。最便宜的国内借款成本为年利率6%，是美国借款成本年利率2.5%的2.4倍。每吨原料7000元人民币或美国1100美元资金、4个月一周转，按国内借款成本年利率6%和美国成本年利率2.5%分别计算公司运营资金财务成本：国内是7000美元×4×0.06/12=140元，折合22.58美元；美国是1100美元×4×0.025/12=9美元，国内比美国高出1.5倍。这还是正常的银行借款，如果资金来自年利率超过10%的银行理财产品、年利率15%的私募基金、甚至是年利率20%的民间高利贷，企业不堪重负。

物流成本：中国是美国的2倍。以油价为例，中国的油价是美国的2倍，油价高，物流成本也就高。中国还有全世界少有的过路费、过桥费，物流成本占GDP比例在18%左右。美国的物流成本主要由三部分组成，一是库存费用，二是运输费用，三是管理费用。运输成本在GDP中比例大体保持8%左右，因库存费用降低，近年来美国物流总成本比例下降。

电力、天然气等能源成本：中国是美国的2倍以上。美国除夏威夷的电价特别贵外，其他州的电价都较便宜，以德州为例，其电价折合人民币才2毛钱。由于我国对电力、天然气等国有垄断和行政直接定价，企业用电用气用油价格居高不下。按国内每吨耗电450度、电价0.76元/度计算，单位生产成本342元，折合55.16美元。美国设备自动化程度较高，单位用电量相应增加10%，每吨高至500度，按照电价0.05美元/度计算，单位生产成本25美元，国内比美国高出1.2倍。

蒸汽成本：中国是美国的1.1倍。企业用蒸汽部分，国内用热电厂蒸汽，按每吨消耗蒸汽1.6吨、单价190元/吨计算，单位生产成本304元，折合49.0.美元，美国用天然气锅炉自制蒸汽，按天然气价格为0.48美元/therm、单价14.52美元/吨计算，单位生产成本23.23美元，国内比美国高出1.1倍。

土地成本：中国是美国的9到50倍。美国土地是永久性产权，中国是50年产权。例如，目前美国地价仅为2万美元/英亩，相当于2万元人民币/亩，如果按照中国现在许多县城工业用地100万元/亩算，是美国的50倍。

配件成本：中国是美国的3.2倍。国内设备性能略差，工人操作习惯不良，每吨单位配件成本约100元，折合16.13美元，而美国生产线设备性能较好，工人操作习惯好，每吨单位配件成本5美元，国内比美国高出3.2倍。

清关成本：美国无需支付进出口清关成本，而中国这部分成本也不低。在美国投资办厂无需支付进出口清关成本。国内企业原料均进口，假设进口环节费用不含内陆运费、关税、增值税，仅各类手续成本约为3500元/柜，每柜按20吨装计，则为175元/吨，折合22.58美元/吨。国内企业成品出口，假设出口环节费用不含陆运费，仅各类手续成本约为1600元/柜，每柜按20吨装计，则为80元/吨，折合12.9美元/吨。如果加上运费等，成本还要大幅增加。

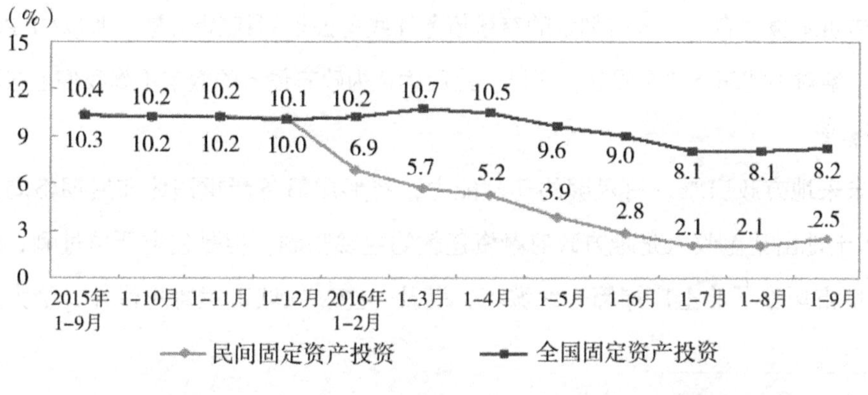

图4　民间固定资产投资和全国固定资产投资增速

数据来源：国家统计局网站。

可以看出，由于企业运营成本过高，加上传统工业化提前结束，制造业全面过剩，故民间投资意愿降低，民间固定资产投资从2013年的23.2%，急剧下降到了2016年1到9月份的2.5%。

产业过剩及债务风险与政府国企投资再难重振。

有的学者认为，消费主导推动，力度不够，特别是经济下行期，更要政府主导投资于交通、新能源、水利和其他基础设施等，包括加大国有企业的投资力度，来拉动经济增长。但是，特别需要指出的是，实际上政府债务沉重，收入增幅下降，企业债务上升，效益较差，使政府和国有企业的投资能力也减弱。

李扬分析，截至2015年末，纳入预算管理的中央政府债务达到10.66万亿，地方政府债务16万亿，合计政府债务26.66万亿，占GDP比重为39.4%。如果把地方融资平台加进来，政府债务水平达到56.8%。①中国地方政府债务，可能要比李扬所述的16万亿多。渣打银行大中华区研究主管王志浩透露，截至2013年上半年末，该行测算的不包括融资平台的中国地方政府债务估计在21.9万亿元。②

地方政府债务存在着瞒报的情况，官方口径和民间统计相差悬殊，地方债规模一直以来就像个谜。财政部要求2015年1月10日之前地方上报政府债务余额，江苏省苏南某县级平台公司负责人说："我们来回搞了5次，才最终确定上报数据。"张涛告诉本报记者，"政府划定的存量债务红线是去年6月底审计数字乘以GDP增长率，绝对不能超过这个限额；所以，最后确认为政府债务的数字不到我们上报的1/3"。③

未来地方政府难以有足够的还款能力，将形成债务严重违约和展期格局。（1）土地出让金收入是地方政府融资还款的主要基础，但是住宅严重过剩，住宅用地市场除了北上广深等一线城市，以及一些二线城市短暂起伏外，绝大多

---

① 李扬："中国政府债务处在可控范围"，人民日报，2016年6月16日。

② 魏枫凌："中国地方政府债务或近25万亿元"，财经网，2012年10月10日。

③ 吴建华 赵士勇："中国地方债玄机：数字大了省里不给上报 最终砍到1/3"，华夏时报，2015年1月8日。

数和长远看火爆不再。2015年，地方本级政府性基金预算收入38218亿元，下降23.6%，同口径下降17.7%，其中国有土地使用权出让收入32547亿元，同比减少8840亿元，下降21.4%。①（2）2015年由于经济形势下行，加上近几年的营业税改增值税，营改增的增量部分向中央财政集中，地方政府的税收收入增幅下滑，一些地方甚至出现了发放公务员和事业单位人员工资都困难的局面，更谈不上顾及对本级政府以往债务的还本付息，只能等中央银行再一次核销，或者中央财政出资相救。

企业负债与GDP比率，以及资产结构向着高负债的变化，以及去杠杆，影响着企业进一步的投资能力。谭小芬发现，中国债务负担与发达国家相比并不高，但明显高于很多新兴市场国家。根据国际清算银行（BIS）的数据，2015年6月中国非金融部门总信贷与GDP的比率是244%，与美国、欧元区和韩国差不多，低于日本，但高于巴西、俄罗斯和印度。如果进一步分解非金融部门的债务，就会发现政府与居民的杠杆率并不高，非金融部门的负债其实主要集中在企业。2015年6月，中国非金融企业的债务相当于GDP的163%，远远高于同期美国的71%、日本的102%、韩国的105%和印度的50%。②

经济合作与发展组织国家的经验显示，这一比例达到 90% 就会积聚较大风险。③

银行不良资产问题。

由于产业过剩严重，实体经济遭到总需求突然萎缩的影响，加上房地产业也过剩，所以企业产能开工率不足，亏损严重，向银行的偿债能力大大下降，银行不良资产率急剧上升。到 2015 年底，商业银行不良贷款连续 17 个季度增加。年末，商业银行不良贷款余额 12744 亿元，较 2014 年末的 8426 亿元新增 4318 亿元，增幅达到 51.25%；不良贷款率 1.67%，同比上涨 0.42 个百分点。对于 2016 年银行不良贷款的趋势，东兴证券估计，2016 年我国银行业不良贷款规模将超 2 万亿元。而

① 见财政部网站财政数据栏。http://gks.mof.gov.cn/zhengfuxinxi/tongjishuju/201601/t20160129_1661457.html

② 黄益平："破解中国高杠杆陷阱"，财新网，2016 年 3 月 14，http://finance.qq.com/a/20160314/042157.htm。

③ "企业过高负债率不可掉以轻心"，中国证券报，2013 年 1 月 11 日 。

中信建投对 2016 年银行业不良市场展望时预计，2016 年不良贷款余额将增加 4800 亿元到 5400 亿元，不良率将逼近 2%。[①] 在不良贷款压力大增的情况下，一些银行采取了一些延缓措施，对一些“准风险”或风险项目继续提供信贷支持，延缓风险暴露，这在客观上加大了信贷风险程度。有学者认为，商业银行账面不良率“低估”和“大幅低估”，实际信贷风险明显增多，其原因在于关注类、次级贷款的账面风险与实际风险偏差较大。[②]

而在对制造业产品需求不足、产能过剩、经营亏损，中小企业的经营风险升高，地方政府的负债率已经很高的状况下，虽然明知国企利润率很低，最终可能形成坏帐，但是，相当多的商业银行还是将央行增多的流动性，贷给了大型央企和地方大型国企，主要是觉得贷给公有的国企即使不良追究责任也会很小，虽然最后所剩的一些资产可能是破铜烂铁，但还是形式上的一种抵押物。然而，央企等发现资金再进入制造业盈利很低，还不如赌一把，抬高房价，制造虚高，去炒地皮，以获取泡沫利润。

也就是说，工业化的提前结束，整个国民经济的高杠杆率，也使进一步用宽松量化的货币政策，扩大信贷刺激经济增长，受到了约束和限制。也就是说，企业和政府的高负债，并且其收入都受到影响，因此，反过来抑制了其进一步扩大投资的能力，投资增长率一直处于下行轨道。

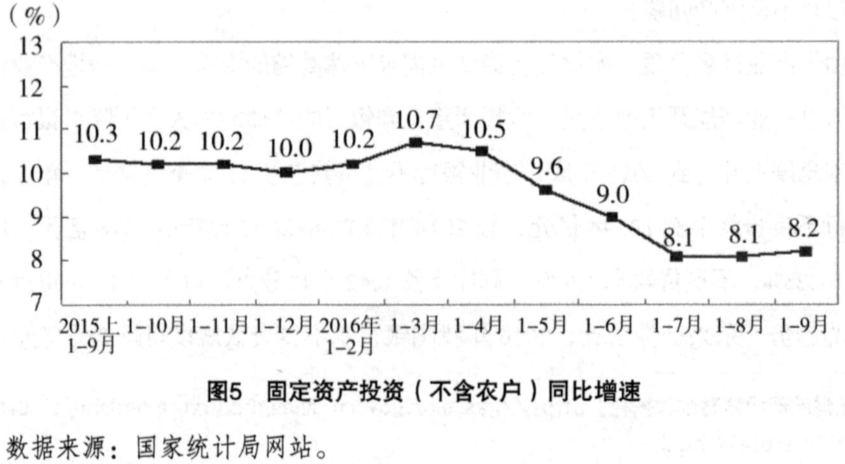

图5　固定资产投资（不含农户）同比增速

数据来源：国家统计局网站。

① 姜超等：“15 年中国银行业不良贷款率回顾及展望”，今日头条，2016 年 2 月 16 日。

② 杜金：“银行业不良压力明年或达顶峰”，中国新闻网，2014 年 12 月 09 日。

五、经济增长下行的GDP挤压力流程

从流程上看，需求需要支出，支出需要收入作为基础，而生产形成供给。供给实际是收入法形成的GDP，可用政府的收入、劳动者的收入和个体商户及企业的利润等形成；这些不同渠道的收入，形成投资和消费需求，即对供给的购买支出；这些支出又形成需求市场，能使商品和服务卖出去，如果其增长，也使生产和供给进一步扩大。因此，形成国民经济增长“…→商品和服务生产者投入→商品和服务供给增长→形成并扩大企业、银行、居民和政府间分配收入→投资和消费支出增长→商品和服务生产者的收入再增长→…”的健康和良性循环。

从需求方面看，国民经济的增长是由投资、消费和出口三大需求拉动的，是一个循环收入结构的流程。

从体制及其运行看，GDP流向政府银行国企部门相对越来越多，流向城乡居民和非国有实体经济的相对越来越少，向后者流动的GDP比例受到了前三个部门，以及其他高成本领域逐年的排挤。

GDP这样的流程，造成相互关联的国民经济运行后果：（1）当然，内部生产过剩首先是由投入劳动和消费购买力较强的经济主力人口萎缩引起的。但是，在外部出口需求降低时，无法由企业投资和居民收入增长的方式，稳定国内需求增长来平衡国内制造业的生产能力和供给，导致发生了更严重的产能过剩与内需不足之间的不平衡。（2）国有企业投资，包括一些民营经济的投资，由于居民收入部分相对被挤压，其形成的生产能力，也即供给，无法由居民收入合理增长的需求所消化，发生了投资与消费需求的不平衡。（3）由于住宅供给过剩和城市化的“未化先滞”，加上制造业回落和中小企业不景气，土地财政和税费收入的增长空间受到影响，而前几年政府借债、国有企业负债率上升、产能过剩，给金融体系积累了巨大的风险，杠杆方式的投资已经受到了极大的限制，重启政府再如2008年底投资拉动经济增长的空间缩小。

我们这样的高地价的土地财政，税外如此多的费和可以随意罚款，以及社保费

率一开始定得如此之高，银行垄断导致整个社会的高利贷，诸如这样的不正常的GDP分流，与德日韩台发展过程体制比较，是我们特有的机制，必然会对经济增长持久的动力产生特殊的影响。

上述收入流程及投资与消费等经济运行的扭曲和不畅，必然与人口增长的相对放缓，经济人口的收缩，相互作用，使消费景气，即需求活力受到影响；而沉重的税费利息等负担，则使国民经济的创业、创新、投资、经营等方面的活力，又受到重创和压抑。故在出口受阻、人口萎缩老化、工业化提前结束、城市化半拉子工程的情况下，这样扭曲的国民收入在政府、国企、金融、非公有实体经济、居民之间的分配流程，必然形成国民经济增长下行的拽力。

因此，不减税，不清理行政收费和罚款，不降低社保费率，以及不通过切实的改革降低融资、运输、土地、能源等成本，不能使实体经济得到合理的利润，想将国民经济增长速度扭转为上行，可能性不大。

从治标到治本：房地产业政策调控与房产税制度创新

贾　康

2016年下半年，我国一批二线城市的房地产市场，继一线城市热度高升之后也进入“冰火两重天”中“火”的一侧，且热度直升，热气逼人，地方政府不得已又纷纷采取或准备采取限购、限贷等行政手段给楼市降温，但人民日报等有影响的媒体，基于多年的行政调控经验总结，已明确地对此评价为“治标不治本”之举。人们显然需要追问：什么才是治本之策？从土地制度、住房制度、投融资制度相关税收制度等方面的考虑，应当成为研讨的重点。本文主要就商品住房保有环节的房地产税制度建设问题作重点讨论。

标本兼治、治本为上：大方向、大道理要管小道理与策略考量

前些年上海、重庆两地试点的房产税，也就是中央三中全会所说的房地产税的问题，首先不是政策层面的，而是制度建设层面的问题，它涉及的就是房地产业长期健康发展，需要匹配一个有效的制度供给，这个制度供给也就是中央特别强调需要的打造长效机制问题。这种长效的机制，不可缺少的首先是在顺应市场经济客观规律的大方向下，掌握好一个必要的制度大框架的创新性构建，在这个大框架下，才能真正掌握好所谓政策调控与政策工具组合的问题，才能达到政策调控应该有的

水准。我国前面这些年经历了对于房地产业的多轮政府调控，但实话实说，最为缺失的就是制度供给的创新，在制度供给中怎样攻坚克难这方面的实际创新进步，还明显不足。

房产税既然属于制度建设与创新问题，关于它的争议可想而知，具有总书记所说的必须“冲破利益固化的藩篱”这方面的难度。不同观点的争议后面带有强烈的利益考量，不同的利益诉求表达出来，又往往带有非常鲜明的感情色彩，在网上说到这个事情，很多都是情绪宣泄。但我们特别需要的是推崇理性讨论。

理性讨论里，基本的逻辑是大道理要管小道理。我感觉最近我接触到的两个学者观点，是把小道理放在了大道理的前面。第一个有代表性的观点是说，中国要把政治体制改革完成以后，再考虑怎么启动房地产税改革的问题，否则这个税不得人心，没法考虑推进改革。但我觉得，从中国渐进改革已经形成的路径，以及国际经验来看——比如美国怎样崛起为世界头号强国——来做一个理性的考察，这样一个“策略考虑”恰恰说反了。把“美国进步时代的启示”借鉴到中国来说，我们要考虑的，就是对于尚无法正面设计的政治体制改革，可不可以先在大家都无法拒绝的与经济相关的制度规范性和依法治国框架之下的财经制度建设层面，来实际推进，涉及公众千家万户的房地产税等，如能依法形成制度性的进步，实际上有可能会像美国进步时代那样最终解决与之相关的政治体制改革的任务。对这个顺序如果不做一个务实的处理，那我们永远无法想象在中国已有的渐进改革路径依赖和具体国情制约的情况下，什么时候可以正面讨论做个政治体制改革的方案设计——这件事遥遥无期，那我们还怎么样能够顺应实际的矛盾凸显、问题导向的压力下去解决问题？那么不论是政治体制改革，还是房地产税改革，以及改革、发展与稳定的结合，就都成了空谈。

还有另外一个也是很有代表性的观点，是说如果当前在房地产“去库存”的情况下正面讨论启动房地产税的立法问题——现在实施这一改革，首先是按照中央的指导路径要解决“立法先行”的问题——那么它引出的问题会比解决的问题还多，在“去库存”未完成的大概三年或者再长一点的时间段之内，不能讨论房产税的改革问题。我觉得这样一个也是从策略角度切入的反对意见，恰恰忽视了我们现在房地产市场上的基本事实，就是“冰火两重天”，它给我们的重要启示，是在“火”的这一边已经形成如此巨大而明显的社会压力与民众焦虑的情况下，以及火还在蔓延，二线城市纷纷跟进火的这一边，我们再像过去那样固守一套做了多少轮的“政策调控”，而在制度建设上无所作为，那还能不能适应这样的问题导向下现实生活中要解决问题的客观需要？仅因为三四线城市为主的去库存而继续拖延房地产税制度建设的立法过程，我们的大局观和综合配套思维能力是否有点问题了？

我认为，简要地说需要明确这几个层面的认识。

第一，对于房地产税的大方向，应该坚定地按照中央十八届三中全会全面改革部署文件所表述的，在“税收法定”这样的轨道上立法先行，“加快房地产税立法并适时推进改革”。这个税改大方向其实中央在历次形成的改革权威文件里是一而再、再而三地锁定的。前段时间财政部楼继伟部长在成都G20会议上明确表示的推进房地产税我们义无反顾，其实只是一句要贯彻中央精神的大实话，但是网上居然引起了那么热闹的反对声浪。

在我看来这样一个表态，就是跟中央高度一致的，体现的是改革意识和改革决心，以及参与决策的官员应该有的一种担当。这个事情还是应该回到十八大以后配套改革全面战略部署的基本逻辑上来。

第二，大方向之下接着需要讨论的就是基本框架。既然是配套改革，那么跟房地产税相关的就决不只这个税种概念下的那些具体的问题，要把税、费、地租和不动产整个制度框架，通盘考虑，这才叫一个高水平的配套改革的考虑。这种相关的税、费、地租合在一起的制度协调，一定要处理好社会可接受的综合负担怎么样整合、怎么样尽可能降低、而且其中的不同类型的负担怎么样分流归位来理顺相互关系的问题，包括住房的土地使用权在70年到期后怎样按《物权法》已定原则续期的操作问题，这是配套改革中一定要处理好的问题。

第三，设计思路上应掌握的一些具体要点。为适应中国的国情和公众心理，看来不能照搬美国房地产税的普遍征收模式，而是要坚持借鉴日本等经济体的经验，在中国立法过程中“技术路线”的第一个大要领就是坚持做“第一单位”的扣除，至于说第一单位是人均多少平米还是一个家庭（父母和未成年子女合在一起算）的第一套房，这种技术上的争议其实不是根本问题，但是坚持扣除第一单位我认为应非常明确地在立法上作为一个前提。再往下，技术层面的框架在立法过程中做出一个粗线条勾画之后，设计启动方案时可柔性切入，比如立法上勾画出“第一单位”的扣除，在寻求民意“最大公约数”的情况下，开始执行的时候是一个什么样的操作方案？比如说最宽松的考虑，既不是人均多少平米的扣除——因为这样在家庭成员出现一些特定变故情况下有可能引起税收负担的上升而在公众心理上难以接受；也不一定是所谓第一套房——因为第一套房在中国现实生活中有可能引出为避税的离婚潮；那么是不是可以再宽松点作规定，就是单亲家庭按第一套房作为扣除而免税的第一单位，从第二套房开始征收，双亲家庭则按两套房做扣除的第一单位，从第三套房开始征收。那么这个矛盾就绕过去了，先把最可以为公众广泛接受的制度框架建立起来，以后的动态优化则可以从容进行——其实这也是与潘石屹当年提的从第三套房开始征房产税的建议有一种形式上的吻合：看起来宽松，但是我们先建框架，这个制度建设的框架能够确立起来，再让全社会慢慢去认识和适应它，再考虑以后怎么修法优化。关键就是大家要有理性的态度来讨论起步时的最大公约数，这个事情必须做，那么从什么地方开始让社会可接受地做起来。

第四，立法完成之后，可以区分不同区域，按照地方税可以区别对待的原则，执行时不必一刀切，可以陆续推出。比如我们假定这样一个已经列入全国人大一类立法的房地产税，在不久的将来正式启动一审，待走完整个审议程序、人大批准通过之后，显然可以考虑在那个时候仍然有明显的热度即“火”的一线城市和另外一部分也有非常火的社会压力的二线城市区域，首先执行这个已经审批通过的房地产税的税法，而并不要求三四线的城市一刀切地来执行，这是合理的，地方税这样的区别对待完全符合税收发挥作用的客观要求。

这样一些考虑，都是先从“大道理”即制度框架的问题说起，再往下才是配套的政策调控层面的问题。我们如果能在长效机制层面做好制度建设来引导社会预期和市场健康发展，那么才能够使多轮调控以后总是觉得掌握不好的调控结果，上升到一个新的境界，就是有了制度框架，再加上政策调控，可望逐步消解中国房地产市场上这种动不动大起大落带来的社会焦虑，促进可持续发展。在市场回落的时候，大家有种种的恐慌心理，但现在迅速在一线城市和一部分二线城市热度回升起来以后，又有另一端的恐慌心理，光靠政策已经不够用，这种冷热迅速转换多轮"打摆子"的状态，不利于国泰民安。所以，引出的基本结论，就是要在中国渐进改革的路径依赖之下积极形成现代的税制。房地产税当然不是万能的，但是不抓住制度供给这个龙头因素，使税的制度框架逐渐成型，而且尽量按中央的说法加快通过立法——这样一个重大问题不解决，又是万万不能的。

房产税（房地产税）的必要性、多重正面效应与可行性

住房保有环节的房产税（房地产税）制度建设，有关其多重目标、多重效应的问题。从其必要性和多重正面效应考察，至少应看到如下五大方面：

第一，有利于房地产业健康发展发挥其国民经济支柱作用。在中国方方面面特别关心的房地产概念之下，和房地产相关的有效供给和整个市场体系建设运行问题，客观地联系于房地产这个国民经济支柱产业作用如何合理发挥、房地产业如何健康发展的问题。房地产市场的健康发展，框架上应首先是把"保障轨"和"市场轨"通盘考虑，放在一起，作双轨统筹。在实际生活里边，现在可越来越清晰地看到这个框架，即不是简单只讲市场，是要把托底的保障房供给和市场怎么样更好提供商品房、产权房等相关事情放在一个体系之内，形成统筹。这几年决策层反复强调保障房。从棚户区改造开始推进建设，到确定年度总目标和各地任务目标，三令五申，逐步改进；从原来多达十几种的保障房具体形式，到现在主要归并在公租房和共有产权房上，这都是进步。

随着城镇化及其他种种原因，房价节节高升过程中，客观地需要用经济手段形成更有效的长效调节机制。联系国际经验看中国现在的社会经济情况，应该有房地产税的作用。这方面当然是有不同意见的。任志强先生过去一直在强调：从实证数据来看，美国和日本推出房产税之后，并没有改变房价上升局面，所以这个税对房价的调控、对房地产市场减少泡沫没用。对此我不同意，经济生活中有那么多变量，你仅说这一个因素和另外一个运行结果直接对应，是把其他所有变量都抛开

了，不符合最基本的经济学认识上的科学方法。所有变量合在一起考虑，要反问一下，为什么在这种复杂因素综合作用之下，日本、美国等发达经济体一定要考虑推出住房保有环节税收？如果不推出，他们的市场会变成什么样子？这才是真问题。

从逻辑上分析显然可以知道：保有环节的税收改变利益相关者的利益预期，对于供需，是促进两者走向平衡，而不是扩大之间的矛盾；是缓解矛盾，而不是扩大矛盾；是减少泡沫因素，而不会扩大泡沫因素。在供需分析视角上看，中国未来几十年城镇化高速成长期内，中心区房价将呈上升曲线的基本趋势明显，保有环节的税收会使这个曲线的斜率降低一些，走得平稳一些，特别是减少大起大落的振荡因素，这就是正面效应。它在使房地产市场更健康、减少泡沫之外，还会带来其他的效应。比如说中小户型的房子会成为更多人的选择，从而提高土地集约利用程度；前期已经形成的空置房，在利益驱动之下会由持有者人自主投入市场，优化市场里的供需状态，提高资源配置实际效益等等。从社会整体角度看，这是应该充分肯定的，显然有它的必要性与重要意义。

第二，有利于贯彻落实市场经济所必然要求的分税制财政体制。结合中国经济社会转轨，应特别强调，中国的市场经济需要有分税制财税机制匹配。上世纪90年代初邓小平南巡后确定了要走市场经济之路，跟着就要解决在中国怎样匹配一个间接调控体系框架，所以1994年的财税配套改革也就顺理成章地推出，之后我们看到一系列正面效应。但问题是，1994年改革方案是在种种条件制约之下形成的，需要深化改革，慢慢淡化过渡期的一些安排，使之走向更稳定、更成熟、更符合改革意愿的制度安排。但是有些重要方面改革受阻。从1994年到现在，省以下体制没有真正进入分税制状态：地方税体系没有成型；基层财政困难、土地财政、隐性负债等等。这些问题在1994年以后轮番成为社会关注的重点热点。板子打在分税制身上？还是打在分税制改革受阻、改革不能真正深化上？这是重大的认识分歧，对这个分歧怎样解决，决定以后整个中国改革思路。从这个角度，我们已做了大量分析工作，通过书籍，论文等研究成果论证为什么认为这个板子打在分税制身上是打错了地方。我国的市场运行还要跟全面开放以后国际上经济体间的竞争合作相匹配。既然看到这个大势所趋，看到全局要求，别无选择，必须把地方税体系与整个分税制体制安排通过改革推到位，而在这个方面，房地产税就是地方税体系中不可缺失的重要主力。作为地方税，它与地方政府职能向公共财政方向转变有明显的内洽性质，地方政府专心致志优化本地公共服务和投资环境，主力财源建设问题就可以一并解决了。

第三，有利于推进中国整个税制结构优化。现在如果做一个通盘的考虑，中国的税制明显存在着直接税比重偏低的问题。中央在三中全会上也以此肯定的判断而提出，要逐渐提高直接税比重。中国经济社会转轨到中等收入阶段，不提高直接税比重，整个社会矛盾凸显会带来更大的压力。中等收入阶段，迫切需要在公众税收痛苦方面做出制度性回应，减少痛苦。这些年，我们社会成员纳税意识上升之后，有越来越多的人，在得知他们的生活消费品里边实际所含的税收情况之后，是非常愤怒的。中国现在应该讲，总体社会结构还是金字塔型的，中低收入阶层占很大比例。他们一旦知道自己吃的馒头里有税，过中秋节买的月饼里也有税，他们会很愤怒。社会要更和谐，要在种种矛盾凸显过程中渡过中等收入阶段存在的陷阱这个关键的时间段，一定要有制度建设进步的配套。

这方方面面配套中，有一个必然的选项，不是决定一切的，但却是不能不选的，就是直接税的制度建设。怎么样让直接税逐渐提高比重，以直接税置换间接税？其效应一定是降低整个社会的税收痛苦，是把原来以低中收入阶层为主体的这部分承担税负归宿的纳税人，转变为更多的由先富起来的阶层——他们是在享受资料层面让渡利益，以直接税方式给国库做出贡献。同样都是形成某种宏观税负水平，但结构变了，低中收入阶层的税收痛苦可明显降低；高收入阶层则也会有税收痛苦，但是不会等价地形成，因为他们的利益让渡中痛苦程度比较低。于是整个社会的和谐程度是与税收分担带来税收痛苦的程度呈反比，这个关系可在学理上得到说明。这对于整个社会怎么样走向现代化、渡过中等收入陷阱潜在威胁最有压力的时间段，有莫大的意义。各国历史往前看大半个世纪，大约100个左右经济体走到中等收入阶段。然而，继续往上走，步入发达国家的寥寥无几。东方的就是二战之后的日本、新加坡，还有世界金融危机冲击之后真正站住脚的韩国。现在看看泰国、印尼等“四小虎”，都是在泥潭里头。更典型的是拉美，一百年以前，阿根廷跟美国的人均GDP一个水平，一百年之后，阿根廷还在那里苦苦挣扎。这里可总结的教训是多方面的，但制度建设不能实质性推进、妨碍了现代化进程，是一个非常重大的原因。回到逐渐提高直接税比重问题上来，应该看到这其实不是一个局部的事情，是一个联系到整个现代化事业的战略问题。

从不少学者打问号，逐渐提高直接税比重的可行性思路与方案来看，现在中国有哪些直接税？可以提高哪些税的比重？企业所得税可先排除在外，不在我们现在说的直接税这里面。确切无疑可认定为直接税、跟社会成员相关的，一个是个人所得税，另一个是房地产税。个人所得税改革困难重重，它的操作空间怎么样进一步打开，还要特别的条件配合。剩下唯一可操作的，在这轮全面改革中排得比较靠前的，就是房地产税。如果连这个事情都不能够在全面改革部署中按照中央时间表在2016年与基本的财税改革配套事项上迈一步，我对整个改革的评价就不会太高。在这个方面直接税比重的提升，关系到整个中国税制是不是可以提升现代化特征？是不是可以如愿在协调过程中往前推？这个事情影响非常大。

第四，有利于抑制社会成员收入与财产的差异扩大。中国社会进入中等收入阶段之后，矛盾凸显中除了“物”的视角从资源、环境方面雾霾袭击为代表的矛盾之外，“人”的视角上人际关系、收入分配、财产配置、公权体系和公民、管理当局与纳税人之间的矛盾也变得突出起来。说到收入分配，中国几乎所有人都认为存在一系列非常严重的问题，事实也确实如此，总得寻求改进。收入分配改进大的方向上，尽管有种种争议，多数人还是认为要努力通过再分配手段，来遏制收入差距的扩大。房地产税在这方面，会影响社会成员的现金流，也影响财产配置的格局、走向。在这方面它的正面效应就是以“抽肥补瘦”机制，配合克服收入分配和财产配置方面的问题，来使中国整个的分配格局在矛盾凸显中利益关系方面的矛盾能够得到更好的处理。在再分配手段里边，这是不可忽视的选项。

第五，有利于“自下而上”培育和催生民主化、法治化的理财机制。房地产税按照国际经验和中国现实，大家都认可是地方税。地方税应该配在哪些层面？首先在基层。在美国就是Local层面，在中国应该是县市。扁平化以后，县市是有实体税基的基层。财政收支联系到千家万户的老百姓。如有了在基层开征的这个税，社区和地方辖区公共服务的提供，天然地就会引起大家更高程度的关注，天然地要求每个年度对这个税怎么征？钱怎么来？用到哪里去？老百姓要有充分的知情权。这也结合着整个财政改革的要求是提高透明度。透明度真的提高了，后边跟着制度发展逻辑就是公众必然要有质询权、建议权、监督权。这一套制度安排越来越有水平的情况下，就是实现了人民群众“当家作主”的公共资源配置的决策权。这是在国家治理现代化、整个国家社会生活现代化中间，以税制的现代化来配套。

可以设想，在提高资金使用效率方面，房地产税会产生很好的示范效应。一旦这个税运行，老百姓都关注，地方政府层面必须说清楚这个税总体的规则，在每一年度里辖区与之相关的所有细节。三中全会已明确要求加快房地产税立法。立法是大框架，它是充分透明的。一旦进入人大立法过程，一定会征求社会方方面面的意见，而且我估计征求意见数量一定会创造新的纪录，一定有各种不同意见激烈的碰撞和争执。引导理性讨论，就是在培养国民素质、提高文明程度过程中间，大家“走向共和”、讲道理、寻求最大公约数。在社区、辖区层面，房地产税天然地和千家万户的利益联系在一起。我在美国做访问学者有特别深的印象，它成为地方政府层面的第一主力税种。比重高可以到80%以上，有的地方突破90%，最低的也高于40%。这个税怎么征？通常情况下在地方预算编制过程中，有听证会，有公众意见的较充分表达。很多情况下，就是把这个年度里边各种各样的收入都算清楚以后，对应当年必要的支出，看还缺多大一块，按照缺口倒算出一个当年的房地产税的税率。这个过程大家一起讨论，一起监督，自然能更多应对公众意愿，对应我们所说的“取之于民，用之于民”的税收宗旨。

通过规范公共选择程序，确定具体辖区里边这个年度按什么税率征收，税率确定以后，通行情况是在网上具体披露，收税后，给纳税人一个清晰的通知：“感谢您在本年度为我们这个辖区贡献了多少财产税？您贡献的税收里边百分之多少（小数点后边都有）用于我们当年辖区内的教育；多少用于绿化；多少用于道路桥梁建设……”一清二楚，这个清单每年要给纳税人交代到位。这样一个运行状态，既保证长效机制，同时又是一个民主化、法治化的高绩效、高公信力运行状态。

以上这第五个方面的正面效应在中国特别大的意义，是解决中国在必然要走向现代社会的政治文明这个概念之下，久久苦于不能正面设计一个政治体制改革全面、正面切入的方案，但又必须完成这样一个历史进步。四中全会已经说到全面法治化。法治下边是什么？就是民主政治。民主法治这种政治文明的制度安排，它的催化剂至少在可以预见的中国未来很长一段时间里，就要来自我们现在看起来千难万难想要推出的房地产税。这个意义是非常重大的，实际已经把前面四个正面效应，从经济领域上升到整个经济、社会、行政、政治领域。

前边所说的五个角度，都有房地产税的正面效应。光讲哪一点，都像盲人摸象，摸到一个局部。五个方面合在一起，就丰满得多，更看得出来房地产税制度建设的必要性。

关于房产税（房地产税）制度建设的可行性

讨论了必要性还必须讨论可行性，可以通过对一些认为不可行观点的回应，形成我们认为为什么可行的基本认识。梳理一下，有关于这个税不可行的最突出的几条诘难：

第一个，是认为存在着法理上的硬障碍。一个重要论据是说“房地产开发的一级环节有土地出让金，后面在保有环节开征税收，就是重复征收”。当然，很多老百姓愿意听这个话，但我们认为这一点理由其实是在理论上和实践中间都不能得到认定的。实践中，市场经济中，反映土地使用权的地租和反映公共分配的住房保有环节税收的并行不悖，是基本事实，在中国也必定是这样。从学理上说，土地出让金是土地所有者经济权利形成的收入，而不动产保有环节的税收是国家凭借社会管理者的政治权力形成的收入。各自的依据不一样，这两种收入不是二者必取其一的关系。现在税收本身都是多种税多环节多次征的复合税制。一个企业要缴流转税，再缴所得税；企业员工拿到薪酬以后还要缴个人所得税；某些特定行为还要付税；买车辆要交车辆购置税。不重复吗？肯定重复，真问题是重复得合理不合理。税已如此，税与税外收入项目的关系，更是如此。

第二个，是不断有人在说，“国外都是土地私有，对私有土地上的不动产包括住房征税说得过去。中国统统都是国有土地，国有土地上的住户只有土地使用权，房子跟几十年土地使用权在一起的，到期后，怎么办还不明不白。有什么道理和住房一起征一道税？如果让土地私有归我，我愿意缴这个税。”

很多人听了以后都认为说出了心里话。但客观地讲我们认为从实践和理论上来说这也是不成立的。国外实际情况了解一下，像英国，它的土地分为两种，一种叫做freehold，一种叫做leasehold，Freehold就是终极产权和使用权打通的，就是一体化的。Leasehold就不一样，必须签一个契约，终极产权和这个使用权是分离的。不论是这两种情况里边的哪一种，称为council tax的这种不动产税是全覆盖的。英国的土地除了私有之外，还有皇家持有，还有公有（包括不同政府层级的公有，还有公共团体所有）。无论不动产最终产权是在哪里，不动产税原则上全覆盖。至于香港特别行政区，就更清楚了，香港的土地总体来说没有私有的产权，但住房保有环节要交称为“差饷”的房地产税。所以从海外实践来说，不能说只有对终极私有的土地所有权才能承认房地产税法理上无障碍。学理逻辑上也是如此，我们可以比照中国改革中已有的解说：上世纪80年代初下决心推出两步“利改税”，在国有企业纳税里加上所得税。国有企业为什么跟其他企业一样也要交企业所得税？企业的终极产权是国家的，跟他较什么劲？过去就是这样一种说法。但80年代为什么要推出这项改革？是认为国有企业在具体运行中，是具有相对独立物质利益的商品生产经营者，所有权和经营权要有的分离。有独立物质利益的商品生产经营者，客观上的合理状态是要加入市场公平竞争，所以必须对国有企业推到和其他企业一样缴纳企业所得税的状态，才能够培养市场公平竞争环境。同样的逻辑可到现在推演到终极所有权为国有的土地上：如我们认为对这种土地上住房持有者的相对独立的物质利益有必要加以调节，那么通过立法程序后征房地产税，应有可行性。实际上，房地产税改革与国有企业两步“利改税”内含一个相似的理念，不存在硬的法理障碍。当然，相关立法还必须完善、配套。40—70年土地使用权到期后怎么办？《物权法》已规定了这种“用益物权”到期可展期，有关部门应将这一法则具体化到操作细则上，以回应社会关切消除民众疑虑。

第三，还有技术上的反对意见，这更容易说清楚。比如有人说这个税评估税基太复杂了，中国人做不了。有北师大教授说："这样的事情中国人要解决它，立法上要过得去，是150年之后的事"。但实际考察一下，咱们前些年搞物业税"空转"要解决的问题，就是针对这个事。技术上处理的，是首先要确权，现在已经布置了不动产登记，2018年中国城乡每一个具体不动产都要确权完毕，还要信息联网，城市区域先做到位。确权以后每项不动产数据采集收入计算机系统。设计好软件，分三类：制造业用房、商业用房，还有住宅。给一个指令，计算机就会按照软件设计自动生成评估结果。以后实征运行中，需要跟当事人取得沟通以后的认可，美国正是这样。如果不认可有纠纷，有仲裁机制，总是能解决的。中国在这方面一开始启动的投入肯定是有的，但是我们早有计算机和互联网，我们很多固定成本早已经付出了。在这方面培训干部，从一开始的确权和采集数据、到建立数据库，这是任何国家管理必须要做的事情，不能说是硬障碍。中国人也不笨，这件事情为什么处理不了，不成道理。

第四，实际生活里会形成一些需作处理的矛盾。比如说开征这个税以后，土地出让金水平会下落。这是合乎逻辑的，因为预期变了，没有肆无忌惮往上冲的炒作力量，拿地的出价就会沉稳些。那么可设想，如因此而需作出调整的话，无非是设计"老地老办法，就地新办法"的差别税率，有什么过不去的呢？再比如有人说这个税可不得了，要出多少抗税事件，中国老百姓会跟政府拼命。重庆试点好歹提供了一个本土经验——虽然只是个地方经验，但说明问题。重庆对作为存量的几千套独立别墅要征税，有人确实担心：过去从来没有税，你现在征税，人家要对你抗税。实际上并没有这些事，都是先富起来的人，犯不上为一年这点儿税来拼命。方案也是从最高端的独立别墅做起，排除双拼、联体等等，而且设置180平米起征点，减掉以后再征税，社会好接受。个别没收上来，是由于房主迟迟不出现，这个事要想解决，不是没有办法。三年或者五年了，你出一个政府信息通告，房主在什么时候再不出现，这个不动产要做充公处理。后来有人把我这个说法捅到网上去了，骂声一片，有人怒不可遏，但这是最极端情况下的假设情景。其实国际经验上有先例、有类似的处理办法。如果这个税该缴不缴，完全可以做充公处理。现在只是说在中国不走到极端，还是应该让社会慢慢接受，不要引起太大的矛盾。但是，不能说这就是过不去的硬障碍。

还有一个不同意见：中国情况特别复杂，小产权房怎么处理？听起来有道理，因为非常棘手。周天勇说全中国有70亿平米的小产权房，北京几十万套。小产权，一旦在法律的审视之下，就是无产权。但是总体来说，这个事情迟早是要解决的。我们在深圳已经看到了，类似于小产权房的遗留问题，分步分类，逐步处理。过去在理论上也设想过这个框架。小产权房分类逐步处理，一开始可以把整个方案做通，一起形成一个双方的认可以后，可将利益逐步兑现。房地产税在最后如果付诸实施的时候，它会倒逼中国必须解决看起来棘手的小产权房问题，这其实是一个莫大的贡献。中国的改革如果有这种倒逼机制是好事，不是坏事。既然改革要攻坚克难，把小产权房一起放在解决方案里，我认为这个方案是做得出来的。

相关思路与要领的简要讨论

再往下，可以考虑推进的思路和要领。中央的基调非常清楚，历年的文件都肯定这个改革方向。三中全会之前的文件里面，都是要求推进房地产税改革试点，扩大范围，推进改革；现在新的说法是加快房地产税立法与适时推进改革。锁定大方向以后，加快立法，业务部门解说就是立法先行，这绝不意味着有些人所说的否定上海、重庆两地试点，试点已经提供了非常宝贵的本土经验。

首先应积极完成立法。一旦立法完成，我认为适用区域很可能是城镇区域或者划一条线以上的城镇区域，至少是“一线城市”先行实施。一旦依法执行时，就是完全不同的新的局面和境界。

剩下的问题是考虑怎么样立法。可以先观察立法什么时候正式启动，启动以后进展如何。如果一年完成不了，第二年是什么样的节奏和要求。现在还是观察过程。立法一定需要公民的理性参与，尽可能使大家在长远利益、根本利益上形成一些共识，把改革的事情立起规则往前推。但愿房地产税改革这个大逻辑如此清楚的事情，可以逐渐化解社会上的抵触不满，能够在立法方面走得相对顺利。

立法里边需掌握使这一改革让社会可接受的非常重要的要领。我认为中国在可预见的历史时期之内不能照搬美国的普遍征收办法，要坚持调节高端的原则。从技术上讨论：调节高端、让出低端怎么让？是第一套房？还是人均多少平米？还是怎样一个办法？操作起来有很多技术性细节需要讨论。有不动产登记信息联网的支撑，有些学者倾向于可以做得更细致一点，人均多少平米最好。社科院的方案是人均40平米，因为现在人均城镇住房统计是33平米，往上取整数，40平米，挺合理。但我注意到网上有这种意见，假设一家三口，父母带一个孩子，正好住120平米不用交税，但孩子出现不幸事件，车祸中身亡，父母悲痛欲绝之际，有人敲门，税务官员赶到，说你们家情况变化，该交房地产税了。这个不认同的意见给我的启示是，在中国涉及到调节高端真的权衡一下，不仅要看起来执行可以很细致，还要考虑在情况变化过程中公众会怎么想，公众是不是觉得除了法的细致可行之外，还特别注重得合情合理。如果先建这个税的框架，先让社会认同和接受这样一个改革，总体来说更可接受，我就更倾向于是不是先更积极考虑第一套房不征，于是就可避开前面假设情景里面的难题。对第一套房不征也有反对意见，差异明显增大：同是第一套，小户型40平米，大户型可能400平米，肯定不公平。但我觉得总体来说先建框架，给出一定空间，抵触情绪最强烈的这些人，更好接受一点，也未尝不是第一阶段的可选思路。有人说这样一来会引发离婚潮，确有道理，那么就得考虑更宽松：单亲家庭第一套不征，双亲家庭前两套不征。

至于各地都有房，技术上掌握信息没问题。不动产登记已有全国部署和2018年完全到位的工作要求，联网就能做到“一网打尽”。北京有房，上海有房，青岛也有房，需要地方政府有一个协调机制，允许纳税人选择哪套是你的第一套房。明确了以后，对不起，其他的住房就不能免税。细节当然还要做很多讨论。除了这些以外，还特别需要政府方面在信息披露上更开明，要意识到这样一个税种建设过程中间会有激烈争议，政府的信息不要再藏着掖着，要更开明地向跟社会方方面面提供信息，大家一起讨论这个事情怎么样往下做。

还有另外一些要借鉴的国际经验，为在中国把房地产税进一步做好，都是可以讨论的。据满燕云博士介绍，美国社区里边，如何由公众选举入户测量员，做每隔一段时间重评一次税基的基础工作。在社区里边，大家认为资格上素质上比较高的人，不是以官员身份动员起来，一起来做这个事。这是很好的机制，民众接受、认同于这个机制以后，地方政府自然而然就会知道，只要自己专心致志做市场经济要求他做的优化本地公共服务，提供更好的投资环境，这些事情财源建设问题也就随之解决了。这样做，辖区内不动产自然会进入升值轨道，每次评估都是财源建设具体实现的机制。中国完全可以借鉴这些经验，把细节再往前推动着做得更优化细致。

以上从必要性、可行性、大的思路与特别重要的要领，到一些细节，进行了初步讨论。这个链条是串在一起的，更展开地讨论还可以说很多，欢迎读者批评指正深入研讨。

（本文发表于《北京工商大学时报》）

解析中国房价的泡沫

金海年

如果说2016年上半年中国经济的关注热点是人民币汇率，下半年无疑是房地产市场了。以7月新增人民币贷款几乎都来自房贷为标志，房地产的去库存似乎超出了预期，9月热点城市房产抢购更是达到近乎疯狂的程度，以至于长假七天已有20个城市出台了楼市调控的政策。

要想分析中国房地产的未来，最好先回顾历史。而经济活动的发展表现，总是取决于市场规律和政策制度两方面的因素。

一、改革开放以来房价的变化

人类历史上纷争的核心基本就是围绕土地展开的，争夺地盘似乎一直是矛盾冲突的焦点，中华文明也一直把居住列为安居乐业之首，中国人对房子也赋予了更加丰富的需求内涵。在计划经济时代，城镇居民的住房主要由所在单位分配，集体宿舍、几代同堂体现了住房的短缺，厕所浴室和孩子的独立房间几乎是想都不敢想的事。

改革开放以后，进行了计划经济到商品经济的市场化改革，中国的房地产市场随之经历了试点探索、商品化萌芽、全面市场化和土地财政四个阶段，图1显示了这一历史进程中房价的变化。

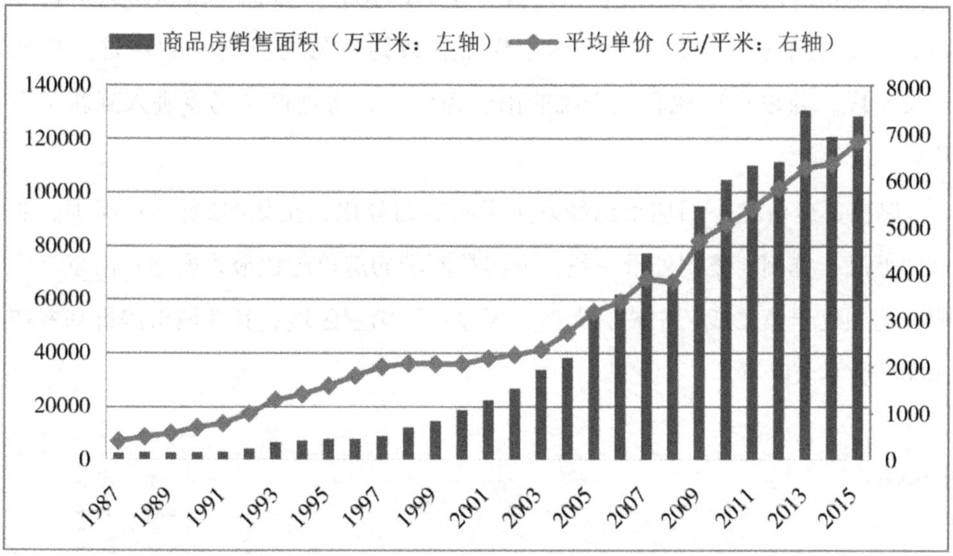

图 1　1987 年 -2015 年商品房平均单价与新增销售面积的变化 ①

1981年，深圳、广州率先开始商品房开发试点，而在此之前，国内只有企事业单位的内部职工福利分配。

1992年，住房公积金制度全面推行，房改启动。1993年，“安居工程”启动，海南出现房地产第一次泡沫。几乎同期，亚洲金融危机爆发，日本、香港地区房地产泡沫破裂。

如果说1980年代是房地产市场的试点探索阶段，1992-1998则是商品化萌芽第一次经历泡沫的小周期。

1998年，5月央行颁布《个人住房贷款管理办法》，7月国务院宣布停止福利分房，逐步实行住房分配货币化，则正式拉开了中国房地产市场的序幕。1998-2002年，成为中国房地产全面市场化的第一阶段。

---

① 国家统计局自 1987 年开始统计商品房价格，此图表根据统计局相关原始数据计算整理。

2002年7月，国土资源部出台《招标拍卖挂牌出让国有土地使用权规定》，中国房地产市场进入了土地财政阶段，房价开始和GDP一起飞奔。

随着城市化进程的推进，人口进一步老龄化，一方面一线城市人口接近饱和，土地开发完成使得二手房取代新房成为交易的主流，GDP进入中速增长阶段，将以房产税和遗产税的出台为标志，房地产市场将进入到新常态阶段。

现在，房价在不同城市已经发生了明显的分化，正如图2所示：深圳、北京、上海、杭州、厦门处于一线，尤其是深圳的房价起伏最为剧烈；南京、广州、福州处于第二线；宁波、大连、天津处于第三区域；其他城市房价基本在10000元/平米以下。

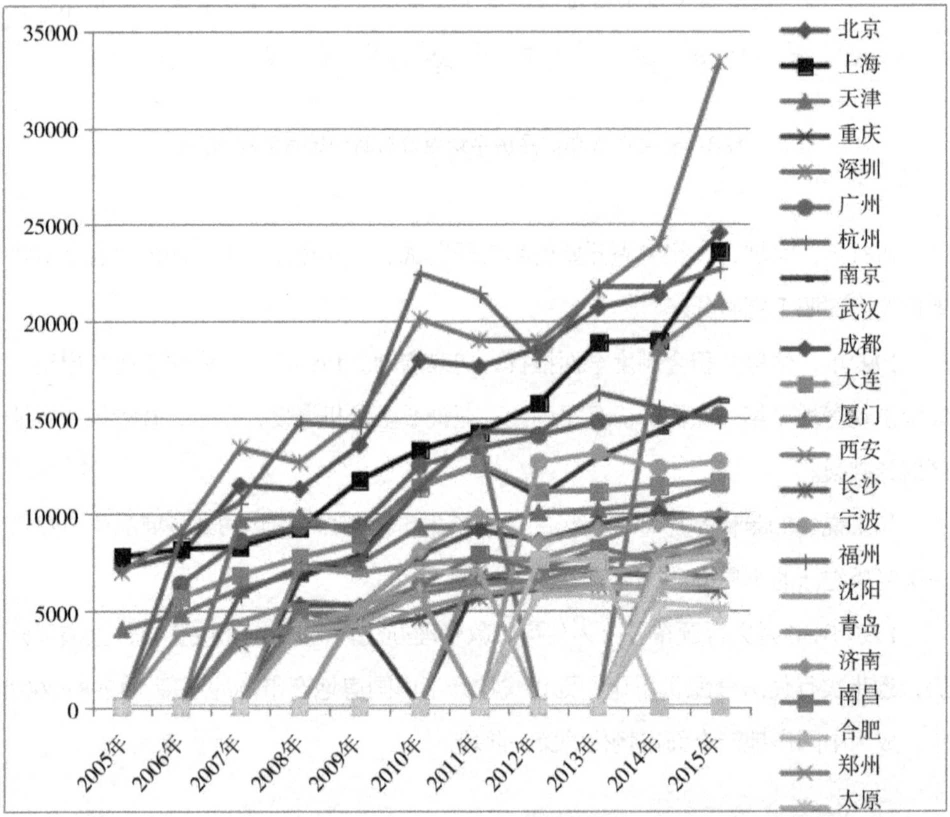

图2　不同城市的房价变化（数据来源：中指）

我们认为，新常态的房地产市场将随着城镇化的深入而逐步减速。从图1、图2对比来看，自2005年开始，房价和销售面积都进入快速增长阶段，2005-2015年，商品房销售总面积超过106亿平米。如果以每个三口之家拥有90平米房子计算，过去11年新增的住房已经可以为1.2亿户3.6亿人提供了新居，如果按照2015年销售速度，到2020年，所有城镇家庭几乎都已换成2005年以后建造的房子。显然这种建设速度难以持续，即使是高速提高的城镇化趋势也难以消化，这个预判实际已经在地方土地收入的变化中得到印证，如图3。

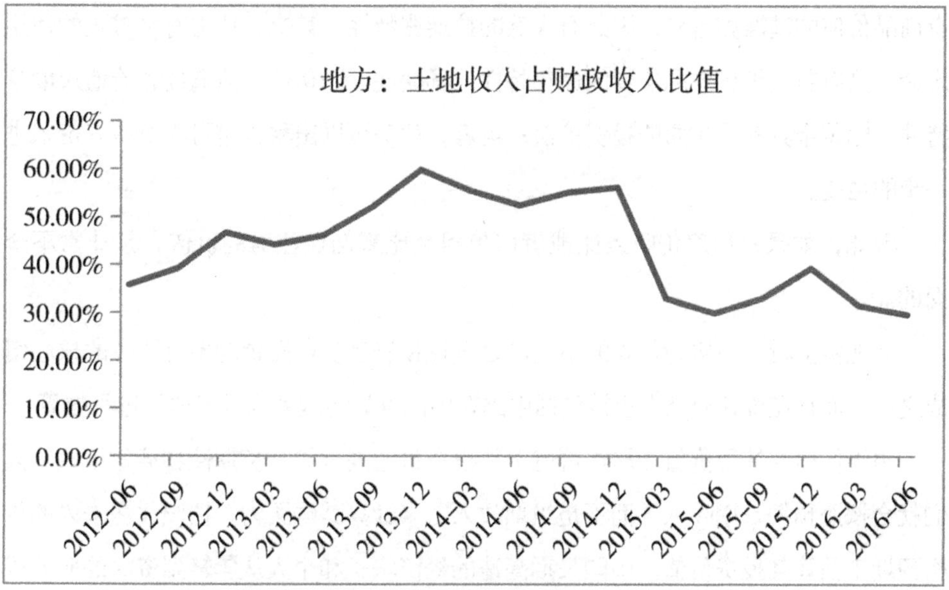

图3　土地收入占地方财政收入的比重变化（根据WIND数据整理）

二、房产的居住属性和投资属性

自1980年起，人们就开始谈论房价收入比的不合理，普通居民要多少年才能买得起一套房，可是直到36年后的今天，房价仍然在上涨，根据统计局最早从1987开始记录的房价，到2012年已经上涨了14倍，平均年复合增长11%左右。因此可以看到，用当年的收入水平计算房价虽然觉得不可思议，但是由于中国的经济高速增长，人们的收入也快速增加，高涨的房价也获得了相应增加的购买力的支撑。

但究竟是什么让人们愿意倾其所有甚至未来来购买住房呢？我们发现，住房具有两个方面的价值：

1）居住价值：这方面的价值既包括居住的内部空间环境，也包括房屋的外部环境、生活与工作便利性，相当于级差地租，并且还包括地理位置带来的教育资源、户籍权利。

2）投资价值：人们往往不愿正视住房的投资价值，觉得投资就是泡沫，其实这是误解。首先住房像粮食一样，体现了劳动力及家庭个人的基本成本，是衡量所有商品价值的基准和基础，因此有天然的抗通胀特性；其次，住房有足够长的使用寿命，具有黄金等货币品需要的保存特性、稀缺性、防伪性、流通性和价值尺度等特性，比黄金具有更实质的投资价值；再者，住房可以出租，也可为所有者带来进一步的增值。

因此，如果只用房价收入比或者房价租金比来衡量住房的价值，是非常不全面的。

从现实上看，住房为代表的不动产是全球投资者资产配置的不可缺少的核心组成之一，而且在统计分类上也被包括中国在内的世界各国列为投资项目进行核算。

由于住房的使用价值（居住价值）和投资价值同时具有长期性和准货币性，人们就会按照预期长期收入（而不是当期收入）来计算其购买力，按照住房未来的价格预期来估算其投资价值。中国长期高速的经济增长和个人从年轻到资深的职业成长都会让居民高估和预支自身的购买力，中国家庭和长辈的储蓄也进一步推高了这一点；同时，中国人对自有住房的文化传统偏好以及对未来房价的上涨预期，伴随快速的城镇化带来的需求增加，都成为推高房价的因素；另外，人们收入的差距大小，也决定了核心城市、核心城区的房价的差异。这些因素综合影响了商品房的供求情况，最终决定了房价及其变化情况。

三、房价泡沫会破灭吗

1. 房地产的金融风险

从中国的贷款和储蓄数据来看，总储蓄明显超过总贷款（图4），因此当前中国的房价虽然上涨过快，但总体上金融风险仍然可控。

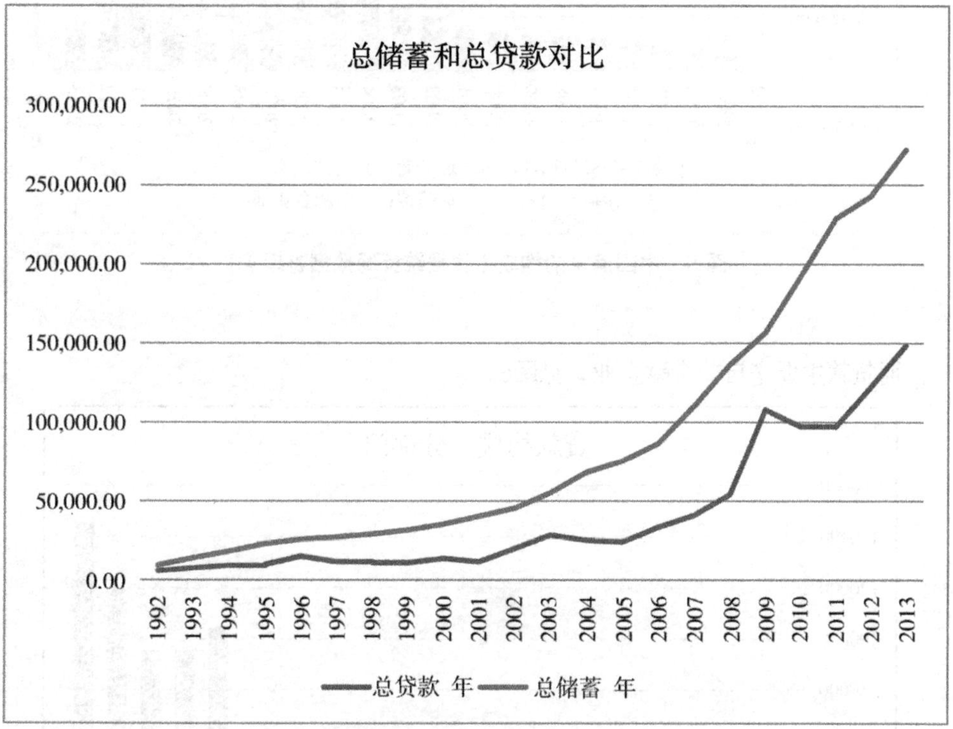

图4　中国贷款和储蓄的比较（根据统计局数据整理）

进一步剖析居民、企业、政府和金融机构的情况，从图5可以看出，居民和非金融企业是储蓄大户。

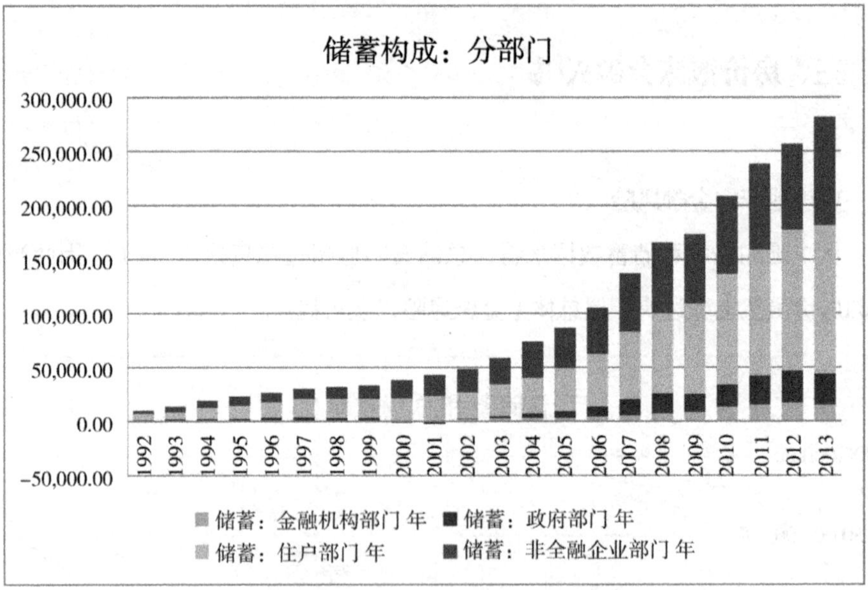

图 5　中国储蓄的构成（根据统计局数据整理）

而贷款主要来自非金融企业，见图6。

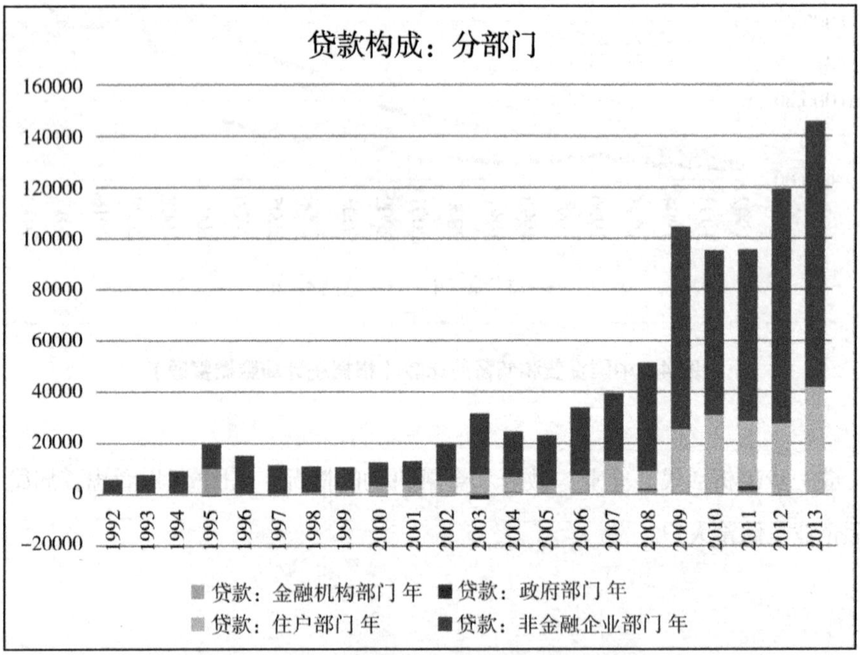

图 6　中国贷款的构成（根据统计局数据整理）

中国住户的储蓄明显超过贷款（图7），这点与美国次贷危机时的情况完全不同，但增速过快需要关注。

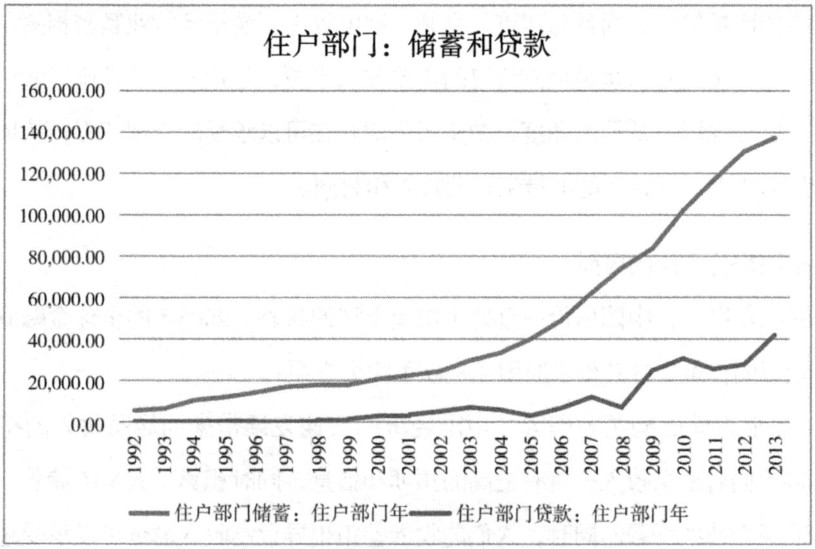

图 7　住户的贷款和储蓄（根据统计局数据整理）

中国的非金融企业贷款超过储蓄，而企业的债务不仅来自贷款，也包括债券、信托等许多融资方式，房地产企业的资产负债率比其他行业更高，这点需要特别关注。

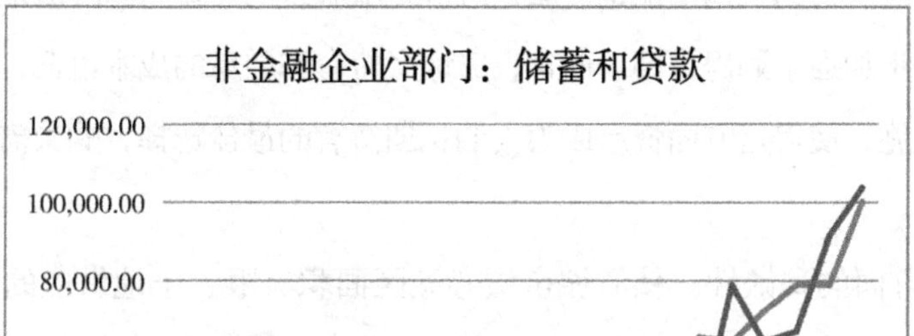

图 8　非金融企业的贷款和储蓄（根据统计局数据整理）

2. 房地产的行业风险与经济及社会影响

房子是老百姓的生活基础，安居因素事关人们生活和社会稳定；房地产行业占中国经济的比重较大，而且与建筑、家装、家电等上下游诸多行业紧密相关，对经济影响很大；土地收入也是地方政府的重要收入来源，是地方基础设施等城镇化建设的重要资金保障。从居民角度，希望房价能够在可以承受的合理范围，从地方政府和开发商角度，又希望能够带来长期收入和利润。

3. 中国房价飞涨的原因

自2006年以来，中国房价一直处于快速上涨的状态，2008年的全球金融危机只是一个短暂的停歇，究其根本原因还是以下四个方面：

1）需求方面的购买力因素。中国经济的飞速发展带来的居民收入的持续增加，使得人们对未来收入一直有更高的预期和信息，同时积累了大量的储蓄，因此居民的购买力持续增强。同时，人们的收入差距也导致高收入群体可以承受超出平均房价收入比的更高的价格。

2）需求方面的预期因素。中国的户籍制度和教育与中心城市工作生活等资源的稀缺性和新增劳动力人口不断流入核心城市的长期趋势不断推高了人们对房产的价值判断，中国房价的长期上涨也造成了房价易涨难跌的印象，同时房地产的抗通胀属性也进一步加强了购房预期。而且，房地产持有和继承的成本很低，房产税和遗产税尚未实施，使得这方面资产成为人们长期持有的最佳选择，购买需求远大于出售的意愿。

3）供给方面的稀缺性。核心城市核心城区面积有限、土地供应的招拍挂体系，使得供给落后与需求成为常态，地方政府的土地财政依赖性也成为控制供给的自然动机。

4）契约精神的缺失和政府调控的需求抑制、非市场手段往往导致需求非理性泡沫，人们认为房价只涨不跌，如果下跌就去维权，政府会由于维稳因素偏袒消费者。

本轮房价暴涨还有两个短期因素：一是资金避险因素，中国股市刚刚经历暴跌，投资海外又受到限制，美元进入强周期，人民币贬值预期过大，大量个人资金处于避险考虑进入房地产；二是政策避险因素，政府推动而不是靠市场自身判断进行去库存，发现房价过快上涨后又从户籍等购房资格方面出台抑制需求政策，人们出于对购房门槛不确定性的恐慌，提前购房，躲避政策限制等不确定性因素。

可以看到，历史上对需求出台多次限制抑制政策措施，都没有改变房价长期上涨的市场趋势，抑制需求也无法真正减少需求。因此只有建立市场化、法治化的科学供给体系，政府不干预商品房供给，而通过提供低收入和保障群体的政策住房供给体系，才是房地产行业健康发展、促进中国经济产业转型的供给侧改革之道。

4. 未来中国房地产和房价的展望

中国房地产多年高速发展，根本上还是依赖于中国经济的高速发展、人们收入的持续提高和城镇化进程的持续快速提升，当经济增速放缓、收入预期改变、城镇化进程减慢时，人们购房需求就会发生较大变化，我们预期这个改变可能在2019-2020年左右开始显现。

中国与日本、美国等其他国家和地区在房地产方面有两方面本质差别：一是土地的政府供给，由于土地供给由政府进行，而且土地收入是地方财政的重要组成部分，所以地方政府可以通过对土地供应的控制来从根源上影响甚至决定房价，总的来说地方政府是希望这方面的价格和收入能够长期稳步上涨，这是形成十多年房价持续快速上涨的根本原因；二是房产与户籍制度，由于教育、医疗、养老等资源的不平衡和供给不足，房产和户籍制度结合附加给住房更多的特殊价值，再加上中国人传统的土地归属感，导致购房需求远超居住本身的价值考虑。

因此，在以上这些因素不会改变的情况下，限购、限贷等抑制需求的政策措施，虽然短期能够抑制成交量，但长期并不能改变大的趋势和市场规律，而且会引发人们政策避险的“假离婚购房”等诸多非理性行为，与政策初衷背道而驰。同时，人们对房价的长期上涨预期，和如果下跌就进行“非理性维权”的反契约精神的行为往往能够得到政府的支持或默许，也进一步推高了购房需求，这个因素才是真正的房价泡沫，只有通过政府对合同的法治和对契约精神的保护，才能逐步消除非理性泡沫。因此政府政策的制定，必须同时以市场供求规律和市场契约精神为核心基础，以经济社会的长期可持续发展为中心目标，才能走出房价刺激暴涨和抑制刹车的剧烈动荡怪圈，让房地产行业成为人们安居乐业的社会稳定器、成为城镇化和经济新常态转型的经济稳定器。

中国房地产市场现状与推进基础制度建设的改革方向

贾　康

各方高度关注中国房市久矣。2016 年 12 月中央经济工作会议强调指出，要促进房地产市场健康发展，综合运用多种手段，加快研究建立符合国情、适应市场规律的基础性制度和长效机制。这是在中国楼市房市经历十多年多轮调控之后，中央决策层最新的关于寻求“治本”的重要指导意见。我作为研究者，愿在此文中就相关问题分几个层次作一些展开的研讨。

一、怎么看待中国房地产市场的现状

经过十多年波动中实际的“单边市”，中国房地产市场在 2014 年以后进入了明显分化的状态，演变成冰火两重天的局面，其中“冰”的一边也焦虑，“火”的一边也焦虑。冰的焦虑很典型：“三去一降一补”作为中央强调的供给侧结构性改革切入点，其中非常重要的一项是要去库存，一般人理解，首先针对的就是我国房地产市场大量的库存。但具体分析，它主要分布在一大群三四线城市，这些地方的房市库存怎么去？作了这么多的探讨和努力之后，2016 年看到的进展其实并不太明显，三四线城市只是降低了几个百分点。另外火的一边呢？早在 2014 年上半年很多人惊呼中国房地产市场要崩盘，要出现一去不回的向下的拐点之后，一线城市已表现了非常明显的抗跌能力，到2015年，北京首先显著企稳，然后深圳迅速升温，再其后一线城市普遍进入升温状态，后面带出的是二线城市、所谓2.5线城市和一直到2016年下半年一大批更多的城市进入升温状态，而且很快就成为火得灼人之势，引出了一系列严重的社会焦虑等问题，各地决策部门不得不在“9·30”前后出手，以行政手段为主做限购限贷。

这样分化的局面摆在眼前，我们不能只看到“9·30”之后确实遏制了原来大家最焦虑的一批城市房价表现的迅速升温势头，必须同时看到再往前的发展会是什么样子？如果按照前面十几年的演变来看，最大的可能是继续“打摆子”、“坐过山车”式地从一端摆到另外一端。总结下来，前面十余年平均15个月为期，要从一端转到另外一端，现在的限购限贷过去已屡次出现，但出现后经过一段时间，新的焦虑转到了经济低迷、房地产市场不振，就必须取消限购限贷，甚至不惜以地方政府层面不约而同地给予补贴、加强贷款支持等等措施，来使房地产市场升温。到了一定的时候，再摆回来，就是像2016年“9·30”以后看到的这一段。如果这样几轮政策调控都在打摆子，都在坐过山车，那显然需要进一步提出一个问题，就是人民日报作为权威媒体已经非常明确挑明了的，过去这些所谓政策调控，只是治标而没有治本。跟着要问的是：是不是应该长记性了？应如何考虑体现政府在尊重市场资源配置决定性作用后面更好发挥作用所应有的“标本兼治而治本为上”的调控高水平？

要把原来的治标不治本，转为既治标又治本、综合施治，而且体现中长期的“治本为上”的应有水平，基本认识就是必须使制度建设跟上来。当然说到制度建设，就必须结合供给侧结构性改革这个战略方针来加以领会：“三去一降一补”只是切入点，必须解决整个制度体系怎么符合十八届三中全会所要求的现代国家治理的这种实质，怎样体现在整个制度安排和机制连接方面，使市场的有效作用加上有为和有限的政府作用，促成一切潜力、活力的释放，在经济社会发展过程中走向长治久安。这方面与房地产市场相关的制度建设，是治本之策必须解决的攻坚克难的问题。中国整个改革进入深水区，现在所说的制度建设，都面临总书记所讲的“好吃的肉吃完了”的问题，只要一动，就要啃骨头，这个硬骨头怎么能真正啃下来，是对我们的历史性考验。

二、攻坚克难中房地产市场要处理的基础性制度建设的四大重点

与房地产市场概念相关的制度建设，带有进入改革深水区后“攻坚克难”的特征，至少是四个方面。

第一是土地制度。配套改革视野里看房地产，首先直接关联的是我国城乡结合部还得不断扩大建成区，未来几十年中国的城镇化率还有向上走几十个点的高速发展空间，未来在几十年内还会有四亿人要从农村转到城镇来定居，建成区扩大，跟着不动产的建设和开发，相关土地的使用带有自然垄断性质，谁占了，别的主体就没法使用，这种土地的使用权和开发权怎么样在一个健康的制度之下，可持续地源源不断形成有效供给，这是根本性的问题。我们过去处理得不好，大家听到更多的批评指责是土地财政，实际上这种土地财政在中国的发生地，主要是沿海和沿海的那些中心区域，能够把土地卖出个好价钱的这些地方政府，确实在极高的程度上依赖土地财政，而另外大量的中西部的地方政府，想依赖也依赖不上，这已经造成了极度的不均衡，带出了一系列的问题。同时，又必须承认它有内在的合理性，地方政府靠山吃山、靠水吃水，它当然要在自己辖区之内的国土开发过程中间利用自己的资源禀赋，乘势运用土地的使用权，带出可能的财力来源用于支持整个开发和建设过程。这方面的制度我后面要专门说到重庆案例，看它是怎么处理的。非常遗憾，重庆案例在全国现在是孤本。

第二要说到住房制度。住房制度其实思路早已经清晰化，就是必须双轨统筹。在我们大家都关注的商品房市场这个市场轨的旁边，必须还有保障房供给的保障轨。从 1998 年朱镕基同志特别强调的经济适用住房这个概念切入，到现在已经更清晰地聚拢到了以公租房和共有产权房为主要形式构建这种保障轨的供给机制。关键就是怎么能把这个有别于市场轨的保障轨上的这些有效供给，合理地形成而源源不断地真正变成实实在在的人民群众得实惠、落实共享发展的支持要素，使低收入

阶层和收入夹心层，包括大量的年轻白领，摆脱在解决住房问题方面的不安和焦虑。其实这是住房制度里最关键的“托底”内容。对于双轨统筹，中央已经在总结经验的基础之上，推到了指导方针方面比较合理清晰的主打公租房与共有产权房的状态，相关工作中的关键就是怎么样落实它。

第三个相关的制度建设，是投融资制度。大量的基础设施跟着不动产的开发，又必须配套提供宜居城市民众的“住有所居”条件，包括上述两个轨上的住房，包括这么多和我们住房相关的各种各样不动产的配套，从楼盘、小区、服务网点到城市综合体，到连片开发，到产业新城运营，这些大规模的建设里投融资机制怎样能适应创新的发展，可持续发展，怎样守正出奇？。当然这方面就要特别说到重要的PPP概念。近年从管理部门到方方面面，对此都高度重视，李克强总理几年之间几十次督导有关管理部门推进PPP的创新，财政部业务部门2015年记录在案的是13次，平均一个月要1次以上。决策层对这个问题的高度关注，也带来了实际生活里我们看到的一些值得肯定的进展，但同时还有很多必须解决的问题。这些问题的解决首先还是必须从制度建设入手，涉及法治化进程、契约精神的培养，规范地设立阳光化的全套作业流程，对全流程现在越来越带有细致特征的同时，怎样删繁就简、提高效率，等等问题在PPP概念之下，都必须解决好。在政府、企业旁边，还必须要形成健康的专业机构这种力量，并要把一个个项目建设，合理地、创新地与金融市场对接，共同来形成PPP“1+1+1>3”的绩效提升机制。

要说到的第四个制度建设，就是税制改革。社会成员听到税，都有天然的厌恶，社会心态在网上看，更是总体来说税负越轻越好，最好没有税。但实际上，中国要走向现代化，在房地产这方面又必须提出一个讲起来就得罪人的题目，即中央十八届三中全会明确肯定的“加快房地产税立法并适时推进改革”，到底怎样在实际生活中贯彻这个指导精神？现实的推进过程中是我们并没有看到加快，还明显地处于混沌状态，实际上已经不能符合三中全会之后政治局审批通过的财税配套改革时间表的要求。

三、重庆案例的简要考察

前述四个角度的制度建设，都涉及治本，改革中的配套当然还有其他方方面面，合在一起是个系统工程。在这个认识框架下，我们可简要地看一下重庆案例：这一段时间，在各个大城市、中心城市无一不对于房地产市场感觉到有沉重压力、有明显社会焦虑的时候，重庆却相对平稳，从它那里传来的信息、看到的数据，就是在这方面体现了一种十分符合社会和谐的平稳状态。它的房价，如果按照商品房的交易来看，也有轻微上涨，表现为很低的幅度。在相关的政策调控是由中央有关部门掌握的大环境之下，我们必须注意到，重庆自己的制度建设从前面所说的四个角度来说，做得可圈可点。

第一，土地制度方面，重庆八年多之前在全国首创了“地票”制度的改革试点，一直坚持到现在。远离城乡结合部的农民，在政策引导之下，把自己的宅基地腾出一部分，还有小田变大田腾出田埂的面积，形成复垦的农田，在区域内整个农业耕作的田亩数上叫做“占补平衡”。对多出来的复垦田地的产出当量做了核算（要分五级）之后，到地票市场上做量化交易，出钱买到地票指标的主体，实际上其对土地的使用又纳入政府以土地收储制度来作协调的流程，使得重庆和地票合在一起的土地制度建设，可以相对从容地在城乡结合部对开发主体提供与地票对应的土地使用开发权，带来的是后面相对有条不紊地推进城镇化建设和产业发展。这个改革一举多得，实际带来的不仅是让土地的供给从容和相对均匀、低成本，不会像其他地方普遍发生的城乡结合部只有靠讨价还价的征地拆迁补偿机制，不得不跟着一轮一轮由钉子户抬高了的综合成本去越来越困难地在城乡结合部利用土地，而是能够控制总的成本抬升过程，社会方方面面在这里面得到的是与和谐社会环境配套的一个土地开发条件，特别重要的，是使远离城乡结合部的农民——这是我们很多讨论场合根本就没有纳入眼界的弱势群体，以地票制度作为与市场竞争、政府扶助相结合的机制，而进入了共享发展的大平台，进入了共享改革开放成果的行列。地票制度诸如此类的亮点，值得总结之处还不少，我点到为止地说到地票制度和土地收储制度，是认为土地制度在重庆所做的改革非常值得我们总结，但遗憾的是有关部门的态度是重庆这个地票制度只允许一地试点，成都曾经跟进，但迅速被叫停，这不符合邓小平的改革智慧。必须在这样的改革方面有个大方向的判断，后面跟着的要允许实验，邓小平说的是大胆的试，大胆的闯。可能现在根本没有“闯”的这种氛围了，甚至提都不敢提了，但“试”是不是要扩大范围？这是很实质的问题。

位列第二的住房制度方面，重庆是在保障房建设上有明确的量化指标，要形成整个城市住房供给中 1/3 到 40% 的份量是保障房。所以，那里低端人群，包括年轻白领，可以得到相对稳定的有效供给，解决他们这个收入阶段上的住有所居问题。有了共有产权房，那么大学生毕业不久以后需要谈婚论嫁的时候，过丈母娘那一关就相对容易，因为这个共有产权房是很体面的、有产权证的，只是不可以跟一般商品住房那样到市场上随行就市去交易，也就封杀了它的套利空间。住进去的年轻白领，过几年收入上升了，那么可以根据原定的条款，考虑在新的支付能力下再出一笔钱把它变成完全产权。房子里面你也装修了，住也满意，就可以做这个操作。整个社会上大家想一想，和谐程度是不是一下得到了明显的提高？这些年轻白领不用再去啃老，再去找各种各样的东挪西借的财力支持再加上住房按揭去当“房奴”，就过上了体面的住有所居的生活，以后可以相对从容地转入完全产权房新的梯级消费，上新的台阶。当然这是一个很值得肯定、值得我们重视的创新中间的住房供给案例。如果能够把保障轨托好，剩下的那就是中产阶级以上社会成员根据自己的消费者主权，相对从容在商品市场上挑选商品房购买对象，竞争中去交易的问题了，怎么会有那么多的社会焦虑？

第三个投融资制度方面，大家对于重庆过去的“八大投”可能都有印象，世界银行曾经给予高度肯定。这些年来，地方融资平台要进一步规范化，这是全国有统一要求的，重庆在这方面值得肯定的是能够把前面阶段上不得不做的这样一些调整中“八大投”式的融资平台，结合着整个发展战略，结合着结构优化的取向，对应市场机制和政策性资金、市场化运作、专业化管理、杠杆式放大，支持它的通盘基础设施，以及相关的城市建设和它的产业集群的形成。以这种投融资制度的创新对接到

PPP，在重庆已经形成了一些比较好的经验案例。这也是非常值得肯定的配套改革。

第四，重庆和上海敢为天下先，在那么多的争议、数不清的那么多障碍之下，由这两个地方终于在我国本土率先推进了住房保有环节房产税的试点。虽然有人说他们失败了，实际上我们作为研究者观察，哪里是失败？两地已试水形成了非常宝贵的本土经验。当然开始时只能柔性切入，不要光看一些指标变化的幅度大小，要看到它变化表现的效应完全符合经济学分析的逻辑框架，而且在如今贯彻三中全会加快房地产税立法并适时推进改革要求，这种本土经验之宝贵马上就浮现在我们面前，因为我们不能光讲国际经验，十分重要的是在我们国内已有破冰试水，两地的试点经验可以按照中央的要求在加快房地产税立法的过程中对全体国民做更多的信息披露，促进大家更好地共同讨论立法方案。

四、结语

上面四个角度的制度改革，如果合在一起，再加上后面的政策调控，我认为那就是“标本兼治”，而且一定要实现这里面的“治本为上”。如果从这个角度来看，大家关心的房地产税这个改革，我想再简单说一句，虽然那么多人在这方面表达了反对的意见，但毕竟要看到中央的文件中，凡是成为白纸黑字的权威表述，一向是坚持这个改革方向的。我们现在还是要回到怎样让全民族一起做理性讨论，通过立法过程经受历史考验，解决中国社会走向现代化状态必须建立现代税制而现代税制里必须有直接税里的房地产税制度建设这个问题上。最关键的要领之一，就是借鉴国际经验但不能照搬美国的普遍征收模式，必须借鉴重庆、上海的给出第一单位扣除这个经验。怎么扣除？立法过程中方方面面可以表达自己的建设性意见，做理性讨论，寻求最大公约数，这也将是中国“走向共和”的一次很好的全民参与和素养培育。

如果我们把这些放在一起考虑，我想再次强调，政策调控要跟着制度建设走，政策不仅要“反周期”，还要使政策的作用在制度框架提供长治久安可能的同时，作合理的区别对待，以一城一策、一城一案方式贯彻供给侧结构性改革的方针。即使同样都是所谓火起来的城市，情况也各有区别，冰的几百个三四线城市，情况更是有种种不同，那里的“去库存”显然不能简单依靠商业信贷，还必须配上政策杠杆，而政策杠杆怎么配，必须一城一策。这边火起来的城市也不是光简单搞限购限贷的问题，还要赶快组织有效供给，而怎么组织有效供给？又说到前面四个重要的制度改革问题。所有这些放在一起，还是要强调标本兼治而治本为上。让我们来共同探讨，共同努力，解决好这样的重大现实问题。

（本文主要内容发表于《上海证券报》）

房地产与实体经济关系的简要分析

贾　康

随着中国房地产市场态势在2016年引人注目的演变和社会各方对中国实体经济升级发展所遇挑战的重视，如何理解和处理房地产与实体经济之间的关系，也成为一个热点问题，对此试作简要的考察分析。

首先应指出，房地产业并不能认定为非实体经济。所谓实体经济，与“虚拟经济”是一对互为“反义”的概念，除了可明确地归为虚拟经济的股票、有价证券、特别是金融衍生品如期权、金融期货等经济构成部分，其他经济形态，如金融之外的物流业、其他许多服务业，都不能简单归入“虚拟经济”之列（“虚拟经济”概念本身其实也并非注定为贬义，但整个国民经济中虚拟经济成分过多是会发生泡沫化问题的）。房地产业，广义地说是包括工业房地产、商业房地产和住宅不动产（房地产）在内的概念，但是狭义地说，现实生活中，人们往往把“房地产业”专指住宅属性的房地产。不论是广义的，还是狭义的房地产概念，都不宜等同于虚拟经济或非实体经济，所以房地产与实体经济之间的关系，总体而言，不是在外部相互区别而成的“一虚一实”的关系，而是在实体经济内部，房地产业作为局部与实体经济整体的关系。

其次，需要注意，房地产业与实体经济的其他组成部分，确有值得注重的区别。房地产业提供的，主要是建筑物这样的“基础设施硬件”，狭义的房地产，更是主要提供人们“住有所居”的设施条件。与重工业、制造业等概念所指的实体经济相比较，住宅房地产主要是消费性的，而非生产性的。按照社会经济与再生产发展过程“合比例”规律来认识房地产业与实体经济其他部分的关系，各自所占比重高低、分量大小是否合理，所形成的结构状态是否健康，便一定是国民经济结构和供需两侧互动中十分需要加以政策引导与合理调节的对象。

第三，从当下中国房地产与实体经济其他部分的相互关系视角观察，存在着一线城市和部分二、三线城市住宅房地产热度过高的问题，已经引起了不可忽视的社会压力和民众焦虑。2016 年房市楼市“冰火两重天”格局中，“热”的一方在下半年已演变成为最具压力特征的“矛盾主要方面”，“9.30 新政”就是政府迫于压力而不得不再次启动“限购限贷”等行政手段，来给这些区域的房市楼市降温。有购房意愿的居民对房价迅猛上升的不满和恐慌心理，是很容易理解的，而我想在此指出的是，其实许多地方政府的领导层也对其辖区内地价、房价的节节高升心存畏惧，颇感忧虑。比如，前段时间珠海毗邻中山的地块，在招拍挂环节又创出“地王”新高，该市领导层就非常担心，这样“过热”的导向，会压抑市场人士在珠海去支持政府高度注重的产业集群升级的意愿，打击、挫伤企业家在当地投资制造业的积极性。如果许多区域都出现这样的问题，确实会使我国在金融支持实体经济不足、出现“脱虚向实”偏差的旁边，又加上一重实体经济投资中的“脱生产侧向消费侧”等偏差。

第四，接着要分析上述问题背后的利益驱动及其相关制度机制所存在的问题，以寻求应对方略。住宅价位上升所表现的“热”，在要素可流动情况下反映的是该领域需求旺盛，供给不足，竞争中趋利的市场主体，会顺应价格变化趋势的引导，将可支配的要素投入这些“热点”领域以追求高回报——搞市场经济，这种利益驱动下的要素流动本无可厚非，政府需注意的，一是维持公平竞争环境，促进市场择优汰劣；二是注意弥补“市场失灵”，施行必要的政府引导。这两条都需要基础性制度建设作为前提和体制依托。在我国住宅房地产领域，运行机制基本上已与市场竞争机制接轨，如商品房开发商拿地，要经“招拍挂”的竞争，开发商提供出的成品房销售，要在竞争中随行就市，这些都是必要的，但仍然存在的问题，一是公平竞争往往还不充分，甚至发生扭曲（如开发商往往要私下里与政府管理部门非规范地“处关系打通关节”），二是住宅房地产业相关的市场失灵，还需得到政府的调节与弥补：这种市场失灵，一是体现在低收入“弱势群体”的“住有所居”问题，商品房市场解决不了，需政府规划并牵头建设与优化管理来提供保障房；二是住宅用地供给必有限度，具有自然垄断性质，需要有高水平的国土开发规划与合理供地及相关的统筹协调，土地收储制度和基本农田“占补平衡”制度等的配套；三是，还必须考虑在中国城镇化高速推进阶段，中心区域房地产价格总体必然呈现“上扬曲线”的大模样，需借鉴国际经验，在住房保有环节通过立法推出房地产税收制度，作为长期发展中的“压舱石”，抑制市场逐利的“炒房”及其必然带来的大起大落式波动。以上三条，第一条在中国已有基本框架，但还必须积极改善公租房与共有产权房为主的保障房供给体系及其管理、运行制度机制；第二条总体来看还有明显欠缺，亟需扩大“地票”改革试点，普遍优化国土开发规则与土地收储制度；第三条，则仅有上海、重庆两地“柔性切入”的房产税试点，中央十八届三中全会明确提出的“加快房地产税立法并适时推进改革”，亟待解决其如何贯彻落实的问题。正是由于前述三方面的基础性制度建设不到位，我国住宅房地产市场在前面十余年的几轮政策调控中，总体特征是治标而不治本，政府行为在限购限贷与取消限购限贷两端来回往复，被称为“打摆子”，“坐过山车”，热也不行，冷也不行，政府方面和百姓方面都焦虑、都难受，而一线城市和其他接近高端或中高端的城镇中心区，商品房成交价总体上呈现迅猛涨势（同时“火”与“冰”的市场分化也在近年更加明显）。所以，相当多中心区域投资的“比较利益”，向消费性住宅房地产方面的倾斜以及与此伴随的对生产性实体经济投资发展的冷落，便成为一个两者关系中不能不关注的重要问题。

到此可以作一个小结了，根据本文前述分析，不难得出结论：正确处理住宅房地产与实体经济其余部分这两者关系的思路和要领，应是在房地产调控中既求治标又求治本，抓紧以基础性的“双轨统筹”的住房制度和攻坚克难的土地制度改革、房地产税制改革相配套，来形成引导、促使住宅房地产业健康发展的长效机制，使该市场的交易趋于价格较沉稳、利润较合理，同时也就可以矫正和防范市场竞争与要素流动中生产性实体经济部门投资支持不足的偏差。这一基础性制度建设和打造长效机制问题，也正是不久前中央经济工作会议的明确要求与指导方针，我们应当积极贯彻落实。

减税的艺术：统筹全局的策略[①]

陈　龙

税收是国家治理的重要工具。治国水平的高低，则在治税上得以充分体现。当前，社会上对于减税存有太多的曲解和谬识，不仅掩盖了诸多问题的实质，而且干扰了政策制定，处理好减税的问题则成为治税的焦点和关键。我国当前应实行新的减税思维和举措，既非传统意义上的减税——只是泛泛地下调税负或减免税收，也非简单地“一减了之”，其要义在于“以调促优”，即以税负结构的调整，优化税制和国民收入分配格局，主动应对国际形势新变化，构筑全球新战略，培育新的竞争优势，抢占发展先机。

一、减税：两重矛盾下的困境

当前，社会上围绕减税出现了多种声音和争论。支持减税者认为，企业税收成本过高、居民税负感过重导致当前经济增长乏力；反对减税者则认为，当前财政收支矛盾尖锐，宏观税负并不高，减税空间不大，并且减税难以改变经济形势。此外，在支持减税的观点之中，又存在如何减税的争论。从表征上而言，当前减税面

① 本文发表于 2016 年 12 月《财经》杂志。

临着似乎难以解决的两重矛盾：

其一，宏观名义税负与居民、企业实际税负感存在较大差异的矛盾。税负高低是中国近年来争议比较多的一个问题。从调查来看，企业和居民普遍反映税负过重，并认为这是抑制企业发展和居民消费的一个重要因素。然而，从指标数据国际比较来看，目前我国的宏观税负并不高。按照统一口径衡量，无论是小口径、中口径，还是大口径，近几年我国的宏观税负与发展中国家平均水平大致相当，低于发达国家平均水平，这与居民、企业实际税负感之间形成明显差异。降低企业和居民的税负感意味着需要减税，而从宏观税负水平视角来看，又似乎不存在多少减税的空间。因而，看似存在难以有效解决的矛盾。

其二，抑制经济下行的减税需要与财政收支尖锐的矛盾。虽然减负并不等同于减税，但减税历来是应对经济下行的重要措施。当前，需求萎缩与供需脱节，加之企业债务加剧、成本上升、利润下降等问题，引发整个宏观层面的需求不足、投资下降、创新乏力、资产负债表恶化等，从而形成连锁下行链条，使国民经济面临自增强式下行危险。应对这种状况，必然需要减税，使企业“轻装上阵”，激发经济活力。然而，随着财政收入增幅放缓，财政收支压力增大，特别是教育、社会保障、医疗卫生等基本公共服务支出呈刚性增长态势；应对环境修复治理、人口老龄化、城镇化以及“补短板”等都需要增加财政支出，一些地方收支矛盾已经十分尖锐、财政风险陡然上升。因此，社会上有一种观点认为，在这种情况下，如果实施大规模的减税，可能进一步加剧财政收支矛盾，引发公共风险。既要减税，又要增加财政支出，财政仿佛陷入两难境地。

这两重矛盾，困扰着当前减税问题。从前段时间来看，我国实施了包括“营改增”在内的诸多减税措施，并试图通过扩大财政赤字，来解决减税与财政收支压力的矛盾。但这两重矛盾并没有得以解决，居民和企业普遍反映税负感仍很重。问题究竟出在哪儿？

二、两重矛盾并非减税问题的实质

任何看待这两重矛盾，是认识和处理减税问题的前提。其实，“两重矛盾”只是问题的表象，既非减税的实质，也非无解。正确认识和把握减税，必须明确以下几个问题：

其一，为何宏观名义税负与居民、企业实际税负感存有明显的差异？

认识这一问题——宏观税负不是很重、企业和居民的税负感却非常之重，即“宏观不重、微观重”，首先必须明确衡量税负高低的标准是什么。宏观税负只是衡量总体税负水平的一个指标，它无法反映微观主体的税负结构状况。同一宏观税负水平，给不同的微观主体带来的税负感并不一样。不能简单地以宏观税负的高低，来衡量微观主体税负感的轻重。同样，衡量不同微观主体税负的轻重也不能只用某单一指标，否则，就可能得出错误结论。例如，有人认为当企业税负重，主要是由于间接税为主的税制体系造成，企业承担了大部分税，而居民税负偏低。但实际情况并非如此，普通居民的税负感同样较重，显性的纳税额较少，并不意味着税负轻。

不同纳税主体的税负感重，其原因并不相同。对企业而言，衡量其税负轻重的一个较为有意义的指标是企业纳税额与其利润的比较。虽然这一指标也存在一些缺陷，并不是十分严谨，如统计口径存在交叉、重复计算问题，但仍可用其大致观察企业税负感的轻重。当前企业普遍认为税负较重的一个原因，就是在经济下行期，随着企业利润的下降，税负重的问题凸显出来。实际上，企业税负感重的原因，除了来自于缴纳的税收之外，还有大量的来自政府部门的费、基金、乱摊派和乱罚款以及来自于中介、行业协会等机构的收费等。而居民税负感则与居民的实际支付能力、生活成本以及公共服务状况密切相关。对于低收入者而言，虽然个人所得税等显性纳税不多，但由于我国间接税占大头，因而承担的隐性税负并不一定低，加上公共服务相对欠缺，致使其支付能力下降，尤其是在居民住房、医疗等生活成本较高的情况下，造成其税负感相对较重。对于中等收入者而言，既需要间接承担企业转嫁而来的商品税，又需要缴纳个人所得税，并且个人所得税没有根据其负担情况做应有的抵扣，致使其税负感较重。与上述纳税群体相比，高收入人群的税负则相对较低。

总之，宏观名义税负与居民、企业实际税负感存有明显的差异，并不是一种矛盾，相反，这种看似矛盾恰恰反映出我国制度中存在的问题，并且暗含了解决问题的方向。

其二，在财政收支矛盾较大的情况下，究竟有没有减税空间？

有人以税收占比不高、财政支出压力较大，断然认为没有减税的空间，应减费而不是减税。这种观点属于狭隘的财政观——就收支论财政。从表面上，财政收支矛盾较大，不存在减税的空间，然而，情况并非如此，这也是笔者倡导的减税新思维与传统意义上减税的明显区别之一。财政是国家治理的基础和重要支柱，我们不能仅在狭隘的收支里打转转、看问题。既然企业和居民税负感主要来自于制度因素造成的税负结构不合理，那么我们就不能将我国当前的减税，局限于一般意义上的泛泛减税——只是简单地下调税负或减免税收，而应矫正制度带来的纳税人税负结构不合理问题，在结果上必然表现为有增有减。从这个意义上而言，判断有无减税的空间，首先应立足于税负结构公平、合理程度。在纳税人税负结构不合理的情况下，显然存在税制优化意义上的减税空间。此外，判断有无减税的空间，还应结合财政支出和公共资源配置等状况来分析。在收支矛盾突出的同时，有三个问题需要格外关注：

一是财政收支紧张与支出低效、浪费较为严重并存。这既包括来自一些效率较低的财政补贴，也包括一些部门的年度一般公共预算支出。尽管近些年，我国在预算管理制度方面采取了一些改革措施，提高了预算编制、执行和管理的科学性，但一些部门仍存在有钱花不出去、不顾支出效率，甚至乱花钱等现象。这些问题，都与制度和政策有关。取得财政收入是为了满足公共支出的需要，从这角度而言，压缩财政支出、提高支出效率，可为减税腾出空间。

二是社会资源，特别是公共资源的紧缺与低效、浪费并存，即存在公共资源配置的扭曲。这一问题主要表现在部分长期亏损的地方国有企业和地方债务平台等方面。它们占据了大量的信贷、财政补贴等优质资源，却没有产生应有的效应，对地方财源培植、企业转型升级、民企发展等带来了消极影响，制约了地方财力的发展潜力和拓展空间。通过公共资源的优化配置，系统地解决财政收支矛盾中的部分突出问题，如地方债务、社保等问题，有利于释放风险，缓解财政压力，从而为减税提供空间。

三是债务结构的调整和中央债务规模的适当扩大，也可为减税提供一定的空间。从政府债务总体规模来看，我国的债务风险总体可控，特别是中央政府的负债率，在全球主要经济体中仍相对较低，并且我国的赤字具有“建设性”和“生产性”特质，不同于欧美国家“消耗性”赤字，中央赤字的适当扩大仍有一定空间。但是应高度重视地方债务的结构性风险，根据经济发展和财力状况，调整地方债务存量结构。债务结构的优化、调整和中央赤字的适当扩大，可为减税提供一定的空间。

综上所述，基于解决纳税人税负结构不合理的减税，不同于一般意义上的减税，减少了对财政收入的不利影响，此外，调整支出结构、压缩支出规模、优化公共资源配置、调整地方债务结构并适当扩大中央债务规模，都将会为减税带来一定的空间。

其三，降低宏观税负不能只着眼于税。

当前，企业和居民的税负感重，除了税负结构不合理之外，还与税费关系不合理、规费种类繁多、制度性交易成本高以及存在中介收费、乱摊派等大量隐性负担等有关。例如，“五险一金”缴费比例较高，不仅给企业带来的沉重负担，也影响了居民的可支配收入。再如，除了政府部门种类繁多的规费之外，还存在中介、行业协会收费不规范问题，有的地方甚至较为混乱，加重了企业的负担。一方面，缺少专门的法规，国家对中介服务和垄断行业监管力度不够；另一方面，由于利益关联，存在大量“红顶中介”，虽然一些中介机构与相关行政部门名义上脱钩，但其利益关联仍较大，导致收费较高且较为混乱。此外，政府提供公共服务水平、质量与公众的现实需求存有差距，“取之于民”后“用之于民”时被行政成本冲销、消耗较多，这也增加了企业和居民的税负感。因此，降低宏观税负不能只着眼于减税，而要统筹税费关系，清理、规范政府性基金、收费以及中介服务项目和收费，取消或降低部分涉企经营服务性收费，降低企业的制度性交易成本。

三、减税不是权宜之计，应成为培育新竞争优势的大战略

在当前经济下行压力仍较大的情况下，减税无疑将会降低企业和居民的税负感，对于扭转经济下行趋势、增强经济活力有非常重要的作用，这是减税最为直接的目标。然而，减税的意义远不仅于此。减税的深层次目标在于优化税制结构和国民经济分配关系，引导社会价值取向，倒逼行政改革，实现政府——市场关系的动态平衡，构筑全球新战略，培育新的竞争优势，消除中国走向复兴的内在障碍和外部制约。

（一）优化制度、引导社会价值取向，消除持续健康发展的内在障碍

收入分配和社会价值取向，这两大问题将在一定程度上决定中国走向复兴的高度和广度。一个良好的税收制度和政策，不仅能适时优化调整，成为促进经济持续发展的重要手段，而且能平衡国内各种复杂的利益关系，成为维系良序社会运转的支柱。从现实情况来看，税收在调节收入分配方面还有欠缺，甚至出现“逆调节”现象——在某些领域税收加剧了收入分配的不公平。这一问题，主要是税制不合理所造成，这也是导致当前企业和居民税负感较重的主要原因。从税种体系来看，直接税和间接税比例的不合理，部分税种的缺乏。在间接税比重高的情况下，低收入阶层由于恩格尔系数很高，承受了相比而言痛苦程度较高的税负。缺乏遗产税、赠与税、特别消费税以及对个人居住征收的房产税等从不同环节对个人收入进行调节的税种，致使税收调节收入差距的能力有限。从税种的制度设计来看，存在诸多不合理之处。例如，个人所得税基本上沦为“工薪税”，个人所得税收入大都由普通工薪阶层承担，高收入阶层承担的比例很小，这与大部分国家形成较大反差，并且抵扣制度不完善，没能根据纳税人的实际负税能力来确定负税水平。此外，目前税收体系中存在诸多重复征税的现象，如企业所得税和个人所得税对某一税源的交叉

重复征税，也增加了企业和居民的税负感。

税制不合理，表明了税收的公平性有待于提升。然而，公平正义应是社会主义最基本的价值观，税收制度设置的理念，对公众价值观产生重要的影响，理应体现这一基本价值观。同时，我们贯彻共享的发展理念，必然在税收上要求公平，尤其是要体现量能纳税原则。我国当前减税的方向，就是要消除税制的不公平问题，调整负税结构，体现公平正义的社会价值观和共享的发展理念，为我国持续健康发展消除内在障碍。

（二）主动应对国际形势新变化，构筑全球新战略，以税制调整和优化培育新的竞争优势，抢占发展先机

我国走向复兴，国际环境非常重要。在经历了长达十多年的战略机遇期后，国际形势发生了新的变化，对我国的不利因素在增加，特别是随着特朗普当选美国新一届总统，给我国发展带来了诸多不确定因素。中美之间的合作与竞争，将成为未来国际经济形势发展变化的主要因素。在诸多竞争因素里面，制度竞争是核心，而税制竞争又是制度竞争中的重要一环。特朗普在总统竞选期间，曾宣布以全面减税为核心的经济政策竞选主张，主张将联邦个人收入所得税率简化、降低，并将最高联邦企业所得税率由目前的35%降至15%，提议对美国企业海外利润一次性征收10%的税。这些主张不仅将增强了美国企业的竞争力，而且还将促使大量海外资金回流美国。同时，2016年12月15日，美联储宣布将联邦基金利率提升25个基点，表明美国进入重启加息周期，这也对我国带来了较大压力。无论特朗普做出的减税承诺能否实现，我国都需主动求变，拿出自己的应对方案，形成税制优势。一方面，如上文所分析，做好我国国内自己的事情，解决税制缺陷，优化收入分配格局，稳定内在基础；另一方面，以减税为抓手，调整税负结构，减轻企业税负，使其轻装上阵，增强对外竞争的能力。同时，以减税形成我国的税制优势，减少美国加息和减税带来的负面影响。否则，我国将会十分被动，处于极为不利的境地。

（三）倒逼行政改革，实现政府与市场、社会关系的动态平衡，提升资源配置效率

实现政府与市场、社会关系的动态平衡，是我国经济社会转型和健康发展的内在要求和基本保障。我国始终把推进政府改革、调整政府职能作为一项重要的改革任务，简政放权，为市场主体"松绑"。尽管取得较大成效，但政府与市场、社会关系仍不平衡，我国当前经济社会中出现的诸多矛盾与问题，也大都与此有关，特别是政府的"越位"和"缺位"，影响了市场经济和社会运行的质量和效果。解决这一问题，不仅需要主动改革，也需要实施倒逼机制，倒逼地方和一些部门"自我革命"。通过"减税——缩减支出——调整职能和事权——退出部分竞争性领域"这一逻辑，形成倒逼机制，使市场在资源配置中发挥决定性作用。一方面，倒逼政府调整、下放部分事权。政府事权最终通过财政得以体现和落实。减税，必然给财政支出带来压力，倒逼政府调整职能和事权，减少政府乱作为，为市场进一步"松绑"，激发内在活力。另一方面，倒逼地方政府加快处理地方债务和低效国有企业，在整体上盘活资源，以减轻减税带来的财政压力。

四、统筹全局的减税策略

实现减税的上述深层次价值，取决于如何去"减"。笔者本文所指的"减税"，并非传统意义上的减税，也非简单地"一减了之"，其要义在于"以调促优"。为此，需要树立综合、系统的减税理念，统筹税费关系、财力分配、公共资源使用，以税负结构的调整和制度完善，优化国民收入分配格局，解决当前的税制中的矛盾和问题，降低企业和居民的税负感，同时构筑全球新战略，主动应对国际形势新变化，培育新的竞争优势，抢占发展先机。

其一，实行有增有减，调整税制结构。一是下调增值税和企业所得税税率。将增值税一般纳税人税率降至12%左右，并合并简化税率结构；将企业所得税降至20%左右。之所以如此提出下调税率，是充分考虑了中央与地方的承受能力、纳税

人的税负影响、税收执行和征管状况、国外税制状况以及现行税制中的一些优惠等多种因素。通过这种税率普降，一方面，降低企业负担，增强其活力和对外竞争力，另一方面，为房地产税等开征腾出税收“空间”。二是调整、完善个人所得税。加快改革个人所得税的分类税制模式，考虑家庭成员的收入和支出因素，并坚持性质相同的收入应该相同对待，消除制度差异。扩大减除费用范围和标准，不仅要考虑有利于维护人的生存权与发展权，而且要基于道义和法律义务承担的需要，应该把家庭的赡养人员考虑在内。将家庭教育支出、医疗费用、房贷利息、房租等设置成独立的扣除项目，在税前扣除。三是大幅调整消费税。基于调节收入分配、保护健康、节能减排等需要，调整消费税征收范围和税率水平，不符合节能、环保等技术标准的高耗能、高污染和严重消耗资源的产品纳入征税范围，并针对部分奢侈性产品和特殊消费行为，开征特别消费税。四是加快开征针对个人居住的房地产税、环保税，研究制定遗产税、赠与税等。一方面，增强税制的调节功能；另一方面，弥补减税带来的财政收入缺口。但需注意，应以不增加中低收入者的税负为开征新税和制度设计的前提。

其二，统筹税费关系，清理各类收费、基金。一方面，清理、降低政府性收费、基金。继续大幅降低社会保障缴费率，减轻企业负担、增加居民可支配收入。清理、规范政府性基金、收费，适时取消残疾人就业保障金和水利建设基金等基金、收费。结合房地产税、环保税等税的开征，归并、取消相关领域的收费、保证金等。将条件成熟的基金和收费，尽快实现费改税。另一方面，清理规范中介服务项目和收费，取消或降低部分涉企经营服务性收费。清理各部门行政审批中介服务项目，破除中介服务垄断，切断中介服务利益关联。对一些中介收费实行目录管理，明确各项前置性评估、年检收费。根据各行业发展情况，对收费目录实行动态管理。规范行业协会的会费收取，禁止以各种行为、名义向企业摊派。加快推进社会团体与行政部门脱钩，禁止其利用行政资源向企业收取费用。

其三，优化公共资源配置，减轻财政支出压力，激活社会资源。针对大幅降低社会保障缴费率带来的财政压力，将部分国有产权划归社保，充实社保实力，减轻财政压力。同时，加快社保制度改革，扩大社会保障覆盖面，提高统筹层次和保障水平，建立更为公平的社会保障制度。调整地方国有资本（资产）存量结构，在做强、做优、做大的前提下，兼并重组、处置低效国有资产，解决因地方融资平台和“僵尸企业”而导致的经济资源配置低效问题，激活社会资源，使资源在社会整体层面得到优化配置。

其四，调整债务结构，适当扩大中央债务规模。一方面，中央财政赤字仍有扩大的空间，为应对减税带来的收支压力和发挥积极财政政策的作用，需要适度扩大中央财政赤字和国债规模，发行基础设施建设公债、环保公债等专项或特别国债。另一方面，调整地方债务结构，清理、消化地方政府及其融资平台的存量债务。根据经济发展和财力状况，加大各地债务清理力度，除债务置换之外，还应采取转换股权、资产证券化、信托等方式消化存量债务，压缩地方政府及其融资平台的债务规模。

其五，调整财力分配方式，增强地方政府统筹安排资金的能力。一是压缩一般性支出，改革部分收入、资金使用机制。改革国有土地出让金收入的使用范围和方法，增强地方政府统筹安排资金的能力；改革库款考核制度，清理专户结余，统筹回收沉淀资金，增加民生保障能力；整合财政专项资金和基金，完善退出机制，提高财政资金使用效率。二是合理调配辖区内财力。结合下调增值税和企业所得税给财政分成带来的影响，在中央与地方财政事权和支出责任划分改革基础上，考虑税收特点、征管条件、市县承受能力等因素，规范地方各级政府间的收入、事权以及支出责任划分。三是构建统一的“大预算”。在统一财力、统一分配的基础上，统一、协调预算体系，使一般公共预算、政府性基金预算、国有资本经营预算和社会保险基金预算有机衔接，纳入统一的“大预算”，加强各预算资金之间的协调、统筹能力。四是维护财权的完整性，矫正财力分配的碎片化和分散化行为。改变一些准预算机构掌握大量财政资金分配权的状况，提高财政资金的整体配置效益。

（中国财政科学研究院研究员）

发展新经济与政府监管创新研究

冯俏彬

摘　要：2016年，跨境电商税收“新政”的一波三折引发了各方热议。本文认为，这一事件折射的是新经济与旧监管之间的深层次矛盾。当前，中国经济正处于下行通道，要重振中国经济，大力发展新经济势在必行。但是，由于新经济本质上是一种“破坏性创新”，不仅涉及既有利益格局的重大调整，同样也涉及到包括财税政策在内的政府监管理念、体制机制、方式方法的重大改革。本文全面解析了新经济之“新”与旧监管之“旧”，并提出了创新政府监管的主要政策建议，重中之重在于从“管理”到“治理”，积极引入平台治理、协会治理和大数据治理，以适应和推动新经济的发展，顺利实现中国经济的转型升级。

关键词：新经济　政府监管　平台治理

当前，供给侧结构性改革正在轰轰烈烈在开展。一般认为，供给侧结构性改革的主战场是要素市场，具体包括三个步骤：一是从低效过剩领域中释放要素，重点表现为积极推进“三去一降一补”；二是深化结构性改革，促进要素的自由流动，如劳动力市场改革、土地改革、金融改革、科技创新与行政审批制度改革等，三是大力发展新经济，优化要素配置。换言之，从相当大的程度上讲，新经济的发育发展程度，是我国供给侧结构性改革的重要目标之一。

一、新经济新在何处?

（一）什么是新经济?

据考证，“新经济”一词最早出现于美国1996年《商业周刊》的一组文章中，用于描述信息技术革命所引发的新产业和新发展模式。但具体到不同时期、不同国家，新经济的内涵有所不同。当下我国所称的新经济，也有广义与狭义之分。狭义的新经济则是指在经济全球化背景下，信息技术（IT）革命以及由信息技术革命带动的、以高新科技产业为龙头的经济，如电子商务、互联网金融、云计算、大数据应用、分享经济等，与互联网经济的含义基本相同。广义的新经济，则是相对于改革开放三十多年来我国以要素、资金投入为主的传统经济增长方式而言，即未来有着光明、广阔发展前景的各类经济。按北京大学国家发展研究院与财新智库、数联铭品合作制定的财智BBD新经济指数关于新经济的定义，这一意义上的新经济具有三个特征：高人力资本投入、高科技投入、轻资产，共有九大行业：节能与环保、新一代信息技术与信息服务、新材料、新能源汽车、新能源、高科技服务与研发、生物医药、金融服务与法律服务、高端装备制造业等；以此而言，当下我国新经济的占整个经济的比重已达到30%以上。政府方面，对于新经济的定义也主要是基于互联网为基础的新经济，但根据我国的实际情况适度扩大了外延，即主要包括两个方面，一是以互联网为基础设施所产生出的新产业、新业态和新商业模式，二是传统产业在“触网”后所打开的新空间、新领域，即涉及一、二、三产业，不仅仅是指三产中的“互联网+”、物联网、云计算、电子商务等新兴产业和业态，也包括工业制造当中的智能制造、大规模的定制化生产等，还涉及到一产当中像有利于推进适度规模经营的家庭农场、股份合作制，农村一、二、三产融合发展等等。本文主要讨论的是狭义的新经济，即基于互联网为基础的新产业、新业态和新商业模式。根据行文需要，有时会在同一语义上与“互联网经济”一词交替使用。

（二）新经济的三大特征

一般认为，新经济的第一轮浪潮主要是由IT技术所引发的经济革命，策源地主要在美国。当前，新经济的第二轮浪潮正在来临，它是由DT技术所推动且中国正在成为举世瞩目的中心。虽然互联网在中国的历史不过20多年，但却前所未有地进入并影响着人们的生活、社会交往和经济发展。与此相适应，互联网经济从无到有、从小到大，不仅呈现出勃勃的生机，而且揭示出未来巨大而广阔的发展空间。根据王俊秀的总结，当下在中国以互联网经济为代表的新经济具有以下几个特征：

1、新要素，即信息（数据）成为新的生产要素。在人类社会的相当长时期，能作为生产要素的主要是劳动力、土地和资金，俗称“人、地、钱”。进入工业社会以后，科技创新与制度变革相继成为新的生产要素。自互联网兴起以来，信息本身正在成为一个独立的生产要素，谁拥有更多的信息，谁就拥有更多机会与财富。这一点正在对传统的经济学理论和产业发展产生前所未有的影响。

2、新基础设施，即互联网成为新的基础设施。经过二十多年的发展，互联网已经从最初的“工具”提升为“渠道”，现在，正在演化为社会性的基础设施。并正在形成“云、网、端”的立体形态。一个遍及所有人、物、场景、设施，从人与人的互联到物与物相联、再到“一切联接一切”的万联状态，理论逻辑上已没有任何问题。如同铁路、公路、电力等传统基础设施一样，互联网正在成为基于信息这一新要素所必不可少的基础设施。历史地看，人类经济社会发展的每一次大的跃升，都与同时代基础设施的更新有着密切的关联，如铁路的兴起带动了第一次工业革命的发展，电力基础设施的建成带来第二次工业革命的进步，而每一轮基础设施在全社会的安装到位，一般需要会持续20-30年左右的时间，此后就会迎来技术-商业-社会三者协调一致、充满希望的黄金年代。当前，全世界正处于互联网这一全新信息基础设施的“安装期”。

3、新主导权，即商业活动的主导权从生产商、流通商向消费者转化。在整个工业时代，生产者和消费者之间“信息不对称”是常态，相对于组织严密、无规模巨大、行动力强的生产者而言，消费者往往分散、独立、缺乏行动能力，前者强而后者弱。但在互联网时代，随着各类终端的普及，消费者开始变得见多识广，其信息能力的提升速度，甚至远远超过了企业。传统的信息不对称正在发生逆转，这无论是对于企业还是对于政府，都有着非比寻常的意义。

新的基础设施、新要素、新主导权正在塑造新经济、形成新规则。KK已指出未来新经济的十条新规则①。对此，一些已经验证，另一些即使还未验证，也正在成为人们在互联网世界的行动指南。总之，当下中国互联网经济的蓬勃发展，确实将一种以前我们全然陌生的世界带到了今日，所以IT界有言："未来已来"、"未来已经存在，只是尚未流行"。

（三）近年来我国新经济的发展情况

互联网技术产生于美国，却在中国获得了更大更好的应用。当前，中国已经成为当之无愧的互联网第一大国。根据《中国互联网络发展状况统计报告（2015）》，截至2015年12月，中国网民规模达6.88亿，比整个欧盟的人口数量还要多，互联网普及率为50.3%；手机网民规模达6.2亿，无线网络覆盖明显提升，网民Wi-Fi使用率达到91.8%。如下图所示。

数据来源：CNNIC中国互联网络发展状况统计调查。

① 凯文·凯利总结的十大新经济运行规则是：拥抱集群；回报递增；普及，而非稀有；追随免费之道；优先发展网络；不要在巅峰逗留；从地点到空间；和谐不再，乱流涌现；关系技术；机遇优于效率。也有人将其更通俗地解释为：蜂群比狮子重要；级数比加法重要；普及比稀有重要；免费比利润重要；网络比公司重要；造山比登山重要；空间比场所重要；流动比平衡重要；关系比产能重要；机会比效率重要。

与之相适应，我国的互联网经济举世瞩目。目前，世界上十大互联网企业中，我国占了四家。以阿里巴巴集团为例，其2015-2016财年的总交易额达到3万亿元人民币，已超越沃尔玛成为全世界最大零售平台，这被业界视为零售业务由线下全面转向线上的标志性事件。全国层面看，据国家统计局的数据，2015年全国网上零售额38773亿元，比上年增长33.3%。其中，实物商品网上零售额32424亿元，增长31.6%；非实物商品网上零售额 6349亿元，增长42.4%。有国际组织预测，到2020年中国零售市场的线上渗透率将攀升至22%，市场规模总计达10万亿元。再以当下正处于“成长的烦恼”中的分享经济为例，其发展势头更是令人啧啧称奇。根据《中国分享经济报告》的结论，2015年，中国分享经济市场规模已达到19560亿元，主要集中在金融、生活服务、交通出行、生产能力、知识技能、房屋短租等六大领域。分享经济领域参与提供服务者约5000万人左右（其中平台型企业员工数约500万人），约占劳动人口总数的5.5%。保守估计，参与分享经济活动总人数已经超过5亿人。展望 未来，预计未来五年分享经济年均增长速度在40%左右，到2020年分享经济规模占GDP比重将达到10%以上。

新经济展示出的不可思议的潜力与空间为正深陷经济下行泥淖的中国经济带来了曙光，也指明了中国供给侧结构性改革和经济转型升级的大方向。放眼全球，当前世界正处于第三次工业革命的“入口”上，我国与美国等发达国家基本处于同一起跑线上，能否抓住新经济这一历史机遇，是中华民族能否实现伟大复兴、重回世界之巅的关键一招。

二、新经济对现行政府监管方式的挑战

理论研究表明，国家的繁荣，除了要有强大的市场之外，也要有强大的政府，且彼此之间相互依存、相互支撑。新经济的来临，一方面对既有经济格局带来冲击，“破坏性创新”效应明显，另一方面也对现行政府监管带来挑战。比如，当前许多新业态——典型的如股权众筹、网约车等——游走在监管的灰色地带，正在兴起的房屋分享领域，尚缺乏统一的卫生、消防标准；在WiFi分享领域，存在网络

注册实名制问题；在送餐行业，存在食品安全风险；在跨境电商行业，存在明显的税收不公平问题。还有些新经济形式，在现实生活中面临着诸多令人啼笑皆非的要求，如从事互联网教育的企业被要求配置线下教学用地，否则不予审批。简言之，如果按现有法律和制度要求，多数新经济模式都有“违法”嫌疑，无法纳入正常监管体系。

究其原因，主要是因为当前的经济社会管理制度是建立在工业经济和工业化大生产基础上的，其特点是强调集权、层级、区域与条块分割等管理方式，注重事前审批和准入。在我国，还有一个特殊原因，那就是尽管确立社会主义市场经济体制已经二十多年，但“政府与市场关系”这一最核心的命题仍然没能完全厘清，既存在着政府对于市场的过多干预和不当介入，也存在市场不健全不完善的问题。虽然2013年以来，党中央、国务院着力推“简政放权、放管结合、优化服务”改革，极大地释放了经济社会活力。但是相对于经济社会的快速发展，现行政府监管体制仍然存在以下突出问题：

（一）从“管理”到“治理”的理念尚未完全形成

在市场经济条件下，政府监管制度改革在价值导向上应体现为从规制到治理的政府理念变迁，即由人治转向法治、由统治转向治理、由规制转向服务，打造阳光透明、程序规范、诚实信用、便民高效、服务为本、责任明确的治理型政府，政府的管理重心要由管制功能转向服务功能、激励功能、导向功能和调节功能。从目前的情况看，一个规则明确、标准详细、流程科学、多方参与、以治理为导向的政府工作理念还没有形成。

（二）政府监管的标准化工作才刚刚起步

所谓政府监管标准化，就是将标准化的思维、理念和技术植入政府监管的全过程，一方面提升行政审批效能，另一方面约束部门和官员手中的自由裁量权，最大程度地降低社会交易成本。目前，这方面的工作才刚刚起步，各地政府无论是行政审批的项目清单、收费清单、责任清单等都差异过大，相关的审批流程、监管要则还没有形成统一标准，监管的方式方法更是五花八门。比如，一些涉及环境保护、食品安全等重要领域的监管标准依然缺失，已有的标准和规则也不够具体明晰，导致监管无据可依、无从下手标准化工作急需加强。

（三）整体政府任重道远

所谓整体政府是指不同级次的政府、同一级次政府的各个部门、均能在同一政策目标的引领下，协同一致地行动，以形成最大合力。目前，我国政府监管中存在着明显的部门不够协调、上下不够联动的问题，需要引入更多的整体和系统思维，以加强合作、形成协同、协调的工作方式，向社会提供一套无缝隙的公共管理服务。

（四）对新问题、新需求难以及时回应

信息技术的发展催生了一系列新业态、新模式、新产业的发展，对政府监管也提出了很多新要求。与新经济一日千里的发展势头相比，现行政府监管体系还很不相适应。如一些新型企业在工商登记时可能面临着难以归类的问题，政府对于这些新型企业的业务流程、业务形态十分陌生，更不要说准确识别其中的风险点和加强监管了，这使得政府对于新经济的监管既可能过度、也可能过宽，出错的可能性大大增加，很不利于其健康成长。另外，现行政府监管对于互联网、大数据等新技术的应用也明显不足，监管效能有待进一步提升。

三、从管理到治理，创新政府监管与财税治理机制

党的十八届三中全会指出，到2030年要实现国家治理体系和治理能力的现代化。随着新经济的广泛兴起和快速发展，政府必须创新监管模式，从管理到治理，推动政府监管体制的转型升级，为新经济的成长提供保障支持。

（一）大道至简、底线监管

对于新经济的政府监管，首要问题是态度与原则。当前新技术、新产业、新业态、新模式层出不穷，它们在发展模式、机制和特点等方面与传统经济有很大的不

同，有的远远超出了已有的认知能力和水平。简单套用已有的监管思维与监管做法，就很可能文不对题，即使出发点是好的，结果却事与愿违，既影响新经济发展，也伤害政府的公信息力。近期针对跨境电商的“新政”被紧急叫停就是一个生动的例子。因此，对于新经济，各部门首先应当承认其“新”，承认其可能超出了政府已有的认知范围，承认现有的监管规则可能是不适用的，在此基础上再讨论如何监管。历史经验告诉我们，任何新生事物的成长，首先需要的是一个宽松的发展环境，因此，政府监管应当贯彻“大道至简”、“底线监管”的原则，“法无禁止即可为”，只要在法律认可的范围内，就宜将广阔的空间留给各类市场主体，政府不要轻易出手。特别是对有些一时看不准的东西，可以先观察一段时间。当然，那些已经经过实践证明可能造成严重不良后果的，则要严格加强监管，果断出手。总之，烦苛管制必然导致停滞与贫困，简约治理则带来繁荣与富裕，大道必然至简，有权不可任性。

（二）从管理到治理，推动监管体制转型升级

即使是那些看得准的新生事物，比如基于“互联网+”和分享经济的新业态，也要探索新的监管之道。新经济不仅“新”，而且参与者众多。面对新经济，原来由政府主导的自上而下的垂直型管理需要转变为政府市场、政府与社会组织协同共治的扁平化治理。一是平台化治理。在互联网经济中，平台作为一个节点，汇聚着产销双方，汇聚着机构、个人、第三方等形形色色的参与者，既是交易的平台、数据的平台，也是信用的平台和消费者保护的平台。当前的网络平台，已经呈现出多中心的生态景观，既有以商品交易为核心的阿里和京东平台，也有以社交为核心的微信和微博平台，还有以版权处理为核心的乐视和爱奇艺平台和有以撮合为核心的滴滴和优步平台。这些网络平台因其规范、公平、透明而得到各方的认可，也形成了一些参与者共同认可的重要规则，影响力和带动性很强。以淘宝为例，通过多年的运作，淘宝已形成了一整套规则体系，有效地管控着数以千万计的各类参与者。这些规则，是在各类参与者的高频互动、在管理人员的严密技术监控下形成的，具有很强的内生性和合理性，参与各方接受的程度很高。在此基础上，淘宝甚至建立了“判定中心”，请网上的志愿者组成陪审团，对网上的纠纷进行判定。这个判定中心每天处理的纠纷数量，是传统仲裁机构所无法胜任的。因此，政府在对于新经济的监管中，要十分重视平台的作用，主动与平台协作，形成平台化治理。要点是将平台作为政府和个体之间的媒介与缓冲，政府管平台，平台管个体，并在与平台的协作和互动中，将其中一些具有普适性的规则上升到国家法律法规的层面，对于一时看不准的东西，则可以由平台为主，继续在各方互动中逐渐探索清晰。二是行业协会治理，即发挥好相关的行业协会在新经济中的治理作用，建立企业自律机制，维护企业健康发展。试举一例，2008年成立 的中国互联网协会调解中心负责调解会员单位 之间、会员单位与法人、其它组织之间相关民事纠纷。这个中心自成立以来，已调解了大量案件 ，仅在2014年，就受理了各地委托的涉及网络知识产权侵权案件3087件，调解成功率达到 54.95%。这说明，在新经济时代，政府监管要取得实效，除了要有传统的、自下而上的政府层级结构的权力线之外，还必须建立与各类合作伙伴建立起横向的行动线，这是新时期提高政府监管绩效的要点所在。

（三）从信息孤岛到大数据，创新政府监管的技术手段

新经济主要是在互联网上进行的，相比过往，每一笔交易发生的时间、地点、金额、主体信息、质量反馈等记录在案，实际上对于政府监管提供了更好的条件。、在国务院发布的《促进大数据发展行动纲要》中指出，要把大数据已成为“提升政府治理能力的新途径”，以此“用数据说话、用数据决策、用数据管理、用数据创新”的新机制。一是要争取在可见的时期内，全面实现政务活动的网络化、虚拟化、信息化，特别是涉及企业、群众日常需要办理的事务，应尽快全部在网上运行。二是要逐步实现计算机对数据的自动流程化管理，做到身份数据化、行为数据化、数据关联化、思维数据化和预测数据化，在数据汇集的基础上对发现规律，发现风险点和薄弱环节，进而增强监管的针对性和有效性。三是要努力打破各类“信息孤岛”，实现数据按需、契约、有序、安全式开放，形成跨部门数据共享机制。为此，需要尽快研究数据开放与共享方面的立法问题。

（四）从在“简、放、服”的基础之上，继续深化政府监管体制改革

市场经济条件下，政府的职责之一是创造和维持规范有序的市场秩序和公平合理的竞争环境。对此，主要应抓好以下两个方面的工作。一是积极推进综合监管。针对长期以来存在的多头执法、重复检查、标准不一等痼疾，要按照权责一致的原则，继续推进市县两级市场监管领域综合行政执法改革，落实相关领域综合执法机构监管责任。同时，要建立健全跨部门、跨区域执法联动响应和协作机制，实现违法线索互联、监管标准互通、处理结果互认，消除监管盲点，降低执法成本。二是实施公正监管，推广“双随机、一公开”的新型监管方式。当前，要抓紧建立随机抽查事项清单、检查对象名录库和执法检查人员名录库，制定随机抽查工作细则，力争两年内实现全覆盖。三是促进各类市场主体公平竞争。一方面，要在降门槛、同规则、同待遇上下功夫，更好地激发非公经济和民间投资的活力。凡是法律法规未明确禁入的行业和领域，都应允许各类市场主体进入；凡是已向外资开放或承诺开放的领域，都应向国内民间资本放开；凡是影响民间资本公平进入和竞争的不合理障碍，都要统统打掉。另一方面，要重典治乱。依法打击各类侵犯知识产权、制售假冒伪劣、非法集资、信贷欺诈、电信诈骗等行为，维护健康的市场环境。

四、一个案例：跨境电商新政为何流产？

近年来，我国跨境电商发展迅猛。国家统计局的数据显示，目前我国各类跨境平台企业已超过5000家，通过平台开展跨境电子商务的外贸企业超过20万家①。2015年，中国跨境电商交易规模为5.4万亿元，同比增长28.6%。根据商务部的预测，未来几年跨境电商占中国进出口贸易比例将会提高到20%，年增长率将超过30%②。

但就是这样一个快速发展的新经济行业，仅仅因为有关部门的一纸公文，一夜

① 《2013 年中国电子商务报告》，中国商务出版社，2013 年。

② 《2013 年中国电子商务报告》，中国商务出版社，2013 年。

之间几乎沦入绝境。2016年3月24日，财政部、国家海关总署共同发布了《关于跨境电子商务零售进口税收政策的通知》，这被业内称为“跨境电商新政”。“新政”的主要内容有三点：一是从4月8日起，对跨境电子商务零售进口商品，按照货物征收关税和进口环节增值税、消费税，同时对行邮税进行上调。二是规定了跨境电子商务零售进口商品的单次交易限值（人民币2000元）和个人年度交易限值（人民币20000元）。三是作为配套文件，财政部于4月7日晚发布1142个8位税号商品的跨境电商零售进口商品清单，并规定网购保税商品“一线”进区时需按货物验核通关单、“二线”出区时免于验核通关单（业内称为“两单”）。

新政出台的当天晚上，郑州、杭州等各大保税区灯火通明，大大小小的商家连夜甩货消化库存或者想办法将货物转移出去，随后几天内，各保税区内的货物出不去、进不来，业务陷于停顿。据不完全统计，从“4·8”新政至5月4日之间，河南郑州的保税仓业务下降达70%左右，深圳下降61%、宁波下降62%，部分企业提出退租申请。跨境电商业务几乎一夜“熔断”，各大保税区对此反应十分强烈。综合起来，对新政的非议主要集中在以下两个方面：

第一，货物还是个人物品？行邮税还是增值税？

新政的核心内容是对跨境电商所涉及的进口商品征税，主要涉及增值税和消费税。这一条款的实质是将以前按“个人自用物品”征收较低税率的行邮税，改按“货物”征收标准较高的增值税和消费税。此举导致税负大幅度增加，是跨境电商们一夜之间变成惊弓之鸟的主要原因。从财政部门的出发点看，此举的主要目的是促进税制公平，因为跨境电商所涉及的，无论是从形式还是实质看，的确是用于交易的货物而非用于自用的物品，自然应视同贸易活动征税。但从经济现实情况看，跨境电商本身就是在包括税收制度在内的制度缝隙中曲折生长出来的，一旦简单将旧制度覆盖其上，也就从根本上摧毁了其存在的基础。

第二，关于“两单”。“两单”是指正面清单和通关单，前者限定了跨境电商可经营的商品范围，后者则施加以与传统进出品货物相同的通关手续要求。正面清单方面，招致抱怨的主要是将国内市场最急需的母婴产品、奶粉等排除在外，竖立关税壁垒、保护国内问题产业有余，考虑国内家庭关切不足。进一步地讲，随着国际国内市场的相互融通，以正面清单的方式列举可进品货物的方式，即使有关部门足够勤勉，也不可能跟得上市场快速变化的节奏。通关单方面，也是将过去几十年来对进出品贸易采用的方式配用在跨境电商之上，忽略了传统进出口贸易企业通常体量大、家数少、交易频率偏低，而跨境电商则近20万家，且多为中小企业，经营的商品五花八门，单次金额不大但频率极快，以单管货的方式从根本上就不适用。

由于以上两点，更进一步引出社会上对于政府政策前后矛盾的指责。这是因为自2014年以来，商务部、各地先后出台了多个支持跨境电商发展的政策文件，一些省市积极探索，创新出诸多保税区管理的有益经验。但新政的出台，基本上否定了前期的改革创新成果。

由于新政引发的滔滔物议，导致实际中难于执行。一个多月以后，即5月24日，海关总署下发《关于执行跨境电子商务零售进口新的监管要求有关事宜的通知》，给出了为期一年过渡期。新政到此暂告一个阶段。

可以看出，市场对于新政的反映大大超出了政策制定者的预期。客观地讲，政部门出台政策的初衷也是为了规范和公平，并无打死压跨的主观意图。新政后来被紧急叫停，对此也是明证①。问题还是在于过于简单地套用了传统政府监管的思维、决策方式、操作方法于新经济之上，没有认真观察跨境电商这一新经济形式的特点与运作方式，既没有也发挥电商平台在交易规则形成、执行中的重要作用，没有利用已有的信息技术和大数据条件来创新管理，没有好好总结基层保税区管理的创新经，最终导致意图虽然正当，方式方法却不为各方接受的尴尬结果。

总之，我们正处在一个快速变化的世界、一个需要被重新定义的世界。随着互联网的高速发展，新产业、新商业、新模式不断涌现，新经济正在形成，正在为中国经济打开了广阔的成长空间。我们必须顺应这一历史潮流，创新政府监管模式，更好地为中国经济社会的发展做出贡献。

---

① 对于税改的目的，中国电子商务研究中心主任曹磊此前曾认为：第一，维护全国税收政策、法律法规执行中的统一性，并尽最大可能减少国家进口税款流失；第二，降低线上线下进口消费品的价差，维护传统进口贸易、商品流通渠道的合法利益，减少因政策不到位引起的对当下实体零售业的冲击；第三，规范过去几年一直“野蛮生长”的跨境进口电商行业，尤其是个人“海淘”代购行为。

参考文献：

[1] 张占斌,冯俏彬. 创新政府监管方式助推新经济发展[N]. 光明日报, 2016-7-29.

[2] 王俊秀. 新经济[M]. 北京:中国工信出版集团电子工业出版社, 2016.

[3] 凯文, 凯利. 新经济 新规则:网络经济的十大策略[M]，北京：电子工业出版社,2015.

[4] 国家信息中心信息化研究部,中国互联网协会分享经济研究部. 中国分享经济报告2016[R]. http://www.sic.gov.cn/News/250/6010.htm.

[5]中国互联网络发展状况统计报告(2015)[EB/OL].http://www.cnnic.net.cn/hlwfzyj/hlwxzbg/201601/P020160122469130059846.

[6] 阿里巴巴集团研究院. “互联网+”——中国经济新引擎[EB/OL] http://www.ccidnet.com/news/newszhuanti/2015/hlwf.

[7] 张昕竹. 市场经济发展中的政府监管体制改革[J].改革. 2010(9).

[8] 席涛. 政府监管影响评估分析:国际比较与中国改革[J]. 中国人民大学学报 2007(4).

从政府与市场的分工到政府的非收敛性干预

金海年

摘要：市场和政府各自应包括三大职能。其中市场有三大核心职能：第一是价格的职能，价格反映供求关系，进而调节供给；第二是竞争的职能，竞争提高供给效率、促进创新；第三是淘汰的职能，落后行业的企业破产，新兴行业企业诞生，劳动力职业随之转行，从而实现经济结构调整。政府亦有三大核心职能：第一是制度供给，包括权利界定、法律等规则体系等；第二是外部性供给，包括人性关怀、基本教育、基础科研、安全保障（公安与国防）、环保等方面的公共服务职能；第三是收敛性调节，对于经济危机、收入分配和金融货币流动性等发散的经济波动进行宏观调节和外部干预。

市场机制无法自发解决外部性和发散的波动问题，市场失灵正源于此。当发生经济危机或金融危机时，由于需求预期的改变和供给曲线的变化导致经济波动发散，无法回到有效均衡状态，所以需要外部干预，政府干预是其中一种重要的形式。因此，政府关于危机时的特别管理和经济正常运行时的宏观调控的目的，实际上应该促进经济波动的收敛，如果经济的波动本身是收敛的，则不需要外部力量来进行调节，如果波动是发散的，就需要外部力量来调节。

【关键词】政府核心职能　市场核心职能　收敛性　宏观调控

经济学理论的应用包括宏观和微观两个层面，宏观主要是政府政策供给应用，微观是企业和个人家庭的应用。经济本身不是最终目的，最终目的是为了创建一个不断促进科技创新以改善人们的生活水平、生活质量的社会环境。因此在经济活动中，企业是第一供给主体，政府调控的不应该是生产要素，而应该是企业和消费者的行为，企业才是直接配置资本要素、人力要素、自然资源要素的主体，是创造财富、创造价值的主体，是第一主体，政府是促进第一主体更好创造价值的制度与环境供给主体。经典的发展经济学理论，包括全要素资产率公式等在内的最大缺陷，就是没有体现企业这个最本质的全要素管理函数。

考虑到企业创造价值与财富，从而建立不断发展科技创新以改善人类生活与文明的可持续机制，政府是促进这样的机制良好运行的保障。在这个原理下，我们从理论上对市场和政府进行了清晰的定位分工。

市场核心的职能有三个方面：一个是价格的职能，价格不仅要反馈供求的关系，更重要的要调节供给，一个资源是稀缺的，价格就要升高，但升高如果不能促进供给的增加、不能改善供给，价格机制就没有真正完整的发挥作用，就好象目前医疗、教育等领域发生的问题。第二是竞争的职能，竞争才能促使企业提高效率，才能促进创新。第三是淘汰的职能，只有旧的产业和行业的企业破产了，新行业的企业不断诞生，劳动力由此在产业与行业间流动、转行，整个经济结构才能调整，当然这个过程也有很多的社会问题需要同时考虑。

在这样一个机制下，为了保证市场的三个核心职能能够很好的运行，政府应该提供三个方面的供给职能：第一是制度供给，包括价值观的体现和权利界定等方面的秩序规则制定；第二是外部性供给，包括人性关怀、基本教育、基础科研、安全保障（公安与国防）、环保等方面的公共服务职能；第三是收敛性调节，对于经济危机、收入分配和金融货币流动性等发散的经济波动进行宏观调节和外部干预。

首先，研究制度的目的是为了不断改进、弥补现有制度的缺失和不适应时代发展的部分，就是要不断改进制度的供给，因此研究制度必须从供给角度对制度进行分类。而截至目前对制度的研究基本不是从供给来分类的，如诺思把制度分为正式规约和非正式规约，还有德国的柯武刚、史漫飞教授把制度分为内在制度和外在制度，但他们都没有从经济学角度划分，不利于直接推动制度变迁，即改革。在金海年的专著《制度红利：制度对经济增长的决定性影响》中①，首次提出从供给者的角度来研究制度（如图1），把制度分为三大类：一类是软性制度，即文化层面、道德价值观方面的制度，供给者是整个民族和社会；第二类是强制制度，供给者是国家政府机构、立法机关；第三类由市场自已来供给的契约类制度。而制度变迁（即改革）是否会发生、如何改革，就取决于制度供给者对其收益和成本的衡量②，改革收益是改革后的供给者收益与现有制度的供给者收益的增加，成本是改革后的供给者成本与改革过程供给者成本之和。而一般社会对于改革的期待是从需求角度出发的，需求者的改革收益与成本衡量与供给者存在着明显的差异。这个差异就是路径依赖的理论解释。所以，改革往往是很难的。

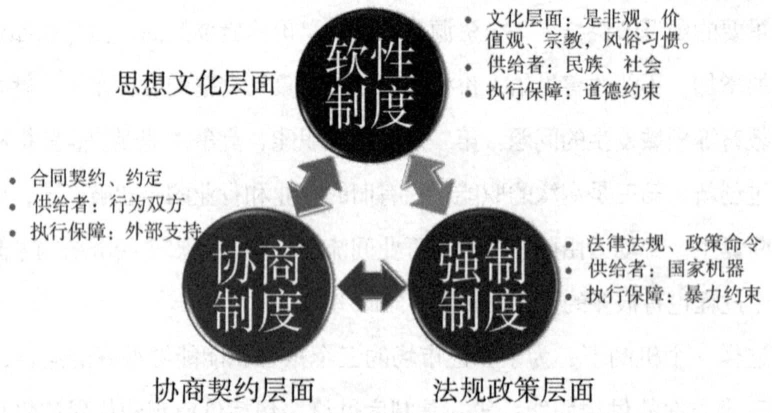

图 1　制度的供给分类

在外部性供给方面，金海年（2014）已发现凯恩斯理论最大的缺陷是把政府支出放在了总需求一侧，其实政府支出应属于供给一侧，政府是制度与公共服务的供给者。因此，这样一个修正就可以建立一个均衡模型（如图2），这样的均衡模型

① 具体阐述与理论模型请详见金海年：《制度红利：制度对经济增长的决定性影响》，中国经济出版社，2014.7.

② 制度供给与变迁的收益成本模型亦请详见《制度红利》（同上）。

就从理论上证明了政府支出不是越多越好、也不是越少越好，而是有一个最优的中间值。这就从理论上解决了凯恩斯经济学最重要的一个结构性缺陷，就是这个缺陷导致了美国经济的滞涨。

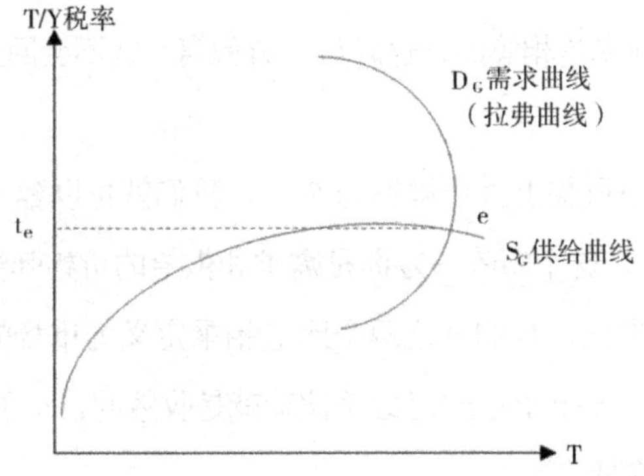

图 2　制度与公共服务的供求曲线

本文最新研究成果，就是政府对经济波动的干预原则，即政府对于经济危机的管理、收入分配的调节以及宏观调控原则，政府的这些干预应该针对经济波动的收敛性，即如果经济的波动是收敛的，就不需要外部力量来进行调节，如果波动是发散的，就需要外部力量来调节，而且政府干预只是外部调节力量的一种。

收敛性调节的理论模型

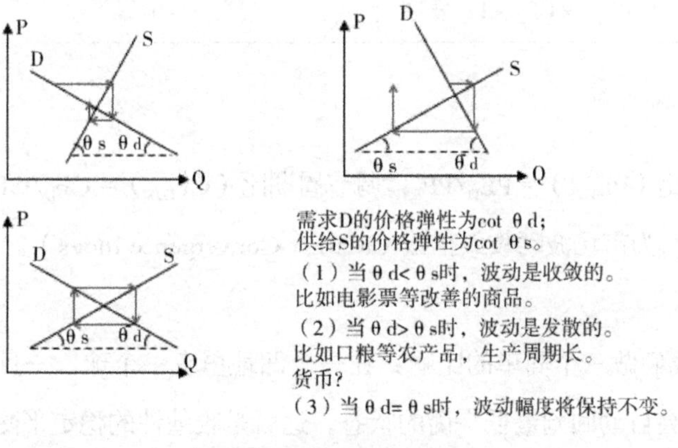

图 3　经济波动的收敛性

如图3，如果需求曲线斜率小于供给曲线斜率时，经济波动就是收敛的，任何扰动引起的均衡偏离都会自动重新恢复到有效均衡状态；但如果需求曲线斜率大于供给曲线的斜率，即需求比供给更加刚性，这时经济一旦发生波动，偏离原来的均衡状态，就会越来越发散，无法自动恢复到原来的有效均衡状态；还有一个特殊的情况，正好供求曲线斜率是相等的，这时如果有偏离，既不会回到有效均衡状态，但是也不会更加恶化。

如果在以上分析中再加上供给周期的考虑，我们就可以建立一个经济波动性的调节矩阵（如表1）。这个矩阵一方面是需求和供给的价格弹性比，另一维度是需求和供给的调节周期比。我们把这两个比值相乘定义为市场的波动性收敛指数（MCI），可以发现：当MCI大于1时经济波动就是收敛的，小于1时就是发散的，就是市场失灵的一种情况。

表1　经济波动收敛性矩阵

波动收敛性	$PE_{D/S}>1$	$PE_{D/S}=1$	$PE_{D/S}<1$
$PE_{D/S}>1$	收敛	收敛	$PE_{D/S}\times CF_{D/S}>1$：收敛 $PE_{D/S}\times CF_{D/S}=1$：保持 $PE_{D/S}\times CF_{D/S}<1$：发散
$PE_{D/S}=1$	收敛	保持	发散
$PE_{D/S}<1$	$PE_{D/S}\times CF_{D/S}>1$：收敛 $PE_{D/S}\times CF_{D/S}=1$：保持 $PE_{D/S}\times CF_{D/S}<1$：发散	发散	发散

其中：

价格弹性比（$PE_{D/S}$）= PE_D/PE_S；调节周期比（$CF_{D/S}$）= CF_D/CF_S；

$PE_{D/S}$ $CF_{D/S}$为市场波动收敛指数（Market Convergence Index）。

如图4，我们做一个简单的比喻：在一个凹地里有一个球，一旦让球偏离最低点，这个球还会自动回到最低平衡的状态，这就是收敛性的稳定平衡；如果是一个凸面的环境，球可以被小心的稳定在最高点，但如果有干扰，球就会离最高点越来

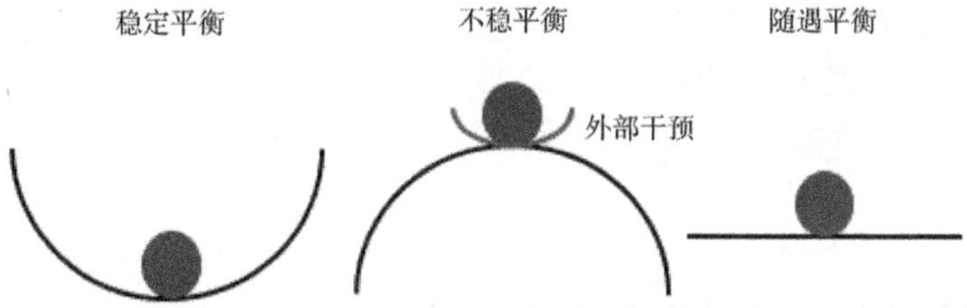

几个重要例子：

1.农业：生产周期（对价格的反应与调节周期）较长。

调节方法：稳定生产预期、发展科技缩短生产周期、价格期货对冲波动风险。

2.经济危机（需求预期改变）与金融危机（供给曲线变化）

3.垄断：随遇平衡

4.货币供给（央行调节是否需要常态化？）

图 4　收敛性均衡分类

越远，这就是分散的不稳定平衡；如果是在平地上，球可以停留在任何一点，这就是随遇平衡。

所以，对于不稳平衡（市场的发散波动）就需要外部干预使它恢复到有效平衡。例如农业，因为它的生产周期长，产品的价格刚性强，价格往往不能及时有效的调节供给，需要一个外部力量的调节，但是这个外部力量不见得来自政府，可以用期货的方式对冲波动的风险，将发散的波动收敛化。

另外，对于经济危机和金融危机，因为需求预期的改变和供给曲线的变化导致它最后会形成一个发散性的调节，最后不能自己回到均衡状态，所以需要外部干预。垄断是一个随遇平衡，由于垄断有定价权，但为了让平衡达到最有效的状态，即让人们更加公平的享受足够的供给，也需要政府等外部力量的干预。

货币供给是不是一定需要央行调节，还是可以由市场自己调节，央行等政府部门只是制定政策，其央行调节是不是需要常态化，是特别值得研究讨论的主题。

综上所述，经济波动本身不是危机，波动的发散性才是危机，政府要干预的不是波动本身，而应是将市场发散性的波动收敛化。

（2015.12.31）

中国经济结构调整转型的实与虚

金海年

30余年的改革开放成绩显著，解决了原来的物资短缺、生产力低下的温饱和小康的问题，转而努力去实现重新跻身世界强国的中国梦。中国经济在新常态主要面临新的三大矛盾：一是短期增长和长期发展的矛盾，二是经济发展与环境生态和谐的矛盾；三是部分富裕和共同富裕的矛盾。解决了这三项主要矛盾，中国经济就可以顺利跨越中等收入陷阱，真正让全体国民享受到发展进步的红利。

本文从中国经济结构的转型角度出发，发现了当前存在着对实体经济和虚拟经济的误解，实体经济尤其是制造业存在着产能过剩、能耗大、污染严重、工资低、就业吸纳能力有限等等泡沫成分，而虚拟经济尤其是以金融业为代表的现代服务业也有不可或缺的基础作用，可以创造更多的就业岗位、更高的工资、更低的能耗和污染。中国若要跨越中等收入陷阱，应正确认识到现代服务业为代表的第三产业是主要潜力空间，不宜以虚实标签对制造业和服务业进行简单的价值判断。

一、从中美经济的差距看产业结构潜力

以人民币计算，2015年中国GDP为67.67万亿元，美国为111.78万亿元，美国高出中国约65%，而人均水平更是中国的7倍。

从近年来的三大产业增长的比较上看（如图1），2015年中国第一产业（农业）已经达到美国的4.99倍，略高于中美人口之比的4.27，由于人均农业需求几乎是恒定的，可以说第一产业在总量上已经接近增长的平衡点。

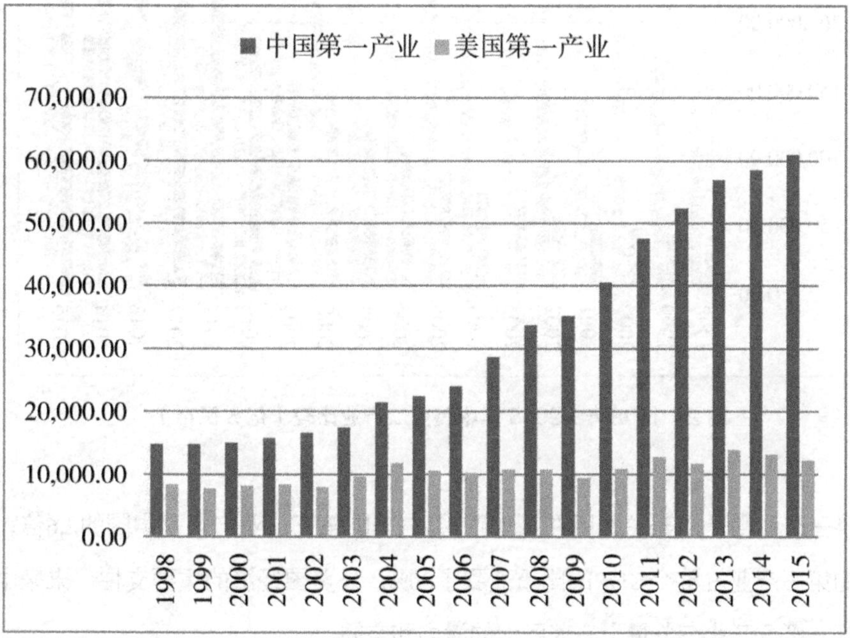

图1　1998年-2015年中美第一产业比较（亿人民币）[①]

在以制造业为代表的第二产业方面（如图2），中国在2011年从总量上超过了美国，到2014-2015年增速开始明显放缓，部分行业产能过剩意味着原来高速工业化进程已接近完成，粗放增长带来的高能耗、高污染更有待解决。中国在第二产业的追赶，未来将主要在质而非量的方面。

① 图1-4根据国家统计局与世界银行数据整理。

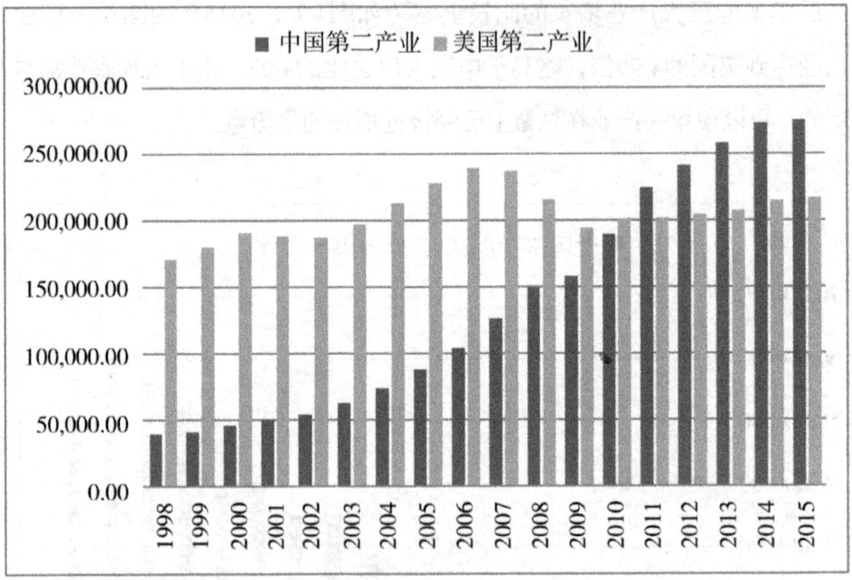

图 2　1998 年 –2015 年中美第二产业比较（亿人民币）

第三产业则是中美差距所在（如图3），美国第三产业产值是中国的2.6倍，而美国的第三产业占整个GDP的比重达到了80%，是美国经济的重要支柱。未来中国的追赶，第三产业在总量上有着巨大的潜力和空间。

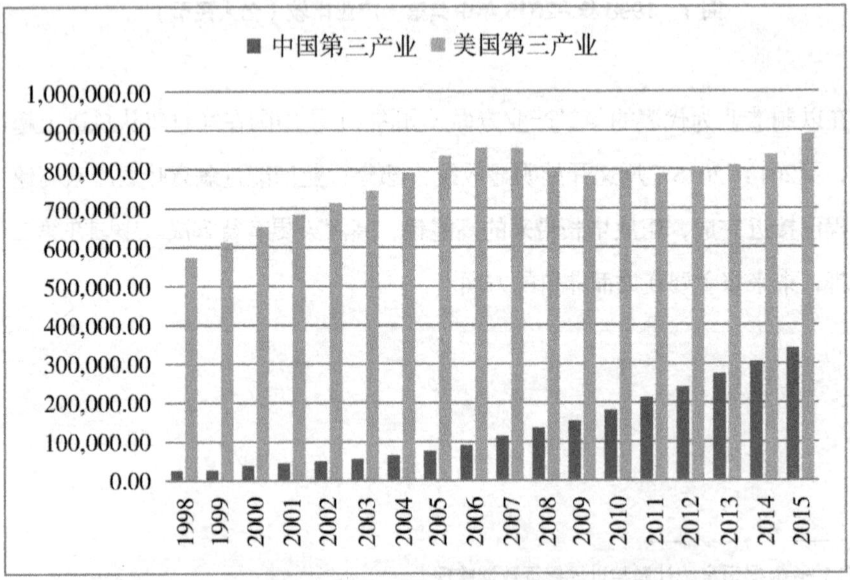

图 3　1998 年 –2015 年中美第三产业比较（亿人民币）

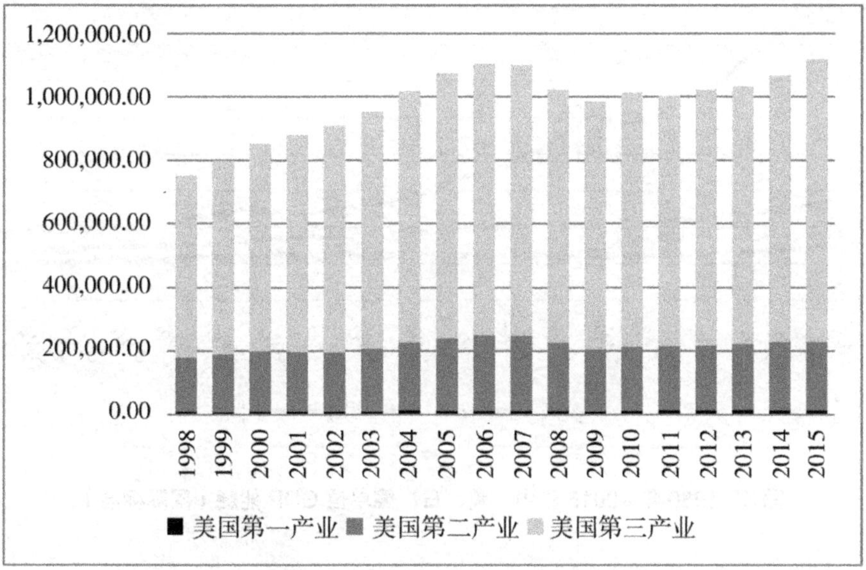

图 4　1998 年 –2015 年美国产业结构变化（亿人民币）

二、中国产业结构虚实的比较

人们在虚实认识方面一直存在着历史局限性。在古代，中国重农轻商导致错失资本主义和市场经济发展的先机；在军事上，中国曾经重视陆地轻视海洋，导致了闭关锁国和海洋权益被盗占；在信息时代初期，我们重视硬件轻视软件，导致了我们在知识产权方面发展滞后；现在，我们视制造业为实体、视金融等服务业为虚拟，可能会耽搁产业结构现代化的转型。

1. 制造业与现代服务业的能耗效率比较

根据世界银行数据（图5），美国单位能耗的产出效率比中国高42%，而德国和日本是中国的两倍，这个差距固然有技术方面的原因，而主要是产业结构比例差异造成的。

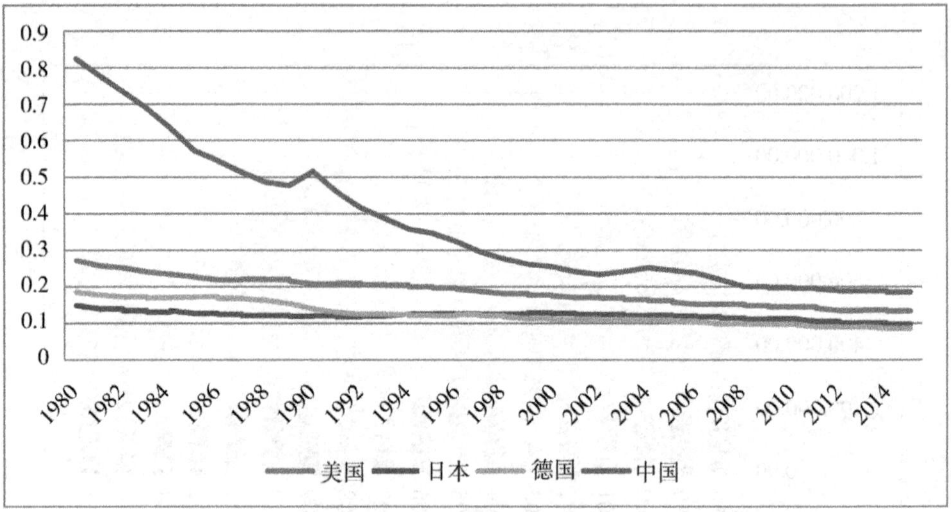

图 5　1980 年 -2015 年中、美、日、德单位 GDP 能耗（国际标准）

根据国家统计局数据（图6），我国第二产业单位能耗是第三产业的2.5倍，如果扣除交通运输行业，第三产业的单位能耗指数则仅为第二产业的1/6，如果第三产业的比重能增加到70%以上，整体GDP能耗效率将至少提高75%，届时我国的能耗效率将超过美国，如果再考虑科技进步因素，效率会提高更多。

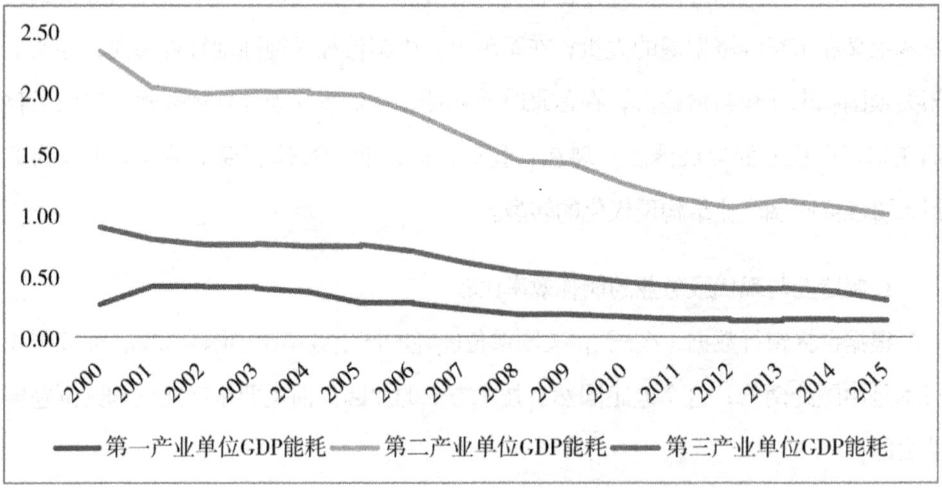

图 6　2000 年 -2015 年中国三大产业单位 GDP 能耗指数

2. 就业比较

根据世界银行数据，美国第三产业创造了超过81%的就业岗位，第二产业仅有17%左右。中国自1994年起，第三产业的就业机会就多于第二产业，从2013年期，第二产业就业岗位开始下降，第三产业就业岗位却同时更快增加（图7）。在新常态下，第三产业将成为吸纳第一产业和第二产业的主要就业方向，将形成中国重要的中产阶级群体。

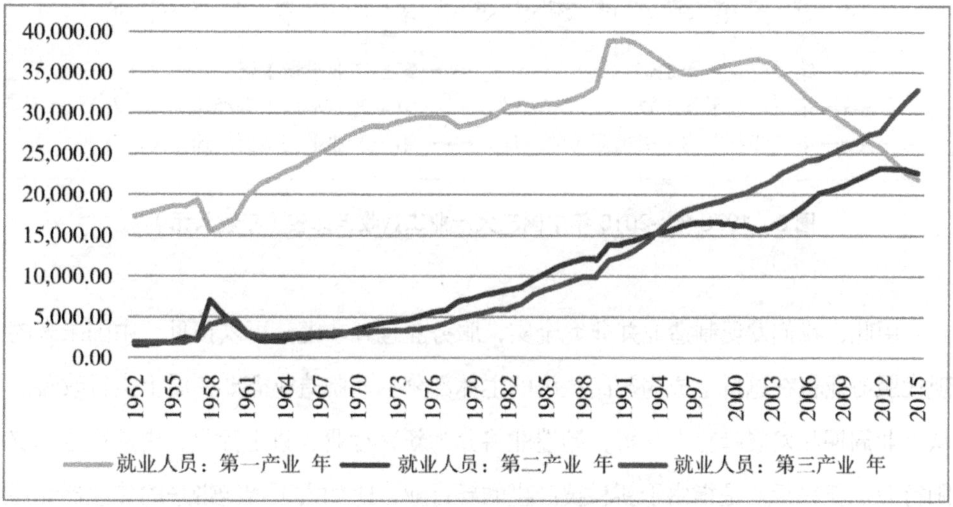

图7 1952年-2015年中国三大产业就业人数（万人）

3. 收入比较

在工资收入和增长速度方面，第三产业也表现突出（如图8），由低工资形成的人口红利并非真正的红利，工资高、消费能力提升带来的生活水平的改善才是中国人真正的红利。第三产业具有能耗低、工资高的特点，无疑是中国跨越中等收入陷阱、实现居民生活水平现代化的主要产业。

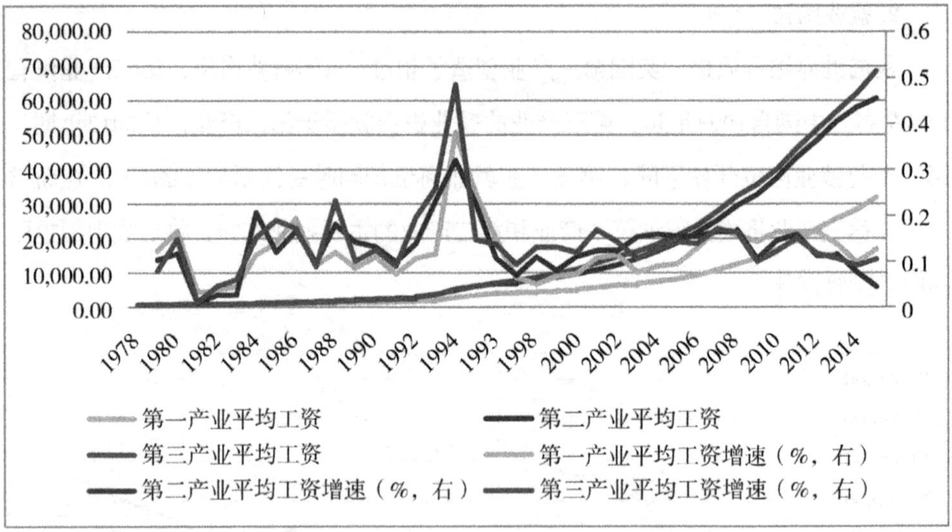

图 8　1978 年 -2015 年中国三大产业工资收入比较（年收入元）

由此，我们发现制造业并非完全实，服务业也并非虚，可以预见，中国未来的现代服务业将在总量上成为国民经济的主体部分，而制造业需要在质上进行改善。从行业周期和发展趋势上分析，制造业将分为新兴行业、新生行业、周期行业和夕阳行业。新兴行业是指由于新科技产生的新行业，比如人工智能带来的传感器元器件等；新生行业是指由于技术换代形成的行业升级，如新能源等；周期行业指伴随人口变化和经济周期波动的领域，如房地产、钢铁等等；夕阳行业指逐渐被新技术淘汰的领域，如BP机、个人电脑等。如果不能适应新科技、新消费，实体制造也是过剩的产能、过剩的泡沫和污染的垃圾；如果能够给人们带来消费的创新，服务业也成为刚需，金融行业也成为科技创新和消费升级的资本之翼。

三、中国产业结构虚实均衡的制度供给与保障

综上分析，判断行业是否虚实、是否泡沫、是否过剩，应该站在消费者的角度，如果能够满足消费的市场需求，在上游满足这些最终消费需求的原材料资源、金融资本和人力资源等生产需求，就是实在的，如果超出市场的需要，无论是制造

业还是金融行业，都是过剩的泡沫。有两种情况可能市场不一定能够很好的判断是否泡沫，一是价格波动对应的生产反馈周期滞后，可能就会造成更加剧烈的波动，使得市场难以自行出清或恢复均衡；二是污染和生态破坏造成的外部性，形成了社会成本，无法自动成为行为企业的内部成本，使得其破坏行为难以得到社会成本的有效约束。这时，就需要政府制定相应的法律、政策等制度，控制波动的幅度，内生外部性成本，弥补市场失灵的缺陷。

因此，应面向最终消费、中间生产和资源供给三个层面形成市场均衡机制，具体供给两类机制需要的制度：

1. 金融均衡调节机制：对于金融波动和风险防范要建立投融资均衡和逆周期波动的机制，解除对金融创新的约束和限制，回归金融作为投资与融资平衡的本质。如果金融过度偏重与投资，而忽视了融资的功能，投资回报与融资成本、融资企业的价值创造相脱节，就会产生泡沫，导致金融失衡。

2. 外部性内生化机制：对污染与生态破坏建立资源税、排放税等根据程度和数量动态计算的税收成本机制，改变企业的投入产出对比，使得企业愿意投入进行污染与排放的减轻与防范机制，避免或者放任污染排放、或者停产停业等极端的措施，将金山银山和绿水青山结合起来，使得人们能够充分享受现代科技文明带来的生活水平的提高，使得经济活动与生态环境达到和谐的均衡。

具备了以上两类制度，中国新常态面临的结构调整和污染生态这两大挑战将迎刃而解，杠杆问题、库存问题、产能问题将由制度保障下的市场自行平衡解决，而第三大挑战—贫富差距问题则需要社会保障体系区分劳动能力缺失与否设计解决。中国的新常态，将是产业结构调整的现代化过程，将是污染的工业化向环境生态和谐均衡的新工业文明过渡的过程，将是人们收入显著提高、广泛享受科技问题进步的过程，资本将发挥巨大优势，成为科技创新、生活改善的美丽翅膀。

（2016年12月12日）

产能“过剩”不可一概而论

贾　康

“去产能”作为供给侧结构性改革的重要内容，现实意义明显，但各方理解还见仁见智。在此谈谈我的几点基本认识。

其一，去产能属于供给侧结构性改革的题中应有之义，这与不久前G20杭州峰会《公报》中所形成和强调的各国要推进“结构性改革”的“杭州共识”完全相通，即各国、各经济体都面临这方面的现实问题，都有去产能的客观必要性。因此，如仅把去产能和去除僵尸企业的对象锁定为中国的国有企业和实体经济部门，显然是偏狭的不当认识。

另一方面，如果又由此进一步引出去产能有“姓社姓资”的问题、去产能是国际敌对势力针对中国的“阴谋”，那就更是陷入了错误思维、落后理念中了。其实，只要是落后产能，不分国企私企，无论中国外国，显然都应去除，而且都需要在尊重市场规律的大前提下，把握好相关的机制建设和政策要领。

其二，我不同意笼统地讲去“过剩产能”。现在必须聚焦的是去落后产能。各个行业里产能的过剩与不过剩在不断变化，由过剩产能向有效的、不过剩产能转变，甚至可能发生在一夜间。因而更准确的说法是，在行业里垫底的落后产能，是可以相对而言较好把握的概念，是去产能“有的放矢”的对象。这实际上更有利于打造结构优化、质量提高的发展“升级版”。

其三，所谓过剩产能，显然可以通过一些创新机制——比如政府与社会资本合作模式（PPP）来迅速改变。即把一部分过剩产能一举转为有效产能。原来政府需要自己包揽去做的公共工程、基础设施，以及产业园区连片开发这些事情，现在可以拉着雄厚起来的民间资本、社会资本包括外资一起来做，那么就有望做得规模更大、建设更快，并产生一系列正面效应：

它可以缓解未来很长时间内，政府在城镇化和老龄化压力之下的财政支出压力，使老百姓得实惠而且实惠可持续，因为它是政府、企业和中介机构“1+1+1〉3”的绩效提升机制，也正是落实共享发展的机制创新。

它还会给一批跟政府合作的企业打开取得“非暴利但可接受”的长期投资回报；它对接混合所有制改革，以及法治化、民主化制度建设，是深化企业改革和全面法治化的倒逼机制和催化剂。

同时，它又是“引领新常态”过程中把一部分所谓过剩产能成功地转为有效产能、进行有效投资、聪明投资的新制度机制。比如在北京，引进外资建设地铁16号线是缓解首都公共交通体系有效供给不足的一个重要建设项目。PPP可以把项目投资做得更快，项目所需要的钢材、建材、水泥、施工机械设备等“过剩产能”，会随PPP这个机制创新而很快转为有效产能。

其四，不能把所有在竞争力上有一定劣势的企业，马上认定为所谓“僵尸企业”。“僵尸企业”这个概念可以用，但是它也会带来某些认识误区。因为某些企业在竞争中已经感到有困难时，如果能成功地实现升级换代的创新，就可能改变面貌。原来被人们认定为是过剩产能的代表，可能转为有效产能的组成部分，原来的僵化，也就转为活化，这要靠“事在人为”的努力。所以，在整个行业或者某一个领域里，能不能去除那些实打实的落后产能，才是值得聚焦的“真问题”。

其五，去产能的主体与机制何在？这一点非常重要。去产能中，对于某些成规模的企业，政府如可以有把握地认定它就是落后产能代表，在没有挽救可能的情况下，就可以由政府为主体以行政手段实施关停并转，这是最便捷的操作，但这种方式的适应性已非常有限。现在全国企业数量、市场主体数量接近7000万，大量的中小微企业中谁是落后产能代表，政府没有能力一一甄别，必须依靠政府维持公平竞争的制度环境，在让整个市场机制发挥作用的过程中，以竞争中的优胜劣汰解决去除落后产能的问题。这是最重要的去产能主导机制。

（原文刊载于《环球时报》2016年10月11日）

中国经济需要轻装前进

金海年

刚刚发布的7月信贷数据值得关注，新增人民币贷款只有4550亿，环比大幅下降65%，同比下降23%，而这个月社会总融资规模仅新增4879亿，环比减少70%，同比下降34%。这组数据说明企业融资减少，对近期的经济增长造成了巨大的压力。

在2015年1月10日召开的中央财经领导小组第十一次会议上，习近平总书记提出“在适度扩大总需求的同时，着力加强供给侧结构性改革，着力提高供给体系质量和效率，增强经济持续增长动力。”2015年年底召开的中央经济工作会议，提出2016年战术关键是抓好去产能、去库存、去杠杆、降成本、补短板五大任务。

产能过剩、库存过多、杠杆过高、成本过重，本身既有社会主义市场经济不发达的原因，也有市场机制失灵的因素。传统产业会随着工业化的深入使得需求逐渐饱和，有效的市场机制下，利润就会下降，资本就会转移到新的领域，过剩的产能就会减少。但传统产业往往是高能耗、高污染的行业，是具有负外部性的特点，导致市场失灵，而我国对于资源的使用和污染排放尚缺乏足够的制度设计将其外部性成本通过税收、处罚变成企业的内部成本，导致企业投入产出与社会的消耗和损失不对等；房地产行业又处于我国城镇化建设的中期，前期快速增长的单边效应使得企业和个人都高估了行业的未来、低估了风险，随着人们预期的理性化和契约精神的普及，不动产价格将由只涨不跌转入有涨有跌的周期状态，库存也将逐步恢复到合理波动的新时期；而杠杆过高问题，则主要体现在非金融企业方面，由于融资渠道过于单一，主要是银行信贷，债权融资和间接融资带来了高成本的高杠杆，必须通过发展股权融资市场以及传统债券和中小企业高收益债的多层次资本体系来解决增量问题，通过贷转债和贷转优先股来解决存量问题，建立风险与收益相匹配的市场机制，以市场的手段来改革高杠杆形成的土壤，逐步在发展中实现去杠杆；成本问题则是进行税制改革，减少重复收税，减轻新兴产业、环境和谐产业的税负，根据外部性成本大小增加高能耗、污染环境的产业的税负，通过制度成本正负激励来引导产业的转型和升级。

因此，“三去、一降、一补”是为经济转型、提高经济质量、减少经济风险的“轻装”措施，就像去除“摩擦力”，但本身不是增长动力，不能带来“前进”的效果，是“战术”，解的只是“近渴”。而要“前进”，则需真正推进十八大和十三五规划的基础上提出的供给侧结构性改革，全面建立市场起决定性作用的社会主义市场经济，这是“远水”，是“战略”。

供给侧结构性改革，就是要针对资本、人力资源、自然资源、技术、企业组织等供给侧方面的要素进行制度改革。我们必须清醒的认识到，为人们生活带来实质改进、文明带来真正进步的是科技的创新，从石器、铁器、纸等古代发明，到电、汽车、飞机、冰箱、空调、计算机、互联网、手机、航天技术、生命科技、人工智能等等，都是在供给侧的改变，因此经济增长的目标也是为了让广大人群享受这些人类文明科技进步的成果，并且进一步不断推动科技创新和生产力的进步，这是经济和市场最高的两个目标和作用。为了实现第一个目标，就必须不断提升生产效率，满足更多人的需求；为了实现第二个目标，就必须通过社会激励机制吸引更多的人类智慧精英投身发明创造领域，扩大科技投入和产出效率。市场经济就是这样一部机器，可以不断推动这两个目标的实现，建立完善的这部机器，就必须推进供给侧结构性改革。

首先是资本方面，应以企业融资和投资人投资为两个对立统一的结构，完善从小企业、中企业到大企业的融资渠道，完善初创企业、发展期企业、成熟期企业和转型期企业的融资渠道，建立风险投资、私募股权、私募债权到公开股权债权市场的多层次资本体系，逐步改变我国目前以银行信贷为主的、股权融资过低、高风险债券市场匮乏的早期金融体系状态，向现代金融体系发展，同时建立社会风险和投资风险防控体系，实现发展与稳定的均衡。设立投资人资格评估机制，建立风险识别与风险自负的市场契约机制，建立融资功能和投资功能并重的股票市场体系，让市场在股票发行和转让中起决定性作用，政府监管只面向信息披露和契约执行，促进资本市场的创新发展。

在人力资源方面，应逐步放开人力资源流动的约束，以工作居住登记替代户籍登记制度，将纳税和社保、医保、养老以及子女教育联系起来，打破地域壁垒。大城市不仅需要高精尖行业，也需要餐饮、家政、零售等各类劳动者，他们也应在工作与纳税地享有医疗、子女教育、社保和养老的权利，并应建立这些社会福利与保障体系的跨地域转移机制。流动的人口是人力资源，是劳动者，是供给的最小单元，也是消费的最小单元，是创造财富的源泉，也是享用财富的主体，只有让人力资源平稳流动，才能最大发挥人才红利和人口红利的价值，让人力资源效率最大化。

在自然资源方面，主要包括土地、矿产、水等，也应建立流动机制，即以马克思所构想的个人所有制和市场定价的原则进行流动的市场机制，避免“公地悲剧”，同时考虑资源的外部性，对环境与生态影响进行量化，通过资源税和污染费进行成本制度化，多使用多付费、多污染多承担，税费必须与其外部成本相当，以此收入投入到环境治理和损失恢复方面，并且以此促进生产者以更加低廉的环境保护与资源节约技术与措施替代原来的粗放和污染生产方式，最终实现绿色与发展的平衡。

在科技方面，应完善专利与知识产权保护制度，让科学技术生产者获得相应的回报，一可以激励创新创造，二可以免除科研工作者的后顾之忧，以便主要精力投入在科研创造方面。应建立基础教育、基础研究、产业研发、企业研发的多层次科研体系，从财政支持的科研教育机构到社会自办的科研教育机构以及企业内部的科研体系，将国家引导、商业激励和资本市场相互结合起来，做大科研的人力精英投入分母，做高科研有效产出的效率分子，形成可持续创新研发与多层次科技创新的长期战略体系，重新发挥中华文明在人类文明的领先地位，实现新四大发明、新四百大发明甚至新四千大发明。

在企业组织方面，应完善政府与企业的契约精神和法治体系，优化国企与私企的定位分工，让企业和市场发挥其商品定价和价格调节供给的功能，让企业和市场发挥其竞争促进科技创新和生产力提升的功能，让企业和市场发挥其优胜劣汰的产业结构调整的功能。国有资本应在公共服务和战略安全领域做强，也应保持有效的竞争机制，以维持企业的生机和供给的效率；私企应在商业服务领域做强，成长出更多的跨国企业，促进其创新的活力和供给的普惠性，应建立企业与消费者、资方和劳方的均衡博弈与共赢博弈机制。

无论企业家还是政治家，无论是生产者还是消费者，都有其追求自身回报最大化和投入成本最小化的动机方向，都有其获取信息能力和行为能力的有限性的局限，社会主义市场经济制度，就是要促进个人动机与社会总体利益的统一，通过企业与政府来突破各自能力局限的持续改进，这样的制度一方面需要有面向当时发展阶段的时代性，也需要有不断根据阶段发展变化和自身缺陷逐步改进的自我进化与修正能力，改革就是要考虑这两方面的特点，从供给侧出发，不断促进满足人们日益增长的物质文化需要的供给能力的实现，继续已经延续五千年不断的中华文明的新辉煌。

（2016年8月20日）

“死亡税率”说窄了，正税减降空间不大；要看全景图，抓住真问题

贾　康

［澎湃新闻编者语］　财税是国家密码，它反映了一个国家的税务管理水平、财源的盈枯状况，乃至国家、国民、制度的现代化程度，是历史演进的一条主线。贾康先生于2017年1月在阿里巴巴的这篇演讲，有助于我们认识中国财税现状，以及未来努力的方向。

曹德旺先生说中国企业综合税负比美国高35%，这个概括还不够到位，他说的企业负担里，正税之外是大量非税部分的比较，如美国和中国的人工费、电费、天然气的成本、物流成本、厂房、土地等相关负担，这些跟税没有直接关系，不能以税的概念来涵盖，他把所有的项目都做了相关的考量以后，最后总结是：中国综合税负高35%。我觉得这就需要澄清，他到底说的是税，还是税和其他负担的总和。

我们必须把曹德旺所说到的所有这些问题和引发的积极讨论，牵引到更全面看待的正税、非税收入、税外隐形负担、社会环境里的综合成本等所有负担的全景图上，明确哪些可以降低？能够做的应积极去做。对这些降低负担要做之事所匹配的改革，敢不敢攻坚克难，能不能真正通过改革攻坚克难的制度供给，形成一个高标准、法治化、低负担、公平竞争的营商环境，这是中国的真问题。

我再强调一下，因为曹总的结论没有概括他所讨论的全部信息，只讲了综合税负高35%，因而还要进一步讨论。现在网上很多讨论走偏，只简单地说中国税负太重，重到了“死亡税率”，很容易使人只关注正税税率的高低，想得窄了，其实应该扩到全景，把所有问题一一摆明。

先说中国正税。前几年做了一系列结构性减税的努力，但显然还需要继续努力。中国正税就这十几种，要想再减，具体减什么，这是最关键的。我看了这么多讨论，只有一个具体的建议，就是李东生的说法，增值税税率由17%降到12%，这是指标准税率。增值税17%如果减到12%，假定它代表的是整个收入绝对规模，这就要砍掉差不多1/3的增值税，中国政府砍掉1/3增值税收入，那整个局面还过得去吗？（增值税是中国第一大税，营改增之后，更要占到全部税收收入近一半左右）这是“过日子”的问题，也是方案可行性上绕不过去的问题。

接着，减增值税的合理性如何。中国现在是间接税唱主角的税制，如果降低间接税，看起来企业可以直接感受到税负降低，但是税负在“间接税”概念下它必然要在整个市场流程里完成转嫁，那它最后归宿在哪里？从经济学的理论来说，最后负担下降其实不是主要落在企业这里，最后税负的减少可能主要体现在最终消费者身上，使最终消费者受益，这是符合应强调的税收实际减税效应，最后落到共享发展、使消费大众最终消费品含税量降低的效果上的。这是我国税制改革的取向，就是逐渐提高直接税，同时要稳定宏观税负，言下之意就是要降低间接税的税负。所以，李东生说的方向没错。

但是，要考虑稳定宏观税负或维持其不低于一定水平，降低间接税，就有必要提高直接税比重，光讲减税显然不够。虽然大家都不愿意加税。在加税大前提之下必须处理的问题，是加什么税？直接税加什么这是要对接到操作点上的，比如中央说到的房地产税加快立法，这就是个直接税，它是从无到有，是加税的因素，当然它远水解不了近渴：什么时候能完成立法，什么时候能把这种税收实际加上来？显然它是个慢变量，而且现在还看不到启动的明确信息。

原来提稳定宏观税负情况下，直接税没处下手去加。要成规模降低间接税，还必须对应到中央已经说到的最新的指导方针上，政治局现在已经把原来的“稳定税负”（实际上指稳定宏观税负）的方针调为“降低宏观税负”。国家收入来源第一大税是增值税。我观察，这方面没这么简单。中央现在实际工作中，在减税的同时必须掌握整个政府系统还要安排的支出，满足一系列的目标要求，要保“民生托底”（社会政策托底）的很多事情，要有一系列与七千万人脱贫的精准扶贫相关的财力投入，和维持我们所有的社会保障事项（从住房保障到教育、医疗、就业、养老）相关的所有投入，这些年支出不断加码，使已经形成的“稳定宏观税负”这一指导方针下形成的财政赤字率2016年抬到了3%，这个赤字率再往上抬一些不是不行，但是会更审慎，因为3%已经达到了欧盟成员国签约时他们财政纪律控制的量值了。我们已经听到口风，可以考虑不把3%看作是绝对不可逾越的界限，但是逾越过去以后能够逾越多少？已很有限了。找不到新的替代财源的话怎么办？要增加直接税是个很慢的变量，很慢的变量配一个很快的向下调整的变量（就是减少间接税），必须找到短期内填补它的收入来源，这时候虽可以通过宏观税负的降低和提高赤字率冲抵一部分，但冲抵是很有限的。

接着要说，中央说的降低宏观税负是仅仅指正税吗？不对。降低宏观税负要把所有的政府收入放在一起理解。简要地归纳，宏观税负有三个口径，最窄口径是所有的正税加在一起。中口径是把这些税收加上另外一些项目，比如社会保障方面的征收。中口径的意义不大。最有意义的实际上是广义的口径，即把所有政府收入合在一起和GDP比。对这个广义宏观税负的可比口径，这些年一直在研究，财政部、税务总局，还有各方研究人员，虽然有些认识上的差异，但区间是非常明显的：在33%-36%这个区间，它大致就和发展中国家平均的宏观税负一样，发展中国家宏观税负的平均值大概为35%，如要说发达国家，就比这个水平高，一定是40%以上，北欧福利国家则接近50%。

行政改革迟滞加大企业负担

这样一来，在降低宏观税负方面按最有意义的广义口径考虑，必须包括正税之外其他的收入怎么降的问题，对接曹德旺观察的问题里很多相关因素了。实际上曹总看到的比广义宏观税负还更开阔一些，包括社会上很多生成于一定运营环境里的负担，比如运费，又比如他说的清关、融资成本、配件的费用等等，那是更开阔的超大口径了。但我们至少应把正税之外中国要讨论的行政性收费，五险一金，还有一些隐性的、在政策环境的明规则之外还有潜规则起作用而形成的各种综合成本（很多是隐性的，企业不得不承担的这些成本）合在一起考虑。

第一个是正税，我国现行开征的十几种，能打的主意在哪里？营改增这个结构性减税，算是已经在框架上做到全覆盖，小规模纳税人是简便征收从低的税率，一般纳税人以进项抵扣作为享受减税好处，但这里面可能还有问题。比如说有的高科技企业，必须稳住高端人才，给这些高端人才付薪酬是形成不了抵扣链条里的进项抵扣的，如果这样一个轻资产、重人力资本投入型的高科技企业过了某个临界点以后，它在营改增的情况下有可能就是实际税负不降反增，这个问题怎么解决？这是要专门讨论的问题，要有调研和针对性的具体措施的设计。

此外，小微企业所得税的征收"起征点"抬高多少得具体讨论，这方面实际减税的规模能有多大？其实已经不太大。看现在的税务资料，小微企业实际税收贡献在整个税收里的比重已经相当低，再给他们减一些税，可以使他们再降低一些负担，但具体到每一家小微企业，可能一个季度降100块钱的税，甚至只降了几十块钱，充其量降一千块钱，这能有多大的帮助？这可以感受到在正税框架里减税的局限性。

第二个是行政性收费，中国在改革开放过程中，这种行政性收费曾经极度膨胀，这些年经过一系列的整治后明显收敛，但是收敛下来的行政性收费和其他经济体相比，还是居于很高的水平，这是一望而知的。这背景是什么？是相关公共权力环节的各个部门，他们已经形成了一定的既得利益，比如说审批权，后面跟着的往往就有明的收费权和暗的"设租"权。中央层级经过这么多年努力以后，现在审批权压缩到400多项，但如果列成一个单子，感觉也是多如牛毛。这里面很多的具体收费，是跟着这种公权在手的"权力行使"带出来的。有没有可能进一步降低行政性收费？答案肯定是别无选择，必须继续往这个方向推。甚至已有学者提出：趋势是应该完全取消行政性收费，我觉得这可能说得稍猛了一点，有些行政性收费似乎还一段时间取消不了，比如咱们现在支持航空港的建设，原来是直接专项交钱的机场建设费，现在已经含在票价之内，但是一直在收，它是一个专项基金。三峡建设也配有三峡基金，电费里有一个较低的比重。经过这么多年的努力要继续往下压，这些行政性收费能压什么？

这些行政性收费政府架构需要脱胎换骨地改造，最好是大部制、扁平化，把这些庙拆了做一个全新的设计，新"庙"带有大部制特征、减少政府层级的扁平化特征，为政府机构消肿，然后就可以处理好怎么配"和尚"，怎么念经，怎么做规划，怎么做审批的问题。哪些项目可以取消？哪些标准可以下降？这其实又涉及政府职能实质性转变，行政运行成本真正降低。这样的改造如果做出来，机构精简接着推进减少审批权，减少行政性收费，把能压缩的减费空间都用上，这个事情就可能做得比较像模像样。

否则，会是流于空谈。现在实际上已顶在这里了，大部制改革和扁平化改革中央已经明确了十几年，但实际上横跨两届政府，大部制只走了一点"小碎步"、"小花步"。1994年出于种种原因下决心把国税、地税分开设立，几年以后，后面配套的条件到位，使他们各自的收入可以做到不混库，有种种约束"做不了鬼"了，那时候实际上已形成一个逻辑认知：可以再把它们合并在一起。但对不起，既得利益形成了，各自几十万大军，如合在一起，实际生活中复杂的"中国问题"就产生了，两套班子合在一起谁唱主角？这里面引出很多很多人事方面的麻烦，大家就可以想到是非常棘手的。上面很多的决策任务摆在面前，决策层不想惹这个麻烦事儿，所以下不了这个决心，不是一个技术问题，是一个政治决心的问题。至少几十万人合在一起，怎么分流安置都很清楚，先把班子合在一起，待遇不变，但要说清楚谁是一号，谁是二号，慢慢消化，后面的人很长一段时间提拔无望，因为前面班子的位子占完了，这些人自然退休以后，后面的位子才能接上公务员，有激励机制。在这个过渡过程中，竞争者是不是要互相给对方找毛病？为排挤对方出官场，这种竞争有时候是非常不择手段的，乌烟瘴气，告状信满天飞，后面跟着就是无穷的烦恼。这些事情其实私下都是不说自明的，作为研究者我摆到桌面上来讲一讲。

由于不得不回避这样一些问题，连国地税合并都做不了，还说什么大部制？发改委跟财政部并成一个"发财部"可以吗？至少一段时间内想都不要想。90年代初我去韩国，人家已经解决了，他们的财政部不叫财政部，叫“规划与财政部”，计委跟财政合在一起。再看法国，有说法法国是市场经济国家里最有集中特征的，但也早已把经济、产业与财政部合成一个部。其他经济体建设现代国家、推进现代社会发展过程中，早已解决了这些问题。但中国这方面基本框架的问题没解决，说到降低负担，马上就归结到税，都没碰这些事情。但我们一展开分析，从税说到税外还比较规范的行政收费，立刻会碰到大部制、扁平化改革——实质是敢不敢推进综合配套改革的问题了。

除此之外，第三项，我国社保的五险一金一般人认为是应该降低的，但具体怎么降？降了以后，压力越来越沉重的基本养老等社会保障体系的运行能否过得去？这里相关联的改革，本来是应该下决心实行基础养老金的全社会统筹，把省级统筹概念下三十几个蓄水池并成一个大的蓄水池，它的调节能力升级，缴纳的负担程度便有可能适当调低。像东北等老工业基地资金是不够用的，但深圳、广东劳动力平均年龄很低，大量的资金滚存积在那里，由于各自的蓄水池不能连通，一边的支出压力非常沉重，另外一边是滚存节余怎么用已令人苦恼，如果打通了以后，会更好地来贯彻互济功能制度设计的内在逻辑，落到支持大家共享发展的整个社会的蓄水池，使我们在全局上可以应对养老社会保障运行的现实需要，更平稳、更匀称地去调节现在的基本养老，以及处理现在不得不做的名义账户制怎么做实，对接到以后的应有前景，等等。全社会统筹讨论了几个五年计划了，为什么拖着不动？这又是既得利益的问题了。如果全社会统筹的基本养老做不到位，现在所讨论的“五险一金”又要下降，有些地方过不去怎么办？必须把这些问题放到一起说。如果真正冲破省级统筹局限做到全社会统筹，过不去就变成过得去了，降低“五险一金”自然而然就来了。为什么？整个蓄水池的调节功能可以承担降低“五险一金”的调整，但如没有这个蓄水池的改造就过不去。现在有几十万人在做基本养老的缴费收取工作（其实全国各地方至少有一半左右是委托给税务部门去代征了），所以具体部门的态度是这样，收费权是前面某届某部长在任上为部门争到的，每一届的班子都要跟下一届的班子交代，这绝对不能丧失在你们手上，这是一个部门的命根子，是硬约束。要破除这个约束依靠什么呢？依靠总书记说的“冲破利益固化的藩篱”，原则有了，怎么做？这是很现实的问题。讨论“五险一金”，就能扯出这么多的问题。

企业的隐性负担重

第四，行政性收费“五险一金”外面还有什么东西？市场主体要处理的还有很多的隐性负担，很多东西是有苦说不出来，但是你要讨论的时候可以知道影响相当明显。

比如我接触到的一个企业家跟我说过：我这个企业开办要盖几十个章，这里面有一个消防章，它不盖，办公场所、车间生产场所都不能用，一用就违法。但这个章反复交涉就是盖不下来，不是这个问题过不去，就是那个问题过不去。后来有人给我指了一条路：你出6万块钱，请个中介公司这个事能摆平。企业家当时很气愤，但他说当时我不敢骂，当着你的面我就是要骂娘，整个开办费一百多万元，要盖几十个章，一个章就要6万块钱，是你们政府的税逼得我气都喘不过来了。说道这里我们可想想，政府造成负担重是企业家的直观感受，但这种负担是所说的税负吗？他提到的这跟税一点关系都没有，它甚至跟行政收费都没关系。这事一听就是公共权力执掌环节上的变相索贿，这里面的利益输送猜一猜就知道。

不要说小企业，即便像模像样的中央级的大企业，在一个投资环境评价很好的直辖市里，同样碰到这个问题。中央级的大公司在这边办分公司，消防部门就是不过关，反复请客，请到最后人家都不好意思了，这个章才盖下来，你可想底下的小企业受到刁难的时候，可能更不客气。这只是讲了一个章。几十个章是不是都有这种打点？打点是不是都是负担？有形的负担，请客得安排吃好的，还要送点意思；还有无形的负担，时间不是负担吗？时间也是金钱。所有这些负担，隐形的东西，综合起来是个什么成本？早开业一个月或晚开业一个月，市场局势可能就大相径庭，原来有的机会可能就丧失掉了，有利的时机丧失掉了那企业什么时候再能够翻过身来就难说了。诸如此类的事放在一起，所以，我特别看重的是大块的隐性成本、综合成本，这种成本在国外不能说没有，但应该说跟中国比可能是一个天上，一个地下。少数那种特别乌烟瘴气的经济体也会有不少，但稍微像样一点的经济体都不会像中国这样，这是当下还得承认的现实。

所以，正税减降不是企业负担问题的全部，甚至不是最主要的问题。正税怎么减，大家可以就这十几种税和未来可能开征的税一一摆明，（我也想提一条，减税的事跟我们知识分子有关，几十年前就定了稿费收入以800元为起征点，超过的部分20%，然后给个优惠，优惠以后14%。这么多年来不变，能不能减？我觉得应该减，这是减正税。但这些知识分子是分散状态，发发牢骚以后，都是“秀才造反三年不成”，形成不了什么社会压力，管理部门就不理你了，所以说了这么多年也白说。）现在企业的压力到这儿了，能不能把这压力传递到真正要解决的问题上？除了正税之外，我说的“减税不是问题的全部，甚至不是最主要的部分”，就得一一对应到行政性的收费怎么减，“五险一金”怎么减？降低隐性收费、综合成本相关的配套改革怎么？更不是一个“减税”概念能覆盖的了，必须整顿营商环境，遏制设租寻租、变相索贿等等。

八项规定以后，这方面已经形成了一定的震慑力，但是不是还要追求王岐山同志说的治标换治本。震慑以后收敛一点，但我知道可能还做不到干干净净地完全排除掉。另外一方面，它可能成了另一种变相的负担，“为官不为”，还是拖延，你不打点了，我客客气气，但我更不给你办事了，拖人家的时间可能给拖死，这也是负担，所有这些事情必须捅破窗户纸来讨论。

所以，小结一下，第一，减什么税，最好列出清单建议，企业负担沉重的感受之下，我们还能减什么税？第二，正税之外需要减什么，也必须一一列上清单。

人工、电价、土地的中美比较

接着我们要讨论人工费能不能减？中国这方面对美国还有比较优势，但对东南亚已成劣势了。人工费的上升合乎中国进入中等收入阶段后的阶段转换，正面讲这是我们“人民群众“概念之下的劳动力，从低端开始，从粗工、壮工、农民工、包括家政服务的保姆开始，他们有了更高的要价能力，你不给我满意的工资我不在你这儿干了。正面讲中国社会为低端劳动者增加收入，而且收入增长的幅度超出平均工资增长幅度受益了改革的成果。负面评价就是我们的比较优势正在撤空，而且未来还会继续，劳动力对经济增长的支撑作用在减少，这是无可奈何的。曹总说蓝领工人工资美国现在是中国薪酬水平的8倍，说明我们这方面还有竞争的比较优势，所以他到那边以后要拼命用机械替代蓝领劳工，而且他不得不雇一些超年龄的，可以讨价还价，在工资这方面打打折扣。中国得承认综合成本里的人工费，也得注意控制，现在跟美国蓝领比还差8倍，以后会缩小到4倍，再以后还会缩小到2倍，希望这个过程处理得更理性一些，但还是上升的轨道。

至于电费，美国是中国的一半，中国有没有可能继续降？电力改革要部分地解决这个问题，而电力改革是攻坚克难的事情。十几年以前的5号文件有清楚的思路，但关键举措一直被搁置。好做的事情都做完了。当时是很快把“厂网分开，主辅分离”，这两个好做的做了。原来一个大公司可分解成若干个法人，再接着提拔很多新的高管，还建了很多新的办公楼，配了很多的专车，但前端的竞价入网（把电力的生产定位为商品生产引入竞争性和选择性），寸步未动；后端输电后的配电（面对千家万户，引入服务外包等等市场机制产生竞争，让他们能够更好、更便捷、周到地为用户服务），也寸步未动，只动了好做的两项。结果电力部门的工作者自己说，虽新提拔了很多高管，增加了很多固定费用，但指望的改革成果却体现不出来——这话说得可能绝对一点，5号文件毕竟逼着电力企业有了一些竞争和松动，但最关键的事情，确实没做出来。

现在又看到了标密的电力部门改革文件精神的透露，话说得柔和了一些，要做的事情一样，前端通过特定的一些机制，包括大客户讨价还价机制产生竞争性，跟市场对接，后面要在售电市场方面放开，引入服务外包等竞争机制，要对接市场。这样形成竞争以后，中国的电价是有望找到一定的空间把它往下调的。

总体而言，中国完全没有办法和美国比拼电费，美国的电怎么产生？它有非常丰富的天然气，它有可长久利用的油页岩资源，而中国的电80%是煤电。煤有很多外部性，如环境污染压力大，它的综合成本，还没有很好地体现在中国的电价里。近年中国努力发展的其他新能源，风电、光电这么努力，现在也只占整个电力供应的几个点，清洁的水电、核电，空间基本封住了，水电比重在下降，怒江流域再要建水电站谈何容易，有国际协调问题。日本福岛核事故发生以后，中国曾经表态核电只在沿海考虑，不在内地考虑，后来又似乎要试探着在中部是不是能建核电站，还没有特别清晰的信息，估计也不大可能放开手脚。简单一句话，可以预见的很长时间内，中国以煤电唱主角已成定局，光电、风电这些新能源还扛不起大梁，支撑不了大局。那么我们要不惜工本把煤的清洁利用这个关口突破，使基础能源供给机制升级以后能够支持可持续发展。

中国最合理的方法，如果要减少雾霾，应该是实行适当的高电价政策（当然，这么说又很得罪人），中国只有让电价适当地在比价关系里有一定的“高”的特征，才会逼着大家千方百计地开发有利于节能降耗绿色、低碳发展的工艺技术，有利于在经济压力形成动力的情况下去解决中国怎么突破自身非常之局的历史性考验问题。

中国近14亿人口国情之下有一个“胡焕庸线”，这是一个“半壁压强型”的格局。美国的版图跟中国差不多大，美国也有人口集中的区域，但是它总共人口就是三亿出头，中国的胡焕庸线从瑷珲（现在叫黑河）拉到腾冲，右下方东南半壁有96%以上的人口。第一人口大国绝大多数人生活在这1/3多一些的东南半壁，而资源、能源耗费水平已进入中等收入阶段，还要走入高收入阶段，以煤为主这个非常之局之下，已经雾霾频频，大家都难以忍受。

那么共同利益、长远利益之所以要靠比价关系，更多地调动我们内生的积极性，千方百计少耗电，少用煤，少污染，少雾霾。这个逻辑就是很得罪人的逻辑。但讨论问题至少先要捅破窗户纸。然后再凝聚共识、落实解决方案。

所以与美国比谁的电价低，在中国不具备经济可持续发展的合理性。油价、天然气价格也是同样的道理。欧洲有区别对待，它的油就是通过一定的价格政策和税收政策，抬到比较高的水平，以控制机动车烧油。显然我们应该学欧洲，资源税，环境税，甚至碳税，应该是以比价关系让大家尽可能少耗油，少耗电，少烧煤这不是让煤炭消耗量马上下调，而是在控制绝对使用量的同时，让每单位产出所含的相对比重下降。

另外，曹总所说到的过路费美国基本没有，的确如此，美国只有少数几条高速路上收费，绝大多数是不收费的。中国能一下子把美国这个办法拿过来吗？我看还不行。因为中国超常规发展经验之一就是靠前些年贷款架桥修路形成的基础设施支撑力。这样的支撑组合中，以后要减少收费，逐渐去接近美国的情形，但很长一段时间内，做不到美国那样基本不收费，我们还不得不依靠贷款和PPP融资，以收过桥过路费的方式，形成一个循环，支撑基础设施的建设进程。虽然老百姓有不满，但必须说清楚老百姓总体上是受益的。就说北京，三十几年里航空港的年吞吐量从原来的几十万人上升到现在接近一亿人，每增加一千万的客运量的时间越缩越短，即便现在已经接近一亿人了，但增长压力还是非常大，必须要建第二机场。第二机场投资差不多900亿，和这个机场相关联的干道它能不收费？如果不收就缺少了推进基础设施升级换代的财力支撑。

首都机场T1、T2改造以后的高速路收费，在社会压力之下变成了单向，十块钱也降到了五块钱。但是不是有另外一个替代方案？如果在管理上可以很清晰地说清楚这个钱用于还本付息已经完成了，但只要大家觉得合理，可不可以多收一段时间？多收一段时间这个钱拿来干嘛？用于支持未来要做的第二机场的干道建设，让它赶快配到位，只要能够阳光化地说清楚，有足够的公信力，我觉得这个机制是可以这样考虑的。但是对不起，在中国这个事情还就过不去，有关部门就藏着掖着，就不想细致公布高速路收费到底怎么用的，这里面可能有猫腻，可能有难言之隐。所以就得通盘来考虑。一方面我们希望能够尽可能减少过桥过路费，同时要强调阳光化，让社会监督，让这个钱滚动式地用到支持基础设施升级换代。要承认这里面有一定的人工维持费，但不能过份。这方面透明度不高，少数人把它看成既得利益的固化，然后膨胀，很容易引出很多不符合公共利益最大化的偏差。

滥罚款的痼疾主要是吏治问题，已不是税费问题。运费里还有公路干道上的过路过桥费之外的滥行罚款负担，多少年来一直说治理整顿，治理了多轮之后仍未很好解决，比如一方面说不超载货运就赚不到钱，另一方面超载又不断形成罚款的依据，这种恶性循环是怎么形成的？与税、费有关系吗？毋宁说与整顿吏治是否得法最有关系，与税费一起形成了企业、市场主体的负担，但主要是以“并存”为特征的不同负担因素。

另外，曹总说到的融资。中国融资的成本有高有低，它也是非常重要的影响企业发展的一个负担因素。我前面说到了对小微企业减税，实际上落到一家一户，可能一个季度、一个月只是几十元、上百元钱的优惠。但企业可能实际需要的是：能不能得到一笔十万元、二十万元的贷款支持。他迫切需要得到这一支持，贷款如果是高利贷，硬着头皮拿到手，一旦出偏差就还不起了，打击是毁灭性的。温州后来的跑路事件不就是这种情况。正规金融边缘化，大量的灰色金融、近乎高利贷的金融唱主角，潜规则强制替代明规则，到了世界金融危机发生以后，资金链的脆弱性表现为跑路事件。危机爆发又暴露了产业空心化。

这方面阿里巴巴公司做的事情就非常有价值了，我看到公司提供的小贷在没有什么特定政策配套支持下，就依靠现代信息技术，不要求抵押，也不用见面——这方面人工的操作为零，就是系统中根据大数据判断一下靠谱不靠谱，很快确定以后，一秒钟内几万元的贷款就到申请人账上了，我看到最高的例子是20万元，马上就拨出去了。这就是对小微企业实实在在的贡献了。

所以，曹总说到的这种融资成本的问题要解决，又是个系统工程，它跟减税有直接关系吗？为什么大家先后说了这些问题，收官时一下子又回到一句话，似乎解决综合税务成本高35%这个问题，中国企业就活了，对于融资来看，这是不是还没对上？前面讨论的问题和最后的结论没有对上，我觉得需要直言不讳说到这一点。

如何看待土地、厂房成本？曹总还说到其他的一些事情，比如厂房，他在美国那边取得场地是出了钱的，有多少年的使用权，然后当地的州政府给他补助是1500万美元，等于地基本是白拿，这种情况在中国的沿海区域，特别中心城市区域，比如在北京，已经不可能，但我们的中部、西部可以。但为什么在中部、西部即使白白供地，也吸引不了这样的景气因素，吸引不了投资呢？就是还差着其他的条件。当地政府无偿提供用地，多少年前就是这个政策，但是其他东西匹配了吗？

沿海发达地区地价高，主要是由市场竞争决定的，一般是区域发达程度上去了，地价就抬起来。当然对地方政府靠山吃山，靠水吃水，在土地使用权这方面有一系列问题需要探讨，这里我提一下基本看法：靠山吃山靠水吃水没错，关键是为什么这些年中国有条件来靠土地批租收入把收入水平抬高的这些地方政府，它的短期行为不能得到遏制呢？它为什么一定要单独地靠土地批租收入呢？我们后面再讲。

既要减税，也要加税

今天我们讨论的主题“加税VS减税”，到此就要说到对加税不能一概排斥。美国由土地开发形成的不动产，早早确立了财产税收入来源，这种直接税形成地方政府最主要的收入来源。中国人为什么没有意识到这是现代社会、现代国家必然特征，我们要积极往这上边靠。当然这个很得罪人，大家会马上想到几乎人人厌恶的房地产税。至于房地产税，在中国那更是从无到有，是加税。原来我国住房保有环节没有税，现在要考虑让它从无变有，如上海和重庆的试点。重庆已经涉及存量，具体设计中有很多细节要细致考虑。都是柔性切入，上海是对存量根本不触动，只对增量，即使你原来有一百套房，有“花园洋房”，你只要不出手买房子政府不理你，但你出手买房，这时候会把你所有住房的信息放在一起，给你算一算怎么交税。重庆就更进了一步，涉及辖区内几千套“花园洋房”的存量（不包括联排双拼），即只针对有自己一个独立院落的别墅，但是规定了180平米的扣除，如果是小户型仅180平米，照样可以不交税，只交180平米以上的税。这些都是要具体讨论的细节设计。未来中国对住房加税怎么加？可以借鉴重庆本土经验，而不照搬美国的线路。美国是最简单的、管理成本最低的办法，见一平米我征一平米，如你现金流有限交不了税，你可以变卖房产，完税以后你可以租房住，如租房有困难，真的是低收入，政府给你特定的保障房方面的扶助，反正是有房屋就得完这个税。中国不行，我认为中国必须给出第一单位的扣除，否则社会接受不了。怎么扣除？按照人均多少平米，还是按照第一套房，还是更宽松一点按照第二套房，这都得在立法过程中作理性讨论。

这件事与土地的价格或负担问题是相关的。中央现在说的房地产业健康发展长效机制，必须构建基础性的制度，而基础性制度包括土地制度、住房制度、投融资制度，还包括税制，都必须形成理性认识，看清改革的方向及要解决的问题。

在我们现在所面临的税制改革中，说到个人所得税，要减降低中端的税负。比如年轻白领，收入过了起征点要交税。但如果从培育中等收入阶层来说，他们可能就是刚接近或刚进入中等收入阶层，个人所得税超额累进的税率，结合应当综合计算的收入，应给这个群体比较低的税负，把起征点提高，再将前面这几档税率设计得比较低，这就是减税。但到了高端，不是减税的问题，而是加税，加税是要把原来的工薪收入与其他的收入，比如金融产品的收入归堆，归在一起以后，按超额累进税率来调节。技术上的配套其实早就能解决，要求的是金融实名制，还有所有办理金融业务的机构联网。我们过去已经有了居民办营业窗口上的金融业务必须出示身份证的制度，但没做到位的是，不能当场核验这个身份证的真伪，于是后面就接不上茬、做不下来了。当场验真伪很简单，就是在国家授权以后，整个联网打通以后的常规功能。联网在技术上不成问题，但各方就是以种种借口拖着，各个银行、各个金融机构没有突破各自壁垒的情况下，信息是大家都不肯连通的。如能做到金融实名制到位，联网以后支撑的是把这个人年度之内所有的各个账户按个人身份证号码（终身唯一有效的号码）归拢的所有信息调出来，把所有收入归堆在一起，接受超额累进税的调节。这样真正有支付能力的高端收入人群，就得多交税。所以，高端加税是不可回避的，也是可行的，美国早就这样。

特朗普新政减税减的是什么税？他们主要的税收负担不是咱们所说的流转税，美国没有增值税（VAT），他主要是在已抬得很高的直接税——个人所得税税费方面做适当的往下调减，这跟中国完全不是一回事儿。中国最主要的是间接税，个人所得税在全部税收中只占二十分之一出头，而美国在“进步时代”的1913年，就已经确定了联邦级政府最主要的税种是直接税里的个人所得税。美国个人所得税有“自动稳定器”的作用，经济繁荣，收入增加，其边际税率往上跳档，抬高，给经济降温；经济低迷，收入往下降，自动稳定器的边际税率自动往下落档，给经济升温。现在特朗普说的是根据需要在自动稳定器上，还要来一个人工定向操作的加码，实际上是一个助推器，按照里根那套办法来实施超额累进个人所得税的调减，比如现在最高边际税率为35%，他可以再往下调，具体一般是全套税率跟着一块调，人家减的是这个税。另外，美国也会考虑减降企业所得税，不过这是有盈利的企业才会碰到的激励。

我国个人所得税如果向这方面靠近的话，还有一个漫长的过程要走。先要把工薪收入跟其他可归堆的收入归堆，合并在一起，同时可以预见的是，需要把直接投资的资本利得另外做处理，就是作一个比例税的处理，鼓励直接投资。美国的个税有鼓励投资的优惠规定。特朗普竞选中有人指责他没把交税的问题说清楚，特朗普说这方面是我聪明，在尊重法律的情况下我还减少了我的税收负担，要为国家服务时我也会用这个聪明劲儿，美国社会接受了，还把他选上了。要在中国不可想象，亿万富翁搞这种名堂，人们会说你道德怎么样，说你这家伙不地道。特朗普的当选表明，美国国民意识方面已经明确接受了现代税收文化，大家觉得他只要不违法，怎么组织税收筹划，怎么避税，是可以接受的。他现在所说到的减税，背景是高收入人群、盈利企业可以请专家替自己做税收筹划，享受跟直接投资相关的免税的同时，把整个税负在原来直接税为主的框架里往下调。这是美国联邦政府“过日子”的主力型税种的调整。

所以可考虑为鼓励直接投资而在资本利得方面单设一个比例税率，个税实行综合与分类相结合。在分类处理的那个鼓励投资的比例税率之外，还得加上另外一些顺应民众要求的特定调整、专项扣除。比如家庭赡养系数，在信息可以支撑的情况下，要做特定的专项扣除处理。同样都是一个月一万块钱的收入，如果一个人是一人吃饱全家不饿，征税当然就严格按照已有的这套规定超额累进了，若另一个人同样也是一万块钱的收入，但上有老下有小，都靠这一万块钱一起过日子，那就应做专项抵扣。还有住房按揭贷款，至少对刚需房，或者以后更宽容一点，对第二套房（改善房）的按揭，月供里的利息部分，按照国际惯例是应该加以抵扣的，这符合整个社会更好满足民众随收入提高以后享受生活的需要，对于整个社会发展来说也注入了一些动力和活力。

结语：攻坚克难中解决“真问题”

我觉得中国经济面临新的一轮阶段转换、面临引领新常态、打造升级版考验的时候，加税还是减税，都不能简单理解。大家最关心的减税，需要继续推行，但是正税减降这个概念之下所对应的问题，绝对不是我们应该把握的问题的全部，甚至不是最主要的部分——一定要把握全景图，把正税内外可降的因素一一摆明，切忌盲人摸象，进而形成针对性、可操作的减轻企业负担的方案与措施，减税概念必要，但一定要防止“东施效颦”式学美国，要明确光减税还不够。在中国理性的讨论中不能完全否定“加税”，除了个人所得税有降有增、房地产税要从无到有之外，还有环境税，资源税，在排污这方面如要进一步加强调节力度，就不排除以后经过法律程序适当加税；所有这些事情无法回避，不能太情绪化地只说减税，不应理解为把综合税负超出美国35%的部分压下来，就是中国企业发展的康庄大道，企业负担过重的问题就迎刃而解。能不能做好匹配的改革，敢不敢攻坚克难，改革制度供给，形成高标准、法治化、低负担、公平竞争的营商环境，这才是中国的真问题。

“双创”中的问题与对策

贾 康

在中国未完成的转轨和创新发展过程中，“制度高于技术”，必须在创新发展的第一动力机制中，把寻求制度创新的成功，作为“龙头”和“纲举目张”的总纲。

大众创业万众创新，是发挥“创新发展”第一动力作用的重大供给侧实践选择。近些年，财税等部门把调控管理、深化改革和改善服务相结合，在支持双创中做出工作成绩的同时，也还存在一些问题。对于双创，财政政策及管理工具涉及税收优惠、政策性投融资、专项转移支付、财政补贴、会计制度、经费使用的管理规则等，也涉及部门间协调。实际调研中可感知有如下几方面值得重视：

一是部分政策规定过于复杂，可操作性不高。如科技企业孵化器优惠政策，对孵化器提出三项条件，再对孵化企业设定七个要求，导致政策覆盖面过窄，据反映全广东省仅有数家企业能够享受。

二是由各部门去甄别哪些企业享受优惠，自由裁量权较大，容易造成不公平竞争和设租寻租。如创业投资企业的所得税优惠政策，要求企业必须登记为“专业性法人创业投资企业”，将非专业性法人创业投资企业排除在外，而且概念颇有弹性，如何界定专业性与非专业性，容易滑向靠“处关系”来解决的状态。

三是仍然存在空白地带，如国发【2015】32号文要求制定对众创空间、天使投资的税收优惠政策，但至今尚未出台。

四是部门间协调不顺，形成扯皮、推诿、紊乱。如《企业所得税法》对小型微利企业有划分标准，工信部又对于中小微企业有划分标准，实际上导致相关概念的“标准化”程度低、往往出现莫衷一是的尴尬结果；又如科技部门和税务部门对科技企业孵化器的认定和条件控制不一，使优惠政策难以落地。

五是“营改增”面临一些具体矛盾与挑战有待破解。比如高科技企业和高智力轻资产的咨询公司，进项抵扣很少，实际税负高，应考虑作出针对性区别对待。又如公路交通运输的几百万辆货运卡车，绝大部分为在全国随机流动接单运营的个体车主车辆，已无法按“有车承运”为前提的税制设计与进项抵扣规定在车主原籍操作，必须适应“无车承运”物流平台公司的现实发展，对接这些平台公司的大数据系统，来落实该行业“营改增”的实施细则。但是具体方案迟迟不能在管理部门形成，迫使无车承运业务要伪装有车承运的成本构成，已催生了多种潜规则乱象，结算中以过路过桥费票、加油卡等找利益平衡，乃至向燃油销售企业购买发票，等等，抬高经济活动成本，引发设租寻租和经济秩序紊乱，严重扭曲、损害了该行业“营改增”的“激励创新”效应。

六是对科研团队和课题经费的管理套用官本位制和行政化办法，近一段更走极端，即使是承包性质的横向课题，也严格套用公务员行政经费控制标准，老科学家、教授、研究员作为研发团队的带头人，哪怕已白发苍苍，只要没有司局级行政待遇，则出差不允许坐高铁的一等座，在国内则一律不许坐飞机的公务舱，并且对前几年已报销的机票、车票，要一律追溯，超过行政标准部分，必须倒退款项充公。类似的餐费人均50元封顶、市内交通费一天80元封顶等等，“繁文缛节”越搞越多、追溯和倒退款项处理上也极其严厉。但这些严重违背科研规律，沉重打击了科研创新者的积极性。有些规定完全不考虑如何给实际操作留出回旋余地，比如国外交流碰上前后相连出访两国，需有两本公务护照送两国使领馆分别办签证才行，但现行控制规则，是一个人只许有一本公务护照，要想办两本以利工作，是坚决不允许的。

七是创新发展中一些政策界限不清，已严重威胁专业人士的政治安全。如PPP

的项目投融资，需要有专业团队提供咨询和方案设计。但高校、事业单位的专家、教授、研究员，如参与PPP项目咨询取得劳务费，却很容易被举报、指责为“在企业兼职并取得兼职收入”，会认定为违反党纪、甚至被扣上“受贿”污名。

“问题导向”下，必须积极寻求解决之策。具体对策建议是：

一、支持双创的各项政策，需要作出反思与优化，力求明白简洁，有可操作性。

二、对部门的“甄别”、“定性”实权，应力求有所限制约束，流程应力求阳光化，把“设租寻租”的可能性尽量压低。

三、积极填补政策空白，确有必要的政策设计，应抓住不放一抓到底，力求尽快落实操作细则和配套措施。

四、结合政府部门架构改革、职能转变，应有效加强和优化相互协调机制，对双创的方方面面，科技企业孵化器的种种细节，各部门尽力排除扯皮、拖延现象。

五、针对诸如公路交通运输互联网、大数据时代必发展的“无车承运”公司等现实情况，及时组织“营改增”具体方案如何优化的专题调研，力求尽快解决问题。

六、坚决贯彻落实国办关于优化科研创新学术环境和中央关于重视培养、使用人才的文件精神，尊重科研规律，及时改进科研经费管理制度机制，坚决纠正强加于科研创新领域的官本位和行政化偏向。

七、高度重视、及时合理规定PPP创新中的政策界限，引导、鼓励专业人士为PPP项目作智力支持并取得合法收入。

（在全国政协专题会上的发言）

财税改革与政策优化

XINGGONGGEI:
CHUANGXINFAZHAN,GONGJIANTUPO

中国财税配套改革的基本问题

贾　康

谢谢主持人，大家好！这个单元讨论的是财税改革，我谈谈自己的一些最基本的认识。

在三中全会之后，中国进入全面改革的实施期，中央政治局首先审批通过的，是财税配套改革方案，这个财税配套改革是为全局服务的，是要解决三中全会所说的国家治理体系和治理能力的现代化必须要有现代财政制度的支撑问题，是聚焦财政作为国家治理的基础和重要支柱这样一个制度供给问题。现在已看得很清楚，我们不得不比较直率地指出：和三中全会以及政治局审批通过的配套改革方案所规定的时间表相比较，现在进度已经滞后了，实际的推进和时间表要求是不匹配的——中央要求财税改革重点和基本的事情2016年要做出来，也就是今年，还剩下最后这一点点时间了。

从财税改革三大领域来看，有的进展相对顺利，列为第一项的预算改革，它的要领总体来讲比较清楚，现在它方方面面的部署都有基本要求，剩下的问题是作为配套改革的配套事项，怎么呼应和协调这方面深化改革任务的事情了。但是说到财税配套改革的第二大领域税制改革，得排列一下，其中的六大重点，现在总体来说只有一个加两个半个，可以交代出来。今年5月1号以立军令状的形式终于全面覆盖营改增，这是第一项。另外，已经明确资源税改革按照从量变从价推进，河北要试点做水资源税改革，这算半个吧，有所交代。另外，我们已经得到明确的信息，环境税按照“费改税”启动，进入立法过程已有明确的信息，这也算是半个。只有上面所说这一个加两个半个的进展，剩下消费税到底怎么办，我们还得拭目以待；房地产税在最近一轮房地产市场演变中又是大家热议的一个难点焦点问题，到底何去何从？以及个人所得税——这个社会方方面面都在关注的重大的直接税制度建设问题，现在也还没有看到在加快立法、税收法定这个轨道上进一步的信息。

第三个大的领域和我们这个单元讨论的问题有直接对应性，就是中央地方间所形成的体制关系到底怎么理顺，在财税配套改革方案中这列为第三大项。我要说的是，中央地方间的体制关系，实际上涉及中央与地方、政府和企业、公权体系和公民这些财税体制必须处理的三大基本经济关系的集中体现，看起来是一个政权体系中由中央和地方形成的一套财政体制，但这个财政体制还必须同时内洽地解决好政府和企业的关系，政府和纳税人（包括自然人，作为社会成员的公民）他们之间的关系。这样的一个体制问题按照逻辑关系来说，我觉得本来应该列在财税配套改革三大事项的第一，但为什么列在第三呢？似乎是意识到它难度很大，所以相对清楚的预算改革和税制改革排在第一和第二，把这个事情列在第三。但这并不意味着可以拖延它。所以，今年中央又专门地在这方面提出了进一步的要求，下发了厘清事权的指导文件，以及已特别强调的在中央地方财力分配框架这个方面进一步的指导原则、有新的要求与文件精神。

这样的背景之下，我想非常概括地谈谈在做了多年财税研究以后的一些基本看法。这套体制关系，要看到它所适应的是财政服务于市场经济这样的一个通盘体制框架健康运行的客观要求，因为把中国的探索放到整个全球各个经济体发展经验里，可以得出的一个共性的认识就是：搞市场经济，就必须建立以分税制为基础的分级财政体制。我们在前面经过苦苦探索之后，终于看到1994年由朱镕基同志在一线主持经济工作，以极大的魄力呼应邓小平南巡所确立的市场经济目标模式，启动了难度极大的财税配套改革。这个新的经济性分权的财税运行体制，带来了一系列正面效应，但是由于种种主客观限制，也遗留了一些未解决的问题。到现在，为深化这个改革，从理顺体制关系来看，我觉得应该明确的目标模式，仍然是过去多年探讨的搞市场经济所必须建设的分税制，那么它的基本要领是什么？就是在国家的政权体系得到“权为民所赋”的这个合法性之后（在中国就是最高权力机构人民代表大会赋权给政府，代表人民把公共权力交给执政体系），从中央到地方每一级政权，跟着要有一级合理的事权，后面跟着要有一级合理的财权——财权里最关键的是稳定的、法定的税收，也就是它的税基，而广义的税基当然也包括税外的收入，即包括各种各样必要的收费，以及其他非税收入。一级政权，一级事权，一级财权，一级税基，后面再跟着的是什么呢？就是我们必须有标准、规范、透明、接受监督、事前决定并严格执行的可问责的预算。现代的预算制度，这是列为财税配套改革的第一大项，实际上它是在这个逻辑链条里推到这个环节才直观地表现出它存在的重要性。一级预算后面，实际上我们还必须跟着的各级都要有一级产权，也就是国有资产管理体系必须把整个国有资产量化到、人格化到各级管理的主体上、出资人的代表上；一级产权后面，还要有我们预算法修订以后已经明确的一级举债权——不仅中央要举债，地方还必须顺应市场经济，也要有举债权。

我再复述一遍：“一级政权，一级事权，一级财权，一级税基，一级预算，一级产权，一级举债权”，这是分税分级财政体制搭建时环环相扣的必然要素，这7个“一级”必须解决“财权与事权相顺应，财力与事权相匹配”的问题，并要求后面必须再跟上自上而下为主的转移支付。整个财税体系的运行，这些要素是一个都不可缺少的，但是相互间自有它的逻辑关系。

我们现在看到了，中央今年下发文件要解决的这个事权问题，其实是一个始发环节，就是各级政府首先明确应该怎样使自己的职能合理化，它应该做什么，不应该做什么。这个始发环节作为逻辑的开端，在此我想探讨一个概念，就是这次的文件里使用了财政事权的概念，有些同志就有疑惑了：政府事权、财政事权二者到底怎么理解，有什么区别？我想说得比较直率一点，无论文件怎么采用它的表述，我个人认为财政事权只能是政府事权，为什么？十八大一开始就强调了我们的预算必须是全口径预算，所有的政府财力必须统统表现在预算之内，全口径预算的这样一个基本逻辑，就是财政为全局服务客观要求预算的完整性，所有政府的财力必须纳入规范的预算体系里，而财政预算所对应支持的这些事权，当然就对应政府活动的范围、方向、重点、政策要领和突出重点以后必须兼顾的所有事项。你政府要做的所有事情，都必须对应到预算上的财力安排，也就都必须对应到所谓的财政事权上。

我个人鲜明的观点，就是并不存在游离于政府事权之外的财政事权问题，我们现在所说到的这个事权的合理化，你把它称为政府事权也好，财政事权也好，它就是我们过去所说必须跳出财政看财政，把握好面对全局，以财政这个“以政控财，以财行政”的分配体系怎样为政府合理履行职能服务这个内在本质。所以，无论现在文件用语怎么说，它仍然说的是各级政府到底应该做什么，不应该做什么，再确定到合理的政府职能怎样通过以政控财而以财行政的财政分配去得到履行这个问题。

接着我想最概括的谈一下自己在事权方面的观察与认识。从中央开始往下，各个层级的事权的划分遵循什么原则？我是赞成楼继伟部长早早就提出的“三原则”：中央也好，地方也好，划分事权从原则上讲，第一，要看这个所要发挥的政府具体职能的外溢性，比如国防是整个国家的安全防卫，它外溢到我们整个这样一个民族国家的全部版图。所以，就不能简单地把它看作可以分成一个一个区域的这样一个概念。如果它外溢为覆盖整个国家，显然它应该是中央的事权，才能合理地履行必须统筹协调的政府功能。我们过去在国防这方面实际情况是什么？实际上，是把中央和地方混在一起，本应该确定为中央事权的国防，它结合着我们过去听起来很有道理的“军民联防共建”、“双拥模范”、预备役，拉了地方进来以后，形成种种错综复杂的事权和财权关系。在特定的区域，比如新疆，还有屯垦戍边的兵团，兵团具备特定的国防使命任务，同时它又有其他的功能。这里面到底怎么把这个事权和事权后面必然要配的财权和财力的关系理清，过去是做得不能令人满意的。所以，第一个是外溢性的原则。有一些事情没什么外溢性，比如具体到每个地方政府辖区里的不动产，包括大家关心的居民住房，它基本没有外溢性的问题，每个地方政府辖区之内的这些不动产，这些居民住房，它的管理就适合于由当地的地方政府来管。跟着的第二个事权原则，是看信息的复杂程度，如果从不动产和住房来看，又是适合地方政府来管的，因为每个具体住房它的地段、朝向，它的各种各样配套的要素，这么复杂，中央有什么必要跨越中间的层级一下管到地方基层？你交给地方管又没有外溢性，又有利于最大限度减少信息的不对称提高管理效能，所以适合地方来管。第三个原则，是追求激励兼容。同样从不动产和住房来看，地方政府如果能管这个事情，同时按照市场经济的经验不只是在交易环节能够取得税收、还应该在保有环节适当取得税收的话，它的财源建设机制就和这个税收索取权结合在一起，地方政府就会意识到只要自己专心致志地优化本地投资环境，履行市场经济要求它应该履行的搞好公共服务、维护公平竞争的职能，它自己的财源建设跟着就一起解决了。这就是既有激励，又和它的职能合理化兼容了。中央政府不用着急去管各个地方辖区之内的这些不动产和不动产的税收问题，所以就应该把它确定为地方税。楼部长当年所总结的三大原则，我觉得是很清楚的，但是这个原则怎么跟实际生活中的制度建设对应，就非常复杂了。

现在来看，中央所说到的进一步理清事权，我觉得有至少三个层面的问题需要进一步深究。第一，事权配置合理化的实现可不可以按照有人认为的跳过财权配置合理化而直接对应于财力？中央过去曾强调过事权和财权相结合，后来的文件里不提了，直接讲“事权和财力相匹配”，有的认识是说可以把财权问题抛到一边去，我认为不成立。仅仅以事权跳过财权以后去跟财力匹配，将意味着什么事情都靠转移支付解决问题了，即不用考虑税基怎么合理配置的问题了，显然此路不通。既然是分税分级财政，在各个层级上，税基这样一个财权怎么配置的基本问题是绕不过去的。第二，在这个角度上继续来看，各级事权、财权合理化的通盘框架有没有可能维持五层级的这样一个传统架构？中国是各个经济体（包括世界上规模最大的经济体）里很独特的一个五级政府架构，而搞分税制的其他经济体，看一下美国、日本，还有德国、英国等等，成规模的经济体的共同经验，就是分税分级和整个制度安排匹配，是在三级框架内。我们1994年的时候意识到这一重大区别，但是当时来不及考虑具体方案怎样细化，希望先建中央和省为代表的地方政府之间的分税制框架以后，再探索出一个中国五级分税的道路，但是现在早已经可以总结出来：五级分税此路不通，无解。我想强调的就是如果把事权和财权合理化作为一个制度安排必须解决的内在的问题，那么在这个问题导向下的答案，就是传统的五级框架必须得到改造。接着的就是第三层面的发问：如果有前面两点认识，那么我们势必要抓住中央文件早已经明确的扁平化这个思路，而怎么样着手推进它？这又是充满争议的问题，比如省直管县，从浙江经验开始，财政部已经在全国推行，但这几年的进展并不那么合乎人们原来的意愿，而且还有反对的声音，值得进一步讨论。各种各样的不同观点，我认为应该作理性讨论，而我基本的看法就是从全局来看，现在“牵一发动全身”的这个事权合理化的问题，实际上就需要具体化地落到五级框架无解的话，我们怎么找到有解的框架？这个有解的框架，显然是在农村税费改革以后乡镇已经解决了“乡财县管”、不用把它作为实体层级的基础上，再借鉴浙江经验和财政部的通盘部署推进省直管县，这就有可能把五级变成三级实体层级，来明确事权和配税基（三级形成事权明细单；20种左右的税按三级配置），进而来做中央和省两级自上而下转移支付——这就是我要正面谈到的自己基本的看法。事权分工合作如果在三级框架之下，应该具体地形成一览表，对应着的支出责任，就是财政预算各种各样的支出科目上必须具体化到各级分工合作可操作的形式，形成具体的明细单方式。这样做，分税制的设计方案才能真正落实，才能给出一个后面跟着的中央、省两级自上而下转移支付，以及以后要发展的横向转移支付怎么协调配套好的前置性制度依托。

所以，这个按照三级而不是五级分税，看起来是个技术问题，实际上是一个非常实质性的必须解决的出路问题，要求得到共识的问题。我们可以反问一下：如果要了解中国财税体制运行的真实情况，可以把各个省以下行政区的财政体制方案收集在一起——我们已做这个工作了，进而可以很清晰地看得出来，1994年以后一直走到现在，不要说欠发达地区，就是发达地区省以下也没有真正进入分税制的状态，我们只是维持了中央和省之间的分税制的基本属性，并且共享税已经搞得越来越多——我们的底线是共享税必须各个地方都按照一个统一规则处理，增值税过去是75%归中央，25%归地方，北京、上海如此，西藏、青海也如此，这是基本的规则，是底线，剩下的问题就要靠转移支付去把它摆平——而现在如果看到真实情况就是省以下都没有进入分税制状态，那么1994年以后困扰我们的地方财政困难，土地财政和高隐性负债种种问题，打板子打在哪里？是打在分税制身上，还是打在分税制没有真正在省以下贯彻而我们不得不实际运行的分成制、包干制这种旧体制弊病身上？这是我认为在讨论中要认清的真问题，也是一个大是大非的问题，必须把这些问题看清楚，才能真正进一步处理好财税深化改革何去何从、怎么把握大方向、怎样通盘配套的问题。有一种意见说，中国可以考虑只是中央与省之间实行分税制，省以下不搞分税制，我的回应是说：省以下不搞分税制就是中国现在的真实情况，你说维持现在的真实情况就可以过得去，中国就可以现代化吗？显然这个观点就不成立了。我们现在正是因为省以下没有真正进入分税制状态才有这么多的困扰，如地方财政困难，土地财政的偏颇，地方隐性负债过高，所有这些问题的解决，形成有效制度供给是真问题，有效制度供给的真问题必须落到深化财税配套改革方案上，首先是对接到我们前面试图要理顺的从事权开始的整个制度构建的逻辑链条上。

我汇报这些看法，请各位批评指正，谢谢大家！

（在首届野三坡中国经济论坛上的发言，2016年10月15日）

营改增的全方位效能

贾康 梁季

我国当前的供给侧结构性改革，是基于理论反思、结合实际国情并借鉴国际经验所作出的系统性工程式的创新，视界是全局的、长远的，其本质是以改革为龙头，以结构优化为重点，以制度创新拉动管理创新、科技创新等整个体系的创新，第一位是制度供给。而从前面的分析中，自然可看出营改增的结构性减税与供给侧结构性改革相互之间内在的逻辑呼应关系。首先，营改增自身是一项重要的制度创新，体现了供给侧结构性改革中的制度供给之要义，而且新制度安排必然对我国经济社会发展产生深远的影响；其次，减税是供给侧结构性改革的主要举措之一，尤其是在当前营改增改革结合了稳增长、调结构和惠民生，对中国经济社会发展的影响必将是正面、全面和深远的。营改增的利好影响需要通过制度政策的动态优化以及市场主体及时调整经营模式而逐渐得以释放和显现。营改增改革未来仍有深化空间，如税率简并、抵扣制度完善以及集团纳税制度的探索细化等等。

营改增的结构性减税与供给侧结构性改革具有内在的逻辑呼应关系。首先，营改增自身是一项重要的制度创新，体现了供给侧结构性改革中的制度供给之要义；其次，减税是供给侧结构性改革的主要举措之一，尤其在当前经济下行、企业经营困难的情况下，通过营改增实现企业降税，可在短期内降低企业经营成本，进而降低经济的整体运行成本，有利于对冲经济下行、稳定经济增长；第三，营改增减负幅度差异化的结构性特点也恰可呼应我国结构性改革之重点。

自2016年5月1日起，我国营改增试点改革推进到全面覆盖阶段，将建筑业、房地产业、金融业、生活服务业一并纳入。为保障营改增改革顺利推进，财政部和国家税务总局制定下发了《关于全面推开营业税改征增值税试点的通知》（财税〔2016〕36号），之后国家税务总局又配套出台了《房地产开发企业销售自行开发的房地产项目增值税征收管理暂行办法》等若干关于行业管理、纳税申报、发票使用等方面的公告。仅财税改革方案（财税〔2016〕36号文）便有3.9万字，堪称中国税收史上最长的政策文本；涉及纳税人近1000万户，是前期营改增试点纳税人总户数的近1.7倍；年营业税规模约1.9万亿元，占原营业税总收入的比例约80%。

这样，2016年5月1日以后，我国营业税彻底退出历史舞台，增值税实现了对货物和服务的全覆盖。同时，本次改革将不动产纳入抵扣范围，相应始于2004年的增值税转型（从生产型转向消费型）也基本到位。除上述“双扩围”（扩大征税范围和扩大抵扣范围）外，本次营改增试点改革还具有两个突出特点：一是确保所有行业税负只减不增，减轻企业税负。为确保做到这一点且税率档次不可过多，改革方案中安排了诸多过渡性政策，如在“扣税法”（抵扣进项税款）的基础上引入“扣额法”（在旅游业等实行差额征税），同时对一般纳税人的特定应税行为适用简易方法（如对于一般纳税人销售其2016年4月30日前取得的不动产可适用简易计税办法）；二是在继承原营业税条例和之前营改增试点方案（财税〔2013〕106号）基础上予以完善。改革方案力求最大程度地继承原营业税条例中的合理内容，同时在方案的框架设计上保持与原增值税试点方案（财税〔2013〕106号）一致。比如，本轮营改增试点改革方案附件1中关于税目的解释，绝大多数继承了原营业税条例中的相关解释。同时，也将最新的经济发展情况反映到方案中，如根据2001年国民经济行业分类代码，将商务服务从其他服务业中分离出来，作为单独的税目等。改革方案势必对中国经济社会产生全面深远影响。

以结构性减税推进供给侧结构性改革，引领新常态对冲经济下行压力

关于结构性减税可以有不同角度的理解。从国家整个税制体系层面来看，可以理解为减少间接税比重和提高直接税比重，还可以理解为某些税种收入占比或税负降低（并不排除某些税种收入占比或税负增加，如资源税、环境税费）。具体至某一税种而言，则可以理解为某些产业（行业）、某类企业减税，如给企业研发活动减税，给小微企业减税等。

营改增是近年来覆盖面最广、力度最大的一次结构性减税，对经济的景气状态和结构演变影响大。营改增的减税效应反映在两个方面：一是营改增试点纳税人因税制转换带来的减税，二是原增值税纳税人因营改增后抵扣范围扩大而带来的减税。所以，营改增试点改革的减税不仅涉及试点纳税人，对原增值税纳税人也有重要影响，涉及面非常广。据统计，截至2015年，我国因营改增试点改革累计减税6412亿元。其中，原增值税纳税人减税3279亿元，试点纳税人减税3133亿元。本轮全面营改增试点改革预计又将带来5000亿元的减税。企业所感受到的减税是一种对其更积极从事生产经营活动的激励，形成提升经济运行景气的效应，有利于在经济增速走低过程中对冲下行因素而引领新常态。

营改增减税的“结构性”特点表现在依产业和企业类型而减税程度有所差异。2016年5月之前，对生产性研发服务投入高的原增值税纳税人减税幅度大，对年营业额为500万元以下的小微企业的减税效果明显，对专业化分工精细、分包转包普遍存在的新兴业态减税效果也明显（因为增值税的“道道征、增值征”机制替代了营业税的“道道征、全额征”机制）。2016年5月1日以后，对于那些土地房产投入（购买或租赁）以及道路通行费用高的产业，其税负降幅明显，典型的如集仓储与运输于一身的邮政快递业将在本轮改革中显著减税。

尤其值得一提的是，营改增试点改革对小微企业以及分包转包频繁的新型业态而言，其税负痛感会大大降低。对于小微企业而言，利润微薄，所得税负担相对较

低，其税收负担主要集中于流转税即营业税上，因为营业税的特点是无论盈利与否，“开门”有收入即有税，税负痛感自然很强。一项调查表明，个体工商户所缴纳的税收中，至少62%以上为流转税（《小微企业税收政策研究报告》，西南财经大学经济与管理学院发布）。尽管小微企业有起征点政策，但仅有年营业额为36万元（2014年10月之前是24万元）以下的小微企业才能享受到。营改增后，对于那些年营业额在36万元–500万元的小微企业而言，其税负降幅是比较非常明显的。对于原适用5%营业税税率的小微企业而言，其税负从原来的5%降低到现在的2.9%，降幅达到42%。

对于分包、转包频繁的新兴业态而言，营业税“道道征、全额征”的特点使得项目价值（价格）在没有任何增值的情况下税负随流转环节而增加。尽管从理论上看，营业税负可随价格最终转嫁至消费者，但在短期之内对价格起决定作用的还是供求关系的因素，因此短期内仍然对企业形成现实负担。营改增后，增值税“上征下抵”机制很好地解决了重复征税问题，因此新型业态整个产业链税负的降低非常明显，这对于处于产业链上任何节点的企业而言，税负痛感都会降低。

我国当前的供给侧结构性改革，是基于理论反思、结合实际国情并借鉴国际经验所作出的系统性工程式的创新，视界是全局的、长远的，其本质是以改革为龙头，以结构优化为重点，以制度创新拉动管理创新、科技创新等整个体系的创新，第一位是制度供给。而从前面的分析中，自然可看出营改增的结构性减税与供给侧结构性改革相互之间内在的逻辑呼应关系。首先，营改增自身是一项重要的制度创新，体现了供给侧结构性改革中的制度供给之要义，而且新制度安排必然对我国经济社会发展产生深远的影响；其次，减税是供给侧结构性改革的主要举措之一，尤其是在当前经济下行、企业经营困难的情况下，通过营改增实现企业降税，可在短期内降低企业经营成本，进而降低经济的整体运行成本，有利于对冲经济下行、稳定经济增长；第三，营改增减负幅度差异化的结构性特点也恰可呼应我国结构性改革之重点。我国供给侧的结构性改革要落实于提高我国供给体系的质量和效率，提升能够满足我国消费“升级版”的供给能力，而这类供给的增加恰恰需要通过创新创业、增加研发投入以及促进专业化细分和新业态发展（电子商务、快递业、互联网+）得以实现，营改增试点改革恰恰是消除这类产业（企业）发展的财税机制障碍因素，给予其合理的减税，其对释放经济的潜力活力、助益供给侧结构性改革引领经济新常态的作用是不言而喻的。

促进我国经济和产业的专业化细分与升级换代

发展第三产业是我国调整经济结构的重要内容，而促进产业精细分工是产业发展的必要条件，分工越精细，产业越有可能升级发展。营业税“道道征、全额征”的特点已对第三产业发展形成了制度上的阻碍，营改增后，取而代之的增值税“道道征、道道抵”机制，对产业分工是“中性”的和“鼓励”的，从而消除了阻碍第三产业和专业化分工发展的原有机制制约，特别还包括鼓励国有大中型企业主辅分离，将辅业推向市场且向市场购买辅业服务，加速产业分工与升级，对第三产业发展的促进作用会十分明显。以营改增试点改革最早的地区为例，上海市第三产业占比从改革前一年（2011年）的58%上升到2016年第一季度的70%。生产性服务业增加值占全市GDP的占比从2008年的18%上升至2015年的40%，占服务业的比重达到60%。2015年生产性服务业营业收入增速快于服务业。这些业绩与营改增为第三产业发展营造制度环境，具有内在必然关联。

制造业转型升级也是新常态下打造中国经济升级版的重要引擎，而制造业转型升级一方面要靠加大研发投入提升竞争力，另一方面则需创新业务模式，如以总集成总承包方式促进制造业服务化，从单一的卖产品到卖设计和卖服务，再到向全产业链的生态圈方向发展。营改增后，研发投入与实物投入享有同等的增值税抵扣政策，从而鼓励制造业购买研发服务，促进产业升级。同时，营改增在加速专业化分工的同时，促进二、三产业融合发展和产业链上下游关联企业的社会化协作，为制造业服务化、产业链协同发展扫除了原营业税制的瓶颈制约。

更为重要的是，营改增可以促进某些行业市场集中度的提高。典型的如建筑业：多年来建筑业上游砂石、土方等原材料供应渠道散乱，供应方多为小规模纳税人或个人，规模小，市场集中度低。营改增后，建筑业适用税率从原来的3%提高至现在的11%，建筑业上游企业必然要尽可能地取得增值税抵扣以降低税负。在这种情况下，为了能够给下游建筑企业提供可规范抵扣的增值税专用发票，上游砂石等建筑原材料供应市场主体，必然要积极兼并重组，做大做强，提高市场集中度。外卖、快递业等也会存在类似情况。

出口转型也是我国经济结构调整的重要内容，其主旨在于从产品出口大国向服务出口大国转型。过去因营业税没有退税机制，服务出口无法与产品出口一样享受出口退税待遇，这样我国服务是以含税价格在国际市场上竞争，对于出口转型不利。营改增后，我国服务出口或免税或零税率，自然对服务出口形成利好，促进出口转型。营改增推向全国的2013年，我国服务贸易出口为2105.9亿元，2015年达到2881.9亿元，年均增长率达到17%。2015年现代服务业出口增速明显，远高于全部服务出口增速（9.2%），其中电信、计算信息服务出口同比增长25%，专业管理和咨询服务出口同比增长13.6%，广告、文化和娱乐服务、知识产权费用出口增幅分别达到37.1%、43.9%、64.9%。上述经济结构和产业升级换代是多种因素共同作用的结果，但营改增改革在其中是功不可没的。

打通抵扣链条，有利于营造公平竞争、信用良好、求强做大的市场环境

公平竞争是市场经济健康发展的前提和必然要求，相应需要税收制度和政策的统一。营改增后，全部产业和企业适用统一的增值税制度，打通了服务业内部和二、三产业间的抵扣链条，再没有增值税和营业税并行时代产品货物可抵扣而服务不可以抵扣的“歧视”，这为形成和健全全国统一市场奠定了制度基础，为产业发展营造了更为公平统一的税收环境，有利于促进产业（企业）公平竞争。

同时，增值税“上征下抵”机制在市场中自然形成一种买卖双方的自动约束监督机制，购买方如果抵扣，销售方必须纳税。同时，增值税发票管理是“金税工程”之重点，其使用管理要求远高于原营业税发票，未来以虚开营业税发票冲减成本进而减少利润和企业所得税缴纳的空间被大大压缩，这对于规范市场主体行为、

堵塞税收漏洞、建立信用良好环境，具有重要且积极的促进作用。

另外，对于微观市场主体而言，大中型以及小微企业均有各自的竞争优势，比如大中型企业因是增值税“一般纳税人”，可为客户提供适用高抵扣税率的增值税专用发票，因此在市场竞争中具有相对优势。同时，适用低征收率的小微企业是“小规模纳税人”，由于其税负较轻，在产品或服务价格上又会占优势。因此，营改增既鼓励企业做大做强，又鼓励企业做精做专，既有利于大中企业提升“规模经济”，又有利于小微企业在“草根”层面的创业求生。当小企业发展到由“小规模纳税人”而接近“一般纳税人”的临界点时，营改增会激励这样的企业全力做大，进而以标准增值税发票取得上、下游客户的稳定关联，进一步扩大其市场份额。

倒逼企业规范内部管理和其他相关管理制度改革

增值税的管理规范度远高于营业税，这一方面是因为购买方为取得合规抵扣发票而导致的，另一方面是由于增值税专用发票如“人民币”般的高规格管理要求所带来的。管理规范与否，对企业增值税缴纳有重要影响。因此，营改增势必倒逼企业提高内部管理水平，既包括要提高财务管理能力，也包括对采购管理模式（集中采购还是分散采购等）、供应商选择（一般纳税人还是小规模纳税人）以及客户（企业客户还是个体客户）的管理能力，还要升级改造IT系统等。因此，营改增会倒逼企业提高内部管理效率，规范企业行为，这无疑也将提高我国企业的整体竞争能力和管理效率。

与此同时，营改增可以倒逼其他相关管理制度改革。典型的如道路货物运输管理体制改革。随着产业分工细化和信息技术的发展，道路运输行业已形成了“物流公司轻资产+社会运力”的行业发展模式。数以百万、千万计的制造业或商贸货主，将其运输业务外包于第三方物流公司，而第三方物流则以轻资产的模式运作，即通过物流信息中介服务公司，将实际货物运输业务分包给个体（社会）车辆，最终完成货物的运输任务。也就是说，个体重卡独立经营，物流公司随机调用，社会运力和运输需求之间形成动态组合。在这个过程中，货主是运输的需求方，物流公司、信息中介和个体卡车是物流业务的供给者，其中物流公司直接掌握运输需求信息，同时又是实际运输业务的需求方，通过信息中介，将实际运输业务分包给个体卡车。这种运作模式，可以满足运力需求与供给之间的动态调整，实现道路运输产业资源的最佳配置。但是，目前的道路运输监管模式仍以“资产”（车辆多寡和吨位大小）为标准来颁发道路运输许可证，为此个人为取得道路运输许可，必须将其运输工具挂靠于某些“挂靠公司”名下。同时，在营业税时代，“以车控票、以票控税”的旧有征管模式赋予了“挂靠（运输）公司”更大的权利和利益，即领购交通运输业发票的权利和享受地方政府促进物流企业入驻的退税权利。其后果是：真正有实际业务发生的物流企业取不到发票（这其中也有个体卡车业主，因长年在全国各地开展业务，基本无法按照税法规定，到车籍所在地领购发票），而“挂靠（运输）公司”领用的发票也可以通过收取一定手续费的方式“转卖”给需要发票冲减成本的企业。营改增后，如不改变，道路运输业行业乱象将更为凸显，会将相关利益方（物流公司、卡车个体户、税务机关）置于违法的境地。因此，营改增势必倒逼我国道路运输管理体制改革，以顺应行业发展要求和降低物流成本的趋势。

提高产出的性价比，在归宿环节降低消费者税负税痛，提振消费扩大内需

就理论上的考察而言，增值税也可认为是一种消费税，即通过价格层层转嫁，最终主要由消费者承担税负。当然，这与短期内企业承担税负并不矛盾，因为短期内价格由供需决定，因此改革前后税负的变动在短期内难以通过价格充分转嫁出去。但从长期看，营改增对提振消费具有全局性意义：首先，增值税是普遍征收，相应的，营改增对所有产品（服务）税负进而对全部产品（服务）的价格均有影响，并会在中长期体现出来；其次，全面的营改增是较普遍的降税，相应的，从长期来看，会在市场竞争中对所有产品（服务）的价格产生抑制作用，同时还会以专业化细分来提高供给侧的性价比，这将提高边际消费倾向，对提振消费尤其对释放中低收入者的消费需求潜力产生积极有利的影响。这些不但有利于在一定程度上对

冲经济下行，而且还能使广大中低收入者更多分享改革红利。

当然，营改增的利好影响需要通过制度政策的动态优化以及市场主体及时调整经营模式而逐渐得以释放和显现。营改增改革未来仍有改革空间，如税率简并、抵扣制度完善以及集团纳税制度的探索细化等等。毋庸置疑的是，营改增改革结合了稳增长、调结构和惠民生，对中国经济社会发展的影响必将是正面、全面和深远的。

（原文刊载于《上海证券报》2016年5月10日）

我国个人所得税改革的思路和政策建议

贾 康 程 瑜

一、个人所得税理论述评

个人所得税，属于典型的直接税，其标准形式产生于资本主义有了一定发展之后的市场经济之中，使纳税人的个人利益直接减少，所以至诞生起，其税制设计就受到广泛关注。经济学家长期以来不仅对个人所得税的制度设计进行了规范研究，而且还做了大量的实证研究。尽管他们在税收制度要素的具体设计上观点各异，但是都对个人所得税的理论发展和各国的税制设计产生了深刻的影响，为各国个人所得税制度的改革和完善提供了重要参考。其研究领域主要集中在两个大的方面，一是对个人所得税制度设计的研究，二是对个人所得税调控功能的研究。

（一）个人所得税制度设计的研究述评

传统经济学理论主要以下面四种学说作为个人所得税制度设计的理论基础。

1.功利主义课税理论

功利主义课税理论是以“利益交换”为基本思想的一种课税理论，认为个人向政府支付税收，政府为个人提供公共服务。它是一种植根于古典自由主义政府观的“公平交换”的课税理论，主张政府应该尽量少地干预经济生活以保证自由竞争，税收应该是在自由交换的基础上与政府服务进行的公平交换。在个人所得税的设计上，功利主义课税理论注重资本主义哲学思想中结果公平的实现。税基的综合性和各类所得税收待遇的同一性是功利主义公平课税思想税制设计的主要出发点。这一理论强调通过税基来实现税收的横向公平，通过累进税率来实现税收的纵向公平，从而满足了当时对所得税制度设计的横向公平与纵向公平的要求。它指导下的综合所得税长期以来成为很多国家的现实选择，其税制设计几乎涵盖了个人所得税制度的各个要素，研究文献不胜枚举。

从经典文献看，西蒙斯1938年提出了设计所得税的关键在于“税基选择”的思想。根据“综合所得”概念，他主张在综合所得的税基上课征累进税率的个人所得税。阿特金森（Atkinson）研究了综合所得的扣除项目，认为税前扣除项目可以改变税率的累进程度，税前扣除项目和标准的设计应该成为税收公平调节的主要内容。拉姆伯特研究了个人所得税对收入再分配的效应，帕鲁索（Peluso）和特拉诺伊（Trannoy）研究了个人所得税对同质的家庭和异质的家庭以及家庭内部成员间税收公平方面的不同影响。综观目前各国的个人所得税制度，其中都深深地镌刻着功利主义税制设计思想的烙印。可以说，个人所得税的制度设计和税制改革从来就没有脱离过功利主义税制设计思想的框架。到目前为止，这一思想依然在税收理论研究和实践领域中占据着基础性地位。

2.最优课税理论

20世纪70年代以来，功利主义的课税理论受到了很多批评。批评的矛头直指“为了公平目的而设计庞杂的税前扣除项目，导致了高额的税收超额负担和低效的税收行政效率”。于是效率成为税制设计的焦点。

数学方法的引进和福利经经济学研究方法的改进，为税收公平与效率的研究提供了人际间比较的工具，也为新的税制设计研究提供了方法论基础——最优课税理论应运而生。最优课税理论将不完全信息和激励机制引人税收设计的过程，将税收的公平与效率原则同时考虑，考察了在既定的预算约束下实现获取一定数量财政收入的税收设计，打破了长期以来将税收公平与效率视作此消彼长的替代关系的传统理念，为税收制度设计提供了新思路。

在个人所得税制度设计方面，最优课税制理论可以追溯到1897年福利经济学家埃奇·沃斯（Edge. worth）的研究。他在四个假设条件（社会福利函数是个人效用的简单加总、个人效用函数相同、效用是收人的增函数以及社会总收人为常数）下，首次推导了“实现社会福利最大化的最优税制设计”。随后，很多经济学家开始从最优税的角度研究税收问题，使最优税的研究方法成为税收设计的研究基调。詹姆斯·莫里斯（1971）对激励条件下最优所得税问题做出了经典性研究，在考虑了劳动能力分布状态，政府最大化收益，劳动者最大化效用，以及无不定性、无外部性等一系列严格假定的情况下，他得出了一系列引人注目的结论，其中两点就是对高工资率和最低工资率都应该课以零（边际）税率，得出了最优的个人所得税接近于线性所得税的结论。希德（1977）研究出个人所得税的边际税率应该为非负，在所得分配内部其边际税率应该恒为正，劳动能力最低和劳动能力最强的个人的边际税率都应该为零的结论，即最优个人所得税的边际税率应该是“倒U的”。

总体来看，最优课税对个人所得税的研究是在功利主义公平课税的研究基础上加强了对税收效率的关注，将税收公平与效率纳人同一个分析框架，研究内容详细具体，得出的结论为税制设计提供了具有说服力的规范标准，有重要的指导意义。

3.财政交换理论

财政交换论主张将财政支出与税收设计结合起来设计税制，该理论认为税制设计中的税收收入规模需要通过财政支出规模来确定，而财政支出规模需要通过“集体决策”的政治“投票”程序来实现。这一税制设计思想中，税收公平需要考虑个人从政府提供的公共产品中的获益情况，需要将个人从财政中获取的“转移支付”纳入个人适用税率的设计中；税收效率则需要考虑集体决策的效率，即在全体一致同意、多数票机制和独裁决策中做出选择，是一个政治程序的问题。财政交换论的税制设计观点，直接针对个人应该支付的税收份额，很容易被运用到个人所得税这一直接税的制度设计中。

关于个人所得税的征收，财政交换论的代表人维克塞尔（Wickseu）认为，税收只不过是个人和政府财政之间所做的一项交易，个人支付税收，财政提供公共安全等服务。他将边际效用理论运用到公共部门，指出税收的实质是通过政治程序对个人或利益集团进行利益再分配，他认为“国家支付给个人的公共产品的边际效用应该等于个人因纳税而损失的财富的边际效用”，即个人根据自己获得的公共产品数量的效用判断应该承担的税收份额，并通过政治过程将自己的意愿表达出来，与政府和其他个人达成一个可接受的协议。全体一致同意的税收协议将是一个好的税收。布坎南（1976）采用投票的方法研究税制设计问题，指出财政约束包含对政府财政支出和征收两个方面的限制。

财政交换论的个人所得税设计思想的最大特点是将政府财政支出与税制设计相结合，强调以宪法限制政府权力，将民主决策得出的财政支出数量作为征税总额，在这一内生的政府预算约束下，用集体选择的方法设计出符合多数选民意愿的税收制度，并用此来代表一致同意原则下的所得税制度。

4.机制设计理论

机制设计理论的税制设计，就是从不对称信息的角度，研究如何设计出一个既符合政府目标又符合私人目标的满足激励相容约束的税收制度。对于个人所得税这一纳税主体分散、个人信息容易隐瞒的税种，机制设计理论的税制设计思想可以发挥其不对称信息下税制设计的独特优势，为个人所得税的制度设计提供了一个崭新的思路。

维克里的研究指出个人所得税的制度设计实际上就是一个税制设计与激励约束机制相容的问题，米尔利斯从不对称信息的角度研究了一个满足税收公平和效率目标的线性个人所得税制度，斯蒂格利茨引入“随机税收”这一概念对最优边际税率、可替代的税基、资本所得税、税收转嫁和归宿、直接税与间接税搭配的税制结构等问题展开了研究，为机制设计的税制设计思想做了很大贡献。

综上所述，功利主义课税理论下的个人所得税制设计主要表现为对公平的关注，强调通过税基来实现横向公平，通过累进税率实现纵向公平，以它为基础的综合所得税制在后来成为很多国家的实践选择；最优课税理论下的个人所得税制设计主要引进了数学和福利经济学的研究方法，同时考虑了税收的公平与效率原则，打破了将效率与公平视为替代关系的传统观念；财政交换论下的个人所得税制设计着眼于通过财政支出的规模来确定税收收入的规模，直接针对个人应支付的税负，在直接税的设计中操作性很强；机制设计理论下的个人所得税设计提供了能让纳税人显示真实偏好的机制，实现信息的获取，是未来税制研究的重要方向。总之，任何一种税制设计理论都是其一定经济和社会条件下的产物，都对其特定时间的理论和实践活动发挥过指导作用，也是以后研究的重要基础。

（二）个人所得税调控功能的述评

西方学者对个人所得税调控功能的研究，大致分为三个阶段：一是以效率准则为核心的阶段，代表人物是古典学派的经济学家亚当·斯密和李嘉图，对政府职能认识的局限性，使其将个人所得税的功能仅确定在收入范围上；二是以公平准则为核心的阶段，代表人物是历史经济学派的瓦格纳、马歇尔、道尔顿等。他们认为个人所得税应具有调节收入分配、促进公平的功能，并通过累进所得税制来实现。凯恩斯认为税收的意义不仅在筹集财政收入，同时也可以用其对消费的影响来调节收入分配，将公平分配和稳定经济视为一体，其后汉森明确提出累进税率的个人所得税有稳定经济的作用，萨缪尔森进一步提出，所得税是经济中效应最强和作用迅速的"内在稳定器"。三是回归到效率准则为核心的阶段。提出了诸多税制优化理论，均以效率为基础，其中包括美国经济学家比尔·阿彻和阿尔文·拉布什卡等，他们提出用消费税替代所得税，要求税收统一。

可见，西方学者对个人所得税调控功能的研究经历了以效率准则为核心到以公平准则为核心再到以效率准则为核心的这样一个历程，反映了在不同时期由于个人所得税功能定位的差异性、税收制度的完善性、征管条件的完备性，观念与文化的成熟性等的不同，使得对其的研究在不同时期的侧重不同。

二、我国个人所得税改革现状评价

（一）个人所得税制度历史沿革

中国所得税制度的创建受欧美国家和日本建立所得税制度的影响，始议于20世纪之初的清朝末年。中华民国成立以后，开征所得税的问题日益受到重视，但是立法和开征的过程十分曲折。

自1949年中华人民共和国成立到1978年中国实行改革开放政策以前的30年期间，曾经准备开征个人所得税，但是最终没有实现。

从建国初到 1980 年期间，中国没有完整、统一的个人所得税制度，只有少量涉及个人所得的税收，但并未以法律的形式固定下来，并未形成一个完善的税制体系。早在 1950 年，政务院就公布了《全国税政实施要则》，其中共设置了 14 个税种，与个人所得有关的就有薪给报酬所得税、存款利息所得税以及对个体工商业主的生产经营所得征收的所得税。期间，由于照顾到广大职工工资收入低的情况，以及文化大革命中取消了稿酬，因此薪给报酬实质并未征收。1956 年三大改造完成后利息所得实际上只对银行存款利息征收，1958 年银行存款利率降低，国务院最终决定停征利息所得税。所以实际上当时只是对个体工商户的生产经营所得征收的个人所得税。

1978 年改革开放后，作为应对对外开放的一项重要措施，我国五届全国人大三次会议通过了《中华人民共和国个人所得税法》，这也是我国第一部个人所得税法，该法确定了应纳税所得额包括工资、薪金所得、劳务报酬所得、特许权使用费所得和利息等六项，并确定了免征额为 800 元每月，由于当时人们的月平均工资普遍低，在相当长的一段时间内都不用缴纳税款，实际缴纳的主要是在华的外国人。

1986 年为了加强对个体工商业主所得的征管，国务院发布了《中华人民共和国城乡个体工商业户所得税暂行条例》，该条例实行对工业、商业、服务业、建筑安装业、交通运输业和其他行业的工商户实行 10 级的超额累进税率。同年九月，为了调节收入差距，国务院发布《中华人民共和国个人收入调节税暂行条例》，停征个人所得税，改征个人收入调节税，对工资、薪金收入、承包转包收入、劳务报酬收入以及财产租赁收入等八项按照 20%-60%的税率征收。

1994 年，为了适应社会主义市场经济的需要，我国对个人所得税实行了全面的改革，合并了原有的个人所得税、个人收入调节税和个体工商户所得税，实行统一的个人所得税制度，一直延续至今，随着经济的发展，期间只对部分税制要素做了修改，例如 1999 年修改决定对储蓄存款利息所得征收个人所得税，2005 年为了调节收入分配的差距，修改决定将扣除标准从 800 元调整至 1600 元，有年收入满 12 万元、从中国境内两处或两处以上取得工资薪金所得等情况的需进行纳税申报。2007 年决定再次修改个人费用扣除标准，由每月 1600 元增至 2000 元，2011 年再次修改，提升至 3500 元。

随着经济的发展，社会矛盾日益凸显，人们对改革的呼声愈加强烈，国家应社会的需求对个人所得税的改革也没停止过，纵观我国个人所得税的发展，改革的道路并非一路平坦，要想对我国的个人所得税税制进行更好的完善、革新，我们就首先明确认识我国目前个人所得税制的特点，客观分析个人所得税制所存在的问题，在借鉴国外成功经验的基础上，才能更好的完善我国的个人所得税，满足社会的发展需求，进而促进经济的更好发展。

（二）个人所得税收入总量增长过程

个人所得税是对个人净所得课税。目前，国际上有综合课税、分类课税、综合与分类相结合课税三种计税方法，无论哪种方法，税基都是扣除一定数额后的所得。1980年9月我国正式立法征收个人所得税。1993年10月第八届全国人大第三次会议第一次修改个人所得税法。这次修改后形成的个人所得税制度的基本框架至今未大动，1993年后对个人所得税法的修改主要针对费用扣除额水平。

1980年建立个人所得税制后的十年间个人所得税收入增长缓慢、规模很小，1990年个人所得税收入仅为21.1亿元，占税收总额比重仅为0.7%。1994年之后，个人所得税收入急剧放大，1995年收入达131亿元，2000年后，个人所得税收入从不足1000亿增长到7150亿元（2014年预算数）（见图1），个人所得税收入步入高增长阶段，但增长率总体上呈阶段性下调势态。其中，2001—2005年个人所得税年均增长率高达27%，收入额5年间增长了1.1倍；2006—2010年年均增长率下调为18%，收入额增长了1倍；2011—2014年年均增长率下调至10%，4年时间收入额仅增长0.18倍。

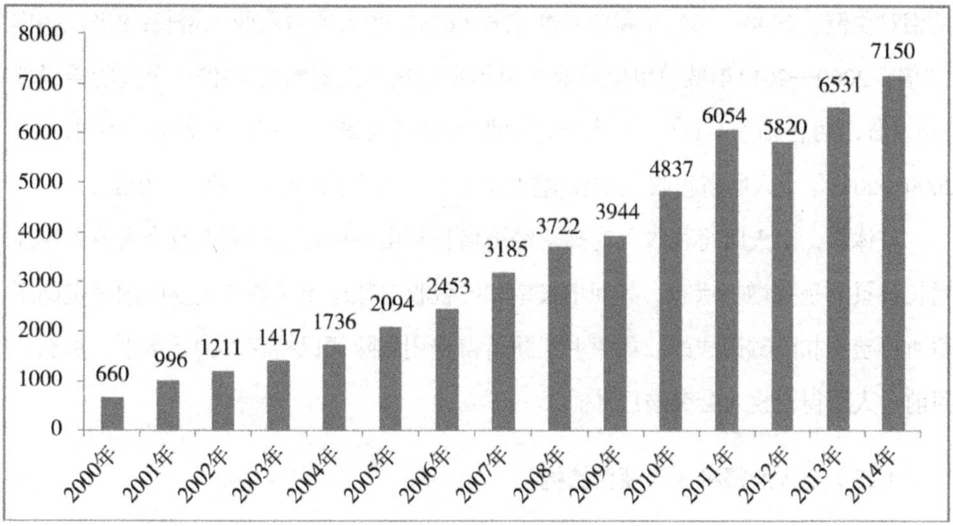

图 1　2000-2013 年个人所得税收入情况①　　　（单位：亿元）

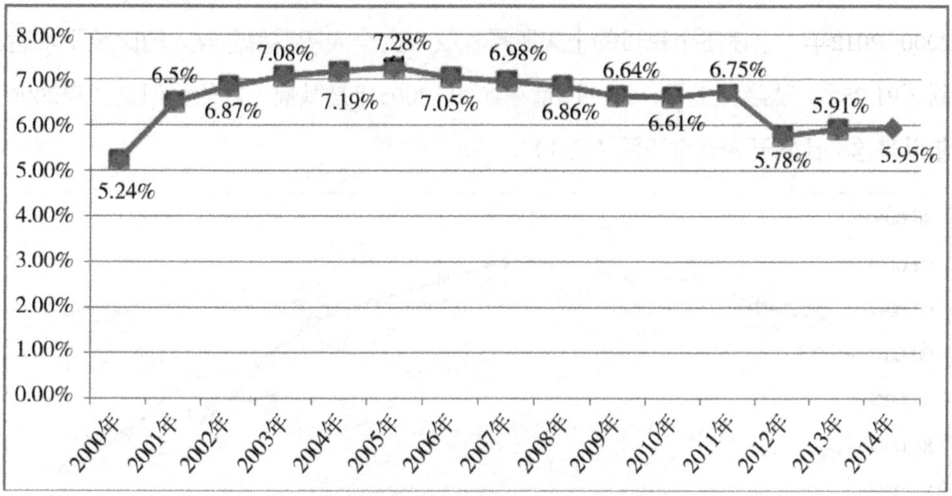

图 2　2000-2013 年个人所得税收入占总税收比值

就个人所得税收入占税收总额的比重来看，2000—2014年个人所得税收入占税收总额的比重呈现出波动性小幅上升状态，从5%升至7%后又降至6%（见图2）。

从个人所得税收入与主要关联因素比较角度分析，可以说个人所得税收入增

① 2014 年为个人所得税预算数。

长相对稳健。2000—2014年税收总额增长8.6倍，个人所得税收入增长9.8倍，多出1.3倍。2000—2013年城镇单位就业人员年平均货币工资增长4.5倍，个人所得税增长8.9倍，两者相差4.4倍。个人所得税收入增长与第二、三产业发展密切相关，2000—2013年个人所得税收入增长倍数比第二、三产业分别多4.3倍、3.2倍。

总体看，个人所得税收入在高速经济增长和市场化程度提高以及个人收入快速增长背景下呈高增长状态。其间增长率和占税收总额比重下调的主要原因是提高工薪所得费用扣除额造成的。如果月工薪所得费用扣除额保持在2000元水平，那么，目前个人所得税收入会突破1万亿。

（三）个人所得税收入项目结构

按应税来源分，个人所得税共有十二个税目。2000年以来，个人所得税收入主要来源是工资、薪金所得，个体工商户生产经营所得和利息、股息、红利所得。2000-2012年，上述三个税目的个人所得税收入占个人所得税总收入的比重平均达到了91.25%，从趋势上看，这一比重在2000-2005年是微幅上升的，但是，自2006年以来这一比重开始逐渐下滑（图3）。

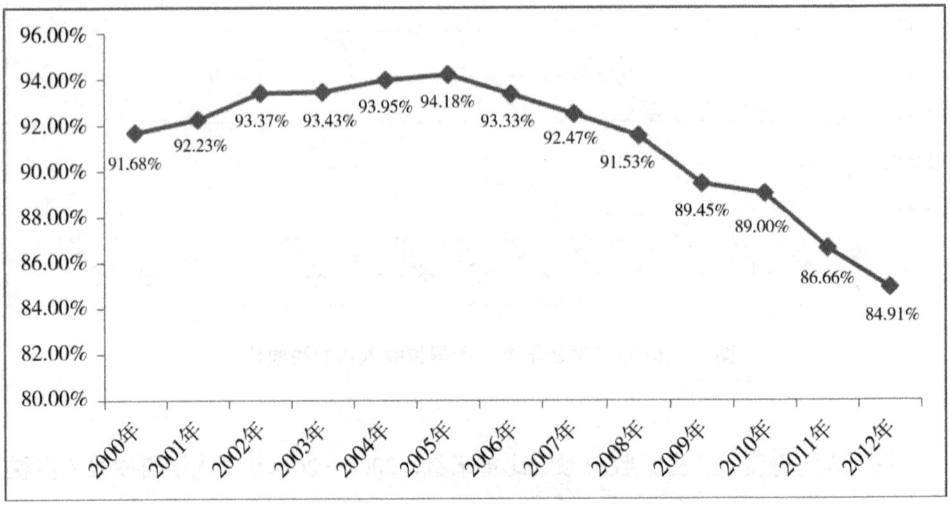

图3　工资、薪金所得，个体工商户生产、经营所得和利息、股息红利所得三项合计占个人所得税总额比重趋势图

1. 工资、薪金所得课税

在个人所得税的十二个构成项目中，工资、薪金所得单项金额占个人所得税总额的比重就超过50%。2000-2012年工资、薪金所得占个人所得税的比重呈现逐步上升的态势，2000年该比重为42.87%，2012年这一比重上升为61.67%（图4）。

2000年后个人所得税改革取向是降低中等收入税收负担，加大对高收入者的税收调节力度。为此，2006年起中央曾三次提高工资薪金所得的税前费用扣除标准，即2006年1月1日起，工资、薪金所得费用扣除标准从原来的每月800元提高到1600元；2008年3月1日起提高到2000元；2011年9月1日起，进一步提高到3500元，并将超额累进税率中第1级税率由5%降低到3%。这三次调整有效地降低了城镇单位就业人员工资、薪金所得的税负水平，尤其是2011年9月1日起实行的减税政策更是效果显著。根据计算，2011年工资、薪金所得课税与城镇单位就业人员工资总额的比值为6.51%，而2012年这一比值为5.06%，与2011年相比，该比值下降了了22%（表2-1）。另外，工资、薪金所得课税增幅与工资总额增幅的对比也可以证明城镇职工的税负降低。据统计，1996～1999年我国职工工资、薪金所得课税的平均增幅为34.6%，工资总额的平均增幅为2.9%，工资、薪金所得的平均增幅远远高于职工工

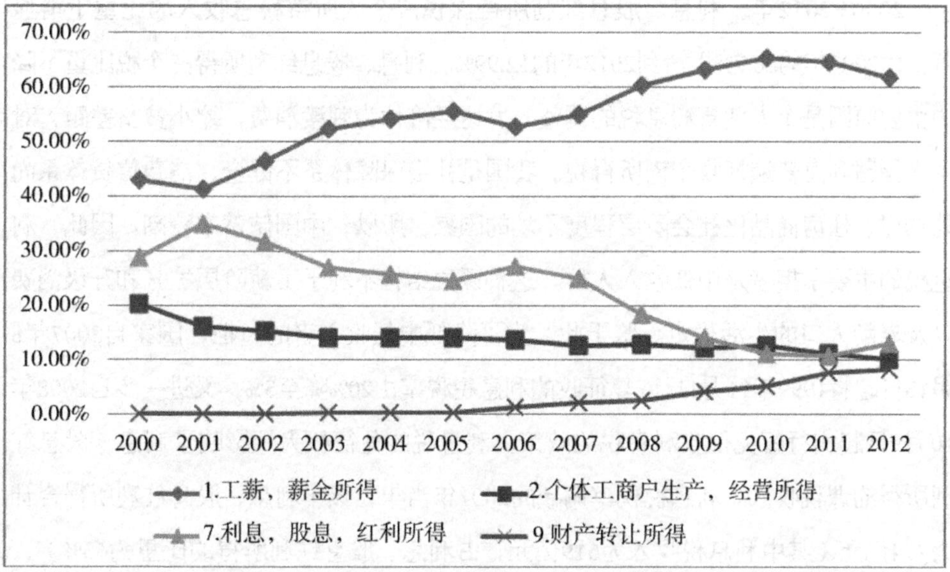

图4 2000-2012年工资、薪金所得，个体工商户生产、经营所得，利息、股息红利所得和财产转让所得分别占个人所得税总额比重变化趋势图

资总额的平均增幅。根据本文测算，2006 -2012年，我国城镇单位就业人员工资、薪金所得的平均增幅为18.32%，而同期工资总额的平均增幅为19.35%，工资、薪金所得的增幅已经低于工资总额的增幅（表1）。尤其是2012年，工资、薪金所得的增幅为-8%，而工资总额的增幅为18.28%。

由于个人所得税计税采行超额累进模式，个人所得税较为充分的发挥了对高收入的调节功能。上市公司高管是高收入者的代表，本文汇总计算了2012年上市公司高管的个人所得税情况，该年度上市公司高管的报酬总额为122亿，年度个人所得税总额为24亿，个税负担率为19.6%，同年度工资、薪金所得课税与城镇单位就业人员工资总额的比值为5.06%，可见，上市公司高管的工资、薪金所得税收负担率远高于城镇单位就业人员平均值。

2. 个体工商户生产、经营所得课税

个体工商户生产、经营所得占个人所得税总收入的比重呈现逐步下降的态势，2000年该比重是20.12%，2012年该比重下降到了10.25%（见图4）。

3. 利息、股息红利所得课税

2000-2012年，利息、股息红利所得课税占个人所得税总收入的比重下滑显著，由2000年的28.7%下滑到2012年的12.99%。利息、股息红利所得占个税比重下降的主要原因是个人储蓄利息税的调整。发达经济体为刺激消费，缩小贫富差距，对个人储蓄利息普遍征收个人所得税。我国是社会保障体系不健全、消费信贷体系尚处初建、住房商品化社会阶层程度不均的国家，所以，中国储蓄率较高。因此，利息税的主要承担者是中低收入人群。这种课税结构不利于工薪阶层扩张和升级消费以及老龄人口的生活稳定。鉴于此，为了降低中低收入者的负担，国家自2007年8月15日起将1999年11月1日恢复征收的利息税税率由20%降至5%，又进一步自2008年10月9日起实行暂免征收利息税的政策。利息税的免征极大地影响了利息、股息红利所得的课税收入。利息税税率调减的2007年当年，该年利息、股息红利所得合计为794亿元（其中利息税收入为519亿元，占利息、股息红利所得的比重为65%），占个税总额的比重为24.94%，比上一年27.16%降低了2.22个百分点。其后该比重进一步下行，2011年利息、股息红利所得占个人所得税税收总额的比重仅为10.91%。

4. 财产转让所得课税

2000年财产转让所得占个人所得税的比重为0.14%，2012年这一比重大幅提高至8.32%。财产转让所得大幅增长的原因有几个方面。一是个人房屋转让所得的大幅增长。随着房价的快速上涨以及二手房市场的交易活跃，个人房屋转让所得课税收入由2008年的28.27亿元，增加到2012年的106.55亿元，翻了近4倍。二是自2010年1月1日起，对个人转让限售股取得的收入，适用20%的比例税率征收个人所得税，该政策的执行增加了财产转让所得课税收入的规模。三是随着艺术品市场的发展，个人拍卖收入的大幅增加带动了财产转让所得的增长。

表 1　工资、薪金所得占城镇单位就业人员工资总额比重

	城镇单位就业人员工资总额*（亿元）	工资、薪金所得（亿元）	工资、薪金所得/城镇单位就业人员工资总额	城镇单位就业人员工资总额增长率	工资、薪金所得增长率
2000 年	10955	283	2.58%		
2001 年	12205	411	3.36%	11.42%	45.06%
2002 年	13638	561	4.12%	11.74%	36.73%
2003 年	15330	741	4.84%	12.40%	32.07%
2004 年	17615	940	5.33%	14.91%	26.74%
2005 年	20627	1162	5.63%	17.10%	23.66%
2006 年	24262	1289	5.31%	17.62%	10.96%
2007 年	29472	1751	5.94%	21.47%	35.78%
2008 年	35290	2245	6.36%	19.74%	28.22%
2009 年	40288	2488	6.17%	14.16%	10.82%
2010 年	47270	3158	6.68%	17.33%	26.96%
2011 年	59955	3902	6.51%	26.83%	23.54%
2012 年	70914	3590	5.06%	18.28%	-8.00%
2000-2012 年平均增长率				16.92%	24.38%
2006-2012 年平均增长率				19.35%	18.32%

注：工资总额是税前工资，包括单位从个人工资中直接为其代扣或代缴的房费、水费、电费、住房公积金和社会保险基金个人缴纳部分等。

三、个人所得税存在的问题暨改革的必要性和可行性

（一）存在的问题及改革的必要性

1.我国个人所得税存在功能缺陷

税种的功能定位对一个税收制度的设计有着决定性的影响，传统的个人所得税的功能应具有两大功能：组织财政收入和调节收入分配。后一功能相比较于其他税种（特别是间接税），往往得到更多的强调。另外，由于个人所得税是直接税，在公民纳税意识较为淡薄的情况下，也将承担起培育公民纳税意识的独特功能。如果仅定位于组织财政收入，税收制度应实行宽税基，低税率，普遍征收的原则，如果注重定位于调节收入分配，则应选择累进税制，提高费用扣除额，减少征收范围，使低收入者免于征税，而使高收入者多缴税。

表 2　我国个人所得税占税收和公共财政收入的比重　　单位：亿元

年份	个人所得税收入	税收收入	占税收收入比重	公共财政收入	占公共财政收入比重
2000	659.64	12581.51	5.24%	13395.23	4.92%
2001	995.26	15301.38	6.50%	16386.04	6.07%
2002	1211.78	17636.45	6.87%	18903.64	6.41%
2003	1418.03	20017.31	7.08%	21715.25	6.53%
2004	1737.06	24165.68	7.19%	26396.47	6.58%
2005	2094.91	287478.54	7.28%	31649.29	6.62%
2006	2453.71	34804.35	7.05%	38760.20	6.33%
2007	3185.58	45621.97	6.98%	51321.78	6.21%
2008	3722.31	54223.79	6.86%	61330.35	6.07%
2009	3949.35	59521.59	6.64%	68518.30	5.76%
2010	4837.27	73210.79	6.61%	83101.51	5.82%
2011	6054.11	89738.39	6.75%	103874.43	5.83%

从表3-1可以看到10 多年来，我国的个人所得税占税收的比重都非常低，平均7%左右，近几年还有所回落，占公共财政收入的比重仅保持在 6%的水平，个人所得税在满足财政收入功能上的表现并不乐观。究其原因，这与我国当前的基本国情有密切关系，我国目前处于社会主义初级阶段，生产力生平相对较低，人均国民生产总值较低，大多数家庭的收入都是用于维持基本的生活需要，在这种状况下，个人收入就不可能成为普遍征收的对象，因此个人所得税的财政收入功能比较弱。

此外，随着经济的发展，我国的社会分配不公越来越明显，它主要包括城乡之间收入差距过大、地区之间收入差距过大、行业之间收入差距过大、居民之间收入水平差距过大。这些差异的存在使得税收收入的差别也很大，而近些年由于收入呈现多元化和隐形化，而个人所得税的改革由于种种原因明显滞后于经济 济的转轨和收入格局变化，相关制度设计存在不容忽视的缺陷和问题，使个税的应有作用发挥十分有限，税种还有被边缘化的表现，其调节功能亟待优化和强化。

我国的基尼系数近几年一直处于较高的状态，且还有不断上升的趋势，说明我国的贫富差距相当大，贫者愈贫、富者愈富的马太效应势必将导致经济动力不足，社会矛盾激化等不良后果。我国的个人所得税，作为一个调节收入分配的主要税种，需对此发挥其应有的作用。

2.分类所得税制难以体现公平税负原则

个人所得税的税制模式一般分为三种：分类所得税制、综合所得税制以及分类和综合相结合的所得税制。分类所得税制即根据不同的所得类型适用不同的征收方式，各项所得分别对应不同的税率、扣除额和税收优惠等。这种征税模式的优点是能够区别对待不同来源的所得收入，并设置不同的税负，体现国家的政策性。而综合所得税制则是将个人的所有收入看作一个整体，设置一个同一的扣除标准、税率来计征，这种征收方法的优点在于能够充分体现税收的量能原则，体现税制的公平性，从而实现个人所得税的调节收入分配功能。但其缺点也显而易见，即对征管能力的要求非常高，需要征管部门全方面的了解纳税人的各项所得和收入来源。分类和综合相结合的所得税制通过那部分所得纳入综合所得的计征，而部分所得仍分类计征的混合模式，这种模式吸收了前两种模式的优点，既体现税收的公平性，又实现了区别对待，体现国家政策的效果，一般适合税制模式转变过程中作为过度的模式运用。

我国当前的分类所得税制模式，即将个人所得分为工资薪金所得、个体工商户生产经营所得、承包承租经营所得、劳务报酬所得、稿酬所得、特许权使用费所得、利息股息红利所得、财产租赁所得、财产转让所得、偶然所得和其他所得等 11 个征税项目，并相应规定了每个应税项目的费用扣除标准、适用税率及计税办法。其中，工资薪金所得适用 3%～45%的七级超额累进税率（自2011 年9月1 日起，将工薪所得原来适用的九级超额累进税率改为七级，取消 15%和40%两档税率，将最低档税率由5%降为3%，同时适当扩大了低档税率和高档税率的适用范围）；个体工商户的生产经营所得、对企事业单位的承包承租经营所得、个人独资企业和合伙企业投资者的生产经营所得，适用 5%～35%的五级超额累进税率；稿酬所得、劳务报酬所得、特许权使用费所得、利息股息红利所得、财产租赁所得、财产转让所得、偶然所得和其他所得等均适用 20%的比例税率，对劳务报酬所得一次收入畸高的，实行加成征收。这种征税模式有很多弊端：

其一，征税范围采用正例举的方式，不能涵盖各种收入方式。我国对个人所得税的征税范围逐一进行了例举，没例举的就都不需要缴纳个人所得税。而近年来，随着我国经济的发展，生活水平的提高，我国居民收入来源多元化，个人的收入种类早已大大超出了税法中例举的十一项所得范围，而且多元化的收入来源容易造成收入性质的转变，使原本需要缴税的收入不在例举的范围内，造成更多的税收流失。

其二，分项征收不能体现税制的横向公平原则。这主要与我国目前居民的收入多元化不相适应，收入来源较多的个人费用较多，承担的税负会较轻，而收入来源单一的费用扣除较少，承担的税负就较重。一个收入渠道多样化的人可以通过不同项目的扣除标准尽可能多的减少所缴的税，相对于收入单一而总收入又相同的人来说，显然具有很大的优势，这样就容易造成纳税人之间的税负扭曲。

其三，容易为避税留下漏洞，产生逃避税现象。不同的税目之间由于税率和扣除费用不同，又由于各种复杂的情况的存在，所得范围界定的界限比较模糊，纳税人在纳税过程中就可以通过将所得在不同项目之间转移，达到少缴税的目的。现行个人所得税选择分类所得征税模式，制定的初衷是让个人所取得的不同类型的所得适用不同的税率，即对辛勤劳动所得课以轻税，对非勤劳所得课以重税，以利于实现特定的政策目的，但实际上这种政策目的并没有实现，出现了与其相悖的对勤劳所得进行税收惩罚的现象，并且随着经济的发展，产生了更多弊端。税制模式的问题已然成为了一个无法逃避的问题，我国个人所得税的税收制度急需一个与我国现阶段发展水平相适应的税制模式来配合经济的发展。

其四，最有调节力度的收入是工薪收入，未能较好体现个税应有的“支付能力”原则及相关的“抽肥补瘦”功能。工薪收入实行企事业单位财务的代扣代缴不易偷漏，并有最高边际税率高达45%的超额累进税率设计，形成了很大的调节力度，但工薪收入之外的其他收入，如金融资产收入等“先富起来”人群的应按“支付能力”原则受到有力调节的收入，却很容易逃税，也无超额累进调节机制，极不利于优化和强化应当“抽肥补瘦”的再分配机制。

3.税率、级次和边际税负不合理

就全世界范围来看，在过去的30 年时间里，世界各国的个人所得税制发生了巨大的变化。最重要的一个方面就是税率、起征点和税收结构总是不断变化着。每年平均有45%的国家在法定税率或者税率档次上修改了至少一个相关要素。在这些国家里，至少有一半的国家通过同时改变税率和各级税率档次起征点来修改税法。其中最高税率都呈现出大幅度的下降，据统计，近几年OECD国家的平均最高边际税率为37.7%，平均最低边际税率为16.9%。总体来说，世界各国的税制正朝着低税率、宽税基、简单、偏平的税制结构发展。

第一，我国个人所得税税率结构比较复杂。目前的个人所得税采取比例税率与累进税率并行的结构，对工资薪金所得和个体工商户生产、经营所得，企事业单位的承包经营、承租经营所得分别适用7级超额累进税率和5级超额累进税率，最高的边际税率达45%。对劳务报酬、稿酬所得、利息所得等适用20%的比例税率。税率结构设置在2011年9月修改后虽然有所简化，但与国际上其他国家以及这些年发展的趋势相比较，我国的个人所得税税率级次偏多、结构仍然比较复杂。

第二、我国个人所得税边际税率比较高。我国边际税率最高为45%，明显高于众多发展中国家，例如印度为40%，新加坡为 30%，巴西为27.5%。过高的边际税率不仅会使人们产生逆反心理，产生偷逃税的心里动机，而且还会影响工作的积极性。工资薪金的累进级距在2011年修改够由9级变为7级，但相对于其他国家来说仍显过多，过于复杂，税率复杂不仅不利于素质不高或纳税意识不高的纳税人熟悉和掌握，还影响了个人所得税的征收效率，此外，由于高收入者更容易转变收入形式，进行偷逃税，因此高档税率的设置几乎无用，不仅对个人工薪课税的收入功能贡献不大，对调节收入分配的实际作用也非常有限。

第三、我国个人所得税税负不合理。收入所得按性质一般可以分类为劳动性收入、资本性收入和偶然所得，我国目前由于采用了分类征收的税制模式，对十一项所得分别设置了不同的税率，相同性质的收入对应的税率却不同，而且相比之下我国的部分劳动性收入还偏高于资本性收入的税率，这样显然是不公平的，明显带有歧视劳动性收入的性质，打击了人们积极劳动的热情，与国家鼓励劳动抵制投机的政策背道而驰。

4.费用扣除标准不合理

第一、费用扣除没有考虑个人实际税负能力。一般来说，合理的个人所得税的扣除应包含成本扣除、生计扣除和特殊扣除等项目，我国现行个人所得税仅采用费用定额扣除和定率扣除相结合的方法，这种方法虽然简单明了，便于计算，便于征管，却存在很大的弊端：例如工薪所得，目前我国采用一刀切的方式确定工资薪金所得免征额为3500元，但是由于每个人的基本情况不同，有些人单身，有些人有家庭，有些人身体健康有些人却残疾，另外还有教育子女、赡养老人，不同地区生活水平不同等诸多情况，都影响着纳税人的生活成本，影响着纳税人的实际税收负担。一个生活在经济欠发达地区的单身纳税人，父母不需要照顾，生活上也不需要有其他额外的支出，压力相对较小；而一个生活在经济发达地区的有妻室儿女的纳税人，整个家庭的日常生活支出就很大，另外还要支付子女的教育费用，支付老人的赡养费用等，相对于前者来说，生活成本陡然上升，3500元的免征额就显然太少了。

第二、来源于不同性质的收入税负相差很大。我国个人所得税对工资薪金、劳务报酬以及其他收入都设置了不同的扣除标准，使得同样一项劳动在不同的情况下分别对应工资薪金的某级扣除和劳务报酬的某类扣除，最终同样的劳动收入缴纳的个人所得税就相差很大。

第三、费用扣除没有实行指数化变动。由于受每年的全球经济形势、经济周期，国内经济情况等因素的影响，我国每年的物价水平都不尽相同，固定不变的名义免征额在不断变化的物价水平作用下，实际扣除额或者说实际给纳税人带来的税收减免也将不断变化，直接影响到税收的负担。

5.个人所得税征管体系不健全

现行分类税制下的个人所得税纳税人与税务机关大多并不直接接触（个体工商户、承包经营承租经营等缴纳个人所得税除外），应交税款大多通过源泉扣缴的方式，由所得的支付方代扣代缴。这种源泉扣缴方式对税务机关的征收管理技术水平要求并不高，税收成本较低。由分类课征模式向混合课征模式的转变，由于有综合征收部分，需要纳税人自行申报，这就要求纳税人由过去的“被动纳税”转为“主动纳税”，对税务机关的征收管理水平提出了新的要求。这个转变过程，也是传统的个人所得税征收管理制度向能够有效管理纳税人自行申报的征收管理制度的转变，其中需要完善的制度和配套措施较为复杂，其中更多的是税务机关自身条件的创造、改善和提升，包括税务机关如何监控纳税人的收入流、税务机关如何联网共享信息、税务机关如何审核纳税人的纳税申报表、对自行申报缴纳的税款有异议如何处理、税务部门如何与其他行政部门协调等。此外，目前我国的税收征管系统还没有与银行、公安、工商等各部门实时联网，导致无法及时准确地了解纳税人的各项收入、支出信息，缺乏监督、监控机制，这样就不能培养纳税人履行纳税义务的自觉性，还给纳税人偷逃税带来了更多可能性。设计再优良的税制，要想实现其目标，必须要有高效的征管制度，对于要求纳税人自行申报的个人所得税来讲，尤其重要。现行的征管条件不能满足混合模式的个人所得税的课征要求，当前应研究制定在综合与分类的税制模式下、在总结自行申报经验的基础上，如何有效地对个人所得税进行征收管理，为课税模式的转换积极地准备条件。

（二）改革的可行性

个人所得税“综合与分类相结合”的改革方向早在2003年中央文件中即已明确，而改革迟迟无法推进的主要原因之一在于征管条件迟迟不能具备。普遍认为，这方面最主要的瓶颈为：部门间信息共享程度低、金融资产和其它财产收入实名制度不健全、现金使用量大，这些因素直接影响税务部门的监管能力。上述三方面问题在我国确实存在，但还应看到，现实情况并非如人们想象之严重，税务部门对居民收入信息的监管决非完全无能为力，相关条件建设也具备很值得肯定的可行性。

1.相关部门间信息联网和共享程度已大大提高并可进一步提高

十几年间，在以防范增值税专用发票骗税等为切入点的“金税工程”带动下，税收信息化有了长足的发展，并与许多部门间建立了信息共享关系。据国家税务总局信息中心人员介绍，目前全国22个地区的国家税务局、17个地区的地方税务局，已经实现了税款的网上缴纳，即税务部门可以通过网络访问纳税人金融机构的银行账户，并可实时扣缴税款，这足以表明，区域内税务部门和金融机构间的企业纳税人的信息共享，已基本不存在制度和技术上的障碍，外推至居民个人，困难也不会大到无法克服。至于全国层面的个人金融账户信息的收集，可通过网络联结将其集中至国家税务总局，供全国各地税务机关查询。目前各地税务系统的纳税申报信息已集中至省级，国家税务总局可方便地从省级税务部门抽取所需信息。同时，修订的《中华人民共和国税收征收管理法》明确规定：“税务机关有权了解、收集个人所得税纳税人的银行存款、大额资产信息，金融机构、公安、国土管理、房产管理、知识产权管理等机关应按照税务机关要求的内容、格式、实现、口径提供本单位掌握的个人所得税纳税人的银行存款、大额资产信息”，这为税务机关搜集个人收入信息提供了制度保障。此外，中央人民银行于2005年建立的个人征信系统，目前已收集了8亿自然人相关信用记录，包括个人基本信息、信用交易信息、公共记录信息和公用事业信息等32项信息内容，这可为税务机构利用第三方信息监管个人所得税提供强大支持。在全面改革新时期，清除既得利益的人为阻碍因素而借助"金税"、"金财"工程等充分运用现代信息技术形成个税改革实质性推进的技术性支撑，既有必要性，又具可行性。

2.财产实名状况已得到明显改善可支撑个人所得税改革

2000年4月1日，我国开始实行存款实名制，即自然人在金融机构开立个人存款账户时，必须出示本人有效身份证件，并使用该证件上真实姓名存取款的制度。2008年7月，中央人民银行重申存款实名制度，建立身份识别制度，对实施实名制之前（2000年4月1日之前）开立的账户继续使用时必须进行身份的重新确认，同时对未按规定履行身份识别义务的金融机构按照《反洗钱法》予以处罚。并且，目前各金融机构均安装身份验证系统，并可实时登陆公安部身份证系统验证身份证的真伪，使得利用假身份证存取个人收入的可能理论上降低至零。存款实名制对于个人所得税来说，最大的意义在于可以通过监控经使金融机构获得的收入归总至个人名下，进而顺利实现超额累进征税。近年来，房产、股票等资产也基本实现了实名制。实际上，只要新增财产实行了实名制，就不会影响个人所得税的缴纳，因为个人所得税是对当期所得即"财产的增量"计征，因而对于目前未实名的财产，只要在处置依其取得的收入时实现实名制，也就不会造成个人所得税的流失。目前的制度框架，已基本能够保证新增财产实名制，因而财产实名状况可进而在技术上支撑个人所得税"综合与分类相结合"的改革。

3.现金交易对个人所得税的不利影响基本能够规避

中国是一个现金使用大国，这既与历史习惯有关，也与目前支付手段不完善以及诚信体系不健全有关。现金交易给个人所得税带来的最大问题是现金的坐收坐支，即个人收入以现金取得，又以现金的形式支出，这类收入独立于金融体系运行，使得税务机关难以监控。与以上两因素相比，现金交易其实是目前我国个人所得税改革面临的最大瓶颈，且短期内尚难以完全克服。消除这一瓶颈的最好办法是，规定企事业单位不得以现金发放工资、津贴等，要求劳务酬金超过一定金额的，必须采用转账方式等。目前，全国城镇企事业单位已基本实现了工资发放直达个人账户，再加上金融机构关于现金提取的各项规定趋于细密，以现金形式取得收入的情况在逐渐减少。从发展前景看，只要现金发放方遵守个人所得税源泉扣缴制度，现金收入带来的个人所得税流失问题会大大减少。

因此，综合以上分析，我们可以认为，尽管目前我国征管水平不能完全达到个人所得税改革的理想要求，但毕竟已经有了一个初步的基础，社会环境也正在改善之中，经过认真准备，积极创造条件循序渐进，是可以支撑我国个人所得税改革的。

四、个人所得税制度设计的国际经验借鉴

（一）美国

美国在南北战争初期开征了个人所得税，并采用了累进所得税的形式。但直到1913年，美国通过了宪法第十六条修正案，将征收所得税的权力赋予国会，最终确立了今天的联邦个人所得税制度。

1.纳税人

美国个人所得税主要以公民管辖权为主，居民和收入来源地管辖权并用的形式，按照纳税人的申报身份不同，可分为单身申报、夫妻联合申报、夫妻单独申报和户主申报等形式。

2.征税范围

由于美国拥有完善的财务制度、信息系统和较高的征管水平，其所采用的综合征税模式也是当前最具有典型性的，综合收入中几乎包含了纳税人全部的收入所得，大致可归为以下几类：1）劳动所得，如工资薪金、劳务报酬等。2）资本所得，如股息、红利等。3）转移所得，如社会保障救济金、抚恤金等。4）其他

收入。

3.税率

美国根据纳税人申报形式的不同分别设置了四种税率表：

表 3-1　2012 年美国单身申报税率表　单位：美元

级数	应纳税所得额级距	税率（%）	速算扣除数
1	应纳税所得额不超过 8700（含）的部分	10	0
2	应纳税所得额 8700–35350（含）的部分	15	870
3	应纳税所得额 35350–85650（含）的部分	25	4867.5
4	应纳税所得额 85650–178650（含）的部分	28	17442.5
5	应纳税所得额 178650–388350（含）的部分	33	43482.5
6	应纳税所得额超过 388350 以上的部分	35	112683.5

表 3-2　2012 年美国夫妻联合申报税率表　单位：美元

级数	应纳税所得额级距	税率（%）	速算扣除数
1	应纳税所得额不超过 17400（含）的部分	10	0
2	应纳税所得额 17400–70700（含）的部分	15	1740
3	应纳税所得额 70700–142700（含）的部分	25	9735
4	应纳税所得额 142700–217450（含）的部分	28	27735
5	应纳税所得额 217450–388350（含）的部分	33	48665
6	应纳税所得额超过 388350 以上的部分	35	105062

表 3-3　2012 年美国夫妻单独申报税率表　单位：美元

级数	应纳税所得额级距	税率（%）	速算扣除数
1	应纳税所得额不超过 8700（含）的部分	10	0
2	应纳税所得额 8700–35350（含）的部分	15	870
3	应纳税所得额 35350–71350（含）的部分	25	4867.5
4	应纳税所得额 71350–108725（含）的部分	28	13867.5
5	应纳税所得额 108725–194175（含）的部分	33	24332.5
6	应纳税所得额超过 184175 以上的部分	35	52531

表 3-4　2012 年美国户主申报税率表　　单位：美元

级数	应纳税所得额级距	税率（%）	速算扣除数
1	应纳税所得额不超过 12400（含）的部分	10	0
2	应纳税所得额 12400–47350（含）的部分	15	1240
3	应纳税所得额 47350–122300（含）的部分	25	6482.5
4	应纳税所得额 122300–198050（含）的部分	28	25220
5	应纳税所得额 198050–355350（含）的部分	33	46430
6	应纳税所得额超过 388350 以上的部分	35	109229

资料来源：http：//www.smbiz.com/sbrl001.html。

4.费用扣除

美国的费用扣除标准比较复杂，一般需要经过两次扣除，个人宽免扣除，分项扣除和标准扣除。其具体的计算过程如下：

第一步：全部所得—免税项目=毛所得

第二步：毛所得—调整项目=调整后的毛所得

第三步：调整后毛所得—分项扣除额（或标准扣除额）—个人宽免额=应纳税所得

第四步：应纳税所得×税率=初算税负

第五步：初算税负—税收抵免=应缴税款

其中，标准扣除是固定不变的金额，但根据申报类型的不同对应的金额也会随之变动。

表 3-5　美国个人所得税标准扣除及个人宽免额　　单位：美元

项目	标准扣除				个人宽免
	单身	已婚联合申报	已婚单独申报	户主	
2008	5450	10900	5450	8000	3500
2009	5700	11400	5700	8350	3650

数据来源：http：//www.smbiz.com/sbrl001.html#pis00-09。

分项扣除主要包括偶然损失和慈善捐助等。宽免扣除主要包括个人宽免扣除和高收入宽免扣除等。总体看来，标准扣除较适合中低层收入者，分项扣除较适合高收入者，此外，美国在对高收入着的宽免收入中还做了限制规定，要求减少其宽免额。这样，通过复杂而有针对性的设置，真正体现出了美国税制中的量能税制原则。值得一提的是，美国对标准扣除和个人宽免还实行了指数化的调整，更能体现出税制的公平性。

5.税收征管

在经历了多年的个税改革的基础上，美国对个人所得税的征管经验相当丰富，目前已建立了一套完整的征管体系。每个纳税人都根据自己的社会保险号建立专门的税务档案，以主动自行申报为主，通过自行评估，实行按月预缴的机制，同时雇主也有义务为其纳税人履行代扣代缴的的义务。这种双向申报的制度有效地减少了偷逃税的可能性。

作为配套措施，美国还建立的严密的稽查系统，实行交叉稽查，同时对纳税人的申报表和税务当局搜索到的信息进行对比、审核，一旦发现有偷逃税或有错误信息的情况将给予严厉的惩罚措施。

（二）德国

1.纳税人

德国纳税人评判条件只要符合以下四点中的一点即可：1）在德国拥有永久性住所；2）在一个公历年度内在德国居留至少六个月；3）在两个公历年度内在德国连续居留六个月；4）在一个财政年度内总所得额中至少有 90%在德国。

2.征税范围

德国采用综合征税模式，对七大类所得进行所得税的征收，其中包括农业所得，劳务所得，贸易经营所得，投资所得，雇佣所得，租赁所得以及包含养老金、投机交易、非连续所得的其他所得。

3.税率

德国针对纳税人的自身情况不同，分别设置了单身纳税人申报和已婚纳税人申报两种税率表，并在中低档收入间设置了两档连续的税率层，高收入又设置了两档固定的税率。

表 3–6　适用单身纳税人的税率表　　单位：欧元

级数	年应纳税所得额	税率（%）
1	不超过 8004 的部分	0
2	超过 8004 至 13469 的部分	14–24
3	超过 13469 至 52881 的部分	24–42
4	超过 82881 至 250730 的部分	42
5	超过 250730 的部分	45

表 3–7　适用已婚纳税人的税率表　　单位：欧元

级数	年应纳税所得额	税率（%）
1	不超过 16008 的部分	0
2	超过 16008 至 26938 的部分	14–24
3	超过 26938 至 105762 的部分	24–42
4	超过 105762 至 501460 的部分	42
5	超过 501460 的部分	45

资料来源：王红晓：《德国个人所得税税率的特别设计及对我国的启示》，《税收经济研究》2011年第 3 期。

以单身纳税人的税率表为例，在年应纳税所得额 8004 欧元—13469 欧元区间内时，对应的税率范围为 14%—24%，即每一个数值的应纳税所得额都会与一个特定的税率值一一对应，纳税人的边际税率是逐渐的平滑上升的，若以横轴表示应纳税所得额，纵轴表示税率，则在该区间上的图形便是一条斜向上的直线，应纳税额便是该段曲线与横轴所围成的图形的面积。

4.费用扣除

德国所得税对每一项收入来源都有一定的扣除标准，属于开支费用的税基减免。除了基本免税额外，还有单亲抚养子女免税额、双亲抚养子女免税额、子女上大学期间免税额、老年免税额等特殊支出以及家庭生计费用扣除。对于雇员还有特殊的免税额，各种社会保险费以及住房储蓄等也计入免税额。对于少部分年收入超过 12 万的高薪雇员，不再按工资税表，而按个人所得税表计征。

（三）俄罗斯

2000年，俄罗斯普京政府推出了“中性”个人所得税，即一改传统，将个人所得税税率从传统的超额累进税率改革为比例税率（亦称“单一税”），这一举措受世界瞩目，评判之声从未停止，有赞成，更有质疑。客观公正评价俄罗斯的个人所得税改革，从中汲取对我国有益的经验借鉴，不但要考察该项改革的主要内容，更要深刻理解改革背景和改革目标。

普京执政以来，俄罗斯官方崇尚供给学派的经济思想，反映在财政上，则主张平衡预算，反对财政赤字，认为减税是最有力的财政政策工具，而减税主要是指降低边际税率，反对累进税率。税收“中性”思想直接影响了普京政府的一系列税改，个人所得税便是其典型案例。

同时，俄罗斯的个人所得税改革其深刻而独特的历史原因。上个世纪90年代末，俄罗斯经济承受着“休克疗法”转型模式带来的沉重压力，生产下降，投资乏力。九十年代俄罗斯国内生产总值几乎下降了50%，国内投资持续下降，产业部门使用期在5年以下的设备在全部设备中所占比重从1990年的29%降低到1998年4.5%。财政预算连年赤字，国库亏空严重。在此局势下，恢复生产、增加财政收入成为普京政府首要的经济改革目标，而个人所得税在其财政收入中的重要地位又决定了个人所得税改革成为经济改革中的重中之重。从立法上看，俄罗斯的税种分为三类，即联邦税、地区税和地方税。个人所得税属于联邦税，即由联邦立法。在收入使用上，个人所得税收入划归地区统一预算，但由于中央预算连年赤字，在2001年之前个人所得税收入在联邦预算和地区预算之间共享。在联邦统一预算中，个人所得税是除增值税和企业利润税之外的第三大税种，2003年该税收入占中央预算收入的比重为12.9%；个人所得税收入在地区收入预算中的地位更是重要，为地区统一预算中的第一大税种，2003年该税收入占地区统一预算税收收入的比重高达36.2%。以上两个因素都形成了俄决策层“重收入”而“轻调节”的压力，此外，俄罗斯劳动力供给短缺也是促成个税实行比例税率的原因。资源丰富加之气候寒冷，部分俄罗斯人缺乏工作的主动性和积极性，加之俄罗斯地广人稀，劳动力短缺成为制约其经济发展的瓶颈之一。所以，普京政府寄希望于取消累进税率，提高居民税后可支配收入，进而提高居民的工作积极性。

基于“切实刺激工作积极性，充实国库，简化税制”的目标，2000年俄罗斯实施了个人所得税改革，改革的最大特点是取消累进税率，实行13%比例税率。这一比例税率比原来累进税制下的最低税率12%高了一个百分点，配合养老基金缴纳降低一个点，所有纳税人的实际税收负担率都没有增加，只有减少。

俄罗斯比例个人所得税运行十年来，基本上实现了改革之初的预定目标。居民工作积极性得到了提高，随居民实际收入和职工实际工资水平上升而纳税人偷逃个税的动机弱化能为减少个人所得税收入大幅增加。2002年扣除通货膨胀因素后，该税收入增长20%；税制简化的思想在俄罗斯的实践中得到贯彻，但在取得一些正面效应的同时，不要忘记俄是以在很大程度上放弃、丧失个人所得税收入再分配调节功能为其代价的。

（四）对我国的启示和借鉴

1.个人所得税都为主体税种，且划归中央所有

将个人所得税划归中央所有，成为一国的中央税主要是因为避免税源在地区间的不良竞争，妨碍人才在不同地区间流动的自由性。此外作为一国的主体税种，个人所得税在财政中的比重比较大，从各个发达国家的个税占财政收入比重排名中都可以看到居于前列，而税制的收入分配功能主要由个人所得税来体现，中央掌控个人所得税不仅能更好的实现个人所得税的收入分配功能，也更好的体现了税收制度的公平性。

2.普遍实行综合计征模式

从各国实践经验来看，实行综合税制的国家占绝大多数。据不完全统计，在110个国家或地区中，有87个国家（地区）先后采用了综合税制，比例高达80%[①]。无论在发达国家、新兴国家，还是在转型国家、发展中国家，实行综合税制相当普遍——其中既包括美国、英国等发达国家，也包括墨西哥、印度等发展中国家，还包括新加坡、台湾省等新兴国家和地区。美国个人所得税的基本原则是，“纳税人从所有来源得到的收入都必须归为单一的即‘综合的’收入，据此纳税。”[②]；欧洲大陆国家也普遍实行综合个人所得税制。值得一提的是，尽管英国将个人所得进行分门别类作出各种必要扣除，但要再统一扣除基本生计费用后适用一套税率计征。所以，英国看似分类，实为综合。从以上情况可知，综合计征为各国普遍采用的模式，而且是否实行综合模式，与经济发展水平并没有显著的相关性。

3.税制设计简单化，多数国家个人所得税税率均为超额累进税率

除极个别国家外，多数国家个人所得税税率均为超额累进税率，税率档次3-6级不等，最高边际税率一般为40%以下。由于绝大多数国家的个人所得税承担了调节收入分配的职能，因而超额累进税率是个人所得税普遍采用的税率形式，典型国家的税率级次和级距情况参见附件1。从中可看出，个人所得税税率档次多为3-6级。如美国、日本和新加坡为6级，德国和英国为3级。从最高边际税率来看，多数不超过40%，如美国为35%，日本为40%，新加坡为20%（该国最高边际税率在不断下降，2005年时为22%，2006年为21%），英国为40%（2010年将调整为50%），德国为45%。尽管后两个国家最高边际税率很高，但它们的税率档次很少，仅为3级，且德国多数应税收入适用14%的低税率，英国的低税率为10%。同时，最高边际税率与最低边际税率差距在30%以内。如美国为25%，英国为30%，新加坡为16.5%，日本为30%，德国为31%。

---

① 孙玉栋，陈洋，《个人所得税综合税制国际比较与评价分析》，《郑州航空工业管理学院学报》2008 年第 1 期。

② 马斯格雷夫，《财政理论与实践》（第五版），P337，中国财政经济出版社，2003 年。

4.费用扣除考虑了多方面的因素

课税的对象主要是纳税人的净所得，即纳税人的收入扣除发生收入时所必需的支出成本后的所得，此外，为了纳税人的基本生活以及减轻纳税人的负担，国家还设定了生计扣除和宽免、特殊扣除等项目；针对不同的家庭情况，根据纳税人自行选择申报方式的不同，也设置了不同的扣除标准形式。如美国税法规定，在AGI基础上，根据纳税人的具体家庭情况（如家庭人口、抚养情况等），给予每个人一定的宽免额，2009年单身个人的宽免额为3650美元，填写联合申报表的一对配偶为7300美元，一个四口之家为14600美元。依次类推，抚养人越多，宽免额越高。并且从1989年开始，宽免额每年根据通货膨胀的情况进行调整，比如1989年的人均宽免额为2000美元，而2008年的人均宽免额已上升到3500美元。尔后，美国再对剩余所得部分（AGI－宽免额）给予一定的免税额，即所谓的标准扣除额，该扣除标准每年也随通货膨胀情况进行调整。如2009年，夫妻联合申报的标准扣除额为11400美元（2008年为10900美元），单身个人和已婚单独申报的个人的标准扣除额为5700美元（2008年为5450美元）。此外，对于标准扣除额，纳税人还可以选择分项扣除的方法，允许分项扣除的项目有抵押贷款的利息支出、州与地方的某些税款和慈善捐款、高昂的医疗费等。通常只有高收入纳税人愿意选择分项扣除，因为对于低收入者来说，标准扣除已远远超过分项扣除额。

此外，根据每年的经济发展形式，为了避免通货膨胀等因素给纳税人带来的额外税收负担，这几个国家或地区都将费用扣除的标准进行了指数化，即免税额、标准扣除额等都需要同时随消费者物价指数进行调整（较上次调整累计上涨达 3%以上时，按上涨幅度调整）。

5.征收方式以年为纳税时间单位，且征管手段信息化、现代化

从这几个国家或地区的情况来看，申报制度主要以年为纳税年度，实行源泉扣缴和自行申报为主，年终综合计算税款，多退少补。源泉扣缴（pay as you earn），也称预提税（withdraw tax）是个人所得税征收的主要方式，被世界多数国家采用。如在OECD国家中，除法国和瑞士外，其它国家的工薪所得均采用源泉扣缴，22个

成员国的股息所得以及21个国家的利息所得也采用此方式征缴。美国90%的个人所得税收入通过源泉扣缴来取得。源泉扣缴的好处在于税款支付与现有收入水平联系起来，保证税款及时入库，同时也可以有效控制税源，防止漏税。

在征收手段上的一个最大的特点就是对纳税人实行了纳税识别号的制度管理，这种识别号类似于个人身份证一样，即达到法定年龄的公民必须进行登记领取，并且终身不变，个人的所有收入、支出情况，银行信息，纳税情况等都将记录于这张“身份证”上，这无疑是的税务当局对税源的监管起到了至关重要的作用。

随着时代的发展，税收征管对信息网络的要求逐渐提高，完善的信息系统不仅可以提高信息的完善性、增强信息的共享程度，而且还加强了税收的监管力度，同时也是纳税识别号管理制度的有力保障。

五、我国个人所得税改革的总体思路和政策建议

（一）总体思路

中国特色社会主义市场经济中个人所得税的取向，是充分发挥调减收入分配差距的作用，实施有效的再分配调节，兼顾培养纳税意识和培育中等收入阶层。之所以将个人所得税的功能定位需更侧重于调减收入分配差距，主要是基于以下理由：

一是收入分配制度的优化客观上要求个人所得税发挥重要的调节作用。中国现代化发展的重要战略机遇期，表现为“黄金发展期”和“矛盾凸显期”的交织，目前主要的矛盾之一就是威胁社会和谐与长远发展的收入分配悬殊问题。改革收入分配制度，合理调整收入分配格局，将成为未来相当长一段时间内中国制度建设和宏观调控方面的一项主要任务。收入分配格局的合理化，既需要调整初次分配中政府、居民和企业三者关系，也需要调整二次分配中居民间分配关系。而设计与实施科学、合理的个人所得税，恰能发挥其在这方面的应有作用，因此充分发挥个人所得税调减收入分配差距的作用，在中国是事关全局、“顺天应人”的重大问题，是深化改革、促进可持续发展、构建和谐社会的客观要求。

二是中国经济的国际竞争环境、赶超发展战略和居民收入能力的相对低水平，制约着个人所得税筹集财政收入的能力。中国的现代化和平崛起，一不能靠海外殖民方式，二不能靠战争掠夺手段，只能依靠全面开放和WTO框架下的经济手段，并实施政策倾斜特点鲜明的适度赶超战略。当国际金融危机冲击表明我国“高储蓄、高投资”方式有必要适当地调整为扩大与促进消费方式时，我们可以更清楚地看到中国居民收入能力的相对低水平和个人所得税相应的低收入功能的由来：在我国弥合二元经济的一个很长的发展过程中，农村剩余劳动力不断转出对全局居民收入能力与水平的制约，是显而易见的，为了更有效、长效地“扩大内需”，除了强化社会保障体系之外，中国个人所得税的基本特征也需要考虑总体低税负而有利于促进消费。适当增进消费，关乎我国经济结构的调整和在可持续发展中追求赶超目标，扩大消费已经成为经济发展战略层面的问题。由于个人所得税直接影响居民可支配收入，进而影响居民消费能力，所以个人所得税实际平均税负不可过高，以求降低其对消费的压抑性影响。而且，前些年“两个比重”[①]下降，也就是作为个人所得税税基的居民收入占国民收入中的比重连续下降，会直接影响个人所得税筹集财政收入的能力。在现阶段的我国居民收入能力情况下，假设欲使我国个人所得税收入与流转三税（增值税、营业税和消费税）相比肩，个人所得税平均税负要高达16%，远高于目前的2%左右，这是无法想像的[②]，因而个人所得税在近期尚无任何可能成为筹集财政收入的主体税种。即使在今后“两个比重”有所提高的情况下，在可以预见的时期内，也很难想像能够使个人所得税成为我国财政收入的支柱式来源。

三是我国覆盖生产流通全部环节的流转税开辟了良好的筹资渠道，个人所得税应凸显其“调节功能”特色。流转税良好的筹集财政收入能力不但在理论上成立，在许多国家，尤其是在中国的税收实践中也印证了这一点。庞大的人口基数，快速的城市化、工业化进程以及世界出口贸易大国等因素，决定了我国未来商品生产、

① 两个比重是指居民收入占国民收入的比重和劳动报酬在初次分配中的比重。

② 2007 年，不变价格的居民收入为 150152 亿元，个人所得税收入为 3184.9 亿元，后者约为前者的 2%。

流通将继续维持购销两旺的态势，为流转税继续发挥筹集财政收入主体税种作用提供了广阔的空间。在这种格局下，对个人所得税发挥“收入功能”的要求自然也就不那么迫切，更加凸显了这一税种在我国突出的“调节功能”特色。

总之，与其它国家相比，我国个人所得税调减收入分配差距的任务要更重大，而筹集财政收入的任务却轻许多。前者作用的充分发挥，应当作为我国个人所得税改革的基本取向。当然，对于个人所得税调减收入差距的作用，也需要有清醒客观的认识，即个人所得税不是万能的，它发挥作用的领域也是有限的，对于影响与调节初次分配中的分配格局，以及取决于生产要素价格与配置规则的财产分配，它是勉为其难的，需要有其他的制度建设和其他税种的配套与它共同构成调控体系。

（二）基本原则

1.分类与综合相结合的模式

个人所得税发挥调节功能的重要前提是按纳税人的纳税能力征税，其中综合模式最能对应于纳税人的负担能力，但其管理难度大，成本高。因此分类与综合相结合的税制模式比较符合我国人口多、社会经济发展极不平衡、在一个历史时期中有必要适当鼓励资本形成与创业行为的国情，同时也能满足其调节功能，因而是我国今后比较可行的个人所得税制模式。具体设计上可考虑，除资本利得外，最终将其它所有收入均纳入综合模式，统一计税。

2.有差别的个人宽免制度

有差别的个人宽免制度也是按能力课税的一种重要体现。我国个人支出负担情况的如实、细致统计与认定，工作上比较复杂，这给实行有差别的个人宽免制度带来困难，但这毕竟代表了个人所得税改革的方向，因此在困难比较多的情况下，基本原则是将目前有效信息可获取、可量化的某些个人支出纳入宽免之内。在初期，可设想在标准宽免额的基础上，考虑将个人的家庭瞻养系数、大病医疗支出负担情况以及消费信贷利息支出情况，适当叠加在标准扣除额上。

3.宽税基、低税负、超额累进

宽税基旨在将较多居民纳入征税范围，以培养其纳税意识。同时考虑居民的承受能力、顺应扩大消费、促进中产阶级形成以及提高税率有效性、减少偷逃税风险等几方面因素，应设计为平均税率不太高、税率档次不太多的超额累进模式。在此模式下，最低边际税率可以考虑设为相当低的水平，且应覆盖所有低收入者延伸至中等收入阶层的下沿。第二档税率可考虑覆盖所有中等收入者（即延伸至中等收入阶层的上沿），也不宜过高。同时，全部税率档次以不超过五档为宜，最高边际税率应控制在35%以内。

4.源泉扣缴和自行申报相结合

一方面可保证个人所得税足额及时入库，避免税款流失，另一方面通过纳税人自行申报，培养居民纳税意识和降低征管成本。

（三）个人所得税改革方案具体设计

1.确定纳税人和征税范围，合理划分综合课税项目和分类课税项目

纳税人包括中国居民或有来源于中国境内所得的外国人。征税范围：中国居民所有境内外货币和非货币所得；外国人：来源于境内的货币和非货币性所得。其中，农民的农业生产收入免税。对农民农业生产收入免税，是基于以下三点考虑：农民收入低，属于弱势群体；农业收入的成本不易核算；农民数量众多，农业收入多以现金形式获取，不易监管。

从收入性质和社会管理条件两方面看，可把属于劳动报酬性质的收入纳入到综合课税范围内。具体分析可把工资、薪金所得、劳务报酬、稿酬所得和特许权使用费所得纳入到综合课税中来。这些所得都是个人劳动所得，由劳动力使用方支付，特点是针对单个人的劳动力价值付费。对这些所得综合课税，统一扣除劳动力的形成和保持的基本成本。目前，我国社会的经济管理和社会管理基本能够支撑这种综合课税。具体表现是各类机构都较重视个人所得税代扣代缴工作，这使身份证可以成为集中汇总收入的追踪物。然而也要看到，中国实行个人所得综合还需打破多种制度和技术障碍。现在最突出的问题是怎样掌握个人劳动报酬总量，按现行制度安排是无法掌握个人劳动报酬的。因为，个人所得税是中央与地方共享税，由地方税务局征管，但地方税务局无权跨界征税或核定个人所得。这使得劳动者的异地兼职收入无法汇总到一个地方来纳税。显然，如果对劳动报酬综合课税，就要打破现行制度安排。具体到操作方面，今后可考虑由国家税务总局牵头建立个人劳动报酬统一汇总制度。相关个人收入信息可按劳动者就业单位分布传送至当地地税局以便征税。只有能做到这点，综合课税才有制度基础。

利息、股息、红利属于投资所得，仍可采用分类计征方式。财产租赁所得和财产转让所得收入规模不断扩张，今后还会快速增长，也应继续分类征收。但有必要把财产租赁所得和财产转让所得分为两类来征收，因为财产租赁所得属于对让渡使用权征税，财产转让所得则是对所有权变动征税，按统一的税率征税不合理，特别是我国的财产租赁和财产转让又有不同的类别限制。今后把财产租赁所得和财产转让所得分开征税时，还应对不同类别的财产采行不同的税率。例如，对个人住房的租赁和转让课税应降低实际税负，因为我国的个人住房市场只有盘活存量才能平抑房价。

2.改革方向是按家庭征收，过渡期可先按照个人综合征收但增加专项扣除

如前所述，因为分类所得税存在诸多弊端，从目前世界各国个人所得税的历史脉络看，现在很少有国家实行单纯的分类所得制，而是实行综合与个人分类所得结合的混合税制，除了对个人不同收入来源采取相应的分类外，还采用综合个人所得税制，将其全年的收入纳入计税范围，避免了收入项目多反而缴税少的制度悖论。而在税收抵扣项目的设计上，国外除了为低收入阶层提供了专门的税收抵免项目之外，还综合考虑纳税人的家庭负担和赡养人口的实际情况，允许纳税人就其赡养人口的多少和实际负担扣除一定数额的生计费用，这些合理的制度设计，在一定程度上均衡了税负，给个人所得税本身的制度结构嵌入了个性化和人性化的内核。

我国个税按家庭征收的呼声早已持续多年，只是相关方面在技术和价值层面都还有意见分歧。目前个人所得税费用扣除额采取综合扣除和分项扣除相结合的方式，其中大头是综合扣除，这与国外的做法相比显得较为粗放。显然，我们有必要调整思路，实行以家庭为对象的征收方式，将纳税人家庭负担，如赡养人口、按揭贷款等情况计入抵扣因素，更好地体现税收公平。当然，实行这项改革面临多重问题，这也是这项改革过去迟迟不能推进的原因。首先，以家庭为单位征收个税就必须将家庭收入纳入正规的信息系统，此前工薪阶层的个税都是由单位代扣代缴，个人工资收入比较清晰，但是家庭收入则未必。如果要调查清楚这些状况，在机构人员配置、经验技术储备上都存在困难，甚至需要较大规模地改造目前的征税系统。其次，我国的家庭情况相对复杂，有两口、三口之家，但也有三代、四代同堂的状况。这些家庭需要赡养、抚养的人口可能也在不断变动，这需要一个庞大的税务稽查队伍去管理税源，而个人缴税的流程和方式也会变得复杂，这两方面的代价可能会比较高，进而使得减税效果并不明显。其三，因为按家庭征税的操作难度，大量纳税人不熟悉税法、收入统计和申报繁琐等问题，在西方社会会催生提供中介服务的税务代理机构，但我国目前这种服务相当薄弱，其发展成熟需待以时日。

因此，现阶段，可考虑按照个人综合所得征收，增加专项扣除的方式。下一轮改革，划入综合课税的费用扣除额应考虑增加人口赡养系数和房贷支出额这两个专项扣除项目。提出这一建议有三个背景原因：一是我国法律规定儿女必须赡养老人，个人所得税要与这项法律相衔接；二是中国已进入人口老龄化时代，老龄人口总量未来将突破两亿，个人所得税制必须支撑养老事业的发展；三是房贷支出已成为就业主力军的最大一项支出。

增加这两项专项扣除时要对现行综合扣除额进行拆分。具体方式可考虑把综合扣除额仅与纳税人一人的生活消费支出额对应，然后把人口赡养系数加进来。比如每一就业者负担人口数量2人，就可扩大一倍。其后再加进房贷支出，但是把房贷支出列为专项扣除是一个复杂的技术问题。主要设计要领有三个：一是扣除什么？是本金还是利息？从财政可承受和公平两个角度看，扣除范围应是利息；二是扣多少？我国是高利率国家，不可能把利息全额扣掉，可考虑把扣除上限定为人均月消费支出；三是怎么扣？房贷扣除必须以财税信息共享为基础，税务部门应可按纳税人的申请或税号（联网）及时从银行获取与核实个人贷款数据信息，进而动态掌握扣除金额。

此外，费用扣除标准应根据物价的变化实施浮动，在近年通货膨胀常态化的情况下，可考虑借鉴各国实行的税收指数化制度，建立可变的动态扣除机制，根据CPI的变化调整当年的扣除标准，以防止物价的涨跌造成费用扣除与现实真实生活成本的脱节。

3.优化个人所得税税率

根据前述税率设计原则，即总体上减轻纳税人负担，尤其是低收入者和中等收入者负担，同时提高边际税率有效性以及简化征管。借鉴国际经验，将税率设定为5档，最低边际税率为1%，最高边际税率为35%。各档税率及适用范围见表4-1。

表 4-1　改革后个人所得税税率表

税率	适用范围
1%	年应税所得额为 0-20000 元
5%	年应税所得额为 20000-100000 元
15%	年应税所得额为 100000-250000 元
25%	年应税所得额为 250000-980000 元
35%	年应税所得额为 980000 元以上

该税率结构比较简单且最高边际税率降低10个点，既简化征管，又有利于保证税率的有效性。同时，低收入者纳税但税负很轻，满足既培养纳税人纳税意识又不对其构成较重负担的要求；中等收入者税负较轻，不伤及中等收入者的工作与消费积极性，有利于对中等收入阶层的培养和促进中产阶级的形成；高收入者名义税负比照原工薪所得的9级超额累进税率，总体上也是降低的，但考虑到实际生活中，高收入阶层的薪酬外收入所占其总收入的比重明显高于中、低收入阶层，而原来这些收入基本得不到“超额累进”的调节，且很容易偷逃税收，在新个人所得税的“综合”部分覆盖下，这些收入将一并纳入较高边际税率的征收范围，实际的结果，必定是这些人的实际税负上升。这能够更好体现量能纳税、多得多缴税的原则，也将大大消除原先存在的“逆调节”因素，强化调减收入差距的再分配。

此外，在征管设计上，以年为时间纳税单位，实行源泉扣缴与自行申报相结合，年终汇算清缴，多退少补。世界上大多数国家都是按照个人年收入征收个人所得税。由于收入具有季节性，导致居民在收入提高的月份会被征收较高档次的个税税率，因此，按月征收改为按年征收，既能减轻居民的税负，又能减轻税务部门的工作压力。具体而言，工资薪金、劳务报酬、稿酬、利息、股息、红利等各项所得，实行源泉扣缴，其它所得由纳税人自行申报。次年第一季度结束前，所有纳税人自行申报，根据已缴纳和应缴纳情况，补税或退税。源泉扣缴，可保证个人所得税足额及时入库，避免税款流失；自行申报，可培养居民纳税意识和降低征管成本。

4.提高公民主动纳税意识，培育中等收入阶层

对于中国的个人所得税来说，除承担调节收入分配的职能之外，还应在提高民众纳税意识以及培育中等收入阶层、促进社会中产阶级形成方面发挥作用。

自新中国成立至改革开放之前的三十年内，除建国之初的几年外，经济社会是在一种趋向“无税”的状态中运行的，这直接导致全民纳税意识淡薄。改革开放后，随着各项税收制度的不断建立，企业的纳税意识逐渐有所增强。但对于居民个人来说，意识到自己的纳税人身份要更晚些。1994年税制改革使个人所得税覆盖低收入阶层之外的所有居民时，普遍存在的民众纳税意识淡漠、偷逃税比率高现象，便与税收的规范性要求形成一种刺目的反差。从长远看，在市场经济中，培养公民的纳税意识是一项十分重要的工作，社会诚信度包括纳税诚信度，对市场经济的建立和完善是至关重要的。同时，居民纳税意识的提高，对于促进我国预算管理的公开、透明和法治化、民主化，也至关重要。

在这一角度考虑，与其它税种相比，个人所得税在培养民众纳税意识方面有其独特的优势，因为它是直接对居民征税，因而对民众的影响最大，纳税人感受最深切。在我国流转税中，营业税和消费税均为价内税，因此居民在购买商品或服务索取发票时，上面并未明确标出商品和服务所含的税收；而增值税尽管为价外税，但向民众开具普通发票时，也常常将税并入价内开具。只有个人所得税直观地影响其可支配收入，并且如有偷漏税，居民个人还可能会遭遇税务局的稽查，因此，个人所得税是提高国民纳税意识的有效方式。

此外，在我国经济社会转型中，中等收入阶层的培育与扩大，对于社会和谐稳定至关重要，党的十六大报告中已明确提出“扩大中等收入者比重”。对于我们国家来说，可成长为中等收入阶层的群体，大多具有一定技能，受教育水平较高，属主要依靠辛勤劳动和聪明才智获得较高收入的人们，他们既是中国改革和发展的直接受益者，也是改革和发展的直接推动者，对产业升级和消费换代都具有重要的推动作用。因此，中国个人所得税设计中，应充分考虑有利于培育中等收入阶层和促进“中产阶级”形成，这就要求相应收入水平区间内的个人所得税的税负决不可以过重，而应适当低平。

总之，在建立和完善中国特色社会主义市场经济过程中，个人所得税的取向既要符合其一般规律，也要适应中国具体国情和经济转轨、社会转型要求，以利于有效发挥其调节功能。

5.建立科学高效的个人所得税征管体系

征收管理效率的好坏主要取决于两个方面：一看是否有一个强大的信息系统给予支撑；二看是否有一个完善的政策制度得以维持。因此，我们需要分别从这两方面进行改进：

（1）建立完善的信息系统

一是建立全覆盖的信息系统，实现信息充分共享。要了解纳税人的各项信息，就要税务部门同时与银行、公安、工商、海关等部门实时联网，实现税务部门对个人信息的全面了解，并且信息随用随取，这样不仅提高了效率，同时也能对纳税人进行实时的监控。二是建立个人信用制度。根据国外的经验，要真正实现综合所得税的征税模式，在建立了完善的信息系统后就需要对每一个人进行身份的定位和识别，建立统一的纳税人识别号便是一个必行的、很好的制度，应把每社会成员的身份证号码、社会保障号码与其个人纳税号码“三号合一”，成为其惟一、终身有效的信息单元代号，亦成为纳税识别号，其取得的每一份收入，发放环节都记入这一号码之下，从而纳税人的各种收入、支出、纳税情况、社保情况都将与纳税人识别号挂钩，并根据纳税义务履行情况进行信用评级，最终影响纳税人的工作、贷款等社会行为，这样才能使得纳税人自觉地履行税收的各项义务。

（2）建立完善的政策制度

一是制定相关法律法规限制现金的大量使用。我国在税收流失方面的一个很重要原因是存在大量使用现金的情况，这就需要我国政府制定相关法律法规限制现金的大量使用，强化非现金结算，当收支达到一定数额时，强制要求各行各业必须使用银行卡或支票等非现金结算形式。二是实行有序的个人所得税双向申报制度。由于当前阶段我国需要先实行混合的征税模式，这就需要有一个有效的申报机制来维持这种模式的运行，借鉴国外的经验，实行双向的申报制度，通过扣缴义务人和纳税人向税务机关分别申报，不仅可以让税务机关对纳税人的收入进行有效的监督、交叉稽查，同时也可以起到培养纳税人纳税意识的作用。

（3）完善税收惩罚制度

完善的税收惩罚制度是健全的税收法律制度必要的一部分，也是税收法律制度有效实施的有力保证。我国政府应从提高居民偷漏税成本的角度出发，完善我国的税收处罚制度，加大偷漏税行为的罚款力度，并在纳税人识别号信息内一一记录显示，然后通过一定的途径公布偷漏税居民的名单，增加偷漏税行为的个人信誉成本。可积极考虑借鉴美、欧个税抽查制度，每一年度由征管机关随机抽查一小部分（如1%—5%）的个税纳税人完税情况，对偷逃税款者不仅令其补交，而且处以高额罚金，特别严重者可提起刑事诉讼，以此形成警示、震摄作用，久而久之，与其他引导方式相辅相成地培养较高的社会诚信纳税意识和习惯。

附1：美国联邦个人收入所得税简介及对社会家庭的调节作用

王　玲

每年的 4 月 15 号是联邦和州个人所得税报税的截至日期，除了极少数的家庭，美国 1.25 亿的家庭都要在截至日期之前报联邦和州的所得税。美国投入了大量的人力，物力。从每年的一月开始，各个单位就开始给职工寄一个报税的重要文件 W2 表，各个地方的公共图书馆，都有各种各样的岁表和报税指南。市场上有各种权威的报税软件和各个大大小小的帮助报税的会计师都开始为报税忙碌，可以说从每年的一月开始一直到 4 月中旬报税结束，全国上上下下都在为报税忙碌。为什么美国不惜投入这么多的人力物力，因为美国是直接税为主，美国的联邦个人收入所得税是美国联邦政府最大的收入来源。2015 年，联邦总收入 3.2 万亿美元。其中，联邦个人收入所得税占 47%，达到 $15040 亿美元，其次是社会保险税和其他工资税 33%，$10560 亿美元，公司收入税 占 11%，$3520 亿美元，房地产税和其他税占 9%，$2880 亿美元（数据来源：美国财政部）。联邦收入税除了是联邦财政稳定的收入来源外，同时，也是政府调节社会的有力的工具，政府通过税收来调节、贯彻，实施各项政策措施。联邦收入所得税的大小规定有上千个，每年还有不断的更新和修正。除了征收汇缴，报税还是国家实施对家庭的各个税收政策的一个手段。国家对个人的各种各样的补贴，也是这个时候实现的。

一、联邦个人收入所得税简介

（一）联邦收入税率

联邦收入税是累进税率，根据收入分为 7 项累进税率分别是 10%, 15%, 25%, 28%, 33%, 35%, 39.6%。收入越高，实际税率越高。同时，还根据家庭结构分成 4 类，包括单身，结婚夫妻合并报税，结婚夫妻分开报税，和一家之主（单亲但有家庭）。这 4 类中单身的税负最重，结婚夫妻合并报税最轻（见图 1）。

（二）收入税的免除和抵扣项

工资收入并不是纳税收入，在计算纳税收入时有各种各样的抵扣和免除。每个人都有的免除和抵扣有两种：

一是按家庭成员数目的免除额，2016 年每个家庭成员可以有 4050 美元的免除。如果是 4 口之家，那么免除额就是 4050 × 4= 16200 美元。

第二种是叫抵扣额，有两种可以选择。一种是标准抵扣，按照单身，结婚 和一家之主分类分别是 单身是6300美元，结婚是12600美元，一家之主是9300美元。第二种是分项抵扣，就是根据税收的各项分项抵扣标准算出可以抵扣的总额。如果分项抵扣小于标准抵扣，那么标准抵扣就是抵扣金额。如果分项抵扣大于标准抵扣，那么就用分项抵扣金额做为抵扣金额。

（三）个人所得税的报税流程

每年到4月15号截至日期之前的报税，与其说是报税，不如说是年终汇算结算。因为纳税人在为雇主工作，每月两次的工资支付单上，雇主已经预估扣除了一定的税额，并上交给政府。年底雇主将一年之内，工资总额，扣税总额一并寄给雇员，叫做w2表格，作为雇员家庭报税的重要文件凭证。雇员根据一年的总收入，和各种抵扣和税率自已计算出上一年的应纳税额，然后减除已经预先扣除的税收额，多退少补。填写纳税表格1040表（附图）和一系列的副表，一起上交国家税务局，整个纳税过程就结束了。所以报税完毕，很多家庭会有不同程度的税收返还。纳税额大于预扣的金额还要补交。

二、所得税的调节作用

（一）注重家庭的大小结构的负担的不同，体现公平和合理负担，对负担大的家庭有照顾

所得税是直接税，从税率的设计，分类，免除，抵扣很多方面都是根据家庭人口的多少来计算和设计的，反应了对不同家庭结构财力支出不同的认可，都体现了公平税负，合理负担的原则。不同的家庭大小，同样的收入，一个三口之家和一个五口之家的税收负担是不同的。除此之外：

政府对每个家庭中的18岁以下的孩子给予每人每年一个孩子1000美元的税收补贴，从最终的纳税金额中扣除。

12 岁以下的孩子的课外活动的花费每年有 5000 美元的税前抵扣，两个孩子以上有 6000 美元的抵扣。

对老人的看护费用的支出，也有相应的抵扣。

对上大学的孩子的家庭的大学费用支出，每年有 2000 到 20000 万元不同程度的抵扣。

（二）鼓励安居乐业，鼓励为养老储蓄

鼓励买房，安居乐业。个人家庭自住房买房贷款的利息收入是免所得税的，还有交的房地产税和住房保险等等与房子有关的费用都是可以抵扣的。2008 年次贷危机，房价下滑，政府就出台了一项临时性的税收政策，第一次买房的家庭，给予一次性 8000 美元的补足。鼓励买房，稳定房价。

鼓励为养老储蓄。政府对个人养老保险账户给予税收的优惠。美国除了政府的社会保障之外，还有名目很多的养老账户，包括企业为雇员设立的补充保险 401K，个人自己开立的有税收优惠的 IRA 账户等等。企业开设的对职工的养老保险账户 401K，每年有 17000 美元 递延征收。也就是存入 401K 账户时不征收，拿出来使用时在征税。除了企业补充养老保险之外，个人开立的养老账户 IRA 账户，每年 5500 元可以抵扣。（收入有上限）个人个税后开设的 ROTH IRA，利息不予征税。

（三）鼓励投资，承担风险；鼓励投资，创立中小企业

政府对个人股票投资损失，每年最多有 3000 美元的抵扣，没有抵扣完的可转下一年。直到扣完为止。

税收也有对创立小企业的支持，企业损失可以抵扣收入。各种名目的微小企业的费用支出，都可以抵扣。找工作的费用，购买与工作相关的报刊杂志，培训学习旅行费用，交通费用都有相关的规定抵扣。Bush 期间，失业率很高，为鼓励工作，政府对当年每个工作的人一次性 500 美元的补助，就是在税收清算汇缴时，发放给个人的。

（四）对大的医疗支出免税

大的医疗费用支出，超过收入的 2%，可以抵扣。职工通过企业买的各种医疗保险是免征收入所得税的。除此之外，政府还鼓励个人通过企业建立免税的医疗费用专户，专户专门用于医疗费用支出，专户的钱是免税的，但是年度内必须话完，否则作废。2016 欧巴马政府实施全民医疗保险，税表里问是否有医疗保险，如果没有要罚款。

（五）对慈善，公益活动的鼓励

慈善捐款不征收税，公益活动，义务服务的付出的时间和费用也免税。大家不用的衣服和用具都去捐出。还有积极参加社会的义务活动，政府都会在税收的核算上予以体现。另外，对向教师，农民，特殊行业服装等等都有不同程度的专项补贴政策 .

上面的政策的确引导和促进了社会的稳定。美国人比较喜欢领养孩子，笔者公司的一个大老板有 5 个孩子，除了 2 个是自已亲生的，他们还领养了 3 个孩子。他曾经跟我说与其把钱交给政府花，不如自己决定如何使用。房屋贷款利息支出是比较大的一笔开支，刚刚参加工作的年轻人，因为没有孩子，抵扣不多。收入高的就会考虑买房子，一是会有一定的税收抵扣，二是房子增值也是很快的使得他们财富积累。

个人开设的各种养老金账户，除了有税收的优惠还有投资收益。企业补充保险已经成为个人退休后养老收入的主要来源。2015 年 美国的个人的养老资产达到 25 万亿美元，这些跟国家的税收政策的倾斜不是没有关系。美国慈善成风气。大的老板，名人成立各种各样的基金会。普通人已经养成了对孩子学校，所在社区活动捐款的习惯，一方面是对学校的投入对社区建设的支持，另一方面还有税收上面的优惠。

三、启发和借鉴

（一）注重税收的调节作用，不断根据新的情况调节税收

· 年终汇缴统一结算。按家庭人员多少实行抵扣

· 对家庭中有大学生，学费予以税收抵扣

· 对于养老金的存储予以税收抵扣

· 鼓励创新，投资

· 对老人看护，医疗费用支出予以税收抵扣

· 对慈善捐款予以税收抵扣

（二）加强网络和技术的覆盖，强大的网络和技术的支持是个人收入所得税征收的准确，顺利的保证

包括各个单位和国家税务机关的数据的网络传输和连接，银行，证券和住房贷款的利息支出等等报税的重要凭证 跟国家税务机关的流畅的数据传递，都是保证信息的准确无误和纳税金额的正确无误的关键。

表 1　2016 年联邦个人所得税税表

Tax Rate	Single& Widow(er) 单身	Married/Joint 结婚联合报税	Married/Separate 结婚分开报税	Head of Household 户主
10%	$1 to $9,275	$1 to $18,550	$1 to $9,275	$1 to $13,250
15%	$9,275 to $37,650	$18,550 to $75,300	$9,275 to $37,650	$13,250 to $50,400
25%	$37,650 to $91,150	$75,300 to $151,900	$37,650 to $75,950	$50,400 to $130,150
28%	$91,150 to $190,150	$151,900 to $231,450	$75,950 to $115,725	$130,150 to $210,800
33%	$190,150 to $413,350	$231,450 to $413,350	$115,725 to $206,675	$210,800 to $413,350
35%	$413,350 to $415,050	$413,350 to $466,950	$206,675 to $233,475	$413,350 to $441,000
39.6%	over $415,050	over $466,950	over $233,475	over $441,000

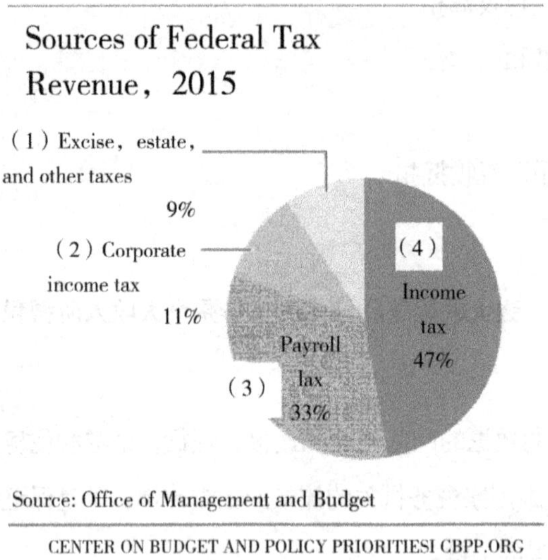

注：（1）货物、财产与其他税收

（2）公司所得税

（3）工薪税

（4）个人所得税

图 1　2015 联邦税收收入来源分类

附2：个税修正案草案税负变动分析及优化建议

贾　康　施文泼

摘要：基于对个人所得税修正案草案和现行税法下工资薪金所得的税负比较分析，可知修正案草案在方案设计上较好地体现了“抽肥补瘦”、改善收入分配状况的作用，但是在税率结构的设计上也存在不足之处，即取消15%的税率不利于更鲜明地形成培育中等收入阶层的政策导向。本文试以这一导向的清晰化为主要考虑，就优化工资薪金适用税率提出了建议。

2011 年 4 月 25 日，全国人大常委会公布《中华人民共和国个人所得税法修正案（草案）》（以下简称草案），向社会公开征集意见，此后引起社会大众广泛关注和争议。民间的讨论大多集中在 3000 元的工资薪金减除费用标准是否合理上，对税率结构调整的关注则相对较少。我们对草案和现行个人所得税法下工资薪金所得税负变化情况进行了对比量化分析，据此评估草案的合理之处与相对不足之处，并对进一步优化工资薪金所得税率结构试作探讨。

一、草案对现行个人所得税所作的“小配套”优化值得肯定

本次个人所得税法修正案中，对工资薪金所得适用条款的修订主要在两方面：一是提高工资薪金所得减除费用标准（也就是一般说的“免征额”或“起征点”），将减除费用标准由每月2000元提高到每月3000元；二是调整工资薪金所得税率结构，减少税率层级并对级距做了相应调整。① 由于多种原因的制约，这种配套虽仍限于工薪收入范围内，但避免了简单顺应舆论压力单一提高“起征点”的偏颇，可望在工薪阶层中形成降低低端税负而适当提升高端税负的调节效应。

表1　现行个人所得税法工资薪金所得适用税率表

级数	全月应纳税所得额	税率（%）
1	不超过500元的	5
2	超过500元至2000元的部分	10
3	超过2000元至5000元的部分	15
4	超过5000元至20000元的部分	20
5	超过20000元至40000元的部分	25
6	超过40000元至60000元的部分	30
7	超过60000元至80000元的部分	35
8	超过80000元至100000元的部分	40
9	超过100000元的部分	45

注：本表所称全月应纳税所得额是指以每月收入额减除费用二千元后的余额或者减除附加减除费用后的余额。

① 草案将现行9级超额累进税率减少为7级，取消了15%和40%两档税率。在级距上，草案扩大了5%和10%两个低档税率的适用范围，第一级5%税率对应的月应纳税所得额由现行不超过500元扩大到1500元，第二级10%税率对应的月应纳税所得额由现行的500元至2000元扩大为1500元至4500元。在取消15%的税率后，第三级20%税率对应的月应纳税所得额由现行的5000元至20000元调整为4500元至9000元。草案还将现行适用40%税率的应纳税所得额并入了45%税率，月应纳税所得额在80000元以上的都将适用45%的税率。此外，其他税率对应的收入级距也相应做了调整。具体修订内容见表1和表2的比较。

表 2　个人所得税法修正案（草案）工资薪金所得适用税率表

级数	全月应纳税所得额	税率（%）
1	不超过 1500 元的	5
2	超过 1500 元至 4500 元的部分	10
3	超过 4500 元至 9000 元的部分	20
4	超过 9000 元至 35000 元的部分	25
5	超过 35000 元至 55000 元的部分	30
6	超过 55000 元至 80000 元的部分	35
7	超过 80000 元的部分	45

注：本表所称全月应纳税所得额是指以每月收入额减除费用三千元后的余额或者减除附加减除费用后的余额。

显然，根据近年物价变动和居民基本生活消费支出增长的实际情况，相应提高工资薪金所得减除费用标准是必要的，但十分关键的是同时通过对税率结构的调整，加强税收对收入分配的调节作用，一方面降低中低收入者税收负担，另一方面适当加大对高收入者的调节力度。

为了形成量化认识，我们试对草案和现行税法下工资薪金所得的税负变化情况做详细的分析。按照个人所得税制，对工资薪金所得，除了费用扣除标准外，个人按照国家规定缴纳的基本养老保险、基本医疗保险、失业保险、住房公积金等“三险一金”也可在税前扣除。为了简便起见，我们首先对不考虑“三险一金”的工资薪金所得税负变动情况进行分析，然后加入“三险一金”对分析结果进行修正。

（一）不考虑“三险一金”的税负变动分析

根据表 1 和表 2 的内容，分别计算不同工薪收入阶层在草案和现行税法下的应纳税额，结果如图 1 所示。在图 1 基础上，我们进一步绘制了图 2 以直观地描述草案和现行税法下同一收入阶层的应纳税额变动情况，另以图 3 描述草案和现行税法下的税负（以应纳税额占月工薪收入的比重表示）情况。此外，在表 3 中选择了部分收入等级，列出其在草案和现行税法下的应纳税额及税额变动情况。

结合这些分析，我们可以得出以下几点结论：

第一，对月收入在 2000 元以上的人群而言，月收入 19000 元是两种方案下的税负无差异点，月收入 19000 元的人群在草案和现行税法下的应纳税额一样；月收入在 19000 元以下的人群应纳税额下降，而月收入在 19000 元以上的人群应纳税额增加。

第二，从应纳税额绝对数的变化来看，月收入在 2000 元以下的人群并未受益，这是因为其本来的应纳税额就为零。随着低收入者月收入的增加，个人所获得的减税额也在不断增加，月收入在 7500 元至 12000 元之间的人群获得了 350 元的最大减税额。随后，减税额不断减少直至反转为增税并持续攀升，月收入在 102000 元以上的人群增税最多，达到 1450 元。

第三，从应纳税额的变化幅度和量值来看，月收入在 2000 元至 3000 元之间的人群税额减少幅度为 100%（但最大减税绝对额不过 75 元）。月收入 3000 元至 19000 元之间的人群，减免幅度不断下降直至为零。但月收入 7500–12000 元的人群税负下降绝对额最大，为 350 元。月收入在 19000 元以上的人群虽然应纳税额增加，但增税幅度并不太大，增幅最大的是月收入 102000 元的人群，其原始应纳税额为 29625 元，草案下应纳税额为 31075 元，增加了 4.89%。需要特别说明的是，在月收入 83000 元处，草案与现行税法相比的纳税差额，从前边的 550 元降为 500 元，然后再持续上升。出现这一情形的原因在于草案与现行税法的税率结构差异。对于月收入 83000 元的人群，现行税法下适用的最高边际税率为 40%（对应的应纳税所得额为 81000 元），对 82000 元至 83000 元之间这一收入增量，其应纳税额为 400 元；而在草案下，月收入 83000 适用的边际税率仍为 35%，对 82000 元至 83000 元之间这一收入增量，其应纳税额为 350 元。所以二者相比，纳税差额减少了 50 元，曲线上出现了一个向下的拐点。而到了 83000 元以上时，其在草案下的边际税率由 35% 直接提高到 45%，月收入的边际应纳税额较现行税法增加了 100 元，使纳税差额重新表现为持续上升。

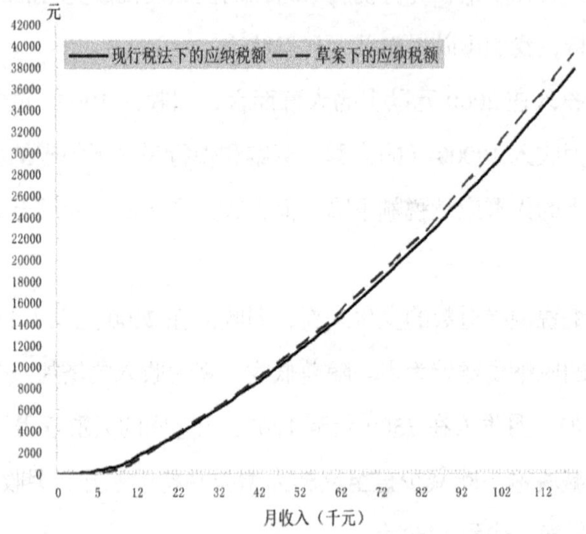

图 1　不同收入阶层的应纳税额比较（不考虑“三险一金”）

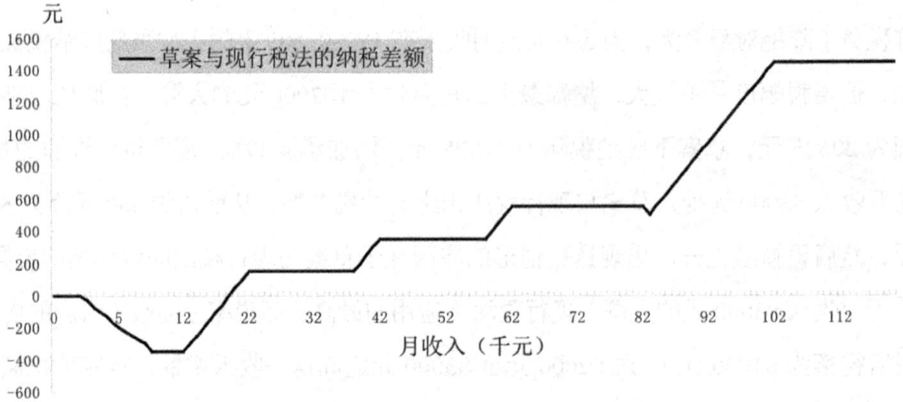

图 2　不同收入阶层的应纳税额差额（不考虑“三险一金”）

注：在月收入83000元处，曲线出现了一个拐点，纳税差额从550元下降到500元，然后持续上升。出现这一情形的原因在于草案与现行税法的税率结构差异，详细情况见正文分析。

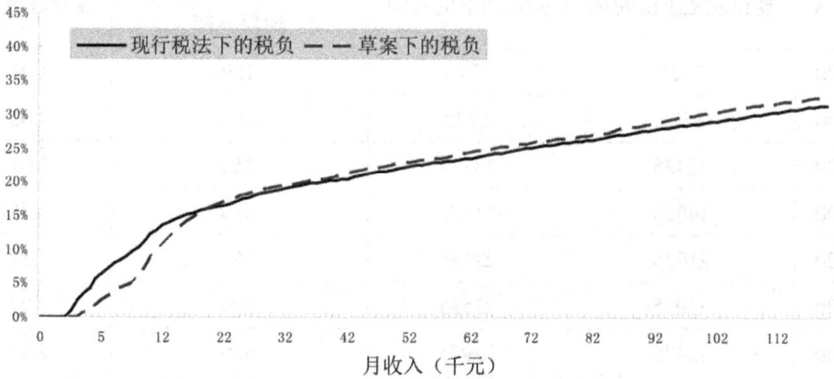

图3　不同收入阶层的税负比较（不考虑“三险一金”）

注：随着月收入的上升，个人所得税税负最终升至45%的边际税率。

表3　部分收入等级的税额变化（不考虑“三险一金”） 单位：元

月收入	现行税法下的税额	修正案下的税额	修正案与现行税法的纳税差额	变化幅度 (%)
2000	0	0	0	0
2500	25	0	–25	–100
3000	75	0	–75	–100
4000	175	50	–125	–71.43
4500	250	75	–175	–70
7000	625	325	–300	–48
7500	725	375	–350	–48.28
12000	1625	1275	–350	–21.54
19000	3025	3025	0	0
22000	3625	3775	150	4.14

续表

月收入	现行税法下的税额	修正案下的税额	修正案与现行税法的纳税差额	变化幅度 (%)
38000	7625	7775	150	1.97
42000	8625	8975	350	4.06
58000	13425	13775	350	2.61
62000	14625	15175	550	3.76
82000	21625	22175	550	2.54
83000	22025	22525	500	2.27
84000	22425	22975	550	2.45
90000	24825	25675	850	3.42
102000	29625	31075	1450	4.89
122000	38625	40075	1450	3.75

（二）考虑“三险一金”的税负变动分析

目前个人缴纳的“三险一金”一般占月工薪收入的 20% 以上。以北京为例，目前北京职工个人缴纳的基本养老保险费率为工资的 8%，基本医疗保险费为 2%，失业保险费率为 0.2%，住房公积金缴存比例为 12%，合计为工资的 22.2%。另外，按规定，“三险一金”的缴纳上限为上一年度北京市职工月平均工资的 300%。2010 年北京市职工月均工资为 4201.25 元，据此计算，2010 年职工个人“三险一金”的缴存上限为 2798 元。

同时考虑费用扣除标准和“三险一金”后，实际的扣除额最低为 3856 元，[①] 也就是说，月收入在 3856 元以下的个人都不需要缴纳个人所得税。对月收入在 12603 元以上的人群，其免征额则高达 5798 元。

据此，我们同样计算了在考虑“三险一金”后，不同收入阶层在草案和现行税法下的应纳税额和税负变化情况，如图 4 和图 5 所示。从中可以看出，考虑“三险一金”后，税负无差异点不再是月收入 19000 元而是月收入 21798 元，除此之外，纳税人的税负变化情况基本一致。

① 计算过程如下：假设每月收入为 X 元，令 X−0.222X−3000=0，可得 X=3856 元。

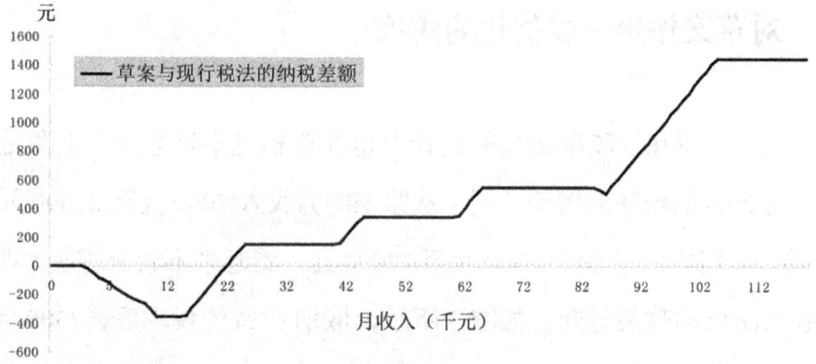

图 4　不同收入阶层的应纳税额差额（考虑"三险一金"）

注：随着月收入的上升，个人所得税税负最终升至45%的边际税率。

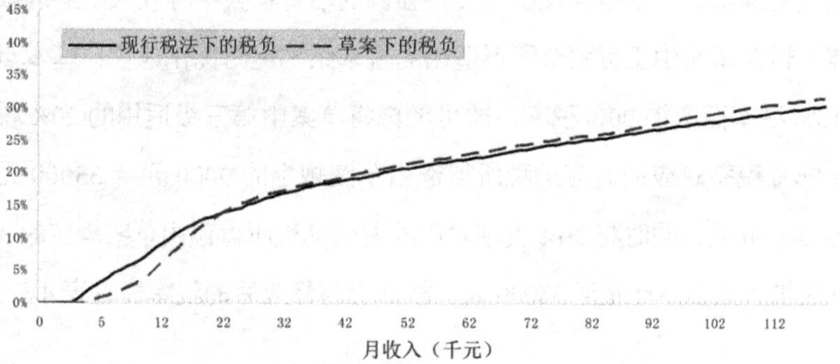

图 5　不同收入阶层的税负比较（考虑"三险一金"）

通过上述分析，我们可得出结论，草案的合理性主要表现在两个方面：

第一，在免征额的确定上，每月免征额从 2000 元提高到 3000 元，已经足够覆盖近两年来因物价上涨导致的基本生活费用的上涨。加上"三险一金"后，以北京为例，最低的免征额为 3856 元，而最高的免征额达到 5798 元（已高于部分人所提议的 5000 元）。

第二，通过对工资薪金所得免征额和税率的调整，如不考虑"三险一金"因素，月收入在 19000 元以下的人群税负有所下降，而月收入在 19000 元以上的人群税负有所上升；如考虑"三险一金"，则无差异点还要上移，这体现了调节收入差距、改善收入分配状况目标下，于工薪阶层之内降低端税负而适当增加高端税负。

二、对草案作进一步优化的建议

我们认为，草案在税率结构的设计上也存在相对不足之处，主要是取消15%的税率，使20%的税率的覆盖范围，从原来的月收入7000元至22000元（不考虑“三险一金”，下同），改变为7500元至12000元，看起来不利于清晰体现培育和壮大中等收入阶层的政策导向。如图3所示，取消15%的税率后，7500元至12000元之间的收入段（即不考虑“三险一金”，其月应纳税所得额为4500元至9000元之间的收入段）适用的税率由10%直接提高到20%，导致这一收入段的税负迅速上升，并带动后面收入层级的税负加重。

我们以更鲜明、清晰地体现中央文件强调的培育壮大中等收入阶层的政策导向为出发点，试对草案中工资薪金所得适用的税率结构提出优化建议：基本点是仍保留原有15%税率而取消20%税率，即可考虑将草案中第三级适用的20%税率改为15%，将25%税率对应的月应纳税所得额由草案规定的9000元至35000元缩小到9000元至20000元，同时将30%税率对应的月应纳税所得额由草案规定的35000元至55000元扩大到20000元至55000元。按此思路修改后的税率表见表4。

表4 个人所得税法工资薪金所得适用税率表（建议方案）

级数	全月应纳税所得额	税率（%）
1	不超过1500元的	5
2	超过1500元至4500元的部分	10
3	超过4500元至9000元的部分	15
4	超过9000元至20000元的部分	25
5	超过20000元至55000元的部分	30
6	超过55000元至80000元的部分	35
7	超过80000元的部分	45

注：本表所称全月应纳税所得额是指以每月收入额减除费用三千元后的余额或者减除附加减除费用后的余额。

根据表 4，我们也模拟了不同收入阶层在建议方案和现行税法下的应纳税额和税负变化情况（不考虑“三险一金”），并与草案的情况进行比较，模拟结果见图 6 和图 7。

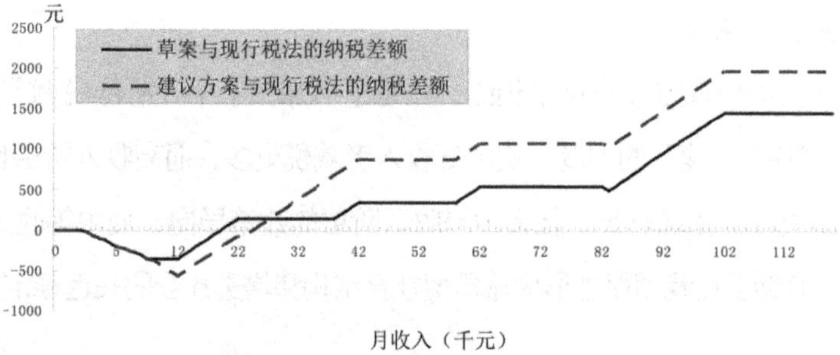

图 6　建议方案与草案下不同收入阶层的应纳税额差额（不考虑“三险一金”）

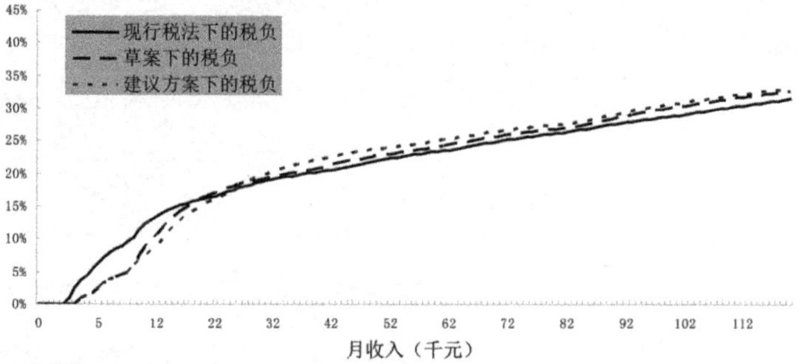

图 7　三种方案下不同收入阶层的税负比较（不考虑“三险一金”）

随着月收入的上升，个人所得税税负最终升至45%的边际税率。

从图 6 和图 7 中我们可以看出，与草案相比，建议方案在减税力度和增税力度上都有所加大。从应纳税额的变动来看，在建议方案下税负无差异点提高到月收入 24500 元；月收入在 7500 元至 27500 元的人群在建议方案下获得了进一步的减税，减税程度最大的是月收入 12000 元的人群，其在建议方案下的减税额为 575 元，比草案下的减税额（350 元）提高了 225 元；从税负变动情况来看，建议方案与草案相比，月收入在 7500 元至 24500 元的人群，其税负上升程度也变得较为平缓。而月收入在 27500 元以上的人群则进一步增税，增税力度最大的是月收入 38000 元以上的人群，其增税额比草案下的增税额提高了 525 元。

当然，这个建议中的具体数量值主要是示意性的，如有关方面认为思路有可取之处，可结合税源统计资料作进一步的优化设计。对于财政收入的总体减收影响，也有必要一并作出测算。

总之，我们的建议方案与草案相比，一是适当加强了个人所得税调节收入差距、“降低升高”、“抽肥补瘦”的力度，使中低收入者减税更多，而高收入阶层也有一定增税。二是试图更鲜明体现培育、壮大中等收入阶层的政策导向，使中等收入阶层的税负有所下降，有助于在我国促进形成橄榄型社会结构和增进社会的长远稳定。

我国个人所得税改革问题研究
——兼论“起征点”问题合理解决的思路

贾　康　梁　季

我国个人所得税下一步如何改革，是各方面所关心的一个热点和难点问题。本文对此试作条理化并力求深入、具体的分析，在对我国个人所得税的地位、作用、现状、问题和可借鉴的国际经验作出勾画之后，提出我国个人所得税改革的取向、基本目标与原则、技术条件分析和具体方案设计建议，并针对各地方热议的“起征点”问题提出其合理解决的思路。

新中国个人所得税的设计开端甚早，1950年1月颁布的《全国税政实施要则》中明确规定，我国拟开征个人所得税、资本利得税等14个税种，只是其后因种种原因未能付诸实践。个人所得税的真正实施，是改革开放后的1980年，当时在对外开放的新形势下为维护我国主权和税收收益权，实际上设计为针对外国来华人员开征；80年代后期，开始对国内居民征收个人收入调节税，至1994年全面税制改革，把上述两税与城乡个体工商业户所得税合并，形成目前个人所得税制基本框架。

个人所得税在1994年后，一度运行平静。收入稳步增长，调控功能逐渐增强，但社会各界反应平平，在1999年恢复开征个人储蓄存款利息所得税时，虽有一些不同意见和议论，但也未在社会上掀起大的波澜。然而最近几年，个人所得税已备受社会各界关注，政策的每次调整都会引起轩然大波。从工资薪金扣除额的提高，到利息所得税税率的下调，再到利息所得税的暂停征收，无不引来热议，讨论范围涉及个人所得税的方方面面，特别是关于所谓“起征点”即扣除额标准方面的看法，屡屡成为舆论界热炒的对象，每有一点风吹草动，便迅速演变为满城风雨。其他种种议论，有关于收入规模及其增长速度的，有关于调控效果的，有关于国外“单一税”经验的（如人们关注的俄罗斯经验），甚至还有质疑个人所得税有无存在必要的。直率地说，近期关于个人所得税的各种议论中，情绪化、非专业的声音很高调，而且往往显得很受人注重和易得民众拥护，但理性的、专业化的、力求公允中肯的一些声音，却常常被“高声喧哗”的声浪所淹没。在某些个税专题讨论的场合，所讨论的内容也往往表现着粗疏肤浅。

在这种情况下，我们作为研究者，觉得有必要对我国个人所得税的地位、作用、现状，可借鉴的主要国际经验以及未来发展取向，做一番尽可能理性而深入的考察分析，以期有助于理清相关思路，辨识正确方向，为有关各方适应时代要求和现代化转轨发展的内在逻辑来积极推进个人所得税改革，提供参考。

一、个人所得税是适应社会主义市场经济发展的复合税制体系中不可或缺的一个重要税种，在我国其调节收入分配等作用已经显现，在未来经济社会发展中将发挥更大作用，但它现在和将来在收入分配调节领域都不可能“包打天下”

在以市场作为资源配置基础的经济环境下，收入分配状况是由个人掌握与提供的生产要素（劳动、资本、土地等）的数量及其价格决定，人们占有（或继承）财产情况的不同以及劳动能力、创业能力等方面的差别，必然带来收入状况的高低悬殊，收入分配差距趋于扩大的现象必然存在，因而需要政府干预来调节市场经济初次分配带来的收入悬殊，税收便是调节收入分配（既包括初次分配，也包括再分配）的重要手段之一。总体上看，税收同时承担筹集财政收入、调节分配以及稳定经济等职能，但落实到某个具体税种上，却各有所侧重，也正因为如此，才形成了税系（即税种的分类方法）理论，使得马斯格雷夫依各税种对经济社会作用和效果的不同而对之进行分类的方法盛行于世，各国均在多环节、多层次开征多种税，形成色彩斑斓的复合税制。按照马斯格雷夫的分析认识，所得税类和财产税类调节收入分配的效果较好，所得税类调节流量的收入分配，财产税类调节存量的收入分配，二者相互配合，共同发挥税收调节收入分配的作用。所得税类又以个人所得税调节收入分配的效果较佳，通过累进税率和宽免额的方式，达到高所得者多缴税、少所得者少缴或不缴税的目的，促进社会效率与公平的优化权衡。同时，随经济社会发展到一定阶段，个人所得税筹集财政收入的职能也往往得以充分发挥。因而个税被称为“良税”，深受市场经济发达国家之重视，纷纷将其作为主体税种，收入占比较高。如美国个人所得税收入始终是各税之首，在2000年，其收入占联邦级全部税收收入的比重曾高达41.9%（2006年该比例为36.5%，仍明显高于1965年的31.7%）。以注重流转税（增值税）作用为特色的德国和挪威，其个人所得税的地位也不可小觑，2006年这两个国家个人所得税收入占中央级全部税收收入的比重分别为24.5%和20.7%，均列居第三位。

所以，理论分析和发达国家的实践经验，都可以引出这样一个结论：市场经济需要个人所得税，个人所得税可以发挥在筹集财政收入的同时调节社会成员收入分配的重要功能。

我国在确立社会主义市场经济目标模式后，个人所得税实施15年的实践，也表明了该税的成长性和巨大潜力。1994年以来，个人所得税收入是以年均34%的增幅高速增长。1994年我国个人所得税收入仅为 73亿元，而2008年增加至3722亿元，十五年间收入规模增加了50倍，占全部税收收入的比重由1.4%上升至6.4%，成为1994年税制改革以来收入增长最为强劲的税种之一，目前位居国内税收收入规模排序的第四大税种。在收入规模稳步增长的同时，调节收入分配的职能也得以发挥。2008年，年所得12万元以上纳税人自行申报的人数为240万人，占全国个人所得税纳税人数的比例为3%，缴纳税款为1294亿元，占全国个人所得税总收入的35%，年人均纳税额为53917元。同时，工资薪金扣除额标准的提高，使较低收入者不缴税或少缴税。2008年，年所得在12万元以下纳税人数为7760万，纳税额为2428亿元，人均纳税额为3129元，税负远远低于高收入者。据测算，月工薪收入分别为3000

元、5000元、8000元和10000元的纳税人，其每月应纳个人所得税额一般为20元、175元、535元和825元，税收负担（应纳税额/月工薪收入）分别为0.7%、3.5%、6.7%和8.3%[①]。从中可看出，各收入阶层税负差异较大，表明个税发挥着缩小收入分配差距的功能作用。

近些年来，我国“黄金发展期”与“矛盾凸显期”相伴，居民收入分配差距逐渐拉大是不争的事实和突出的矛盾之一。并且，随着市场经济的发展，生产要素价格水平越发按照市场供求决定，未来初次收入分配格局在前期已形成的生产要素存量分配明显不均的基础上，将会在一个时期内趋向更加不均，而政府可用于影响收入分配的工具随着政府职能的转变逐渐收缩在经济手段尤其是依托于法治而规范程度较高的税收手段上。这样，我国税收在调控收入分配中的作用将更为凸显，而目前我国调节财富存量的税种（如不动产税、遗产与赠与税）是缺失的，这就更将调节收入分配差距的重任集中赋予了个人所得税。因此，我国税收体系中个人所得税在目前社会感受中的地位和作用，既有“众望所归”的必然性，又有囿于现阶段税制不全与环境缺陷的“过度期盼”因素，有时还夹杂着在怀疑、质疑政府作用取向上生成的对之持基本否定态度的极端观点。

如从正面作出归纳，我们认为可以和应该总结形成如下几点基本认识：第一，个人所得税在我国适应社会主义市场经济的复式税制体系中，具有不可或缺、不可替代的地位与重要性。第二，个人所得税在筹集政府收入同时发挥的收入分配调节作用，是其重要性的最为核心的内容，在“允许一部分人先富起来”然而又要走向“共同富裕”的历史进程中，这一税种的潜力还将继续显现和发挥。第三，指出个人所得税的不可或缺和其重要性，并不意味着它可以在收入分配、再分配调节的领域“包打天下”，不论是现在还是将来，它只是若干应发挥作用的税种中的一种，其作用决不是万能的，但放弃和否定它又是万万不能的。

当前，我国的个人所得税制存在诸多问题，尚无法胜任现实所赋予的重任，迫切需要改革。但在正面讨论其改革思路之前，有必要先概略考察一番相关的国际经验。

---

① 该组数据来自财政部课题组：《我国个人所得税基本情况》。

二、国际经验借鉴与引发的思考

个人所得税良好的收入与调节功能为举世所重，其制度的复杂性和强政策性也为人们所普遍认同，其方案设计是否科学、合理，是否适应本国国情，直接关系到个人所得税功能的发挥。虽然具体的认识、学术的观点一向众说纷纭，但西方发达国家在开征个人所得税200多年的历史中，毕竟产生和总结了诸多带有规律性的经验和做法，对我国个人所得税的改革可以提供一些有益的参照和借鉴。

（一）个人所得税特点

总结起来，国外个人所得税有以下几个特点：

—— 个人所得税收入多划归中央政府所有，且为中央的主要税种。将个人所得税设定为中央税，一方面是为避免地区间为争夺税源而人为设置障碍，阻碍人力资本这种生产要素在全国范围内的充分自由流动；另一方面，个人所得税的收入再分配功能和经济周期波动中的“自动稳定器”功能，也客观上要求由中央政府来掌握控制为宜。从市场经济各国实践看，个人所得税大都成为国家的主要税种，在税收体系中占有重要地位，具体情况如表1所示。

表 1　1965-2006 年主要国家个人所得税收入占中央级财政收入的比重及其排名

年份	美国	挪威	德国	韩国
1965	31.7（1）	39.6（2）	26（3）	
1970	36.6（1）	35.2（2）	26.7（3）	
1975	34.6（1）	31.5（2）	30（3）	8.5（4）
1980	39.1（1）	28.5（2）	29.6（2）	11.5（2）
1985	37.8（1）	22.5（2）	28.7（2）	13.4（2）
1990	37.1（1）	26.2（2）	27.6（2）	21.1（2）
1995	35.8（1）	25.9（2）	27.5（3）	19.2（2）
2000	41.9（1）	24.1（2）	25.3（3）	14.6（2）
2005	35.4（1）	22.2（2）	23.3（3）	13.3（2）
2006	36.5（1）	20.7（2）	24.5（3）	15.2（2）

说明：数据来源于财政部，每列括号内数字为个人所得税收入在所有税种中的收入排名。

从上表中可以看出，美国个人所得税收入始终位居美国联邦收入榜首，其占比均在35%以上，韩国个人所得税收入总体上呈上升趋势，自1980年以后跃居为第二大税种。

——个人所得税大都实行综合计征。一般而言，个人所得税课税模式大致可分为三种：分类计征、综合计征和混合计征（也称二元或综合与分类相结合模式）三种方式。分类计征即按照所得类型不同，分别使用不同的计征方式，如不同的扣除额或税率等，其好处在于可区别对待不同来源所得，适用不同税负，弊端在于不能很好地反映纳税人的纳税能力；综合计征即将全部所得看作一个整体，按照统一方式（如统一的扣除额、统一的税率）计征所得税，好处在于更好地贯彻公平原则，调节收入分配，弊端在于对征管条件要求比较高；混合计征是指将大部分收入纳入综合计征范围，仅对特定项目所得实行分类计征办法，该方法吸收了前两种模式的优点，既能总体上体现按支付能力课税原则，又可以区别对待。

从各国实践经验来看，实行综合税制的国家占绝大多数。据不完全统计，在110个国家或地区中，有87个国家（地区）先后采用了综合税制，比例高达80%[①]。无论在发达国家、新兴国家，还是在转型国家、发展中国家，实行综合税制相当普遍——其中既包括美国、英国等发达国家，也包括墨西哥、印度等发展中国家，还包括新加坡、台湾省等新兴国家和地区。美国个人所得税的基本原则是，“纳税人从所有来源得到的收入都必须归为单一的即‘综合的’收入，据此纳税。”[②]；欧洲大陆国家也普遍实行综合个人所得税制。值得一提的是，尽管英国将个人所得进行分门别类作出各种必要扣除，但要再统一扣除基本生计费用后适用一套税率计征。所以，英国看似分类，实为综合。从以上情况可知，综合计征为各国普遍采用的模式，而且是否实行综合模式，与经济发展水平并没有显著的相关性。

——课税对象为净所得，并允许进行某些生计扣除和宽免，宽免额和生计扣除充分考虑纳税人的具体情况以及通货膨胀的影响。净所得，即个人总收入扣除为获

① 孙玉栋，陈洋，《个人所得税综合税制国际比较与评价分析》，《郑州航空工业管理学院学报》2008年第1期。

② 马斯格雷夫，《财政理论与实践》（第五版），P337，中国财政经济出版社，2003年。

得收入而发生的必要支出（如非法人企业的营业性费用）后的所得，它最能反映纳税人的支付能力，美国将其称为AGI（Adjusted Gross Income），即“调整后毛所得”；日本在对各项所得进行源泉预缴时，以扣除某些成本性质的费用后的所得作为税基，按照一定比例进行代扣代征。

为保证纳税人基本生活和减轻纳税人负担，各国允许在净所得基础上，再进行某些生计扣除和宽免。如美国税法规定，在AGI基础上，根据纳税人的具体家庭情况（如家庭人口、抚养情况等），给予每个人一定的宽免额，2009年单身个人的宽免额为3650美元，填写联合申报表的一对配偶为7300美元，一个四口之家为14600美元。依次类推，抚养人越多，宽免额越高。并且从1989年开始，宽免额每年根据通货膨胀的情况进行调整，比如1989年的人均宽免额为2000美元，而2008年的人均宽免额已上升到3500美元。尔后，美国再对剩余所得部分（AGI—宽免额）给予一定的免税额，即所谓的标准扣除额，该扣除标准每年也随通货膨胀情况进行调整。如2009年，夫妻联合申报的标准扣除额为11400美元（2008年为10900美元），单身个人和已婚单独申报的个人的标准扣除额为5700美元（2008年为5450美元）。此外，对于标准扣除额，纳税人还可以选择分项扣除的方法，允许分项扣除的项目有抵押贷款的利息支出、州与地方的某些税款和慈善捐款、高昂的医疗费等。通常只有高收入纳税人愿意选择分项扣除，因为对于低收入者来说，标准扣除已远远超过分项扣除额。英国2008年65岁以下居民个人所得税免征额为6035欧元，2009年调整为6475欧元。

—— 除极个别国家外，多数国家个人所得税税率均为超额累进税率，税率档次3-6级不等，最高边际税率一般为40%以下。由于绝大多数国家的个人所得税承担了调节收入分配的职能，因而超额累进税率是个人所得税普遍采用的税率形式，典型国家的税率级次和级距情况参见附件1。从中可看出，个人所得税税率档次多为3-6级。如美国、日本和新加坡为6级，德国和英国为3级。从最高边际税率来看，多数不超过40%，如美国为35%，日本为40%，新加坡为20%（该国最高边际税率在不断下降，2005年时为22%，2006年为21%），英国为40%（2010年将调整为50%），德国为45%。尽管后两个国家最高边际税率很高，但它们的税率档次很少，仅为3级，且德国多数应税收入适用14%的低税率，英国的低税率为10%。同时，最高边际税率与最低边际税率差距在30%以内。如美国为25%，英国为30%，新加坡为16.5%，日本为30%，德国为31%。

—— 征收方式上，以年为纳税时间单位，实行源泉扣缴和自行申报为主，年终综合计算税款，多退少补。源泉扣缴（pay as you earn），也称预提税（withdraw tax）是个人所得税征收的主要方式，被世界多数国家采用。如在OECD国家中，除法国和瑞士外，其它国家的工薪所得均采用源泉扣缴，22个成员国的股息所得以及21个国家的利息所得也采用此方式征缴。美国90%的个人所得税收入通过源泉扣缴来取得。源泉扣缴的好处在于税款支付与现有收入水平联系起来，保证税款及时入库，同时也可以有效控制税源，防止漏税。

自行纳税申报包括日常自行申报和年终综合申报两类。日常自行申报主要是针对不适用源泉扣缴的收入所规定的申报制度，几乎所有国家均采用这种制度。年终综合申报主要是为弥补源泉扣缴和日常自行申报的不足。不同国家对年终综合申报的规定有所不同。在30个OECD国家中，澳大利亚、美国、加拿大等10个国家规定，纳税人必须进行年度综合申报；英国、奥地利、意大利等16个国家规定，纳税人满足一定条件的，可不进行综合申报；挪威、芬兰、丹麦、瑞典等4个国家实行“预填制”申报制度，由税务机关根据从各种渠道获取的纳税人信息，填好相关表格，然后发给纳税人核实确认。“预填制”是介于申报与不申报之间的一种折衷申报制度。各国自行申报制度安排与工薪所得源泉扣缴制度紧密相连。实行累进源泉扣缴的国家，如英国、奥地利、意大利，源泉扣缴的税款基本上等于年终综合申报应缴纳的税款，年终自行纳税申报意义不大，因此这些国家规定，满足一定条件的纳税人年底可不进行综合申报。对于某些国家来说，年底综合申报具有多退少补功能，因此纳税人必须进行申报[①]。

（二）俄罗斯的比例个人所得税[②]

2000年，俄罗斯普京政府推出了“中性”个人所得税，即一改传统，将个人所

---

① 《OECD 国家个人所得税征管制度及其借鉴》，财政部网站。

② 本部分内容根据刘微《俄罗斯个人所得税：实践比例税率》报告整理，财政部科研所研究报告 2005 年第 22 期。

得税税率从传统的超额累进税率改革为比例税率（亦称“单一税”），这一举措受世界瞩目，评判之声从未停止，有赞成，更有质疑。客观公正评价俄罗斯的个人所得税改革，从中汲取对我国有益的经验借鉴，不但要考察该项改革的主要内容，更要深刻理解改革背景和改革目标。

普京执政以来，俄罗斯官方崇尚供给学派的经济思想，反映在财政上，则主张平衡预算，反对财政赤字，认为减税是最有力的财政政策工具，而减税主要是指降低边际税率，反对累进税率。税收“中性”思想直接影响了普京政府的一系列税改，个人所得税便是其典型案例。

同时，俄罗斯的个人所得税改革其深刻而独特的历史原因。上个世纪90年代末，俄罗斯经济承受着“休克疗法”转型模式带来的沉重压力，生产下降，投资乏力。九十年代俄罗斯国内生产总值几乎下降了50%，国内投资持续下降，产业部门使用期在5年以下的设备在全部设备中所占比重从1990年的29%降低到1998年4.5%。财政预算连年赤字，国库亏空严重。在此局势下，恢复生产、增加财政收入成为普京政府首要的经济改革目标，而个人所得税在其财政收入中的重要地位又决定了个人所得税改革成为经济改革中的重中之重。从立法上看，俄罗斯的税种分为三类，即联邦税、地区税和地方税。个人所得税属于联邦税，即由联邦立法。在收入使用上，个人所得税收入划归地区统一预算，但由于中央预算连年赤字，在2001年之前个人所得税收入在联邦预算和地区预算之间共享。在联邦统一预算中，个人所得税是除增值税和企业利润税之外的第三大税种，2003年该税收入占中央预算收入的比重为12.9%；个人所得税收入在地区收入预算中的地位更是重要，为地区统一预算中的第一大税种，2003年该税收入占地区统一预算税收收入的比重高达36.2%。以上两个因素都形成了俄决策层“重收入”而“轻调节”的压力，此外，俄罗斯劳动力供给短缺也是促成个税实行比例税率的原因。资源丰富加之气候寒冷，部分俄罗斯人缺乏工作的主动性和积极性，加之俄罗斯地广人稀，劳动力短缺成为制约其经济发展的瓶颈之一。所以，普京政府寄希望于取消累进税率，提高居民税后可支配收入，进而提高居民的工作积极性。

基于“切实刺激工作积极性，充实国库，简化税制”的目标，2000年俄罗斯实施了个人所得税改革，改革的最大特点是取消累进税率，实行13%比例税率。这一比例税率比原来累进税制下的最低税率12%高了一个百分点，配合养老基金缴纳降低一个点，所有纳税人的实际税收负担率都没有增加，只有减少。

俄罗斯比例个人所得税运行十年来，基本上实现了改革之初的预定目标。居民工作积极性得到了提高，随居民实际收入和职工实际工资水平上升而纳税人偷逃个税的动机弱化能为减少个人所得税收入大幅增加。2002年扣除通货膨胀因素后，该税收入增长20%；税制简化的思想在俄罗斯的实践中得到贯彻，但在取得一些正面效应的同时，不要忘记俄是以在很大程度上放弃、丧失个人所得税收入再分配调节功能为其代价的。

（三）引发的思考

归纳分析国外个人所得税特点是为探寻我国个人所得税的不足，综合探讨我国个人所得税未来改革的框架。

与国际经验相比较，我国个人所得税在以下方面还存在缺点和不足：

—— 分类计征模式与无差别的宽免扣除制度，导致我国个人所得税税基无法真实反映纳税人的纳税能力，进而导致个税调节收入分配差距的功能不能充分发挥。公平与效率两原则是税制结构设计的基本标准，其中衡量公平的方法包括“受益原则”和“纳税能力原则”。纳税能力原则既要求拥有相同纳税能力的人们必须交纳相同税收（横向公平），也要求较高纳税能力的人们多交税（纵向公平）。相应地，作为衡量纳税能力标准的所得应符合两个要求：一是全面性要求，“即所得应该更广义地定义为个人财富的总增加额。所有的财富增量都应包括在所得中，不管它是稳定的还是波动的、意料之中的还是意料之外的、实现了的还是未实现的。”①；二是综合性要求，“即所得应该是一种综合性收入（所得），即无差别地合并一切来源的收入，在此基础上适用税率进行征税。如果没有这种综合性，累进税率就不可能达到目的，不可能适应根据纳税者纳税能力征税的要求”②。这一

① 马斯格雷夫，《财政理论与实践》（第五版），P344，中国财政经济出版社，2003年。
② 同上。

由著名财政经济学家黑格西蒙斯阐述的关于所得的观点成为衡量个人所得税税基是否公平合理的重要标准。反观我们国家个人所得税，实行分类计征模式，列入征税范围的所得有11类，分别采取不同的计征办法，适用不同税率。这不但不符合全面性的要求，也不符合综合性的要求，没有适用相同的税率，调节收入分配的能力自然大打折扣。更为极端的情况是造成个人所得税的逆调节，最典型的情况是：个人所得税制度设计的目标本应是高收入者多纳税，但从目前我国个人所得税的制度设计来看，却只是高薪酬所得者多纳税（因为工资薪酬所得是两类实行超额累进税率中的一种，且其最高边际税率最高，税率档次也最多）。这说明，我国个人所得税调节中是将高薪酬者和高收入者混同了，但现实生活中我国大部分高收入者恰恰不是以薪酬形式获取收入的群体（私营厂主、企业老板可以只给自己象征性地开一点薪酬，甚至也有完全不开薪酬的情况），尤其是在股票市场和房地产市场异常火爆的这些年，高薪酬者与高收入者愈发偏离。此外，从征管上看，工资薪酬所得税最易控管，代扣代缴成本低效率高因而也是税务机关实际征收力度最大的形式。制度上的不平等叠加征管上的此紧彼松，加剧了个人所得税的逆向调节，使个人所得税调节收入分配的功能被大打折扣。

同时，纳税人处境不同，相同的收入也不意味着具有相同的纳税能力。就家庭规模而言，这一事实显而易见，其它方面也有类似表现。比如，同样收入水平的两个纳税人，一个上有老下有小，另一个“自己吃饱全家不饿”，他们的纳税能力决不可同日而语；又比如，家有重病患者，需要承担昂贵的医疗费用，比起具有相同收入但无此情况的纳税人来说，纳税能力自然要低些；即使当期账面收入很高但需要负担房贷的白领，与收入比其低但享受福利分房的公务员来说，其实际纳税能力也相应要低。因此，纳税能力标准也要求个人所得税宽免扣除个性化，应能基本反映纳税人生活处境和家庭负担（瞻养系数）。这对于正处于转轨过程中，各项保障制度尚不健全、城乡经济二元特点和经济生活各方面“双轨”特点明显的中国来说，个人所得税扣除的个性化其实尤其重要。

—— 税率设计档次过多，最高边际税率过高，增大征管难度，效果不佳。简并税率，降低最高边际税率，是世界各国个人所得税改革的趋势，而我国目前工薪所得9档税率以及45%的最高边际税率显然不符合此趋势，且从现实运行情况看，适用30%以上税率的纳税人少之又少，税率设计的实际效果不佳。2008年，年所得在12万元以上纳税人数占全部纳税人的比例仅为3%，2007年12万元以上纳税人人均申报年所得额36.4万元，这部分高收入者纳税人适用的最高边际税率平均为25%，因而适用30%及以上税率的纳税人寥寥无几，从而收效甚微。相反，高边际税率和多档次税率，导致税制复杂，增加征管难度，诱致纳税人偷逃税。

（四）关于比例个人所得税（“单一税”）在我国的适用性问题

俄罗斯实行比例性个人所得税后，不断有国内外专家学者呼吁中国应借鉴俄罗斯实行此种个人所得税。我们认为，中国与俄罗斯的情况有迥然不同之处，不适宜采取比例性个人所得税，主要理由如下：

首先，改革路径不同。俄罗斯的个人所得税改革是在“大爆炸”式改革造成GDP显著萎缩、生产下滑、税收秩序混乱以及国库严重亏空的沉重压力下进行的，而我国实行渐进改革，最初的“放水养鱼”阶段，实际是“基本免除国内居民个人所得税”未做相应的处理，个人收入提高后，已面临经济繁荣、财政收入连年增长局面，居民就业工作积极性较高，主要压力倒是越来越表现于如何有效实行收入再分配调节。

其次，改革目标相异。由于俄罗斯个人所得税收入在联邦和地区级财政收入中占有重要地位，因而个人所得税筹集财政收入的职能被放在那次改革的首位，而比例税率的“中性”特点恰能低成本地满足筹集财政收入的需要。而我国个人所得税的理论定位和现实状况都决定了其以调节分配职能为首要职能。邓小平理论的核心观点之一，是中国特色的社会主义要在“允许一部分人先富起来”之后，走向“共同富裕”，并把这一点视作社会主义的本质内容。如不能有效调节收入差距，在邓小平看来，会引致中国社会主义现代化事业的失败。1993年颁布、1994年实施的《国务院批转国家税务总局工商税制改革实施方案的通知》（国发[1993]90号）中明确规定：“个人所得税改革的基本原则是调节个人收入差距，缓解社会分配不公的矛盾。为此，个人所得税主要对收入较高者征收，对中低收入者少征或不征”。这表明在1994年搭建符合社会主义市场体系的税收体系框架时，国家则将个人所得税定位于调节收入分配，而筹集财政收入的职能则居其次。1994年后税制运行的十五年也印证了这种定位，尽管个人所得税收入连年大幅增长，但相对于流转税来说，其筹集财政收入的能力还相对较弱，2008年达最高水平，其占全部税收收入的比重仍不足7%。在这种情况下，如果实行比例税率，其累退性特点，即实际税率随所得规模增加而下降的特点，将弱化乃至放弃调节收入再分配功能的发挥。同时，我国财产税体系完善尚需时日，一个相当长的阶段中，个人所得税改革的重点必然是促其尽可能发挥收入再分配调节作用，待财产税基本到位后，未来个人所得税的定位也仍将为调节收入分配的税种。所以，中国国情下的个人所得税改革目标及其现实地位，决定了我国不适用比例个人所得税。

三、中国特色社会主义市场经济中个人所得税的取向，是实施有效的再分配调节，兼顾培养纳税意识和培育中等收入阶层

前文所分析的个人所得税在我国税收体系中所占有的重要地位，以及现阶段其所存在的问题，都与这一税种在筹集政府收入时所应承担的居民收入再分配调节功能有关。中国特色社会主义市场经济中个人所得税的基本取向，是通过这一税种的调节而抑制和调减收入悬殊，其改革的关键问题，就是如何使之在这种不可或缺的收入再分配调节方面不辱使命。

（一）充分发挥调减收入分配差距的作用是我国个人所得税改革的基本取向

任何国家的税收体系都要承担筹集财政收入和调控经济的任务，但对于每个税种来说，其内在特征和属性决定其功能定位有不同的侧重。对于个人所得税，在许多国家被同时作为筹集财政收入和调节收入分配的主税种。而具体到中国，在当前和今后相当长的一个时期内，个人所得税的功能定位需更侧重于调减收入分配差距（当然其收入功能也将在若干年内呈逐步提升之势）。这种认识主要是基于以下理由：

——收入分配制度的优化客观上要求个人所得税发挥重要的调节作用。中国现代化发展的重要战略机遇期，表现为“黄金发展期”和“矛盾凸显期”的交织，目

前主要的矛盾之一就是威胁社会和谐与长远发展的收入分配悬殊问题。改革收入分配制度，合理调整收入分配格局，将成为未来相当长一段时间内中国制度建设和宏观调控方面的一项主要任务。收入分配格局的合理化，既需要调整初次分配中政府、居民和企业三者关系，也需要调整二次分配中居民间分配关系。而设计与实施科学、合理的个人所得税，恰能发挥其在这方面的应有作用，因此充分发挥个人所得税调减收入分配差距的作用，在中国是事关全局、"顺天应人"的重大问题，是深化改革、促进可持续发展、构建和谐社会的客观要求。

——中国经济的国际竞争环境、赶超发展战略和居民收入能力的相对低水平，制约着个人所得税筹集财政收入的能力。中国的现代化和平崛起，一不能靠海外殖民方式，二不能靠战争掠夺手段，只能依靠全面开放和WTO框架下的经济手段，并实施政策倾斜特点鲜明的适度赶超战略。当国际金融危机冲击表明我国"高储蓄、高投资"方式有必要适当地调整为扩大与促进消费方式时，我们可以更清楚地看到中国居民收入能力的相对低水平和个人所得税相应的低收入功能的由来：在我国弥合二元经济的一个很长的发展过程中，农村剩余劳动力不断转出对全局居民收入能力与水平的制约，是显而易见的，为了更有效、长效地"扩大内需"，除了强化社会保障体系之外，中国个人所得税的基本特征也需要考虑总体低税负而有利于促进消费。适当增进消费，关乎我国经济结构的调整和在可持续发展中追求赶超目标，扩大消费已经成为经济发展战略层面的问题。由于个人所得税直接影响居民可支配收入，进而影响居民消费能力，所以个人所得税实际平均税负不可过高，以求降低其对消费的压抑性影响。而且，近年来"两个比重"①下降，也就是作为个人所得税税基的居民收入占国民收入中的比重连续下降，会直接影响个人所得税筹集财政收入的能力。在现阶段的我国居民收入能力情况下，假设欲使我国个人所得税收入与流转三税（增值税、营业税和消费税）相比肩，个人所得税平均税负要高达16%，远高于目前的2%左右，这是无法想像的②，因而个人所得税在近期尚无任何可

---

① 两个比重是指居民收入占国民收入的比重和劳动报酬在初次分配中的比重。

② 2007年，不变价格的居民收入为150152亿元，个人所得税收入为3184.9亿元，后者约为前者的2%。

能成为筹集财政收入的主体税种。即使在今后“两个比重”有所提高的情况下，在可以预见的时期内，也很难想像能够使个人所得税成为我国财政收入的支柱式来源。

——我国覆盖生产流通全部环节的流转税开辟了良好的筹资渠道，不必急于使个人所得税成为筹集财政收入的主税种。流转税良好的筹集财政收入能力不但在理论上成立，在许多国家，尤其是在中国的税收实践中也印证了这一点。庞大的人口基数，快速的城市化、工业化进程以及世界出口贸易大国等因素，决定了我国未来商品生产、流通将继续维持购销两旺的态势，为流转税继续发挥筹集财政收入主体税种作用提供了广阔的空间。在这种格局下，对个人所得税发挥“收入功能”的要求自然也就不那么迫切，更加凸显了这一税种在我国突出的“调节功能”特色。

总之，与其它国家相比，我国个人所得税调减收入分配差距的任务要更重大，而筹集财政收入的任务却轻许多。前者作用的充分发挥，应当作为我国个人所得税改革的基本取向。当然，对于个人所得税调减收入差距的作用，也需要有清醒客观的认识，即个人所得税不是万能的，它发挥作用的领域也是有限的，对于影响与调节初次分配中的分配格局，以及取决于生产要素价格与配置规则的财产分配，它是勉为其难的，需要有其他的制度建设和其他税种的配套与它共同构成调控体系。

（二）个人所得税改革还应兼顾提高国民纳税意识和培育中等收入阶层

对于中国的个人所得税来说，除承担调节收入分配的职能之外，还应在提高民众纳税意识以及培育中等收入阶层、促进社会中产阶级形成方面发挥作用。

自新中国成立至改革开放之前的三十年内，除建国之初的几年外，经济社会是在一种趋向“无税”的状态中运行的，这直接导致全民纳税意识淡薄。改革开放后，随着各项税收制度的不断建立，企业的纳税意识逐渐有所增强。但对于居民个人来说，意识到自己的纳税人身份要更晚些。1994年税制改革使个人所得税覆盖低收入阶层之外的所有居民时，普遍存在的民众纳税意识淡漠、偷逃税比率高现象，便与税收的规范性要求形成一种刺目的反差。从长远看，在市场经济中，培养公民的纳税意识是一项十分重要的工作，社会诚信度包括纳税诚信度，对市场经济的建立和完善是至关重要的。同时，居民纳税意识的提高，对于促进我国预算管理的公开、透明和法治化、民主化，也至关重要。

在这一角度考虑，与其它税种相比，个人所得税在培养民众纳税意识方面有其独特的优势，因为它是直接对居民征税，因而对民众的影响最大，纳税人感受最深切。在我国流转税中，营业税和消费税均为价内税，因此居民在购买商品或服务索取发票时，上面并未明确标出商品和服务所含的税收；而增值税尽管为价外税，但向民众开具普通发票时，也常常将税并入价内开具。只有个人所得税直观地影响其可支配收入，并且如有偷漏税，居民个人还可能会遭遇税务局的稽查，因此，个人所得税是提高国民纳税意识的有效方式。

此外，在我国经济社会转型中，中等收入阶层的培育与扩大，对于社会和谐稳定至关重要，党的十六大报告中已明确提出“扩大中等收入者比重”。对于我们国家来说，可成长为中等收入阶层的群体，大多具有一定技能，受教育水平较高，属主要依靠辛勤劳动和聪明才智获得较高收入的人们，他们既是中国改革和发展的直接受益者，也是改革和发展的直接推动者，对产业升级和消费换代都具有重要的推动作用。因此，中国个人所得税设计中，应充分考虑有利于培育中等收入阶层和促进“中产阶级”形成，这就要求相应收入水平区间内的个人所得税的税负决不可以过重，而应适当低平。

总之，在建立和完善中国特色社会主义市场经济过程中，个人所得税的取向既要符合其一般规律，也要适应中国具体国情和经济转轨、社会转型要求，以利于有效发挥其调节功能。

四、我国个人所得税改革的基本目标与原则

明确了我国个人所得税的基本取向与主要功能定位后，其改革目标自然也就可以明晰起来。既然我国个人所得税的主要功能定位于调减收入分配差距，兼顾培养纳税意识和促进中产阶级的形成，那么个人所得税改革基本目标和相关原则可以引申为如下四大方面：实行分类与综合相结合的税制模式；实行有差别的个人宽免制度；宽税基、低税负、超额累进；源泉扣缴和自行申报相结合。

—— 分类与综合相结合的模式。个人所得税发挥调节功能的重要前提是按纳税人的纳税能力征税，其中综合模式最能对应于纳税人的负担能力，但其管理难度大，成本高。因此分类与综合相结合的税制模式比较符合我国人口多、社会经济发展极不平衡、在一个历史时期中有必要适当鼓励资本形成与创业行为的国情，同时也能满足其调节功能，因而是我国今后比较可行的个人所得税制模式。具体设计上可考虑，除资本利得外，最终将其它所有收入均纳入综合模式，统一计税。

—— 有差别的个人宽免制度。有差别的个人宽免制度也是按能力课税的一种重要体现。我国个人支出负担情况的如实、细致统计与认定，工作上比较复杂，这给实行有差别的个人宽免制度带来困难，但这毕竟代表了个人所得税改革的方向，因此在困难比较多的情况下，基本原则是将目前有效信息可获取、可量化的某些个人支出纳入宽免之内。在初期，可设想在标准宽免额的基础上，考虑将个人的家庭瞻养系数、大病医疗支出负担情况以及消费信贷利息支出情况，适当叠加在标准扣除额上。

—— 宽税基、低税负、超额累进。宽税基旨在将较多居民纳入征税范围，以培养其纳税意识。同时考虑居民的承受能力、顺应扩大消费、促进中产阶级形成以及提高税率有效性、减少偷逃税风险等几方面因素，应设计为平均税率不太高、税率档次不太多的超额累进模式。在此模式下，最低边际税率可以考虑设为相当低的水平，且应覆盖所有低收入者延伸至中等收入阶层的下沿。第二档税率可考虑覆盖所有中等收入者（即延伸至中等收入阶层的上沿），也不宜过高。同时，全部税率档次以不超过五档为宜，最高边际税率应控制在35%以内。

—— 源泉扣缴和自行申报相结合。一方面可保证个人所得税足额及时入库，避免税款流失，另一方面通过纳税人自行申报，培养居民纳税意识和降低征管成本。

五、我国个人所得税改革的技术条件分析

个人所得税“综合与分类相结合”的改革方向早在2003年中央文件中即已明确，而改革迟迟无法推进的主要原因之一在于征管条件不具备。普遍认为，这方面最主要的瓶颈为：部门间信息共享程度低、金融资产和其它财产收入实名制度不健

全、现金使用量大，这些因素直接影响税务部门的监管能力。上述三方面问题在我国确实存在，但还应看到，现实情况并非如人们想象之严重，不至于税务部门对居民收入信息的监管完全无能为力。

——相关部门间信息共享程度已大大提高。十几年间，在以防范增值税专用发票骗税等为切入点的“金税工程”带动下，税收信息化有了长足的发展，并与许多部门间建立了信息共享关系。据国家税务总局信息中心人员介绍，目前全国22个地区的国家税务局、17个地区的地方税务局，已经实现了税款的网上缴纳，即税务部门可以通过网络访问纳税人金融机构的银行账户，并可实时扣缴税款，这足以表明，区域内税务部门和金融机构间的企业纳税人的信息共享，已基本不存在制度和技术上的障碍，外推至居民个人，困难也不会大到无法克服。至于全国层面的个人金融账户信息的收集，可通过网络联结将其集中至国家税务总局，供全国各地税务机关查询。目前各地税务系统的纳税申报信息已集中至省级，国家税务总局可方便地从省级税务部门抽取所需信息。同时，修订的《中华人民共和国税收征收管理法》明确规定：“税务机关有权了解、收集个人所得税纳税人的银行存款、大额资产信息，金融机构、公安、国土管理、房产管理、知识产权管理等机关应按照税务机关要求的内容、格式、实现、口径提供本单位掌握的个人所得税纳税人的银行存款、大额资产信息”，这为税务机关搜集个人收入信息提供了制度保障。此外，中央人民银行于2005年建立的个人征信系统，目前已收集了8亿自然人相关信用记录，包括个人基本信息、信用交易信息、公共记录信息和公用事业信息等32项信息内容，这可为税务机构利用第三方信息监管个人所得税提供强大支持。

——财产实名状况可支撑个人所得税改革。2000年4月1日，我国开始实行存款实名制，即自然人在金融机构开立个人存款账户时，必须出示本人有效身份证件，并使用该证件上真实姓名存取款的制度。2008年7月，中央人民银行重申存款实名制度，建立身份识别制度，对实施实名制之前（2000年4月1日之前）开立的账户继续使用时必须进行身份的重新确认，同时对未按规定履行身份识别义务的金融机构按照《反洗钱法》予以处罚。并且，目前各金融机构均安装身份验证系统，并可实时登陆公安部身份证系统验证身份证的真伪，使得利用假身份证存取个人收入的可能理论上降低至零。存款实名制对于个人所得税来说，最大的意义在于可以通过监控经使金融机构获得的收入归总至个人名下，进而顺利实现超额累进征税。近年来，房产、股票等资产也基本实现了实名制。实际上，只要新增财产实行了实名制，就不会影响个人所得税的缴纳，因为个人所得税是对当期所得即“财产的增量”计征，因而对于目前未实名的财产，只要在处置依其取得的收入时实现实名制，也就不会造成个人所得税的流失。目前的制度框架，已基本能够保证新增财产实名制，因而财产实名状况可进而在技术上支撑个人所得税“综合与分类相结合”的改革。

—— 现金交易对个人所得税的不利影响也基本能够规避。中国是一个现金使用大国，这既与历史习惯有关，也与目前支付手段不完善以及诚信体系不健全有关。现金交易给个人所得税带来的最大问题是现金的坐收坐支，即个人收入以现金取得，又以现金的形式支出，这类收入独立于金融体系运行，使得税务机关难以监控。与以上两因素相比，现金交易其实是目前我国个人所得税改革面临的最大瓶颈，且短期内尚难以完全克服。消除这一瓶颈的最好办法是，规定企事业单位不得以现金发放工资、津贴等，要求劳务酬金超过一定金额的，必须采用转账方式等。目前，全国城镇企事业单位已基本实现了工资发放直达个人账户，再加上金融机构关于现金提取的各项规定趋于细密，以现金形式取得收入的情况在逐渐减少。从发展前景看，只要现金发放方遵守个人所得税源泉扣缴制度，现金收入带来的个人所得税流失问题会大大减少。

因此，综合以上分析，我们可以认为，尽管目前我国征管水平不能完全达到个人所得税改革的理想要求，但毕竟已经有了一个初步的基础，社会环境也正在改善之中，经过认真准备，积极创造条件循序渐进，是可以支撑我国个人所得税改革的。

六、个人所得税改革方案具体设计方面的探讨和建议

基于以上分析认识，我们建议，我国个人所得税改革，不再仅仅停留在宽免额调整上（或“起征点”的上调上），而应在综合改革上迈出实质性步伐。仅仅调整宽免额对实现个人所得税调节收入分配目的意义不大，且会出现逆调节。这是因为：

首先，目前我国个人所得税免征额已不低，低收入者已无税。按照我国现行

个人所得税制，工薪所得费用扣除标准为2000元/月，同时，个人按照国家规定缴纳的基本养老保险、基本医疗保险、失业保险、住房公积金等“三险一金”（一般应占职工月工薪收入的20%左右）均可在税前扣除，此外，个人取得的独生子女补贴、托儿补助费、离退休工资等都是免征个人所得税的。按此计算，每月工薪收入在2500元（年收入在30000元）以下者已无须缴纳个人所得税。根据国家统计局公布的城镇居民家庭收入情况看，中等偏下户就业者年均收入为29005.4元，这意味着，我国中等收入以下家庭（比例达50%）是不需缴纳个人所得税的。更何况这种收入包括所有收入，如果将口径缩小至薪酬，则有更多家庭无需纳税。据统计，2007年工薪收入者纳税比例为30%左右，意味着约有70%的工薪收入者是不需要缴纳个人所得税的。此外，2008年我国城镇居民人均消费性支出为11243元，即937元/月，远远低于2000元/月的扣除标准，考虑就业者赡养人数的因素，按2008年平均每一就业者人均负担人数1.97人计算，则2008年城镇就业者人均负担的消费支出约为1846元/月，仍低于2000元/月的费用扣除标准。2008年我国城镇单位在岗职工平均工资为29229元，即2435元/月，扣除2000元的费用扣除标准和“三险一金”约500元，实际工薪收入在社会平均工资水平以下的职工是不需要缴纳个人所得税的。从2008年各地最低工资标准看，深圳为1000元/月，上海为960元/月，北京、大连为800元/月，西安、郑州为600元/月，银川为350元/月，均远远低于2000元/月的费用扣除标准。

其次，如果目前大幅提高费用扣除标准，受惠多的会是高收入者，中等收入者得益少。比如将扣除标准提高至3000元/月，月薪为5000元的纳税人税负只能减少100元/月，而月薪为1万元的纳税人税负减少200元/月，占二者收入的比例均为2%；将扣除标准提高至5000元/月，月薪为5000元的纳税人则不用交税，即税负减少175元/月，而月薪为1万元的纳税人税负减少500元/月，占二者收入的比例分别为3.5%和5%；将扣除标准提高至10000元/月，月薪为5000元的纳税人仍然只减少税负175元/月，而月薪为1万元的纳税人税负减少825元/月，占二者收入的比例分别为3.5%和8.3%。应当说，在这种情况下，扣除额提得越高，对高收入者是越有利的。这些有纳税能力的人本应交缴进入国库的资金，原来是转而增强财政再分配去扶助低收入阶层的，减少这种再分配功能只会与个人所得税设计的合理取向南辕北辙。

因此，我们认为可考虑的具体改革建议如下：

第一，纳税人和征税范围。纳税人包括中国居民或有来源于中国境内所得的外国人。征税范围：中国居民所有境内外货币和非货币所得；外国人：来源于境内的货币和非货币性所得。其中，农民的农业生产收入免税。对农民农业生产收入免税，是基于以下三点考虑：农民收入低，属于弱势群体；农业收入的成本不易核算；农民数量众多，农业收入多以现金形式获取，不易监管。

第二，除资本利得外，所有应税收入纳入综合范围，统一计征，以体现量能负担原则。

第三，实行有差别的宽免额制度，即在基本宽免额基础上，按照个人具体支出情况，实行常规化调整，目前可纳入动态的常规调整的因素包括：个人家庭瞻养情况、大病医疗支出、消费信贷利息支出。基本宽免额设定为每人每年扣除20000元，以后随通货膨胀情况定期（可考虑3年左右）调整。该额度提出的依据是：本着扩大税基的原则，个人所得税纳税人应覆盖除低端收入者外的全部有收入者。国家统计局将我国城镇居民收入分为7个组，即最低收入户（10%）、低收入户（10%）、中等偏下户（20%）、中等收入户（20%）、中等偏上户（20%）、高收入户（10%）和最高收入户（10%）。2008年低收入者和中等偏下收入户就业者的平均年收入分别为17702.24和22093.67元[①]，取二者平均值，即为20000元。这可以保证低收入者的上线或中等偏下收入者的下线以下的社会成员，免交个人所得税，而其它人员均纳税，保证宽税基原则的实现。

第四，税率，综合所得部分适用5档超额累进税率，各档税率及适用范围见表2；税负对比具体情况见图1。

---

① 2008 年，低收入户平均每人全部年收入为 7916.53 元，家庭人口为 3.22 人，就业人口为 1.44 人（以上数据取自《中国统计年鉴（2009）》中表 9-6）。因此，就业者平均年收入为：7916.53×3.22÷1.44 = 17702.24 元。2008 年，中等偏下收入户每人全部年收入为 10974.63 元，家庭人口为 3.06 人，就业人口为 1.52 人（以上数据取自《中国统计年鉴（2009）》中表 9-6）。因此，就业者平均年收入为：10974.63×3.06÷1.52 = 22093.67 元。

表 2　改革后个人所得税税率表

税率	适用范围
1%	年应税所得额为 0–20000 元
5%	年应税所得额为 20000–100000 元
15%	年应税所得额为 100000–250000 元
25%	年应税所得额为 250000–980000 元
35%	年应税所得额为 980000 元以上

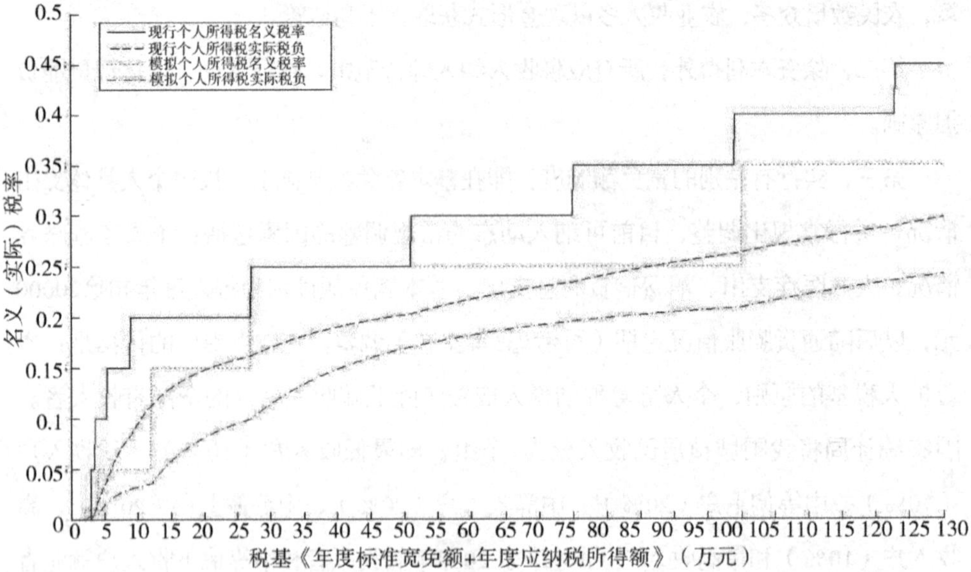

图 1　现行个人所得税名义 / 实际税率与模拟名义 / 实际税负比较图

说明：本图中，现行税制下的宽免额为年30000元（2000+500）×12，模拟税制下年宽免额为20000（标准宽免）。

从上图中直观地看，与现行税制相比较，各收入档次的模拟名义税率和实际税负，都有降低，尤其是中低收入者大大减轻。如对于年薪36000元的纳税人来说，在现行税制下，其税负为0.83%，而模拟税制下，税负为0.44%，相差几乎为1倍。对于年薪10万元的中等收入者来说，现行税制下实际税负为9.5%，而模拟的实际税负仅为3.2%，相差近三倍。

总之，该税率结构比较简单且最高边际税率降低10个点，既简化征管，又有利于保证税率的有效性。同时，低收入者纳税但税负很轻，满足既培养纳税人纳税意识又不对其构成较重负担的要求；中等收入者税负较轻，不伤及中等收入者的工作与消费积极性，有利于对中等收入阶层的培养和促进中产阶级的形成；高收入者名义税负比照原工薪所得的9级超额累进税率，总体上也是降低的，但考虑到实际生活中，高收入阶层的薪酬外收入所占其总收入的比重明显高于中、低收入阶层，而原来这些收入基本得不到“超额累进”的调节，且很容易偷逃税收，在新个人所得税的“综合”部分覆盖下，这些收入将一并纳入较高边际税率的征收范围，实际的结果，必定是这些人的实际税负上升。这能够更好体现量能纳税、多得多缴税的原则，也将大大消除原先存在的“逆调节”因素，强化调减收入差距的再分配。

第四，征管上，以年为时间纳税单位，实行源泉扣缴与自行申报相结合，年终汇算清缴，多退少补。工资薪金、劳务报酬、稿酬、利息、股息、红利等各项所得，实行源泉扣缴，其它所得由纳税人自行申报。次年第一季度结束前，所有纳税人自行申报，根据已缴纳和应缴纳情况，补税或退税。源泉扣缴旨在防止税收流失，同时保证税款均匀入库。自行申报旨在培养纳税人纳税意识并辅助源泉扣税、减少税收流失。

参考文献：

[1] 贾康. 总理“经济形势座谈会”汇报提纲，转轨时代的执着探索，贾康财经文萃[M]. 北京: 中国财政经济出版社, 2003.

[2] 贾康，合理促进消费的财税政策与机制创新[J]. 财政研究简报. 2009,(21).

[3] 理查德・A・马斯格雷夫等. 财政理论与实践(第五版）[M]. 北京：中国财政经济出版社, 2003.

[4] 王传伦,高培勇. 当代西方财经理论[M]. 北京：商务印书馆，1989.

[5] 高培勇. 个人所得税改革内容、进程与前瞻[J]. 理论前沿.2009,(6).

[6] 财政部课题组. 我国个人所得税基本情况[EB/OL]. 财政部网站，2009(10).

[7] 刘微. 俄罗斯个人所得税：实践比例税率[J].财政部财政科学研究所研究报告.2005,(22).

[8] 李稻葵. 中国需要什么样的个税改革[EB/OL]. http://money.163.com.

[9] 重庆课题组. 目前国民中等收入问题研究与重庆实证分析[R]，国家统计局网站，2008(8).

[10] 北京市地税局. OECD国家个人所得税征管制度及其借鉴[EB/OL].财政部网站.

[11] 国家税务总局. 中国税务年鉴(2008)[M]. 中国税务出版社. 2009.

[12] 国家统计局. 中国统计年鉴(2009)[M]. 中国统计出版社. 2009.

[13] Department Of the Treasury Internal Revenue Service，Individual Income Tax Returns 2007[EB/OL]. http://www.irs.gov.

[14] 茅于轼. 个税改革不妨“以俄为师”[J]. 同舟共进. 2009(11).

[15] 财政部课题组. 我国个人所得税基本情况[EB/OL].财政部网站. 2009(10).

（本文发表于《财政研究》2010年第4期）

过度关注起征点将误导个税改革

贾　康　梁　季

“个税起征点”仅是诸多税制要素之一，没有其他税制要素的配合，将难以优化实现个税税制的整体效应，只强调诸多变量中的一个“起征点”变量，单一维度地过度关注提高个税“起征点”问题，将会误导我国个人所得税改革。

我国迫切需要进行综合与分类相结合的个人所得税改革，按照宽税基、严征管、体现量能纳税的原则，根据中央提出的“总体设计、分步实施、创造条件，加快推进”的思路实施个人所得税改革。宽税基是指应尽可能将个人（家庭）所有收入，包括货币性和非货币性的收入均纳入征税范围。纳税主体上可先从以个人为申报单元，逐渐过渡到由纳税人自主选择个人或家庭为申报单元的申报模式。综合部分的税率采用超额累进税率。税率设计原则是简化征管且保证税率的有效性。从近期看，应尽快将劳动所得归并，统一征税办法，同时积极创造条件为未来深化改革奠定基础。

近年来，我国个人所得税改革成为社会各界高度关注的热点话题，尤其是在每年全国两会期间，关于提高个税“起征点”的提案和呼声，更是将个人所得税的讨论推向高潮。全民关注个税，一方面反映了中国公民纳税人意识和民主理财理念正在深入人心，另一方面也表现出社会各界在讨论这一专业性较强的财税问题方面往往陷入非理性、情绪化和非专业化境况。个人所得税制在绝大多数国家的税收体系中发挥着调节收入分配差距的职能，体现着税收的公平和量能纳税原则，而这些职能和原则的实现，必须在经济学和财政学基本理论指导下科学设计其税制。“个税起征点”仅是诸多税制要素之一，没有其他税制要素的配合，将难以优化实现个税税制的整体效应，只强调诸多变量中的一个“起征点”变量，单一维度地过度关注提高个税“起征点”问题，将会误导我国个人所得税改革。

现行制度框架下个税起征点不算低

1. 我国个税“起征点”，提高空间有限

个税“起征点”规范的说法为“工薪所得减除费用标准”，体现劳动者基本生计所需、为维持劳动力再生产的基本必要支出。该费用标准的确定，需要参考全国在岗职工工资水平以及基本生活支出情况。2014年，全国城镇单位在岗职工年均工资为57361元，相应月均工资为4780元，目前每月3500元工薪所得减除费用占月均工资的比重为73.2%。综合分析可知，我国目前工资薪金费用减除标准占全国在岗职工人均工资的比重超过80%以上，占2014年在岗职工最高地区的人均工资的比重超过50%以上。我国目前工资薪金标准家庭费用扣除标准既超过全国城镇标准家庭基本生活支出，也超过支出最高地区的平均水平。据此可以得出结论：在现行个税制度框架下，我国个税“起征点”不算低，提高空间有限。

2011年9月1日后，将个税“起征点”调高为3500元时，我国工薪阶层接受超额累进税率调节的纳税人数，一下降低为2400万人左右，近些年随劳动者薪酬水平提高，超额累进税率调节覆盖面应有所扩大，但也至多为几千万人，占全体国民比重仅3—4个百分点，如再显著提高起征点，则个税在我国将更多边缘化，也明显违背了十八届五中全会关于逐步提高直接税比重的要求。

2. 提高个税“起征点”，薪酬高者受益更大，有违个税初衷

由于个人薪酬所得税适用累进税率，提高减除费用标准，有可能降低高薪酬者的最高税率档次，从而大幅降低该类纳税人的纳税额度，导致更大的不公平。

3. 简单提高“起征点”而不同时实施“收入综合、分类扣除”的办法，对不同纳税人可能极不公平

今年全国两会上财政部部长楼继伟在答记者问时再次指出，简单提高起征点是不公平的，一个人月工资5000元可以过得还不错，但如果还要养孩子养老人就非常拮据，所以在工薪项下持续提高减除标准不是一个方向。中央关于个税改革的指导方针在历年历次文件中始终是以“综合与分类相结合”为方向，即先把11个分类中可综合的部分归堆，施加超额累进税率，这才是调整起征点时应考虑的大前提。而且，理应一并考虑设计针对家庭赡养负担、住房按揭利息负担等的分类专项扣除。

4. 我国个人所得税改革必须针对问题综合施治、统筹设计

当前个税“起征点”没有明显提高的必要和空间，并不意味着我国个人所得税无需改革。恰恰相反，我国个税税制很不完善，导致其不但没有很好起到调节收入分配的作用，没有很好贯彻税收的公平原则和量能纳税原则，反而带来了不公平，甚至导致“逆调节”。

首先，并没有将个人所得全部纳入个人所得税计征范围，特别需要加大收入再分配调节力度的薪酬之外的一些高收入，却调节不到或力度过低。目前，我国个人所得税包括薪酬、稿酬、经营所得等11类。随着经济社会发展和个人收入来源多元化，个人收入所得形式非上述11类所能涵盖。比如，厂主型的富豪，不给自己开工资或仅象征性地开工资，就可以全部或大部规避超额累进税率的调节机制。又如城镇化进程中，大量城市周边居民获得大量房产和补偿收入，从补偿其失地损失的角度看，房产所得合理合法，但既然有收入（货币和非货币）就应该缴纳个人所得税。此外，按照现行政策规定，房屋产权所有人将房屋产权无偿赠与与其有特殊关系的人（包括：（1）配偶、父母、子女、祖父母、外祖父母、孙子女、外孙子女、兄弟姐妹；（2）赠与对其承担直接抚养或者赡养义务的抚养人或者赡养人；（3）依法取得房屋产权的法定继承人、遗嘱继承人或者受遗赠人等，均免征个人所得税。对于这类特殊关系的受赠者，也应区别对待，比如对未成年或无劳动能力的子女，免征个税体现亲情和人文关怀，而对于已成年且有劳动能力的子女，在遗产赠与税缺失的情况下，再免征个人所得税，则显然无法体现“量能纳税”（纳税能力强的人多纳税）原则，更是显失公平：靠辛勤劳动和智慧获取的收入纳税，而“不劳而获”的收入免税。

其次，同类收入适用不同的计税方法和税率。现行个人所得税法将劳动所得分为三类且分别适用不同的计税方法。三类劳动所得包括：薪酬所得、劳务所得和稿酬，薪酬所得计税方法分别为在减除薪酬所得费用基础上适用7级累进税率，劳务所得在一次性扣除基础上按适用20%的比例税率，稿酬适用20%比例税率，并按应纳税额减征百分之三十。在过去薪酬所得占主体的情况下，分别适用不同政策差异及其所导致的征管难度尚不明显，随着用工制度和雇佣关系多元化，薪酬和劳务之间的边界越发模糊，试图作出清晰界定也越发困难。

第三，同类所得适用不同的政策。典型的例子为财产转移所得，近年来，随着全国二手房交易市场的火爆，房产买卖个人所得税收入规模大幅增加。目前对于个人出售家庭非唯一住房需要缴纳个人所得税，计征时依能查到原值与否，分别适用不同的计征方法。能查到原值的房产按照房产差价（网签价-原值）的20%计征，查不到原值的或公房，按照网签价的1%计征。同一地段相同市场价的房子，在出售时，因房屋状态不同，个人所得税税负差异巨大。比如，现在网签价为400万的房子，因是房主家庭名下非唯一住房需要缴纳个人所得税，如果是公房，则需缴纳个税4万元。如果是商品房，较早购入，相应原值较低，假设原值为100万，则需缴纳个税60万。如果购入较晚原值较高，假设原值为300万，则需缴纳个税20万。同样市价的一套房子，个税可以从4万到60万不等，相差15倍。本来这些政策的出台，寓抑制炒房（快买快卖）的调控目标在其中，但事实上恰恰增加了长期居住持有者的税负，事实上起到了“逆调节”的作用。从中也可以看出，这些政策已然忽视了个人所得税制设计的基本原则（量能纳税原则），税负既与所得类型无关，也与所得者状态无关，税负甚至被一些无关紧要的因素所决定而大相径庭。

上述仅列举了我国个人所得税税制不完善带来的部分负面影响，我国现行个人所得税制真到了必须综合施治作出配套改革完善的时候了。但历数自1994年现行个人所得税基本框架确定以来的历次改革，除了利息所得税开征又暂停征收之外，其他改革均是围绕“起征点”提高而展开，未在“综合”方面迈进。似乎在社会中形成了一种观念，中国个税只有“起征点”有问题，中国个税的问题只有通过提高“起征点”才能解决，而人们恰恰忘记了早在2003年十六届三中全会便提出的个人所得税改革目标——建立“综合与分类相结合”的个人所得税制。这不能不说，因为过度关注个税“起征点”提高，而将民众注意力引向了错误方向，决策部门的大量时间和精力也消解于解释和设计“起征点”政策上，这实际上如同舍本而逐末。

我国迫切需要进行综合与分类相结合的个人所得税改革

关于综合与分类相结合的个人所得税制的特点与好处的分析已非常充分，在此无需展开重复讨论。简单地说，综合与分类相结合的个人所得税制是在总体上不区分收入类型和性质但对特殊所得（比如资本利得）又区别对待的情况下，充分考虑个人（家庭）的实际支出偏好多元和支出水平相异的情况，按照支付能力原则，科学设计税制。其优点在于，最大限度地体现公平的量能纳税原则，且简便征管（无需区分所得类型）。但是，其在管理上的要求显然比分类征收为高，在此有必要强调，推进个人所得税改革对于我国现代财税制度体系的建立乃至国家治理现代化建设具有战略意义，对于正在进行的供给侧结构性改革至关重要。

1. 个人所得税改革可以促进市场在资源配置中的决定性作用以及更好地发挥政府作用

在市场经济体制下，市场在初次分配（生产环节）中发挥配置资源的决定性作用，以激发市场活力，提高生产效率，力求将经济“蛋糕”做到最大；政府在再分配环节（税收与社保环节）发挥收入分配的优化作用，促进社会公平，维护社会稳定。通过二者的合理有机配合，实现经济社会的良性发展。在此框架下形成的税收理论要求一国税收制度（体系）的设计，要尽量减少对生产环节资源配置的影响，初次分配尽可能保持税收“中性”，到了再分配环节，则要注重合理地区别对待“抽肥补瘦”，抑制两极分化。税收是打入市场经济的“楔子”，在筹集政府履职的必要资金收入同时，必然对资源配置和收入分配产生影响。为此，各国基于本国实际情况（如征管能力）利用税种之间搭配（直接税和间接税搭配等）以及税种替代（以增值税替代传统营业税）等方式，努力寻求各项税收职能的充分发挥。

总体而言，因间接税多在商品与服务的生产销售环节征收，与价格关系密切，相应在国民经济核算体系下，参与初次分配；而直接税（如个人所得税）参与再分配。这就意味着，需以间接税的税制优化设计（如营改增），改进初次分配，充分发挥市场在资源配置中的决定性作用。而在我国间接税占比远高于直接税占比的当下以及未来很长一段时间，需要非常重视改革完善个人所得税制，通过宽税基和严征管，积极发挥个人所得税筹集收入时的再分配功能，使其收入规模有所成长并促成我国直接税比重的逐步提高，降低间接税占比，进而减少我国税制体系对生产的干扰，促进市场在资源配置中决定性作用的发挥；同时以更有力度的直接税调节收入分配、缩减收入分配差距、促成社会和谐，助力共同富裕。这是更好地发挥政府作用的题中应有之义。个人所得税税制完善本身便是政府制度供给的重要组成部分，个人所得税参与再分配核算，相应给政府在再分配环节发挥作用提供了有力的制度型调控工具。

适当缩减收入分配差距已无可回避，理论和实践均表明了政府在解决收入分配问题中的不可推卸的责任的重要性。尽管个人所得税不是唯一的手段，但它却是不可或缺的手段。

2. 个人所得税改革对于我国建设现代财税制度乃至国家治理现代化具有重要的战略意义

财税制度安排包括解决政府“钱从哪里来”问题的税收与非税收入，解决“钱用到哪里去”问题的支出、转移支付以及资金收支的标准化载体即预算等一系列体制、制度、机制的典章式规定，所处理的实质问题，是处理经济社会生活中的三大基本关系：政府与市场主体的企业之间，中央政府与地方各级政府之间，以及公权体系与公民之间的财力、资源、利益分配。财政之所以成为国家治理的基础，预算之所以反映政权活动的范围、方向和重点，财税分配之所以与国计民生息息相关而牵一发动全身，财政史之所以既反映社会进化中的阶段、结构演变，又反映社会正义、文明程度的发展，财政改革之所以要为全面改革“既打头又殿后”提供全面支撑，都是因为政府与千千万万家企业、中央政府与地方各级政府、公权体系与公民或纳税人之间的权、责、利关系，必然地体现于交汇于财政体制，相应的，财税制度于国家治理的意义就不言而喻了。

现代财税制度是在处理好政府与市场关系的基础上，基于分配机制“三位一体”处理好政府与企业、中央与地方、公权与公民三大基本经济关系。现代财税制度又以个人所得税税制完善、个人所得税收收入充裕为特征。除了具有国民经济运行“自动稳定器”作用外，相较于其他税种，个人所得税更能够体现纳税人与负税人的统一，大大缩减税负的转嫁机制，降低因税负转嫁带来的不确定性，将公权与公民之间的财政关系更加直接化，这一点对于当下推进中国的现代化进程至关重要。通过改革完善个人所得税制，使收入增长中的更多的国民成为纳税人，使其充分认识自己作为纳税人的责任和权利，强化其监督政府民主理财的意识，进而加快推进我国政府民主理财、法治理财乃至我国民主化进程，既有必要，也是必然。

从居于现代化进程前列的国家来看，其税制大多早早呈现出以“个人”（或家庭）作为纳税主体的特征，最大限度排除“税负转嫁”机制，而我国恰是典型的以“企业”作为纳税主体，无论是增值税（营业税）、消费税以及企业所得税这类“大”税种，还是房产税、城建税乃至耕地占用税等“小”税种，均是企业作为纳税人。从终极意义上而言，流转税（间接税）税负最终主要由“个体”（个人或家庭）承担，但在长长的转嫁链条中，在一定时期内，“企业”则被迫承担着暂时未转嫁出去的税负，这对资源配置形成了事实上的较大影响，干扰了市场配置资源决定性作用的发挥，也引出了另外一个近年来热议的话题，即宏观税负水平不高与微观经济实体税负痛苦高的悖论。无论横向比较还是纵向比较，无论是国际比较还是与我国财政支出刚性需求比较，我国宏观税负水平的确不算高，但市场微观主体与消费大众中的低中收入阶层对税负的感受却是痛苦程度相当高。研究表明，我国推进现代财税制度建设，实现国家治理的现代化，个人所得税改革是战略层面上的重点选项之一，所以列入了财政配套改革方案作为必成任务。通过个人所得税改革，提高直接税占比进而降低间接税制占比，对于建立以所得税和流转税双主体税制结构、以“个体”为纳税人的现代税制，具有举足轻重的分量。

3. 个人所得税改革对于实施供给侧结构性改革、提升经济活力具有重要的配合作用

如前所述，我国间接税的特点是：（1）主要是对企业征；（2）有营业额就征；（3）按比例税率征。这意味着企业无论规模大小、无论盈利与否，“开门”便有税，且在“以票控税”的征管制度下，几乎没有避税的空间和可能。一项调查表明，个体工商户所缴纳的税收中，至少62%以上为流转税。在这种情况下，我国税制呈现出很强的“累退性”特点。传统的税制“累退性”理论是指因比例税率带来的收入分配的累退性，即税收负担无法随收入的增加而增加。而此处谈到的累退性是指对企业经营的累退性。这种以间接税为主的税制结构，对企业生产经营的累退性，即对于诸多盈利能力微弱的中小微企业而言，因经营形式单一、股权形式简单、与政府谈判能力弱，其能够享受到的税收优惠和财政补贴非常有限，却与中大企业承担着同样的流转税负担，其税收痛苦程度高则不言自明。

在业已明确表述的“供给侧结构性改革”实施中，上述问题的破解正是需要改革个人所得税，通过拓宽税基、按“支付能力”原则实施区别对待，实现严加征管，来提供个人所得税总收入，进而降低间接税占比。这种情况下，企业流转税名义税率降低，而雇佣劳动力的税收成本未必增加，这是由于个人所得税的增加主要通过拓宽税基、增加高收入者税负来实现。从目前个人收入格局来看，高收入者的税收贡献占比却不高，这个优化税负结构、增强经济发展活力的臂力空间，亟待打开。

个人所得税改革的思路和政策要点

建立以综合与分类相结合的个人所得税税制的目标早已明确，在此目标下，按照宽税基、严征管、体现量能纳税的原则，中央提出以“总体设计、分步实施、创造条件，加快推进”的思路实施个人所得税改革。

宽税基是指应尽可能将个人（家庭）所有收入，包括货币性和非货币性的收入均纳入征税范围。对纳税人，应尽可能覆盖除低收入者之外的全部社会成员。比如，在考虑纳税人范围时，可以国家统计局的城镇居民收入为参考依据。国家统计局按可支配收入将我国城镇居民由低到高划分为5个组，可以根据各组收入户的可支配收入情况，划定基本宽免额，原则上保证仅低收入者的上线或中等偏下收入者的下线以下的社会成员免交个人所得税，而其他人员均纳税，保证宽税基原则的实现。

严征管是依法征税应收尽收之意，这是一种保护老实人、约束偷漏税行为、打击逃税者而培养诚信纳税文化的长效机制。体现量能纳税原则就是考虑根据实际支付能力来设计税制，这由收入和支出两个因素决定。从收入侧来看，除极个别收入形式外（如资本利得等），不分收入形式和性质，均应纳入综合计税的税基，统一征税办法；从支出侧来看，应充分考虑每个个体（个人或家庭）的实际支出形式和结构的差异性，采取有差别的宽免额制度，即1+X款免额制度，1是指统一的费用扣除标准，该标准可随CPI指数变化定期（比如三年）调整。X是指根据个体纳税人的支出结构进行区别化和常规化动态调整的宽免部分。可考虑纳入动态的常规调整的因素包括：个人家庭赡养情况、大病医疗支出、消费和住房信贷利息支出、教育支出以及个人职业发展培训支出等。

纳税主体上可以先从以个人为申报单元，逐渐过渡到由纳税人自主选择个人或家庭为申报单元的申报模式。我国家庭概念比较宽泛，目前难以形成一个技术上可操作的家庭单元定义，因此在改革起步阶段，可以先以个人为申报单元。但如以家庭为申报单元，更能体现量能纳税原则，因此应成为未来改革方向。之所以最终将申报模式的选择权交还给纳税人，是为了避免因个税而导致一些不利于社会稳定的现象（比如目前为规避房产交易税收而出现的“假离婚”现象）。

综合部分的税率采用超额累进税率。税率设计原则是简化征管且保证税率的有效性。同时，保证低收入者纳税但税负很轻，满足既培养纳税人纳税意识又不对其构成较重负担的要求；中等收入者税负较轻，尽量不伤及中等收入者的工作与消费积极性，有利于对中等收入阶层的培养和促进中产阶级的形成；高收入者所面临的最高边际税率名义税负比照现薪酬所得的7级超额累进税率最高档（45%），也可以设计为是降低的，但考虑到实际生活中，高收入阶层的薪酬外收入所占其总收入的比重明显高于中、低收入阶层，而原来这些收入得不到“超额累进”的调节，且很容易偷逃税收，但在新个人所得税的“综合”部分覆盖下，这些收入将一并纳入较高边际税率的征收范围，执行的结果必定是这些人的实际税负上升。这能够更好体现量能纳税、多得多缴税的原则，也将大大消除目前存在的“逆调节”因素，强化调减收入差距的再分配，并增强个人所得税筹集收入的能力。

具体征管上，可考虑以年为纳税时间单位，实行源泉扣缴与自行申报相结合，年终汇算清缴，多退少补。工资薪金、劳务报酬、稿酬、利息、股息、红利等各项所得实行源泉扣缴，其他所得由纳税人自行申报。次年第一季度结束前，所有纳税人自行申报，根据已缴纳和应缴纳情况，补税或退税。源泉扣缴旨在防止税收流失，同时保证税款均匀入库。自行申报旨在培养纳税人纳税意识并辅助源泉扣税、减少税收流失。

从近期看，应尽快将劳动所得归并，统一征税办法，同时积极创造条件为未来深化改革奠定基础。综合与分类相结合的个人所得税得以顺利实施的前提条件，是现金量的减少和纳税人收支信息的完备和共享。从目前现实来看，减少现金使用的条件已经具备，制度和技术都有支撑，银行卡、POS机普遍使用，未来可大力推广个人支票的使用。经过多年的发展，我国家庭或个人的各类收支、信用信息已经比较完备，中国政府部门信息化有后发优势而走在世界前列，现在最需要做的是，打破部门利益局限、实现信息有条件的共享和使用。因此，建议由国务院牵头，以各相关职能部门数据信息为基础，建立包括个人基本信息和财务以及信用信息的数据库系统，为个人所得税改革创造技术条件。该系统的建设不仅于个税改革具有重要意义，对于我国信用社会建设、规范个人行为均具有十分重要的意义。

（本文主要内容发表于《上海证券报》）

从整体改革视角准确定位和深化新一轮消费税改革

冯俏彬

摘　要：新一轮的消费税改革正在路上。综合各方分析，本文认为需要从整体改革的视角来定位消费税改革的诸多具体内容。一是要结合当前我国消费型经济正在兴起的这一深刻的时代变化，将消费税的征收范围从“三高”商品扩大到高服务消费。二是要从中央与地方财政体制改革的需要，定位消费税的归宿主要是中央税或共享税。三是要从我国税制结构从间接税为主转向直接税为主的背景出发，将消费税的功能定位为基于增值税基础之上的“调节”而非普遍全面征收，四是要与资源税、环保税、房地产税等其它税种的改革统筹协调，避免片面夸大消费税功能和重复征税。

关键词：消费税　整体改革　统筹协调

党的十八届三中会指出，“财政是国家治理的基础与重要支柱”，并勾勒了到2020年建成现代财政制度的改革蓝图。三年多来，财税改革在预算制度、税收制度方面取得了明显的进展，但相对而言，对于整个财税改革具有核心和灵魂作用的中央与地方财政体制改革尚未取得实质性进展[①]。从一定程度上讲，这可能使得若干

① 2016年8月24日，国务院发布了《关于中央与地方财政事权和支出责任划分改革的指导意见》。这可视为这一核心改革的破冰之举，但《意见》本身仍然是指导性的，具体改革仍需时日。

细项的财税改革陷入各自为政、缺乏统一的指向和目标进而时不时“迷失方向”的状态，这在近期“营改增”中已有比较明显的体现。消费税作为此轮税制改革重点的“六税”之一，目前改革方案已呼之欲出。但从媒体报道的情况看，似乎仍然不缺乏有“迷失方向”和“自已改自已”之忧。对此，应引起高度重视并在推出具体改革方案时力求避免。

一、消费税改革需要在整体改革中进行系统定位

著名科幻作家刘慈欣在其作品中，常从宇宙的角度观察地球与人类，并写出了一系列令世界为之惊叹的作品，因为“只有在高处，才能看清楚”。对于消费税而言，其“高处”依序而言一是税收制度，二是财政制度，三是中国当今经济社会发展形势。反过来讲，也可以表述为：中国的经济社会发展形势决定着财政制度的类型与形态，而财政制度决定税收制度，税收制度进而给定了类似消费税这样改革子项目在大系统内的位置与功能。具体而言，我认为，当前与消费税高度相关的我国经济社会层面的因素主要是“消费型经济”的兴起以及与之相适应人民群众在消费结构、内容等方面发生的深刻变化，这对消费税的发展未来与征收范围调整密切相关。与消费税高度相关的财政制度方面的因素主要是中央与地方财政体制，这决定着消费税所产生的收入归宿以及相应的征收方式。与消费税高度相关的税收制度方面的因素则是由间接税为主向直接税为主转化的税制转型，这决定了消费税的增长空间。另外，消费税改革还需要考虑与其它税种之间的协调与统筹关系。下面分述之。

二、我国消费型经济的兴起决定了消费税的征收范围应将从商品扩大到服务

1994年版的消费税法中，消费税课税对象全是有形的商品，主要集中在三个方面，一是劣质消费品，如烟洒等，二是当时情境下的高消费税，如化妆品、珠宝首饰等，三是有污染效应的产品，如汽油、小汽车等。随着我国经济社会的发展和人

民消费水平的提高，近年来已在消费税的征收范围上进行了一些调整，将那些已成为普遍消费品的东西调出，而调入这两年来明显增加的高消费品，如私人飞机等，另外还增加了一些有环保意义的课税对象。可以看出，现行消费税征收范围上调整的思路主要停留上有形的商品之上。

但现实情况是，当前我国居民消费结构正在进行新一轮的转型升级，转型的基本方向是从有形的硬商品向无形的软服务转化。从下图可以看出，2015年，我国居民用于服务消费方面的支出明显上升，而且展望未来，服务消费将成为我国居民消费的主要组成部分。这一点，早已为先发国家的经验和道路所证实，也是当下中国正在发生的巨大变革之一。有专家估计，到2020年我国消费市场规模将达到40～50万亿元，国内市场规模位居世界前列。消费大市场的初步形成，不仅成为保持我国6%～7%增长的突出优势，而且成为我国经济转型升级的重要推动力。当然也是此轮消费税改革必须考虑的大背景。

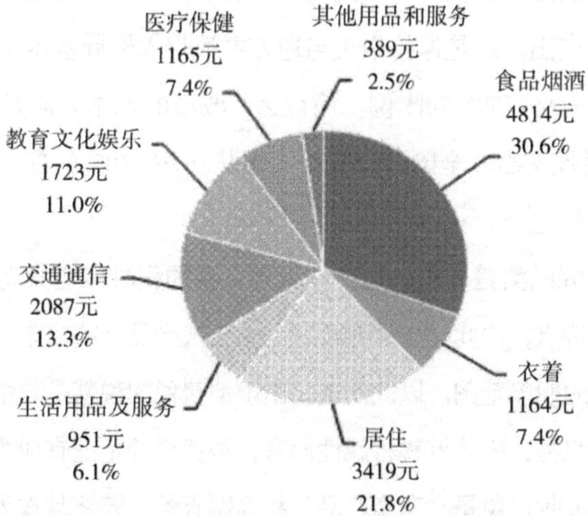

图 1　2015 年全国居民人均消费支出及其构成

因此，此轮消费税的改革应当适应这个趋势，在调整征收范围时除了把高耗能、高污染产品及部分高档消费品纳入征收范围以外，还应将部分高服务消费纳入其中。一般认为，可考虑纳入消费税征收范围的高端消费劳务包括高尔夫、狩猎、跑马、赛马、高档歌舞厅、夜总会、游艺厅、高档桑拿、高档美容健身院、高档酒店、私人会所、高级会员俱乐部等。对此需要一一甄别、具体明确。

三、中央与地方财政体制决定了消费税应主要作为中央税，至多放松为共享税

当前，有一种意见认为，在此轮消费税改革中应当将消费税划为地方税。这在营改增之后地方财政正面临困局的情况下，得到很多人的赞同。但是，长远和整体而言，我认为这种意见是值得商榷的。

从大的方面讲，十八届三中全会以来，关于中央与地方财政体制改革的基本思路已经明确，即构建事权与支出责任相适应的中央与地方财政体制。综合各方面情况，这一体制的总体方向是中央上收部分事权，即将以前误配置给地方政府的司法、社保、教育、医疗等涉及全体人民基本权利的支出责任适当上收，相应地增加这方面中央财政的支出。二是保持中央与地方财政收入格局基本不变，即基本维持多年来中央与地方50%：50%的比例。简言之，改革的基本方向是收入格局基本不变，但提高中央财政支出占全国财政支出比重从15%到30%左右。这是考虑着消费税归宿问题的大背景之一。

已有的理论研究已清楚表明，适宜作为地方税的税种应当具有税基较窄、不易流动、外部性弱的特点，由此建立地方政府提供公共产品上的成本与收益相对称的关系，理顺地方政府的职能范围。以此而论，由于消费税的税基是与增值税一样具有较强流动性的商品或服务，因此就税种属性而言，消费税并不适宜成为地方税。另外，由于消费税的主要征收对象是“三高产品”和高端服务，若将其作为地方税之一，势必会激发地方政府大力发展类似产业进而形成所谓的“逆向选择”作用，不利于地方政府将主要职能从经济增长转向专注于提供本地老百姓所需要的公共产品或公共服务之上。举例而言，烟酒通常是消费税征收的重点对象之一，占我国消费税的比重通常在50%以上，如果将其作为地方收入来源，那么内在地讲，将对地方政府形成大力发展这类产业的激励机制与内在动机，这显然不符合消费税的设计意图。类似的情况也

同样存在于具有污染类的消费品上，总不能指望地方政府先污染，后收税吧？

从国际经验上看，消费税既有全属于中央收入的，也有中央与地方共享的，但相比之下，消费税大多属中央政府，而将消费税作为地方税主体税种的国家很少。如下表所示①。

表1　世界主要国家消费税的归属权比较

国别	税种归属权	中央的征收对象	地方的征收对象
美国	联邦（中央）、州和地方征收	酒、烟草、交通（船舶）运输燃料、煤炭、垃圾堆积、有害物质、臭氧损耗、机场、航线、高速公路通行、奢侈税、糖等	酒、烟草、燃油等
日本	中央、地方征收（地方征收部分由中央税务部门代征）	酒、烟草（包括特别烟草税）：石油、汽油、液化石油气、航空燃料，矿产品、电气、轻油传输、动力资源开发；车辆船舶购置、糖、木材运输等	地方（都、道、府县）烟草税、柴油税、高尔失球场使用税、地方道路税等
德国	中央征收	酒（酒精、啤酒，香槟酒等）、烟草、矿物油、能源（动力）、盐、糖，饮料、电灯、火柴等	
英国	中央征收	酒（啤酒、葡萄酒、烈性酒、苹果酒等）、烟草、烃油（燃油）、垃圾填埋、气候变化、采石、车辆、航空旅客、赌博和游艺税等	
法国	中央征收	酒、烟草、贵金属、首饰、艺术品、收藏品、古董、金银制品、燃油、煤、天然气、洗衣粉、洗涤剂、杀菌剂、电视服务、糖、矿泉水、火柴、打火机等	
韩国	中央征收	酒、烟草、贵金属、首饰、高档家具、皮具、手表、燃油、汽车、高档食品、天然气、赛马场、老虎机、高尔夫球场、赌场、酒吧等	
俄罗斯	中央征收	酒（包括含酒精产品）、雪茄烟和香烟、汽车、石油制品、天然气、珠宝首饰，冰箱、化妆品、某些种类的矿物原料等	

资料来源：1. 国家税务总局税收科学研究所.国外税制概览[M].北京：中国税务出版社，2009.

2. 李林木，黄茜.借鉴国际经验，完善我国消费税政策[J].涉外税务，2010.（5）.

① 本表转引自尹音频、张莹《消费税能担当地方税主体税种吗？》，《税务研究》2014年第5期。

我认为，此轮消费税改革可考虑将其作为中央与地方的共享税种。原因有以下两个方面。一是目前我国税制改革的基本方向是“向后走”，由重在创造和生产财富的阶段转向财富形成后的分配和保有阶段，重点在收入、消费和财富转移的环节增加税收。消费税正好处于财富形成后的“消费”这一节点上，有继续保有和适当发展的理由。对于地方政府而言，在经历了多年重视投资环境之后，正在逐渐转向重视和改善本地消费环境，不仅吸引人才而且在我国劳动力总量下降 、劳动力成本上升的情况下更加注重吸引普通劳动者，这无论是从促进地方政府职能转型角度，还是从解决当前中国最大的难题——农民工市民化——都是消费税改革应当考虑的大背景。消费税作为地方政府行为的“指挥棒”之一，当然要在这方面服务于国家大政方针，主动发挥积极作用。二是现实地讲，营改增之后地方财政收入下降明显，客观上的确需要调整中央与地方财政收入的分配结构，消费税虽然不能成为地方政府新的主体税种，但无疑对于缓解地方政府的财政困难还是有一定好处的，这在当前其它地方税种推出还需时日的情况下，就更是如此。具体操作上，我认为合适的做法是在明确消费税中央税属性的同时，允许地方附加一个比率征收。举例而言，假定卷烟的全国统一税率为40%，则可允许地方政府附加5-10%征收，具体税率由地方政府根据本地情况自行确定。这样做的好处是，一方面明确了消费税的中央税属性，另一方面赋予地方政府一定的灵活性，两全其美。

三、我国税制转型方向决定了消费税的功能应定位“消费调节”而非组织财政收入

在已有关于消费税的研究中，对于此轮消费税改革的功能定位上有以下几种意见。一是增加地方财政收入，使其成为“营改增”之后地方财政收入的又一新的主体税种，即比较重视和强调消费税在组织财政收入方面的意义。二是保持消费税的调节税功能，“寓禁于征”，重在纠正消费者的偏好误差，矫正外部不经济。三是发挥消费税调节收入分配的功能，将部分高消费品纳入消费，促进收入公平。从现实情况看，由于“营改增”之后地方财政收入吃紧，因此急需寻找新的财源因此第

一种意见有占上风之势。

我认为，对这个问题的判断需要拓宽视野，而不能仅就一时一事而论。消费税的功能定位应与我国税制改革的总体设计一并考虑，与增值税、资源税、环保税、房地产税等统筹协调。根据相关改革安排，我国税制改革的总目标是由间接税为主向直接税为主转化，到2020年建成现代税收制度。形象地讲，我国税制改革的基本方向“向后走”，即由现在主要在生产经营环节征税转向后端，在收入、消费、财富三个环节增加税收分布。之所以如此，是因为流转税的基本特点是在商品（服务）的生产与交易环节征收，组织财政收入的意义重大但对“创造财富”这一社会再生产的起始过程存在太多的打扰与扭曲作用，特别是考虑到流转税具有“价格楔子”的特点，税负易于转嫁，在某些情况下还存在着逆向调节作用时，就更是如此。当前，我国经济社会形势已发生了巨大的变化，税收作为国家治理的工具之一，必须要在调节收入分配、促进转型升级方面发挥更大的作用，其征收环节要由“创造财富”的前端更多地向“分配财富”的后端转移。因此，税制改革的基本方向可以概括为四个方面：一是减少或者至少不增加在生产经营环节的税收，二是更多的向收入、财富和消费征收，三是逐渐推动流转税、所得税“双主体”税制的名至实归，四是强化税收推动经济转型升级、鼓励创新、调节收入分配的功能，共同促进“双百”目标和中华民族伟大复兴“中国梦”的实现。消费作为流转税之一，在这一税制转型的主流改革方向中，如果不是说减弱，至少也不应明显加强。

确定消费税的功能定位必须考虑与增值税的协同关系。显而易见，增值税是我国长期确定无疑的重大主体税之一，其流转税的属性框定了同属于流转税的消费税的“天花板”。换言之，在增值税作为主体税的背景下，消费税只能作为增值税的配套税种，在增值税调节不到或显失公平的方面辅助调节。比如，在全面实施“营改增”之后，原来征收税率高达20%的娱乐业转而按6% 征收增值税，明确偏低，这就需要消费税的二次调节。另外，对于传统征收消费税的几类商品，如烟酒等“劣质消费品”、汽油汽车等具有较强外部性的污染品、游艇私人飞机等高消费品，在普遍适用增值税的情况下，均存在税收过低的问题，也需要消费税从旁辅助。有鉴于此，可考虑将消费税明确为“特别消费税”。这同时也为今后在增值税改革中减少税率档次直至实行单一税率、发挥普遍调节作用创造了条件。简言之，在增值税基础之上的消费税，应当以调节经济为主要目标。

四、消费税改革要与其它税种改革统筹协调

除了增值税之外，从整体改革视角出发的消费税改革还需要特别重视与其它税种之间的协调关系。一是与资源税的协同。我国新的资源税方案已于今年7月1日起生效，其中的石油已全面转向从价计征，相关的税款进入价格链，成为下游产品的价格内容之一。因此，在消费税改革中，就既要重视但又不能过多强调其资源保护功能，以避免重复征税。燃油类消费税就是类似的典型例子。二是与环保税的协同。目前，《环境保护税法》正在人大审议之中，其“费改税”的立法精神也已为各方所熟知。在消费税税目中所涉及到的具有环保意义的税目，应主动与此对接和协调。三是与房地产税的协调，针对近期房价上涨过快的问题，有人建议仿加拿大的先例，对第三、四套住房征收高额消费税①。对此，我认为国内房地产市场最突出的问题就在于交易环节的税收已经很多很重而保有环节税收严重缺失，因此再通过增加交易环节的房地产消费税来为房市降温，并非根本之举。以后要不要这样做，还是要等房地产税这一“正税”出台后的情况变化再议。

总之，消费税作为此轮税制改革重点之一，切莫就消费税论消费税，而要从整体改革的大背景出发，站在更高的位置、用更广的视角来准确定位，进而讨论消费税的征收范围、环节、归宿等各方关注的具体问题。否则，就有可能陷入自己改自己、不符合潮流与发展方向进而在改革方案推出不久即出现重重问题，甚至陷入“今天的改革成果变成明天的改革对象”的尴尬之中。这一点，不仅适用于消费税改革，同样也适用于财政改革中的其它具体改革内容。

---

① 有鉴于近期国内部分城市房价上涨过快，住建部原副部长仇保兴建议分拆房地产税，即消费税、空置税、转让税、物业税。其中消费税的实施方式可仿照一些国家的做法：首套购房免税，第二套购房征收 14% 的消费税，第三套购房征收 26% 的消费税，第四套房征收 40% 的消费税。新浪网 http://finance.sina.com.cn/china/gncj/2016-09-22/doc-ifxwevmf1898722.shtml

参考文献：

[1] 《国务院关于推进中央与地方财政事权与支出责任划分的指导意见》，中国政府网[EB/OL], http://www.gov.cn/zhengce/content/2016-08/24/content_5101963.htm.

[2] 马海涛,任强. 消费税征管政策：中美比较及启示[J]. 财政科学. 2016,(1).

[3] 尹音频,张莹. 消费税能够担当地方税主体税种吗？[J]. 税务研究. 2014,(5).

[4] 贾康,张晓云. 中国消费税的三大功能：效果评价与政策调整[J]. 当代财经. 2014,(4).

[5] 仇保兴.已提议国务院调控楼市分拆房地产税[EB/OL]. http://finance.sina.com.cn/china/gncj/2016-09-22/doc-ifxwevmf1898722.shtml.

[6] 李晶. 与增值税改革联动的消费税制度创新[J]. 税务研究.2014,(5).

[7] 李梦娟. 我国消费税改革的考量与权衡[J]. 税务研究. 2014,(5).

[8] 张钟月,李咏梅. 日本消费税的启示——以日本消费税法为视角[J]. 税务研究. 2016,(5).

遗产税考量上的“价值取向”与其改革设计的“问题导向”

贾　康

前段时间，关于遗产税的“研究开征”问题，写入了国家有关部门关于收入分配制度改革的指导文件，众多媒体竞相报道的关于“80万元起征点”的传闻，一下子又引得舆情沸沸扬扬，群情激动。在当下的中国，这是一桩与个人所得税、房产税相似而十分牵动利益、牵动感情的话题，甚至其“刺激与轰动性”有过之而无不及。

遗产税是一种税负不能转移的直接税，实践中通常要与赠与税一起设计、配套实施，据研究者统计，世界上至少有90余国征收此税。我国在税制体系里，其实一直有其概念和一席之地，上世纪八十年代后改革讨论中，也曾明确提到此税，但一直没有开征。改革开放三十多年了，社会变化巨大，财富的积累与增长有目共睹，社会阶层的分化和矛盾凸显也十分刺目。于是乎在近十年间，遗产税问题成了一个更为敏感的问题，在官方的文件和公开场合已久不提及。现既已重开议论，看来今后深化展开对这一税种的理性讨论，很有必要，也无法回避。在这里我试从此税相关考量的“价值取向”和改革设计的“问题导向”两个维度，作初步分析探讨。

一、遗产税考量上的“价值取向”

任何一个税制、税种的设计，都必然会体现某种人文与社会意义上的价值取向。遗产税的价值取向主要体现在调节收入分配、促进慈善公益事业以及合理协调先富共富的关系等三个方面。

1. **调节收入分配**

遗产税是以财产所有者死亡时所遗留的财产为课税对象而征收的税，属于直接税的一种。从世界上多个国家的经验上来看，遗产税的税率可以高达50—70%，因此财产所有者在辞世以后，其财富的多半都将归为社会所有。这种“家里死了人之后，继承财产者还要纳税”表面上看似无情的税收制度其实内里蕴藏深意，即上一代的财富差距不至于过大地传递给下一代以至一代一代形成社会的两极分化，这是从纵的方向讲。从横的方面看，遗产税调节收入分配的功能也体现对全体国民的财富进行“抽肥补瘦”、促进“共同富裕”上面，属于一种税收的经济、社会调节功能。直观地看，遗产税的价值取向就是“抽肥补瘦”，促进“共同富裕”，或可以用西方的比喻称之为一种“罗宾汉式税种”（罗宾汉是欧洲传说中于中世纪晚期劫富济贫的著名侠盗）——当然，这仅是比喻而已。税不是抢劫，是政府为主体的讲法、讲规则的再分配，属于经济调节工具的运用。

在人类社会近几百年的发展中，关于此种价值取向在遗产税上应具体落实为何种设计方案，乃至对此税种的兴废如何考虑，争议不断，以后想必还会继续。最有意思的是美国案例。开征多年后，美国曾经过立法程序启动了逐步降低税率而以2010年取消该税为目标的过程，但却很快出现比尔·盖茨等一批富豪在《纽约时报》登出广告公开加以反对的情况，认为这既不利于社会，也不利于他们的后人。后来的博弈结果是仅在2010年停征一年（或说当年税率为零），而后又进入逐步提高税率的过程。可以说，迄今这个“美国案例”，仍在主流认识和制度框架上，肯定了实施“抽肥补瘦”调节的价值取向，应当讲体现的是社会走向发达过程中和市场经济体较成熟状态下的一种文明要素。其他代表性的市场经济体，从老牌的英国，到新进的韩国，在这一取向方面大同小异。近些年也有停征遗产税的经济体，如我国香港特别行政区，但代表的并不是主流，较多反映的是某些特别情况下的特殊选择。

2. 促进慈善公益事业的发展

在一个健全的社会中，以慈善公益为主的“第三部门”（指在政府代表的“公共部门”、企业代表的“私人部门”之外的公益基金会、民间慈善机构、志愿者非营利组织等）对于促进社会进步已具有极其重要的作用。遗产税的存在，客观上有利于助推“第三部门”的壮大、促成了公益组织在社会生活中发挥举足轻重的作用。

应特别指出，从美国看的情况正是如此。遗产税的存在，客观上有力助推了美国业“第三部门”的蓬勃发展，因为年复一年、代复一代，在自然规律面前预期不久于人世的富豪，都必须作出明确选择：身后是交纳相当高的遗产税后将剩余的遗产传给指定继承人，还是干脆生前把相当多的财产捐出去成立规范运作的公益性基金而百世流芳？相当多的美国富人在此选择面前，会倾向于后者。美国现时存在的公益性基金会的一览表，按首字母A至Z的排列，是可排成厚厚的多卷本的，我当年在美国国会图书馆内见过，印象深刻。1989年，我曾有机会去美国洛克菲勒基金会登门访问，得知由曾经大名鼎鼎的洛克菲勒财团出资建立此基金会之初，即按照美国法律确立其公益性宗旨，之后由理事会负责组织专业团队作安全投资而以增值部分用于履行宗旨的支出，完全切断了基金会反过来“反哺”洛克菲勒财团的任何可能性。所以说，“洛克菲勒财团有可能走向破产清算而不复存在，但洛克菲勒基金会将永远存在”——美国的这一套相关法规与制度机制，使遗产税和公益基金会的发展形成了稳定的因果关联，进而有利于促进社会和谐。

从“中国梦和美国梦是相通的”这一共性观察角度，可总结得知，中国改革开放以来的经济成长、社会发展，已在一些基本特征上与发达国家相似：出现越来越多的富豪（可从不断公布的排名榜上知其大概）；出现越来越多的慈善公益活动（当然现阶段正欲走出混沌的中国，公益慈善活动甚至会与种种“变型”动作和八卦新闻相交织）；形成越来越明显的对于收入分配、财产配置现状的社会关切（几乎人人都有这方面的一肚子话要表达），因此，中国在处理遗产税问题上如何借鉴国际经验并凝聚基本价值取向上的社会共识，已是十分必要的事情了。

3. 合理协调“先富共富”的关系

邓小平曾多次强调“先富共富”的思路，大体上改革开放之后，前一半时间他更多关注的是要允许一部分人、一部分地区先富起来，以顺应经济发展中无法齐头并进共富的客观规律；后一半时间，则十分强调发展起来之后的问题不比未发展时少，一定要努力实现共同富裕。权威性的《邓小平年谱》记载的他有生之年最后一次发表的政见，是与他弟弟邓垦关于收入分配等问题的谈话，其中主要就是把能否处理好共同富裕问题，看作决定国家前途命运的高端战略把握和大政、大局问题。

我认为，按照这种“先富共富”思路内含的价值取向考虑问题，秉持“两个一百年”的中国现代化愿景，我们完全无法把遗产税从促进完成中国先富共富历史过程的制度建设选项中排除。税收不可能是万能的，但走向现代国家和现代税制，不积极地、前瞻性地认识和考虑遗产税等直接税的制度建设，又是万万不能的。客观进程或迟或早要把开征遗产税这个问题推向决策前台，而有远见和战略意识的改革者，莫不如更为积极地、前瞻性地推动相关研究考量，为之廓清基本价值取向、凝聚社会共识和准备相关的设计要素。至于应有眼界上的纵深，在有了关于价值取向的认识之后，在未来的直接税培育、成长方面，我们至少需要看出去50年至100年。

但是，价值取向考量和改革大方向判断之后的一系列问题，在遗产税事项上，是相当复杂的，决非三言两语所能勾画清楚。所以要再细说遗产税改革设计问题。

二、遗产税改革设计的“问题导向”

所谓“问题导向”，这里已不是指遗产税要解决什么问题——前面的价值取向讨论分析，已在大方向上“解决了”这一问题——即此税是要依法形成“抽肥补瘦”的经济杠杆，包括促进公益慈善事业发展的推动器，服务于实现共同富裕和现代化伟大民族复兴进程。这里所说的问题导向，聚焦审视的是：如果推出遗产税的改革，我们会碰到什么问题？改革设计上怎样处理这些问题？

中国的改革面对错综复杂的矛盾交织，已牵一发动全身。一个遗产税，先不说其与赠予税的关系等技术性问题，首要的是在其与一些基本社会问题的关联上，是多维化的，所以很有必要以若干基本的问题为导向，讨论在对遗产税的价值取向予以肯定之后，针对关联问题的税改方案设计要领，以求能够形成可操作的方案。

在改革视角（即开启新的制度安排的视角）上开征遗产税所遇到的第一个问题，是此税势必要求有居民财产申报、登记、查验、保护、交易制度的全面建设，其中尤以官员财产报告制度首当其冲。依照事物的逻辑关系加以审视，这一递进联结链条实在是再清楚不过了：第一，如果没有居民财产的实名申报、登记制度，以及对于其金融资产、不动产等的查验（可借助联网）制度，征收遗产税所需的可靠信息从何而来？第二，政府既要代表公共权力建立和运用这一财产申报、登机、查验制度，那么就必须配之以严密、公正、令人信服的财产保护制度，即凡是社会成员合法取得的财产，都必须得到法律的严格保护而不受侵犯，否则如何首先形成政府执公权、征税收的"自然法"层面的"合法性"？第三，有了前面这些制度，必然延伸出市场经济中必不可少、并尤其要求有高规范水准的财产交易制度，这种交易制度要能涵盖和处理统一市场上所有财产作为资源要素可能在竞争与要素流动中发生的买卖和产权变更，规范地处理所有相关的"产权交易"问题而不留法律无解的"后遗症"，否则如何平顺联结后面要征收的遗产税？试设想"小产权房"案例：据说仅在北京据说目前就已累积达到几十万套的"小产权房"，一旦进入法律程序（如诉讼和所有权、继承权的确认），这些房子马上就会被界定为"无产权房"，那么还存在征收"遗产税"的前提吗？第四，要解决所有前述问题的一个最靠前面的现实问题，是官员的财产报告制度需有令人信服的确立与"交代"。"要求群众做到的，领导首先自己要做到"，被民众视为领导的一定级别以上的党政官员，如自己不能规范地实行财产申报制度（还必然引出"财产公示"制度），那怎么能设想对公众普遍地要求完成财产申报而后对他们开征遗产税？于是，回到我国现阶段这方面的情况：虽说官员财产报告与公示制度已知是世界上所有走向现代状态的国家和经济体都在实行或正在推开的制度，但在我国还仅仅有一小部分部门的内部试点和部分地方在基层的公开试点（如曾有媒体报道的新疆阿勒泰、浙江磐安）。今后何去何从，还备受争议，尚未定夺。

谈到这里，还仅仅是谈到开征遗产税改革方案设计“问题导向”下的第一个问题，我们就已可得知：推出此税颇敏感的前提条件的形成，离我们的现时状态还存在较大距离——研究有必要，快进不现实。但在这里我认为需要再强调一次：大道理管小道理，大方向罩着关于过程、步骤、轻重缓急的考虑，凡属这种现阶段还无法具备其可操作性但符合改革和社会进步大方向的事情，那么应做之事，便是讨论如何可以创造条件、以及可以通过什么样的举措争取逐步具备条件，使之可以推进到可操作状态的问题。所以，这些既不应是强调其“不现实”而不加研讨的问题，更不应是以“目前不可行”而全盘否定、不予承认的问题——遗产税就是当下中国的这样一个问题。

接下来，后面的讨论已不必过多展开但需要一并作出勾画：遗产税的开征至少还会带出的其他几个有份量的问题。

遗产税改革设计视角上会遇到的第二个问题，是一旦以此税构成中国直接税体系中继个人所得税、房产税之后的又一块税制基石，便意味着中国的税改真正进入了“深水区”，在我国已确立多年的“依宪行政”和“依法治税”方针原则下，公民意识、纳税人意识会因此受到又一轮前所未有力度的激发而形成“无代表、不纳税”原则取向上的更加强烈的公众诉求和社会压力，势必要求税改“倒逼”式地配套安排一系列“理财民主化、法治化”的相关改革——这符合十八大“五位一体”全面改革的战略导向与意图，但明显具有“攻坚克难”的性质，十分需要正视“牵一发而动全身”的联动关系而真正拿出实质性改革的大决心、大勇气与大智慧，通盘筹划渐进推行，无法一蹴而就。

第三个问题，是开征遗产税应同时考虑对先富阶层的包容式引导和持续创业发展的激励。在某种意义上说，在中国先富阶层中居大多数的企业家，他们的“企业家精神”与才干，是中国实现现代化赶超过程相当长阶段上最为稀缺的资源，未来开征遗产税，需要同时考虑最大限度地继续鼓励这一类纳税人与其家族、团队持续创业发展，必须设计与此相关的具体机制（比如在遗产税征收环节对还处于实体经济中运营状态的资产作区别对待，以低税或免税处理等）。有人说，只要在中国开征遗产税，就会引起富人大量资产的外逃和大批移民。我认为只要处理得好，决不至于如此，试想如仅考虑税负，他们逃到哪里去？如果是去美、欧发达国家，恐怕无望避开那里更为严格规范的遗产税和其他直接税；如设想全逃到边边角角、弹丸之地的几个“避税天堂”，似也不大现实。真正稳住、留住中国先富阶层的关键，其实决不在于“不征税”（这不可能）或“尽量少征税”（这有一定空间，但也并非最关键之处），稳住这些人的关键在于形成制度完善向好的中长期预期，并使他们从政府维持社会正义、促进社会和谐的实际作为而获得基本的、踏实的、且愈益充分的安全感。

第四个问题，是开征遗产税时还应充分考虑对中国中等收入阶层的培养。被国际社会称为“中产阶级”的中等收入阶层，在中国目前比重还太低，今后较长历史时期中要培育壮大这一阶层，是早已写入党中央文件的指导方针。培养中等收入阶层的意义十分明显：有恒产、有恒心、偏好理性的这些社会成员，客观上会成为维护社会稳定与安宁和谐的中坚力量，所以中国直接税体系渐进成长中，对他们应当网开一面作专门处理，促进形成 “橄榄型”社会结构（即特别富和特别穷的人都只是少数，中间状态的部分占多数，社会结构状如橄榄）。从这一点看，前些时候社会上热议的遗产税“起征点”问题，设计时显然需要量化为届时中产阶级财产规模的较上沿。

第五个问题，是开征遗产税应预先铺垫和同时配套推进对中国“第三部门”的扶持制度与措施。比如，规范的公益性基金会的相关法律建设和扶助措施的成龙配套，十分必要，是遗产税联动效应的重要相关因素，应一并考虑。从国际经验看，遗产税本身收到的财政收入甚至可以少到不足挂齿，但因此税存在而使“第三部门”增加的收入来源却大为可观，相关的法律制度建设则是其可持续性的保障。事实上，我国这些年民间、企业的公益慈善活动在社会生活中愈益活跃，但标准形式的公益基金会在中国的发展却明显滞后。这方面改变“滞后”问题的法律制度宜从速建设，以为今后的铺垫。对那些可以接受公益基金之托作安全投资的专业化主体的成长，显然也需给予应有的引导和支持。

第六个问题，是与遗产税改革方案设计有关的一系列技术性问题需要得到较好处理。比如，采取总遗产税制还是分遗产税制，各地“起征点”如何量化形成，赠与税如何一并设计，等等。这里不拟展开。

最后还要谈一下对遗产税改革和房产税改革的比较。房产税与遗产税同属直接税，为何我一向主张以“调节高端”为要领积极推进上海、重庆两地业已开启的房产税改革试点，却在这里讲了许多遗产税改革的前提条件问题，而对其改革启动（哪怕是“试点”）还未置一辞？我的主要考量如下：两个税种的改革都处在经济社会进步大方向上，但房产税的改革虽然千难万难，与遗产税相比较，还是相对容易，并可以放在比后者靠前的位置上。直接观察便可知：房产税的税基是不流动的，摆在明面上的，而遗产税的税基虽包括房产、却有金融资产等可流动的部分，确定和征管要复杂许多；房产税改革试点的启动，可明确地安排在少数地区，柔性切入，先建框架，以此也呼应了方方面面近年高度关注的房地产调控、地方税体系建设和收入分配优化，而如果开征遗产税时，却似乎无法先行局部试点——那样显然会激发金融资产的区域性外流。仅这两点，就足以形成我们在区别“轻重缓急”安排渐进改革中将遗产税往靠后位置摆放的明显理由——当然还有其他可列举的原因。

综上所述，社会热议的遗产税“起征点”问题，其实不过是遗产税改革的一大堆相关问题中的一项具体的有技术性色彩的问题。但关于这一点引起的议论热潮，却很有标志性的社会意义：中国的经济社会转轨变型过程，在进入“中等收入阶段”之后，看来已演变到一个对税制、特别是对于直接税这种直截了当要做利益和财产再分配的税种的极高度关注阶段，需要我们的公权体系、政府部门，变社会公众压力为动力，并积极争取与全社会的“正能量”形成合力，来共同研讨和促进势在必行的相关税制改革和全面配套改革。无疑，这真正是一种历史性的考验。

现实生活已客观地把一系列改革问题，摆在“全面改革”取向的方案设计与决策面前，我们理应群策群力，面对挑战作出关于改革的深入研讨和促成正确的方案选择。以“中国梦”愿景为眼界，需要把包括直接税、遗产税的改革设计问题，纳入我们整体配套改革所要编制的“路线图”与“时间表”，从长计议，积极稳妥推进。

（本文发表于《全球化》2014年第3期）

供给侧改革与中国绿色财税体制

贾　康

首先说一下我对于现在被表述为战略方针的供给侧改革的基本看法。五中全会之后，中央财经领导小组第11次会议上，领导人指出要在适度扩大总需求的同时，着力加强供给侧结构性改革，着力提高供给体系的质量和效率，增强经济持续增长动力，推动我国社会生产力水平实现整体跃升。

在此之前，其实已经屡有口风，在此之后，已经有更展开的关于供给侧改革的论述。但这里共五句话的这样一段表述，应该讲已经比较精炼地体现了决策层对这个战略方针的基本阐释和里面的逻辑连接。我们作为研究者，感觉应该把握的基本要点，可从五句话依次来看：

第一句话，表明这个供给侧改革的战略方针，绝不是否定需求侧的意义和作用，绝不否定需求管理，还要继续优化需求管理来适度扩大总需求。

但是话锋一转，从第二句话和第三句话来看，需要大力抓住的矛盾的主要方面，是在供给侧了。这个供给侧的考虑，首先是落在改革上，“供给侧结构性改革”讲的是改革，就是在中国30多年前进入改革开放新时期，初始时邓小平强调的大政方针——“改革开放”这个轨道上的承前启后和继往开来。

而我们面对的新的阶段，是改革进入深水区以后，必须攻坚克难，“供给侧结构性改革”这个表述，针对改革怎么样攻坚克难，强调了形成有效制度供给和优化结构，所以这个表述是在强调要实质性地推进改革，它的新意，就是根据学理层面的严谨分析认识，首先把“供给侧”直接标上去了——因为改革要解决的就是有效制度供给的问题；而表述中第二个要素“结构性”，就是意在直面改革是要解决制度结构、利益格局的问题，也就是要解决习近平主席说了多次的“冲破利益固化藩篱”的问题。

这样以制度创新、有效制度供给为龙头，解决结构问题的深化改革，落到了第三句话，是使整个供给体系的质量和效率得到提高。供给侧的诸要素中，我们认为，经济转轨中间制度供给是龙头，是关键，跟着的是要打开科技创新这个要素的潜力空间，作为全要素生产力里面非常关键的变量，这两个要素潜力发挥的空间代表着“第一生产力”和“最大红利”之所在。当然还要把传统要素，劳动力、土地与土地代表的自然资源，以及资本可能的潜力也进一步发挥出来，从而对冲他们支撑力下滑造成的下行因素。使整个供给体系质量和效益提高，在中国是一个全局性、长远性的系统工程的问题。从这个意义来看，领导人强调的供给侧改革作为战略方针，显然需要吸收借鉴美国供给学派减税为主的主张等已有经济学积极成果，但是绝对不是那样一个狭窄的政策层面上的要领，而是对一个宏大得多的全局和长远问题的系统工程式的把握。

这里面也内含着绝对不会只限于华盛顿共识之下新自由主义的取向即简单地设定政府无为而治，让企业在减税环境中间充分发挥供给侧的潜力，发展问题就解决了——中国的问题要比这个复杂得多。

再下面从第四句话看得很清楚，这样一个方针，要致力于在问题导向之下实现可持续发展。这种可持续、包容性的发展，是在胡锦涛任总书记时期决策层就已经明确地对全社会作出了表示的，即我们已经确立的概念是，人类文明推进中的前沿概念就是这样的可持续包容性“科学发展”，而现在，是在中国“黄金发展期”特征仍存在、“矛盾凸显期”的特征却已威胁可持续性这样一个现实条件之下，针对带来不可持续性的种种隐患、威胁，要解决问题，而这个表述上的新意，就是解决这个问题的关键，在于实现中国发展中动力体系的转型升级。原来已经认识到的邓小平简洁而正确地表述的发展是硬道理，升华为全面、协调、可持续的科学发展是硬道理之后，我们进而必须在供给侧改革中间解决动力体系亟应实现的转型升级问题。

最后一句话，所谓生产力“整体跃升”式的发展，就是学者们已讨论的发展过程总的趋势是要往上走，但不是一条直线，是一个曲线式的过程，就是对应邓小平南方谈话所说的一波一波的波动发展中要抓住机会，每一次上一个台阶。中国总体发展过程按照邓小平“三步走”现代化设计，其实内含的战略思维就是从追赶到赶超，但是，中国是走在和平发展道路上，在人类供给侧的创新已经可以支撑到共享经济这样的实际创新机制上，对应于现在领导人所反复强调的非常重要的概念——中国和其他经济体的发展是“命运共同体”式的发展，中国是要继续在和平发展、命运共同体式发展中间，延续超常规发展战略。中国是在工业革命以后落伍的经济体，常规发展并不解决所谓伟大民族复兴“中国梦”这样的问题。这个战略思维里面的超常规发展，所谓整体跃升式的发展，绝对不是要忽视客观规律，而是要认真总结和顺应客观规律，守正出奇。各个经济体的发展规律，实践中的经验总结，已经可以对应这样的一个规律性认识：西方学者其实已经做过反复探讨的“蛙跳模型”等等这种并不均匀的、你追我赶式的发展。

上面这样一些基本看法，我认为已经比较合乎逻辑地连接在决策层表述的供给侧改革这五句话里面。

再往下我们讨论问题，就要注意到这样一个战略方针指导之下，亟需以创新发展作为第一动力引领绿色、协调的可持续发展和构建绿色财税体系。在这方面，我们要特别强调如下几点认识：首先是我们看到中国经历30年高速发展而进入中等收入阶段之后，我们正在认识、适应和必须引领新常态，矛盾凸显的特征已经突出表现在空气、水流、土壤等方面的环境危机因素所形成的威胁和制约。比如今年秋天之后，北京已经发了多次雾霾橙色甚至红色警告，昨天和今天在手机上看到的提示，本月2、3、4号三天，北京不得不在所有学校禁止学生做户外活动。这种时候只能指望能来一阵大风，出现特殊气候的调整，减少雾霾的困扰。

宜居条件从这个角度来说是大打折扣的，在我们的大气受到这样的危机性因素威胁的同时，中国社会还有对食品安全的焦虑，是因为关系到水流和土壤这些污染因素——在这么多年看着粮食产量“12连增”的同时，土壤里面所包含的一些有害物质含量也在明显上升，大量使用农药、化肥，还有一些重化工业污染造成的重金属元素超标等问题，在威胁着整个社会的食品安全。为使诸如此类的问题得到解决，绝对不是过去比较强调的需求管理视野上，处理好需求侧“三驾马车”的作用，就能解决好的问题，一定需要把整个动力体系从三驾马车这种结构，推到供给侧面对的更复杂的结构与增长质量的问题，特别是抓住机制、制度供给的关键问题，再做出全套的考虑。

那么第二，这样的问题导向之下，解决问题的出路，就一定是要以制度创新来引领科技创新、管理创新，化解矛盾和危机因素，才能实现绿色、低碳、可持续发展。我们认为这个命题里，包括的首先是十八届三中全会重要文件里面所强调多次的要构建有效、有活力的现代市场体系，市场在总体而言发挥资源配置决定性作用的认识突破后面，紧跟着一句话：“政府要更好发挥作用”，政府必须配上他的“有为和有限”的作用。

一个有效市场的决定性作用，加上另外的政府的有为而有限地更好发挥作用，我们必须配合好一系列的创新。比如像PPP这样的机制创新，超越了原来已经认识到的政府和市场主体各行其道、井水不犯河水、划清边界的认识，走到了政府和非政府的多元主体，在公共工程、基础设施、产业新城运营和连片开发这样大规模经济建设领域里，以伙伴关系的方式一起合作来做事情。把这些关系处理好，特别需要中国在市场运行基础机制和管理体制层面，把应特别强调的新一轮价、税、财联动改革做到位，改革煤、电基础能源产品的价格形成机制，使比价关系真正适应市场经济内在要求，并可做做动态优化的调整。税收是一个依法的、在法定情况下稳定而长效发挥经济参数作用的重要制度因素。财税体制要正确处理政府和企业，中央和地方等最基本的经济关系，把价、税、财合在一起，促使中国能够在现代化的轨道上绿色、低碳、可持续地往前运行。这里面涉及到基础能源、资源的比价关系和价格形成机制，对于中国以后可持续协调发展至关重要。为减少从空气到水流、到土壤等由于各种各样污染因素排放造成的情况恶化，一定要有长效机制，即一定要有调动千千万万市场主体和社会成员内生动力的利益导向，所以以价、税这些经济手段为主，来构成优化的经济参数体系，和价税财联动改革息息相关——政府怎样利用税制可塑性和财政制度的可塑性，又与解决国家治理的基础——现代财政制度建设的问题息息相关。

所以再往下说，第三，就得强调绿色财税体系的建设。我们认为，在指导思想上要把这一体系建设明确纳入以财税改革服务于包容性发展和可持续增长所依托的总体经济社会制度安排的转轨，贯彻落实中央政治局批准的财税配套改革方案和四中、五中全会的整体改革设计。虽然现在财税改革进度已经明显滞后于中央的要求，但是推进改革是别无选择的。虽然滞后，大的方向、逻辑仍然还存在，财税改革重点和基本的1事项，虽没有按照要求于2016年都做出来，但是在20、17、18年要继续努力，实现中央所说的2020年改革取得决定性的成果，并且紧密匹配四中全会所说的全面依法治国，五中全会所说的创新发展为第一动力，落到共享发展的现代发展理念的贯彻上。

第四，具体讨论财税体制如何按照绿色取向来实现自身的制度建设和发挥应有的作用，还需要依托一系列的基础工作和配套事项，这里面包括整个国土开发顶层规划上的政府职能，必须在这方面体现出其应有水准的“规划先行、多规合一”。规划先行，我们已经看到在京津冀一体化推进方面有鲜明体现，这种通盘的国土开发和不动产资源配置，不可能靠市场上分散的微观主体和基层单位以试错法形成合理的结构，规划的供给就是政府牵头的责任，政府的规划若要达到高水平，必须调动所有的专家力量，以及充分听取民意。京津冀一体化，给我们于“城市病”倒逼之下首都和周边地区重新整合整个国土开发安排、优化结构的新契机，我们现在看到大手笔的事情已经宣布出来了，未来两年多北京所有市级领导机关要迁到五环之外通州的潞河镇——这样的规划先行是必须要做好、而且力求要高水平的。过去搞惯了的各个部门分别的规划，必须有机地打通，合在一起：发改委的经济社会发展规划、产业布局规划，城乡建设部的城乡建设规划，国土资源部的国土开发规划，交通运输部的公共交通体系规划，环保部的环境保护规划，还有科教文卫的医院和学校发展规划，财政的中期资金规划，等等，它们的内在联系是客观存在的，但是过去很遗憾，往往由于部门分头设计，“九龙治水”，相互之间不能打通和有效结合。现在必须在规划这方面争取高水平，这也是在供给侧政府必须做好的有效规划供给。

在后面跟着还有信息系统的建设。现代化为为取向的国家基础信息系统建设正在推进，除了努力多年的金财、金税、金关、金盾等工程之外，不动产登记制度已有全面安排，所有国家资源要在资产负债表概念下覆盖，还要争取覆盖到所有的自然资源。另外还有民主法制取向下的社会建设是绝对不可以忽视的，这些年中国社会里面公益组织的发展、志愿者组织的发展，都应该和绿色发展、低碳发展形成互动和优化结合。

第五，再往下面这个层次上，主要是勾画一下绿色财税体制的框架和运营基本要领。首先，从总体来看，必须坚持在分税分级财政体制框架中，合理清晰地规定各级政府的环保事权和相关责任。从中央到省，到市县，按照说了多年的职能合理化、事权合理化，必须形成可操作的职权责任一览表，即事权与责任的明细单，特别要针对中国“胡焕庸线”所刻画的“非常之局”，体现这种事权分配中大家同心协力合作分工怎样体现高水平理性供给管理的“非常之策”。这种事权的一览表、明细单是非做不可的。今年中央又下发了关于事权合理化的文件，在这方面应该乘势把一览表、明细单落到实处，而不是空谈这些事权合理化的取向和原则。

解决好政府事权，后面跟着的便是政府财权问题，履行事权必须要有与之相顺应的财权，相匹配的财力。和财权相关的基本问题，首先是法定、稳定的大宗收入，就是税收。当然广义的宏观税负包括非税收入，比如说还必须存在的一些行政性的收费，以及还有起调节作用的政府举债。这里面“钱从哪里来”是第一道环节，后面跟着的是“用到哪里去”，收入机制里必须正确设立内洽于绿色发展逻辑与适应调节要求的税种、费种。税的方面，涉及绿色税收体系建设取向下的资源税和环保税的改革，资源税要把从量征收变从价征收并扩大覆盖面，环保税是要把原来的排污收费纳入费改税的轨道，然后再进一步优化调节机制。还要积极借鉴国际上已有的碳税方面经验，在中国怎么表述和设计是技术问题，我认为积极借鉴国际上的碳税经验，对中国来说是不可回避的实质问题。以经济手段为主促进广大市场主体和社会成员内生地自觉节能降耗，是引领新常态最主要的机制特征。

各级政府预算中，应正确设立支持环保和绿色发展的专项资金、引导基金、转移支付项目，助推绿色产业的培育和成长。关于中国经济学界讨论很热闹的产业政策问题，在这里我可以简单做一个点评：完全否定产业政策的认识框架并不合理，但作为反对派的学者提出的对于政府产业政策产生失误这方面的警示，和对于政府过去不当行为的抨击，却是非常有启发意义的。另外一派是肯定派，特别强调政府必须有为，要运用好产业政策的认识框架，其与现实生活的结合应该讲是要得到肯定的，但现在主要讲了怎样努力对产业政策做好设计，而相对而言忽视了产业政策执行贯彻是需要特定的市场取向改革机制配套的，而这个市场改革取向的机制在中国要真正把它掌握好，又是难度最大的。比如，我前几天参加的湖北长江经济带产业基金会议上，就特别强调产业政策的贯彻机制问题。这一产业基金，湖北省财政拿出400亿元资金，然后又发展出各种子基金，达到第一期2000亿元规模，资金的来源主体是在政府体外，而开始的400亿元财政资金投入是政策性的资金，是把纳税人的钱拿来用。政策性资金一定要市场化运作，专业化管理，求得杠杆式的放大，政府不要在这些方面直接去指手画脚做事情。湖北400亿元其实是母基金，主要意图是要带出一群子基金，这对子基金作实际掌握的专业团队，去面对市场上的一个一个项目，政府只是较超脱地在这方面给予一些总体来说的助力式支持。这样一些设计，在中国怎么样探讨其优化，是一个不可回避的问题。

还有，应该把传统的财政贴息政策、信用担保方式，加上现在的产业引导基金等形式，构建成一套体系，就是政策性资金，市场化运作和专业化管理，还有杠杆式放大，来对接和结合商业性的信贷，支持绿色金融的发展。绿色金融概念已经得到了前所未有的重视，我认为绿色金融必须是在与商业性金融结合起来之时，超越商业性金融，不光是锦上添花，而且要雪中送炭，而且还要掌握好可持续性，避免种种道德风险，防止设租和寻租。这是一个更高水平、更具挑战意味的理性供给管理要求。

再有一点，我们特别看重PPP，即政府和和社会资本合作——公私合作伙伴关系。这个创新机制，是走一个阳光化程序，避免非常容易出现的项目决策失误，产生绩效提升效应。PPP机制的创新，在政府、财政参与下，支持绿色环保方面，从基础设施、公共工程和连片开发，还有越来越成为新热点的中国的海绵城市、特色小镇、大大小小宜居的绿色环保建成区，怎样适应现在所强调的可持续发展、低碳发展，是大有可为的。这种建设中，很多项目跟着运营期，不光是建设期，特别是在运营期中，要发挥非政府的市场主体、专业机构他们的相对优势，把总体的绿色环保绩效水平提高。

我们还显然需要以更加成体系的财税政策，来支持环保公益组织和民间志愿者队伍更好发挥作用。这几年发展的态势是明显的，存在的一些磕磕绊绊的事情则需要引起我们进一步的重视，来减少实际上形成的不便之处，更好调动民间的潜力。

（在能源基金会专题研讨会上的发言）

强化再分配机制，优化调节我国的收入分配

贾 康

我国收入分配问题近年引发各方强烈关注，国家三部委《关于深化收入分配制度改革的若干意见》近日终得到国务院批转，成为我国改善收入分配状况的指导性文件，其所体现的方向、原则，值得我们高度重视，并应以此为新的起点共同努力积极推进相关方案、实施细则的研究、制定和施行。

收入分配问题紧密联系全体社会成员的利益和诉求，在我国进入中等收入阶段后，成为“矛盾凸显”的最具代表性的方面。深化收入分配制度改革，必然“牵一发动全身”，需要在通盘规划协调之下先形成框架性的顶层规划，并抓住重点、循序渐进，势必要在一个相当长的历史过程中，施行制度、机制和政策的动态改进，力求最终实现邓小平明确为社会主义本质特征和目标的“共同富裕”。

在此次公布的《若干意见》中，对于“加快健全再分配调节机制”有专门章节。在此我结合本人的研究心得，重点谈一下这方面的认识。

在收入分配中，总体而言，初次分配和再分配都需要兼顾公平和效率，但客观地看，初次分配发生在千千万万分散的市场主体的分配行为层面，需要在培育和建设、健全市场的基础上，较为充分地尊重市场机制的作用和市场主体的自主权，而再分配是发生于初次分配之后，主要由政府作为调节主体依据法律和政策来贯彻实施具体的第二轮调节，其主要手段为税收、社会保障和转移支付方面的制度安排与

运行机制。对于一个社会的最终收入分配结果而言，其合理、合意与否，当然与初次分配、再分配都有关联，但在政府作为空间上弹性相对较大的，主要是再分配。这一点也从政府责任角度客观地决定着政府作用的主要领域，以及合理而充分发挥政府在收入再分配中作用的必要性。

既然政府于再分配领域的尽责是一种“天经地义”，就亟须进一步讨论当前和今后我国政府对此尽责的具体形式、要领和配套事项。《若干意见》明确提出：“加快健全以税收、社会保障、转移支付为主要手段的再分配调节机制”。结合我国现实情况，我们可以分别考察这三个主要手段的强化与优化问题。

先看税收。一般认为，间接税（以流转税类的增值税、消费税、营业税为主）存在着依需求弹性、供给弹性不同而具体情况各异的税负转嫁和归宿问题，市场竞争条件下，一般间接税的主要归宿（即税负承担主体）是消费者，所以税制中能够比较有效、有力调节收入再分配的税收工具，不是间接税，而是税负不能转嫁的直接税（特别是个人所得税和财产税）。从国际经验中的理论和实践共识看，直接税的设计就是要服务于按照“支付能力”原则的“抽肥补瘦”式的再分配。直接税与间接税至少是税制中的“双主体”，不少国家（如美国）直接税是“双主体”中分量更重的第一主体。而在我国现阶段的现行税制中，间接税构成了近70%的收入来源；直接税比重明显较低，其中，又以企业所得税为主，而个人所得税中，又只对工薪收入施行最有“抽肥补瘦”调节功能的超额累进征收，而且这一机制目前仅仅覆盖约7—8%的工薪阶层（对全体国民的覆盖面则更低，约为2%），个税收入占税收总收入之比仅有寥寥几个百分点；至于财产税，在我国税收收入中的占比更低，特别是在居民住房保有环节，除房产税刚启动不久的“两地试点”之外，没有税收，遗产和赠与税更完全付诸阙如。这种现实状况，已不适应我国改革开放三十余年后经济发展、收入提升、财富积累的新阶段新特点，以及运用再分配机制优化我国收入分配格局的客观需要，所以《若干意见》明确要求：“加大税收调节力度，改革个人所得税，完善财产税，推进结构性减税，减轻中低收入者和小型微型企业税费负担，形成有利于结构优化、社会公平的税收制度”。

在这方面，文件还给出了一些重要原则与要领，包括：1.在加强个人所得税调节方面，加快建立综合与分类相结合的个税制度，完善高收入者的个税征收、管理和处罚措施，将各项收入全部纳入征收范围，建立健全个人收入双向申报制度（即法人单位作为扣缴义务人和个人作为纳税义务人均作申报），以及全国统一的纳税人识别号制度（我认为可考虑与居民身份证号码和社会保障号码同一，即一号多功能），以利于应收尽收和降低税收成本。2. 改革完善房地产税。完善房产保有、交易环节税收制度，逐步扩大个人住房房产税改革试点范围，细化住房交易差别化税收政策，加强存量房交易税收征管。3.研究在适当时期开征遗产税问题。此外，文件中还对于流转税领域中的税制改革提出两点意见：1.扩大资源税征收范围，提高资源税税负水平。（这将有利于形成以经济手段促进节能降耗、低碳发展的长效机制，同时也间接地呼应了相关收入分配的优化）。2. 合理调整部分消费税的税目和税率，将部分高档娱乐消费和高档奢侈消费品纳入征收范围。（这将有利于优化对于居民消费结构的经济手段引导，也间接地调节和优化了相关的收入再分配）。

以上所有的税制改革，都涉及利益关系和收入分配的调整，存在争议和不同的解读是必然的现象，但此次文件设定的方向、原则和要领，可以成为我们在继续开展理性的讨论、争论的同时更积极促进实践进展的基本指导依据。

再看社会保障。社会保障体系是市场经济运行的“安全阀”和“减缓器”，主要功能是为“民生”提供托底保障制度安排，属于政府必须规划、引导并合理介入的再分配。在我国近些年大力促进侧重于扶助低中收入阶层并覆盖全体社会成员的社保体系建设的基础上，《若干意见》进一步明确表述和要求：“全面建成覆盖城乡居民的社会保障体系，按照全覆盖、保基本、多层次、可持续方针，以增强公平性、适应流动性、保证可持续性为重点，不断完善社会保险、社会救助和社会福利制度，稳步提高保障水平，实行全国统一的社会保障卡制度。”在相关的工作重点和要领方面，文件提出了一系列任务，其中包括：1. 完善基本养老保险制度，“十二五”期末实现基础养老金全国统筹。（这将使基本养老基金“互济”功能的蓄水池，提升到与统一市场匹配的全社会层级，消除低层级统筹时难以消除的劳动力流动壁垒，从而激发微观层面的人力资本活力，并加强整个基本养老体系的资金支付能力）。2.建立兼顾各类人员的养老保障待遇确定机制和正常调整机制。3.发展企业年金和职业年金，发挥商业保险补充性作用。4.加快健全全民医保体系。“十二五”期末基本医疗保险政策范围内医保基金支付水平达到75%以上，明显扩大对个人实际住院费用报销支付的比例。5.加大保障性住房供给。“十二五”期末全国城镇保障性住房覆盖面达20%左右，完成农村困难家庭危房改造1000万户以上，实现全国游牧民定居目标。

这些社会保障事项的强化与优化，都是以财政资金为后盾，以机制系统性优化为重点，改善民生、优化我国收入再分配的重要举措。

三看转移支付。财政支出中除工资性支出之外的部分，主要是转移性支出，也称为转移支付，可主要分为政府不同层级之间的转移支付和政府对社会居民的转移支付。转移支付体现的再分配，是典型的财政分配“取之于民”时侧重“抽肥”之后，“用之于民”时侧重“补瘦”的再分配，既有对欠发达地区的扶助和支持（间接地扶助支持那里为数较多的低收入阶层），也有对社会成员中一部分低收入和困难人群的直接扶助与支持。《若干意见》明确要求，“集中更多财力用于保障和改善民生”，其中重点包括进一步加大对中西部地区特别是革命老区、民族地区、边疆地区和贫困地区的财力支持；加大教育、就业、扶贫开发等支出，教育要重点向农村、边远、贫困、民族地区倾斜；还要加强对困难群体救助和帮扶，要求健全城乡低保标准与物价上涨挂钩补贴制度，完善孤儿基本生活保障制度，建立困难残疾人生活补贴和重度残疾人护理补贴制度，大力发展社会慈善事业，等等。这些转移支付方式的运用，需要在经济发展基础上更多地筹集资金来支持，也需要在机制创新、加强管理中压低行政成本、提高支出资金的使用绩效。这样的一些要求也已明确地体现在文件中。

总之，国务院批转的三部委《若干意见》，在对我国收入分配的优化改善作出方向性、原则性的指导之时，对于再分配的强化、优化，予以高度重视，特别是强调了健全其调节机制所需的机制改进和制度建设任务。这一文件对于廓清大方向、树立正确原则和摆脱某些旷日持久、莫衷一是的争论而抓住一些无可回避的重点，积极推进优化分配、再分配的方案和具体政策设计，提供了出自管理当局的清晰导向信号和实际工作依据。我们应当据此不失时机地深化我国收入分配制度改革，优化收入分配状况，造福于全体人民。

（作为《关于深化收入分配制度改革的若干意见》文件起草组咨询专家的宣讲稿，2013年2月）

允许“部分先富”，走向“共同富裕”，是邓小平高明、正确的核心主张

贾　康

在纪念邓小平诞辰的当下中国，许多讨论很自然地联系他而聚焦于收入分配大格局。令人遗憾的是，关于“允许一部分人、一部分地区先富起来，然后实现共同富裕”的思路，有一些议论似乎表现出了明显的误解，网上、微博上尤甚。

客观地了解、分析邓小平的这一思路，我认为需要如实地摆明如下认识框架和进一步廓清其中关键性的逻辑要点。

第一，在总体思路框架中，邓小平追求的战略目标，是确切无疑与“三步走”实现“伟大民族复兴”一体化的“共同富裕”。“允许一部分人、一部分地区先富起来”，只是整个发展中前半段所“允许”的过程现象。邓小平对“共富”的追求及其认定，是始终如一、坚定不移的，而且把这一点提到了最高的位置：这属于他说过多次要搞清的“社会主义的本质”。他在不同场合反复表示过这种意见：如果我们的改革与发展不能最终走向共同富裕，那就失败了；中国如果出现了严重的两极分化，会发生“要闹革命的问题”。“什么是社会主义，如何发展建设社会主义”这一“邓小平理论”所处理的核心问题，对应着的其实就是以允许“部分先富”而必须走向“共同富裕”的“先富共富”战略框架。

第二，在实现战略性目标的路径上和演变过程特征方面，邓小平清楚地意识

到，“贫穷不是社会主义”，但为摆脱贫穷，不可能在有十几亿人口、区域差异悬殊的世界上最大规模的二元经济体——中国，齐头并进地一起脱贫而同时走向富裕。作为务实、高明的改革战略家，他牢牢地抓住发展这个硬道理，并说明在发展中必须允许一部分人、一部分地区先富起来。这十分鲜明地体现了“拨乱反正”后的“实事求是”，也完全符合经济学分析认识中所形成的“倒U曲线”（亦称“库兹涅茨曲线”）的学理分析。这是邓小平在复杂情况下作出关键要领上正确决策的具体表现之一。试想若无这一简洁、明确的指导意见，1980年代后的发展局面中将会增加多少怀疑、动摇、阻碍因素？

第三，在由“先富”而走向“共富”的政府作为和时段把握方面，邓小平生前有十分明确的认识与意见。他的看法实际是：“先富共富”的倒U曲线我们并不能坐待它自然而然形成，领导决策和政府能动作用的发挥至关重要。在历史性的“南方谈话”之中，邓小平十分鲜明地强调：先富裕起来的沿海地区，必须回过头去支持欠发达的中西部地区，这事关大局。而且他还十分具体地把这一个大动作的时点，摆到世界之交的2000年前后（后来，恰是在这一时点到来前，1999年夏，党中央召开专门会议确立“西部大开发”战略，成为其后一系列区域发展战略和政策倾斜支持的先声）。南巡在深圳时，他表示赞成该市每年按固定比例从财政划出一部分资金作为贫困地区开发“造血”型项目基金的做法。现今公开出版物上可查得的邓小平有生之年最后一次对国家大事谈长篇意见，是《邓小平年谱》中记载的1993年9月16日他与弟弟邓垦的谈话。其中他特别强调：“十二亿人口怎样实现富裕，富裕起来以后财富怎样分配，这都是大问题。我们讲要防止两极分化，实际上两极分化自然出现。要利用各种手段、各种方法、各种方案来解决这些问题。……少部分人获得那么多财富，大多数人没有，这样发展下去总有一天会出问题”。他态度再鲜明不过地说：“这个问题要解决”！

我认为以上三方面，至少是我们应当了解、澄清的邓小平关于“先富共富”的基本思路、核心观点。本来如此清晰，怎么会伴有现时相当热闹的那些误解乱象？不能不说，这恐怕与我国进入“中等收入社会”后收入分配矛盾的凸显和社会心态的变化、网络时代和“精神快餐”时代人们诉求表达的情绪化特点等等，都有关系。但观看现实，虽然有种种不如人意之处和不容忽视的矛盾纠结，但请注意：我国这些年来作为重大事项着力推进的社会保障体系建设、公共财政对低收入阶层和对社会弱势群体的扶助（如三令五申、反复强调“立军令状”完成的3600万套棚户区改造与保障房建设）、中央和省对欠发达地区的转移支付，新近极其明朗化的贯彻十八届三中全会《决定》中逐步提高我国直接税（如房地产税）比重的要求……等等，这都是在做邓小平所给予了最高度重视的“促进共富”、“解决问题”的事情。空谈误国，实干兴邦，让我们在此“共富”方向上理性讨论凝聚共识，贡献更多的“正能量”！

（主要内容发表于《环球时报》，2014年8月）

金融创新与发展

XINGGONGGEI：
CHUANGXINFAZHAN，GONGJIANTUPO

加快金融改革创新，推动实体经济转型升级势在必行

贾　康

本文讨论有关我国加快金融改革创新，推动实体经济转型升级的一些基本看法，并提出在引领新常态和追求可持续发展的过程中，中国金融创新“六个方面的势在必行”。

金融的重要性及其和实体经济的关系

上世纪80年代，邓小平有一句名言，“金融是现代经济的核心”。怎么解读这样一个非常简洁而导向很正确的判断呢？我的理解，是可把金融系统比喻为国民经济的一个心血管系统，它显然是带有核心系统特征的国民经济组成部分，金融运行过程中，要对整个经济生活大系统以信用融资来媒介和激活各类经济活动和创新行为，使各种要素的流动、重组和发挥作用得到其帮助与支持。这个心血管系统会像润滑剂、联结索一样来提高效率和效益，优化资源配置，推动经济增长和社会发展。因此，金融的重要性不言而喻，在认识框架上值得充分肯定，但是从这个心血管系统的比喻，也可以引出另外一个防范风险的考虑——这样的一个“核心”是不是也有变成“空心”的风险？此间内含的实质性问题，就是金融与实体经济到底是什么关系？

如果说到金融，自然联系到金融市场、资本市场、证券市场，然后会对接上一个虚拟经济的概念。马克思的《资本论》中已由有价证券而涉及虚拟资本问题，可逻辑化地引到虚拟经济问题。虽然从字面来说用了“虚”字，但实际上“虚拟经济”这个表述并不就注定为贬义。它只是在经济学研究中对特定事物形成的一个特定表述。现实生活中，虚拟经济已经有很大的发展，金融衍生工具市场就是虚拟经济的典型代表。它是金融前沿创新过程中很有影响力的市场组成部分，但它确实有可能“过虚”了。所谓“过虚”就是过度脱离实体经济而带来了风险与可能的危害性，世界金融危机是最典型的由“核心”变“空心”而造成对经济和社会生活严重打击的不良案例。格林斯潘称为百年一遇，实际上把这次席卷全球的金融危机和1929年的大萧条相提并论了。这个冲击力如此之大，损失方方面面大家有目共睹。

从运行分析，其实在虚拟经济概念之下，美国人主导的创新一度表现得生机勃勃，是给全球各个经济体树立了榜样的。后来的世界金融危机，最开始的导火索是次贷。百姓中的低中收入阶层不用给出抵押就可以拿到这种次级贷款来解决自己购买住房的支付，老百姓是得实惠的，但这种次贷在实际生活里又跟着金融创新被证券化，证券化以后又被大规模地衍生工具化，所谓“杠杆率”不断加倍，然后引出的就是泡沫化，由于泡沫膨胀造成资金链到了一定时候支持不住，断裂了，就出现了次贷危机，然后上升为链式反应的金融海啸，再然后上升为席卷全球的金融危机。这种案例对于经济学研究当然非常重要，学者不能只注重那些看起来非常美观的模型、量化演示结果和自己中意的教科书，无论这个体系看起来多么严丝合缝，还是要看对实际生活中出现的问题能不能作很好的解释，能不能建设性地提出对策来解决实际生活中的挑战性问题。如果从这个角度说，做一个小结概括，关键性的认识是实际生活中金融可能由核心变成空心的风险威胁，提示我们必须正面给出一个关于“金融的功能归宿到底何在”的正确认识。

我的认识，是应非常明确地认定金融是为实体经济健康发展服务的，这是金融的出发点和归宿。一个心血管系统无论怎样的强大、完美，最后它一定要服务于整个机体的健康生长。这个认识如果摆明以后，则需要提到不同观点的碰撞。我注意到我很尊敬、也很有影响的一位前辈经济学家曾经有个观点，他说为什么要强调金融为实体经济服务？实体经济不好，你给它服务什么？金融自己应该追求的就是钱尽其用。但我对这个观点是不能认同的。如果具体观察一下，什么叫钱尽其用？2015年中国出现股市的大震荡（业界称呼为“股灾”），观察一下其发展过程中拿着钱投入股市的人，都认为自己就是要钱尽其用，追求最大限度的增值，甚至很多人激发出一夜暴富的狂想（确实前面也有这样成功的先例），但实际生活中后来证明这个“人造牛市”带来的是一系列的负面影响。然而在每一个操作的具体节点上，操作主体都认为他在钱尽其用，在追求手上的资金于金融运行中达到它的收益最大化，但是这整个系统的运行却实实在在地证明出现了严重问题。所以“钱尽其用”没有把金融的本质追求和作用归宿说到位。我基本的观点是要把金融放在整个经济社会运行大系统里，确切地认定它的出发点和归宿只能是在于服务实体经济健康发展。要警惕和防止金融不当的“脱实向虚”。

中国金融改革的简要回顾与点评

实际生活中“问题导向”下，我们必须承认，中国亟应克服金融供给的压抑，促进金融深化和健康发展。这是中国经济社会转轨过程中金融改革的基本任务。关于社会主义市场经济的认识来之不易，而这个市场经济中必然包括金融市场、资本市场。在全球化背景之下，中国金融市场和统一市场，还必须与其他经济体合在一起，在全球化的市场平台上形成国际合作与竞争。

依此视角简要回顾一下。上世纪80年代中国改革走过了一开始的试水阶段，农村改革见到基本成果，企业的改革做了一系列初期实验，宏观层面从财政分配体系首先切入，实行分灶吃饭的分权从而打开其他一系列领域里改革的弹性空间以后，1984年，中央对整个改革给出了第一个系统化指导文件即关于经济体制改革的决定，当时说标志着城市改革要全面进军，那个时候中国的金融就必须发生巨变——恰恰是在1984年秋中央作出经济体制改革决定的时候，中国的金融变化给了我们一个十分严峻的考验。当时已认识到要搞商品经济，必须有一个中央银行体系，明确地把人民银行所有的商业银行职能剥离，使它不再从事具体金融业务而是定位为中央银行这样的管理机构，下面首先是把工农中建称为专业银行，确切地放在了现在称为商业性金融的主力银行层面上，然后就要解决这个改革框架推出以后，1985年整个中国的贷款总规模怎么切块分给工农中建四家的问题。1984年年度中间，就明确这四家银行本年形成的贷款规模作为基数，是下一年“切块”的依据，结果出现一个“突击放贷”，四家银行到处跟企业说，你们过去总说我们银行支持了企业，今天你们企业赶快支持我们银行一下，从我们这儿多拿贷款，以抬高基数。这种情况导致接近年底的时候，中国的货币投放已进入失控状态，最后的结果是上一年的货币发行量90亿元（其数量规模已是从改革开放初期一二十亿元迅速跃升上来的），一下子走高到了262亿元，接着1985年一季度迅速出现了经济中所谓超高速和通货膨胀的巨大压力。国家不得不把有限的外汇储备基本出清，用来进口散件以组装家用电器，加上其他的一些措施来平抑市场，努力使市场不要出现太严重的危机局面，等等。

这是金融改革当年给了我们一个下马威。以后几年，从1985年到1988年，中国一直在通胀的阴云下反复探索，决策层提出了一系列的口号，比如说“吃冷饮”、“压缩空气”、“三保三压”，反反复复走到1988年，传来决策层指示意见要价格闯关——这个价格闯关安排方向正确，但时机完全不对，它迅速点燃了通胀从潜在压力爆发为火山的过程，全国出现抢购风，进而经济问题社会化、政治化，引出了年底不可收拾的学潮，一直演变到1989年整体极端紧张局面。当年春夏之交的大风波过后，是中央要求各个地方的党政一把手以乌纱帽做担保砍贷款额度，压基建规模，把国民经济原来已经出现的严重失调硬往下压，压到GDP增速只有不到4%。这是与“金融改革”相关应提到的一个很坎坷的过程，其实已经给了我们一个非常重要的启示：金融如此重要，但它要怎样处理好服务全局健康运行、防止核心变空心？到了1989年治理整顿之后后面跟着的转折点是什么呢？就是邓小平南巡把整个局面变过来了，改革开放重新进入高潮，确立社会主义市场生产经济目标模式，朱镕基同志一线主持经济工作，决策层以极大的魄力下决心推出了财税配套改革，这是在货币政策方面已有中央银行体系间接调控的基本框架确定以后，解决了政府“以政控财，以财行政”的财政分配体系如何对接间接调控的体制框架问题。

1994年的分税制配套改革，首先应肯定的是把原来的行政性分权转为经济性分权，其历史意义摆在第一位的，其实还不是正确处理中央地方的关系，而是正确处理了政府和企业的关系。1994年以后，所有的企业不论大小、不比行政级别、不看经济性质、不讲隶属关系，在税法面前一律平等，该交国税交国税，该交地方税交地方税，企业依法纳税之后税后可分配的部分，按照产权规范和政策环境由企业自主分配，这才刷出了各种企业真正公平竞争的“一条起跑线”，给出了以后企业（包括国有企业）跨行政区划、跨隶属关系、不设经济性质壁垒的兼并重组空间，也才引出了一直推进到现在的混合所有制改革的弹性空间。1994年的这个情况，是把金融领域已经形成的中央银行体系和财政的经济性分权体制组合形成政府和企业关系的正确处理，再结合正确处理中央和地方的关系，以及正确处理公权体系和公民的关系（比如自然人今后肯定越来越不可回避地要涉及个人所得税的问题，也包括在上海、重庆试点以后，在全国需通过加快立法推出房地产税改革这样一些直接税的分配制度问题）。这个框架是在上世纪80—90年代一步一步形成了与市场经济的对接。金融改革在这个过程中取得一系列的成果，但是直到现在，还是在“进行时”，改革还需要继续深化。

千年之交之后，金融领域里在取得成绩的同时，也有不可忽视的问题。可举出一个讨论中应说得直率一点的温州案例。温州曾经在80年代初期被指责为“资本主义复辟”区域，那是沿用文革的术语，到了80年代中后期，大家在看到温州企业的假冒伪劣等等毛病得到一定的治理之后，它的经济活力开始明显上升，90年代人们讨论的是温州模式与苏南模式到底哪个胜出？过了千年之交之后，几乎众口一词：看来这个竞争中间温州模式胜出，它的民营经济得到很好发展，县域经济非常强劲有力，社会评价就明显上升了。在大家都看好温州以后，没想到世界金融危机冲击之下，温州出现“跑路事件”，辖区内称得上大型、已成了气候的民营企业，纷纷资金链断裂，首先是从“眼镜大王”不得不为了避祸跑到美国开始，链式反应式的，几十家企业在温州都出现类似的跑路。当时不得不由政府出手做一系列特定操作。处理这个跑路事件，使局面大致稳定下来后，中央作出了一个特别安排，在国内推行金融综合改革，以温州为试点地区，显然是要在问题导向之下来解决发展过程中意想不到的这种不良状态，到底怎样去防范和克服。带有讽刺意味的是，在此之前，由金融系统领导推动、著名学者主持之下的全国金融生态指标评比中，温州连续七年名列全国金融生态第一。怎么会出现这样如此高评价之后却一下子落入金融危机的局面？简单地说是因为当时的指标主要是常规金融的数据，实际上常规金融的“低利贷”在温州已经严重边缘化了，在经济生活中间起不了太大的作用，大量的民营经济运行需要靠各种各样的“中利贷”，乃至灰色金融、地下黑色金融的“高利贷”维持运转——在原来还可以维持运转，一旦到了金融危机冲击之下，压力过了某个临界点，它的脆弱性就表现出来了，而且跑路事件之后，进一步暴露的是当地的产业空心化。温州那时本来已到了民营经济发达、社会资本非常雄厚的状态，大量的资金往哪里去呢？在本土上却没能很好支持已经成气候的一些制造业、实体经济的升级换代，是往外跑——著名的温州炒房团就是温州人手上拿着重金去到处攻城略地，通过炒楼想更迅速地暴富，后来受一定挫折以后，宁肯去炒绿豆，炒大蒜，就是不能回来很好地支持本土经济的可持续发展与产业实体经济的升级换代发展。跑路事件之后温州产业空心化这个严重问题浮出水面，当然也给我们一个警示：如果温州如此之后，长三角、珠三角增长极其他地方也都这样，将是什么结果？珠三角前几年已不得不提“腾笼换鸟”。腾笼是什么？必须把传统制造业的一些产能往外转移，除了有一部分可以被中西部接纳之外，大体是流向越南、老挝、柬埔寨、孟加拉、缅甸等等地方，就跟当年那些产能往我们这里流动是一个道理。腾了笼以后能不能换来鸟，就是自己本土上的实体经济能不能优化结构升级换代？这就是十分严峻的考验了，现在还待继续观察。在这个背景下，温州案例给我们的启示非常值得深省。

上述金融生态的悖论，表现了金融实际上服务实体经济还有严重不到位的情况，我们必须承认和重视这个警示，它带来的问题，其实是怎样解决经济转型、防止中国重蹈中等收入陷阱覆辙？这样一个历史考验，自带有其严峻性特点。

金融改革须消除过度垄断、发展现代市场体系

认清以上这些以后，可做一个运用学术概念的评价：我国金融发展和改革已有

很多成就的旁边，对另一面的不足，如做归纳就要涉及讨论问题时不能回避的一个经济学术语与判断，即我国金融领域是否存在着垄断问题。几年前我就注意到一些金融界领导很不服气，说中国现在已经有一千多家银行和金融机构，天天在那里竞争，还说有垄断？但我作为研究者的观察，是可以反推一下，不说这么多年来一直听到的是三农、小微等等这些经济成分总是苦苦不能得到应有的金融支持，就说中心区域，比如北京首善之区，这么多年间，人们在银行营业厅接受柜台窗口的金融服务，领号拿到的往往是三十几号，如你拿到的是二十几号，还会说今天这个队是比较短的，这是什么状态呢？这是“短缺经济”状态。中国改革开放过程中众多领域已经摆脱了短缺不良局面，纷纷告别短缺经济，而在少数的领域里现在还是短缺局面，比如公共交通体系里的有效供给是短缺的（如北京、上海和许多中心城市动不动就塞车）；养老的供给是短缺的（如北京口碑很好的第一福利院接受社会上方方面面的登记，但现在登记的排队长度预期是要排100多年）；金融服务的短缺，我们从北京中心区域银行的营业厅里就可以看到。接着要问的是：按照经济学分析，短缺形成卖方市场，卖方市场中一定会有超额利润，一定应该引起其他生产要素向这个领域流动，使这个卖方市场变成一个大体平衡的市场，变成供需相对来说比较健康的平衡状态，但在中国，为什么金融服务领域中这么多年来一直短缺，上述的调节情况迟迟不能发生？那么这一定是有了问题。这个问题是什么呢？反推回来，一定存在着阻碍生产要素向这个领域流动的因素，这些因素一定与垄断有关。当然，反垄断，不能理想化地说成完全竞争假设下的消除一切垄断——我们致力发展的新供给经济学所推崇的，是研究中应设立“不完全竞争”这样一个升级版的假设条件，但是必须说清楚，不完全竞争条件下，垄断里的过度因素也是一定要努力加以消除的。我由此认为，金融服务领域里面由短缺所表现的过度垄断问题，确实是中国金融改革要解决的真问题。不解决此种问题，必有碍在中国发展现代市场体系。

金融改革近年的进展与相关的重点问题

融资难已经造成各个方面的焦虑，也不断听到领导人、管理部门在讨论这个问题到底怎么解决。现在应该看到，在党的十八大强调全面改革以后，在新的历史起点上继续大踏步跟上时代这种要求之下，依国家治理现代化的核心理念，是要进一步把管理和自管理、组织和自组织、调控和自调控合在一起来解放生产力，推到现在的供给侧结构性改革战略方针，则是要在供给体系方面以改革为龙头提升整个体系的质量和效率，就是要让生产要素克服供给方面的压抑和阻碍，更好地流动起来，更好地焕发潜力和活力。

那么，金融方面涉及到的改革在这个逻辑贯彻中，一个十分关键的问题，是怎样推进利率市场化，这在2015年下半年，终于宣布踢出了“临门一脚”，即我国最后放开了存款利率。再有就是一大批中小银行和金融机构应该得到更充分的发展，克服过度垄断局面，前提条件就是要有存款保险制，这在2015年上半年两会时给出明确的信息，随之不久终于解决了。还有当年周小川行长有明确表态：人民币资本项目下可兑换的基本条件已经成熟，这是在前面央行货币政策部门已给出口风，然后由小川行长明确认定的。倒是另外一些很有影响的经济学家，表示了不同的意见，认为中国实现资本项目下可兑换的时机还不成熟。当然2015年下半年的“股灾”，到后来2016年年初的“熔断”冲击，还有资本市场上表现的某些脆弱性特点，可能在很大程度上印证了这些学者的担心，但是在大的方向上，我认为周小川行长所说的这样一个改革是无法回避的，要明确树立这个改革方向。

总的说这样一些改革的重点综合在一起，要解决的就是金融到底怎样在创新中服务于中国现代化发展升级版的问题。利率市场化是一个健康市场必备的条件，所谓临门一脚踢出以后，跟着的还需要有改革配套的其他事项具体落实。工农中建这样的银行，多年说没有必要做存款保险制，因为它们自己已“大而不能倒”，觉得这是平白多出了一块自己可以回避的成本，但存款保险制的基本逻辑，是在于另外那些有可能、也应该得到发展的社区银行、村镇银行等等小的银行，他们要得到发展的前提，就是老百姓怎么能愿意就近把钱存在它们那里，让他们形成吸储功能——包括穷乡僻壤的村镇银行。按照存款保险制，国家法律明确规定居民一个账户里50万元为限，哪怕银行倒闭了，法律保证这50万不会出现什么损失，那么老百姓就放心了，可就近把钱存进这些小银行。老百姓方便了，银行有吸储功能了，就可以进而发展它们金融支持方面多样化的各种金融产品的业务。各种各样的中小银行，更多的金融产品，这种多样化所对应的，首先就是过去金融阳光照不到的那些“三农”和小微企业的生产经营等活动。所以应该有存款保险制作为一个前提条件，促进一大批中小型银行和金融机构的发展。我国在2015年终于把这个框架配全了。但是往后还有遗憾，据说有关管理部门的态度是说，这些小银行的成立，是成熟一家批准一家，到现在为止也没听说批准几家，这就是有了一个制度建设框架以后，改革能不能实质性推进的问题了。

在这些非常重要的金融改革要点后面，还有一个大家现在越来越注重的“互联网金融”发展问题，需要以此配合新技术革命的信息时代，在金融方面实现必须的升级创新。

另外，要说到我国直接融资方面的资本市场，在这么多年的风风雨雨之后，需要进一步发展健全。在它问题比较严重的时候，已经听到很多社会上的抱怨、不满，但是我们至少有一点要肯定，当年邓小平说要下决心在上海、深圳两地开办股票交易所，而且当时把话说得非常“圆”，就是应允许试，但要准备着如果试得不好，以后也可以关掉，关呢也可以采取两种方式，一个是一步关掉，一个是分步看着办来关掉。当时他说这个话什么意思？就是1989年春夏间的政治风波之后，要办这两个交易所，内部的反对意见是非常强烈的，而邓小平是要把反对派逼到墙角：你总得让试一试吧，试一试的同时，话说在前面，试得不行可以关掉，主动权握在手里。但他哪里是要以后关掉？我想当年他心目中认定中国要搞市场经济，这个东西是必备的，是一种标配的条件，但是作为政治家，特意把话说得非常策略。现在我们已经看到过“股灾”了，但是我没有听到一个人说要考虑把深沪两市再关掉，这就说明形势比人强，我们整个社会主义市场经济发展过程中，无论以后碰到什么样的挫折，这个大的方向上不可逆转，相关的认识是形成大道理上的认同，大道理要管小道理。所以，在现实生活中，如果能进一步深化金融改革，推进金融创新，落到实体经济转型升级这方面来引领新常态，这也就落在前已提及需构建的以金融为重要组成部分的现代市场体系问题。

金融支持实体经济升级也必然涉及产业政策问题，关键是其正确设计后实施机

制的合理化

产业发展方面，我国已在近年间设定了八个左右的战略性新兴产业（节能环保、新一代信息技术、生物、高端装备制造、新能源、新材料、新能源汽车，以及文化创意产业，或还有现代服务业等）。在引领新常态过程中，要结合中国现代化整体战略从工业革命以后的落伍者、跟随者、追赶者身份，通过“三步走”走向赶超者的“后来居上”愿景，在全面小康之后跨越中等收入陷阱，对接到伟大民族复兴中国梦，完成这样一个现代化历史过程。

在此过程中，金融为实体经济服务，支持其升级换代，突破往上提升的“天花板”，就必然涉及前一段时间我国经济学界热议的产业政策（以及一系列技术经济政策）问题。有争议是好事情，可以籍此深化认识。争议中正方、反方的论述，我觉得都有积极的贡献。

否定派基本表述的框架虽然是不成立的（从根本上断然否定整个产业政策，已落入极端化、简单化状态），但所作的贡献，是在这个看起来不成立的框架之下，对于政府可能失灵、政府产业政策可能走偏的一些抨击，很有现实意义，值得我们进一步思索。

肯定派明确肯定了产业政策的必要性，注重产业政策所需要的优化设计，强调政府在有效市场后要加上自己的有为，命题正确，但除此之外，我觉得已有论述的弱项或缺陷在于，产业政策不仅是一个怎么优化设计的问题，最关键的是产业政策的贯彻运行机制到底怎么打造的问题。政府不仅是“有为”的问题，还必须“有限”，这个有为和有限怎么结合好，又是要落于机制问题上。我认为肯定派这方面的不足，当然也可以带来我们进一步的深入探讨。现在实际生活中不得不配合区域发展、锁定升级换代目标，由中央、地方政府纷纷组建产业引导基金，是在做什么呢？一定是贯彻产业政策。比如不久前，湖北在我国区域发展长江经济带战略实施中，匹配了长江产业基金作为引导基金，显然是在区域战略背景下为贯彻产业政策而设的，它早已经跳出了对产业政策完全否定的框架，直接对应到产业政策必须合理设计与有效贯彻的层面，后面跟着的，就是必须解决产业政策到底依靠什么机制来贯彻的问题。应特别强调，这决不仅是政策合理设计的问题——八大战略性新兴产业已经基本上给出一个初步的政策重点选择了，最关键的就是这种产业基金以什么机制运行？湖北财政拿出400亿元以后，已迅速地吸引政府体外的资金，在第一期做到了2000亿元规模，这样的资金从其源头上开始，政府“第一推动力”安排的400亿元可称做“政策性资金”，但一定要“市场化运作，专业化管理，杠杆式放大”，力求“四两拨千斤”式地对接市场机制来起作用。这种政策性资金，性质是非常清楚的，一望而知是从财政拿出的“纳税人的钱”，但跟着的市场化运作，就是要对应在各个市场主体自愿加入的这些子基金而实行专业化管理。湖北方面非常明确地说母基金不对项目，只是给这些子基金寻找项目后的操作来助力，配上一些特定利益因素，减少一些风险因素，是这种“加一把劲”的引导支持。由子基金的专业化管理团队去面对市场，竞争中去寻找项目，达成政策性资金的市场化运作、专业化管理和杠杆式放大，产生四两拨千斤的作用。这才是最关键的问题。

所以，产业政策和投融资结合在一起，要探讨的最关键问题是其健康、可持续的机制。当然，如说到现阶段已作为创新重点的PPP，更是从公共工程、基础设施和产业园区连片开发等等，对接到了贯彻区域政策、产业政策、打造产业新城等等，这里面的机制创新正是最大的亮点，虽有一些难点（特别是方兴未艾阶段上还经验不足）但我们要特别注重迎难而上，把这样的与市场结合机制建设问题解决好。

中国金融创新发展在六个方面“势在必行”

基于以上认识，可总括式勾画一下我看待中国金融创新的“六个势在必行”。我认为这是形成金融的重要性和金融怎样防范可能产生的偏差、深化金融改革等等认识之后，我们应该把握好的推动金融创新发展服务实体经济升级换代的必选要领。

第一，需要明确，以金融创新支持实体经济升级换代势在必行。前面强调的温州的经验教训是案例的观察，理论上的分析就是已论及的金融的出发点和归宿一定要落到支持整个经济系统，首先是实体经济的健康发展。中国总体的后发优势是值得看重的，但是到了一定的阶段，客观地讲技术方面的后发优势、管理经验方面的后发优势，越来越减少了它们的支撑力。我们需要主动地在制度创新（有效制度供给）方面形成守正出奇的后发优势，而不是落入杨小凯先生生前所说的那个制度方面的后发劣势。要避免中等收入陷阱这种前车之鉴的威胁，在金融创新方面要以改革带动发展，“制度红利”和金融贡献要落在实体经济的升级换代发展上。

第二，应特别强调，支持实体经济升级换代发展客观地要求金融多样化，促使金融多样化的改革势在必行。应该形成一种无缝对接的金融和资本市场体系，这种多样化在实际生活中的表现，我认为是这样一种情形：应该使各种类型的生产经营活动的融资需求，都能得到对应的金融产品支持，比如，对于三农应该有金融产品的支持，对于小微企业的发展也应该有，应覆盖各类实际的经济活动。比如几年前已讨论过小贷公司可有的作为，虽然法规不允许小贷公司吸储，但是它们在自担风险的情况下可以做资本金融资，进而放贷。实际上对应的是经济生活中比较靠下的经济活动。比如农村区域必须发展农副产品的深加工，有这方面的能人形成了自己的设计方案，已经凑钱买了榨油机，到收获季节时，他缺的是一笔大量吃进原料的资金，花生也好，芝麻也好，菜籽也好，购买原料用榨油机生产出来油品以后，到市场出售，整个这一过程也就是两三个月，但是生产主体缺的就是这笔流动资金，没有，怎么吃进原料？对这种融资需求，比较成规模的银行是不屑一顾的，借款人没有像样的财务报表，通过不了风险控制流程，不会提供贷款，但小贷公司就可以。小贷公司以带有这种熟识人社会、经验判断的方式来做决策，公司决策人听了贷款方诉求以后，当场当然会有一个直接判断，靠谱不可靠谱，有必要的话，他要到现场看看所说的榨油机是否真的已经到位，配上这些条件以后，他并不要求正规的财务报表、全套信息分析处理，贷款就放出来了。拿到这个贷款以后，吃进原料，没过两、三个月钱便都回来了，作还本付息。小贷公司这边拿出的是中利贷，创业者这边是突破了他的资金瓶颈，有了投资回报，有可能一轮一轮做下来越做越大，当然这就是满足了经济生活中实体经济、创业发展特定的需要。这种多样化的金融产品，如果从商业金融定位来说，它也应该形成一个系列，一直到资本市场上各种各样的直接融资：有股票，还应该有债券。很遗憾，中国改革开放后早早就有企业债的概念，但后来发现企业债发出之后，如果真的出了风险，所谓的“刚性兑付”是什么呢？这些“苦主”不是谋求怎样走一个依法的清算程序来了结，他们是跑到政府门前去静坐示威，经济问题马上社会化、政治化了，这就形成了政治压力。所以，到了上世纪90年代以后，所谓企业债，管理部门主要只敢批给地方政府融资平台发行了，而没有融资平台背景的货真价实的企业债，发行是受到严格控制的。这种刚性兑付的企业债不是健康的状态，实际上也形成了直接金融方面中国的特定约束和压抑。这些都妨碍着金融产品的多样化。

所谓过度垄断因素，一定跟体制、机制有关，而不是简单的管理水平问题。我们可设想的尽可能消除过度垄断的金融产品供给局面，就是应该把传统常规金融的低利贷，还有小额贷款公司式的中利贷，多种类别期限方式的金融产品等等，他们各有对应、又无缝连接在一起，形成一个光谱式的覆盖体系。实体经济层面的各种市场主体、各种社会成员，他们的融资需求，大体上都能找到对应的金融产品，而总的说来这个体系要把高利贷边缘化、挤出去。那么，温州案例里最让人感觉有威胁的、跑路事件中造成脆弱性凸显的那些高利贷，不敢说完全绝迹，但可通过健康的竞争中多样金融产品的供给，让它明显地边缘化以后，金融系统的健康度就明显提高了，真正的金融生态评价才能高起来，才能合乎我们意愿。

第三，金融多样化的光谱还应进一步拓展，在战略层面构建政策性金融体系势在必行。前述的商业金融光谱的多样性还不足够，还要再加上健康、可持续的政策性融资体系，后一体系中各种各样的金融产品，把这个融资谱系进一步延长了。全社会看，对接到最极端的一边，是财政直接投资支持、专项资金支持，接着的是一些政策性的产业基金、以及财政贴息、信用担保等等政策手段配上的特定金融产品，再往后对接的是没有多少政策色彩的各类商业性金融产品，一直到股市私募基金、风险投资、天使投资、衍生工具产品等，形成一个最完整的金融产品多样化的谱系。

政策性金融在中国的发展过程是相当曲折的：上世纪80年代后期管理当局注意到工农中建不得不承担的那些政策性融资业务，应该剥离出去，90年代明确地说政策性金融和商业性金融要分道扬镳，这样银行才能办成真正的银行，只有让商业银行办成真正的企业，接下来企业才可能变成真正的企业。这个认识清晰化以后，组建了中央层级的以国家开发银行为代表的政策性银行，后来还曾经试探着以中国经济技术投资担保公司办成政策性担保机构，但后来中投保在压力之下较快放弃了政策性目标。而国开行，再加上后面的农业发展银行和进出口银行，形成了中国的三大政策性银行，是中央级的旗舰。但前面两次中央金融工作会议，很有意思的是对那么多重要的金融改革没有形成共识和明确要求，但在国家开发银行商业化转制方面，指导意见却非常鲜明，两次工作会议都做了强调，但是留了一条尾巴，即“侧重于长期投资”，那接着要问：长期投资是不是有明显的政策导向？显然是不可忽视的。国开行如果说真是商业化转制搞成商业银行，那能不能吸储？又没有下文。中国并不缺少一个有吸储功能的大型商业银行，本来国开行特别的定位就是必须贯彻国家意志，就是一个在实际生活里自己称为开发性金融定位的政策性的金融机构。

十八大以后，新的领导集体最高决策层传来信息：国家开发银行商业化专制之说存疑，话说得比较委婉一点，实际上原来的思路已不得不作出实事求是的纠正，再以后国家正式文件里又重新写入了政策性金融、开发性金融等方面的要求。今后指导方针方面，关于政策性金融应会进一步明确化。但是怎么处理好商业金融、政策金融“双轨运行”问题，确实是不容易的。国际经验已有不少，我们自己的一些初步经验也值得总结，如果简要地说，我认为政策性金融实际追求的首先是要在战略层面考虑中国“守正出奇”的超常规发展：守正是讲市场规律，出奇是必须承担一定的风险而争取出奇制胜，否则中国只能是跟随，而不能成功地从追赶到赶超。守正出奇这方面具体的现实中的风险，就是金融的双轨制。林毅夫教授曾说得很理想：中国要取消一切双轨制，但我认为说绝对了，中国在某些领域里比如住房，不可能是单轨，必须是商品房和保障房双轨制长期运行；金融在我看来也必须在可预见的很长的历史阶段里，使商业性金融和政策性金融双轨运行。双轨运行就一定会带来设租寻租的危险。所以，政策性金融的健康发展，第一要有阳光化的决策程序和多重审计监督；第二，一定要形成银行、企业、政策性金融机构和作为支持后盾的财政这些相关的主体之间的风险共担机制，不能认为财政与政府作为后盾参加进来以后，所有的风险都可推向财政、推到政府参与上，那就变成了“无底洞”，它带来的“道德风险”就是不可持续的问题。无论设租寻租，还是这种不可持续的无底洞，都在很大程度上威胁着前些年我们看到的政策金融运行。所以，虽然早就有基本思路，实际发展中却走得磕磕绊绊，进一步的发展，按守正出奇的考虑，我们必须经受考验，在全面改革中把这条路走通。

对于小微、三农创新增长点上的金融支持，现在大家越来越多运用的是开发性金融、绿色金融、普惠金融、草根金融等等概念，我看无一例外都是要在商业性金融“锦上添花”的机制旁边，配上一个可持续的政策性融资的“雪中送炭”支持机制。锦上添花在商业性金融里无可厚非、天经地义，这就是它引导资源配置优化的基本机制，但这还不够，锦上添花旁边的雪中送炭确有必要，关键是要可持续。不是对所有的支持对象都能满足，这里面必须规范遴选，怎么遴选，怎么决策，就是一定要阳光化，而且要结合多重审计监督。不敢说政策性金融支持的项目百分之百都成功，它也会发生一定的失败率，但如果没有这样一个阳光化的可对公众交代的决策方面的底气的话，就不可持续，那么就只好偃旗息鼓。我们现在必须下决心在这方面闯过瓶颈制约，把制度建设做好，来支持政策性金融在中国的可持续运行。

第四，在金融创新中对接以互联网为代表的第三次产业革命势在必行。互联网+金融，有人比较窄地理解为P2P，而P2P在中国现在已经进入低潮——然而我并不认为它以后永远是低潮，在总结经验、求“规范中发展”以后，也还要给出“发展中规范”的一定弹性空间，它未来还是终将能够逐渐走出瓶颈期的。但看待互联网金融，应是更广义的。比如，几年以前我就听到华为——这是越来越有国际影响的本土企业，已不声不响地利用自己的装备供给能力和服务供给能力，到非洲去布局，在撒哈拉以南区域（这是公认的世界最欠发达地区，但那个地方也有经济生活，也有金融）布局之后，用它的装备与服务供给能力，支持着跨越门店银行的发展阶段，而直接在那里发展出手机银行系统。这不就是互联网金融吗，不就是互联网支持下互联网+的金融创新吗？诸如此类的事情，现在的发展趋势就是互联网已经确切无疑地进入了“移动互联时代”，跟着的一定是越来越丰富的“移动商务”的各种业态，而移动商务一定要匹配上移动金融、移动保险，发展出各种各样的现实中的移动经济，包括移动文化生活（大量年轻人现在的文化生活是移动状态下在手机上进行的）。诸如此类的现实创新，不仅是严峻挑战，还有重大机遇。所以，金融是一定要配合上这样一个移动互联时代，走向以后的物联网（万物互联）等等创新与金融的互动结合。

第五，金融发展与PPP机制创新的结合势在必行。现在已可以观察到，方兴未艾的PPP有可能在未来不太长的时间内，把中国政府和社会资本合作（“Public-Private Partnership”，过去直译为“公私合作伙伴机制”）的创新，推到整个世界发展的前沿。现在我国决策层、管理部门不遗余力在推动，相关的法规、制度建设，有望在不太长的时间内先形成一个较规范的PPP条例，再往后还要上升为PPP法。PPP从公共工程、基础设施切入以后，在中国最成为兴奋点的是像固安、汕头等等地方的连片开发，到了汕头，是位于海湾的濠江区168平方公里连片开发；固安的称谓是“产业新城”，到了汕头，则是产业和宜居城市、整个环境的绿水青山合在一起的一个更宏大、更全面的配套，都属连片开发。这种发展显然是守正以后还要出奇地支持中国发展中“后来居上”，这方面的投融资支持是不可或缺的，而且和PPP相对应，一定要求发展出一个类固定收益产品的交易中心。我听说有的地方政府方面已在打主意，在全国首先成立类固定收益金融产品的交易中心，这种交易，对应的是大量PPP项目生命全周期的融资需要，以后还会越来越多，还会一直发展到“一带一路”上的PPP项目融资和适应资产掉期等等客观需要。

最后一条，是人民币国际化过程中，资本项目可兑换势在必行，我们要积极、审慎地创造条件，最后自拆防火墙。往前看，人民币国际化取向下的资本项目下可兑换，应该继续积极考虑创造条件，当然也要审慎操作。它解决的问题就是中国在一步一步发展、总量成为世界第二以后，人民币现在已经有一个加入特别提款权的重要进展，一般人认为这已经开始有了基本的国际化了，但在我看来这还只是铺垫，人民币真正的国际化必须是在资本项目下来去自由以后，让它形成一个完整的硬通货地位——如果资本项目下不能够解除管制，没有一个可兑换的条件，那么世界上方方面面的持币者怎么会真的把人民币看成是一种硬通货？我们未来把这个事情做出来，资本项目下可兑换了，也还要在有了硬通货的这个必要条件，再由综合国力抬升，使人民币的信誉度能够使各国持币者欣然地、越来越多地将其作为自己的储备货币来持有。加了这样一个充分条件，那就是水到渠成，顺其自然往后发展的结果。前面这个前提条件或必要条件，是不可缺少的。前些年亚洲金融危机、世界金融危机冲击之下，我们都靠着资本项目下不能自由兑换形成的“防火墙”，减少了可能由境外游资带来冲击的不良风险因素（当然这个防火墙上也有一些缝隙，不能说绝对就没有游资的影响因素，但总体来说毕竟使之成不了大气候），但总有一天我们必须在自认为条件基本具备以后，要自拆防火墙，这时候人民币国际化的大道才能真正打开。往后，是中国要自己在抵抗由此带来新的风险因素的情况之下，形成有效的风险抵御能力，使人民币越来越多的在国际经济生活中不仅作为结算货币发挥作用，而且成为人们自愿选择的储备货币和避险资产，这就会使人民币和美元一样可以具有所谓产生铸币税的功能了。这是中国走向现代化，实现中国梦战略目标里的一个必备条件。短期内这项改革的时机与条件虽似乎还不具备，但是往前看一定要创造这个条件。

（发表于《全球化》2017年第3期）

“8·11汇改”以来人民币汇率走势分析及展望

黄剑辉

2008年爆发的全球金融危机已持续八年，但世界经济复苏进程依然缓慢。随着美联储货币政策回归正常化，欧、日央行持续宽松，全球货币政策分化明显。同时，我国经济正处于结构调整和转型升级的关键时期，下行压力较大。2015年“8·11汇改”以来，我国外汇储备总体上呈现持续下降态势，国际收支结束了“双顺差”格局，汇率波动幅度明显加大，国内外经济金融形势的变化引发了市场对于人民币汇率的极大关注。本文对“8·11汇改”以来人民币汇率走势进行了系统研判，并基于多维度视角对人民币汇率走势进行了短期、中长期展望，并提出了政策建议。

一、“8·11汇改”的现实背景

2015年8月11日，中国人民银行发布声明，表示做市商在每日银行间外汇市场开盘前，参考上日银行间外汇市场收盘汇率，综合考虑外汇供求情况以及国际主要货币汇率变化向中国外汇交易中心提供中间价报价。央行此次完善人民币汇率中间价形成机制的现实背景包括基本面、政策面和技术面三个层面。

（一）基本面因素：国内经济增速换挡，国际收支由“双顺差”转为“一顺一逆”，人民币持续升值空间已大幅缩小

近年来，我国经济面临“三期叠加”的巨大压力，在国内资源环境约束加强、要素成本明显提升以及国际经济复苏不稳定等多重因素影响下，我国经济开始从高速增长（10%左右）转向中高速增长（不足7%），对我国对外贸易产生一定影响，并推动境内主体对外资产负债结构的不断调整。为此，我国在经济发展方式和国际战略上做出相应调整，企业从以“引进来”为主转向“引进来”与“走出去”并重，“一带一路”战略也成为我国对外输出资本和推动人民币国际化的重要平台，从而实现了国际收支平衡表下“经常项目顺差、资本和金融项目逆差”，改变了我国国际收支长期以来的“双顺差”格局。

数据显示，按美元计价，2015年我国经常账户顺差3306亿美元，资本和金融账户逆差（不包含储备变动）4853亿美元。在国内经济增速换挡和国际收支基本平衡的现实背景下，人民币汇率开始趋近于长期均衡水平。然而2014年以来，美元上涨造成了人民币兑大部分非美货币持续升值，人民币名义有效汇率和实际有效汇率分别升值10.28%和9.54%，这使得人民币兑美元汇率存在一定的贬值需求以保持有效汇率的相对平稳。

（二）政策面因素：美联储退出量化宽松，加息预期增强，中美利差逐步收窄，人民币汇率承压

后金融危机时代，在巨额量化宽松刺激下，美国房地产市场开始呈现复苏态势，失业率稳步下降。随着美国经济的好转，美联储从2014年开始逐步减少资产购买规模，对外宣布量化宽松货币政策退出计划，为货币政策回归常规做准备。同时，美联储表示在结束资产购买计划后，仍会将联邦基金利率（FFR）维持在接近零的水平，并保持相当一段时间，如果就业和通胀目标的实现较联储预期更快，那么加息时间会提前。随着美联储开启加息进程以及我国央行的连续降息，中美利差有所收窄，使得人民币兑美元汇率不断承压。因此，需要通过完善中间价形成机制来释放前期积累的贬值压力，推动人民币汇率逐渐向市场化水平回归。

（三）技术面因素：人民币中间价与即期汇率偏差较大，加入SDR需要完善汇率形成机制

2005年汇率形成机制改革以来，人民币汇率中间价作为基准汇率，对于引导市场预期、稳定市场汇率发挥了重要作用。但2015年以来，人民币汇率中间价偏离即期汇率幅度较大，持续时间较长，影响了中间价的市场基准地位和权威性。两者之间的偏差，亟需通过增强中间价的市场化程度和基准性加以调整，以免失衡过度累积。另一方面，人民币加入SDR货币篮子需要一个市场化的、能被双方接受的人民币汇率，扭曲的中间价显然无法获得国际市场和IMF的认可。因此，优化做市商报价，有利于提高中间价形成的市场化程度，修正中间价与即期汇率的偏差，扩大人民币汇率的实际运行空间，为加入SDR和推动人民币国际化提供有力保障。

二、汇改后人民币汇率走势的运行特征

央行“8·11汇改”声明发布的同时，人民币中间价大幅下调，市场贬值预期升温，带动人民币兑美元汇率大幅贬值，在岸与离岸市场汇差曾一度扩大至1400bp，汇率波动幅度明显加大。

（一）兑美元：经历了“一次性调整—贬值预期增强—持续贬值后回调—双向浮动弹性加大—震荡下行—小幅回升”的六个阶段

“8·11汇改”以来，人民币兑美元汇率总体呈现贬值态势，截止2016年7月20日，人民币兑美元中间价下跌5784bp，人民币兑美元即期汇率下跌4683bp，人民币兑美元离岸汇率下跌4652bp。分段看，人民币兑美元汇率走势经历了六个阶段：

一是央行宣布调整人民币中间价报价机制后，人民币兑美元汇率出现一次性调整。8月11日，央行公布人民币兑美元汇率中间价6.2298，较10日中间价下跌近2%，随后两天央行分别再次下调中间价1008和704bp，人民币兑美元中间价累计贬值达4.66%，在统计图表上形成了一个清晰陡峭的直线式“悬崖”。

二是中间价的一次性调整使得市场贬值预期增强，央行开始干预离岸人民币市

场以维持汇率稳定。央行完善中间价报价机制并引导人民币大幅下跌后，市场对人民币的贬值预期开始显现，主要表现为离岸人民币汇率的走低，在岸与离岸汇差一度扩大至1130bp。为此，我国央行通过国有银行在人民币在岸和离岸市场抛售美元以干预汇率，稳定了离岸人民币汇率。2015年9月-10月，我国人民币兑美元中间价、即期汇率和离岸汇率均呈现平稳运行态势，在岸人民币与离岸人民币的汇差逐渐收窄。

三是人民币兑美元汇率持续下跌，在岸离岸汇差进一步扩大，央行窗口指导紧缩离岸市场人民币头寸和流动性，人民币兑美元汇率于2016年初开始回升。随着IMF宣布人民币加入SDR利好的兑现以及美联储12月份加息预期的不断增强，人民币汇率面临较大的贬值压力。2015年11月-2016年1月中旬，人民币兑美元中间价、即期汇率和离岸汇率分别下跌2483、2494和2685bp，在岸与离岸汇差显著加大，一度高达1384bp。为此，央行一是加强与市场的沟通，引导和管理好市场汇率预期；二是对香港地区中资银行进行统一窗口指导，大幅紧缩离岸人民币市场流动性，有效打击了国际空头势力；三是对部分境内银行进行窗口指导，减少短期内人民币跨境集中流出；四是通过发布CFETS人民币汇率指数，引导市场改变过去关注人民币兑美元双边汇率的习惯，从而缓解人民币汇率贬值预期。在央行多项政策的支撑下，人民币兑美元汇率开始回升，截止春节前夕，人民币兑美元中间价、即期汇率和离岸汇率分别上升619、929和1140bp，在岸与离岸汇差大幅收窄至400bp。

四是春节后美元指数开始疲软，人民币兑美元汇率呈现双向浮动态势，波动幅度明显加大。2016年3月初至4月底，美元指数不断走弱为人民币汇率的企稳赢得了难得的窗口。在此期间，央行进一步加大了人民币参考一篮子货币的力度，更加注重人民币汇率形成机制的透明化，通过及时与市场沟通来增强预期管理能力。随着人民币汇率贬值预期得到有效缓解，央行对人民币汇率的开放程度不断加大，人民币兑美元汇率总体呈现双向浮动态势，在岸与离岸汇差不断收窄，基本稳定在150bp以内。同时，我国外汇储备出现月度正增长，并开始公布以SDR计价的外汇储备数据。

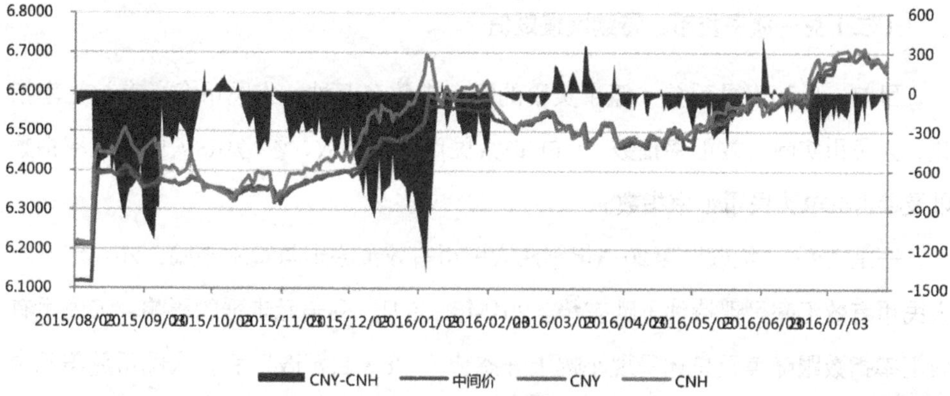

图1　汇改后人民币兑美元汇率走势

数据来源：wind数据库。

五是2016年5月至6月底人民币兑美元汇率持续震荡下行。2016年5月以来，受避险情绪以及美联储夏季加息预期重新升温的影响，美元大幅反弹，人民币兑美元汇率开始呈现震荡下行态势。而6月24日英国退欧公投结果公布后，美元指数一度上涨至96.7，当日涨幅达3.7%，受此影响人民币兑美元汇率应声下跌。5月至今人民币兑美元汇率主要表现为三方面特点：其一，人民币兑美元中间价、即期汇率和离岸汇率持续震荡下行。截止6月30日人民币中间价已下调至6.6312，人民币兑美元即期汇率与离岸汇率分别跌至6.6433和6.6698，降幅分别达到1578bp和1837bp；其二，在岸与离岸汇差有所扩大。5月至今，在岸离岸汇差波动有所加剧，并于5月18日一度扩大至421bp，随后逐步收敛至100bp左右。而英国退欧公投结果公布后，两岸汇差再度扩大至420bp；其三，人民币中间价与即期汇率的偏差有所提高。5月至今，有18个交易日内人民币中间价与即期汇率的偏差超过100bp，最高偏差达到372bp，而3月和4月中间价与即期汇率偏差仅有4个交易日超过100bp。

六是7月初至今人民币兑美元汇率出现小幅回升。7月6日以来，人民币兑美元汇率在6.68-6.70区间内小幅震荡后，于7月19日开始出现回升，人民币兑美元中间价、在岸即期汇率以及离岸即期汇率分别于7月29日收报于6.6511、6.6548以及6.6801，与7月19日相比，分别上调460bp、345bp以及306bp。

（二）兑一篮子货币：持续缓慢贬值

目前，反映人民币兑一篮子货币的汇率指数有五种：人民币名义有效汇率指数、人民币实际有效汇率指数、CFETS人民币汇率指数、参考BIS人民币汇率指数以及参考SDR人民币汇率指数。

一是“8·11汇改”至2015年年底人民币有效汇率走势基本平稳，2016年至今人民币有效汇率呈现持续下跌态势。2015年1–8月，受美元走强的影响，人民币有效汇率指数跟随美元总体呈现小幅上升态势。“8·11汇改”后，人民币兑美元中间价大幅下调带动了人民币名义与实际有效汇率指数的小幅下跌。然而，随着美联储加息预期的增强，一篮子货币相继走弱，人民币名义与实际有效汇率指出从10月开始出现小幅反弹。2016年初，人民币名义与实际有效汇率指数开始小幅走弱，截止2016年6月，人民币名义和实际有效汇率指数分别为119.49和123.14，较2015年8月分别下跌5.4%和5.5%。

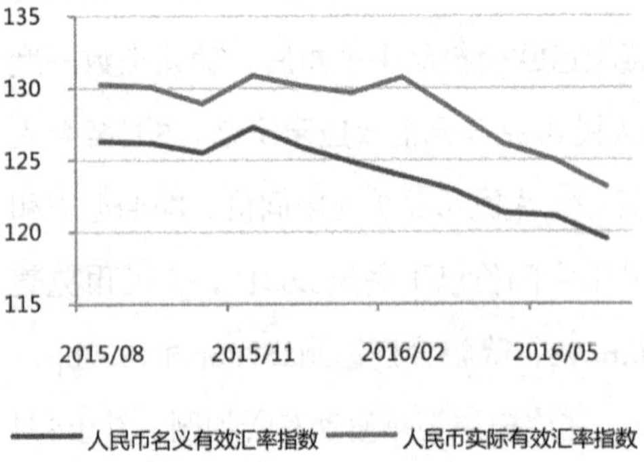

图2　人民币有效汇率指数

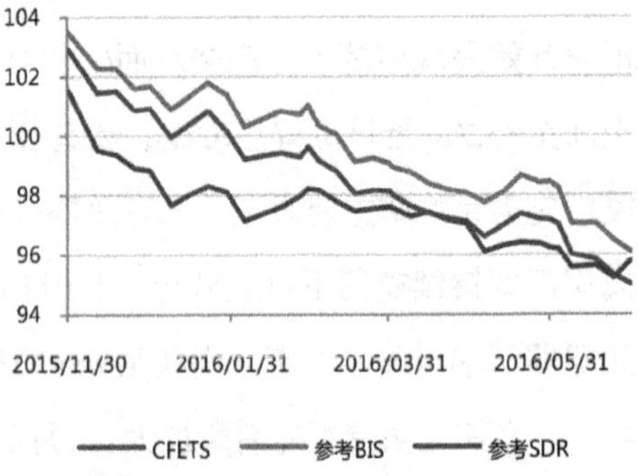

图3 人民币参考一篮子货币的三大指数

数据来源：wind数据库。

二是CFETS以及参考BIS和SDR的人民币汇率指数延续缓慢震荡下行态势。2015年12月外管局推出CFETS人民币汇率指数，旨在引导市场将更加关注人民币兑一篮子货币的加权平均汇率，进而弱化人民币贬值预期。2015年11月至今，CFETS人民币汇率指数，以及参考BIS和SDR的人民币汇率指数均持续震荡下行，分别由2015年11月末的102.93、103.50和101.56降至2016年6月末的95.02、96.09和95.76，降幅分别为7.68%、7.16%和5.71%。具体而言，CFETS人民币汇率指数的变化可以划分为三个阶段：其一，2016年初，市场贬值预期浓厚，央行连续下调人民币兑美元中间价，但在此期间CFETS人民币汇率指数却表现相对稳定，并未随之大幅走弱；其二，春节后，人民币贬值预期得到缓解，人民币兑美元中间价双向波动，但CFETS却开始持续小幅贬值；其三，5月份，美联储加息预期显著增强，人民币兑美元中间价、即期汇率和离岸汇率均大幅下跌。随着英国退欧公投结果的公布，全球避险情绪升温，美元于6月底进一步走强。在此期间，CFETS指数在经历小幅回升后，再次进入持续下跌通道。这也体现了在参考“上一日收盘价+一篮子货币汇率变化”的中间价形成机制下，人民币兑美元的“非对称”贬值策略，即在美元走强的背景下，人民币与美元脱钩，对一篮子货币持续缓慢下跌。

三、人民币汇率走势的多维度分析及展望

（一）人民币汇率的决定因素：一个新型分析框架

本文基于国内外理论和实践，结合中国民生银行研究院的最新思考和研究，提出了新型分析框架——决定人民币汇率走势的六大因素：经济增长、中美利差及货币政策、购买力平价、汇率预期、地缘政治以及汇率制度。

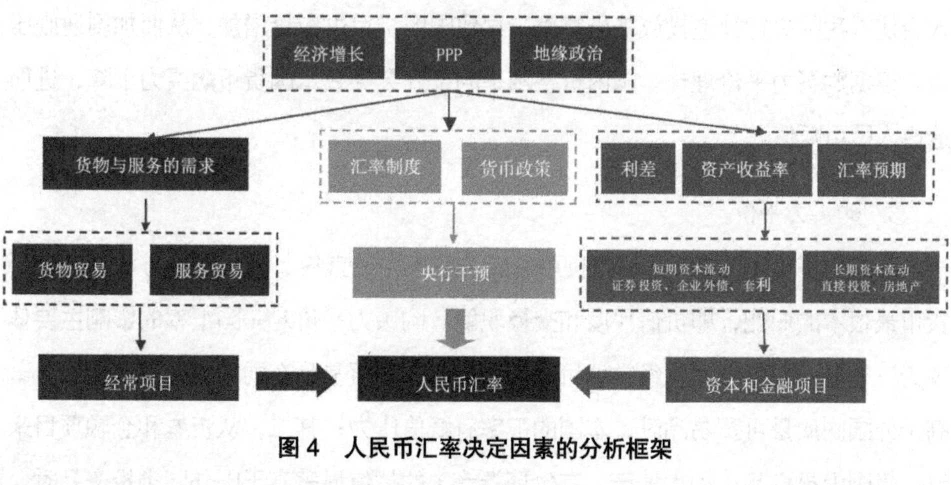

图4　人民币汇率决定因素的分析框架

1. 经济增长

经济增长水平是决定一国货币强弱的基石，即强国必拥有强货币。经济增长对人民币汇率的影响主要体现为三个方面：其一，经济增速较快往往意味着国内生产率较高，使得生产成本相对较低，从而增强了货物贸易和服务国际竞争力，有利于增加出口。同时，经济增速较快会使得居民收入水平增长较快，国内需求相对旺盛，从而有利于增加进口；其二，经济增长会影响国内的货币政策，货币政策的松紧度会对两国利差产生影响，进而影响汇率走势。如当经济增长过热时，央行会采取紧缩货币政策，提升本国利率，使汇率面临升值压力；其三，国内经济增速较快，一方面有助于提高实物资产的投资收益率，从而吸引外商直接投资，另一方面能够增强国际市场对人民币的信心，使得投资者持有人民币的意愿上升，促使人民币升值。

2. 中美利差及货币政策

货币政策是影响中美利差的关键因素之一，中美利差直接体现了中美两国无风险资产收益率的差异，一定程度上决定了短期资本的流向。一国货币政策走向会对该国利率水平产生冲击，根据利率平价理论，若中美利差扩大，在套利驱使下国际资本开始流向中国，带动人民币升值，即人民币即期市场升水。反之，若中美利差收窄，套利空间不再，资金将回流美国，从而带动人民币贬值。然而，国际资本流入会使得我国央行被迫投放基础货币，导致国内货币供应量增加，从而加剧通胀压力。根据购买力平价理论，国内价格水平的上升会导致本国货币购买力下降，进而造成人民币贬值。

3. 购买力平价

购买力平价（PPP）是评判货币价值及汇率的最直接、最根本的方法，体现了货币最根本的职能，即价值尺度和交换职能。购买力平价对一国汇率的影响主要体现为三个方面：其一，从经常项目来看，当本国可贸易品在同一汇率下的价格显著高于外国同质量可贸易品时，本国的汇率有贬值压力；其二，从资本和金融项目来看，当国内投资品（如房地产，有价证券等）的估值显著高于国外同类投资品时，会造成资本的外流（包括国际资本撤资和国内资本流向国外），从而对人民币形成贬值压力。前者贬值压力来自于通货膨胀，而后者来自于资产价格泡沫，其本质都是货币购买力的下降。

4. 汇率预期

预期是影响人民币汇率走势的重要因素之一，一旦市场形成较强的人民币单向波动预期（如升值预期或贬值预期），短期内难以扭转。预期对人民币汇率的影响主要体现在两个方面：其一，汇率预期会影响短期资本流动，从而对人民币汇率走势产生影响。如当人民币存在贬值预期时，会造成资本外流，从而进一步加剧贬值压力；其二，较强的贬值预期会加剧国际市场投机者的套利行为。国际市场上的投机者往往拥有雄厚的实力，当一国货币存在较强的贬值预期时，投机者常利用市场顺势对该货币发动攻击，从而加剧了外汇市场的动荡，阻碍正常的外汇交易，歪曲外汇供求关系。

5. 地缘政治事件

地缘政治事件因其具有突发性和临时性特点，市场难以准确预测，一旦发生容易对市场产生剧烈冲击。主要包括政局的稳定性、连续性，政府的外交政策以及战争、经济制裁和自然灾害等。地缘政治事件对一国汇率的影响主要体现在三个方面：其一，当发生地缘政治事件时，可能对一国经济产生负向冲击，并影响该国贸易需求，从而对他国的出口产生不利影响；其二，地缘政治事件会影响国内外货币政策导向，从而对汇率产生影响；其三，资本具有追求安全的特性，地缘政治事件的发生会造成避险情绪的升温，进而对国际资本流动和资产配置产生直接影响，并以较快的速度传染至外汇市场。

6. 汇率形成机制

汇率形成机制本质上可以归结为汇率制度的选择，其核心要义在于汇率的决定是否以市场供求为基础。一般来说，实行固定汇率制的国家，由于其货币会以某一国家货币作为名义锚，故该国央行对于外汇市场的干预力度较大，使得该汇率跟随名义锚的变化而变化，波动幅度相对较小；实行有管理的浮动汇率制的国家，其汇率形成机制既包含了政府部门的意志，也在一定程度上遵循了市场供求关系，其汇率走势波动幅度较固定汇率制下有所提升；实行完全浮动汇率制的国家，其汇率形成机制完全由市场供求关系决定，影响汇率变化的因素较多，汇率波动幅度相对较大，且缺乏可预判的规律。

（二）人民币汇率走势的多维度分析

1. 中国经济增速开始换挡，经济下行压力依然较大，经常项目呈现“衰退式”顺差，资本和金融项目开始转为逆差

近年来，我国经济面临“三期叠加”的巨大压力，在要素供给下降、资源环境约束进一步加大的情况下，我国经济从高速增长（10%左右）转向中高速增长（不足7%）。2016年上半年，我国经济各项经济指标运行平稳，GDP同比增长6.7%，较去年同期回落0.3个百分点，CPI同比上涨2.1%，涨幅与一季度持平，PPI同比下降3.9%，降幅较一季度收窄0.9个百分点。消费需求依然平稳，同比增长10.3%，与一季度持平，但固定资产投资增速有所回落，同比增长9.0%，较一季度回落1.7个百分点，进出口总额同比下降3.3%，较一季度收窄3.6个百分点。然而，我国经济仍面临诸多挑战，经济下行压力依然较大：一方面，我国经济正处在结构调整、转型升级的关键阶段，调整的阵痛还在持续，实体经济运行较为困难；另一方面，国际环境依然严峻，世界经济复苏不及预期，贸易持续低迷，经济运行中的不确定因素增加（如近期英国的脱欧公投）。

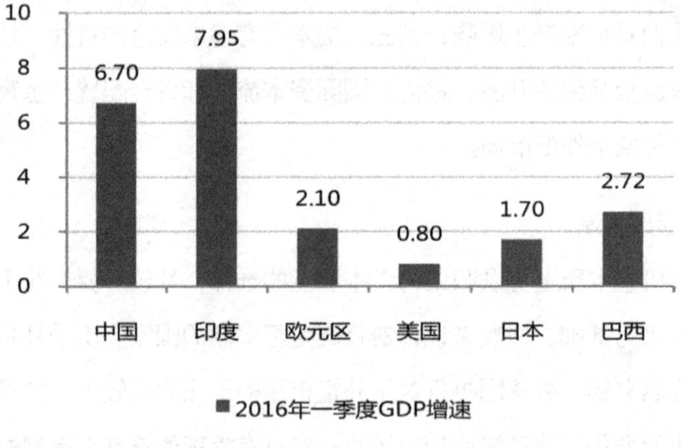

图 5　2016 年一季度世界主要经济体 GDP 增速

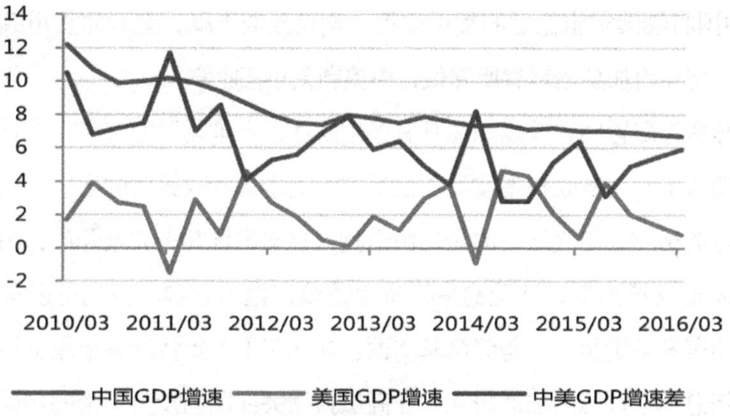

图 6 2010-2016 年中美 GDP 增速

数据来源：wind数据库，WDI数据库，单位%。

国内经济下行压力加剧，叠加全球经济复苏低迷造成的外需疲软，使得我国出口和进口增速均出现一定程度下滑，且内需下降导致进口增速降幅高于出口（图7），“衰退式”顺差特征开始显现。另一方面，我国资本项目开始转为逆差。2015年以来，我国对外直接投资（ODI）快速上升，并超过外商直接投资，资本项目从2015年开始转为净流出。因此，我国国际收支开始由以往的“双顺差”转变为经常项目顺差和资本项目逆差，国际收支基本处于平衡状态。

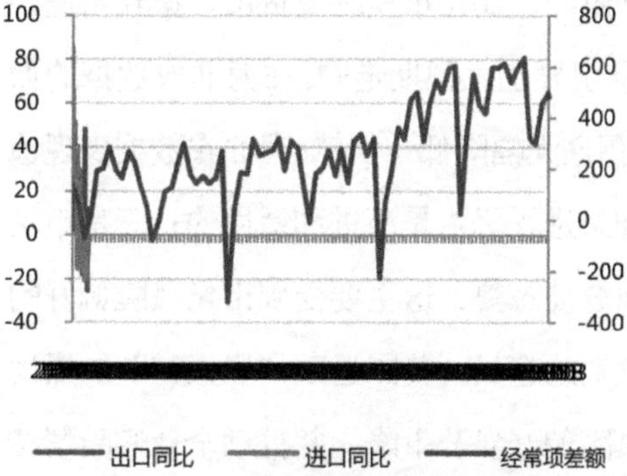

图 7 中国经常项目差额

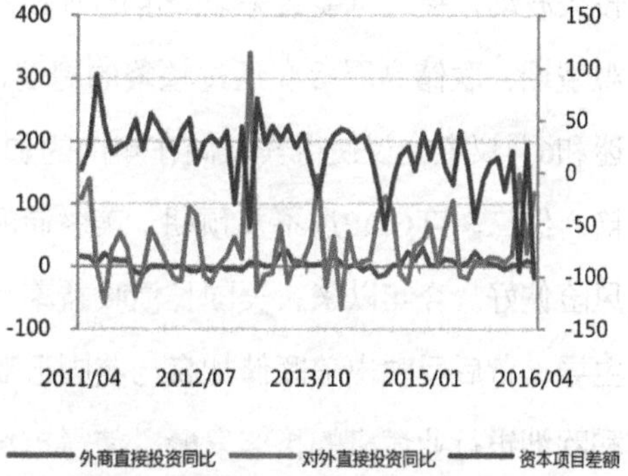

图 8 中国资本项目差额

数据来源：wind数据库，经常项目和资本项目差额单位为百万美元，进出口同比、外省直接投资同比和对外直接投资同比单位为%。

2. 中国将继续实施稳健的货币政策，宽松预期下降，美联储货币政策开始回归正常化，但年内加息概率有所降低，中美利差小幅收窄

在全球资产配置中，美国国债具有多重属性，一是无风险资产，二是流动性储备，三是避险资产，其收益率波动不仅受本国基本面和政策面的影响，更会受到市场风险偏好的影响。与之不同的是，由于我国资本市场并未完全开放，国债收益率以经济基本面支撑为主，并受到央行货币政策调控的影响。我们可以从三个方面展望未来中美利差走势：一是经济基本面。2016年上半年我国各项经济指标运行平稳，但经济总体下行压力依然较大。在高层持续关注民间投资下滑的局面下，预计未来或出台一定措施托底经济，这将对债市形成“筑底”。一季度美国经济复苏动能减弱，修正后的GDP增速仅为0.8%，二季度经济数据喜忧参半，GDP初值仅为1.2%，远不及预期的2.5%，但个人消费支出依然强劲，成为拉动美国经济增长的主要驱动力，工业、房地产等经济指标表现良好，就业市场表现强劲，新增非农在经历5月惨淡后，于6月份出现大幅回升；二是货币政策导向。上半年中央高层和央行均强调要继续保持货币政策的稳健性，“精准滴灌”支持结构转型，从而向市场明确传递了稳定货币信贷增速的信号，“大水漫灌”的总量型宽松恐难再现，央行将更多采用“公开市场操作+中期借贷便利+补充抵押贷款”的组合工具保持流动性的充裕和稳定。然而，如果下半年外汇占款下降导致流动性偏紧，或资本市场出现较大波动，央行可能会采取降准的方式予以对冲。2016年美联储货币政策开始进入观望期，联储高层旨在通过频繁的鹰鸽讯息引导加息预期走向。5月非农数据的低迷和6月议息会议使得美联储在年内的加息预期大幅降低，虽然6月非农数据表现惊艳，但二季度GDP远不及预期，美联储的加息进程仍将是渐进和缓慢的；三是市场风险偏好。今年以来，美国长债收益率呈现波动态势，这主要受到市场风险偏好的主导，背后反映出美联储加息与英国退欧预期的起伏。英国退欧“黑天鹅”的爆发和欧洲银行业危机的持续发酵，使得市场风险偏好显著下降，并推动全球避险情绪升温，这使得黄金、美元等避险资产的大涨，从而压低了美国国债收益率。目前，美国10年期国债收益率已处于历史低位，继续下探的可能性不大（除非再次爆发一次“黑天鹅”事件），随着市场逐步消化退欧造成的影响，风险资产基本收复前期跌幅，下半年美债收益率可能小幅上行。另一方面，由于中美国债属性的差异，中国国债以基本面支撑为主导，短期内受避险情绪推动，国债收益率或稍有下行，但空间有限。2016年下半年，我国债券市场的开放政策有望持续发酵，将带来更多的国际资本流入，改善外汇市场的供求状况，这将对我国国债收益率形成下压。综上所述，预计短期内中国10年期国债收益率将呈现“弹簧型”波动，或存在小幅下行空间。美国10年期国债收益率将低位小幅反弹，中美利差可能小幅收窄。

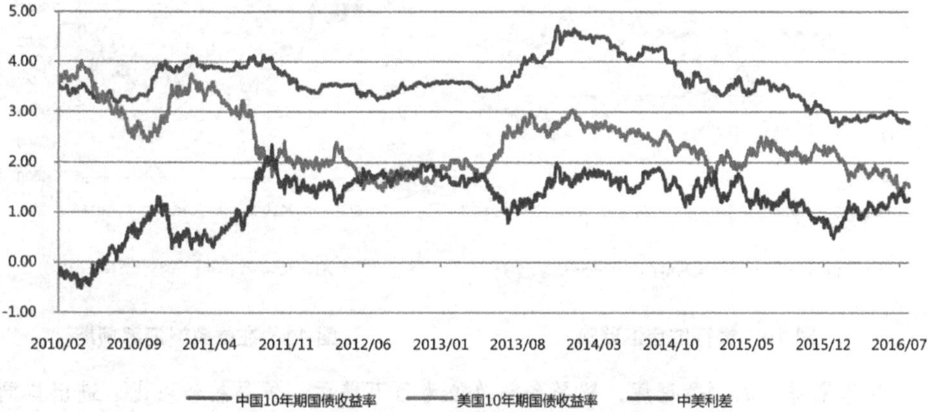

图9　中美10年期国债收益率及中美利差

数据来源：wind数据库，单位%。

3. 2016年初汇差大幅扩大，国际市场投机活动旺盛，随着央行对离岸人民币市场干预，汇差逐渐收窄，恐慌情绪较年初得到有效缓解

2016年年初，伴随着人民币中间价的快速下调，人民币兑美元和人民币指数出现了双贬值现象，导致市场出现恐慌情绪。一些国际投机者借机集体做空人民币，进一步加剧了人民币贬值压力，并最终触发了央行的大规模市场和政策干预。在央行多项政策的支撑下，人民币兑美元汇率开始回升，在岸与离岸汇差大幅迅速收窄。虽然5月以来，受避险情绪升温和美联储加息预期增强的影响，人民币兑美元汇率呈现持续震荡下行态势，但此轮人民币汇率下跌与今年年初的大幅贬值存在显著差异：一是在岸离岸汇差并未随着人民币汇率的下跌而显著扩大，且即期汇率与中间价的偏离度较年初大幅收窄；二是虽然人民币兑美元1年期远期报价贴水在6月中旬一度冲高至955bp，但随后开始大幅回落至750–800bp之间，与3月和4月均值相当；三是我国银行业结售汇逆差不断收窄，由2015年9月的1091亿美元降至6月的128亿美元。人民币汇率经过前期的持续震荡下行，目前已阶段性见顶，并呈现小幅回升态势。考虑到美联储9月加息基本无望，加之即将举行G20峰会以及人民币于10月正式加入SDR，在此之前人民币汇率将基本保持平稳运行态势。

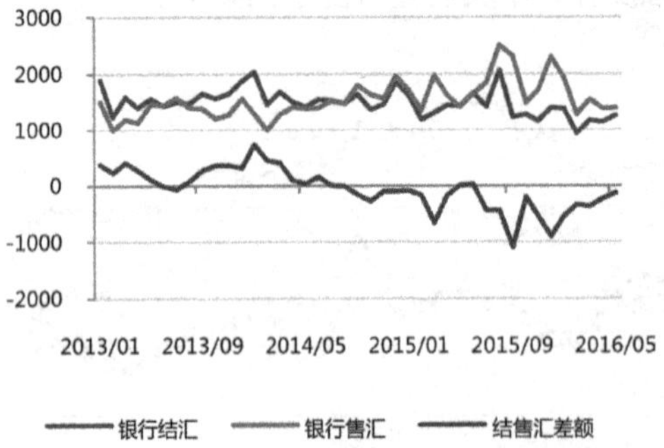

图 10　银行结售汇差额

图 11　在岸离岸汇率预期

数据来源：wind数据库，贸易差额单位为百万美元，贸易差额占比、进出口同比单位为%。

4. 英国退欧“黑天鹅”余波未平，欧洲银行业危机不断发酵，全球金融市场动荡持续，也会对人民币汇率波动造成影响

英国退欧公投虽已过去一段时间，但其带来的后续影响仍具有较大的不确定性：一是退欧将使全球央行重估货币政策，欧、英、日央行可能持续推出宽松政策，美联储年内加息概率有所降低，在一定程度上有助于缓解人民币贬值压力；二是特蕾莎·梅执政后的英国国内政策走向，以及何时启动《里斯本条约》第50条，都会对市场情绪产生影响；三是英国退欧后与欧盟之间的贸易联系可能有所减弱，这虽然为中国与其签署更多协议带来了机会，但一方面考虑到英国在中国贸易份额的占比较低（2015年中国对英出口仅占中国出口总额的3%），另一方面，英国退欧使得中国将失去一个在欧盟内部推动中欧自由贸易的重要力量，从而增加未来中欧自由贸易协定谈判的难度，因此退欧对中国与欧盟、英国的贸易影响仍不明朗；四是英国退欧后，伦敦的全球金融中心地位或将面临挑战，这可能对中国资本“走出去”产生一定影响，但另一方面，英国退欧会使得英镑和欧元国际地位下降，从国际货币相对排序来看，这可能为人民币国际化提供了机会；五是7月英国央行维持利率不变，英镑开始出现反弹，但这种反弹能否持续需要更多利好数据的支撑，7月英国三大PMI（综合、制造业、服务业）表现均不理想，进一步推升了英国央行出台宽松政策的可能，届时人民币汇率或将继续承压。有鉴于此，预计退欧持续发酵所带来的不确定性可能使得人民币汇率波动幅度进一步提升。

近期正在持续发酵的另一地缘政治事件是欧洲银行业危机，其中两家具有代表性的银行分别为德意志银行和锡耶纳银行。欧洲银行业危机的冲击主要体现在三个方面：一是意大利总理伦齐与欧盟领导人就400亿欧元银行重组基金的谈判进程是否顺利，不排除意大利以退欧相威胁逼迫欧盟领导人在银行监管新规上作出让步的可能，这将对欧元体系形成致命打击；二是EBA近期公布的压力测试结果显示，欧洲银行业抵御极端环境冲击的能力较两年前有所增强，但存在系统性风险的几家大型商业银行成绩靠后，锡耶纳银行在压力下的CET1仅为-2.44%，这也为欧洲银行业敲响了警钟；三是英国退欧和造成的市场动荡对银行板块的冲击尤为明显，欧元区银行股全线下跌。德意志银行在被索罗斯下注1亿欧元做空后，面临资本充足保护机制告急的危机。综上所述，欧洲银行业危机的影响在未来可能会持续发酵，所产生的外溢效应将冲击到欧元区经济和全球经济的稳定性，随之产生的新一轮恐慌可能会助推避险情绪的进一步升温，进而引发全球资产配置的调整，也会对人民币汇率波动产生影响。

5. 人民币中间价规则性和透明度显著提高，央行减少了对外汇市场的干预

“8·11汇改”以后，央行主动放弃了对每日汇率中间价的干预，人民币兑美元汇率中间价出现较大幅度贬值。为此，央行不得不通过干预手段稳定人民币汇率，我国外汇储备缩水近8000亿美元。2016年5月6日，央行发布的《2016年第一季度中国货币政策执行报告》中，首次公布了做市商报价的人民币兑美元汇率中间价形成机制，即做市商在进行人民币兑美元汇率中间价报价时，需要同时考虑收盘汇率和一篮子货币汇率变化两个组成部分，且这两个部分的权重大致相同。2016年春节以后，人民币兑美元汇率中间价变化与“收盘汇率+一篮子货币汇率变化”的形成机制高度相符，中间价形成机制的规则性和透明度显著提高，在提高央行汇率政策可信度、稳定市场预期等方面发挥了重要作用。

（三）人民币汇率走势展望

1. 2016年内：人民币兑美元存在一定贬值压力，但下行空间不大，预计人民币兑美元汇率将维持在6.6–6.8区间内，兑一篮子货币持续微弱贬值

根据上述多维度分析，我们可以从以下几个方面判断2016年内人民币汇率走势。从经济增长看，中国经济下行压力依然较大，经常项目呈现“衰退式”顺差，资本和金融项目开始转为逆差；从中美利差及货币政策看，我国货币政策宽松预期显著下降，年内降息概率不大。美国加息进程仍将是渐进和缓慢的，美国国债收益率已处于历史低位，未来或小幅反弹，中美利差可能小幅收窄；从汇率预期看，目前人民币汇率预期较为稳定，经过前期的持续震荡下行，人民币已阶段性见顶，并呈现小幅回升态势。考虑到美联储9月加息基本无望，加之即将举行G20峰会以及人民币于10月正式加入SDR，在此之前人民币汇率将基本保持平稳运行态势；从地缘政治看，英国退欧余波未平，欧元区银行业危机持续发酵，下半年全球市场动荡仍将持续，不确定性因素颇多，人民币汇率仍存在贬值压力；从汇率形成机制看，市场已逐步适应人民币兑美元汇率中间价参考“收盘价+一篮子货币”的定价机制，中间价形成机制的规则性和透明度显著提高，央行在外汇市场的干预力度明显减弱。综上所述，预计2016年内，人民币兑美元存在一定贬值压力，但下行空间不大，人民币兑美元汇率将维持在6.6–6.8区间内，兑一篮子货币持续微弱贬值。

2. 中长期：1–2年内，人民币经过修正下调后，将保持双向波动态势；5–10年内，购买力平价因素将起主导作用，人民币兑美元汇率将迈入5–6区间

理论上，购买力平价理论在揭示汇率长期变动的根本原因和趋势上有其不可替代的优势，但随着全球经济一体化程度的加深，国际资本流动对汇率的冲击愈发明显，购买力平价忽略了投资品因素所带来的影响。有鉴于此，本文将基于国际收支中的经常项目下可贸易品的购买力平价以及资本与金融项目下投资品的投资收益率，对人民币中长期走势进行研判。

（1）经常项目下可贸易品的购买力平价

本文将以购买力平价为锚，通过构建衡量中美之间的购买力平价汇率，进而判断人民币汇率中长期走势。假设购买力平价下的人民币兑美元汇率为ePPP，我们将使用两种方法来衡量中美之间的ePPP，一是通过世界银行编制的PPP方法下的GDP来推算，二是直接观察两国可贸易品价格来比较。世界银行将一国的现值GDP换算成国际美元下的基于购买力平价的GDPPPP时，采用GDPPPP = GDP/ ePPP的公式来计算，由此可采用ePPP= GDP /GDPPPP倒推出ePPP。

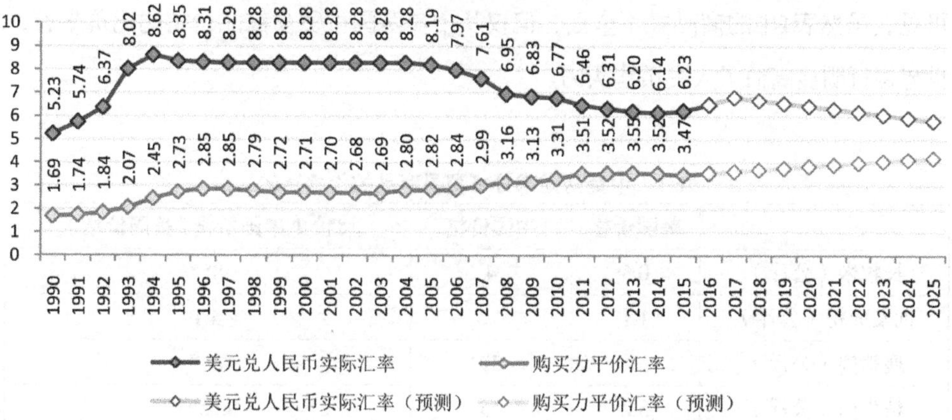

图 12　人民币实际汇率与购买力平价均衡时的汇率将逐渐趋近

数据来源：根据世界银行WDI数据库数据测算得出。

从测算结果来看，1994-2014年间美元兑人民币的ePPP持续上升，由1994年的2.4504升至2014年的3.5295。仅从购买力变化来看，人民币在20年内大约相对于美元贬值了44%，主要原因在于中国的通胀率长期高于美国，这符合相对购买力平价的原理。然而，从实际汇率来看，1994年之后人民币兑美元汇率却不断升值，表明20年来人民币汇率在实际低估的情况下，不断趋近于购买力平价下的均衡汇率。这个过程来自两方面，即“对内贬值”（ePPP上升）和“对外升值”（e下降）。对内贬值源于中国经济快速增长的副作用，即通货膨胀，而对外升值源于本币低估带来的源源不断的贸易顺差。当ePPP最终等于e时，中美货币购买力理论上就相等了。

进一步，本文采用第二种方法，直接比较中美两国可贸易品价格。2014年人民币汇率兑美元年平均价为6.1428，购买力平价下人民币兑美元汇率为3.5295。比价低于人民币兑美元年平均价（即比价〉6.1428）的商品用××标注，比价处于人民币兑美元年平均价和购买力平价下人民币兑美元汇率之间（即3.5295〈比价〈6.1428）的商品不标注，比价高于购买力平价下人民币兑美元汇率（比价〈3.5295）的商品用×标注。在表1中，大部分商品的比价低于人民币兑美元年平均价，表明中国商品的价格相对于美国更高，批发面粉、麦当劳巨无霸、大活基围虾等商品比价处于两者之间，仅汽油比价高于购买力平价下人民币兑美元汇率。由此可见，虽然表1中的商品并不全面，但仅从中美两国可贸易商品价格的比价来看，世界银行明显高估了人民币购买力。

表1　中美两国部分可贸易商品的价格比较

	美国价格	中国价格	比价（中国价格 / 美国价格）
长粒米（公斤）	0.5	4	8**
批发面粉（公斤）	1.1	4.5	4.1
瘦猪肉（公斤）	4	32	8**
精牛肉（公斤）	5.2	45	8.65**
麦当劳巨无霸（个）	4	20	5
可口可乐（易拉罐）	0.35	2.5	7.14**
鲜牛奶（升）	0.9	8.4	9.3**
星巴克拿铁中杯（杯）	3.65	27	7.4**
鸡蛋（只）	0.12	0.8	6.67**
大活基围虾（公斤）	11	56	5.09
香蕉（公斤）	1.06	5	4.71
苹果（公斤）	2.7	14	5.18
LV 包 ALMA 型（只）	1310	10600	8.15**
耐克 Lebron 11 系列(双)	200	1599	7.99**
87/93 号汽油（升）	3	6	2*
iphone6S（16GB）	649	5288	8.14**
奥迪 A4 2.0T 前驱	37300	312800	8.38**

资料来源：CEIC，国际畜牧网，中美两地电子商务网站，包括亚马逊美国、1号店、京东等，美国商品价格单位为美元，中国商品价格单位为元，比价单位为元/美元。

（2）资本与金融项目下投资品的投资收益率

在投资品中，最具有代表性的商品是房地产。本文通过对比中美主要城市房地产租售比指标，来判断中长期国际资本走势，进而分析资本与金融项目下投资品的投资收益率对人民币汇率的影响。租售比通常是指每平方米建筑面积的月租金与每平方米建筑面积的房价之间的比值。国际上用来衡量一个区域房产运行状况良好的租售比一般界定为1：200–1：300，如果租售比低于1：300，意味着房产投资价值相对变小，房产泡沫已经显现，如果高于1：200，表明这一区域房产投资潜力相对较大，租金回报率较高。

表2　中美两国主要城市房地产租售比

中国主要城市	租金	房价	租售比	美国主要城市	租金	房价	租售比
北京	73.31	45400	1:619	纽约	2295	587400	1:256
上海	66.68	41865	1:628	洛杉矶	2630	548600	1:209
天津	31.37	18007	1:574	芝加哥	1660	200200	1:121
广州	44.64	20963	1:470	旧金山	4354	1109900	1:255
深圳	66.68	47446	1:712	华盛顿	2525	495100	1:196
杭州	43.21	19089	1:442	迈阿密	2110	284900	1:135
南京	35.28	21320	1:604	达拉斯	1498	210000	1:140
武汉	28.11	11488	1:408	菲尼克斯	1200	180900	1:151

资料来源：中国数据来自“中国房价行情平台”http：//www.creprice.cn/，美国数据来自http：//mini.eastday.com/a/160422133451886.html。中国主要城市的租金单位为元/月？平方米，房价单位为元/平方米，美国主要城市租金单位为美元/月？平方米，房价单位为美元/平方米。

通过观察表2的计算结果可以得到如下结论：一是中国主要城市租售比显著低于1：300，表明当前我国房地产市场泡沫化倾向突显；二是美国主要城市中，纽约、洛杉矶和旧金山的租售比处于1：200和1：300之间，其余城市租售比均高于1：200，表明当前美国房地产市场的投资收益率相对更高。中美两国房地产市场投资收益率的差异，可能会推升中国企业和居民在海外购置不动产的热情，进而加剧资本外流压力。

（3）人民币汇率中长期走势的判断

综合上述分析，我们认为，1-2年内，人民币经过修正下调后，将保持双向波动态势。在近年来美元走强的短期因素的影响下，人民币出现一轮贬值。但随着贬值压力的释放和强美元周期逐步临近尾声，人民币汇率将逐步过渡到双向波动，同时随着汇率弹性的增加，波动幅度也将增大。

5-10年内，购买力平价因素将起主导作用，人民币兑美元汇率将迈入5-6区间。长期来看人民币汇率仍将向购买力平价均衡方向收敛（图12），预计5-10年内人民币汇率可能迈入5-6区间，而购买力平价汇率将进入4-5区间，最终达到较为均衡的位置。以上预测基于三个条件：一是中国经济在十三五、十四五期间，能分别保持6.5%、6%的平均经济增长速度；二是人民币国际化和中国资本账户开放进程循序渐进；三是全球贸易恢复温和增长，强美元周期结束，美元输出继续为全球提供流动性。

不过，人民币兑美元实际汇率最终可能无法完全收敛到购买力平价汇率（即进入4-5的区间），主要原因在于：一是世行对人民币购买力的计算有人为高估的倾向（表1）；二是从以房产为代表的投资品看人民币购买有所高估（表2）；三是在人民币国际化进程中，有通过金融项下逆差（加大海外投资）输出人民币的需要，这会导致实际汇率略高于购买力平价。

四、政策建议

（一）确立“以实体经济立国，相对强势的货币有利于强国富民”的理念

强势货币是通往国际货币的“阶梯”，只有强势货币才能在全球货币体系中占据主导地位，成为全球广泛认可和接受的国际货币，有利于进一步实现强国富民的目标。历史规律表明，经济的强大必定造就货币的强盛，经济霸权的更迭总是伴随

着国际货币的流转。相对强势的人民币，一是有助于增强我国的国际地位和全球影响，促使我国经济走平衡发展道路；二是有助于降低我国购买国外资源的成本，增强经济发展的可持续性，提升国民福利；三是推动人民币成为准国际储备货币，并最终成为国际货币。另一方面，货币价值的根本支撑是实体经济的发展，即强国拥有强货币，表现在商品上，是有较强的商品竞争力，表现在资产上，是有较高的资产回报率。因此，我国要确立“以实体经济立国，相对强势的货币有利于强国富民”的理念，加大供给侧结构性改革的推动与落地，大力发展实体经济，着力培育新的比较优势和增长动力，为人民币的强势地位提供支撑。同时，要更加注重人民币汇率的中长期发展战略，推动我国对外贸易走向均衡发展道路，维持人民币汇率的相对强势地位。

（二）以“一带一路”和加入SDR为契机，推动人民币国际化

随着中国经济的快速发展和对外开放程度的提高，人民币作为交易媒介、储藏手段和支付手段，在中国周边国家和港澳地区的使用越来越广泛。2015年以来，我国多措并举，人民币国际化进程明显加快。随着“一带一路”战略的实施，以及人民币于今年10月正式加入SDR，人民币国际化将迈向新的阶段。一方面，在“一带一路”战略实施过程中，中国与沿线国家经贸合作的深化以及基建领域巨大的融资需求，将在贸易与投资结算、跨境融资计价等领域，催生出更广泛的人民币跨境使用需求，进而推动人民币国际化进程。另一方面，人民币正式加入SDR，能进一步提高中国的国际地位，有助于增强海外市场对人民币资产的配置需求，将明显促进我国金融市场广度和深度的提升。

（三）参考德国模式，保持经常项目顺差与资本项目逆差是当前我国国际收支平衡的一个适当选择

国际收支的基本平衡是维持人民币汇率稳定的重要保障。为此，可借鉴德国国际收支平衡经验：一方面，要进一步增强我国外贸产业的国际竞争力，提高我国出口产品的质量和国际市场占有率。这就要求不断提升中国在国际供应链与价值链的地位，引导产业的技术创新由技术引进、技术改造向原创型技术创新升级，实现由制造业大国向制造业强国的转变；另一方面，加大“一带一路”战略和企业“走出去”步伐，输出过剩资本和产能，实现资本项目的逆差，从而维护国际收支的基本平衡。

（四）维持中美正利差的基本稳定，保持适度的外汇储备规模

在美联储进入加息周期的大背景下，中美利差有望进一步收窄，套利资本空间将被压缩，存在着持续的资本流出，人民币将面临贬值压力，这将进一步加剧资本流出和外汇储备规模的消耗。然而，若中美利差过大，会形成短期追逐人民币利差的国际资本流动，使得我国股票市场和房地产市场泡沫加剧。因此，维持中美正利差的基本稳定，是稳定人民币汇率预期的客观需要。这就要求我国应继续保持货币政策的稳健性，避免“大水漫灌”式的总量型宽松政策，更加注重结构性调控，维护金融市场的稳定。与此同时，适度的外汇储备规模是捍卫人民币汇率稳定的重要保障，我国要保持外汇储备规模合理稳定，更加注重外汇储备资产的多元化配置，降低美元汇率变化所造成的外汇储备价值波动。

（五）坚持有管理的浮动汇率制度，把握好资本项目开放节奏

在未来的汇率制度选择上，我国仍应坚持以市场供求为基础，参考一篮子货币进行调节的、有管理的浮动汇率制度。以市场供求为基础，使得人民币汇率能够充分反映外汇市场供求变化，参考一篮子货币进行调节，可以更全面地反映人民币兑主要货币的变化，实施有管理的浮动汇率制度有利于汇率预期的管控。同时，应处理好人民币国际化与资本项目开放的关系，“快慢张弛”的把握好资本项目开放节奏，在引入合格的境外投资者、放松交易限制、进一步开放资本账户的过程中，应更加重视风险的防控。

（中国民生银行研究院　2016年8月）

中国金融风险的聚集与应对

刘陈杰

2014年可称为不寻常的一年，是因为在这一年的前后，中国的经济增长和金融市场发生了一些耐人寻味的变化。

不寻常之一：2014年之前，上证综指与中国经济基本面之间正相关（+57%）；2014年之后，股市与经济基本面之间负相关（−52%）。

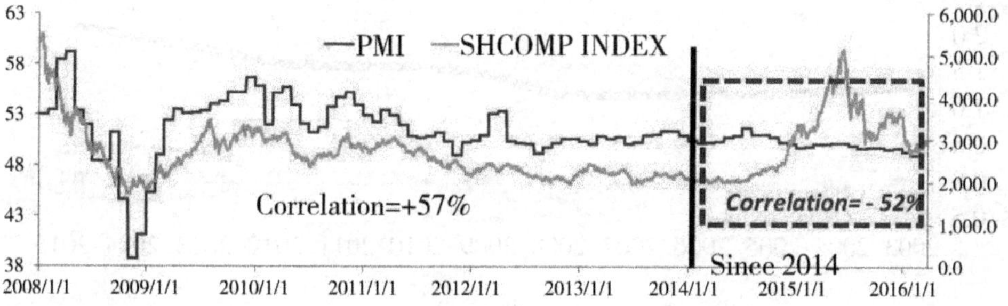

图 1

不寻常之二：2014年，全国整体房地产供需比值指标达到顶点，今后五年呈现逐步下降趋势，全国范围内的房地产不再那么稀缺。

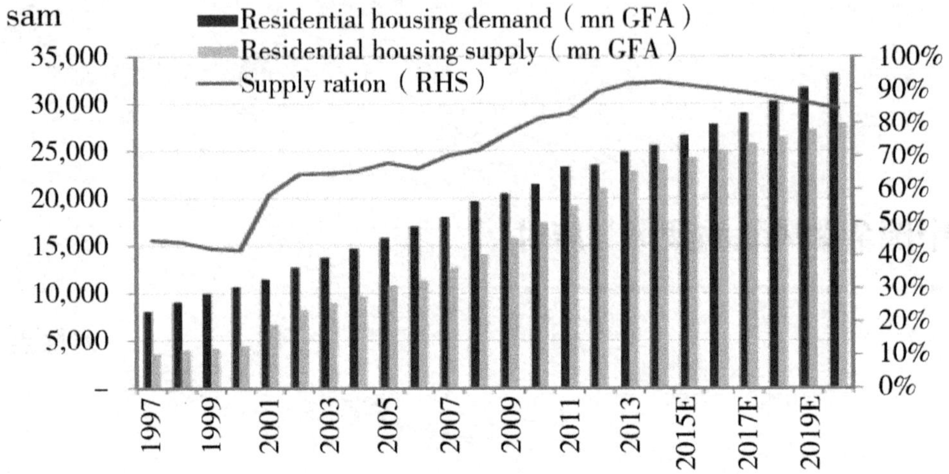

图 2

不寻常之三：2013–2014年之后，产生新增单位GDP所需的资金密度（比例的加速度部分）开始显著升高，这意味着维持一定经济增长所要求的货币宽松力度在增加。

图 3

我们发现，2014年之后资本市场、房地产市场和货币政策的效力都发生了不寻常的变化。这些不寻常的变化背后，隐含着中国经济基本面出现了一些系统性的变化。

为何2014年出现很多不寻常的现象：实体经济投资回报率开始持续低于实际融

资成本，经济可能逐渐陷入“旁氏增长”阶段。一系列的金融风险乱象，深层本质在于不断下行的实体经济资本回报率与居高不下的实际融资成本之间的矛盾。这一阶段的典型特征：（1）资金不愿意进入传统实体经济；（2）结构性分化，“旧经济”行业（煤炭、有色、钢铁、基建等）逐渐陷入债务困境；“新经济”行业泡沫化；（3）资本市场主要受到流动性和风险偏好推动，而不是基本面；资本市场波动性加大，金融风险也在加大。

经济基本面的深层次原因，使得我国整体金融风险加大，并在不同时期在各个领域逐步显现。如果分散应对，那金融监管者很可能疲于奔命，但效果一般。我们认为，在2014年金融市场出现不寻常变化之后，首先需要厘清现阶段我国面临的主要金融风险以及背后的逻辑、处于什么阶段、各种风险的表现形式。

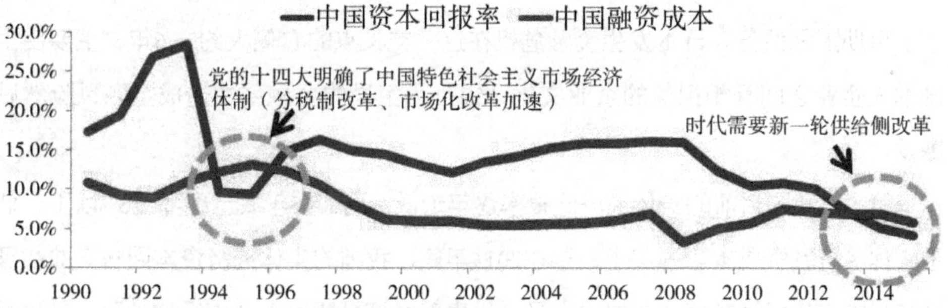

图 4

现阶段我国的金融风险及深层次原因

按照前美联储主席伯南克的研究，一个国家的金融风险容易向实体经济溢出和放大波动，从而影响经济周期，甚至造成经济衰退。我国经济正逐步进入新常态，在这一时期，经济增长从高速转向中高速。新常态下，一方面，传统的周期性板块面临产能过剩压力，市场出清的要求与日俱增，同时隐含着潜在的金融风险。一方面，新的经济增长领域和新生事物的发展往往缺乏规范，部分产业“野蛮生长”的同时也引起了金融稳定的隐患。新常态下的金融风险，目前而言是一个全新的课题，又是一个我国在进一步改革和发展中不可能回避的问题。

我们认为，我国金融风险的深层本质在于不断下行的实体经济资本回报率与居高不下的实际融资成本之间的矛盾。单纯讨论金融风险的意义不大，必须结合实体经济的运行阶段，才能得到合理客观的判断。随着我国进入新常态阶段，实体经济资本回报率逐步下行。然而，随着利率市场化和金融自由化改革的加深，实际融资成本且逐渐上升或维持高位。

首先，从日本、拉美等发生金融危机的国际经验来看，下行的实体经济资本回报率曲线与较高的实际融资成本曲线之间的交叉点具有重要意义。经过这一交叉点之后，意味着实体经济资本回报率低于资本成本，经济将逐渐陷入“庞氏增长”，即资本回报不及融资的利息支出，金融风险逐步暴露。拉美国家发生金融危机在这一交叉点的左侧大约一年的时间点，主要由于拉美国家资本账户开放，同时大量依赖于短期国际债务。日本发生金融危机在这一交叉点的右侧大约5-6年，主要由于日本大企业之间互相担保的企业文化、银行为主导的金融结构造成金融风险然后爆发。

第二，我国目前的实体经济回报率逐年走低，到2015年底已经降至5%以下，低于实体经济融资成本。事实上，早在2014年底，我国的实体经济资本回报率曲线已经与我国实体经济融资成本曲线交叉，代表着经济可能陷入“庞氏增长”。具体而言，相关调研数据表明，新增信贷扩张的52%用于实体经济主体还本付息，只有少部分流动性真的进入实体经济。同时，如果测算2008年以来各个行业单位增加值的信贷密度（行业增加值/行业信贷），我们发现基建、钢铁、有色、化工、煤炭等行业的信贷密度增长最快，然而这些行业的净资本回报率都堪忧。

第三，我国金融风险已经开始逐步暴露，但何时发生金融危机却取决于未来的经济改革和金融改革。我国银行主导的金融结构与日本相似，强有力的政府和国有企业的控制力强于日本，因此我们判断，我国的金融风险可能出现的时间点要晚于日本。如果我国在这一时间内抓住机遇，加快供给侧改革和金融体制改革，则有望避免金融危机，实体经济资本回报率重新攀升到资金成本以上。

深层本质揭示我国金融风险的发展趋势，涉及到我国金融风险的具体表现就更加精确和现实。我国金融风险在以下领域累积较为严重：

（1）非金融企业的高负债。我国非金融企业的杠杆率在2015年底达到了创纪录的152%，居全世界首位。2008年全球金融危机之后，相应“四万亿”投资保增长的号召，国有企业掀起了新一轮的加杠杆投资的潮流，但那时的民营企业杠杆依然偏低。随着金融脱媒的发展和多样化金融工具的出现，民营企业的整体杠杆率近几年也加速上升。然后，仔细审视国有企业和民营企业的盈利增长我们可以发现：国有部门的盈利增长急剧下滑，民营企业盈利增速更多是通过外延式的并购重组取得，而不是踏实的内生增长取得。非金融企业的负债攀升，相对应的盈利能力和潜力下降，将在未来相当一段时间内困扰微观主体的正常经营。

（2）地方政府融资平台债务在财政部相关约束规范之后（43号文），已经开始走向正规化。然而，由于为了继续保持一定的合理经济增长，地方政府债务又开始蠢蠢欲动，而且出现了新形式的地方政府债务平台，继续扩张负债规模。我们从公开的城投债的财务数据测算发现，绝大多数地方政府融资平台的净资产回报率都非常低，远远低于其融资成本。目前财政部正在会同有关部门进行存量债务置换，将原有的高息债务逐步置换成低息债务，期望有利于缓解地方政府融资平台的还本付息压力。

（3）房地产行业的高库存，目前主要集中在三四线城市，相当于年销售的6倍（需要6年左右的时间，三四线城市才能消化完目前的房地产库存）。房地产行业和相关的产业链是资本密集型行业，高库存使得房地产行业的债务压力增大，并使得大量的货币沉积在这一行业。2015年底以来推动的供给侧改革的一项重要内容就是推动房地产行业去库存，降低负债率水平。

（4）金融链条过长，掩盖了金融风险。2008年美国金融危机的一大教训是金融服务的链条过长，导致金融风险被层层掩盖，未能及时发现。目前而言，通过各种银行表外业务开展非标贷款等活动，进一步将金融服务的链条拉长。同时，银行间市场金融产品的频繁交易融人资金，使得金融市场资金成本和实体经济融资成本之间脱钩。金融风险在一层层的金融服务中被逐步隐藏，很难被提前发现。同时，金融服务链条过长，而且经常跨监管主体，增加了相关部门的监管难度。

（5）新兴金融业态险象环生（P2P，互联网金融等）。目前推进的金融创新、互联网金融等背景下，金融体制机制尚存弊端，不规范的金融运作现象明显增加。新兴的金融业态涉及到多个监管部门，从银行、保险到证券，往往使得监管部门无所适从，难于监管。特别是2014年底以后，随着股市上行，一些银行理财资金通过各种渠道纷纷加人股市投资，投资风险加大，但相关的金融监管却没有及时跟上，从而造成了巨大的金融风险。

非金融企业、地方政府融资平台、房地产等领域的高负债，以及金融服务链条变长、新兴金融业态缺乏有效监管等呈现了我国目前的金融风险的具体问题。这些问题的产生并非一朝一夕，也并非由于具体的政策措施，而是具有一定的内生性的。可以说，新常态下的金融风险是一个世界性的问题。

用供给侧改革化解金融风险

本文所谈化解金融风险的供给侧改革，包含两个层面的含义：第一是金融监管体制的新制度供给层面；第二是实体经济基本面提升投资回报率的层面。

第一，从监管体制的新制度供给层面而言，需要建设更加合理、有效的新型综合金融监管体制：宏观审慎监管框架。宏观审慎监管是为了维护金融体系的稳定，防止金融系统对经济体系的负外部溢出而采取的一种自上而下的监管模式。具体而言，宏观审慎监管包括三个方面：一是识别系统风险，即发现、监测和计量系统风险及其潜在影响；二是降低系统风险的发生概率，即通过提高监管标准和采取针对性监管措施等，预防系统风险爆发；三是缓解对金融体系和实体经济的溢出效应，即在系统风险爆发后，限制破坏的程度和范围，尽可能降低经济损失。宏观审慎监管框架有利于在整体上解决金融服务链条过长隐含金融风险的问题，同时有利于银行部门、证券部门、保险部门和整体宏观稳定的协调，即增强了金融稳定和宏观调控部门的合力，保证金融监管部门能及时监测、实时防范和治理金融风险。

第二，从实体经济基本面提升投资回报率的层面，需要充分的利用强有力的国家力量控制下赢得的宝贵改革时间，实施经济领域的供给侧改革。新常态下强调供给侧改革，就是侧重于中长期内提升实体经济资本回报率，从经济增长的本质上降低金融风险。2016年1月26日召开的中央财经领导小组第十二次会议上，习近平总书记强调，要在适度扩大总需求的同时，去产能、去库存、去杠杆、降成本、补短板，从生产领域加强优质供给，减少无效供给，扩大有效供给，提高供给结构适应性和灵活性，提高全要素生产率，使供给体系更好适应需求结构变化。具体而言，有利于提升实体经济投资回报率的供给侧改革措施包括：（1）进一步简政放权，鼓励“双创”，提升政府效率，使得市场真正意义上发挥决定性作用；（2）进一步减轻企业税负，适度降低企业社会成本压力；（3）完善城乡社会保障制度，编制可靠的社会保障安全网；（4）理顺中央和地方财政体制关系，重构激励相容、监督有力的财政体制；（5）促进教育公平，增强社会的纵向流动性。新常态下供给侧改革的实施，有利于从本质上中长期内化解各个领域的潜在金融风险，用正确的发展方向解决发展中遇到的问题。

人民币没有大幅贬值的基础

刘陈杰

2016年6月底英国公投退出欧盟之后，美元相对英镑和欧元升值，人民币兑美元汇率跌穿了6.6的市场心理关口，国内外对人民币汇率继续贬值的担忧重燃。直面人民币汇率的压力和质疑，有文章认为人民币应该一次性贬值到位（比如20%或30%的贬值幅度）；也有文章认为央行应该继续运用手中的外汇储备干预市场，稳定人民币汇率；还有观点认为我国应该采取更加严格的外汇管制措施，防止短期资本频繁流动。本文从我国经济的中长期基本面和短期波动出发，主要就三个方面：人民币均衡汇率水平测算、短期资本流动（热钱）估算和影响因素、贸易顺差与人民币国际化对人民币汇率的影响，简要阐述今后一个阶段人民币汇率可能的走势。根据我们的分析，不管从中长期的均衡汇率角度，还是短期的贸易顺差趋势，以及热钱流动，人民币汇率并不具备大幅贬值的基础。

人民币均衡汇率测算显示：当期人民币汇率水平接近中长期均衡水平，没有大幅贬值的必要。我们经常可以听到建议人民币一次性贬值到位的呼声，但首先需要知道人民币均衡汇率水平目前处于什么位置，人民币当前的汇率水平与均衡位置失衡多少。一般而言，估算均衡汇率的工具主要分为两种。其一是经常使用的行为均衡汇率理论（Behavior Equilibrium Exchange rate，BEER）。BEER模型主要是考虑短期的经济周期性因素和中长期的基本面因素，没有直接要求国内外均衡，简化了模型的结构，没有反映变量之间内在的经济关系，无法准确的体现国内外均衡对汇率的重要意义，因此得出的结果较为脆弱。我们构建的基于新凯恩斯动态随机一般均衡模型（Dynamic Stochastic General Equilibrium，DSGE），从开放经济内外部均衡出发研究了人民币均衡汇率和汇率失衡程度。在模型的构建过程中，还考虑了部分中国特色的制度安排，即加入了部分资本管制因素（严格了无抛补的利率平价条件），人民币汇率不完全传导（改进了一价定律）。

我们的DSGE模型显示，人民币汇率失衡程度在2005年汇改之后已经缩小，目前人民币汇率水平与均衡汇率水平相比非常接近，不宜过分夸大贬值压力。就人民币实际有效汇率（Real Effective Exchange Rate，REER）而言，综合考虑国内外部门的相对基本面情况，当期人民币大约有5%左右的贬值空间，面临的贬值压力比较温和。2008年全球金融危机以来，人民币已由最初的单边升值开始了越来越多的双向波动，出现了交替升值和贬值的现象。从国内外经济基本面来看，我国相对较快的GDP增速，相对较高的贸易部门劳动生产率，在过去和未来一个阶段不会发生改变，这也将支撑人民币均衡汇率维持在一个相对稳健的水平。随着2015年8月人民币中间汇率定价机制改革、进一步扩大人民币汇率双向浮动区间、参考一篮子货币进行调节等一系列制度安排，人民币汇率目前已经非常接近均衡，当前汇率变化很大程度上可以看作围绕均衡汇率的一种震荡波动。

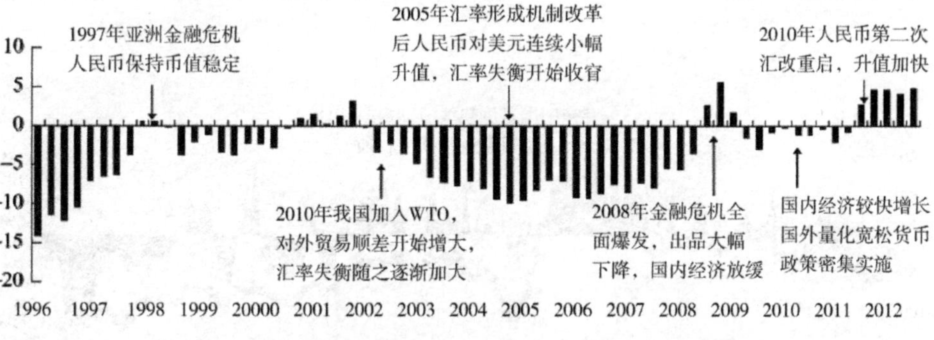

图 1　基于动态随机一般均衡模型的人民币均衡汇率

资料来源：中国人民银行，CEIC，作者估算。

下半年短期资本流出减缓，进一步降低人民币贬值压力。短期资本流动是导致一定期间内资本账户失衡和国际金融冲击的重要渠道。我国属于大国经济体，短期的资本流动很难撼动国内资本市场的稳定，但也会影响我国货币政策的稳定和国内资产的风险偏好变化。

首先，我们运用世界银行残差法（外汇占款-贸易盈余-FDI）对短期资本流动进行监测。在实际经济活动中，大量的热钱流动隐藏在经常账户的贸易往来中（比如说2015年以来我国对香港地区进口增速的离奇飙升），因此我们借鉴苏剑等（2011）的方法分离出虚假贸易部分。综合考虑世界银行残差法和隐藏在贸易部门的热钱规模，我们构建了短期资本流动的月度监测体系。值得注意的是，2014年下半年以来，短期资本持续流出我国，尤其以2015年8月和2016年1月人民币汇率大幅波动时为最。在此之前，虽然短期资本流入流出变化频繁，但总体来说我国还是热钱的净流出地。短期资本持续流出，给货币政策的独立性、国内资本市场的稳定、基础货币的供给方式等都造成了困扰。

第二，我们根据三因素模型，构建了预测短期资本流动的分析框架。我们发现，我国短期资本流动主要受到人民币贬值预期（NDF市场）、中美利率差和中美基本面差异三个因素的影响（模型调整后的R方接近0.7）。人民币汇率预期目前已经较为平稳，中美之间的利差不会进一步收窄（美国下半年加息预期减弱），中美经济增速差异不会扩大（美国下半年经济并不乐观，而我国可能较为平稳）。按照

图 2　短期资本流动与人民币贬值预期

资料来源：中国人民银行，CEIC，作者估算。

我们的三因素模型，综合汇率预期/中美利差/基本面差异在2016年3-4季度的变化趋势，我们认为热钱在2016年3-4季度流出中国的压力可能缓解。当然，如果相关部门加大资本管制力度，短期资本外流的压力可能进一步降低。

我国强劲的贸易顺差和人民币国际化战略都支持稳健的人民币汇率。按照国际经验，一国的贸易顺差短期内与汇率之间存在正向关系，即贸易顺差经济体汇率一般都较为平稳或坚挺。比较而言，虽然1990年之后，日本经济经历了长时间的低迷，但日元一致保持平稳，很长一段时间没有出现大幅度的贬值。我们发现，日元稳健的背后是日本长时间内保持着较为庞大的贸易顺差。然而，日本在2012年开始出现贸易逆差，日元随即出现了明显的贬值。相比而言，第一，中国对全球贸易总额占比在2015年底接近15%，超过了所谓的东亚地区12%的天花板（日本等历史上最强盛时期占全球贸易份额接近12%），而且中国贸易顺差近几年持续扩大。虽然近期人民币汇率出现了略微贬值，但有坚实的贸易顺差支撑，不会出现较为明显的被动贬值压力。如果这一时期我们采取人民币主动贬值的策略，那么可以预计中国出口占全球贸易份额可能进一步扩大，这对其他与中国出口结构相似的国家影响更为负面。

人民币国际化是近年来全球金融体系的内生要求，也是我们一直努力的方向。纵观全球货币体系的历史看，英镑、美元、日元和欧元国际化过程与本国汇率之间呈现出显著的正向关系。即我们发现，一个国家货币推进国际化的过程中，往往伴随着货币的整体升值或保持基本稳定。自布雷顿森林体系崩溃之后，之后构建的牙买加体系同样是以美元为核心。美国作为全球流动性最主要的提供者，一方面是巨大的“铸币税”好处，另一方面是可能遇到所谓的“特里芬难题”。目前而言，原有的货币体系造成了全球金融治理的失衡，急需人民币等新兴崛起的货币进入国际货币体系，稳定全球金融市场。虽然，短期内人民币国际化遇到一些暂时的困难，但人民币国际化的规律并不随着短期因素而变化。我们相信未来人民币国际化再度发力时，外部需求和预期稳定效应将给人民币汇率提供支持。

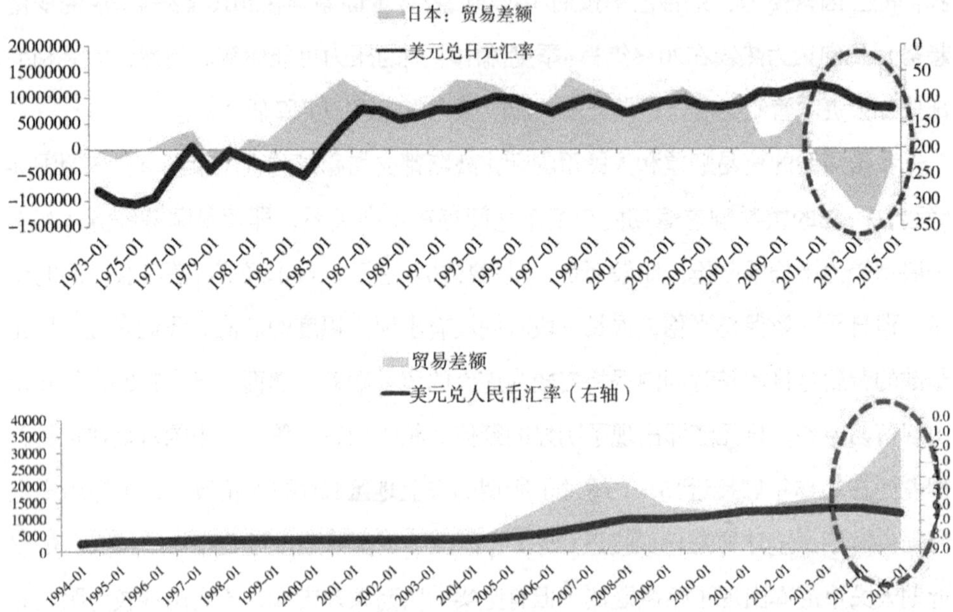

图3　日本、中国贸易顺差与汇率

资料来源：CEIC，作者估算。

国内外的沟通误差、改革预期、人民币国际化进程不明朗等因素也构成了短期人民币汇率压力的“隐”因素。短期汇率的预测非常困难，因为汇率的短期决定因素不光是中长期的基本面，还有很多非经济因素。为何自2015年8月汇改以后，国内外总是有关于人民币贬值的担忧？近一段时间以来，笔者通过与海外和国内资本市场人士、学术界和政策研究机构沟通，认为可能有以下几个引起短期人民币汇率贬值压力的“隐”因素。

第一，国内、国外缺乏相互的有效和深入的沟通。国内外机构之间的沟通不充分，国外夸大中国经济和金融风险，国内也不了解国外经济和金融市场的问题。笔者参加国内外经济论坛时发现，国外学者对于中国经济中长期的看法普遍偏悲观。有质疑中国杠杆率能否持续的观点，有担忧中国房地产市场和银行体系坏账的观点，也有不信任中国经济增长数据的观点。凡此等等，都是因为国外经济学者和资本市场人士对我国经济和金融体系、经济结构和部门职能不熟悉，沟通不充分。随着更多与海外机构的交流，邀请海外机构深入了解中国经济，彼此的不了解可能逐步消除，海外机构可能更加理解我国处于转轨时期的特点，认识到我国经济结构转变过程中的暂时困难以及未来的发展潜力。此外，国内政策层面与居民和企业的沟通也并不充分，使得人民币短期汇率变化时，容易引起担忧。所幸的是，随着去年下半年中国企业海外美元负债的集中偿还，居民购汇意愿的缓慢降温，目前国内的预期引导和政策沟通正在逐步改善。

第二，国内经济形势和改革前景并不明朗。十八届三中全会以来，大会文件里提到的改革，根据我们搜集的公开信息，除了金融领域以外，其他领域进展并不显著，可以用缓慢来形容。诚然，纵观美国的医疗改革、印度的改革和日本的“安倍经济学”等案例，结构性改革在全球都是非常困难的。中国改革前景的不明朗，在一定程度上引起了国内外对中国中长期发展前景的担忧。同时，自2012年以来，国内经济形势逐年下行，进入中高速增长的新常态，部分居民、企业等经济主体未必能迅速适应。随着人口红利的式微，我国未来潜在增速继续下滑，供给侧结构性改革短期并没有看到实效，这一经济基本面的变化使得短期对于人民币汇率产生一定的担忧也属正常现象。

第三，人民币国际化进程还没有展开，人民币的国际需求还没有充分展现。正如前文所述，按照国际货币体系演进的规律，一国货币的国际化进程和汇率之间存在内生的正相关性。人民币国际化初期、经济形势处于新常态，容易引起汇率的波动。短期而言，为了减小人民币国际化的成本，可能目前对人民币国际化进程暂时有一些过渡安排或暂缓。等待时机成熟，人民币国际化进程进入到一定阶段，人民币的国际需求增强，成为主要国际货币之后，人民币汇率能更加市场化的形式决定。人民币汇率将受到人民币国际化进程的推动，支撑人民币不会出现大幅贬值。

从中长期的均衡汇率角度、短期的贸易盈余和热钱流动，以及人民币国际化进程等因素来看，我们认为人民币汇率不存在大幅贬值的基础。当然，短期汇率并不一定服从中长期的基本面，很多非经济的因素可能影响短期汇率波动。我们建议相关部门实时监测短期资本流动，积极引导人民币汇率预期，加强国内外的沟通和交流，稳妥推进人民币国际化进程，保持人民币汇率稳定。

中国国民投资海外将大大提升人民币的国际实力

金海年

中国经济增长由超高速换挡至中高速，中国的高净值人群及其资产的增加丝毫没有因此而放慢脚步，包括保险公司在内的机构投资者则更早就开始布局海外，中国现在的情况与80年代末的日本非常相像，有要买下全世界的趋势。相对于近半年多的贬值预期，人民币已经经历了15年的升值预期，直到2015年4月，每半年的美国财政部报告中都在强调人民币被大幅低估。同时，中国M2增速一直显著超过GDP增速，M2/GDP已将近美国的3倍，国内资产价格快速增长，似乎人民币近期同时面临对外趋贬、对内趋胀的相悖双重压力。

我们认为，决定一个货币汇率的直接因素是其经常项目和资本项目的国际收支平衡情况，这两个方面的国际流动情况反映了该货币的供求关系。但是不同货币的汇率并非其国际供求的简单反映，最近人民银行金融研究所提出“占优货币理论”，指出具有国际储备地位的货币在国际货币流动性短缺的情况下具有避险和支付的非对称优势地位，更容易升值。目前美元、日元和欧元就是这样的占优货币。央行研究所认为，全球流动性正在紧缩，尤其美元不停制造加息的市场预期，欧元和日元的不断宽松也不能改变全球流动性不足的趋势，由于欧元、日元的宽松已近极限，未来几年很有可能出现断崖式流动性不足。

为了保持国际收支平衡、促进汇率过度偏离波动，央行提出人民币汇率须参考一篮子货币，而非盯住一篮子货币。由于汇率的根本决定性因素还是国民经济实力的对比，总体上是基于国民经济的对比形成汇率价值基准，基于经常项目和资本项目等国际收支情况形成汇率（货币的国际价格）波动的机制，参考一篮子货币有助于稳定市场预期，也符合人民币即将加入SDR的准占优国际货币地位，为人民币国际化成为新兴国际储备货币奠定制度基础。

当前全球各主要经济体走势已发生很大分化，原来增长迅速的新兴经济体也已分化，“金砖五国”一词已成为历史，俄罗斯、巴西已经落入短期难以改善的衰退，南非也接近零增长，中国正由超高速转入中高速，印度的起步刚刚开始但基础并未稳固；而原来一直低迷的发达国家反而在危机后的复苏中成为全球经济的对冲稳定部分，不过发达经济体的复苏并不确定和一致，美国由于其VR、AI等新科技和新能源等创新领域的蓬勃发展，在复苏中尤为耀眼，虽然其加息仍然言之过早，目前的加息预期管理却已起到了推升美元、吸引资金回流、缓解其国内流动性不足的作用，但欧洲和日本却仍陷在负利率宽松难以刺激经济的泥沼。

今天的美国、未来的中国、更远的印度，是当前国际领先的股权投资机构尤其是风险投资机构的投资核心重点，欧洲已被抛弃，虽然以色列是唯一的亮点被保留，但其创新仍然依附于美国市场，日本早已不在资产配置清单的“主菜单”之列。因此，虽然近期人民币汇率会有波动，但从长远来看，只有人民币与美元是全球最凸显的占优货币，未来必然是双占优货币的全新的国际市场格局。

因此，人民币汇率短期会有双向波动，但未来尤其在加入SDR稳定一段时间以后，会有和美元一起共同长期走强的趋势。需要注意的是，近几年风险的经济因素基本都在预料之中，但经济以外的因素却可能对全球经济金融造成更大的影响，例如在欧洲、中东、南海、东海、朝鲜半岛等方面，不确定性都在增加。

支撑人民币汇率的稳定乃至未来强势与否的主要基础，还在于中国的经济未来的表现。中国经济的旧常态正在瓦解，以工业化为代表的第二产业随着中国城镇化进程进入到后半程而逐步放缓，需求的饱和、生态环境保护和资源可持续的压力导致原来高速增加的供给成为过剩的产能和库存，新产业和服务业正在酝酿和兴起。在新旧转换的过程中，经济增速、对资源的消耗、对人力资源的需求、资本的方式都在发生巨大的变化，这些变化在不同的年代各不相同，但变化转换的周期却仍然符合朱格拉中周期的规律特点，预计中国这一新旧转换的过程将持续到2018~2019年，如果市场化、国际化的供给侧结构化改革能够如期进行，中国经济将触底反弹，重新进入下一个10年的新增长周期，跨越中等收入陷阱、民族伟大复兴才能稳步实现。

在这个转换过程中酝酿着需求、供给和环境等三个方面新的趋势。

在需求一侧，有三个因素升级推动了消费的新趋势。首先是收入升级的消费新趋势，收入的持续提升带来消费结构性的变化，包括对质量要求的提高和消费层次与内容的提升，尤其是文化、精神等更高层面需求的满足；其次是人口升级带来老年消费和未成年人消费这两极消费的新趋势，包括健康、玩具、教育、食品等等方面的新需求；再之是科技升级带来的消费新趋势，包括智能手机移动互联网、可穿戴设备、VR、虚拟现实等方面的新消费。

供给方面的新趋势，一个是产业结构的更替，主要体现在第三产业超过第二产业成为经济的主要产业，而第二产业也在发生向工业4.0升级的内在变化。第二是动力的转换，在改革开放最初的三十多年，中国经济增长的主要动力由初期的计划经济到商品经济的生产力解放阶段到后来的政府投资和地方政府间竞争的城镇化和工业化起飞驱动力，逐渐达到了刘易斯二元结构的第一拐点和第二拐点，也如罗斯托的发展阶段理论，落后经济体在起飞的初期会逐步增加基础设施建设投资，主要依赖于政府投资，在中后期政府投资重点将转移到社会福利保障体系建设而逐步减少，国民经济增长的主要动力因此转换为私有经济的投资，更多投在科研创新创业等方面。第三是由原来的追赶学习模式转换为内生创新模式，也包括在国际产业链价值链分工的重塑。

环境方面的新趋势，包括全球经济政治新的环境、新的格局、新的博弈的变化，我们认为未来很可能是中美两极化的新趋势，货币也是如此；再就是在中国内部区域的新均衡，发达的东部和中部、西部以及东北，需要更加均衡的发展；第三是自然生态环境，环境保护、资源可持续性遇到的工业化的极限，必须实现绿色与发展的协调进步。

中国自1978年以来30余年的高速增长，已经成为全球第二大经济体，进出口贸易总额和出口额都超过美国，位居世界第一，国际收支长期顺差，外汇储备迅速增加，在2014年最高达到约4万亿美元，随后逐步回落，2016年3、4月重新有所回升，基本稳定在3.2万亿美元左右，其中贸易方面长期保持顺差，回落主要来自于资本项目的逆差。这些关于外汇储备的统计只是中国官方的储备，而根据CEIC的数据，这部分外汇储备大部分从官方转向了中国的企业和个人，即实际目前并不存在大规模资本外流，只是在外汇国际收支的平衡表中的官方转向了私人部门，是结构性变化。

在此有必要人民币外流或资本外流做个更准确的定义，官方储备的减少并不能说就是资本外流，资本外流应该是官方、中国企业、中国个人三方的储备总额的减少或者向外国官方、外国企业和外国个人的转移才是人民币资本外流。中国的外汇储备资产负债表中，外汇储备的所有者结构正在优化，目前呈现出藏汇于民的趋势，这也当年我国官方外汇储备屡创新高时的期望。

改革开放以来，高速起飞的经济和国际贸易使中国的经常项目顺差长期快速增长，人民币始终处于升值预期的单向通道，因此企业和个人等私人部门虽然因贸易等经常项目可以得到外汇，但都更倾向于结算回人民币，而不是持有外汇储备，导致央行的官方外汇储备急剧增加，由此积累庞大的外汇储备如何管理也成为巨大的挑战。当然，这种单边趋势不可能永远持续下去，随着中国经济进入到新常态，国际收支也会达到一个新的相对均衡状态，人民币汇率从原来的单向升值也转向了双向波动状态，私人部门持有外汇资产的意愿重新恢复，中国的企业与个人开始关注投资海外也成为新的常态。

在这样的新阶段，既有和当年日本相同的规律，也有我们自己的特点，但有一点是确定的，就是中国经济的全球化大趋势，主要体现在中国企业的全球化和个人资产的全球化。这个阶段中国企业和个人投资海外，既是发展到这个特定历史阶段的必然，更对人民币全球化、国际化提供了除贸易全球化外的另一有力支撑。

可以看到，中国私人部门投资海外具有诸多好处和重大意义。

第一，中国私人部门投资海外，将官方外汇储备转移到民间私有部门，是通过藏汇于民来实现国际收支外汇储备资产负债表优化的有效手段。外汇储备过度集中在官方，由于总量巨大、决策集中，几乎除了美国国债以外没有太多有足够容量、同时又满足风险低并有一定收益的管理形式，而藏汇于民、将外汇储备分散到中国的企业与家庭，其实在中国国民外汇储备总额上并没有明显的变化，但这种结构性的优化调整可以使得他们可以各自以较小的金额、更加灵活的方式，投资于全球的股票市场、对冲基金、不动产及相关基金、PE/VC、债券市场、能源及大宗商品等更多的领域，可以更灵活的控制风险、同时取得更高的收益，大大提高了中国国民外汇储备的效益、同时又分散了风险。

第二，中国私人部门投资海外，可以有效提高人民币的国际结算规模和频率。由于中国的企业和家庭常住地在中国，大部分收益的消费和最终使用还是在国内，因此国际的实业投资、金融投资最终还会回流回来，但这些过程中的交易在国际间结算，这是最优良、最可控的国际上对人民币的使用活动。人民币作为未来SDR的国际储备货币，不仅需要在国际贸易等经常项目方面的广泛使用，也需要在资本项目方面的广泛使用，中国私人部门的使用一定比纯外国部门尤其投机机构使用更好。如果用GNP代替GDP计算中国国民产出和中国对全球财富的控制力，这方面的提高比单纯GDP所展示的数据更实质有效。

第三，中国私人部门广泛投资海外，是中国经济、中国国民的视野从局部的国内提升到全球层面高度的巨大进步。中国的全球化和全球的中国化需要有中国的企业和个人来支撑，在全球范围整合优化基础资源、整合研发/生产/供应/消费全过程价值链、整合全球资本资源、整合全球人力资本资源、整合全球科技资源，是中国民族伟大复兴和重新崛起的唯一路径，是中华文明再度腾飞的必经阶段和关键过程。未来的中国，必将从一个区域性的大国发展成为一个真正的全球性的大国和强国，必须以中国企业的全球化、中国家庭资产的全球化为重要支撑，经济与金融的全球化是构筑力量格局全球化的物质基础。

第四，中国私人部门广泛投资海外，是解决当前人民币对内面临通胀压力、对外面临短期贬值压力的唯一有效途径。中国经济增速正在放缓，如果贸然收紧人民币供给，对经济必然造成更大的通缩压力，形成顺周期加剧经济波动，而延续的人民币供给趋势与经济增速的减缓已经产生部分资产泡沫，也发生了通胀抬头的苗头，若要保持必须的货币供给，只有将部分过剩的货币通过市场化的手段让私人部门以投入产出优化为目标进行全球投资，即可缓解通胀压力。同时，如果人民币贬值预期体现在外国部门的人民币抛售、资本外流，必然会加剧和坐实人民币贬值，而且会放大波动，而放开中国的企业和家庭进行国际投资，这部分转移的外汇仍在中国国民控制下，在国内外收益风险达到再次均衡后就会恢复平静，而且到期投资收益会增加人民币回流，形成人民币贬值的对冲，最终实现人民币汇率的再平衡。

第五，中国私人部门广泛投资海外，是提高人民币货币政策国际影响力的天赐良机。许多人都对美联储对全球市场的影响力无能为力，对美元印钞输出通胀形成的巨大国家收益感叹不已。当更多中国国民投资海外，人民币的国际影响力就会随之增加，伴随着人民币在2016年10月正式成为SDR的组成货币，人民币的货币政策的国际影响力也将发生质的飞跃，中国经济国际博弈的底气将提升一个台阶，迈上真正的全球强国的舞台，这方面的影响力只靠中国政府是不可能实现的，甚至可能造成其他国家的敌视和反抗，而私人部门的投资则更容易获得认可甚至深受欢迎。

第六，中国私人部门广泛投资海外，也为人民币国际化尤其是资本项目开放中最担心的国际投机资本可能带来的市场冲击提供了对冲监管体系建立的大好机会。克鲁格曼不可能三角指出，一个国家货币政策的独立性、汇率的稳定性和资本的国际自由流动不可能同时实现，其前提是货币政策和财政政策的相互独立以及其资本市场和货币市场已经发达到建立了风险对冲的机制。人民币在国际化的进程中，一定会遇到国际对冲机构的投机套利，可能会造成人民币汇率波动的放大，影响金融稳定甚至经济稳定，应该利用中国国民投资海外的机会，建立人民币远期、期货等汇率对冲工具，一方面可以供中国企业与个人投资海外进行风险对冲，减轻汇率波动及其对资本市场的冲击，更有意义的是可以提供央行等货币政策部门进行对冲监管和对冲宏观调控的政策措施工具创新。这样，人民币不仅对国内的利率市场和货币供应可以进行价格和总量调控，也可通过对冲工具等市场化工具手段而非直接动用外汇储备来进行调控，建立多层次的市场化的调控体系，从而达到稳定市场、传递政策预期的综合效果。

由此，我们可以探寻人民币国际化伴随中国经济全球化崛起之路。如果我们回望历史，会发现英镑和美元都经历了各自不同的兴起之路。英镑是随英国资产阶级革命和工业革命起步，但经历了200多年的殖民地和诸如东印度公司之类的早期野蛮加市场的道路，达到了其国际地位。而美国经济在19世纪末20世纪初就已全面超过英国，然后美元的真正崛起却得益于两次世界大战，经历了大战期间的金本位和二战后的布雷顿森林体系，成立了世界银行和国际货币基金组织，美元的国际储备霸主地位得以全面建立，而随后1971年布雷顿森林体系的崩溃又进一步推动了SDR体系的建立。

随着中国经济的重新崛起，人民币的国际影响力必然提升，但国际化的路径显然与英镑和美元不可能相同，中国经济在总量上追赶美国仍然还需要一定的时间，而人均水平的追赶道路将更加漫长，人民币已不可能像美元一样成为新的国际储备霸主，人民币与美元在未来与欧元等货币成为SDR的重要组成将是新的多极化全球格局的体现，而“一带一路”等超越“马歇尔计划”或许可以帮助推动国际外汇储备多极化或双极化体系的形成，

因此，人民币国际化将是一个长期、崭新的过程，既需要经济基础的推动，也需要经常项目和资本项目国际化的共同推动，中国外汇储备必然会从官方储备一元化向官方与私人部门共同运作的新格局，人民币也将在藏汇于民、SDR化的进程中，逐步提升国际作用，形成国际货币多极化的新时代。

（2016年5月29日）

PPP在公共利益实现机制中的挑战与创新

——基于公共治理框架的视角

欧纯智　贾　康

摘要：2014年以来国家大力倡导政府与社会资本合作（PPP），将其作为供给侧以制度供给为引领、提升供给体系绩效和实现更灵活广泛现代化治理的核心工具之一。到目前为止，有关PPP的关注焦点较多集中在经济学框架下的管理、融资、效益和技术层面，而对政治学框架下的社会治理元素：公平正义、公共利益、国家责任以及公众参与等领域，展开和深入讨论尚嫌不足。PPP是政府、社会资本、第三方专业机构之间的一种风险分担和收益共享的共赢机制，对接市场且匹配公共政策以有助于追求公共利益"增进式"最大化。PPP作为合作伙伴关系式的治理工具，通过引进社会资本与政府合作共同承担国家责任，并形成更充分的公众参与，使公共服务更具回应性、更惠民，从而可以更好地实现公共利益。

关键字：政府与社会资本合作，公共利益，国家责任，公众参与

一、引言

工业革命开始后的城市化早期，由政府提供公共产品和服务，并进行公共工程、基础设施投资。从那时起，根深蒂固的公私分野基本上将社会资本排斥在外，

折射出国家干预与市场机制分道扬镳的态势。随之而来的城镇化、老龄化等城市和社会问题凸显了社会应对机制在功能上远远落后于社会期待的现实。传统上我们将政府视为征税者和公共产品和服务的唯一提供者，而随着时代的进步，现代政府承担的角色越来越多：刺激经济、激励并维护市场健康有序地竞争、提供就业、减少贫富差距等。在这样的大背景下，政府需要承担的支出责任越来越多，以传统方式提供公共服务往往不能有效回应民众需求，亟待社会资本参与其中。政府与社会资本合作的创新机制呼之欲出。

社会资本通过PPP投资公共服务，具有一些显而易见的相对优势，政府要利用私人部门的这些优势，探索新的能够自觉改进效率的制度供给，并借鉴更具市场回应性的私营部门管理模式。然而，就全局而言，PPP的核心意义在于最大化公共利益并实现“共享发展”（Miller，1999）。[①]确切地说，PPP涉及到一个介于管理概念与民主概念之间的权衡取舍与有机结合（Flinders，2005）。[②]它是管理机制，更是治理机制。政府与社会资本合作自有其哲理意蕴，从公共性维度看，所有的组织都是公共的（Bozeman，1987）。[③]但PPP是分享或重新分配风险（Hans 和Joop，2001）[④]、成本、效益、资源和责任（Derick，2011）[⑤]的管理机制，不是一般人所理解的单纯的跨部门参与和融资，它既涵盖又已超越了委托—代理契约关系，致力于以机制创新实现某种共同目标，意味着参与者可以通过协商缔结合作发挥1+1〉2（Bovaird，2004）、[⑥]1+1+1〉3的资源整合优势。PPP的表现形式，具有对非公

① Miller C.. Partners in Regeneration: Constructing a Local Regime for Urban Management? [J]. Policy & Politics,1999, 27(27): 343-358.

② Flinders M.. The Politics of Public-Private Partnerships[J]. British Journal of Politics and International Relations,2005, 7(2):215-239.

③ Bozeman B..All Organizations are Public: Bridging Public and Private Organization Theory[M]. Jossey Bass Inc,1987.

④ Hans V. H., Joop K.. Building Public-Private Partnerships: Assessing and Managing Risks in Port Development[J]. Public Management Review, 2001,3(3):593-616.

⑤ Derick W. B., Jennifer M.B.. Public Private Partnerships: Perspectives on Purposes, Publicness, and Good Governance[J]. Public Administration, 2011, 31(12): 2-14.

⑥ Bovaird T.. Public-Private Partnerships: from Contested Concepts to Prevalent Practice[J] . International Review of Administrative Sciences , 2004, 70 (2): 199 215.

共部门主体“让利”的直观特征，但正是由于非公共部门的伙伴式参与，如处理得当，将带来“好事做实，实事做好”、“蛋糕做大”的正面效应，在“共赢中”可望实现一种公共利益的增进式“最大化”。PPP更是天然对接混合所有制改革和法治化制度建设的治理创新机制，它是从融资到管理再到治理的新型制度供给，特别是对于当代中国建成全面小康社会和实现“中国梦”的伟大目标，向纵深推进行政体制改革和全面依法治国，具有不容忽视的重大历史意义（贾康，2015）。[①]

二、背景：新阶段的公共治理变革

中国自1978年进入改革开放过程后，虽已取得举世瞩目的成绩，但强政府弱市场、高能耗低产出的粗放型经济发展模式，已经积累巨大的风险因素，这意味着中国经济正进入中高速增长的新阶段新常态。其中，城镇化进行时、人口红利不再、老龄化社会、较高基数上投资“报酬递减”、工业化与后工业化两步并作一步走等社会问题，使得当前形势和治理局面变得更加复杂。政府与社会资本在基本公共服务供给方面的合作，标志着中国公共行政从管制走向合作治理，并归入党的十八届三中全会所凝炼的治国施政核心理念——“国家治理体系和治理能力的现代化”。

当前，政府提供的公共产品和服务越来越难以满足日益增长的创新需求和不同形式的治理需求。尽管困难重重，各级政府依然要继续承担公共责任以及有效满足民众诉求。民众天然地具有在不增税的前提下要求更多基本公共服务供给的诉求，这使政府陷入两难困境—利用有限的资源提供更多的基本公共服务。在这种情况下，民众希望政府“钱都花在刀刃上”，将效率提升到前所未有的高度，就是人们常说的“少花钱多办事”，其实这也是所有现代经济体都会面临的压力，但尤以发展中的转轨国家为甚。为了摆脱官僚作风浓郁的刻板印象、重新树立政府的治理能

① 贾康 .PPP—制度供给创新及其正面效应[N]. 光明日报，2015-5-27.

力、保证社会资本健康有序发展，政府在诸多领域大力推进PPP创新成为一件顺理成章的事情。该机制在前面几十年间被世界上多个经济体看作是一种克服财政支出压力、缓解社会矛盾的有效方案，同时也表达了政府对社会资本所寄予的希望。据发改委公告显示，2015年5月间该委发布的PPP项目共计1043个，总投资1.97万亿元，项目范围涵盖水利设施、市政设施、交通设施、公共服务、资源环境等多个领域。2016年财政部PPP中心公布，当年6月底全国PPP入该中心项目为9285个项目，涉及能源、交通、水利、生态环境、片区开发等19个行业，总投资额10.6万亿元。

PPP之所以得到政府的积极推行，首先源于引入社会资本能够有效缓解政府的财政约束，尤其当政府遭受沉重债务负担时，PPP 的应用会比以往更为普遍。由图1可知，1999–2015年度中国地方债务余额量值节节攀升，积极、逐步引入PPP是中国现实发展的需要。此外，即使未来财政资金压力得到有效缓解，也要继续推广PPP合作。这是因为PPP的优势并不仅仅局限于缓解财政紧张，该模式能够倒逼有效投资、对冲经济下行，促进中国治理改革创新，尤为重要的是，可以在法治化中增进公共利益，提升民众的获得感与幸福感。PPP由政府提供资本作为“引子钱”来拉动社会资本，并通过与社会资本缔结契约方式在法律保障下共同提供公共服务。其实，纳税人对“谁”来提供公共产品和服务并不感兴趣，他们只是关心服务的标准和质量。以前限于财政资金不足和政府独家提供等无法超越的桎梏，造成公用基础设施投入不足，或者勉强投入使用却遭遇质量不过关，服务不热情不周到，导致这样或那样的使用问题，往往不能让民众满意。PPP最大的正面效应，恰恰是使百姓得实惠、使政府公共服务供给绩效获得提升。政府投资的目标应当是以罗尔斯的正义原则“最小受惠者最大利益”的方式形成，特别是改善那些“最小受惠者”（低端弱势者）的福利，让他们切实地感到受益。惟有如此，公共资源的分配才能更快更好地促进“中国梦”的实现。

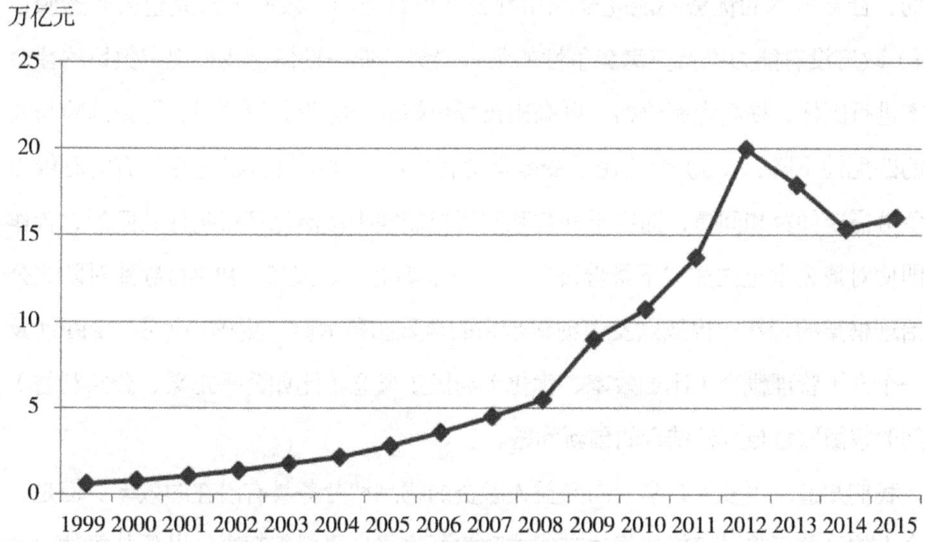

图 1　1999-2015 年间年度债务余额量值演变情况

数据来源:1999-2010年数据来自贾康等著.全面深化财税体制改革之路.北京:人民出版社,2015,53. 2011-2015年数据来自网络。

三、PPP对公共治理框架的创新式挑战

PPP的初衷是美好的，它基于这样五种假设前提：（1）社会资本以PPP的方式提供公共服务有利于提升效率、改进服务质量；（2）PPP已经将与收益对应的一部分风险从政府转移到社会资本；（3）社会资本的优势可以应用到公共项目当中，而政府可以公开透明；（4）政府有能力维持充满竞争性的紧张局势，杜绝唯一竞标人的情况出现；（5）公私合约与既定政策兼容且稳定不变，合约可以在法治保障和公众监督约束之下有效执行。而实际情况有可能是：（1）社会资本以PPP的方式提供公共服务确实在一定程度上可以提升效率、改进服务质量，然而不能很好地兼顾公平正义；（2）政府向社会资本转移的风险不足，风险不能与收益对应，这样做往往会导致社会资本不负责任；（3）由于受政策压力以及商业机密等因素

制约，社会资本的优势不能完全应用到公共项目当中，政府无法完全公开透明；（4）政府没有能力维持充满竞争性的紧张局势，唯一投标者找来规定数目的社会资本进行围标，提高竞标价格，以高出市场价格的竞标价获得项目，导致风险与收益的匹配性下降；（5）合约由于受政策变化影响，并不具备稳定性，有的时候出现争端需要仲裁和问责，而由于仲裁和问责机制缺少法治化环境条件的匹配，合作方即使对簿公堂也往往“不得善终”，“一地鸡毛”。显然，PPP将导致对既往公共治理框架的创新式挑战以及由创新带来的风险防范考验。更确切地说，PPP涉及到一个介于管理概念（比如效率、优化）与民主概念（比如公平正义、公共利益）之间的权衡取舍与有机结合的创新问题。

我们知道，由多人共享、向受益人融资的物品和劳务具有潜在的效率。但是，社会上的受益者将以怎样的集体方式或政治程序将自己组织起来，以便从集体行动中获得真正的公共利益，同时可确切地使自己免受损害呢？本部分旨在围绕中国的PPP探讨一些现实问题。五个特定的主题组成分析框架：效率；风险；复杂性（变数）；问责；治理。

（一）基本公共服务供给重效率但不唯直接效率，公众参与有利于提高综合效率

一般而言，政府比其它任何组织的效率都更低下，以前我们经常会将其归结为机构臃肿、公务人员的官僚作风浓郁，其实，这些只是看起来的表象。政府与私营部门是有差异的，这种差异导致私营部门的效率更高，但这种效率很大程度上不是源于组织形式，而是源于目标的单纯。如果定期派给公务人员任务，让他们用“商业方法”改善行政效率，这意味着误解了行政效率这个概念。在许多情况下，需要让政府做事的原因之一，恰是我们并不想让某些政府行为简单地按利润最大化的方式运行。如果政府想追求所谓效率的话，他们能够成功地用谋利的方式来经营自己。我们知道，政府赋予自己一种垄断地位便会使谋利来得更容易（塔洛克，2010）。[①]从这一视角看政府的这类低效，恰恰是其公共性的天然属性决定的

① 戈登·塔洛克．经济等机制、组织与生产的结构[M]．柏克等，译．北京：商务印书馆，2010．

（Bozeman，1992）。[1]社会资本通常被认为比政府具有更高效的管理，这一点也被普遍视为政府引入PPP旨在提高效率和有效性的重要着眼点。然而，外包以及公私之间较之以往更频繁的交互安排，也容易显著地降低政府的监督管理能力，而该能力正是为了确保回应民众关于公共利益的更为宽广的、更多战略视角的诉求。笔者认为有必要从全局根本层面上进一步明确PPP“为谁提供服务”的问题，以及如何从多维的角度平衡、整合公私部门之间的效益、效率和效能。

以PPP的方式提供公共服务并非没有争议，争议的焦点围绕着是否真正需要将公共服务外包给社会资本。政府期望PPP为纳税人节约成本和效率是否可行？长期的PPP是否会锁定政府的安排以及限制政府的灵活性？就中国既往的PPP发展中的某些案例来看，政府治理并未因此获得所期望那样的成功，甚至治理风险有所增加。已有的PPP大都是政府和社会资本之间的契约缔结，独立第三方中介咨询往往参与不足，更缺乏民众参与，公务人员出于政绩考虑，可能只关注GDP的增长而非公共利益，这就使得政府以招商引资为工作导向，努力推进项目建设，缺乏合理的全面战略布局，不少失败案例皆由此导致。

不容否认的是PPP确实能够在某些领域提升直接效率，但是那些不能立刻见效收益的领域，或许更值得关注，实际运行也在印证该模式并非适合所有领域。比如，将基本公共服务供给外包给通过用户收费收回成本的私人供应商，一些评论家就此表达疑虑，认为这种模式的PPP拒绝了那些不能出钱的穷人和被边缘化的人获得基本公共服务供给的权利（尼斯坎南，2004）。[2]此外，资产负债表的收益与成本也可能误导企业缺乏从过去的合作总结经验教训的责任意识，更为严重的是它还腐蚀了民众的责任感，甚至可能出现以牺牲多数人利益而使少数人获益的政策安排，无法保障民主授权。如果以公共利益作为社会综合效率的评判维度，那么显然，这种类型的PPP案例是低效的或者说无效的。

---

① Bozeman B., Reed P., Scott P.. Red Tape and Task Delays in Public and Private Organizations[J]. Administration and Society, 1992, 24(3): 290-322.

② 威廉姆·A·尼斯坎南．官僚制与公共经济学[M]．王浦劬，译．北京：中国青年出版社，2004.

PPP的效率极大地受制于政治支持。很明显，PPP作为一种公共政策与当地的政治环境有着直接的关系。如果没有必要的政治支持，则项目得不到及时的审批、批复。此外，政府固有的繁文缛节和当地民众的抵制，可以成为导致效率低下的原因，而当地政府的必要支持会吸引更多投资者，则可能使项目的运转更具效率。在政治支持不强的管辖区，投资者会对政治风险望而却步，不愿意在这样的环境中与政府展开合作。民众对项目的接受和理解也会影响项目的进展，项目初始阶段的民众支持可以减少延误，在项目后期的运行当中也不会因为受到民众投诉压力而中断，反之则反是。案例观察，天津市双港垃圾焚烧项目因为不能得到民众支持而步履维艰，当地政府曾提供许多激励措施引进项目，并承诺如果收益不足，政府将给予补贴，但是对补贴标准没有明确定义。2012年政府的财政补贴不足5800万元，仅占公司主营业务收入的1.25%，公司运行难以为继。政府由早期的"越位"变成后期的"缺位"，引发信任危机。民众的抵制加之政府的有限支持使得企业进退维谷。从原理上说，PPP天然地具有被民众接受的优势，比如项目可以吸纳当地人就业，然而本例中民众的抵制导致该项目数度搁浅，磕磕绊绊。因此，可以这样理解，民众的了解、参与还不够充分，项目的优化还没有到位。而积极、充分的阳光化、民主化、民众参与可以化解这些矛盾，使PPP能够得到更多的民众支持，从而也使其更具效率。实现公共利益是PPP的初衷，真正符合公共利益的PPP项目在有充分民众知情和参与的情况下不会遭到民众的反对。所以，民众参与基础上的政治支持是决定投资者信心、提高PPP综合效率的关键。

（二）公私风险分担应是理想化目标取向下正和博弈和专业化方案的探索

PPP是一种新生事物，中国政府与社会资本在普遍缺乏经验的情况下参与其中，在实践当中遇到诸多实际问题，有的项目遇到较大问题甚至宣告合作失败。与任何投资项目一样，在PPP模式下，政府与社会资本也均会不可避免地面临风险，而各方面临的风险不同，并不是一纸合同就能够完全约定。

从企业面临风险的角度讲，参与PPP的外资企业、跨国公司在全球竞争中，不仅面临经济约束，更要面临由于政府的介入而形成的政治约束。PPP项目涉及的政策比较多，由于中国尚处于起步阶段，相关法规政策还有待于进一步完善。此外，政府具有极其多元、复杂的目标，并且拥有广泛的资源及政治权威，这将在一定程度上增加PPP合同执行和修改的不确定性，很容易出现前后政策不一致的风险。例如上海延安东路隧道项目由于政府政策变化，项目公司被迫与政府就投资回报率重新进行谈判，最后以政府收购告终。在国际投融建的模式中，再也没有比东道国政府将跨国公司财产和分支机构国有化更能引起争议和投资恐慌的了（皮尔逊和巴亚斯里安，2006）。①延安东路隧道项目中的收购就是东道国政府将外国投资国有化的一种方式，尽管本例中政府收购的初衷是为了收拾残局，但又衍生一个新问题，即政府应该以什么样的价格收购。如果收购的价格高于项目的实际价格就会涉及国有资产流失，甚至会有腐败寻租隐含其中，而国有资产流失的买单人是纳税人；如果收购的价格低于项目的实际价格，那么企业将面临投资失败，这会在一定程度上挫伤外资来华投资的积极性，不利于中国开放型经济的健康发展，表面上看我们似乎以较小的代价获得了较大的收益，然而从长远来看，如果经济发展不好，那么最终挫伤的还是公共利益。所以，在合作共赢的理想化目标取向下，建立健全寻求共赢的PPP风险评估机制，是一种必备的谈判（博弈）任务。项目执行过程中，风险一旦发生，对于各个合作方来说，以最专业的方式寻求解决办法是规避损失的最有效途径。政治风险往往比经济风险对企业造成的伤害更大，而评估机制和预案设计也可以力求将政治风险进行经济量化并将风险处置预案机制化，尽量让合作各方的损失最小化。

从政府面临风险的角度讲，PPP模式的本质内涵将适合由企业应对的那些风险因素转移到企业部门从而提升绩效，然而，这种风险转移也会有争议。就经济角度而言，有些公共服务是资本密集型的，并不能从收费中筹足必要的收入。以北京地铁4号线为例，在2015年涨价以前，与北京其他的轨道交通线路一样，实行全程票价2元的低价票制，而根据《城市轨道交通成本构成分析》可知，4号线运营中2元票价难以覆盖成本，更谈不上收益盈利。为保证京港公司的盈利性，财政对票价进

---

① 弗雷德里克·皮尔逊，西蒙·巴亚斯里安．国际政治经济学[M]．杨毅等，译．北京：北京大学出版社，2006.

行补贴以吸引社会资本参与其中，该项补偿每年约6-7亿元。如果没有政府财政补贴，那么可能的情况是这类资本密集型公共服务要在合同期内收回全部成本就会提高票价，这样做会使该线路拒绝为支付不起票价的民众提供基本公共服务。正是由于这些现实中的政治考量，才使得北京地铁4号线由公共财政进行补贴，为民众提供基本的公共交通服务。北京地铁4号线总体上可以说是成功运行的PPP案例，开始阶段由于政治因素，政府除了参与并补贴之外别无选择，但以后迫于种种压力，经过听证会程序与广泛宣传，终于推出了北京地铁票价提升方案，在风险的分担上形成了各方更好接受的新的平衡点。PPP的核心本质之一，是社会资本在获得适当奖励回报的同时承担相应的风险，社会资本方应该具有正确合理的心理预期，即失败也会赔本，成功则会有“非暴利而可接受”的利润入账。如果社会资本没有经营运行好，也别指望让纳税人买单。事实上基本公共服务供给不允许失败可能意味着日益多元化的治理机制的民主成本，将包含人们常说的“不算经济账”，这虽然在长期中杜绝了短视化与局部化的局限性，但企业可能并没有如我们先前想象的那样承担与收益相匹配的风险。所以，风险评估与防范、分担机制在充分照顾各方利益的同时，一定要以专业化的高水准和可行的动态优化调整机制，使合作各方的共同利益平衡点更趋向于综合意义上的公共利益。

（三）公私长期合作面临变数

当前政府以市场化方式提供公共服务的模式挑战了传统公共价值观（Beck 和 Bozeman，2007）。[①]方兴未艾的PPP合作模式被寄予更多社会治理改革创新的希望。决策层大力推行PPP作为治理创新的工具，反映了各级政府所应承担角色的重新评价与定位，并要就此做出相应的变革。PPP把政府与社会资本的技术优势与资源加以整合，以民主法治为前提条件，允许社会资本受合理适度的自利驱动，由公共政策引导非政府资源进入到符合公共利益的轨道上来。这一前景颇为诱人，不仅是因为它符合以市场机制为导向的传统社会价值观，而且也向我们展示出这样一种

① BeckT.,Bozeman B..Public Values ：An Inventory[J]. Administration and Society, 2007, 39(3)：354-381.

场景：积极调动社会资本的积极性，使其参与到社会治理当中，为社会治理问题找到恰当的解决办法。

但不难想象，在未来的运行当中，有关PPP的合同纠纷还会层出不穷。就目前看，已设的仲裁机构一般尚不具备相应的能力来仲裁PPP模式下极具专业性的纠纷，需要尽快提升其仲裁水平与功能。

PPP还会涉及政策稳定性问题。政治承诺对于PPP的可持续性是十分重要的，政府政策缺乏连贯性容易导致项目的重复谈判、诉诸法律或提前终结。很多项目的时间跨度是15至30年甚至更长，这使得合同可能会遭遇未来政府不共享上届政府政策目标的困境，或者面临政策或市场环境的调整变化。泉州刺桐大桥建设之初，原已有的另一条泉州大桥的收费权是归省里的，但当刺桐大桥建成以后不久，泉州大桥的收费权也下放到了泉州市，新旧两桥并行相隔数百米，每年近亿元的车辆过桥费在事实上形成了市政府与民资争利的格局，导致出现“泉州刺桐大桥连不上高速路”的怪相，实际上是泉州市政府方面有意不让刺桐大桥连上高速路。在青岛威立雅污水处理项目中，当地政府对PPP的理解有限，导致合同谈判历时较长，又由于政府没有深入了解污水处理市场的运行机制，合同签约价格远远高于市场价格，使得项目尚处于初始运行阶段，政府就单方面撕毁合同，要求重新谈判以降低承诺价格。在本案例中，显然政府是具有优势的一方，尽管政府重新谈判的价格更贴近市场价格，然而令人遗憾的是，还是不可避免地为后续参与PPP合作的社会资本方带来政府信用低下的预期，不利于未来持续开展健康的政府与社会资本合作。此外，政府导向的政策变化一旦涉及到重新谈判合同，冗长的时间和昂贵的成本成为必然。PPP合同经常涉及与各式各样的利益相关者进行复杂的谈判，在廉江中法供水厂项目中，供水量6万立方米与用水量2万立方米成了不可调和的矛盾，旷日持久的谈判使得当初的合同水价已经偏离市场价格，现实情况造成企业无法履行合同，该水厂被迫闲置，继续合同对于公司而言没有任何经济意义。当发生这类问题时，追究各方责任又成为一个新问题，每一方都会想尽办法推卸责任。

构建PPP的仲裁机制是不可避免的发展趋势，虽然作为事后补救机制，它无法减少PPP纠纷，但是会在一定程度上改善政府与社会资本合作的预期，使“推卸责任”变得比以往更困难。

（四）问责可以敦促公私合作谨慎负责

当前，PPP项目已经出现几个引人注目的、由于缺乏问责机制导致的失败案例，包括武汉汤逊湖污水处理厂项目、杭州湾跨海大桥项目、鑫远闽江四桥项目、山东中华发电项目、北京第十水厂项目。每一个案例都警示我们要跟进明确清晰的问责机制。

由于中国幅员辽阔，各地域的情况千差万别，因为地域差异或者行政隶属层级差异，导致价值观和政策不能共享，伙伴间紧张的冲突不可避免。例如鑫远闽江四桥项目：1997年，福州市政府为吸引外资，向外商盲目承诺根本不能兑现的优惠条件，以PPP方式修建鑫远闽江四桥。2002年9月10日国务院为制止盲目吸引外资的行为下发了《关于妥善处理现有保证外方投资固定回报项目有关问题的通知》，要求各地政府对固定回报投资项目进行清理和妥善处理。2004年，福州鑫远城市桥梁有限公司因数亿投资血本无归，向中国国际经济贸易仲裁委员会提出仲裁申请，要求受理其由于政府违约与福州市政府之间高达9亿元人民币的合同纠纷。？该事件，使福州市政府陷入两难境地。如果兑现承诺，福州市政府将支付巨额补偿且违背国务院的新政策；如果不兑现承诺，政府信用遭到严重损害。这在无形之中造成了问责困惑，谁之过？PPP的基本逻辑是“利益共享、风险共担”，由于当年国内基础设施建设落后，财政资金远远不能满足建设需求，为引进外资，不少项目都有15%的回报率承诺，国务院的“及时叫停”无疑是在维护PPP的基本逻辑，然而是否适当也是一个问题——这涉及上面讨论的风险转移问题，会对未来的社会资本参与PPP造成阻碍。明智的做法是问责、伴之以中期调整而非终止合同。令人遗憾的是我们只看到终止合同而未看到问责。

PPP将是经济新常态下混合所有制改革的具体实践，与之相对应的问责机制也要与时俱进。PPP的发展有望提供一种新型的责任机制以及一定程度的民主潜力，为问责创造新的机遇，也为公众参与治理提供一种渠道。正是由于PPP改变了政府提供公共服务的传统模式，公众、社会资本、第三方独立的中介咨询都在这个过程中参与到公共领域，所以更带来了扩展公众参与的客观需要和现实压力。只有公众监督真正参与到PPP当中，才能使问责机制更好地发挥防范腐败、读职等作用，才能引导PPP主动实现公共利益。

上世纪90年代末以来，中国逐步推进行政体制改革，由管理型政府转向服务型政府，将基本公共服务供给职能以公开招标的形式转移给社会资本，这也是PPP的对接机制。政府由此完成从基本公共服务的提供者到监督者的身份转换。在政府的引导下，社会组织持续稳定地提供质量有保障的基本公共服务，这项改革在一定程度上使社会资本在公众参与的阳光化环境中承担了相应的公共责任，PPP如果运用得当可以在一定程度上促进服务型政府的公开透明。

（五）治理优化和基本公共服务供给的未来

基层财政困难问题在1994年分税制改革以后逐渐凸显，于2000年前后以矛盾爆发的形式集中反映出来。1995年，全国2159个县级财政中，有赤字的还仅为132个，占比6.1%；至1999年，全国2030个县级单位中，有赤字的县达到706个，财政补贴县914个，两者共计1620个，占比达到80%以上（贾康，2015），[①]数字不可谓不触目惊心。而公共服务的水平取决于财政支持，“巧妇难为无米之炊”。事实上，如果政府提供的基本公共服务供给标准不能与可获得的财政资源相匹配，那么纳税人会质疑，这会进一步挫伤纳税人的纳税遵从，在一定程度上导致政府更大的财政压力、用于基本公共服务供给方面的更有限的可支配资源（Braithwaite 和 Ahmed，2005）。[②]民众想在不增税的前提下要求政府改善基本公共服务供给，使得政府除了充分探索PPP的潜在效率节约之外别无选择。尽管有一些PPP的失败案例，却并未阻止也不应阻止该合作模式参与到更多的公共服务领域。而财政支持下的PPP能否取得预期效果，又是另一个值得关注的问题，它与整个治理体系的改革息息相关。加强和创新社会治理变革，提升治理绩效、改善民生，迫切需要机制和

① 贾康等．全面深化财税体制改革之路[M]. 北京：人民出版社，2015.

② Braithwaite V.，Ahmed E.. A Threat to Tax Morale：The Case of Australian Higher Education Policy[J].Journal of Economic Psychology，2005，26(4)：523-540.

观念的转变创新。

PPP逐步推广到曾经被视为政府传统核心服务的公共工程领域（例如水利设施、市政设施、交通设施、资源环境等基本公共服务支撑条件），它可能成为一种主流的治理工具，这在一定程度上已经引发了关于政府、社会资本在参与基本公共服务供给过程中所应承担角色的深化讨论。政府必须严肃地面对而不是回避有关政府与社会、市场的角色与责任的基本问题。市场作用不可忽视，应该加强并尊重市场的调节规律，在处理“市场失灵”的时候政府应该较以往更为合理和有力，并尽量避免在干预市场的同时自己也患上“政府失灵”。官僚机构的繁文缛节以及效率低下，使得治理改革势在必行，然而市场不能完全取代政府，市场离开政府必要调控也会陷入失灵困扰。治理变革的政治风险告诉我们在操作层面上也许只有PPP才是有价值且可行的改革，这也是当前国有企业改革按混合所有制轨道发展的良机，尽管当下这种重建和改革仍然显得任重道远、步履维艰。

实际生活中，政府的角色错位使其需要重新的身份定位，它既是政策的制定者又可以是政策的执行者、既是基本公共服务的出资人又是基本公共服务的融资者、既是项目的合作方又是合同纠纷的调解人，而各级政府责任意味着国家将继续以最小的成本尽最大的可能承担民众要求它们承担的广泛而多种多样的职能。那么，政府应该在哪些重要领域有所作为？并能在财政开支有限的情况下尽最大可能地提供基本公共服务呢？由图2可以看到，近年交通运输业领域的财政投入增长比例明显大于全年财政收入的增长比例，充分显示出基础设施建设需求强劲，而PPP有利于那些大型的、超长期建设的基础设施；教育领域的财政投入增长比例在2011年、2012年与财政收入的增长比例尚属匹配，而2013年、2014年急剧下降，2015年与财政收入的增长比例持平，这并不是说2013年、2014年我们的教育投入已经足够，而是在现有财政资源有限、其它领域对财政投入的需求更紧迫情况下的权宜之举，2015年及时地做了调整；医疗卫生支出领域的财政投入增长比例与全年财政收入的增长比例基本相当，而中国正进入老龄化阶段，当前60岁以上人口为2.1亿，占人口总数的15.5%，根据预测，2020年60岁以上人口占比将达到19.3%，2050年将达到38.6%。可以这样说，在不远的将来，医疗卫生支出需求将呈现爆发式增长的趋势，公共医疗问题不可小觑，在医疗卫生领域适当推进PPP势在必行。就政策前瞻性而言，引进PPP可以满足国内的大型基础设施建设需求、弥补当前的教育投入不足、改善基本公共医疗服务，满足老龄化社会对公共医疗服务的需求。额外引入的社会资本应该可以显著改善民众认可的服务标准，并以此重建政府的公信力。面对经济新常态，政府虽然反复强调要加快改革步伐，但依然步履维艰，政府根深蒂固的利益固化藩篱虽被削弱但依旧存在。如果若干年后，虽有财政资金与社会资本持续投入，而相关的配套改革和制度体系建设不能如愿给力，民众认为有些基本公共服务仍不能提供或提供失败，也就是说公共支出虽然增加却产生相对较低的输出，那么将会引起一个重大的政治反弹，这十分值得我们深思，所以，PPP作为一个制度创新，形成全套现代化公共治理的有效制度供给，是其灵魂与关键。

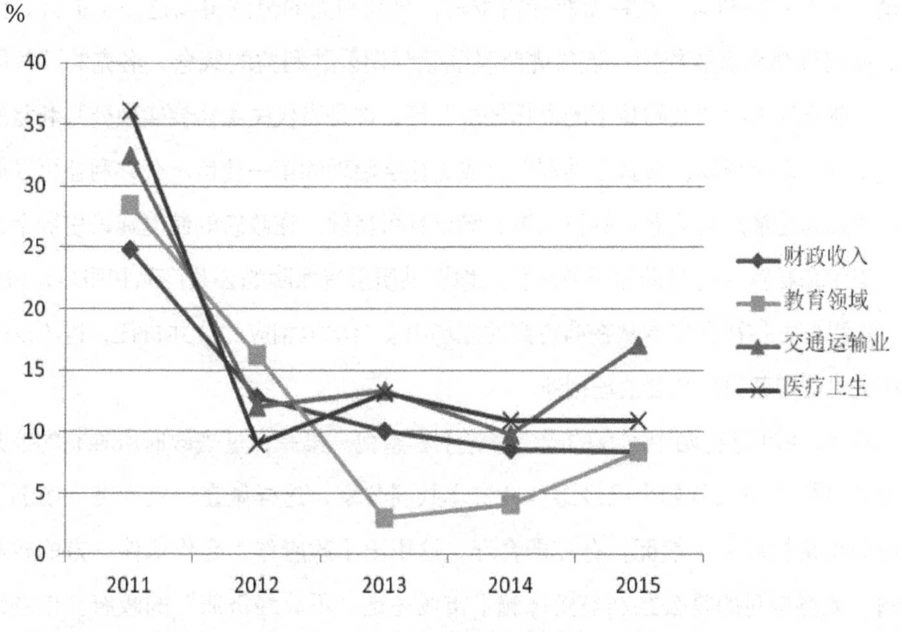

图 2　2011—2015 各年度数据依次为中国财政收入和交通运输业领域、教育领域、医疗卫生领域的支出增长率变化

数据来源：《中国财政》，2011-2016全国公共财政收支整理.坐标纵轴单位为%。

PPP挑战了中国传统的核心政治原则：承诺普遍均等的基本公共服务供给以及在某些核心公共服务领域拒绝盈利。PPP机制已经将关注的焦点转为社会资本和消费者之间的市场供需关系而非形式上更为宽广的公共利益，这是由另一套不相容的价值框架一新公共管理造成的。公共利益容易被伪PPP或劣质PPP极大地忽视或弱化。如果政府不针对PPP的失败案例以及公共价值空心化的现象作出一些去伪存真、动态优化的调整，那么将会对国家的治理能力和民主运行机制产生长久的不良影响。我们不禁要问，什么是政府与社会资本合作的核心要旨呢？

四、实现公共利益是政府与社会资本合作的核心要旨

远在氏族社会的原始时代，就有公共利益的概念，当时的“公共利益”指氏族成员之间的共同利益。在古希腊和古罗马，公共利益的范围得到进一步扩大，已经扩展到城邦和贵族集团。近代先哲又陆续强调公共利益的概念，洛克的“共同体”、亚当斯密的“共同体下的市场经济”等，都是当代民主社会实现公共利益的社会基础。众所周知，弘扬公共利益已成为社会治理的第一要旨。公共利益可以简单地理解为让最广大的老百姓得实惠、满意且可持续。在政府的制度建设引导下，社会组织和私营部门可助益于持续稳定地提供质量有保障的公共产品和服务，PPP在一定程度上使社会资本从在商言商的立场出发而承担相应的公共责任，这不仅仅是社会治理变革更是社会治理创新。

然而，PPP存在两个固有的政治悖论不容忽视。第一，过去政府所独有的公共工程建设权力与义务如今已经跟社会资本共同分享，这样做在一定程度上削弱了政府的直接控制力。然而，存在即合理，这引出了政府作为合作伙伴一方的权利问题。值得探讨的是公共利益更依赖于市场还是“不算经济账”的政府。市场缺陷（市场失灵）论告诉我们，即使市场在外力控制下完美运作，仍然可能产生缺陷性的后果，比如宏观经济失衡、厂商逐利行为导致的短期行为、收入分配不公

以及外部负效应等（斯蒂格利茨，1998），[①]也就是说，市场也并不是完全可以靠得住。第二，政府的法治化改革包括提高政府的开放度、透明度和强化其问责制，然而PPP在合作的过程中也会由其它一些因素冲击这些规则，比如私营部门的商业机密会限制开放、政府的很多正式和非正式规则也会在一定程度上抵制或破坏透明度，伙伴间关系脆弱是问责制最大的掣肘，这最后一点提出了一个更为基本的问题（Flinders，2005）。如果不能对PPP进行有效监督和管理，其为民众提供公共利益的合法性从何而来（欧纯智，2017）？[②]PPP的参与机制、评估机制、仲裁机制和问责机制总体而言在中国目前尚属试水期，参与机制可以提高PPP的效率，评估机制可以量化合作各方的风险和收益，仲裁机制使合作各方的权益得到有效确认而引导纠纷解决，问责机制使合作各方都能更好地承担相应的责任，这些在一定程度上可以帮助合作各方规避风险，但前提是参与机制、评估机制、仲裁机制和问责机制不能抑制PPP的灵活性和必要的自由度。虽然用民主的方式调和PPP的内在矛盾至少在初期将会带来更多的问题，但尽管如此，民主的视角依然不能被效率的视角完全取代，PPP的核心本质是社会资本参与基本公共服务供给以此实现公共利益的长效机制。

有关基本公共服务供给的效率节约以及与收益相匹配的风险转移等元素，就目前看，由于参与机制、评估机制、仲裁机制和问责机制的缺失，可能意味着一部分PPP项目在不远的未来可能会带来无法准确预期的重大成本。这一预警意味着：首先，需要对PPP进行广泛而审慎的研究和分析，具体、准确地找出适合PPP的合理性原因，区分哪些领域适合而哪些领域并不适合。其次，由政府原因造成的PPP失败案例以及由此衍生的公共信任危机，使得严格把关成为大力推进PPP的必要前提。这些把关措施包括风险与收益的匹配、“均平”（贾康，2007）[③]与效率的权

① 约瑟夫·斯蒂格利茨．社会主义向何处去[M]．周立群等，译．长春：吉林人民出版社，1998．

② 欧纯智．政府与社会资本合作的善治之路—构建 PPP 的有效性与合法性[J]．中国行政管理，2017，(1)：57-62．

③ 贾康．论分配问题上的政府责任与政策理性（二）——从区分“公平”与“均平”说起[J]．审计与理财，2007，(5)：5-6．

衡、责任与义务的分担、政府与社会资本目标的融合程度的达标，等等。这些对应变量之间的权衡取舍通常被描绘为一个零和博弈关系，其中一个变量的增加（例如，风险）必然会带来另一个变量的减少（例如，收益）。可以这样认为，政府在沿“增进式”公共利益最大化轨道上推进PPP的时候要做出与合作伙伴博弈中的权衡，并要综合并优先地考虑那些符合公共价值的元素。而实际上，如果设计合理，这些变量之间也可以是正和博弈，支持共赢。PPP对于实质性地转变政府职能、优化政府行为和全面推进法治化，不啻是一种“倒逼”机制。PPP的发展，对法治、契约和上述所有这些相关营商文明的培育，都将是一种催化剂，对于降低交易成本、鼓励长期行为和促进社会和谐进步，具有国家治理现代化和包容性发展层面的全局意义。

五、结论

未来我们面临的主要挑战，在于监督PPP的参与机制、评估机制、仲裁机制和问责机制，以及司法作为最终解决机制（责任在法律形式上的认定需要完成全部的司法程序）是如何被正确无误地设计出来的。因此，将PPP引入到基本公共服务供给领域，无疑是一个极具争议性和潜在风险的政治举措，而推行PPP又恰恰是政府在现有财政难以满足民众对基本公共服务需求的现实情况下的积极举措，这一事实使得政府绝难放弃PPP作为一项有关基本公共服务供给的代表性制度创新任务。建议政府在越来越多的相关制度规则与政策领域，致力于促进PPP在法治化轨道上的有序进行，从一开始就对PPP在民主法治框架下实现公共利益的政治考量予以高度重视。如果忽视这些政治元素，那么这种举措的长期结果也许会隐患无穷、事与愿违。尽管PPP的运行有可能如履薄冰，面对纠结与暗礁，我们需要在总结前人经验教训的基础上，在创新中以开放的胸襟和优化公共治理的全面努力，来发展和推进PPP，将其作为挑战性的供给侧结构性改革的一个重要组成部分。

政府与社会资本合作的善治之路

——构建PPP的有效性与合法性

欧纯智

摘要：既往有关PPP的论述主要集中在管理、融资、采购、效益和技术层面，而治理方式的变革需要政府与社会资本整合权力关系、适应有效性与合法性的需求，这也是政府与社会资本合作通往善治的必由之路。本文分为四个部分：第一部分，导言，提出通过权力整合以及有效性与合法性构建实现PPP的善治；第二部分，整合PPP的权力关系，使政府主导下的内部平行合作与外部的多中心层级制权威结构在PPP模式下相互交织，做到内部合法外部有效，实现合法性与有效性的统一；第三部分，社会力量参与所带来的私利取向与公共利益的紧张关系可能会蚕食PPP的有效性与合法性，受政治敏感性所限，在David Beetham的合法性分析框架下，通过制度构建以保障PPP的内部合法外部有效。第四部分结论，大力推广PPP。

关键字：善治；有效性；合法性；公共利益

一、导言

政府与社会资本互动的日益增加带动了政府治理方式的转变。这种互动被认为是提高公共部门与私人部门合作的有效性与合法性的努力。然而，当前有一种声音认为“PPP是政热企冷”，贾康认为“近两年在中国的改革发展中，PPP合乎逻辑地成为我们在新的阶段上的重要创新内容，其发展总体而言仍属动员和培育期，可说是方兴未艾，而且从潜力上和现在的态势上讲，是很有希望以后逐渐进入如火如荼的境界的。”①无论这种有关PPP的争论是表象也好，还是当前暂时的态势也罢，尚处于探索阶段的PPP能否尊重公共价值、具有有效性与合法性并实现善治，是影响PPP在全国范围内推广的重要因素。PPP在分配机制等单纯的政治经济效应方面可以显著地影响各个利益主体，所以，其各个利益主体的权力关系及其有效性与合法性问题是本文关注的焦点。

任何一种特定民主的稳定，不仅取决于其经济发展，而且取决于其政治系统的有效性与合法性。有效性指政治权力的运行效果，是政治权力对社会进行统治的实际业绩，它是工具性的。合法性指政治权力在对社会进行统治时获得民众认可，它是评价性的。②有效性与合法性都是极为重要的政治学概念。一般而言，政权主体一旦取得执政合法性，那么在执政期间就会通过善治获得执政有效性，并以此巩固和提高自身的合法性。李普塞特认为，对于现代的公共权力来说，如果长期缺乏有效性，其合法性水平也会出现危机。③ PPP在强调规则作为合法性基础的同时，也非常重视有效性对于合法性所具有的重要意义。优质的有效性有助于PPP的稳定运行，相反，如果有效性不足，则会造成PPP运行失范。对于PPP项目来说，即使项目暂时缺乏合法性，只要它能成功地回应参与者的利益诉求，其合法性也会得到逐步加强。PPP的有效性与合法性相辅相成，互相促进。就PPP的提供者（提供者由层级制政府、社会资本组成）与使用者（具体指使用由PPP模式供给的公共产品和服务的人群）关系来看，PPP要求政府在法律框架下与社会资本互动合作运行项

① 贾康 . PPP“政热企冷”之说有偏颇 [N]. 新供给经济学论坛 . 2015-11-20. 05:39:36 http://www.taooil.net/huzang/2015/1120/6087.html

② [美] 西摩 • 马丁 • 李普塞特 . 政治人—政治的社会基础 [M]. 张绍宗，译 . 上海：上海人民出版社，1997: 55.

③ [美] 西摩 • 马丁 • 李普塞特 . 政治人—政治的社会基础 [M]. 张绍宗，译 . 上海：上海人民出版社，1997: 58.

目，社会资本也被置于主导的位置。而PPP的矛盾性集中表现在权力与公共利益相联，我们知道，PPP模式可以算是社会价值的权威性分配过程，这个过程为PPP的提供者利用权力谋取个体私利从而背离公共利益提供了机会和条件。此外，PPP提供者不仅由地方政府与社会资本组成，来自于上级政府的有关制度或指令由于层级链条过长往往脱离实践。如果没有对PPP的权力行使做出限制和规范，缺乏符合使用者意志的客观标准，不能回应使用者的诉求，那么PPP权力就有可能沦为失控的滥权，进而远离公共利益，其有效性的问题更是无从谈起。为了防止PPP提供者对权力的恣意妄为，必须由使用者采用具有普遍约束力的权威性规则对PPP权力进行制约和整合，使其运行更有序、更规范、更可预期。就提供者伙伴关系来看，PPP是政府与社会资本共同制定决策的互动合作，这会导致与参与者利益相匹配的私人风险迫使公共利益屈服，也可以导致一个不公平的分配政策或项目缺陷（对使用者利益的潜在伤害）。此外，PPP提供者伙伴间的多元冲突无法通过彼此之间的相互谦让得到有效解决，而过于强调伙伴间民主分权或分权不当有可能会造成伙伴们有如一盘散沙，处于无政府状态，造成合作混乱，使PPP的合法性遭遇前所未有的挑战。

社会资本参与公共服务供给会带来个体利益、群体利益与公共利益之间的矛盾，这样一来，PPP的有效性与合法性不可避免地遭到削弱甚至破坏，所以PPP的权力分配机制及其有效性与合法性问题需要仔细斟酌。而权力要想拥有对社会进行政治统治的实际业绩，就必须具备有效性基础。同样，权力要想持久并被民众自愿服从，就一定要有合法性基础，否则权力就会危机迭出。获得有效性与合法性对于政治权力主体来说极为重要，PPP权力的有效性与合法性问题也概莫能外，我们希望通过权力整合以及有效性与合法性构建实现PPP的善治。

二、PPP的权力整合

权力是利益冲突的终极解决途径。权力决定着什么人得到什么东西，何时得到，如何得到。[①]人类有史以来的治理活动都是与权力密不可分的，权力结构的变化不但能够引起治理结构的变化，甚至能够引起社会结构的变革。PPP的权力决定其运行，所以，要想构建有序的PPP运行机制就需要对其权力做出分析：就PPP的权力结构来说，可以按照权力的运行方向将其简单地划分为水平方向的民主型与垂直方向的权威型两种模式，前者是权力的水平模式，后者是权力的垂直模式；就严格的法律视角来看，PPP的水平权力划分指的是提供者伙伴间的合作—政府与社会资本合作，政府以平等的身份与社会资本共同决定项目合作，PPP的垂直权力划分将层级制政府与社会资本组成的提供者视为一个整体为使用者提供公共服务，尽最大可能实现公共利益；就实践结果来看，PPP的民主与权威是和谐统一的，因为民主是提供者伙伴关系的基础、强有力的权威是依托其法治特征实现公共利益的保障，二者纵横交织实现了政府与社会资本合作；就实践过程来看，PPP的民主与权威这两个维度也有很多不尽如人意的地方，在这里我们尝试将二者加以改善并进行有机整合。[②]

（一）PPP提供者伙伴间水平民主分权机制分析

PPP的民主维度以伙伴间制定一个共同的战略为目标。在这样的安排下，政府与社会资本均保留自己的任务、权力和责任。它是由提供者利益引发的交易，有共同战略和伙伴间的协调。政府与社会资本自愿平等地参与，要承担与收益相当的责任，如果因为自身的利益而背叛共同利益，那么可能会被排除在外。政府作为提供者之一，像其它提供者一样加入PPP，以完成共同的目标。该类型指PPP提供者伙伴间关系，重在内部。

“假若绝对集权的制度安排有大量非意愿的和（或）非要求的结果，那么分权

① [加]加雷思·摩根.组织[M].金马，译.北京：清华大学出版社，2005：159.

② Heldeweg, M.A. , Sanders, M.P.T. (2013).Good legal governance in authoritative public-private partnerships. Conceptualising legitimate partnerships with public authority. European procurement & public private partnership law review, 2, 175 - 185.

可以提供一个符合逻辑的选择。”[①]PPP提供者伙伴间民主分权机制的优势在于：一是可以平衡各方由于利益诉求不同而造成的多元失衡，进而使原来不可能实现的合作变成可以实现；二是可以整合各方的利益分化，进而形成优势互补、风险分担的绩效提升机制；三是对引入潜在的合作伙伴更具竞争力，尤其是当该项目在拥有标准成本曲线的市场中，在与商业公司进行竞争时，其民主模式在吸引成员方面能够提供比较优势；四是为合作伙伴提供更为丰富的“表达”选择，每个提供者都能够在他们认为更有效的方向上影响团体决策，这在一定程度上可以增加其实现共同利益的主观影响；五是能够确立PPP的合法性表征。合法性作为政治利益的表述，内生地要求与PPP相关的政治体制应该尽可能体现公平正义。因此，PPP提供者（各个伙伴）间的民主型权力模式是用于识别和确认成员偏好的良好制度。[②]

许多PPP发展实践表明，合作伙伴对民主决策的需求极为强烈。然而，为响应这些关于民主决策的需求而进行的分权改革极少能真正产生所期望的积极结果。伙伴间为了所谓的形式民主而民主，往往会犯本末倒置的错误，其结果不但不能促进伙伴间的民主分权模式，反而会导致PPP在无序的状态下运行，这样一来，PPP无法承担弘扬公共利益的职责。比如在PPP实践当中，社会资本方与公务人员合谋达成共识，公务人员默许社会资本方自行雇佣可以为企业代言利益和规避风险的咨询公司，使得政府与社会资本合作的顶层设计框架有利于社会资本方，从而导致公共利益无法得到有效保障。这也为未来的上下届政府的工作延续性留下障碍—下届政府不能有效地承继上届政府的PPP合同。形式民主的结果未必只是皆大欢喜一种模式，往往被扯皮、推诿和拒绝履行合同替代。究其原因在于：一是伙伴间的偏好多元，根据阿罗定理可知民主决策很难自动将这些多元偏好进行排序；二是各方的决策享有同样的权重，根据布坎南和塔洛克的集体决策理论可知各方的偏好强度往往被粗暴地忽略掉；三是当发现自己的决策很难影响大局时，正如艾莉诺·奥斯特罗

① ［美］埃莉诺·奥斯特罗姆．制度激励与可持续发展：基础设施政策透视［M］．陈幽泓等，译．上海：三联书店，2000：26.

② ［英］帕特里克·敦利威．民主、官僚制与公共选择［M］．张庆东，译．北京：中国青年出版社，2004：87.

姆所认为的那样，提供者可能不会努力搜索相关信息，导致不负责任的决策；四是形式民主恰恰可以成为政府与社会资本共谋默许社会资本为所欲为的借口。上述的民主桎梏再一次证明民主需要合理的顶层设计以避免这些危害民主的事情发生。无数的实践表明，为民主而民主的提供者伙伴间平行权力分配机制往往不能为PPP提供一个稳定的运行秩序，使项目的运行如履薄冰，而失败的PPP项目经常要付出惨重的社会代价。形式上的民主分权只能带来表面上的民主狂欢，或者说在一定程度上实现了PPP提供者某一方的利益。但是，令人遗憾的是这不能算是公共利益，顶多算是群体内的共同利益。如果PPP不能实现公共利益，它既往的民主化努力可能会在瞬间化为乌有。

尽管伙伴间水平民主分权优势明显，然而想要实现却依然任重而道远。PPP的有序运行离不开有效的分权机制，只有有效的民主分权机制，才能提高合作伙伴参与的积极性。伙伴间的民主分权机制关系到收益与风险分担、决策的制定和执行，不容忽视。如果PPP在权力分配中存在强制力，并不是伙伴间平等自愿地共同决策，那么合作伙伴间失衡的权力分配结构就会蚕食PPP制度的合法性。比如说，如果我们将实现某些个别利益的权力称为“特定权力”，将促进合作伙伴共同利益的权力称为“共同权力”，那么减少“特定权力”、提高“共同权力”以促进公共利益则是PPP顶层设计的一个关键。权力失衡会衍生出一个十分重要的规范性问题，即如何在正常发挥“共同权力”作用的同时摆脱“特定权力”的阴影，以实现伙伴间的共同利益，进而实现公共利益，这正是构建PPP民主分权机制的着力点。此外，PPP倡导收益与风险匹配。众所周知，很多公共服务是不能供给失败的，所以风险无法完全转嫁给社会资本，收益与风险匹配在很多PPP项目中只能算是一种无法实现的理想。如果机械地强调提供者伙伴间民主分权，那么非常有可能的结果就是偏离公共利益。既然这样，我们可以确立一个新思路—政府规划先行主导合作，在不破坏伙伴间民主平等的前提下，尝试政府主导下的伙伴间民主分权机制将是一个勇敢的尝试，以民主维系伙伴关系在一定程度上能够促进PPP的合法性。

（二）PPP提供者与使用者之间的垂直权威机制分析

PPP的权威维度将提供者视为一个整体，拥有公共权力的决策，它是因公共利益引发的单边交易，由PPP提供者通过对使用者行使控制权来完成，通常单方面制定和实施对使用者具有法律约束力的行为，利用层级权力推进公共利益。该类型指PPP提供者与使用者之间的关系，重在外部。

PPP提供者与使用者之间的垂直权威机制有很多值得称道的优势：一是以PPP方式供给公共产品和服务，对于某些项目来说可以有效的解决搭便车行为；二是可以取得生产上的规模经济；三是协调成本低，如果没有相当程度的自上而下的权威，很难使中央的命令在地方得到有效执行。然而，权威虽好，其弊端也不容忽视：一是有关PPP的制度很多都是由中央制定，这样做的结果是来自中央的制度往往忽视当地的发展实际，在很多时候不能有效地反映当地的诉求，PPP不是应当地之需而是应中央之需，缺乏回应性；二是长期集权导致公共资源过于集中在首都或者大城市，基层官员更关注上级而不是地方上的官员如何评价PPP绩效；三是地方上与上级决策层关系密切的官员拥有更大的影响力，而他们也许并没有为他们治下的潜在发展出力，更可能的是借助自己的影响力而不是地方共识来决定PPP项目间的公共资金分配；四是当PPP项目投建运行需要维护资金时，上级政府与地方政府之间更容易互相推诿，由于上级政府无法准确掌握地方的实际，而在事实上造成维护真空。

尽管PPP提供者与使用者之间的垂直权威机制利弊参半，但是我们不得不承认，自上而下的权威在很多时候成为治理不可替代的必要。我们知道，天然的自由竞争市场从未在人类社会出现过，它只存在于经济学教科书的理想模型当中，甚至连亚当·斯密都不得不承认，没有政府的保护，纯粹意义上的市场一天也不会存在。斯密提到的“市场里的人”已经是“共同体下的社会人”而不是“自然人”，“看不见的手”也是政府保护下的市场机制而不是丛林法则下的市场自发调节。政府强不能必然导致经济强，但政府如果弱到不足以保护市场经济秩序，那么经济一定不会强。自上而下的权威方式无疑是最有效率的保护市场健康运行的方式，这与我们以前习得的经验看起来是相悖的。是的，这是因为我们忽略了一个非常重要的前提—市场充分竞争，政府在市场充分竞争的情况下不应对其进行干预，不扰乱市场的正常秩序。只有政府权威才具备抵制PPP提供者集团利益的强力。与主流意见不同的是，民主分权不但不能解决道德风险与逆向选择在PPP契约关系与层级制关系的潜在问题，而且在实际上还会增加提供者道德风险的潜在可能。比如说地方上的PPP项目由地方上的基层单位管理，基层单位得到上级单位授权以后，利用自己的信息优势背离高层组织的目标，从而背离公共利益。①此外，多数权力下放的初衷是为了减少项目所需的有关时间和地点信息的成本，但一般来说，还没有出现太多的成功案例。很多时候，旨在减少逃避责任、寻租、腐败等行为的简政放权也会遭遇挫败。②在这里并不是说PPP在提供者与使用者之间进行民主分权、权力下放以及简政放权的形式不好，而是想说明，自上而下的权威在一些情况下确实是必要和必需的。综合权威型权力机制的利弊让我们感觉有些难以取舍，如何扬长避短是我们需要深入思考的关键所在。单中心权威模式永远无法跳出"一抓就死，一放就乱"的怪圈，而多中心可以是一个新思路，它可以提高公共资源的配置效率。如果由中央政府决策在地方以PPP的模式供给公共产品与服务，它会不管各地的实际需求而搞一刀切，这样会造成公共服务的供给与需求不匹配，在某些地方公共服务匮乏而在某些地方明显过剩。如果引入多中心机制，每一个地方被允许选择它认为最合适的服务水平（并为此以适当的形式"付费"），则在经济上的综合满意程度会提高。③在不破坏中央权威的前提下，尝试多中心决策过程比传统的中央单一垂直权威机制能够更有效的回应地方对公共服务的需求，在提供者与使用者的权力划分模式方面，多中心将是取代传统单中心权威的一个大胆尝试，以权威保障运行秩序在一定程度上能够促进PPP的有效性。

---

① Moe, Terry.(1984). The New Economics of Organization. American Journal of Political Science. 28(4)(Nov.),739-777.

② ［美］埃莉诺·奥斯特罗姆．制度激励与可持续发展：基础设施政策透视[M]．陈幽泓等，译．上海：三联书店，2000：203.

③ ［美］埃莉诺·奥斯特罗姆．制度激励与可持续发展：基础设施政策透视[M]．陈幽泓等，译．上海：三联书店，2000：209.

（三）PPP民主机制与权威机制的有机整合

PPP提供者伙伴间的权力关系以及提供者与使用者之间的权力关系一经确定，便会产生一种按照权力作用的方向不断巩固的趋势。这种趋势一方面源自提供者伙伴间的利益博弈，导致个体的理性最终演绎成集体的非理性；一方面源自PPP提供者对使用者的控制欲望，使提供者的利益最大化。无论这种趋势源自哪个方面，最终的结果都是对公共利益的背离。然而，上述仅是PPP权力的静态分析，在实践当中，PPP权力是一场动态的角力过程，不仅是权力主体对客体的单向作用，更是双方互动的结果。PPP权力的均衡并不完全取决于权力主体的单方面意志，而偏离均衡位置的PPP权力是导致冲突的最重要原因。只有由有效性与合法性塑造的PPP权力关系，才会处于均衡位置，才能切实避免各个利益主体之间的冲突，形成稳定有序的PPP权力关系。在实践当中，我们应该根据PPP的提供者与使用者各方的利益诉求，因地制宜地选择权力模式以调整各方利益的格局，有效整合民主与权威这两个权力维度，并在此过程中推进公共利益，实现善治。一旦不当的权力分配机制渗透到PPP当中，再试图改变就会遇到意想不到的阻力。当我们提出如何整合PPP的民主与权威之时，我们已经清楚地意识到任重道远。

PPP的权力结构在构建的过程中，有一些挑战无法回避：一是我国正处于政治经济发展的转型期，各种有关配套的法律制度还有待于进一步完善；二是虽然PPP不是新生事物，但我国的PPP实践还没有广泛推广，缺乏实践指导的PPP理论很难成型，而没有理论指导的PPP制度建设必然缺乏理性、远离实践；三是国外的现有PPP权力机制如果直接拿来照搬，可能会遭遇水土不服，而本土化改良尚需要一个过程；四是不论PPP的提供者还是使用者，其利益诉求是多元的，而整合利益必然会困难丛生。于是，制度不规范或相对滞后、利益的多元对立成为最突出的矛盾，而恰恰是这些矛盾成为PPP项目有序运行的掣肘。

尽管困难重重，我们依然力求PPP的权力设计遵循这样一种原则：它不仅要平衡提供者伙伴间的权力关系，还要具备规范提供者、使用者行为的运行秩序，既要有效又要合法，既要调和提供者伙伴间以及提供者与使用者之间的冲突与矛盾，也要能够回应并尽可能满足每一个群体的利益诉求，最终实现公共利益和善治。要构建这样的PPP制度，我们应该着眼于它的权力结构、有效性与合法性、以及公共利益善治等价值导向之间的关系。这是因为PPP的权力模式极大地影响着提供者伙伴间的利益格局，它对PPP制度的建立、维持、发展都起着决定性的作用。PPP的权力模式应该以民主维系伙伴关系的方式增强其合法性、以权威保障运行秩序的方式增强其有效性，使项目在既定的有序环境下运行。

从既往的实践来看，PPP与善治之间存在矛盾，这种矛盾会引发悖论式的治理现象：在水平方面，政府通过向合作伙伴适当放权（民主模式），希望借助水平的权力共享来适应合作伙伴的诉求，可能的情况是社会力量偏离公共意志，为满足集团利益而忽视公共利益，这样的民主形式不能很好地体现PPP的合法性；在垂直方面，PPP提供者的意志通过层级制权力强加于使用者（权威模式），可能的结果是PPP的提供者缺乏对使用者必要的回应，偏离公共利益的目标，从而背离了PPP旨在更好地改善公共服务供给、实现公共利益的设计初衷，这样的权威形式也不能很好地体现PPP的有效性。

众所周知，公共权力的分配和行使取决于层级制视角下的法律规则和原则，这是基于公共利益与权力的量身定做。从对外关系上看，PPP的权威维度保留了政府的层级制，但从内部决策的视角来看，还要兼顾“多方参与”。外部关系上的层级制以及内里的水平伙伴关系成为一种必要，特别就复杂重大的项目决策而言，重新系统地评估PPP是否具有层级制权威仍然可以被理解为善治的一种方式。但是，如果想要得到积极的评价，那么还要取决于传统民主规则的合法性。水平、或者垂直、或者二者兼而有之，未来的PPP如何被设计出来才能同时回应民主与权威、合法性与有效性？其实，PPP以水平的方式在提供者伙伴间分权、以垂直的方式在提供者与使用者之间分权，结合政府主导、多中心等规避民主掣肘与权威弊端的思路，构建PPP的权力结构，才是将民主与权威这两个维度进行有机整合的最佳途径。PPP虽然本质上内部由多方参与，但是对外关系上还是层级制。政府主导下的内部平行合作与外部的多中心层级制权威结构在PPP模式下相互交织，内部合法外部有效，实现合法性与有效性的统一。

现代政治权力在强调法律规则和原则作为政治合法性基础的同时，也会强调有效性作为合法性基础的重要地位。政府积极追求有效性的同时伴随着合法性的累积过程。那么，也可以这样理解，政府追求善治的过程就是追求有效性与合法性的过程。PPP必须把自身的有效性与合法性结合起来，使有效性构建包含有合法性的追求，PPP的发展实践就是在这个逻辑中展开的。为此，我们使用由Beetham创建的公共管理通用框架，这是我们从善治的角度构建PPP的有效性与合法性。

三、PPP的有效性与合法性构建

PPP的有效性与合法性关系到该机制的可持续发展和善治的实现，关系到公共利益与私人利益的整合，不可小觑。David Beetham开发了一个有关合法性的跨学科视角，非常适合于在公共行政与法治行政边界构建关联，以便有效合法地行使权力。他将合法性作为一个“多维”的概念，有三个维度：（1）合法；（2）共同价值观；（3）同意。[①]在这里借用Beetham的分析框架，从这三个维度分别对我国PPP的有效性与合法性进行阐释：（1）PPP制度的法定化；（2）PPP的共同价值观；（3）PPP的使用者同意，他们一起构成PPP的有效性与合法性。

（一）PPP制度的法定化

“恶法非法”是现代法治的重要理念，PPP制度的善恶与否是关乎其有效性与合法性的根本问题。PPP的有效性与合法性不仅涉及PPP制度的制定与行使是否符合法律规定的问题，而是涉及该模式下公共服务的使用者对提供者的公共权威性的认同。规则对于公共权力来说“是必要的第一道关口”。[②]我们知道，PPP的提供者作为公共权力的代表，并非总是能够有效履行为使用者提供公共产品和服务的义务。一方面，PPP的提供者之间存在不同的群体利益；另一方面，PPP的提供者相对于使用者有其自身的利益。这些利益并不总是指向公共利益，这些利益的存在会逐步蚕食公共利益，瓦解公共服务的使用者对提供者的权威性认同，进而削弱其有

① Beetham, D.(1991).The legitimation of power. New York :Macmillan Education Ltd,15-16.

② Beetham, D.(1991).The legitimation of power. New York :Macmillan Education Ltd, 68-69.

效性与合法性。

只有当PPP的法定性遵从公共利益时，遵从法律才能成为PPP有效性与合法性的标尺，才会得到提供者与使用者的服从和认可。PPP权力应该在这一框架下行使，进而由成文法律划定PPP所有相关者的权利和责任的界限，并起到公共服务的提供者拥有全体使用者都必须服从权威的象征作用。PPP制度的法定化，需要在以下两个方面有所建树：

PPP亟待立法，立法是公共意志的表达。PPP与十八届四中全会关于“全面依法治国”以及“依法行政”的指导方针具有天然内在的契合。[①]为了保证PPP能够健康有序的进行，为了该模式的可持续发展，PPP必须设立相关的法律制度，且这种法律属于“良法”的范畴，即“已成立的法律获得普遍的服从，而大家所服从的法律又应该本身是制订得良好的法律。”[②]PPP的各个主体在利益存在分歧的时候，法律可以提供一种让任何一方通过咨询和协商来调节分歧的方法。PPP的使用者之所以服从提供者的基本公共服务供给安排，其原因在于提供者赋予了使用者公民角色所应具有的使用基本公共服务的权利，这也是PPP模式合法性的来源。有关PPP立法并不意味着法定性等同于合法性，只要这一法律侵犯了某一方，它仍然不具有合法性。显然，遵守公认的法律是重要的，但这不是充分的。据此，对PPP法定性的信念必须要符合两个条件。首先，有关PPP的法律必须和社会公共价值相一致，只有直接从价值中产生出来的法律才能被认为是合法的。其次，有关PPP的法律必须以某种值得信赖的方法促进社会公共价值的实现。因此，只有当PPP法定性遵从社会的公共利益时，遵从法律才能成为PPP合法性的标尺，才会得到使用者的服从和认可。

PPP的法律实施亟待有效保障，行政是公共意志的执行。再完美的制度如果在执行环节出了问题，也会使制度的效力大打折扣。PPP的立法要独立于某些特定群体或特定的个人，在一定时限内、在全国范围内具有普适性。在上下级政府之间，

---

① 贾康 .PPP—— 制度供给创新及其正面效应 [N]. 光明日报 .2015-5-27. 08:17 http://theory.people.com.cn/n/2015/0527/c40531-27061850.html

② [古希腊] 亚里士多德 . 政治学 [M]. 吴寿彭 , 译 . 北京 : 商务印书馆 ,1965：199.

各区域的同级政府之间，同一个政府的不同届之间，都要严格遵守PPP的相关法律，使其具有可预期性、可持续性、可信性，切实做到PPP相关法律的共享。只有这样，PPP的相关法律才会受到各方的尊敬和承认，当人们认为自己在某一领域具有掌控权并且同时具有服从义务时，这个法律就是合法的。如果，存在为了特定的群体或个人利益而置PPP相关法律于不顾的行为，那么这种行为必须受到严厉的制裁，而且制裁的方式必须是依据事前制定的法律作出。PPP的有关法律只有得到有效执行，才能确保PPP的运行质量，才能在实践中不断积累有效性。

对于法治社会来说，法律作为调整群体之间、人与人之间关系的行为规则，是重要且必要的。为了PPP制度的法定化、为了权威性规则有效实施， PPP的提供者与使用者的共同价值观与法律必须协调一致。

（二）PPP的共同价值观

共同价值观指为个体或群体所普遍认同并自觉维护的关于价值关系的观念形式。它在共同信仰方面体现了合法性原则，要求我们按照预期的行为规则行事。PPP共同价值观的存在回应了其权力建构的需要，因而获得高度的政治合法性。如果缺乏共同价值观，放任PPP的无序运行，无疑将危及该制度的合法性。

共同价值观对PPP提供者和使用者的思想和行为具有引导作用，是各方利益的集中体现和表达。由于个体的价值是多元的，共同价值观可以整合PPP提供者和使用者的意志。所以遵循共同价值观就意味着PPP找到了一种更少冲突，更多协调和互助的实现利益的方式。使任何一方都会以最小的代价实现最大的利益追求，从而实现群体内的共同利益，乃至公共利益，这是PPP有效性的最完美诠释。

构建PPP共同价值观的提法一定会得到各方的积极响应与支持，这反映了各方对秩序的渴望以及对运营风险的担忧。从功能角度看，如果说确保PPP自身的存在是秩序的底线功能，那么保证PPP有序运行则是秩序的一般功能。我们知道，秩序的本质是各方对权力的认同与接受，是基于共同价值观下的对制度的遵守和服从，尽管有可能并非完全出于自愿，甚至被强迫。在PPP提供者与使用者之间构建共同价值观势在必行，需要在以下两个方面有所作为：

设立共同纲领。PPP提供者与使用者会存在一个共享的占主导地位的价值观一公共利益，当该价值观内化为各个群体的共同观念时，就构成了集体行动的共同纲领，具有规范各方行为以及行为导向的作用。在维系提供者伙伴间关系正常化的层面，共同纲领让水平民主结构能够维持现有状态，促进和谐的伙伴关系；在维系提供者和使用者关系正常化的层面，共同纲领让提供者与使用者之间维持现有的垂直权威结构，提供者能够更好的满足使用者的诉求。对于日益复杂且多元的PPP来说，政府主导下的伙伴间民主机制有利于生成以公共利益为导向的共享价值观，在此过程中PPP的合法性得到有效巩固；提供者与使用者多中心权威关系导致使用者的诉求能够得到提供者更及时、更有针对性的回应，在此过程中PPP的有效性得到不断地积累。

引导和制约非共同价值观下的PPP权力。PPP提供者和使用者的行为并非始终完全符合共同价值一公共利益。共同价值观引导和制约提供者或使用者的非共同价值行为，二者利用政治上组织起来的垂直权威，使政府完成了从小政府“守夜人”到积极的“福利”国家的转换。福利国家是对民众诉求的最好回应，政府提供的公共产品和服务在民众的要求下日益增多。共同价值观通过对各行为主体的评价，以奖惩的方式实现对各方行为的激励和引导，使PPP运行的确定性和可预测性成为可能，从而使各方行为处于PPP秩序的实际控制之下。无论是自觉自愿还是被迫，各方的行为都被引导到公共利益的轨道上来，使其行为更可预期、更符合公共价值、更好的为使用者提供公共产品和服务。在共同价值观下，PPP提升民众福利，实现公共利益。而在和谐一致的伙伴目标与行动下获得的民意基础，意味着PPP内部合法外部有效。

共同价值观在尊重各个群体利益的前提下，强调了一致同意、协商、宽容的精神，它为群体的相对自由度和群体与群体之间的妥协同意找到了一条中间道路。

（三）PPP各个利益群体的同意

同意不仅是政治合法性的来源，也是公共权力的来源，它具有同公理一样的确定性。同意能够改变当事各方的权利结构—使统治者拥有统治权利，以及赋予民众遵守法律的义务。此外，“同意”会带来更高的效率，更少的冲突，也是有效性的重要来源。洛克认为“同意”基于个人自由，“不受他人束缚和强暴”。[①]霍布斯认为“所有主权者的权利(中译本此处误译为‘权力’)从根源上说都是经过被统治者每一个人的同意而来”[②]只有以“同意”为PPP的合作基础、以保护PPP提供者和使用者的自然权利为目的，才能获得PPP的有效性与合法性。

公民社会的兴起不断培育了民众的权利意识与参与意识，民众具有公众参与以及影响公共政策的权利和自由。“经同意而统治”是一切合法性的最终来源。PPP的伙伴间共识以及使用者同意需要该制度的某些安排将决策过程与相关的政治活动联系起来。当前，伙伴间共识需要不断地讨价还价与妥协，就目前看，共识还有待进一步加强，合法性堪忧；此外，PPP的项目运行还是由提供者操控，使用者缺乏必要的民主制度参与其中，使得现有PPP提供者所提供的公共服务很难适应使用者的需求，有效性更是堪忧。为了弥合制度设定与实践的差距，不断累积PPP的有效性与合法性，需要在以下两个方面有所突破：

多数人同意。建立PPP相关人的有效参与机制。同意是政治合法性的唯一来源，集体行动效率取决于集体中的所有人对公共事务的同意程度。只要使用者当中的多数人对提供者供给的公共服务表示同意，即使有少数人不同意，也要因此负有服从义务。PPP权力一旦符合公共利益并得到绝大部分使用者同意，就会在使用者内部产生一种群体压力，这种群体压力不仅迫使那些持不同意见的使用者屈服于来自PPP提供者的权力，还会形成一种制约其反对PPP权力的约束力。这样一来，反对的声音被削弱了，它免除了PPP提供者为了强迫某些使用者服从而经常实施制裁的必要。无论是洛克还是卢梭都认为将民众的政治义务建立在多数人同意的基础之上。在现实的公共生活中，多数规则显然起着支配作用，使PPP的运行更具合法性。此外，从追求效率的角度考虑，应该是以尊重各个利益主体为宗旨。政府虽以PPP的方式供给公共产品或服务，但是PPP所需的费用直接或间接的由使用者共同分担。市场化的组织方式指公共产品和服务的使用者报出自己购买数量和价格的意

① [英]约翰·洛克.政府论[M].叶启芳等，译.北京：商务印书馆，1964: 35.

② [英]托马斯·霍布斯.利维坦[M].黎思复等，译.北京：商务印书馆，1985：464.

愿，个体意愿被汇总用于公共产品和服务的生产。毫无悬念，以这种方式形成的集体行动必定能实现集体行动的效率，从而改善其有效性。

有效表达。构建PPP提供者伙伴间、以及提供者与使用者之间的沟通机制以便于有效表达。尽管同意是如此重要，我们依然不能忽视表达而单纯地追求同意，如果缺乏政策构建过程中的充分且有效的表达、未经过充分的论证、没有各个利益主体间在公平程序中的有效博弈，那么同意并不能增添PPP制度的有效性与合法性、无法提高PPP的运行质量以及对PPP制度的认同。只有各个利益主体的意见能够得到充分表达并能得到政策制定者的认真权衡，公共意志才会得以形成和认可。公共意志的表达是PPP制度法定化的基础，只有公共意志被有效表达并及时地得到妥善处理，各个群体的利益才不会出现失衡的局面。群体之间，个人之间的诉求是多元的，如果群体与个人的诉求能够及时有效地表达出来，那么政策就能够得到及时地改进。只有当PPP权威性规则同时获得伙伴间的民主基础以及使用者的民意基础，PPP的内部合法外部有效才能得到切实保证。所以，我们不能片面地强调某一群体的利益而忽略另一些群体的利益，我们要将PPP提供者伙伴间的利益诉求加以整合，并以适当的方式，将提供者的利益融合到使用者的利益当中，从而使PPP制度真正成为实现公共利益的制度，始终秉持内部合法外部有效。

PPP相关各个利益群体的同意赋予PPP以有效性与合法性。

四、结论

政府与社会资本合作应在整合权力、追求有效性与合法性、弘扬公共利益的轨道上，逐步实现善治。在实践中，特别是在复杂的PPP项目当中，不当的权力设计会造成PPP的运行失序，会蚕食PPP的有效性与合法性，使PPP无法踏上善治轨道。无论从公共利益的角度还是从私人利益的角度看待PPP，对其认可并推广是顺应善治规律的事情。上述研究结果强调进一步在理论与实践两个方面整合PPP权力机制的内部合法外部有效，构建PPP的有效性与合法性是通往政府与社会资本合作的善治之路。

参考文献：

1. Beetham, D.(1991).The legitimation of power. New York :Macmillan Education Ltd,15−16. 68−69.

2. Heldeweg, M.A. , Sanders, M.P.T. (2013).Good legal governance in authoritative public−private partnerships. Conceptualising legitimate partnerships with public authority. European procurement & public private partnership law review, 2, 175−185.

3. Moe, Terry.(1984). The New Economics of Organization. American Journal of Political Science. 28(4)(Nov.),739−777.

4. [美]埃莉诺·奥斯特罗姆.制度激励与可持续发展：基础设施政策透视[M].陈幽泓等,译. 上海：三联书店, 2000：26.203. 209.

5. 贾康. PPP“政热企冷”之说有偏颇[N]. 新供给经济学论坛. 2015−11−20. 05:39:36 http://www.taooil.net/huzang/2015/1120/6087.html.

6. 贾康.PPP—制度供给创新及其正面效应[N].光明日报.2015−5−27. 08:17 http://theory.people.com.cn/n/2015/0527/c40531−27061850.html.

7. [加]加雷思·摩根. 组织[M]. 金马, 译. 北京：清华大学出版社, 2005：159.

8. [英]帕特里克·敦利威.民主、官僚制与公共选择[M]. 张庆东,译. 北京：中国青年出版社, 2004：87.

9. [英]托马斯·霍布斯.利维坦[M]. 黎思复等, 译. 北京: 商务印书馆, 1985: 464.

10. [美]西摩·马丁·李普塞特.政治人—政治的社会基础[M]. 张绍宗，译. 上海：上海人民出版社, 1997: 55.

11. [美]西摩·马丁·李普塞特.政治人—政治的社会基础[M]. 张绍宗，译. 上海：上海人民出版社, 1997: 58.

12. [古希腊]亚里士多德.政治学[M].吴寿彭, 译.北京:商务印书馆,1965：199.

13. [英]约翰·洛克.政府论[M]. 叶启芳等, 译. 北京: 商务印书馆, 1964: 35.

促进中国债券市场健康发展与直接金融的成长

贾 康

当下，既定的2020年全面建成小康社会的目标，已匹配要取得“决定性成果”的全面改革任务，还要配之以全面法治化，以及执政党的全面从严治党。在以上“四个全面”的大背景下，金融作为“现代经济的核心”，必须适应现代化战略的要求。在我国金融改革、发展、深化和多样化过程中，直接融资尤其应该成为发展的重点，因为至今我国直接融资占比仍过低，不到20%。一般直接融资中，股票市场出现了一轮新的牛市，我们希望它不要变成大起大落的疯牛，能够成为慢牛——当然愿望和实际之间往往还有一些难以处理的问题，但在目前形势下首先需肯定有些亮点，同时则要注重控制相关的风险。

除股市外，债券市场作为直接融资非常重要的组成部分，对其应从正反两方面看待。首先，债券市场的健康发展作为我国总体金融改革与发展的组成部分不可或缺，应该肯定其取得的成绩。简要地讲，改革开放后，我国债券市场在举借外债方面，在国债适应市场经济发展的制度建设和作为方面，在具有一定特色的金融债发展方面，在地方债经过这么多年的反复探索终于有了预算法法律框架的进步方面，以及在已存在多年的企业债探索方面，都有值得肯定之处。近来，方方面面的探索进一步聚焦到资产证券化和国债期货上，后者在经过十几年的中断之后又重新在市场的逻辑之下进入运行状态。

其次，在肯定这些成绩和进步的同时，我们也要看到债市仍存在一些不足，怎样进一步完善债券市场发展是不可回避的问题。因此，必须尽可能地从“问题导向”角度上把一些事情说清楚。以问题为导向，这就是需要厘清必须要解决什么问题。我认为至少有以下五个问题是不可回避并且要解决的。

第一个问题：目前中国债券市场的品种不够多样化。

无论是国债、金融债，还是地方债、企业债，从发展社会主义市场经济的客观要求来说，它们的种类和期限品种都还不够丰富。例如地方债，历经重重困难终于由预算法给出相关框架，而且有分类，即一般地方债和专项地方债，但是从市场经济的国际经验来说，基于这样一个粗线条的划分，实际上能形成的品种还相当单一。多年前我们在研究市场经济发展时，就注意到国际经验是在地方债层面上有较多可选择的品种，这是与实际经济不同层面需求相对应的。给我留下深刻印象的一个例子是，美国作为世界头号强国，在其经济增长强劲的纽约市，很早就有期限为100年的地方债。期限怎么会长达100年？谁能预期自己活100年呢？那是一种剪息债，购买者年年有收益，政府基于这种债对投资所形成的长期支撑力量，是超过我们想象的。所以，我们必须承认我国债券市场目前在品种方面的不足是实实在在的问题。

第二个问题：我国债券发行规模有较大空间，但利用不足。

还是举地方债的例子，经过这么多年努力之后，今年地方债阳光化部分总体发行量仅从上一年的4000亿元提升到6000亿元。当然，现在还在解决地方债置换事宜，目前已有各1万亿元的两轮安排。相对于前些年十几万亿元的地方债来说，置换只是一个过渡，置换之后的阳光化发行应该在一段时间内越走越快，可利用空间还是相当大的。在这方面我们不能操之过急，但是也不应该在已经有清晰法律框架后仍然过于保守。我认为，在总结经验之后，中国的国债和地方债应该适应新常态的客观要求，有更大作为，把其可利用的空间充分运用起来。企业债更是这样，在直接融资市场上，千千万万企业需要资金进行创新发展，但在这方面的支持机制相当薄弱。因此，如何充分利用债券发行规模空间也是一个明显的挑战。

第三个问题：债券发行机制还存在缺陷和制约。

比如地方债，虽然现在已经纳入新预算法框架，但仍然是由中央政府牵头，每个年度把全国地方债总体发行规模分配到各个省级行政区，规定省级行政区有权根据需要代市、县级地方政府发行。当然，我们首先要肯定这是立法进步，但同时也必须承认，这带有明显的“初级阶段”特点。我们可从逻辑上发问：早就确定了地方债的发行要披露地方政府的资产负债表信息，进而接受有资质机构尽可能公正的地方政府信用评级，那么这个信用评级解决什么问题？按现行框架，评级结果逻辑上只能影响中国地方债形成的债券利率水平，而完全不涉及举债能力与规模。但是从已观察到的案例来看，国债与地方债本应有“金边债”与“银边债”的区别，但市场分辨不出差异，即形成的利率水平几乎一模一样。这意味着，我国的公债发行机制还有待进一步向成熟市场靠拢。在风险制约方面，国债和地方债还需由健全的发行机制和市场运行机制区分出不同的风险等级。

企业债方面，不得不承认“刚性兑付”问题还没有完全打破。一些企业发债之后，一旦出现风险就可能演变为“经济问题政治化”，这就限制了企业债的发行空间。对应这种制约，应从长计议，努力加以化解，但解决这个机制方面的问题显然需要相应的配套改革，不是仅讨论某一个部门某一个观察点的事项就能够奏效的。

第四个问题：市场分割问题。

从形式上看，我国债券市场的分割状态有悖于把整个市场作为统一市场的客观要求，市场分割问题多年来表现为如何有效连通银行间市场和证券交易所市场。最近有学者把这个问题进一步与利率市场化改革联系起来：如果债券市场连通有明显阻碍，显然不利于现在作为攻坚重大事项的中国利率市场化改革。如果能通过有效基础设施支撑和市场联盟实现市场统一，实质性地化解债券市场分割，那么就能够较充分地释放债券市场的潜力，并能助推利率市场化这种已到“临门一脚”阶段的关键性改革。

第五个问题：债券专业机构和人才队伍的培养仍有待进步

从长期发展来看，我国债券行业咨询、资产管理等机构和人才队伍的培养虽然有了很大进步，但仍存在初步、青涩的感觉。回首债券市场发展历程，相关机构和人员已经作出很大贡献，但是相对于发展需求来说，还有待加快步伐和进一步提升专业水平。

对于上述五个问题，我认为都可以在考察认定之后形成解决对策。把现实问题看清楚了，对策也就呼之欲出。解决问题特别需要各个部门、各个方面加强协调合作，大家的共识应是以改革为核心，真正攻坚克难地在改革中以创新驱动“冲破利益固化的藩篱”；还要以创新应对当前“互联网 +”的大潮流，同时又要有效防范风险，这是全局、根本利益之所在。对应现在风生水起的 PPP——政府和社会资本合作，债券市场和资本证券化也还有很多用武之地。此外，债券市场健康发展也特制要求法治化的配套。从我国经济、政治、行政、司法以及社会全面配套改革的大框架可以比较清楚地看到，债券市场发展客观上也是法治化的催化剂之一。

在我国金融改革中，债券市场发展总体上已经滞后，但是大势所趋，“蓄之既久，其发必速”，如果我们能有所突破，那么它应该表现出超常规的发展能力，进入把发展空间充分打开的过程。我们期待未来大家共同努力，积极地去打开这个空间。

（本文根据作者在“2015中国债券发展论坛”上的演讲整理）

关于化解地方政府债务风险及构建规范有效融资机制的建议

黄剑辉

国家审计署2013年12月30日发布了全国政府性债务审计结果，地方政府投资行为带来的地方债务问题引起各方关注。经研究分析，我们认为中国政府债务整体规模与国际相比尚处于合理水平，中短期内地方政府债务违约集中爆发的可能性不大，现阶段其大规模融资具有合理性，但地方政府债务近年增长较快，相关风险隐患逐渐显现，需抓紧采取措施化解存量债务风险，并构建较为规范的融资机制。建议国家从完善制度设计、化解存量风险和有效管理增量三方面同时入手进行“标本兼治”。

一、政府债务整体规模与国际相比尚处合理水平，但地方政府债务近年增长较快，相关风险隐患逐渐显现

（一）政府债务规模尚处合理水平

根据审计署公布的数据，至2013年6月底我国中央政府负有偿还、担保和救助责任的债务总和为12.4万亿，以2013年GDP为57万亿计算，中央政府债务占GDP比重约为21.8%。我国地方政府以上三类债务总和为17.9万亿。中央与地方政府债务余

额合计为30.3万亿，占GDP的比重为53.2%（若将其中担保与救助责任债务进行适当折算，则占比更低），低于60%的国际公认的债务安全线。从主要发达国家情况看，2012年末日本公共债务占GDP比重在209.7%，美国在104.9%，英国在90.0%。

（二）地方政府债务近年增速较快

从总额增长率看，2010年国家审计署公布的地方政府债务总额为10.7万亿，据此计算，2010末至2013年6月末地方政府债务余额的年均复合增长率在22.9%，明显高于12%左右的GDP名义增速。从占GDP比重上看，近年来我国的政府债务占GDP的比重逐步上升，由2007年的36.6%上升至2010年的43.5%，再到当前的53.2%。如果债务增速得以保持，且GDP增速保持小幅下降，未来5年我国债务率将很有可能突破60%。

（三）地方政府债务相关的风险隐患逐渐显现

尽管整体安全可控，但部分地方政府平台的风险隐患逐渐显现。一是部分平台公司财务上严重依赖财政支持，债务可持续性较弱。这些平台公司自身盈利能力不强，现金流紧张，需要通过财政援助、借新还旧等手段偿还债务。部分平台公司杠杆率偏高，需依靠地方政府注入新资产来保障其资产负债表的健康；二是地方政府为规避政策限制不断创新融资方式，加大了潜在风险。在地方政府强烈的融资需求与中央出台限制政策的博弈中，部分金融机构通过信托等融资工具创新融资方式，利用表外融资方式继续向地方政府放款，导致债务关系更加隐蔽和复杂，其风险和传导效应逐步累积；三是当前的宏观环境正在放大地方政府平台的风险。当前政府财政收入出现下降趋势，全社会利率水平上升，二三线城市房价下跌可能导致土地价值重估，部分融资平台信用评级遭到下调加大融资难度等，都可能对政府债务带来冲击；四是创新融资手段导致政府债务融资成本上升。从利率水平来看，城投债为3.75%左右，商业贷款为5.5%左右，信托理财在8%以上，BT回购、PE和P2P为12%左右，表明政府融资渠道的创新在不断推升其债务成本。

二、地方政府大规模融资具有其合理性，其主要用于经济建设等特点可保障债务总体可持续

（一）我国经济所处的阶段需要地方政府适度负债发展

从发展阶段看，对于急需发展和赶超的欠发达经济体来说，高速增长中的负债不是最大风险，不发展才是最大的风险。与欧美主要发达国家不同的是，我国当前正处于建设阶段和赶超阶段，需要依靠较高的投资率支持大规模的基础设施建设，以实现工业现代化和高速城镇化发展，这必然需要举债融资。从财务角度分析，虽然杠杆率升高意味着风险增大，但杠杆率较低也意味着资本使用效率低下。我国由于市场化与金融深化程度不够，与欧美国家相比，政府部门杠杆率长期偏低。在整体风险可控的前提下，提高政府部门的债务率是我国在公共建设领域激发市场活力和金融创新的结果，可提高政府撬动资金杠杆的能力和资本的使用效率，并有效推动经济的快速发展。

（二）地方政府负债主要用于经济建设而非一般性支出

我国地方政府债务主要用于基础设施的建设，既可形成较高质量的资产（包括升值后的土地以及优质的国有资产），也可在促进经济发展同时，逐步形成保障政府债务偿还的良性运转机制，而发达经济体的债务主要用于一般性政府开支。从国际经验看，历史上发生过的政府主权债务危机，尚无由大规模负债投资基础设施建设而引发的先例。

（三）我国政府负债以内债为主、外债负担较低，以及高外汇储备、高储蓄且持有大量可变现国有资产的特点，将在很大程度上保障我国债务总体上可持续

历史经验表明，一国发生主权债务危机，基本都具有外债规模过大，本国公债境外持有率过高的特点，而这一情况在中国不存在。参照中国社科院、德意志银行等有关研究机构编制的我国国家资产负债表的“国外负债”项看，2013年末我国外

债余额估计将达到1万亿美元左右，约占GDP的10.5%；从“国外资产”项看，中央政府拥有3.7万亿美元（2013年11月）的外汇储备，整体来看我国的外债负担很低。从地方政府的债务形成渠道看，主要为国内银行贷款、地方债和信托等国内债务，国外负债很少。从地方政府的还款来源看，除预算内税收收入外，其还持有地方国有资产约35万亿以上、土地资产50万亿以上，足以覆盖现有债务。

三、化解地方政府存量债务风险，构建规范有效融资机制

为有效化解地方政府当期债务风险，并构建中长期可持续的地方政府规范有效融资机制，建议国家从完善制度设计、化解存量风险和有效管理增量三方面同时入手进行“标本兼治”。

（一）完善顶层设计，加强地方政府负债管理

1. 通过立法规范地方政府的负债管理。我国《预算法》、《担保法》分别规定地方政府不得负债、不得为债务担保，这既是地方政府通过“平台公司”、影子银行等工具融资的主要动因，也是导致地方政府平台的债务问题难以得到有效监管的制度缺陷。为此，建议国家尽快研究制定地方政府债务管理法规，修订《预算法》与《担保法》的相关条款，在给予地方政府负债合法化的同时，将原先隐蔽的债务问题“阳光化”。

2. 建立地方政府债务总量控制制度。由中央政府督促地方政府抓紧落实十八届三中全会《关于全面深化改革若干重大问题的决定》中提出的“编制全国和地方资产负债表”的要求，并根据各地区社会经济发展情况和政府债务现状等因素，量化分析评估未来一个时期政府融资的合理规模，并以此作为对地方债务进行总量控制的主要依据。

3. 建立健全债务使用绩效管理、评价和监督制度。对地方政府性债务进行全过程监督评价，即从举借、使用、管理、偿还等各个阶段进行事前、事中、事后的全程监督。

4. 建立健全地方政府债务的风险预警与信息披露制度。首先，建立从地方到中央的双层同步的风险预警系统，按照债务率、偿债率、逾期债务率和借新还旧偿债率等相关指标，结合具体财政、经济、社会发展情况，形成一整套评判标准和工作机制；其次，建立地方政府融资平台的信息披露制度，并形成定期而非突击性的审计制度。

5. 加快财税体制改革。地方债管理制度的建立要与分税制改革相匹配，强调权责的对等，明确中央政府和地方政府在地方债运行过程中充当的角色。一方面适当上移部分事权和支出责任，一方面释放财力到县区政府。适当提高增值税、企业所得税等共享税中地方政府的比例，适时开征房产税。

6. 转变政府职能，更好地发挥市场作用。建设服务型政府，降低地方政府过度负债的源动力。

（二）多措并举，化解存量债务风险

1. 对存量债务进行清理分类。通过全面审计，对存量债务进行清理和分类。根据债务的是否公益属性、偿还能力、流动性等不同情况设计风险化解方案。

2. 对不良债务实施重组和化解。对于具有较大正外部性的公益性质项目所对应的债务，可通过政府发行长期债券进行债务置换。其本质是将长期的正外部性收益对应的债务分摊到较长时间内由社会公众进行消化。对于因盈利性不足、效率低下而产生的非公益性不良债务，可通过地方注入优质资产、加大政策支持力度、盘活存量资产、提升效率和盈利性等方式改善偿债能力。对于收益确实无法改善的项目所对应的债务，首先可由地方政府出售一定的国有资产和土地，直接偿债，其次可通过成立资产管理公司，剥离坏账处理，最后可通过银行债转股或直接核销坏账处理。对于这部分债务，在损失暴露后，必须明确相关责任并采取惩罚性措施，一方面起到应有的警示作用，另一方面也是防止“国家兜底”思想引发的道德风险。

3. 对可偿还债务的处理。对于项目具有一定盈利性，现金流可覆盖债务成本，但有“还长借短”、“借新还旧”问题的债务，其风险并非盈利性，而是流动性，根源在于缺乏阳光化的长期债务工具。首先可通过地方政府发债进行债务置换，其次可通过债转股，并向市场出售部分股份，吸引民间资本的投入。对于项目优质、债务期限匹配的债务（如长期政策性贷款项下的优质项目），既可以保留债务不变，也可通过资产证券化腾挪出低成本的信贷空间，以服务于其他项目，为降低社会整体债务成本，化解其他政府债务创造良好的宏观条件。

（三）构建规范有效融资机制，支持新型城镇化建设

1. 在规范地方政府平台公司的基础上完善“市政信贷”，继续发挥国家开发银行等金融机构在支持新型城镇化进程中的融资主渠道作用。与欧美发达国家主要依靠发行“市政债”提供城市基础设施融资相比，我国目前主要由银行向地方政府投融资平台提供“市政信贷”的模式符合中国国情，特别是符合中西部欠发达省份的需要，且具有多方面的优点：一是债权债务关系体现在银行与平台公司之间，银行与政府之间通常不构成直接债权债务关系，因此与现有法律法规没有直接冲突；二是经过多年的发展和规范，由国家开发银行等金融机构提供“市政信贷”，已发展成为较成熟的融资模式。与政府直接发债相比，其有利于提高地方政府的风险意识、效益观念和还款意识，且对项目可行性及收益有评估、对资金使用有监督，资金运用及管控效率相对较高；三是融资难度小，综合成本低。一方面由于我国债券市场发育不完善，且地方政府的债信等级总体偏低，发债难度较高；另一方面，债券发行是直接融资手段，需要通过信用评级、定价、承销、二级市场流通等完善的金融中介提供支撑，涉及相关费用较高。此外，由于我国的财政管理体制是“一级财政、分级管理”，与美国联邦制的地方政府可破产有本质不同，在此情况下大量发行基于审批制的“市政债券”，可能引发地方政府“跑部钱进”、赴京公关。

建议可采取有效措施对当前基于平台公司的“市政信贷”模式加以规范：一是从资金供给端入手，控制各金融机构向平台公司发放的信贷总量。为解决由于信息不对称而导致的逆向选择和道德风险问题，采取由银行业监督管理部门负责逐一明确“平台公司”银团牵头行的方式加以解决，即由牵头行负责统一与地方政府沟通，以避免恶性竞争、多头授信、重复授信；二是从资金需求端入手，控制平台公司的债务总量。通过审核地方政府资产负债率、平台公司资产负债率中的“净资产额”，进行反算后确定平台公司的债务上限及融资空间；三是规范银行、平台公司、地方政府三者之间的法律、财务关系。在法律关系层面，要将现有的一定程度上实质存在的“银政之间的直接债权债务关系”，规范、拆分为银行与平台公司之间基于《公司法》、《银行法》之间的“银企关系”，以及地方政府国有资产管理机构与平台公司之间基于《国资法》、《公司法》的注资与被注资、控股与被控股关系；在财务层面，地方政府国有资产管理部门运用土地、税收等收入形成的现金流，向平台公司注资后，可获得相应股权（与直接还债或担保代偿有本质不同）；平台公司获得注资后，该资金的性质即不再是政府的财政资金，而是转化为可合法用于还款的“法人财产资金”，债务偿还后，平台公司的净资产相应增加，对应于地方政府国有资产管理机构持有的股权。

2. 逐步探索、完善地方政府的发债机制，作为“市政信贷”的重要补充。随着我国资本市场不断发育成熟，以及相关法律法规的修改出台，可逐步完善地方政府的发债机制，东部发达省市可先行试点。当前可从改革、规范“城投债”入手：第一，延长城投债的偿还期限，将用于长期基础设施建设的城投债偿还期限放宽至20年甚至更长；第二，在总量控制的前提下，适当扩大城投债发行规模，使成本低、期限长的债券融资成为继信贷后的又一主要方式，降低高成本债务比重；第三，建立类似美国的“一般责任债券”制度，对于长期的纯公益性建设债券，由财政资金负责偿还；第四，加强城投债及发行主体的信息披露，避免“黑箱”带来场内交易恐慌，波及一级市场发行。

3. 鼓励社会资本进入基础设施建设领域，降低地方政府负债融资压力。通过大力发展非债务融资，鼓励社会资本进入基础设施领域，促进投融资主体多元化。包括：一是通过资产证券化，将收益较好的债务向社会资本出售；二是通过出让国有资本股权，吸进社会资本进入；三是积极引入公私合营（PPP）的模式，具体包括BT或BOT等方式；四是向社会开放能源、通信、教育、医疗、养老和文化事业领域，降低进入门槛。

（2014年1月3日）

争　鸣

XINGGONGGEI:
CHUANGXINFAZHAN, GONGJIANTUPO

秉持学者定位研究供给侧结构性改革

贾　康

我和同道的研究者们，这些年来致力于推进经济学基础理论层面"新供给经济学"框架下的创新，深知已有的研究成果是初步的、不够成熟的（当然，即使被认为较成熟的理论，也不可能完美，一切都在发展中）。真诚希望得到各方的批评指正，欢迎共同深化研究，展开讨论和学术争鸣。然而近日看到的北京大学晏智杰教授发出的批评文章①，却是我极不愿意卷入的一种争论状态，甚至可以直率地说，基于晏教授文章的这种"争鸣"，学术含量实在不高，而且必扯入学者应避免牵涉、纠缠的一些其他因素。晏教授可说是前辈，我也理应退避三舍，本不想做回应，然而，形势比人强，这几天来我感受到日渐加强的"其他因素"，使我不得不以文章形式对晏文在此做出回应。简述如下：

一、能否更清楚地了解基本情况?

晏教授一开始就说："作者宣称，他们的学说和主张是一项重大理论创新和政

① 2016年10月27日，第一财经"评论"栏目发表晏智杰署名文章《北大晏智杰对〈新供给改革：新供给简明读本〉的几点质疑》。贾康先生做出公开回应后，11月8日，晏智杰先生在第一财经网再次发表《晏智杰再回应贾康：问题出在哪？》。晏先生的两篇文章均可在公开网络搜寻，考虑到版权问题未收入本书。

策创新，为中央关于供给侧改革的决策奠定了理论基础，提供了权威解读。”且慢，我们在书中和其他场合从未有过此种“宣称”，晏教授是如何听到、看到的？对于无中生有的问题，本来无法讨论，但在现实生活中，晏文此种说法的有害因素，却不可小觑，必须在此郑重澄清：我们积极努力为理论创新添砖加瓦，是以学者的绵薄之力投入学术建设，进而希望服务于科学决策和政策优化。但我们绝不会头脑发热到要“宣称”自己为中央决策奠定了理论基础，那是不是有点儿不知天高地厚了？《供给侧改革：新供给简明读本》一书的封面折纸上，印有一句“权威解读‘供给侧改革’的时代背景和核心内涵”，是出版公司的宣传用语，其意显然是指有一定社会影响的学者谈对于这一改革背景与内涵的理解认识，怎么可以和中央决策直接拴在一起？我们无法了解晏教授这样说的具体原因与动机，只能说对这样的表述我们如不加以澄清，将会陷于“口吐狂言”的社会指责之中啊。

此外，晏文说我们“认为需求管理已经过时”，但白纸黑字，我们反复强调供给管理绝不否定需求管理的意义和作用（这本书中还专门有关于以选择性“聪明投资”同时扩大需求的内容，等等），我们所研讨的，是在继续优化需求管理的同时如何认识和摆脱需求管理的局限性。晏文说我们从一个极端走到另一个极端，放弃了追求供求平衡，但请问新供给理论研讨中哪里有一点不追求供求平衡之意？晏文中指斥“不应将着力供给侧结构性改革理解为需求紧缩”，当然不该，但对我们的书和观点而言，这完全又是无的放矢啊。

特别是，晏文说我们“长长的‘结构性改革’菜单中，唯独没有了继续实施‘转轨’和‘制度供给’这一条，这不是淡化甚至取消了深化体制改革的任务吗？”好家伙，这顶“取消改革”的帽子不可谓不大，但这真是天大的笑话和天大的冤枉！我们真的怀疑晏教授是否读过此书。坚定不移在改革深水区攻坚克难“形成有效制度供给”、以完成中国的现代化转轨，正是我们书中的主线和高扬的旗帜，也是新供给经济学始终如一的主张，书中在前言部分我们即强调了“转轨”和“制度供给”，怎么成了晏文所说的“唯独没有”这一条。建议晏教授抽时间过目一下此书吧（晏教授文中连我与苏京春博士合著的《供给侧改革：新供给简明读本》书名都写错了，多出“经济”二字——教授如年事高精力有限，可不用通读，只需翻阅一下、浏览了解章节结构和基本内容）。

二、能否更有逻辑地开展讨论?

晏文把“供给侧改革”与“体制改革”、“深化体制改革”先说成是相互排斥（此浓则彼淡）的关系，其后又出现从属关系（前者从属于后者）之说，我们不明白这两个论点从何而来？“供给侧结构性改革”和“体制改革”都是改革，体制改革必然就是要解决体制结构、制度供给的问题，这应属于学理层面的ABC，上述两种表述间“一致关系”的认知，会变成晏文中的“排斥关系”或“从属关系”？显然这也就失去了一起深入讨论的基本前提和逻辑起点。我们只能在此再次表明自己的基本认识：供给侧改革就是在邓小平“改革开放”大政方针轨道上中国体制改革的承前启后继往开来，表述为“供给侧结构性改革”完全符合制度供给发生在供给侧、制度首先具有“利益格局”式结构特征的学理常识，并且这一表述正是使深化体制改革更清晰化、聚焦化，以利攻坚克难动真格来“冲破利益固化的藩篱”。

此外，晏文特别强调只有待中国市场经济转型基本实现才具备总体进行一般供求分析的前提，我们也感到匪夷所思，不知是什么逻辑，难道完成转型之前倒不需、不能做供求研究分析了？如果晏教授是指必须在“完全竞争”假设下才能进行一般供求分析去对应中国现实问题，那倒正是我们的研究中所强调必须予以突破的旧式思维局限：我们认为，真实世界中，经济资源配置的真实图景，不是“完全竞争”，而是“非完全竞争”，不仅中国如此，美国等发达市场经济国家也如此，我们需要在有了完全竞争假设下的分析并得到其有益启示之后，“理论密切联系实际”地把研讨的假设前提升级为2.0 版的“非完全竞争”，才能使理论创新适应深化认识以服务和引领实践的客观需要。基于不同的假设前提，构建相应的理论框架，推演出建议主张，是当代经济学研究的标准路径，不存在只能有一种假设或前提的经济学研究，但是我们实在不明白的是：晏教授在反复强调他的上述前提认识后，怎么又能这样冒出一句对我们的批评：说不能“从某种虚幻的完整统一的市场条件出发”，这是在批评我们，还是在说晏教授自己呀？

三、能否以学者定位给出研讨者的空间来做批评？

经济学研究成果不可能定于一尊，思想与学术的活跃创新，需要人文环境。一个正常社会，政治家决策参考的选择对象，必应是“百花齐放”的研究成果。如果对自己不同意的他人思路、观点，动辄以晏文批我们的“以其作为决策的依据和基础，必将带来严重不良后果”的误国大帽子，来施以和决策直接捆在一起的政治压力，那么学者研讨的空间何在？试想：晏文中断言经济学研究中“没有也不会形成独立成型的所谓供给学派或需求学派”，否定了我们所概括的由萨伊引发的对供给侧的重视、在美国形成的“供给学派”（这两点似也应属经济学的常识）和供给侧学派源流呈现两轮“否定之否定”的认识，但这两方都属于一家之言，并可纳入各家试图构建的理论框架（如果有框架的话），然而，如果按晏文的方式相互以指责对方“误国”来攻讦，还有经济学者研讨的什么空间吗？动辄以政治有害大帽子施以压力和批判，如成中国学术界风气，再加上网络上、社会上无可否认存在的“吃瓜群众”羊群效应式非理性的推波助澜，将是何种结果于中国社会的进步呢？

以上三个方面，我在于新浪微博不得不做简要回应时，曾分别冠以直陈式的三个小标题，对此有朋友认为概括到位，也有朋友提醒我：是否口气过硬？鉴于此，我愿把口气改柔性一些，现以前面三问，作为小标题，就教于大家和晏教授。

（《贾康回应晏智杰：秉持学者定位研究经济理论与改革》，文章发表于《第一财经日报》）

贾康：我对晏教授文的三点简要回应

贾　康

我对晏教授文的三点简要回应：

一、无中生有，构陷论敌。我们在书中和各种场合从未说过“为中央决策奠定理论基础”和“提供了权威解读”的话，晏何处看或听来的“宣称”？我们反复强调对“供给管理”的深化认识决不否定“需求管理”的意义和作用，怎么会成了否定它？完全是无的放矢无中生有--晏文不长，此类构陷之说却比比皆是。

二、逻辑混乱，学养失落。“供给侧改革”与“体制改革”都是改革，怎么可解释成相互排斥关系？体制改革必然就是解决制度结构、制度供给问题，这属于学理常识，表述为“供给侧结构性改革”正是使之更清晰化、聚焦化以利攻坚克难啊；市场经济转型基本实现才具备总体进行一般供求分析的前提？那么转型之前倒不需、不能作供求研究分析了？匪夷所思啊，是真的读过这本书吗，没看见我们所强调的“非完全竞争”前提？还说不能“从某种虚幻的完整统一的市场条件出发”，这是说晏教授自己呀！

三、文风不良，乱搬政治。经济学研究成果不可能定于一尊，思想与学术的活跃创新，需要人文环境，一个正常社会，政治家决策参考的选择对象，必应是“百花齐放”的研究成果--对自己不同意的他人思路、观点，动辄以政治有害大帽子施以压力和批判，如成风气，将是何种结果于中国社会呢？！

（新浪微博）

供给侧改革视角下的制度创新实践

——国企改革与“混合所有制”

贾 康 刘 薇 苏京春

一向力主实质性推进中国体制改革的新供给经济学研究群体，却被某些论者扣上“取消改革”和“新行政经济学”的帽子，实在匪夷所思。但以此为契机进一步表明我们在一系列出版物（包括《供给侧改革：新供给简明读本》）中的基本思路与观点，应有助于使公众进一步了解供给侧改革，特别是促动严肃的研讨者作进一步的分析认识和学术争鸣。本文聚焦于我们高度注重并已在研究中提出了明确思路与主张的国企改革、民企发展问题。

我们认为，中国的“供给侧改革”，实为在认识、适应和引领“新常态”的新阶段，以“攻坚克难”的全面深化改革为核心内涵，以结构问题优化解决为矛盾的主要方面，进一步解放生产力、实现动力机制转换和体系转型的系统工程。作为一个转轨中的发展中大国，追求“追赶—赶超”式后来居上的现代化，大思路定位必然是“守正出奇”，在充分尊重市场的资源配置决定性作用的同时，须充分认识到并不是简单搬用发达市场经济体的已有经验和我们自己过去的经验即可完成现代化，必须以特定国情下各特定阶段上可持续的成功创新，来支持中国完成从追赶到赶超的现代化全过程。政府理性的供给管理，是促使供给侧的制度创新、管理创新和技术创新充分互动而解放生产力，充分打开现代国家治理可包容的一切潜力、活力空间。企业是实现创新发展目标的最基础和重要的载体，在中央全面推进供给侧改革的当下，积极推进混合所有制是现代市场体系运行的产权基石方面的最重要的制度创新，是推进国企改革、民企发展的主线，直接呼应十八届三中全会提出的国家治理体系和治理能力现代化的要求。

一、供给侧改革核心内涵的理解、政策思路建议及相关国企改革的“国企民企共赢”基本认识

我们认为，中国所强调的供给侧改革的核心内涵就是有效制度供给，即以改革为统领，结构优化为侧重，在解放生产力中守正出奇，引领新常态而继往开来。所谓“守正”，就是认识、顺应、尊重和敬畏市场规律，充分发挥其总体而言在资源配置中的决定性作用；所谓“出奇”，就是充分认识到并不能简单搬用发达市场经济体的已有经验和我们自己过去的经验，必须以特定国情下特定阶段上的成功创新来支持中国完成从追赶到赶超的现代化全过程。新的历史起点上为继续“大踏步地跟上时代”，在推进工业化、城镇化、市场化、全球化、民主法治化趋向下，在改革深水区面临的真问题，是怎样攻坚克难，怎样把硬骨头啃下来，处理这种经济社会转轨升级的问题，实现升级版是新常态的“常”必须落到的境界上，而打造这个升级版最关键的就是创新驱动，即在供给侧以有效制度供给支持结构优化，激活全要素生产率的所有潜力来对接全面小康，连通中国梦。

新供给经济学已有的研究成果强调，生产力和生产关系在供给侧打通的动力体系中，制度创新是“解放生产力”的最关键的创新，它会打开管理创新和技术创新的空间，技术创新亦会“倒逼”管理创新和制度创新，我们所在的中国新供给经济学研究群体以理论创新基本认识引出的基本政策主张，是供给侧改革以改革统领全局的“八双”和面对两个一百年任务的“五并重”。

“八双”为：“双创”——走创新型国家之路，大力鼓励创业；“双化”——推进新型城镇化，促进产业优化；“双减”加快实施以结构性减税为重点的税费改革，大幅度减少行政审批；“双扩”——对外开放格局和新的国际竞争局面之下，

扩大中国对亚非拉的开放融合，适度扩大在增长方面基于质量和结构效益的投资规模；“双转”——尽快实施我国人口政策中“放开二胎”管制向逐步适当鼓励生育的转变，积极促进国有资产收益和存量向社保与公共服务领域的转置；“双进”——在国有、非国有经济发挥各自优势协调发展方面，应该是共同进步，摒弃那种非此即彼截然互斥的思维，在“混合所有制”的重要概念之下，完善以“共赢”为特征的社会主义市场经济基本经济制度的现代化实现形式；“双到位”——促使政府、市场发挥各自应有作用，双到位地良性互动、互补和合作，尤其看重在公私合作伙伴关系PPP模式下寻求共赢；“双配套”——尽快实施新一轮“价、税、财”配套改革，积极地、实质性地推进金融配套改革。

“五并重”的基本内容：一是“五年规划”与“四十年规划”并重，研究制定基于全球视野的国家中长期发展战略；二是“法治经济”与“文化经济”并重，注重积极逐步打造国家“软实力”；三是“海上丝绸之路”和“陆上丝绸之路”并重，有效应对全球政治经济格局演变；四是柔性参与TPP与独立开展经济合作区谈判并重，主动参与国际贸易和投资规则的制定；五是高调推动国际货币体系改革与低调推进人民币国际化并重。以上“八双五并重”引出的消除供给抑制，放松供给约束的取向，正是对应于十八大以来延续市场化取向下“国家治理现代化”的制度转轨、机制优化的最核心内涵。

上述系列政策主张与建议中内含的一个重要思路，是我们既反对经济完全由政府主导，也不同意单一维度的所谓“小政府，大社会”或“政府退出经济领域，完全由市场自身配置资源”的观点。经济完全由政府主导、即实行计划经济，企业全部国有，则形不成市场，价格、资源必然扭曲，供给必然不足，效率必然低下，苏联东欧国家及中国改革开放前已有深刻的历史教训；经济完全由市场自发运行，企业全部是非国有企业，也会出现西方经济学亦承认客观存在的“市场失灵”，其对国民经济造成的伤害也会十分巨大——1929年大萧条的出现是其典型案例；2008年以来出现的由美国次贷、欧债引发的最新一轮全球经济金融危机再次把危机极端化，并再次充分证明，并非政府在“华盛顿共识”取向下强调不参与经济运行，经济就可以健康地发展。

我们主张，政府和市场应发挥其各自应有作用，并实现良性互动互补与合作。在中国特色的市场经济条件下，政府既是提供公共服务、监管市场运行的主体，也是公共品及部分特定领域的供给主体。中国政府未来一方面要运用财政政策、货币政策、收入政策等宏观政策，并通过制订国家中长期发展战略、区域和行业发展规划引导市场公平竞争这只“看不见的手”调控经济运行，另一方面，还应颁布相关法律法规、设立监管机构来监督市场运行，并在涉及国计民生的战略性、关键领域通过构建一定数量做好做强的国有控股企业这只“看得见的手”，来保障国家经济安全和弥补“市场失灵”，贯彻现代化赶超战略。

我们的上述主张决不意味着看轻国有经济、国有企业深化改革的艰巨任务，也并不意味着主张政府“既当裁判员，又当运动员”，而是主张将政府三个职能分离由三个不同的主体来承担，以确保政府调控、引导经济发展职能与市场配置资源职能“双到位”，具体模式是：一是由政府设立的“行政部门”承担制定发展规划、审核市场准入等行政职能；二是要由政府组建“监管机构”来履行监管市场职能；三是对于涉及国家经济安全、国民经济命脉的重点领域或存在“市场失灵”的领域，还应由政府出资在同一领域成立若干“企业实体”参与有外资、民资等主体加入的市场竞争。公私合作伙伴关系（PPP）模式下的发展取向与机制创新，应成为政府、市场主体与非政府“第三部门”（民间志愿者组织）公益机构与更充分地合作而寻求“共赢”的主题（贾康、孙洁，2009）。总之，国有企业（国有资本）与民营企业（民间资本）和社会组织，应发挥各自优势，协调发展，共同进步。

经过30年的不断改革开放，我国的冶金、有色、航空、金融、电信等领域已基本上实现了政府行政、监督、股东三项职能的分离，初步形成了政府与市场互动格局，而电力、铁道、公路以及医疗、教育等领域仍维持了或大体未打破原有格局，政府三项职或能集中于一个机构，或仍实际维持了过度垄断与过度管制，需要通过大力深化改革，实现三者的履职主体有效分离。

我们不主张“贴标签”式地讨论“国进民退”、“国退民进”问题，且“进”、“退”也不是仅体现在“领域”的进出、“市场份额”的高低方面。我们主张，要按照马克思“生产力决定生产关系”的原理作为观察问题的着眼点，并按照邓小平“三个有利于”的核心思想作为衡量标准，在经济发展的一定阶段，既不是“越公、越国有越好”（上世纪50年代末的大跃进、人民公社，搞“一大二公”，有过惨痛教训），也不是“越私、越民营越好”（一些亚非拉发展中国家只认私有经济的产权模式，以及上世纪苏东巨变后私有化形成寡头垄断，也会破坏国民经济发展，亦滑入失败轨道）。

我们认为，国有企业、国有经济与民营企业、民间资本各有其特点和优势，在当前中国进入工业化中后期、进入资本社会化时代且面临全球化竞争格局的条件下，观察国有企业的存在必要性、作用方式和空间，探索其有效管控模式，必须引入新的理念、转取新的视角，运用新的思维。国有经济、国有企业具有依托或隐含国家信用、能够整合各方资源、规模经济、资本实力强、管理相对规范、社会责任感较强等优势，是政府调控经济、维护国家经济安全，保障社会公平公正的重要调控、辐射力量和政策工具，特别是在某些从国家中长期战略看很需要但暂时面临市场缺损或发育不足的领域，其作用更显重要，但其也存在由政企关系界定不清或内部管理人员道德风险所诱发的盈利动机不强、不注重管控成本反而易持续抬高管理成本和福利、工资，运营效率偏低、服务质量较低等问题；民营企业具有市场嗅觉敏锐、机制灵活、客户观念强等优点，但其与生俱来的最大化逐利本性容易导致主要关注企业自身利益或局部利益、粗放耗费资源、短期行为、压低劳工安全条件和薪酬、破坏环境、社会责任感不强等问题。我们主张，要通过扩大市场准入、加强市场监管、完善法律法规，发挥其各自长处，抑制其各自不足，构建国企国资、民企民资平等竞争，互为补充、双向良性互动的市场格局。国企国资在一般性竞争领域可逐步完全退出，在涉及国家经济安全、经济命脉的特定领域其以股权衡量的控制力，大致可初步掌握在30%–60%区间。

股份制是公有制的重要实现形式和融合“国有企业”、“民营企业”分野而发展“混合经济”式现代企业的制度形式，可天然对接“混合所有制”。原来“国”与“民”在一般概念上的截然不同，从历史大趋势上观察，将越来越多地转化为依阶段、领域等的不同而生成的股份制企业股权结构的变动问题，即归为国有与非国有股权的一体化生存与“共赢”问题。

因此，也必然应合乎逻辑地在综合配套改革中强调，有序推进国有企业改革，促进国有资产收益和存量的转置。规模庞大的国有经济是中国特色社会主义的组成部分。大型国有企业在中国经济社会中发挥重要作用的一个重要方面，是顺应社会诉求将更大比重的资产收益上交国库，支持我国社会保障体系的运行和公共服务的增量提质。随着国有经济“战略性改组”和“混合所有制”改革的深化，应积极探索通过立法方式，确定各类企业的设立依据、政策目标、国有资产收益的合理转置等相关规则，形成规范法案，并在动态优化中全面形成以国有资产收益和存量形态的合理转置，在法治化制度体系中服务于全社会公共目标：在坚持“资产全民所有，收益全民所用”的基本原则之下，完善国有资本经营预算（资本预算）管理体制，提高利润（资产收益）上缴比例进而对社会保障和其他公共服务的支出加大支持力度，合理纳入全口径预算体系统筹协调。各类公益型资产处置（如文化企业转制过程中国有资产的处置）也应纳入国有资本经营预算体系中来，以此充实社会保障基金、强化基本公共服务均等化的财力支撑，真正体现国有经济的优越性及全局性贡献。

二、“混合所有制”是供给侧改革中有效制度供给的重大创新实践

国有企业属于全民所有，是保障人民群众共同利益的重要力量，《中共中央、国务院关于深化国有企业改革的指导意见》提出，到2020年，在国有企业改革重要领域和关键环节取得决定性成果，形成更加符合我国基本经济制度和社会主义市场经济发展要求的国有资产管理体制、现代企业制度、市场化经营机制，并进一步强调：“发展混合所有制经济取得积极进展”。从供给侧视角看，现阶段的“混合所有制”改革启动的是一整套制度框架体系建设，需要落实到现代企业制度和法人治理层面。前些年，中国股份制经济已有明显发展进步，其中不乏国有非国有和公有、非公有股权在市场主体内部的混合，但往往存在国有产权“一股独大”问题和产权规范不落实、不到位问题，恰需要通过混合所有制创新实践来完善基本经济制度的这一重要实现形式。

混合所有制是一种有利于真正释放经济增长活力、实现制度创新的经济体制（详见图1）。基于学界研讨成果所显示的及相关文件中所规定的实现形式，在十八届四中全会所强调的法治框架下，混合所有制实际上能够切实激发企业活力和市场活力：一方面，混合所有制能够在寻求与民间资本更好融合方式的过程中，在技术方面充分激发企业立足于后发优势的技术模仿、技术扩散、现有技术的升级换代、新技术研发等，在制度方面实现管理水平的提高、运营效率的提升以及各项成本的良好控制，从而成长为长期健康的市场主体，对市场活力的焕发发挥重要的主观能动作用，推动股票等资本市场形成长期慢牛的良好态势；另一方面，混合所有制是推动十八届三中全会首次提出的市场在资源配置中起“决定性”作用的重要改革手段，通过回归价格机制、理顺供求关系、逐步放开计划手段等等的实现，培育更加健康的产品市场、要素市场和资本市场，通过健康市场的形成，为市场主体提供良好的生态环境，同时实现通过激发市场活力来增强企业活力，而通过混合所有制改革中股份制的实现，资本市场势必更加规范和繁荣，而与目前正在紧锣密鼓进行的多级多元资本市场的建立互相促进、互相成就，加之时下方兴未艾的PPP模式的广泛推广和应用，混合所有制改革势必与连片开发、城市基金、资本证券化、互联网金融等相互作用产生更大的乘数效应。一个PPP项目在产权方面没有对接股份制的任何硬障碍，而且是天然地要求形成一个法治环境下的多产权主体间的契约。最典型的即以SPV的形式组成特殊项目公司来运营PPP项目，其中，所有股权都有清晰归属，每一份标准化的股权属于其中的股东，认定以后不会产生法律上无法处置的纠纷（少数纠纷可通过法律途径解决）而且政府方面的内在动机是天然地不想“一股独大”，因为这些项目中“少花钱多办事”，才体现其办事漂亮、出政绩的“四两拨千斤”式的水准，正好尽量充分地给出了企业（包括民营企业）更多持股的空间，各方在这种可预期的稳定的法治化环境下，来追求在共赢中利益回报目标的实现。由此可见，在混合所有制一方面激发企业个体活力、另一方面激发市场互动活力的同时，企业活力与市场活力之间必将相互激发，政府、企业、专业机构的伙伴式合作将产生“1+1+1〉3”的绩效提升，从而更会促使混合所有制改革实际成为推动我国经济增长发展引擎。

特别值得注意的是，我国现阶段经济社会发展进程中，应特别注重混合所有制与股份制的联通，因其必将成为国内资本市场、要素市场、产品市场、市场主体焕发活力的核心动力之所在，也必将成为从马克思当年所表述的对私有财产制度的“消极扬弃”走向“积极扬弃”不懈探索的必由之路。在邓小平南方谈话之后，1992年党的十四大确立我国经济体制改革的目标模式是建立社会主义市场经济体制，成为全局性的重大突破和历史性决策。1993年党的十四届三中全会作出《中共中央关于建立社会主义市场经济体制若干问题的决定》，勾画了我国市场经济体制的基本框架。1997年党的十五大提出，公有制实现形式可以而且应当多样化，一切反映社会化生产规律的经营方式和组织形式都可以大胆利用。对于股份制，资本主义可以用，社会主义也可以用。在这个判断中，已经区分了所有制和所有制的具体实现形式这两个不同的概念：股份制是所有制的一种实现形式，既不姓“社”，也不姓“资”。党的十六大要求进一步探索公有制特别是国有制的多种有效实现形式，除极少数必须由国家独资经营的企业外，积极推行股份制，发展混合所有制经济。而党的十六届三中全会通过的《中共中央关于完善社会主义市场经济体制若干问题的决定》，则进一步提出，积极推行公有制的多种有效实现形式，大力发展国有资本、集体资本和非公有资本等参股的混合所有制经济，实现投资主体多元化并首次明确提出：使股份制成为公有制的主要实现形式。

从股份制是公有制的一种实现形式到主要实现形式，体现了对公有制实现形式认识的深化和飞跃，也铺垫了、准备了十七大、十八届三中全会所强调的“混合所有制”改革。基于这一简要回顾并结合本文分析，可一言以蔽之：中国当下所说的混合所有制，实际上强调的是在现代国家治理法治背景下，使任何一个市场主体内部，产权可以按照股份制框架下的“混合”取向来处理，实现最大包容性和共赢、多赢。混合所有制若能够通过规范的股份制来实现市场法人主体产权结构最大的包容性，那么原来谈论了多年、争吵不出来结果的“国进民退”与“国退民进”、“姓公姓私”和“姓社姓资”问题，便都可以淡化了。在“和平与发展”的时代，贯彻“一百年不动摇”的党的基本路线，特别需注重的是以最大的包容性走向共赢。如果从提升人类文明、解放生产力、共享发展成果这样一个宽阔的思维来说，

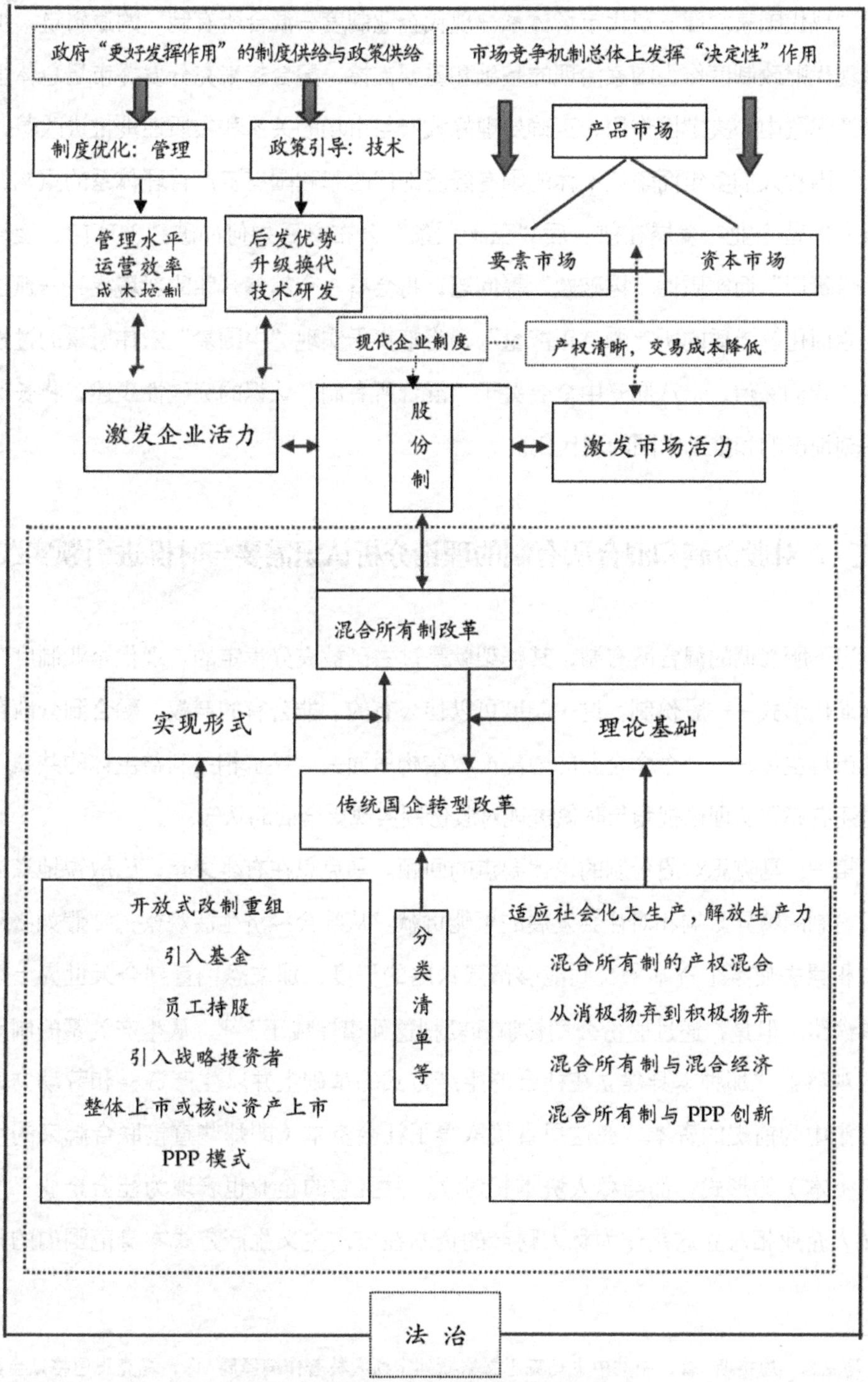

图1 混合所有制释放经济活力示意图

基于“现代国家治理—现代市场体系—现代企业制度—混合所有制”的逻辑链，加之以现代财政制度作为国家治理的基础和重要支撑，配合起来充分发挥市场总体上在资源配置中的决定性作用，正确处理好政府与市场的关系和实质性地推进改革，那么，困扰人们多年而争议不休的国有经济部门改革和国有资产管理体系的重构，以及“民营企业”发展在前、后“三十六条”公布之后如何冲破“玻璃门、旋转门、弹簧门”而实质性“再破题”等问题，将会有一个豁然开朗的新境界——抓住真问题而化解矛盾的所有的“正能量”，将汇集于实现“中国梦”宏伟愿景的过程之中。我们深信，十八届三中全会关于“混合所有制”认识的突破性表述，将长远而深刻地影响和推动中国的现代化。

三、对股份制和混合所有制的理论分析认识需要与时俱进引领实践

当下所强调的混合所有制，其框架就是过去已被充分肯定的“现代企业制度”的标准化形式——股份制。这一制度可以使公有的、非公有的产权，融合到分散存在的市场主体——一个个企业的内部产权结构里面去，寻求相关利益主体的共赢。这里还有必要从理论视角与时俱进地对股份制实现更全面的认知。

第一，马克思对股份制的论述要点的回顾。马克思在有生之年，已敏锐地意识到股份制的特异影响和对社会发展的可能贡献。从社会经济生活观察：“假如必须等待积累去使某个资本增长到能够修建铁路的程度，那末恐怕直到今天世界上还没有铁路。但是，通过股份公司转瞬间就把这件事完成了”①。从生产关系的制度演变观察：“那种本身建立在社会的生产方式的基础上并以生产资料和劳动力的社会集中为前提的资本，在这里直接取得了社会资本（即那些直接联合起来的个人的资本）的形式，而与私人资本相对立。并且它的企业也表现为社会企业，而与私人企业相对立这是作为私人财产的资本在资本主义生产方式本身范围内的扬

---

① 马克思、恩格斯 著，中共中央马克思恩格斯列宁斯大林著作编译局 译，马克思恩格斯全集（第 23 卷），人民出版社，1972 年版，第 688 页。

弃。”[①]“资本主义的股份企业，也和合作工厂一样，应当被看作是由资本主义生产方式转化为联合的生产方式的过渡形式，只不过在前者那里，对立是消极地扬弃的，而在后者那里，对立是积极地扬弃的。”[②]这些文字反映了马克思对股份制论述中的核心观点。首先，可知马克思虽然还未认可股份制已经将资本主义下的私有制转变为公有制，但他已经明确认知其所产生的社会资本与私人资本相对立的形式，可被认为是由资本主义生产方式转为联合生产方式的过渡形式。其次，结合马克思、恩格斯在《共产党宣言》中的论述，“资本是集体的产物，它只有通过社会许多成员的共同活动，而且归根到底只有通过社会全体成员的共同活动，才能运动起来”，以及公有制是在资本主义“旧社会的胎胞里成熟”的一种社会制度，是“在资本主义时代的成就的基础上建立起来”的基本逻辑，不难看出，虽然仍把股份制归为一种“消极的扬弃”，但是马克思对资本主义制度下出现股份制而对资本主义生产方式发生形式否定、对其具有的资本社会化运用特征，以及其所引发的走向新生产方式的“过渡态”，都是秉持积极肯定态度的。

第二，从“消极扬弃”到“积极扬弃”。马克思所指出的资本主义生产方式下生产关系制约生产力发展的基本矛盾和“桎梏”，是生产的社会化和生产资料私人占有之间的矛盾。沿着解决这一矛盾的思路观察，马克思当然会肯定“工人自己的合作工厂”。同时马克思指出的“工人自己的合作工厂，是在旧形式内对旧形式打开的第一个缺口，”以及“资本主义的股份企业，也和合作工厂一样，应当被看作是由资本主义生产方式转化为联合的生产方式的过渡形式”的认识，已为我们带来了极为重要的思考线索和空间。

“扬弃”（德文为autheben，英文为sublate）是哲学名词，指事物在新陈代谢过程中，发扬其体内的积极因素而抛弃其体内的消极因素（一如中文“留取精华，弃去糟粕”之意）。不论对于马克思的“消极扬弃”评价作出何种研究者的分析解

---

① 马克思、恩格斯 著，中共中央马克思恩格斯列宁斯大林著作编译局 译，马克思恩格斯选集（第2卷），人民出版社，1995年版，第516页。

② 马克思 著，中共中央马克思恩格斯列宁斯大林著作编译局 译，资本论（第3卷），人民出版社，2004年版，第497—498页。

读，基本逻辑指向至少具有“形式”和“过渡”方向上的肯定，余下的便是如何使形式与内容相合的问题。任何理论观点的提出都带有时代特征与客观局限，马克思对股份制的认识提出于100多年前，但在当时社会制度和经济发展背景下，股份制所具有的哪怕是带有“消极扬弃”意味的“社会资本”特征，已为马克思带来了思维灵感。面对这其后100余年的历史进程，结合“实事求是”、“与时俱进”的原则，我们完全可以沿马克思的思维逻辑深化认识。一百多年以来，股份制下的市场主体（即股份公司）已经发生了非凡变化。除了早已较普遍地存在本企业员工、产业工人持股和社会上的普遍劳动者、公共机构在股份制企业中持股以外，“国家”特定层级的政府也可持股并酌情作增持、减持的操作，而对宏观经济运行和社会生活产生重要的正面效应。发达国家的市场主体（公司）在达到一定规范程度后可以上市，而上市这一环节在英文中是叫 go public（走向公共），决非“私”的取向。无论是股份制中的公共机构持股，还是公司最终走向上市，开启公共募集资金的模式，都表明着即使是称为资本主义制度下的市场主体，也已经呈现内部产权结构多元化而超越简单私有的特征。社会化大生产中的上市公司，亦称公共公司，不仅其持股人在很大程度上是“公共”的，而且其经营状况要接受全社会的公共监督，财务要有充分的透明度，公司发展和社会公众利益实现了更有效的互动与结合。例如：通用汽车公司作为世界上非常有名的标杆式大公司，在2008年末改组之前，股权已高度分散，很难说其具体归属于哪个资本家，为数众多的持股人是本企业的员工、产业工人和社会上的劳动者。2008年金融危机中，由于通用汽车公司遭受重创，美国财政部对其进行注资，改组后的通用汽车公司股权结构为：美国财政部作为最大股东占72.5%股权，美国汽车工会的工人退休医疗基金作为第二大股东占17.5%股权，通用的债权人占10%股权。而时隔数年，2014年7月15日查得的情况，是UAW Retiree Medical Benefits Trust为其十大股东之首，持股比例为8.74%，加拿大政府为第二大股东，持股比例为6.86%，十大股东合计持股比例也仅为38.29%了。另一家著名的通用电气公司，2014年7月25日的股权结构中，十大股东居第一位的Vanguard Group持股比例为4.99%，第十位的Global Investors持股比例为0.78%，其“十大股东”合计的占股份额仅为20.6%。这些情况都客观地表明，股份制使资本的社会化特征不断提高，已在明显地缓解着生产社会化与生产资料私人占有之间的矛盾，有利于生产力的发展。如果说在“资本主义”名号下的这种混合所有制已在发生扬弃“私有”不适应社会化大生产发展的制约因素的积极作用，应如实地认识这种变化，那么把股份制下“以混合所有制”为取向的发展变化，与马克思主义的中国实践紧密结合，更没有丝毫道理对股份制加上“姓社姓资”的诘难，更应淡化“姓公姓私”的标签，更应肯定中国大地上近年来“积极扬弃”式的不断尝试和探索——而这也同时意味着在中国今后几十年联结伟大民族复兴“中国梦”的改革发展过程中，混合所有制取向的股份制，一定会打开“解放生产力，发展生产力”的潜在空间，长远而深刻影响我国现代化进程。

第三，现代市场体系中产权基石层面的基本制度规则。中国支持“现代国家治理”的现代市场体系的产权制度基石，在混合所有制概念上终于可以说清。如上所述，混合所有制可以内在于标准的“现代企业制度”的股份制框架，其中某一企业股权的来源，可以有姓国的、姓民的、姓公的、姓私的。在法治化的环境下，所有利益关系都可以得到合作（“风险共担，利益共享”）中的解决方式，有利于以最低的交易成本形成“共赢”的预期及其实际进程。在混合所有制的相关持股主体互动中，组织和自组织、调控和自调控、管理和自管理、规范和自规范这种现代化治理要素的结合，有助于潜力、活力、创造力的释放，即生产力的解放。中国在“后来居上”的现代化进程中，要更多依靠以这样的产权基石合成一个现代化市场体系，搞活企业，并成为全局“现代国家治理”的可持续微观基础，将和平发展、和平崛起之路越走越宽。

按照现代经济理念与实践来理解股份制，可知对股份制不必、不能贴标签作姓社姓资、姓公姓私的界定。股份制是人类经济文明从产权基石层面规范地形成的以法治化为背景的一套基本制度规则，在高标准、现代化、法治化的营商环境下，其最具多元包容性的形式和可以为企业提供可持续共赢发展的制度安排，就是混合所有制这一形式，它理应成为中国特色社会主义市场经济基本经济制度的重要实现形式，和全面改革阶段在企业改革领域主打的形式。

参考文献：

[1] 贾康等.中国需要构建和发展以改革为核心的新供给经济学[J]. 财政研究,2013(1).

[2] 贾康主编.新供给：经济学理论的中国创新[M].北京：中国经济出版社，2013.

[3] 贾康,苏京春. 供给侧改革：新供给简明读本[M].北京：中信出版社,2016.

[4] 马克思,恩格斯.中共中央马克思恩格斯列宁斯大林著作编译局译，马克思恩格斯全集（第23卷）[M], 人民出版社.1972.

[5] 马克思,恩格斯. 中共中央马克思恩格斯列宁斯大林著作编译局译，马克思恩格斯选集（第2卷）[M].人民出版社,1995.

[6] 马克思. 中共中央马克思恩格斯列宁斯大林著作编译局译，资本论（第3卷）[M]，北京：人民出版社,2004.

[7] 贾康. 混合所有制：从管资产到管资本[M],军工文化,2014(3).

[8] 贾康. PPP：不只是一个融资机制的选择[N].中国财经报.2014-4-22.

[9] 贾康. 财税体制改革诠释现代国家治理[N]. 上海证券报，2014-7.

[10] 张卓元.混合所有制是基本经济制度的重要实现形式[N]. 经济日报，2013-11-22.

[11] 常修泽. 现代治理体系中的包容性改革——混合所有制价值再发现与实现途径[J]. 人民论坛（学术前沿）,2014(3).

[12] 崔吕萍,厉以宁. 要把混合所有制对国企民企的好处讲透[J],人民政协报,2014(3).

（本文发表于《第一财经日报》）

贾康回应北大教授质疑：“我是坚定推进体制改革这一派”

澎湃新闻

针对北大教授晏智杰对自己新作《供给侧改革：新供给简明读本》的指责，华夏新供给经济学研究院院长贾康10月31日回应澎湃新闻时称，“我是坚定地推进体制改革、攻坚克难的这一派。”

10月27日，北京大学经济学院前院长晏智杰在财经网站刊文《北大晏智杰教授对〈供给侧改革：新供给简明读本〉的几点质疑》，指出“‘新供给经济学’这种学说及其政策主张，存在着严重的缺陷和偏差，如若真的以其作为决策的依据和基础，必将带来严重不良后果。”

晏智杰强调，对中国经济从总体上进行供求分析，并进而得出类似该书这样的结论，应当暗含一个前提条件，即认定当前中国经济从总体上来说已经是一个统一的完整的市场经济。但这样的前提条件在当前的中国尚不存在，一个统一的完整的市场经济体制在中国还没有形成。“在市场经济之外，还存在着统制经济，而且市场经济在很大程度上受到这种统制经济的制约和支配。”

晏智杰还表示，该书作者所称“供给侧的结构性改革”，包括人口结构、产业结构、消费结构、区域结构、要素投入结构、增长动力结构、收入分配结构等。却唯独没有了继续实施“转轨”和“制度供给”这一条，“这不是淡化甚至取消了深化体制改革的任务吗？”晏智杰写道，“要切忌以结构性改革冲淡甚至取代体制改革。”

10月29日，华夏新供给经济学研究院院长贾康在微博发表《我对晏教授文的三点简要回应》。指责晏智杰“无中生有，构陷论敌”、“逻辑混乱，学养失落”、“文风不良，乱搬政治”。

10月31日，贾康在电话中回应澎湃新闻（www.thepaper.cn），“我认为晏智杰教授的提法根本不成立。违反最基本的规律、逻辑和常识。”

针对进行供求分析的前提是完整的市场经济这一问题，贾康表示，“在这一点上晏智杰是自我矛盾的，他指责我们‘从某种虚幻的完整统一的市场条件出发’，他自己不正是这样吗，怎么可能在有一个完全的、统一的、成熟的市场经济以后再讨论供求关系呢。”

针对“供给侧的结构性改革”是否会淡化甚至取消了深化体制改革的任务，贾康表示，“恰恰相反，我对于体制改革是不遗余力的，可以称得上是属于坚定地推进改革、攻坚克难的这一派。我不是一般地赞成体制改革，而且还冲在最前沿。我们的研究就是要解决改革到了深水区怎样能够有实质性的推进，不是光说，而是一定要啃硬骨头。”

晏智杰，77岁，1993年至2002年曾担任北京大学经济学院院长。1962年开始在北京大学经济系师从陈岱孙教授攻读西方经济学及其历史。主要研究领域是：第一，西方经济学及其历史；第二，中国经济改革及中外经济体制比较研究；第三，中国特色经济学探索。1987年问世的专著《经济学中的边际主义》，填补了中国学术界长期以来的一项空白，对西方经济学发展中占有重要地位的边际主义思潮演变的各个阶段作了全面系统的论述和评价，着重指出该思潮既有为资本主义制度辩解的规范性，又有探索经济生活规律的实证性。

贾康，曾长期担任财政部财政科学研究所所长，现为民间智库华夏新供给经济学研究院院长。孙冶方经济学奖、黄达—蒙代尔经济学奖和中国软科学大奖获得者。曾多次受朱镕基、温家宝、胡锦涛和李克强等中央领导同志之邀座谈经济工作（被媒体称之为“中南海问策”）。曾担任中央政治局第十八次集体学习“财税体制改革”专题的讲解人之一。

中信出版集团官网上对《供给侧改革：新供给简明读本》的介绍是，“从新供给的时代背景、理论建树、国情分析和政策主张三大部分展开，力求对‘供给侧改革’做出深入浅出的解读，并力求立足于新供给经济学理论创新，在‘不唯上、不唯书、只唯实’的理性取向下，为中国经济发展、社会进步的现代化事业，提出以改革为核心‘守正出奇’的建设性的思路和意见。”

在《供给侧改革：新供给简明读本》的前言中，贾康写道，“我们认为中国最根本的改革开放大政方针下的转轨，首先是作为一种制度供给，支持了前30多年所取得的成就，但进一步深化改革的任务又异常艰巨。当前，我国经济仍面临严重的供给约束和供给抑制，是我们在改革深化中所必须解决的、实质性供给侧创新的‘攻坚克难’。”

（源自澎湃新闻）

中等收入陷阱与国际视野

XINGGONGGEI:
CHUANGXINFAZHAN,GONGJIANTUPO

中国跨越"上中等收入陷阱"：何谓？何从？

贾　康　苏京春

"中等收入陷阱"这个概念最早是世界银行于2006年在《东亚经济发展报告》中，用来形象地描述经济体特殊的停滞徘徊期，带有比喻意味，是在比较全球范围内不同经济体经济发展水平的基础上产生，实指在实证数据比较中可明确观察到的一种统计现象。世行对全球经济体收入阶段的划分标准是动态变化的。基于人均国民总收入（GNI）这一指标，其将全球各个经济体划分为四个发展阶段：低收入、下中等收入、上中等收入和高收入，划分标准的上下阀值逐年上升。中国2012年的人均国民收入为4270美元，排在全球第107位，但已站在了当年世行上、下中等收入分界值4085美元的上方，成为上中等收入经济体。

世界银行的研究表明，近50年来全球100多个中等收入经济体中，仅有13个国家和地区跨越"中等收入陷阱"，即从上中等收入再上升为高收入的经济体。而我们研究发现，这13个经济体中的毛里求斯已在近几年又从高收入经济体群组中退出，回落至"陷阱"内。剩下的12个经济体中，韩国、新加坡、中国香港、西班牙、葡萄牙等绝大多数，从经济体量上来看都是小经济体，若探寻成功之路，它们可为中国借鉴之处寥寥。从世行2014年最新发布的2012年人均GNI数据来看，处于下中等收入阶段的经济体有49个，处于上中等收入阶段的经济体有48个，而这些经济体中的绝大部分，都已在现所处的经济发展阶段中挣扎了许多年。我们测算，目前正处于上中等收入阶段的经济体中，有20个已经居于其中超过16年，有的甚至达到了三、四十年之久，始终冲不破上中等收入阶段的天花板，即始终跨越不了“上中等收入陷阱”。其中，巴西、塞舌尔、委内瑞拉等国家，都经历过“晋级—退出—再晋级”的痛苦过程。有鉴于前面半个世纪全球100多个中等收入经济体约90%不能如愿进入高收入经济体的经验教训，需要特别指出：我国讨论如何避免“中等收入陷阱”——具体而言是跨越上中等收入陷阱这一问题的现实意义是显而易见的，不要以为前面三十几年发展得总体还不错，GDP年均增长近两位数，总量已成世界老二，今后只要一路发展下去，就可以衔接高收入阶段的到来实现现代化“中国梦”了；如不能有效化解矛盾、攻坚克难，实现升级换代式发展，则大量“中等收入陷阱”的案例正等着看我们重蹈覆辙！所以我们强调，跨越“上中等收入陷阱”是一个关乎现代化“中国梦”命运的顶级真问题。要做到“高瞻远瞩”“老成谋国”，保持战略思维的应有水准，当前阶段特别需要居安思危、预警清晰、防患未然。虽然中国改革开放后已成功跨越了“下中等收入陷阱”，但是现已站在“上中等收入陷阱”边缘，“黄金发展期”的特征正在消退，而“矛盾凸显期”的特征日益显著，近年来经济增长步入“新常态”形成了一系列的纠结和“两难”：现阶段中国经济社会类型仍属“两个轮子自行车”，要求必须守住“可接受区间”的速度底线、严防“翻车”危机，同时“去杠杆、稳物价”和“保就业”之间、“去产能、去库存”和“保稳定”之间的权衡，“有效市场”和“有为政府”的兼顾与结合等等，无疑都形成了挑战性的问题。粗放式发展模式显然不可持续，“帕累托改进”空间已大为缩小，改革进入步履维艰的“深水区”，冲破利益固化藩篱的考验横亘于前，正所谓“好吃的肉吃光了，剩下的都是难啃的骨头”。中央五中全会所指出的矛盾累积、隐患叠加情况下，“改革”和“社会矛盾累积”这“两只老虎的赛跑”中，我们惟有坚定不移地推进改革保证它跑在前面，从而化解种种矛盾和风险的威胁，才能引领新常态而力求跨越上中等收入陷阱。

结合国际经验和中国现实，可对于关联于“中等收入陷阱”成因的六个主要方面，可作如下简要考察分析。

第一，产业革命加速更迭，“技术赶超”压力巨大。每一次产业革命后，世界经济格局都会发生重要变化。爆发于18世纪中叶的第一次产业革命（即工业革命的蒸汽时代）直至19世纪中期结束，以纺织业为起点，因机械化大生产而带动相关产业链条如冶金工业、煤炭工业、运输业（主要是铁路和海运）和制造业的发展，使英国一跃成为“世界工厂”。而后19世纪60、70年代，以美国和德国为中心，第二次产业革命（即工业革命的电气时代）围绕重化工业这一核心，使房地产、汽车制造、钢铁工业、化学工业和电力等产业得以迅速发展。至20世纪初，美国乘势而上，进一步主导20世纪50年代之后的第三次产业革命（即信息技术革命），以最前沿的原子能技术和电子计算机与互联网技术，稳固成就全球经济霸主地位。在此过程中，德国、日本、法国等国家也纷纷崛起，技术水平的提高提升了全要素生产率，从而帮助这些经济体实现了经济长期增长。我们作为发展中国家，更应基于产业革命是某一经济体经济腾飞重大契机的视角，来理智看待“后发优势”。若从经济赶超的视角看来，产业革命更迭的时间区间也恰是后来赶超者可实现超越的时间区间，若在上一次产业革命阶段没能由技术后发优势而实现崛起，被动进入下一次产业革命阶段后，势必要发起和实现新一轮赶超，才有可能达到崛起目标。然而，从三次产业革命兴起的时间上来看，其更迭在不断加速，从工业革命爆发到电气时代出现，期间经历了约120年，而从电气时代演进到信息技术革命爆发，期间仅经历了约80年。以我们目前所处的信息技术时代发展态势来看，人工智能等新技术革命的到来已先声夺人，产业革命的加速更迭使后进赶超者的发展时间更加紧迫，越紧迫则越容易追赶不上，越容易落入“中等收入陷阱”。与此同时，在充分发挥“后发优势”、贯彻经济赶超过程中，我国还必须将新技术方面基于创新的战略储备提上日程。就国外现状来看，美国、日本等位于全球技术高地的国家，其已经全面产业化而凝结在推向市场的产品中的核心技术，虽然已经是全球范围内的领先水平甚至是最高水平，但却往往并非代表这些国家技术的真实水平。以日本的汽车制造技术和液晶电视制造技术为例，其产业技术水平已经领先目前市场出售产品核心技术的两代、三代，而出于继续攫取高额利润等考虑，这些高端核心技术目前仅处于蓄势待发的状态，实际上形成了一种雄厚有力的技术战略储备。对于后发国家而言，赶超的实现可能并非仅仅是追平目前技术水平，而是至少要追平技术战略储备水平。作为一个科技爆发时代的发展中国家，不同领域的科技研发水平是参差不齐的，客观而论，我国毕竟已有一些技术在全球范围内实现领先水平，甚至有个别的已是最高水平，但由于配套技术相对落后等原因，这些技术在应用中往往并不广泛和充分。结合成功跨越“中等收入陷阱”经济体的经验，我们应当特别注重在这类技术成果方面充分“扬长”，对于达到领先水平的技术，无论是否能够迅速“接地气”，都要首先纳入技术战略储备梯队，积累、结合于利用“后发优势”赶超发达经济体主流技术的升级过程中。

第二，全球发展格局钳制，贸易摩擦制约接踵而至。比较而言，先行发达者一般具有更易得、更开阔的发展空间，以19世纪的英国为例，在开创性地实现机械化大生产之后，英国作为当时最大的工业制品供给国和原棉进口国，一方面能够享受全球各地源源不断供给而来的优质原材料，另一方面能够享受向全球各地源源不断地出口工业制成品的比较优势，取而代之的美、德也是如此。占尽先机的先行发达者往往也是全球经济发展格局的主导者，他们更能够按照自己的意愿发展经济。而对于后发追赶者来说，经济发展的环境往往更为险峻，先进经济体和“霸主”在贸易摩擦中的打压，以及需要按照先行发达者制定的“游戏规则”来发展，使后发赶超者的发展势必于全球经济发展格局中承受先行者的压力和排挤。

我国目前的经济总量尽管在绝对数量上无法与美国相较，但在排序上已然跃至“世界老二”位置，作为一个正处于中等收入发展阶段的“世界老二”，全球经济发展格局的钳制已今非昔比，种种磨擦、制约因素接踵而至。随着国际竞争进入新阶段，除老大压制外，老三以下者有更多的怨怼因素和麻烦制造行为，原来的“穷兄弟”们也容易离心离德。因此，在中等收入发展阶段下，如何将特定情境处理好，避免落入多面夹击，在全球经济发展格局的钳制下力争营造良好的社会经济发展外部环境，在全球化背景下全面打开国际贸易的共赢局面，是我国“十三五”及中长期发展中的重大挑战。

第三，能源资源环境“三重叠加”制约，集约增长刻不容缓。经济学所强调的资源稀缺性与生态环境的制约在中等收入发展阶段更具有特殊意味。以日本为例，在经济赶超的过程中出现由曾引以为豪的重化工业转向加工组装型产业，主要原因就是不得不面对“石油危机”所带来的严重资源制约。从我国基本国情出发，在资源、能源方面由于“胡焕庸线”所表达的基本国情之“半壁压强型”，和资源禀赋客观形成的以对环境压力最大的煤为基础能源绝对主力的格局，和前面三十年外延为主的粗放发展阶段的污染积累因素，合成了资源、环境压力异乎寻常的“三重叠加”。作为国土面积世界第三、人口世界第一、经济总量世界第二的超级大国，全国经济发展布局沿“胡焕庸线”这一中部主轴呈现突出的空间发展不均衡，所形成的能源消耗、环境压力的“半壁压强型”这一基本国情，对我国在“十三五”及中长期经济社会发展中引发的负面因素决不容忽视：若不能经过以重化工业为主要支撑的“压缩型—密集式”外延、粗放发展模式而较快进入集约式增长的“升级版”，能源资源和生态环境制约势必成为我国经济发展的桎梏，从而以雾霾等环境危机因素形成社会承受力的极限，导致经济发展停滞。若积极转变发展模式，则势必要经历十分艰难痛苦的转型期，并且要以技术超越和制度变革的成功为基础：一方面在资本常规投入边际收益递减的同时，通过技术水平、制度供给有效性的提高保障全要素生产率的提高，从而对冲下行因素、缓解制约，在较长时期内实现经济较快速“中高速”增长；另一方面在通过制度变革激发管理创新的同时，降低劳动力之外的经济运行成本，提高经济综合效率，从而更优地实现资本积累而保障长期发展。在基本的发展战略思路上，面对能源资源和生态环境“半壁压强型”之上“三重叠加”的制约这一基本国情非常之局，我们不得不更为侧重复杂的供给管理，以“有效市场+有为政府”非常之策求破非常之局。只有处理得当，我国经济才有望实现长足进步和发展，一旦处理不好而“碰壁”（既可能是碰到能源资源因素导致的发展硬约束，又可能是碰到生态环境因素导致的发展硬约束，也可能是碰到转型不成功多重矛盾纠结导致的发展硬约束），就极有可能落入“中等收入陷阱”。

第四，人口基数、结构挑战，“未富先老”已成定局。除了资源环境这一基本国情之外，我国在“十三五”及中长期所必须面对的另外一个很现实的基本国情，就是人口众多和老龄化已呈“未富先老”之势。首先，我国人口总量世界第一，从以人均指标划分不同经济发展阶段这一标准来看，我国步入高收入阶段注定是“路漫漫而修远”。按照世界银行2013年发布的数据，位居世界第二的我国GDP已达到9.24万亿美元，但人均GDP仅为6807美元，距离全球人均GDP平均水平10613美元相差3806美元，距离高收入国家人均GDP水平12616美元相差5809美元，距离美国人均GDP水平53042美元相差46235美元。这意味着：若想让我国人均GDP达到高收入国家水平，我国的GDP总量需要达到16.792万亿美元，即追平美国GDP总量。人均指标如迟迟不能达到高收入标准，我国经济表现就会停留在中等收入发展阶段即落于“陷阱”之内。其次，我国人口结构已呈现明显的老龄化。有学者测算，人口老龄化和超老龄化对于整个养老体系形成公共支出压力的高峰，约出现于2030-2033年间，即还有不到20年的时间，此后压力的缓慢下降还要有几十年的过程。要看到在这个很长的历史阶段之内，我国养老体系从硬件到服务所有的投入必然产生一系列的高压力要求，势必会对经济发展带来很大负担与拖累。再次，由于教育结构不合理而导致的劳动力供给结构问题，也是我们直面“中等收入陷阱”所必须考虑的不利因素。从成功跨越“中等收入陷阱”经济体的经验来看，以色列和日本都是整个亚洲平均受教育年限最长的国家。以色列颇有针对性、优质的高等教育为其科技进步奠定了良好的劳动力基础，且是全球工业国家里平均学历程度排位第三的国家，仅次于美国和荷兰。而日本除了教育的普及和具有较高水平的高等教育以外，还特别重视社会教育的作用，且在其企业制度中特别重视人才培育，一直不断促进并保持着高水平的科技研发能力。我国目前教育模式苦于面临“钱学森之问”，难以造就高水平创新领军人才，培养出的劳动力与经济发展所需人力资本的现实需求，存在较明显的错配，被动摩擦已在影响就业水平和消费水平，处理不当就会严重制约我国未来经济社会发展。

第五，文化“软实力”不足，双创难免遭受制约。我国的深厚文化积淀如何转为国际竞争中的优势因素，一直是困扰中国人的难题。实际生活中，不少中式文化的消极因素，至今无形中制约着我国的创新力，人们往往不敢为天下先，不善于思辨和冒险创造，社会弥漫“官本位”的思想意识，善于遵循较为森严的等级制度而不敢、不能发表真知灼见。这些文化与传统意识特征，形成“软实力”的不足、感召力的欠缺，实际上制约着全球信息科技革命日新月异变化中我国经济社会的发展。将文化积淀与意识、信仰转变为有利于经济发展的积极因子而非制约因子，我国大众创业、万众创新等政策才可能得到充分有效落实和如愿发挥作用，“综合国力”中“硬实力”的上升才可能与“软实力”的打造相伴而行，使现代化之梦不至落空。这更是一种深刻的、综合性的挑战。

第六，制度创新待实质推进，管理与技术创新空间需得到拓展。制度学派和新制度经济学早已告诉我们“制度”因素在微观经济中的不可或缺，而实际上，在经济发展的宏观视角下，制度供给更是最为重要的因素之一。以18世纪的英国为例，于1776年发明蒸汽机的瓦特在其19岁那年离乡从苏格兰的格里诺克到伦敦寻求仪器制造匠的培训，两年后成为一名“数学仪器制造师”，最终成就蒸汽机的发明，引发第一次产业革命的到来。这类案例表明，技术的发明和创造总体上决非一个个“黑天鹅”事件，而是与专业化分工和经济组织下的制度结构密切相关，换言之，在英国经济当时的专业化水平与经济组织所构造形成的经济制度运行结构和要素流动机制之下，引领世界技术潮流是迟早的必然事件。制度是造就人才、推动新技术产生的核心要素，可说是创新的最主要动力机制，更是经济运行绩效可否提高的关键。从日本的“昭和遣唐使”政策到西方世界的“新公共管理运动”，实际上都体现了制度变迁对经济发展的重要作用。以日本为例，除技术模仿外，日本还特别注重法治化市场经济基本制度安排，进而以成本管理、经营计划调查、职务分析等制度的学习，不断提升企业管理和经济运行的现代化程度，从而有效降低运行成本，推动、激励技术模仿过程中的技术创新，大大提升了生产能力，成为经济发展的长足动力。其中，十分典型的是以生产工艺为对象的统计性品质管理，结合日本企业的特点，扩展为全公司范围的综合性全面质量管理（TQC，total quality control），即促使公司内所有的劳动者为提高产品质量而致力于发现问题和改良工作，而这些实实在在地促使从海外引入的技术在日本得以较充分发展，推动了技术从模仿到超越的实现。制度创新的实质性推进，总体上成为进一步打开管理创新和技术创新空间的关键。

在中国引领新常态、跨越“上中等收入陷阱”之路，就是“供给侧结构性改革”。经济增长动力机制的转型升级主要须在供给侧实现，“三驾马车”所强调的消费、投资和出口需求三大方面的动力体系认知，只有联通至基于结构优化的消费供给、投资供给和出口供给，才可能完整。而结构的优化机制，必须依托于以“改革”为核心的“制度供给”。目前，我国一般产品市场已基本放开，但要素市场和大宗基础能源、资源市场仍然存在严重扭曲，人为压低要素价格，从而是粗放地（高能耗、高污染地）促进经济增长。与此有关，对生产者和投资者实际上的非规范补贴，又使经济增长严重依赖投资和形成大量过剩产能，结构失衡矛盾迟迟不能有效化解，甚至趋于突出。因此，必须在实质性推进十八届三中全会以来“顶层规划”的全面配套改革中，依靠有效市场优胜劣汰机制的力量，加上有为、有限政府理性的政策供给，对经济结构进行“升级版”调整，实现向可持续增长路径的转变。最为关键的要领，在于以中国特色社会主义政治经济学的集大成包容性理论框架支持科学决策和优化政策设计，来面对中国改革深水区重大现实问题寻求解决之道，打开“制度红利”这一转轨中最大红利源的释放空间，形成激发经济社会活力、潜力的有效制度供给长效机制。中国独特的市场发育和经济赶超正是改革中最难处理的一项基本矛盾：国际竞争的基本现实已不允许我们再常规地、跟随式地经历和等待以平均利润率机制主导的漫长的市场发育及经济结构优化的自然过程，需要从供给侧得到一种比自然、自发的市场配置在某些领域、有限目标下更强有力的机制——政府“理性主导”机制，并使之与市场机制“1+1＞2”式地叠加，才能逐渐接近并最终实现“追赶—赶超”的现代化战略目标。把全球市场中可利用的技术后发优势与我们自身保持理性的政府主动作为结合在一起，寻求守正出奇，就要形成凌驾于“政府与市场绝对冲突”或“要么政府，要么市场——二者必居其一”旧式思维之上的新思想、新理论、新方法，来指导改革与发展的实践。在尊重市场、培育市场的旁边，供给侧的特定作为，必须包括政府积极有效地建设市场、组织市场和与市场主体“合作式”地成功超越市场平均利润率机制自然过程。“混合所有制”有望成为中国发展现代市场体系的重要产权基石，进而推进国有经济部门的实质性改革和“现代市场经济”在中国的发育和成型。“十三五”时期正是我国“全面深化改革”的攻坚克难时期，并必须配之以在实现“全面小康”同时的“全面依法治国”和“全面以严治党”。四个全面战略布局下供给侧制度创新的实质性推进，将总体上成为现代化路径上进一步打开管理创新和技术创新空间的“关键一招”。立足于“十三五”时期，放眼中长期经济社会发展，在十八大之后关系国家前途、民族命运的关键阶段上，只要我们紧紧抓住供给侧这个矛盾的主要方面，以实质性的结构性改革冲破利益固化的藩篱即克服既得利益的强大阻力和障碍，把“硬骨头”啃下来，获得解放生产力、引领新常态、打造升级版的成功，必将能够守正出奇地使我国经济社会相对顺利地跨越“中等收入陷阱”、在未来如愿跻身世界发达经济体之林，去联通“中国梦”伟大民族复兴。

（本文缩写版发表于《人民日报》）

中等收入陷阱的经济分析

张　蓓

一、中等收入陷阱的基本概念和观点交锋

中等收入陷阱的概念最早由世界银行在其研究报告（Gill和Kharas，2007）中提出，指的是阿根廷、墨西哥等一些拉美国家以及部分中东国家在经历快速发展进入中等收入水平后经济增长反倒陷入长期停滞，经历较长时间仍不能进一步发展成高收入国家的现象。

近两年关于中等收入陷阱的讨论有所增加，观点分歧较大。有观点认为中国应当警惕滑入中等收入陷阱，也有观点认为不存在中等收入陷阱。前者如楼继伟（2015），他指出“如果我们在下大力气进行结构调整……中期增长有可能达到6.5%–7%……但是，我们也有另一种前景，即今后的五年十年，滑入中等收入陷阱的可能性是非常大，我甚至觉得是五五开。”而朱天（2015）则认为，“世界银行于1988年初次定义的全球高收入经济体有41个，而在2013年则猛增至76个，也就是说在短短20余年间，已经有35个原来的中等收入国家成功跨入高收入国家行列。根据这个标准，又何谈“中等收入陷阱”呢……“中等收入陷阱”这一概念尤其不适用于中国这样存在巨大地区差异的大国。……中等收入只是一个经济发展的阶段，而不是经济增长的陷阱。”

二、中等收入陷阱是个伪命题吗？

要判断是否存在中等收入陷阱，首先要明确如何定义中等收入陷阱，然后基于定义对一个经济体是否陷入中等收入陷阱进行识别。从目前的研究看，定义和识别中等收入陷阱主要有两种方法。

第一种是从收入的决定水平出发，将中等收入陷阱定义为“绝对收入水平增长停滞或痛苦地缓慢增长”。基于这个定义，Felipe等（2012）计算了一个门槛值，认为如果一个经济体在下中等收入阶段停留超过28年即落入下中等收入陷阱，而在上中等收入阶段停留超过14年即落入上中等收入陷阱。

第二种对中等收入陷阱的定义则基于相对水平。具体识别方法上不同研究有一些差异。有一部分研究基于相对于美国或其他富裕国家的“追赶”收敛。例如，Woo（2011）提出了赶超指数的概念，将其定义为一国的人均GDP与美国人均GDP之比，介于20%-55%之间的国家认定为中等收入国家。如果一国长期处于中等收入区间，未能实现朝美国的收敛，则视为陷入“中等收入陷阱”。还有一部分研究则基于对收敛模型预测路径的偏离。例如，Aiyar等（2013）将“中等收入陷阱”定义为经济增长放缓，突然大幅、持续偏离条件收敛模型所预测的增长路径。他们研究发现，经济体在中等收入阶段出现增长放缓的频率确实要高于低收入阶段和高收入阶段，且该结果在多个以不同阈值定义的中等收入陷阱情况下都是显著的。

三、经济发展过程中一个充满挑战的阶段

世界银行根据人均收入的高低将经济体划分为高收入、中等收入和低收入国家。该标准并不是一成不变的，一般每五年进行一次调整。从中国的实际情况看，根据世界银行最新标准（基于2014年人均GNI计算），人均收入1046美元是中等收入国家下限，人均收入12735美元是上限。中国从二十一世纪初即跨越了中等收入下限，目前处在中等收入上下限的中间位置（图1）。

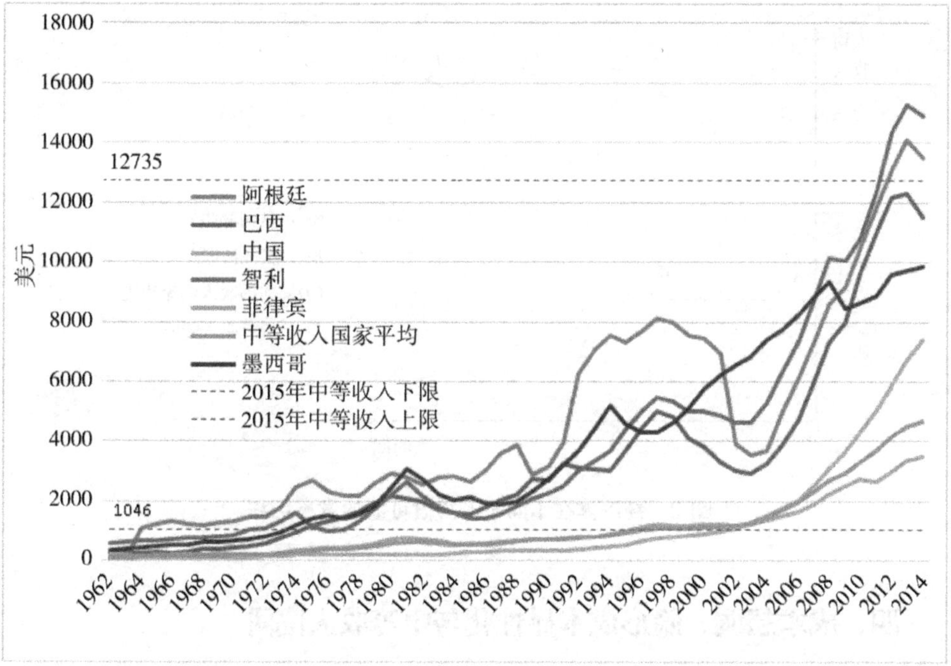

图 1　中等收入划分标准及部分经济体人均收入走势图

数据来源：世界银行。

经济增长向来是发展经济学的研究重点。发展经济学最先关注的陷阱是“贫困陷阱”，研究为什么低收入经济体会长期限于贫困的恶性循环以及如何创造经济起飞的条件。不同的研究侧重点有所不同，比如资本约束阶段理论认为新资本形成的水平较低是制约穷国发展的主要障碍，补齐储蓄缺口的主要办法是通过外国援助或吸引外国投资；刘易斯的“两部门剩余劳动模型”和钱纳里的结构变革模型关注的重点则是结构变革的机制。这些理论为贫困经济体的发展提供了有益的理论支持。但不少经济体在经历了起飞阶段的快速发展进入中等收入阶段之后，发现新的挑战又出现了，经济发展可能会再次进入平台期徘徊不前（图2）。

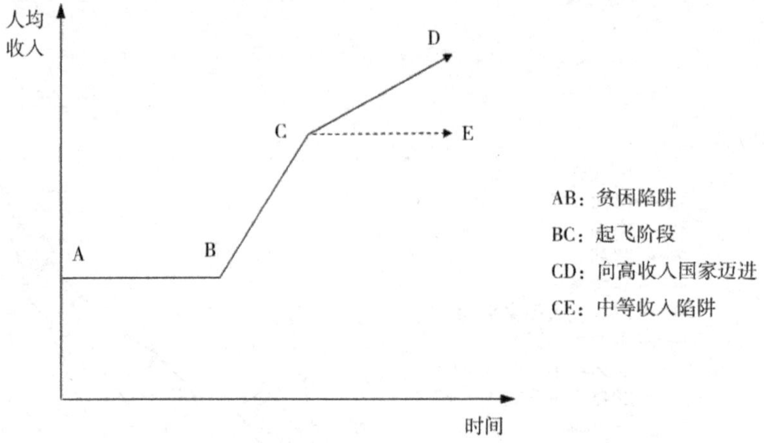

图 2　经济体在不同收入阶段可能的发展历程

四、成本超调、隐形成本显性化与中等收入陷阱

尽管同是处于增长缓慢甚至停滞的阶段，但与低收入阶段相比，中等收入阶段的增长停滞原因却不太一样。现有的研究主要有以下几种观点。一是归因于需求结构与产业结构不合理；二是归因于收入差距过大；三是归因于金融体系脆弱；四是归因于创新能力不足，等等。

结合中国实际情况，本文研究发现，成本超调和隐性成本线性化等带来的成本快速上升可能是中等收入陷阱的一个重要影响因素。

（一）劳动力成本变化原因探析

在经济起飞的初期，发展中经济体的劳动力成本较低，因此在国际竞争中具有较大的优势。这种低成本的优势会保持相当长的一段时间，但是随着经济保持一定时间的较快增长，劳动力成本就可能出现快速上升。图3显示了中美的工资走势。中国在1978年改革开放之后相当长的时间内保持了极低的工资水平，但是进入二十一世纪后，工资水平快速上升。相比而言，美国工资水平的变动相对平稳。

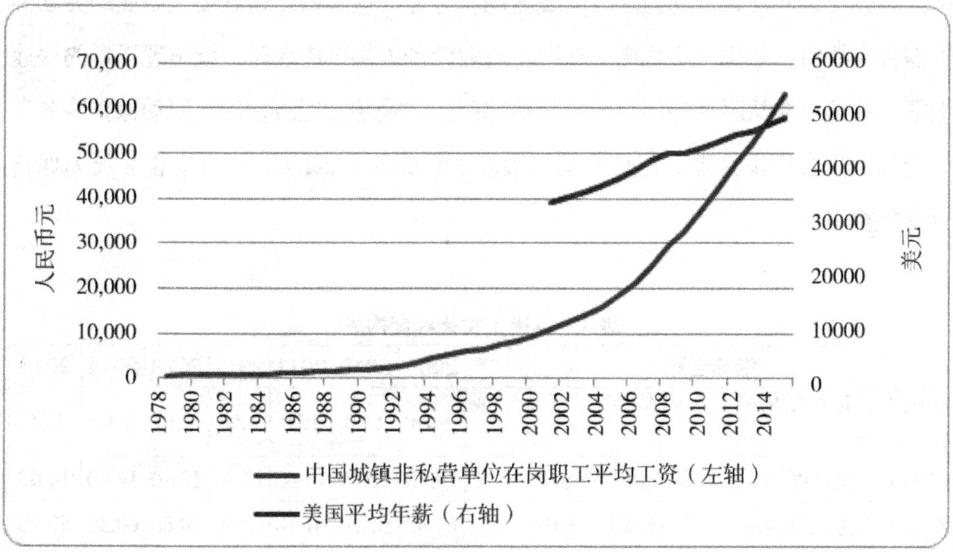

图3　中美工资比较

数据来源：Wind。

工资增速变化首先是因为刘易斯拐点的到来，即越过刘易斯拐点后，工资水平提升。刘易斯认为，经济发展过程是现代工业部门相对传统农业部门的扩张过程。在劳动力无限供给阶段，劳动力过剩，工资取决于维持生活所需的生活资料的价值。越过刘易斯拐点之后，传统农业部门中的剩余劳动力被现代工业部门吸收完毕，工资取决于劳动的边际生产力，相应的劳动力供给曲线开始向上倾斜，劳动力工资水平也开始不断提高。

但刘易斯拐点只能解释工资的上升，不能很好地解释为什么工资会出现超调，还有其他几个因素也影响了工资增速的变化。一是劳动力供给与劳动力需求结构之间存在差异。刘易斯模型是两部门模型，实际上除了农业部门和工业部门之外，经济中还存在第三个部门，服务业部门。在经济不发达阶段，消费者对服务的要求不高，但随着收入水平的上升，消费者对服务的需求提高了。服务业部门也多是劳动密集产业，但与农业部门不同，许多服务业对人员素质要求高，如医疗、教育、艺术等，这些行业的专业人士的培养需要相当长的时间，其服务并不能简单通过资本投入来替代，此外，劳动力的跨区域流动也存在一些障碍。这导致服务业的劳动力供需存在缺口，结构也不均衡，在服务行业劳动力供不应求时，就出现工资的快速上涨，并且可能从服务部门溢出到其他部门。二是随着经济发展，劳动保护等各项社会制度也会逐步完善。三是劳动力素质不断提升（表1），有意愿也有能力保护自身权益。

表 1　农民工文化程度构成

指标名称	2009	2010	2011	2012	2013	2014	2015
农民工文化程度构成：全部农民工：不识字或识字很少	1.10	1.30	1.50	1.50	1.20	1.10	1.10
农民工文化程度构成：全部农民工：小学	10.60	12.30	14.40	14.30	15.40	14.80	14.00
农民工文化程度构成：全部农民工：初中	64.80	61.20	61.10	60.50	60.60	60.30	59.70
农民工文化程度构成：全部农民工：高中	13.10	15.00	13.20	13.30	16.10	16.50	16.90
农民工文化程度构成：全部农民工：中专			4.50	4.70			
农民工文化程度构成：全部农民工：大专及以上			5.30	5.70	6.70	7.30	8.30
农民工文化程度构成：全部农民工：不识字或识字很少			2.10	2.00	1.60	1.60	1.40
农民工文化程度构成：全部农民工：小学			18.40	18.40	18.90	18.10	17.10
农民工文化程度构成：全部农民工：初中			59.00	58.90	58.40	58.90	58.90
农民工文化程度构成：全部农民工：高中			13.90	13.80	16.00	16.20	16.60
农民工文化程度构成：全部农民工：中专			3.20	3.30			
农民工文化程度构成：全部农民工：大专及以上			3.40	3.60	5.10	5.20	6.00
农民工文化程度构成：全部农民工：不识字或识字很少			0.90	1.00	0.90	0.90	0.80
农民工文化程度构成：全部农民工：小学			10.70	10.50	11.90	11.50	10.90
农民工文化程度构成：全部农民工：初中			62.90	62.00	62.80	61.60	60.50
农民工文化程度构成：全部农民工：高中			12.70	12.80	16.20	16.70	170.20
农民工文化程度构成：全部农民工：中专			5.80	5.90			
农民工文化程度构成：全部农民工：大专及以上			7.00	7.80	8.20	9.30	10.70

数据来源：Wind。

（二）房价与租金变化原因探析

房价与租金的变化，主要有两个原因。第一个原因可以由级差地租引申而来。级差地租是指等量资本投资于等面积的不同等级的土地所产生的利润不同，因而所支付的地租也就不同。房地产是极为特殊的商品，同样面积的房屋，由于所处的地段、朝向、周边环境等不同，房价和房租可能相差甚远。其定价在很大程度上适用于级差地租理论，即取决于资本投资于等面积的不同等级的房地产所产生的利润。在经济发展初期，由于生产率较低、基础设施落后等原因，发展中经济体的房地产价格很低。随着经济快速发展，基础设施不断完善，加上与低价劳动力、快速提高的全要素生产率相结合带来的良好收益前景，发展中经济的房地产价格可能会出现快速上升。

还有一个原因就是房地产市场自身的发展。在经济发展初级阶段，房地产市场尚不发达，房地产更多是满足居住和生产的要求。但随着经济的发展，房地产市场逐步形成深化，具有了资产市场的特性，加之居民财富逐渐积累而投资渠道尚不丰富时，房地产很容易成为炒作的对象。基本面的支撑加上资产市场各种要素逐渐齐备，房地产价格和房租也易于出现超调。

（三）隐性成本的显性化

进入中等收入阶段后，还有一个明显的变化就是原来的隐性成本逐渐显性化。这可以从外部性角度进行分析。由于外部性的存在，产品的边际社会成本和收益并不等于边际私人成本和收益。其中，边际社会成本=边际私人成本+外部性；边际社会收益=边际私人收益+外部性。私人根据私人边际成本和收益来做出决策，这对个人来说是最优的，但对社会来说却不一定是最优的。

首先来看环境污染与保护，图4左图显示了考虑外部性的供给与需求。在经济发展初级阶段，发展中经济体往往会将经济增长作为第一要务，环境保护的理念和制度均不足。污染具有负外部性，对于污染企业而言，但不需要为排污支付费用时，其供给曲线为S1，最后供求决定的产量为Q1，价格为P1。考虑污染治理，供给曲线应当是S2，产量应当是Q2（〈Q1），价格为P2（〉P1）。本应由污染企业成本的成本，污染企业并没有承担，导致其产量大于均衡产量，产生更多污染，社会要承担更大的污染治理成本，三角形ABC即是整个社会的福利损失。随着经济发展进入中等收入阶段，一方面污染影响日益显现，另一方面，政府和民众的环保意识提高，污染成本就会显性化。这本身有助于提高整个社会的福利，因为污染成本的显性化，会迫使污染企业降低产量或者努力降低污染，有助于环境保护。

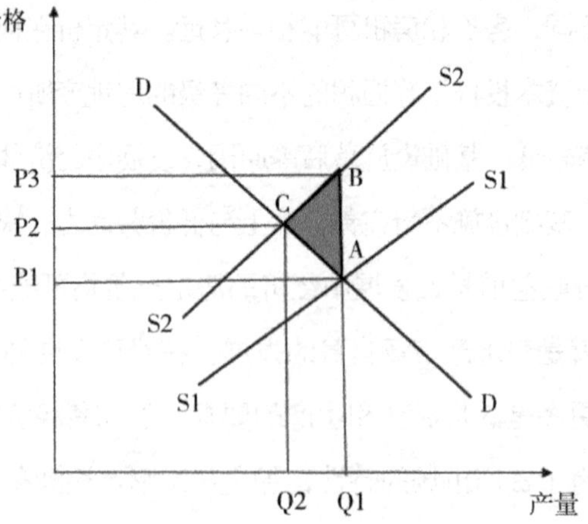

图 4　隐性成本显性化示意图

其次是劳动力市场上的成本显性化。在经济发展初级阶段，大量劳动力从农村进入城市，这带来了生活方式的变化，不少农村出现了留守老人和留守儿童。哈洛的母爱剥夺实验表明，缺乏母亲关爱照顾的猴子孤儿在小时候会出现消化不良、胆怯、冷漠、自闭等现象，而且这种影响会更深远地影响到其成年，成为类似自闭症患者，并且缺乏养育下一代的能力。在经济发展初期阶段，大量农村劳动力流向城市，他们在劳动力市场的供给并没有考虑生活方式变化所带来的成本，但是这种成本却是他们实际已付出的成本，其社会成本也会在更长的时间内逐步显现。随着经济逐步发展，对精神、文化的追求会逐渐上升，对心理和社会福利的关系也会有更深的关注。生活方式变化的成本会逐渐在劳动力市场定价中体现出来。

（四）交易成本的非线性上升

交易成本包括搜寻信息成本、协商与决策成本、契约成本、监督交易进行的成本、执行成本等。影响交易成本的因素包括交易商品或资产的特殊性、交易的复杂性和不确定性、交易的频率等。在经济发展初级阶段，交易的产品相对简单，程序也不复杂，交易成本相对较低。但进入中等收入阶段后，经济已经有了相当程度的发展，各种产品创新层出不穷，交易的产品和程序都更加复杂。而相关制度的建立和完善，可能牵涉诸多改革，存在一定的滞后性，殊非易事。因此交易成本可能出现非线性上升。

五、对策建议

总体看，中等收入阶段确实存在增长放缓的概率，这是由中等收入阶段的特征所决定的。其影响因素很多，但从成本角度看，成本超调和隐性成本显性化的影响不容忽视。这种成本的变化有些在一定程度上是对定价的一种修正，有助于促进优化资源配置。但有些却会造成扭曲，降低经济的效率。

一是正确定价外部性，使供求能够更加准确地决定均衡价格和产量。避免由于忽略外部性而导致的产能过剩、库存积压和加杠杆行为。

二是强化针对资产价格的宏观审慎政策框架。宏观审慎政策具有逆周期和跨市场视角，能更有针对性地应对资产市场的风险累积。要完善宏观审慎政策框架，将资产市场纳入宏观审慎政策框架，防止资产价格过度膨胀。

三是加强制度和法制建设，降低交易成本。市场的发展是经济发展的体现，反过来市场的发展，特别是金融市场的发展有助于促进优化资源配置。但是越是复杂的产品和市场，越要有完善的制度来维护其规范稳健运行。

四是推进以人为本的新型城镇化和社会主义新农村建设，促进提高人口素质和生活质量。

参考文献：

[1] 楼继伟.中高速增长的可能性及实现途径[R]. 在清华大学经济管理学院的演讲,2015.

[2] 朱天.中等收入陷阱”并不存在[EB/OL].金融时报中文网,2015-06-05.

[3] Barry Eichengreen,Donghyun Park和Kwanho Shin [J]，Growth Slowdowns Redux: New Evidence on the Middle-Income Trap，2013,NBER Working Paper No. 18673.

[4] Fernando Gabriel Im, David Rosenblatt. Middle-Income Traps A Conceptual and Empirical Survey[J]，2013,the World Bank, Policy Research Working Paper 6594.

[5] Indermit Gill,Homi Kharas, An East Asian renaissance : ideas for economic growth[M].

[6] Pierre-Richard Ag é nor, Otaviano Canuto,Michael Jelenic. Access to Finance, Product Innovation, and Middle-Income Growth Traps[J].2014,the World Bank, Economic Premise, Number 137.

[7] Pierre-Richard Ag é nor, Otaviano Canuto和 Michael Jelenic. Avoiding Middle-Income Growth Traps[J]，2012 the World Bank, Economic Premise, Number 98.

[8] Reda Cherif, Fuad Hasanov，The Leap of the Tiger: How Malaysia Can Escape the Middle-Income Trap[J]，2015,IMF，WP/15/131.

[9] Robert J. Barro（2016），Economic Growth and Convergence, Applied Especially to China，NBER Working Paper No. 21872.

[10]Shekhar Aiyar, Romain Duval, Damien Puy, Yiqun Wu, Longmei ZhangGrowth Slowdowns and the Middle-Income Trap[J]，2013,IMF，WP/13/.

[11]Wing Thye Woo. Understanding the Middle-Income Trap in Economic Development: The Case of Malaysia,2011.

（2016年1月在新供给50人论坛2016年年会上的发言，部分数据有更新）

全球化中的“中国方案”：人类命运共同体

贾　康

本次冬季达沃斯年会上，习近平主席作为中国最高领导人，第一次出席该年会并发表演讲。习主席再次强调了他曾多次表述的“命运共同体”理念，指出各经济体已“你中有我，我中有你”，各民族国家“利益高度融合，彼此相互依存”，这充分体现了基于全球现实理性判断而上升为共赢思路的“中国声音”、“中国方案”所内含的新思维：摒弃你输我赢的旧思维，在顺应和引领全球化中共创人类社会的美好未来。

如何看待“命运共同体”这一命题？笔者认为，就是要寻求在整个世界上所有发达经济体和发展中经济体相互关系处理中，如何形成尽可能全面的合作，以及实现以现代化为趋向的全球经济和社会治理的优化。

从哲学角度来看，要从各个经济体的“共性和个性”并从这个视角上来深入理解它。现实生活中相互之间必然有合作，也必然有竞争；客观上存在着各个经济体之间的共同利益，也必然存在着不同的诉求，会出现分歧、摩擦，甚至一些局部的冲突。习近平主席使用的“命运共同体”概念，是在人类文明已经推进到的“包容性发展”这个前沿概念上的具体表述。

所谓“命运共同体式”的发展，就意味着无论是发达的还是欠发达的各个经济体、各个民族国家之间，必须努力地“求同存异，扩同减异”，扩大相同点而减少差异点。当然不可能完全消除差异，但是总体的取向是争取共赢、多赢。关于人类文明发展的主流，中国著名学者费孝通先生曾经总结过一个趋势，就是“各美其美，美人之美，美美与共，天下大同”。美，在这里讲的是对个性优点与偏好的推崇和肯定，别人的美你也要努力理解和尊重。而大同理想，是中国在古老文明形成的时代里就给出的概念，多少世代的人类，总在寻求走向大同的可能性。

这里面，有同有异。“同”的是什么？我认为，各个民族国家的这些社会成员，他们都是人，人性自有相通之处，这是哲理上必须肯定的共性、共同点。对这种共同点，中国一位很有影响力的学问家、著名学者钱钟书先生曾总结为“东学西学，道术未裂，南海北海，心理攸同”，这个“道”和“术”讲的应是对规律的总结和对于发展方式方法的认识。无论你是在南北何方，毕竟有共同的心理，都是人，在这个人的立场上，都有对美好生活的向往，就都要推崇一些基本的理性。

务实地说，这个“命运共同体”理念对接到实际生活里，就是我们需要认识到生产力和科学发展走到现在的“核威慑”时代，人类社会这种求同的可能性及其在趋向上的必然性已明显提高：“核威慑”时代和信息时代，已使得第三次世界大战出现的可能成为极小概率事件，虽然某些局部我们还看到战争等严重的冲突，但是总体而言人类对于避免一个悲惨的第三次世界大战前景的信心，在不断提升。避免第三次世界大战成为大概率事件，具有客观的物质条件支持和科学发展的基础。

正因为如此，中国也就顺天应人地在改革开放时期，由邓小平在设计“三步走”现代化战略之时，非常明确地强调“要抓住机遇”，因为进入这个和平与发展为主题的时代，给中国人提供的机遇就是一心一意谋发展，抓住经济建设为中心“一百年不动摇”，从而积极寻求在“工业革命”以来落伍、落后之后，大踏步地跟上时代的机遇。

事实上，中国也必须认同和顺应人类文明发展中的大势和主流，即孙中山先生所言“世界潮流浩浩荡荡，顺之则昌逆之则亡”。具体而言，这些只能顺应不可违拗的大潮流，是工业化、城镇化、市场化、国际化、信息化，以及法治化与民主化，只有顺应、跟上这样的世界潮流，才可能实现中国的现代化。“中国梦”跟其他经济体中人们的梦想是相通的，就像前几年习主席访问美国时所说的，中国梦、美国梦是相通的。在相通这一方面看就是共性的，具有“同”的客观依据。

那么，“异”又是什么？显然，各个经济体之间的“异”有很多，不同的历史，不同的地理条件与资源禀赋，不同的文化、宗教，不同的国情和发展的制约条件等等。所以，在“同”的认识之下，还必须正确处理这个“异”的问题。

作为新供给经济学研究群体，我们特别推崇的一个抽象出来的概念，就是中国的现代化必须“守正出奇”。在顺应不能违拗的世界潮流的前提下，我们不能认为把其他市场经济体的已有经验、还有我们过去探索中已经形成的一些初步经验继续使用就可以让中国实现现代化，没有这么简单的事情，中国必须在发展的不同阶段上，面对种种国情制约和特殊的矛盾、特定的挑战，寻求在“守正”之后还要以成功的创新来“出奇”制胜。

中国怎样在新的历史起点上，继续大踏步地跟上时代所面对的迥异于其他经济体的问题？在笔者看来，别的经济体的任何经验，都不可能直接套用到中国来破解这个“非常之局”，只有中国人自己成功地寻求到“供给管理”概念下的非常之策，在守正之后还要成功地出奇，才可能真正走上越走越宽的现代化之路。

争取成功的创新，当然就意味着可能有失败的风险。但是中国的现代化必须经受能否成功创新而个性化“出奇”的考验，别无选择。

毕竟人类文明要寻求的是“求同存异”而“扩同减异”，越来越多的交流和理解，可促使大家一起在人类文明有可能走向“美美与共”的路径上，寻求我们更多的合作，以合作来寻求人类都认同的社会成员“对美好生活的向往”，让梦想照进现实。这就是我们在中国寻求“和平发展”、“和平崛起”现代化道路上，值得与世界各国交流去进一步认识的“命运共同体”中“同”和“异”关系所应有的内涵与导向。

（在G20智库峰会上的发言）

日本1980年代以来经济发展兴衰的启示与借鉴

黄剑辉等

回顾日本的经济发展史，可以看出一条从“成功”转向“失落”的清晰曲线。二战以后，日本经济率先复苏，狂飙突进，曾一举跃升为世界第二经济强国（2010年被中国超越）。但从1985年起，日本经济泡沫化开始显现，1990年代初泡沫破灭之后，日本经济一蹶不振，陷入“失落年代”，至今仍未能完全走出。当前，我国经济正处于转型升级的关键时期，结构调整带来的阵痛使得经济下行压力加剧，与此同时，人口老龄化、“制度疲劳”、房地产市场泡沫、政府债务膨胀等问题突显，与日本的发展历程有相似之处。有鉴于此，通过回顾、剖析和思考日本从成功走向失落的转折，我们可以以邻为鉴，从中探寻经济发展的一般规律，为我国经济的健康可持续发展提供启示与借鉴。

一、日本经济发展历程：从“成功”向“失落”的转折

（一）明治维新后的崛起阶段（1868–1945年）

1853年，美国人佩里率四艘黑船，打开了日本锁闭长达200年的国门。1868年，日本明治天皇开始推动“维新”，通过实施殖产兴业、文明开化、富国强兵三

大政策，日本不仅成功摆脱了沦为西方殖民地的危机，而且迅速崛起成为第一个初步实现工业化的亚洲国家。与当时清政府的洋务运动相比，日本的维新政策既包含社会政治体制的变革，也包括对民间资本的支持，日本经济活力迸发，由此走上了一条快车道。

经过1894年甲午海战和1904年的日俄战争，日本获得了大量的战争赔款，并通过殖民地、半殖民地攫取了大量的资源类产品，成为西方国家中的后起之秀。第一次世界大战以后，日本的工业比重达到56.8%，在经济结构上从农业国转变为工业国。但在1929–1933年的大危机中，日本同样受到巨大打击，工业生产降幅超过35%。

在此背景下，日方开始宣扬对外扩张理论，并走上了扩军备战之路。从1931年入侵我国东北，到1937年发动全面侵华战争，再到1941年挑起太平洋战争，日本的战争费用直线上升，国债余额从1930年的62亿日元增加到1945年底的1439亿日元。战争最终拖垮了日本经济，到1945年战争结束，日本经济陷入崩溃边缘。

（二）战后经济复兴及高速增长阶段（1946–1985年）

1. 战后经济复兴时期（1946–1955年）

战后，日本在美国占领当局的“间接统治”下，推进了解散财阀、农地改革、劳动立法等一系列民主改革，完成了从战时统治经济向政府主导型市场经济的转变，这被称为日本自明治维新以来的“第二次大改革”。1946年采取的“倾斜生产方式”起到了非常重要的作用。这一方式将经济重建重点放在煤炭、钢铁的扩大生产上，通过两者的循环增产阶段性地带动其它产业发展。

1951年爆发的朝鲜战争为日本经济起飞带来了机遇，大量的战争特需使工矿业明显活跃，经济触底反弹。1951年日本与美国签订《旧金山和约》，宣告美国对日本全面军事占领时期结束，日本取得主权国家地位。1953年日本加入国际货币基金组织和世界银行，1955年又加入关贸总协定，以二战战败国身份完全回归国际社会。到1955年，日本的所有经济指标已全面恢复或超过战前水平。

2. 经济高速增长时期（1956–1973年）

1956年日本的《经济白皮书》宣称："现在已不是战后了"，这被认为是日本进入经济高速增长时代的"宣言"。政府制定了以"扶持出口、经济起飞"为目标的产业政策，对于新兴成长型产业、加工产业和出口导向型产业予以大力扶持；企业则通过大规模模仿和引进欧美国家的产品和技术，将低成本、低价格的产品销售到世界各国，再加上"道奇路线"所确定的1美元兑360日元的超低汇率，日本贸易迅速由逆差转为顺差，并成为经济快速增长的火车头。1961至1973年，日本经济年均实际增长9.8%，成为发展最快的国家，被视为"日本奇迹"。

表 1　主要西方国家实际 GDP 年均增长率比较（%）

国家	1860 — 1913 年	1913 — 1938 年	1955 — 1973 年	1995	2000
美国	4.3	2.0	3.5	–883	1914
英国	2.4	1.0	3.0		
法国	1.1	1.1	5.2		
联邦德国 *	3.0	1.3	5.9		
日本	4.1	4.5	9.8		

*战前为德国。

资料来源：[日]正村公宏：《日本经济论》，1979年日文版第5页。

高速增长时期，日本式经营体制也逐渐形成并最终确立。政府的"护航舰队"金融体制，主银行制度下的财阀运作模式，以年功序列制、终身雇佣制为特征的企业制度均蜚声国际。长期高速增长彻底改变了日本的面貌，1968年日本国民生产总值超过联邦德国，成为仅次于美国的世界第二经济大国，日本相对于美国的GDP比率也从1950年的3%迅速提高到19.8%。

3. 稳定增长时期（1974–1985年）

20世纪70年代，两次石油危机的爆发使西方国家普遍陷入"滞胀"泥潭，日本经济也由高速增长（1960年代为10.45%）转为中速增长阶段（1970年代为5.22%）。日本及时做出战略调整，推出新的产业调控政策，发展节能技术和石油替代技术，降低了GDP能耗水平，增强了整个经济的韧性，并成为第一个走出石油危机的发达国家。

1974–1985年，日本GDP年均增长率达到4.1%，GDP总量接近美国的60%，人均GDP超过3万美元，第三产业在产值结构和就业结构中的比重都超过了60%。日本经济无论从数量上还是质量上，都达到了“鼎盛时期”，“日本式经营”成为当时世界所推崇的模式。

（三）泡沫膨胀及后泡沫经济阶段（1986年至今）

1. 泡沫经济的膨胀及破灭时期（1986–1991年）

为了解决美国的巨额贸易赤字问题，1985年9月，美、日、德、英、法五国财长和央行行长在纽约市广场饭店签署“广场协议”。协议决定采取联合干预货币市场的手段，降低美元兑日元及马克的比价。在此之前，美元兑日元汇率在1：250上下，此后日元进入持续升值通道，1986年9月达到1：153，1987年最低达到1：120，不到三年时间，日元兑美元升值了一倍。

为抵消因日元升值对出口产生的冲击（所谓的“升值萧条”），以及进一步扩大内需，日本政府加大了政策刺激力度。从1986年1月到1987年2月期间，日本央行连续5次下调再贴现率，从5%降至2.5%。其中最后一次降息主要受1987年2月七国集团（G7）财长和央行行长签署的《卢浮宫协议》推动，该协议的主要目标是维持美国同主要经济体之间的净利差，避免美元过度贬值。与此同时，政府还通过“窗口指导”推动金融机构扩大信贷投放规模。1986年，日本“M2+CD”增速为8%，1987–1989年则上升为10.8%、10.2%和12%，始终是GDP增速的3倍以上。此外，日本还从1986年起扩大了财政投资规模。

廉价的资金成本、过度充裕的货币数量以及投资鼓励政策，推动了日本经济迅速反弹，但不断升值的日元、大量涌入的热钱以及有利的杠杆投资机会，也带来了一场史无前例的资产泡沫。日经指数从1985年末的13083点，上涨至1989年末的38915点，4年时间上涨了近两倍，同期总市值由190万亿日元涨至611万亿日元，增长3.2倍，一跃成为全球市值最大的股票交易所。1986至1991年，日本城市住宅土地价格上涨148%，六大主要城市上涨245%。泡沫鼎盛时期，日本土地面积仅为美国的1/25，但土地资产总值却是美国的4倍。

泡沫的扩大终于引起了日本政府的警惕。1989年5月至1990年8月，日本央行连续5次加息，将再贴现率由2.5%上调至6%。大藏省要求所有金融机构控制不动产贷款规模。紧缩性政策收到了明显成效，日经指数自1989年12月的最高点下滑，1992年中暴跌至14300点，跌幅超过60%，地价也较最高点时下降了一半多。与此同时，由于资本快速缩水，银行纷纷加快贷款回收，致使市场流动性骤然收紧，企业资金状况急剧恶化，大量不良债权由此产生。据《大衰退》一书作者辜朝明估计，地产和股票价格的下跌给日本带来的财富损失约为1500万亿日元，相当于日本全国个人金融资产的总和。

2. 陷入长期低迷阶段（1992年至今）

经济泡沫的破灭，使日本经济元气大伤，此后的20多年，经济增速再未突破5%，平均增速甚至低于1%，1997年东亚金融危机和2008年全球金融危机期间，都出现了较大幅度的负增长，与此同时，物价也长期处于通货紧缩区间。日本从西方国家中的“优等生”陷入“失落年代”。

泡沫经济崩溃后，日本政府曾推出过一系列经济刺激计划，动用超过100万亿日元的资金刺激经济，但效果并不明显，反而产生了一批僵尸企业和僵尸银行。1992到2003年间，日本先后有180家金融机构宣布破产倒闭。财政支出规模的扩大也导致日本财政状况由长期盈余转向高赤字。1991年，日本公共债务余额占GDP比重仅为68%，2000年底即上升至143%。进入21世纪以来，仍保持持续攀升势头，截至2015年底，已上升至248%，成为债务率最高的发达国家。

此外，日本还推出了长期超低利率和零利率政策。1991年7月至1995年9月，日本银行逐步将基准利率降至0.5%，1999年正式实施零利率政策，但日本已进入流动性陷阱，金融刺激效果不彰，反而形成了持续数年的日元全球套利，成为2008年全球金融危机的推动因素之一。

整体而言，宽松的财政政策和货币政策都未产生预期效果。主要原因在于私人部门出现的“资产负债表式衰退”以及银行的不良债权攀升。泡沫经济破灭引发了资产价格大幅下跌，私人部门（企业和家庭）的资产负债表随之处于资不抵债的状况，其经济行为目标由追求利润最大化转变为追求债务最小化，表现为企业部门再投资意愿降低，家庭部门消费需求疲软。私人部门行为目标的变化，造成了信贷需求的显著降低，中央银行的信贷刺激政策失效，信贷循环陷入停滞。受此影响，金融部门只能将信贷资金转用于购买政府部门为刺激经济而发行的政府债券，导致财政支出和杠杆率大幅攀升，但实体经济难有明显改善。

此外，由于日本政府更迭频繁，政策缺乏连续性和稳定性，也使悲观情绪进一步蔓延。虽然政府多次采取刺激性政策，但效果均不明显，经济复苏势头仍然乏力。再加上2008年全球金融危机的冲击，日本经济雪上加霜。危机以来，主要央行都采取量化宽松政策，央行资产负债表急剧扩张，日本在安倍晋三担任首相之后，也推出了刺激政策规模巨大的“安倍经济学”，但市场反应并不积极，扭转经济颓势的任务依然十分艰巨。

二、当前日本经济的主要特征与前景展望

（一）长期失落导致经济疲态尽显

1. 经济持续低迷，外贸连续5年出现逆差

从实际经济增长率来看，1991–2014年日本经济增长速度均值为0.92%，远低于世界平均水平。其中2008年、2009年、2011年、2014年均陷入负增长，增长率分别为–1.04%、–5.53%、–0.45%、–0.10%。

2008年国际金融危机以后，全球经济增速放缓，加之日本国内要素成本上升，日本“贸易立国”的发展模式日渐式微，出口竞争力明显减弱。2011–2015年，日本连续5年出现贸易逆差，其中2014年贸易逆差甚至高达约12.8万亿日元。这也反映出日本随着老龄少子化的加剧，国内的储蓄率逐渐降低的现实。

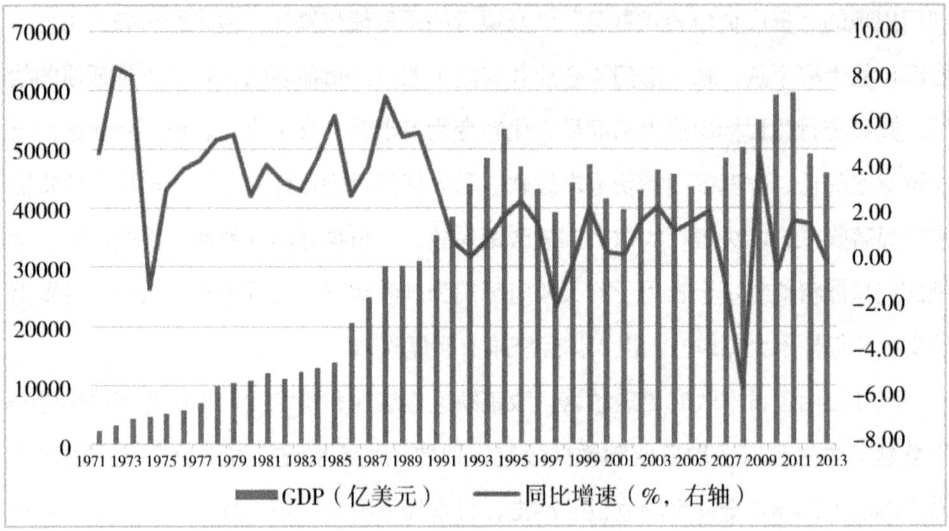

图1　日本经济增长变化情况

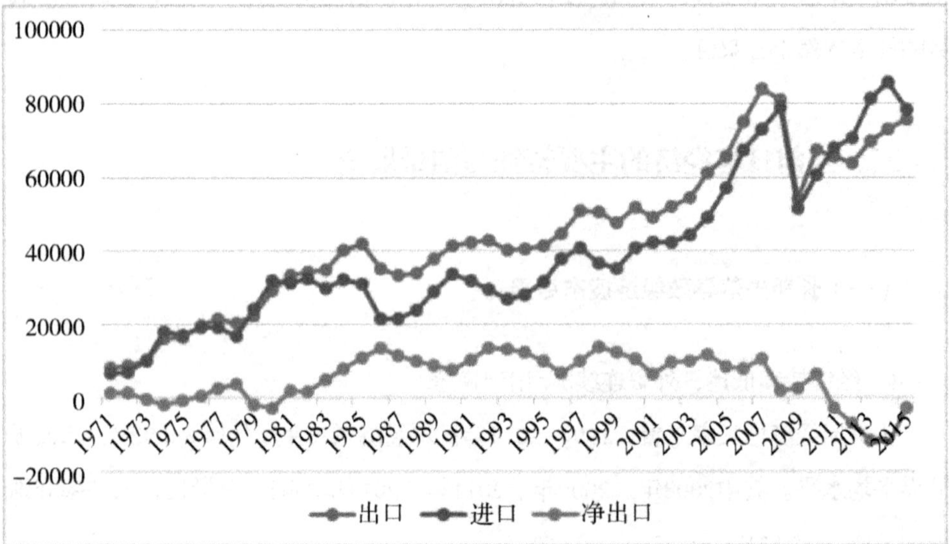

图2　日本对外贸易变化情况（亿日元）

数据来源：WIND，民生银行研究院。

2. 长期陷入通缩，债务率持续攀升

1991-2000年的10年间，日本核心CPI同比涨幅有5年保持在1%以下；2001-2015的15年间，核心CPI同比增长率有9年为负值，其中2001-2005年和2009-2013年连续保持负增长，通货紧缩成为日本经济的典型特征。

1990-2013年，日本政府负债率迅速从47.6%增长到209.3%，位居发达国家之首，远远超过公认的60%的国际警戒线。2013-2015年，日本政府债务总量连续三年突破1000万亿日元大关，规模超过德国、法国和英国的总和。不过，相比于其他发达国家而言，日本国债的持有者以国内机构为主。家庭和企业的剩余资金通过银行和保险公司投资日本国债，从而支持了政府国债发行。再加上央行的长期零利率政策，国债利息成本大大降低，使得日本政府可以继续靠举债度日，但空间已经日渐逼仄。

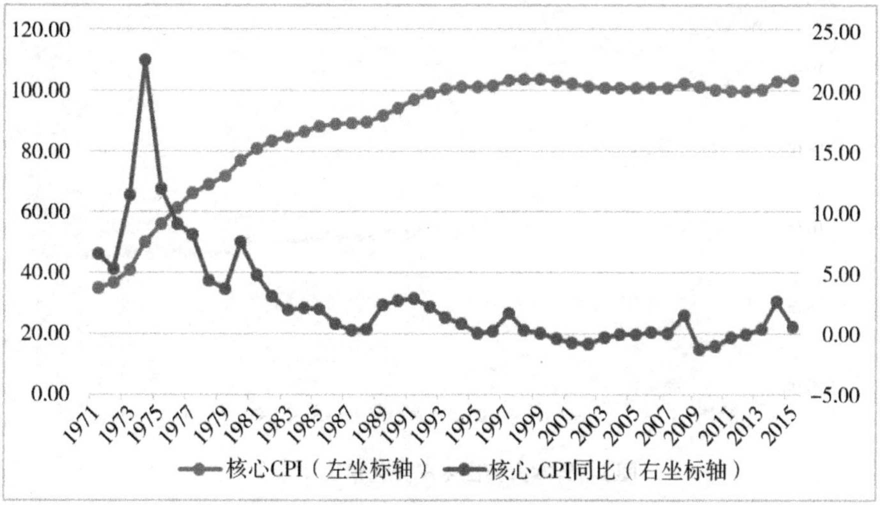

图3　日本核心CPI指数和核心CPI同比

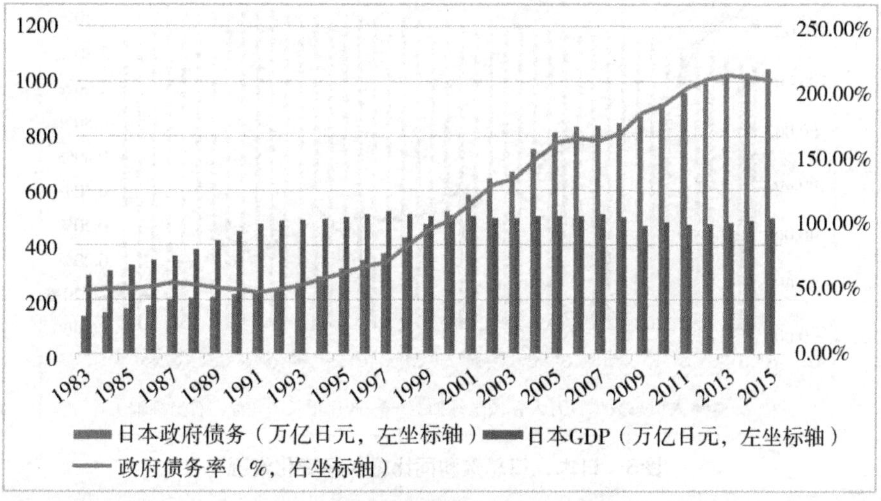

图4　日本政府债务总额与政府债务率

数据来源：WIND，民生银行研究院。

3. 人口进入负增长阶段，老龄化问题日益严峻

1973年，日本出生率在达到19.40‰的峰值以后，呈现持续下降趋势，到2014年仅为8.00‰，不及世界平均水平的一半。随着出生率持续下滑，2005年日本的人口数量首次出现自然减少，到2011年正式进入持续负增长阶段。据日本国立社会保障人口问题研究所（NIPSSR）预测，到2050年日本人口总数将降至10059万人，2100年将进一步降至6414万人。

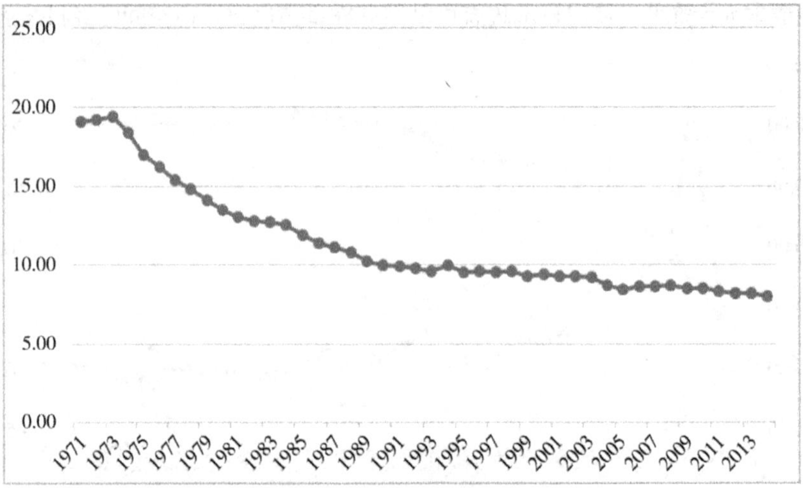

图5　日本人口出生率变化情况（‰）

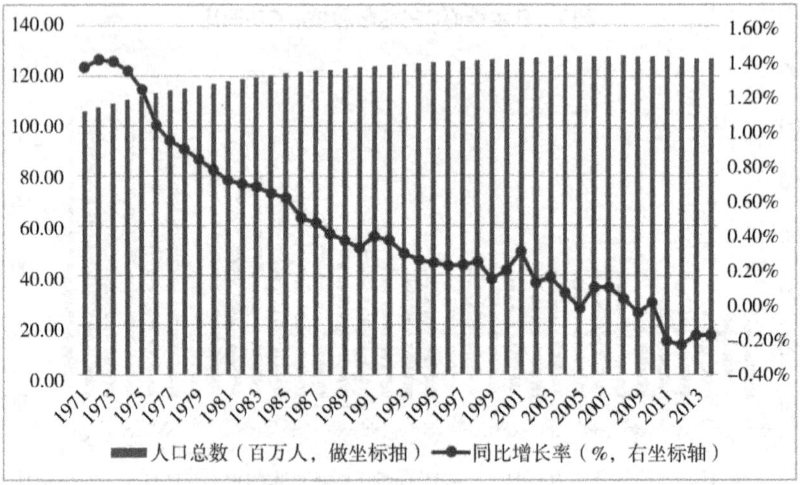

图6　日本人口总数和同比增长率变化情况

数据来源：WIND，民生银行研究院。

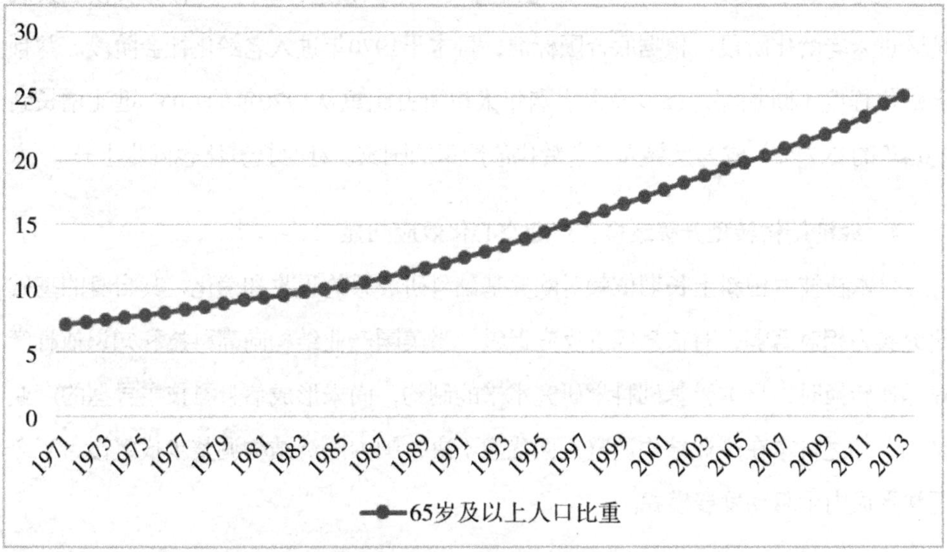

图7　日本65岁及以上人口比重变化情况（%）

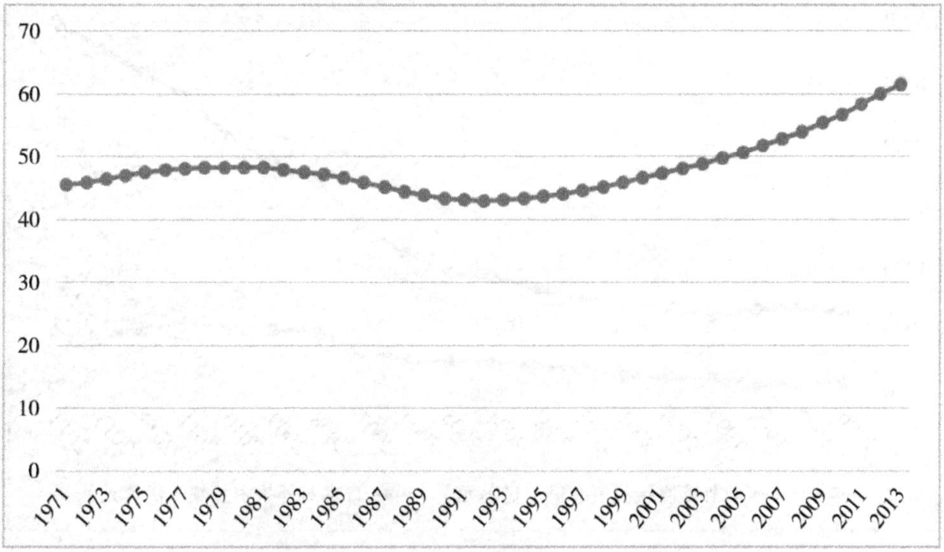

图8　日本抚养比变化情况（%）

数据来源：WIND，民生银行研究院。

根据1956年联合国《人口老龄化及其社会经济后果》确定的划分标准，当一个国家或地区65岁及以上老年人口数量占总人口比例超过7%时，则意味着该国家或地区进入老龄化阶段。根据联合国标准，日本于1970年进入老龄化社会阶段，并且老龄化程度不断加深，65岁及以上老年人口所占比重从1970年的7.03%迅速增长到2014年的25.71%，成为世界人口老龄化最严重的国家。社会抚养比也同步上升。

4. 经济结构转型升级缓慢，产业空心化效应凸显

日本在技术创新上长期依赖对欧美基础科研成果的吸收和消化，其自身的基础研究实力相对薄弱，对信息经济反应迟缓。当美国产业结构向高科技和知识信息产业迅速转换时，日本受基础科学研究水平的制约，尚未形成信息科技主导型的产业结构，加之日本在产业结构调整方面犹豫不决，国内经济结构调整步伐缓慢，至今无法形成内生驱动发展模式。

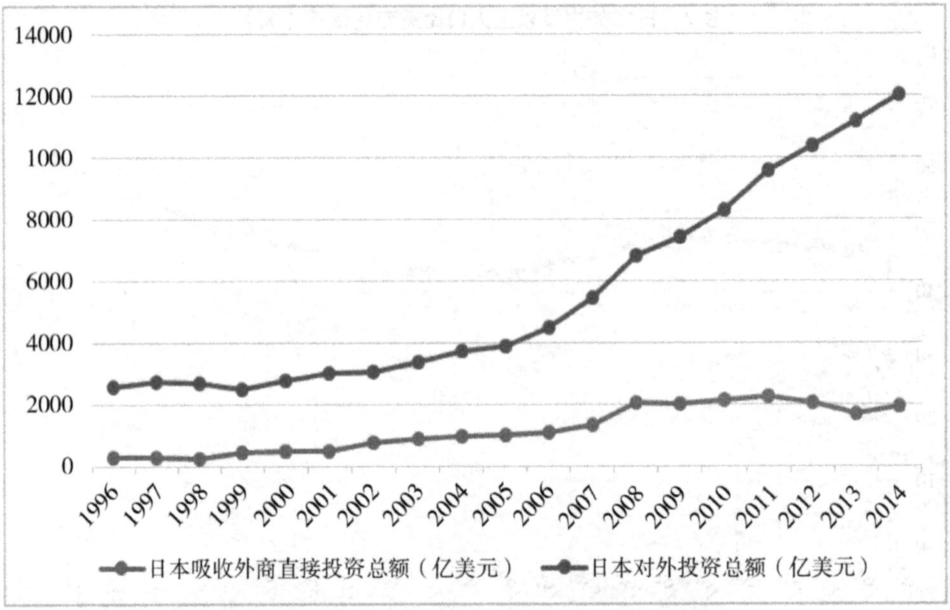

图9 日本吸收FDI和对外投资总额变化情况

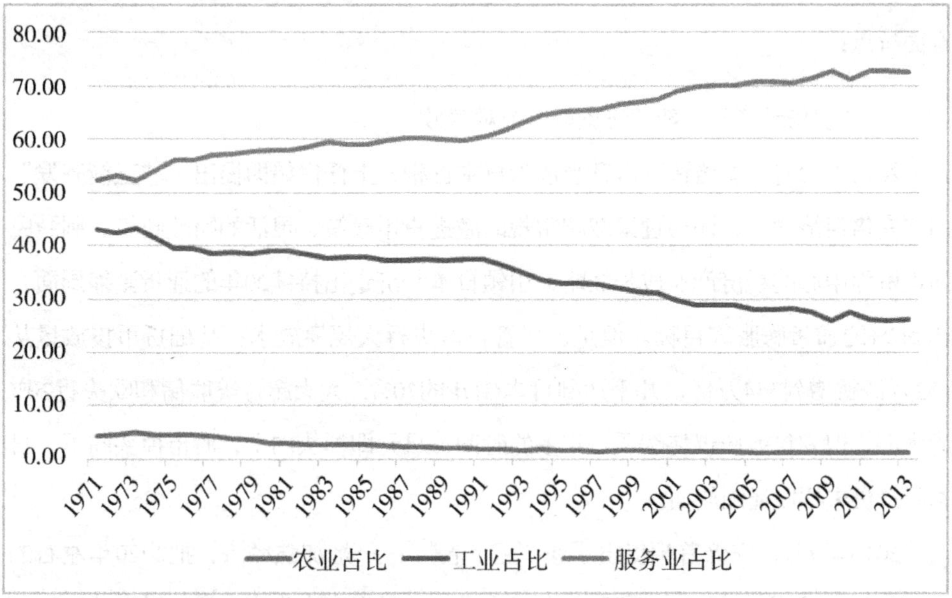

图10　日本三大产业占比变化情况（%）

数据来源：WIND，民生银行研究院。

与此同时，随着国内要素成本提高和日元的大幅升值，日本加大了对外投资力度，不断把失去比较优势的劳动密集型产业和部分资本密集型产业向东亚其他国家转移。相对而言，日本国内营商环境不佳，吸纳外资能力较弱，对外投资长期保持顺差。1996–2014年，日本对外直接投资从2586.53亿美元增加到12012.06亿美元，而日本吸纳国外直接投资仅从299.42亿美元增加到1948.57亿美元，差额持续拉大，致使日本工业在GDP中所占比重持续下滑，从40%左右迅速下降到目前的25%左右，产业空心化效应明显。

（二）经济前景展望及“安倍经济学”评价

展望未来，全球经济增速放缓，国际需求不振，加之日本国内持续高涨的财政债务水平导致财政政策空间缩窄、债务风险升级，安倍经济学“旧三支箭”对日本经济的提振作用将持续减弱，而安倍内阁新推出的“新三支箭”具有较大的不确定性，日本经济发展面临多重困难。具体而言，日本经济未来发展主要呈现以下几个方面特点：

1. “安倍经济学”新“三支箭”或难奏效

2012年12月，安倍晋三再度当选为日本首相，上任伊始即提出了“三箭齐发”的“安倍经济学”，即通过采取超常规的激进货币政策、灵活的财政政策、刺激民间投资为中心的经济产业成长战略，引领日本经济走出持续20年的通货紧缩局面，达到2%的通货膨胀率目标。但是，尽管日本央行大规模放水，基础货币投放量从132万亿猛增到344万亿，几乎达到日本GDP的70%，大大超过美联储和欧央行20%的水准，但安倍效应仅持续了一年多的时间，日元即掉头向上，股市掉头向下，日本经济仍未摆脱通缩局面。

2015年9月，安倍首相提出了新“三支箭”：一是加强经济，把2020年左右的GDP目标从500万亿日元上调至600万亿日元；二是提高出生率，增加对有儿童家庭的支持力度；三是扩大社会福利保障。新“三支箭”的提出，标志着旧“三支箭”没达到预期目标，在一定程度上宣告了旧“三支箭”的失败。就新“三支箭”的内容而言，依然很难实现预期目标。

从“第一支箭”来看，2015年日本名义GDP是471万亿日元，如果2020年GDP达到600万亿日元，每年的名义经济增长率达到3%，但近20年来，日本经济增长率只有2010年达到了3%，实现“第一支箭”目标的概率极低；从“第二支箭”来看，在2025年前后实现希望出生率（有生育意愿者都能充分生育时的出生率），即合计特殊出生率（女性一生中所生孩子的平均数）达到1.8，但过去20年日本的合计特殊出生率基本为1.4左右，如何把未来10年左右的希望出生率提高到1.8，安倍政府并没有提出任何具体措施；从“第三支箭”来看，21世纪20年代初期“实现护理人员零离职”的目标同样难以实现，日本老龄化问题非常严重，2015年65岁以上老人超过26%，75岁以上老龄人口超过12.9%，其中需要护理的老人高达600万人，占65岁以上老人的18%，而日本的老人院等福利设施相对不足，特别是具备医疗护理功能的老人福利设施严重不足。

2. 财政政策空间有限

2015年日本财政赤字率达到5.9%，公共债务达到其GDP的246%，引起世界各国对日本主权债务危机的担忧。为了改善财政状况，安倍政府不得不对国际社会承诺削减财政赤字，使2015年的财政赤字缩减到2010年规模的一半，2020年完全实现盈余。若不能如期达到减少财政赤字目标，将对日本的国际信誉和日元汇率形成冲击。然而，目前除增收消费税之外，尚未看到安倍政府出台其他更有效的具体措施。

与此同时，随着国内社会老龄化的不断深化，日本财政支出压力将进一步加大，提高消费税虽然有望一定程度上缓解日本庞大的公共债务，但同时也将挫伤居民消费和企业生产投资的积极性，导致内需不足问题进一步恶化，甚至可能导致日本经济陷入负增长。因此，日本在财政重建问题上依然举步维艰，由于债务压力过大，日本政府通过宽松财政政策来刺激经济发展的空间有限。

3. 货币政策面临两难

2016年1月29日，日本央行为了刺激经济复苏，推出了负利率政策，并从2016年2月16日起执行。然而，从效果来看，负利率政策在刺激日本经济复苏方面未实现预期目标。随后，尽管市场对日本央行进一步强化宽松货币政策的预期强烈，但日本央行在4月议息会议决定维持利率不变，主要基于两方面考虑：一方面，负利率政策导致银行利润下降，招致银行系统的反对，而且宽松政策实施后，日元汇率不降反升，效果存疑；另一方面，当前日本央行实施进一步宽松的空间有限，在1月份推出负利率政策的背景下，短期进一步降息的空间有限，而日本央行持有的日本国债和ETF占市场比重均已达较高水平，进一步扩大购买规模的空间有限。

总体而言，日本央行已经陷入两难处境：若降息，市场恐慌将加剧，更多避险资金将流入日本，导致日元升值；若停止宽松，则会导致市场宽松预期落空，日元依然会走强。因此，财政政策、货币政策并不能从根本上解决经济低迷问题，日本经济复苏更需要靠结构性改革发力。

4. 经济仍面临诸多风险

日本经济问题是长期积累的结构性问题，“安倍经济学”对解决日本经济结构性问题的作用微乎其微。虽然“安倍经济学”在短期目标之外还设定了许多诸如长期经济增长率、财政重建及人均国民收入等中长期目标，但这些目标几乎都无法实现或难以实现。2016年，随着工资状况有所改善、设备投资不断扩大以及国际油价继续下跌，日本经济短期内将有所复苏。但在世界经济增速放缓的背景下，外部需求疲软、国内个人消费不足和结构性问题仍是日本经济面临的主要风险。

总体上看，2016年日本经济将面临较大的挑战。据国际货币基金组织4月份预测，2016年日本经济增长0.5%，较今年1月份的预测值下调0.5个百分点，其中年初以来出现的日元急速升值以及发展中国家的需求下降等是经济增长预期被下调的主要原因；预计2017年的日本经济增长预期为-0.1%，较今年1月份的预测值下调0.4个百分点。随着2017年4月消费税调升计划推迟至2019年10月，日本有望迎来一个短暂的喘息期。

三、日本经济从成功陷入失落的深层次原因分析

（一）政策层面看，出现了一系列决策失误

1. 宏观调控政策失误

泡沫经济的生成和破灭是日本经济由盛至衰的转折点。一种流行观点认为，广场协议和日元升值是泡沫经济出现的重要原因，但实际上，根本原因在于日本政府高估了日元升值的影响并采取了过于宽松的货币政策。

日本采取货币刺激政策，一定程度上有其合理性。一是日元大幅升值，导致出口贸易大幅下降，经济增速明显回落，有必要采取扩张性政策来刺激内需；二是日元升值压低了进口物价水平，当时日本的整体物价比较平稳，而央行未将资产价格纳入政策考量，从而为货币刺激政策提供了空间。再加上大藏省过于强势，将扩大内需的责任完全交给了央行。但是，日本推行宽松货币政策过松过久，而在收紧货

币政策时又力度过大、速度过快，最终导致了泡沫的迅速生成与急剧破裂。

2. 过早开放资本项目与失当的日元国际化路径

1984年5月，日本大藏省发表了《金融自由化、日元国际化的现状与展望》公告，揭开了日本经济金融全面自由化、国际化的序幕。同年日本取消外汇实需原则和日元兑换限制，意味着日本与世界金融成为一体的开始。日本之所以在国内金融市场建设滞后、金融体系尚不健全的情况下推动改革，主要受到了来自美国的压力，事后来看，这些改革措施反而成为泡沫经济的推手。首先，证券市场管制放开使大企业纷纷“去银行化”，银行贷款业务扩张受阻、失去了稳定的企业贷款收入来源；其次，利率自由化改革抬升了银行负债成本，迫使银行体系改变经营方式，向不动产、非货币金融机构等领域大量发放贷款；第三，日本在资本项目开放和日元国际化过程中，形成了“贸易结算+离岸市场”的模式，资金由离岸市场回流本国资本市场和房地产市场，这种“再贷款”模式同样助推了泡沫经济。

3. 泡沫破裂的救助措施过于拖延

日本政府对“泡沫经济”破灭及呆坏账所产生的严重影响认识不足。1991年度的《经济白皮书》认为：“‘泡沫经济’的崩溃对个人消费的负面影响是轻微的，对设备投资的影响也不严重”；“这种影响在1993年以后就会消失，1993年下半年开始景气就会出现复苏的迹象”。因此，在泡沫经济破灭后，对严重危及金融体系安全的巨额不良债权问题，日本政府迟迟没有拿出实质性对策。

据推算，在1992年时，不良资产大致为20万亿日元，这时政府和银行完全有能力处理不良资产，但都不愿意立即着手解决问题，而是采取了拖延的办法，期待经济进入恢复上涨周期后，能够使不良资产问题自然解决。其结果，就是形成了扩张性财政货币政策与僵尸企业、僵尸银行的恶性循环：扩张性的宏观政策导致财政补贴和信贷资源更多地流向僵尸企业，不良债权问题和就业问题短期内得到缓解，但同时制造了更多的僵尸企业甚至僵尸银行，从而进一步压低了通货膨胀率和经济增长率，需要继续使用扩张性宏观政策来刺激。

直到2003年，日本才将前期的财政货币政策刺激改为结构性改革，并成立了日本产业再生机构，加速处理金融不良债权和僵尸企业，这一循环才逐渐被打破，耗时超过10年，这与2008年金融危机后美国政府与美联储的快速反应形成了鲜明对比。大藏省对不良债权额判断失误，且在救助次序和手段上屡出败笔（如照顾农协金融利益而优先救助住宅专门金融公司并实行财政买单等），官员和银行家为了晋升隐藏不良等，都严重影响了危机的救助，人为拉长了危机时间。

（二）制度层面看，日本式经济体制出现“制度疲劳”

泡沫经济的破灭引发了日本经济的长期萧条，但是归根到底，它还是一种直接的、触发性或引致性因素，使日本经济陷于长期低迷而不能自拔的根源在于制度方面，“制度疲劳”和体制僵化是日本陷入“失落年代”的深层原因。

1. 政府主导型的经济发展体制出现“制度疲劳”

战后以来，日本逐渐形成了政府主导型的经济发展体制，同欧美的自由市场经济体制以及西欧的社会经济体制相比，这种体制在模仿先进国家路径、促进后发国家发展方面甚至更具优势。但随着日本跻身先进国家行列，缺乏模仿的对象之后，政府的作用与角色面临着巨大挑战。

“官产复合体”体制下，政府对经济的主导和干预，弱化了企业的竞争和应变能力。一是政府的过多介入减弱了企业面临的国内竞争和国际竞争，降低了企业技术革新的动力，进而降低了生产率。例如，日本电信行业在2001年以前由政府控股的电信电话股份公司垄断经营，由于竞争机制的缺乏，日本长期沿用电话拨号方式连接互联网，上网费用一直高于其他发达国家的水平，宽带网普及率一直偏低；二是日本长期以来实行出口导向型增长模式，并严格限制进口，从而导致国内市场的开放程度与其他发达国家相比处于较低水平，国内企业也因此面临较低的国际企业竞争压力，缺乏创新动力；三是政府过多的行业管制降低了资源的配置效率，进而拉低了平均全要素生产率。许多较弱的部门和夕阳产业因政府的各种管制措施而得到保护，迟迟未退出市场，如受政府调节并资助的地方建筑业及服务业；而效率较高的企业如汽车、电子零部件、通信器械等通过向海外转移扩展获得发展空间，在国内的生产和销售则逐渐减少。这种二元经济体制明显拉低了全要素生产率。

2. 传统的金融体制出现“制度疲劳”

日本的金融体系具有三个方面的特征：一是以银行为中心，间接金融占优势。银行与大企业通过主银行制度建立起互相持股、关系融资的紧密合作关系；二是银行业受到政府“护送舰队”方式的保护，准入制度严格，而且银行与证券、保险业分离，各家银行业务相同，基本采取横向看齐的战略；三是资本市场由于法人企业交叉持股而不够活跃，对企业治理难以发挥作用。这种金融体制在工业经济时代支持特定产业、完成赶超方面有巨大优势，但随着信息经济时代的到来，日本的金融体制也表现出了较大的不适应。

尽管1990年代中期以来日本实施了多项金融改革，如1996年年底推出“金融大爆炸”改革，放宽其他行业进入银行业的管制，改革金融监管系统等，并在“小泉时代”加速清理银行不良债权，日本的金融系统进入21世纪后消除了泡沫经济的副作用，在全球金融危机中受到的冲击也较小，但日本金融系统仍然面临诸多问题：以银行为中心的体系还没有出现根本性的变化，直接金融的比例依然很小，缺乏风险投资机制；传统产业占用大量资金，而新兴产业、高科技企业和创业中的中小企业却得不到有效的资金支持，发展受到阻碍。资金、资源和风险不能得到更有效率的配置和转移，这是日本经济1990年代以来全要素生产率（TFP）增幅放缓、导致经济增长率下降的重要原因之一。

3. 关系型的企业制度出现“制度疲劳”

日本战后发展过程中逐渐形成了曾被誉为“日本式经营”的企业系统。这一企业系统的公司治理制度，建立在法人企业交叉持股及主银行制度基础之上，股东的话语权较为薄弱，经营者有较大的内控权。雇佣及人事制度实施的是长期雇佣、年功工资以及内部提拔。供销和交易制度往往以“系列”为基础，注重长期合作和交易。此外，企业内工会制度也为员工与经营者提供了合作机制。这一整套制度充分体现了企业与企业间，以及企业与员工间具有长期合作的特征。

这一传统企业体制的弊端，在经济增速趋于稳定、经济全球化深入发展的条件下开始逐渐显现：一是法人相互持股的公司治理结构以及“系列”企业制度，导致了交易的内部化、排他性和闭锁性，扼杀了优胜劣汰的竞争机制，从而降低了企业自主创新的意识；二是终身雇佣制限制了外部技术人才的引进，导致日本企业普遍存在着信息技术人才特别是高层次信息技术人才不足的问题；三是终生雇佣制度和年功序列制度使企业无法按照市场需求调整雇佣人数，结果必然影响企业经济效益，不利于应对经济形势的复杂变化。

（三）供给层面看，老龄少子化加剧，全要素生产率下降

按照索罗模型，可以将经济增长因素分解为资本、劳动和全要素生产率（TFP）。从日本JIP数据库的统计可以看出，日本1990年代以来的长期萧条，与劳动投入减少以及TFP增速放缓关系密切。劳动投入减少的主要原因是日本的老龄少子化，以及1980年代后期开始的缩短工时，而后者则同僵尸企业盛行、高效率企业海外转移等因素相关。

表2　以十年为周期的日本经济增长核算

	1970–1980	1981–1990	1991–2000	2001–2011
GDP 增长率	4.55	4.94	0.72	0.36
劳动投入的拉动	1.11	1.04	–0.31	–0.41
劳动时间增加	0.15	0.36	–0.81	–0.91
劳动质量提高	0.96	0.68	0.50	0.50
资本投入的拉动	1.41	1.87	1.01	0.29
资本数量增加	1.64	1.48	0.89	0.10
资本质量提高	–0.23	0.40	0.12	0.19
TFP 的拉动	1.04	2.02	0.03	0.48

数据来源：日本JIP数据库，转引自张季风《日本经济长期低迷原因新探》。

1. 老龄少子化导致日本经济活力下降

老龄少子化的社会发展趋势使日本劳动人口不断减少，并进一步成为制约经济增长的重要因素。1950年至2010年，日本65岁以上老年人口与劳动人口的比例由11.3%大幅上升至20.9%，劳动参与率则由1955年的70.8%急剧下滑至2015年的

59.6%。

随着老龄化和少子化现象日益严重，日本国内消费需求日渐低迷，经济活力明显下降。一方面，人口数量下滑导致消费人口随之减少，日本国内市场需求不断萎缩。2010年起，日本0-14岁的人口和15-65的劳动人口均每年减少100万。这两个群体人口的减少，直接导致日本打高尔夫球、滑雪、拥有汽车的人群不断下降，引起学校关闭，玩具店和家具店倒闭。保守估计，人口老龄化和少子化，每年至少会导致日本消费总需求下降2万亿日元。

另一方面，人口老龄化日益加重使得老年人这一消费愿望较低的群体不断扩大，进一步降低了日本国内消费水平。由于老年人在长期的生活中已形成固定的消费习惯，钟爱长期使用的老产品和传统服务，不易接受新生事物，导致新产业、新产品、新服务在市场开拓方面受到制约。一些具有较强消费能力的日本老年人日渐倾向海外旅游和消费、甚至移民到澳大利亚、东南亚等更适宜养老的地区，也加剧了对国内消费需求的负面影响。此外，老年人数量的上升也使得社会的创新、创造动能逐渐衰退。

2. 全要素生产率出现明显下滑

日本学者金及深尾等人将制造业TFP增长率进行了要素分解，发现1990年代TFP增速下降的原因有三个方面：一是企业靠削减成本等努力所产生的内部效果增速降低，表明企业通过内部管理合理化来提高效率的做法越来越难以奏效；二是低效率企业关闭所产生的退出效果为负值，原因在于本应淘汰的僵尸企业没有退出，而效率较高的企业如汽车、电子零部件、通信器械等却通过向海外转移加速了退出，从而显著拉低了TFP；三是TFP较高企业新设所产生的进入效果增速也处于停滞状态。

可以看出，1990年代以来日本政府对无效率企业和衰退产业的过度补贴，导致高效率企业难以扩大规模、低效率企业难以有效出清，资源无法得到有效配置，这是导致日本TFP明显下滑的主要原因。

四、全面看待日本经济状况和发展水平

虽然日本经济在数量增长上放缓，但在经过“失落年代”之后，日本并没有出现上世纪30年代所表现出的“大萧条”现象（如失业人口剧增、经济长期负增长、国民经济难以为继、生活水平普遍大幅下降等问题）。相反，当今的日本无论是国家还是国民富裕程度上仍在全球名列前茅；经济发展的“质量”较高；作为全球最高债务率的发达国家，日本经济、金融仍可以保持平稳运行；日本依然是全球最文明、最发达、基础设施最先进、基本社会保障最健全的国家之一。

（一）无论是国家还是国民富裕程度仍在全球名列前茅

一是日本长期稳居世界前三大经济体行列。1968年日本超越德国成为西方第二大经济体，直到2010年才被中国超越，2014年日本GDP总量达4.60万亿美元，仍位居全球第三；二是人均GDP与欧美发达国家保持接近水平，2014年日本人均GDP为36194美元，是中国的4.7倍；三是日本海外净资产全球第一。2015年日本海外净资产达到2.89万亿美元，仍大幅领先于第二位的德国和第三位的中国，海外资产带来源源不断的收入可以弥补日本的货物贸易逆差，是其经常账户长期得以保持顺差的重要支柱；四是日本外汇储备列全球第二，2015年末达1.207万亿美元，仅次于中国，远远领先于欧美发达国家。

表3　日本与主要国家富裕程度比较表

	日本	中国	美国	德国	法国	英国
GDP（2014）现值美元（万亿）	4.60	10.35	17.42	3.87	2.83	2.99
人均 GDP（2014）现值美元	36194	7590	54629	47773	42726	46297
海外净资产（2015 末）现值美元（万亿）	2.89	1.60	–7.36	1.62	–0.51	–0.10
外汇储备（2015 末）现值美元（亿）	12070	33304	1065	585	552	1188

数据来源：IMF，CEIC，Wind，民生银行研究院。

（二）经济增速虽低，但发展“质量”较高

一是日本制造业在全球产业链中一直处于高端位置，国家仍保持较强的科技创新能力。从科研投入来看，2013年日本科技研发投入占GDP的比重为3.47%，不仅高于中国，也显著高于主要欧美国家；从科研产出来看，2014年日本每万人国际专利授权数量达到23.38件，远高于我国及欧美发达国家；从前沿科学研究成果看，至2015年末日本共有22位自然科学领域的科学家获得诺贝尔奖，排在美国、英国、德国、法国之后列第5位，其中在2000年之后的短短15年中获奖人数就高达14位，同期中国仅有1位；从企业创新力来看，汤森路透评选出的《2015年全球创新企业百强》中，日本企业有40家上榜，超过美国的35家，位列全球首位。

二是日本经济发展对资源与环境的依赖程度较低。2013年日本单位GDP能耗仅为100千克标准油当量/美元，而中国为日本的1.78倍，2014年日本单位GDP碳排放量为0.282千克/美元，而中国为日本的2.2倍；从空气质量看，2014年日本年均PM10浓度仅为22微克/立方米，而中国高达98微克/立方米；此外，日本森林覆盖率达到68.5%，处于世界前列。

表4　日本与主要国家经济发展质量指标

	日本	中国	美国	德国	法国	英国
科研投入占 GDP 比重（2013）%	3.47	2.01	2.81	2.85	2.23	1.63
人均专利授权（2014）件 / 万人	23.38	1.29	8.03	10.33	6.55	3.29
单位 GDP 能耗（2013）千克标准油当量 / 美元（2011，PPP）	100	178	135	90	103	80
单位 GDP 碳排放（2014）千克 / 美元（2011，PPP）	0.282	0.613	0.321	0.218	0.131	0.169

数据来源：IMF，CEIC，Wind，民生银行研究院。

（三）社会稳定程度较高

一是日本就业情况好于包括美国在内的大多数发达国家，近十几年来日本失业率长期处于5%以下，2015年末失业率为3.1%，同时期美国失业率为5%，中国为4.1%，德国为4.4%，法国更是达到10.2%；二是日本的国民储蓄率在发达国家中属于较高水平，国民储蓄大量购买本国国债是支撑日本高债务率而不发生危机的重要原因，2014年日本国民储蓄率达到21.8%，尽管低于中国和德国，但显著高于美国的18.8%和英国的12.4%；三是日本社会的贫富差距较小，据世界银行测算日本的基尼系数为0.32左右，在主要发达国家中处于相对较低的位置。

表5　日本与主要国家社会稳定程度

	日本	中国	美国	德国	法国	英国
失业率（2015末）%	3.1	4.1	5.0	4.4	10.2	2.2
国民储蓄率（2014）%	21.8	48.0	18.8	27.1	20.0	12.4
基尼系数（最近年份）（世行测算）	0.32	0.42	0.41	0.30	0.33	0.32

数据来源：IMF，CEIC，Wind，民生银行研究院。

（四）城市化与基础设施水平世界领先

一是日本的城市化发展水平全球领先，2014年日本的城镇化率达到93%，是全球城市化水平最高国家之一，而同年中国的城镇化率仅为54.4%；二是日本各项基础设施建设水平处于世界领先地位，日本人均年用电量为7752千瓦时，与西欧国家处在同水平，显著高于中国的4068千瓦时；日本公路网密度为每百平方公里333公里，是西欧发达国家的近2倍，是中国的7倍；铁路网密度为每百平方公里5.15公里，是中国7.2倍；2014年日本人均年飞行次数为0.87次，是中国的3倍；2014年日本互联网普及率达到90.6%，在发达国家中属于较高水平，显著高于中国的49.3%；2014年日本每百人拥有120.2个手机账户，在发达国家中处于领先地位。

表 6 日本与主要国家城市化率及基础设施水平

	日本	中国	美国	德国	法国	英国
城市化率（2014）%	93.0	54.4	81.4	75.1	79.3	82.3
人均年用电量（2014）千瓦时 / 人	7752	4068	12113	7270	7344	4796
公路网密度 公里 / 百平方公里	333	47	72	185	187	172
铁路网密度 公里 / 百平方公里	5.15	0.71	2.32	9.36	5.46	6.07
人均年飞行次数 / 次	0.87	0.29	2.39	1.33	0.96	1.94
互联网普及率（2014）%	90.6	49.3	87.4	86.2	83.8	91.6
人均手机账户数 个 / 百人	120.2	98.4	92.3	120.4	100.4	123.6

数据来源：IMF，CEIC，Wind，民生银行研究院。

（五）国民素质、医疗社保等处于世界较高水平

一是日本高等教育的普及水平较高，2013年日本高等教育毛入学率达到61.5%，高于德国、法国、英国等西欧国家，而中国仅为29.7%；2013年日本人均受教育年限为15.3年，高于中国的13.8年；二是日本为全球居民最长寿的国家，2014年预期寿命达到85.6岁，比中国高出近10岁；三是日本的医疗条件在世界处于领先水平，日本每万人拥有病床137张，处于世界前列，是中国的3.6倍。

可以看出，虽然经历了“失落年代”，但日本的经济、社会、人文等方面仍然保持着非常高的发展水平，并没有出现严重的问题。我国虽然在经济发展的速度和总量上已经超过日本，但在发展的质量、社会保障、环境治理、公民素质等方面，同日本还有比较大的差距。所以，我们在吸取日本教训的同时，也仍应借鉴日本的经验。

表7 日本与主要国家国民素质、教育、医疗、社会保障水平

	日本	中国	美国	德国	法国	英国
高等教育毛入学率（%）	61.5	29.7	89.1	60.0	59.5	59.8
人均受教育年限（年）	15.3	13.8	16.5	17	16.2	17.8
预期寿命（2014）（岁）	85.6	75.8	78.9	80.8	82.4	81.1
人均病床数量（张/万人）	137	38	29	82	64	29

数据来源：IMF，CEIC，Wind，民生银行研究院。

五、日本经济发展中的经验教训对我国的启示与借鉴

我国与日本同属儒家文化圈，都采取了政府主导和出口导向的经济发展模式，都曾经历了被称为“奇迹”的高速发展阶段，也面临着资产价格泡沫化、制度出现疲劳、人口老龄化等类似问题。因此，通过反思、借鉴日本的经验教训，对于我国避免重蹈覆辙有非常重要的现实意义。

（一）保持战略定力，确保决策自主

1985年以来，受制于美国的压力，以及自身的信心膨胀，日本出现了一系列政策失误，最终导致经济出现严重问题，至今仍未彻底走出，我国应引以为戒：一是着眼于国家利益和经济金融发展水平，而不是国际外部压力，牢牢把握汇率制度改革的主动权；二是积极适应国际规则和市场经济发展需要，在有效控制风险的前提下，完善人民币汇率市场化形成机制，加大市场决定汇率的力度，保持人民币在合理、均衡水平上的基本稳定；三是坚持金融服务实体经济的原则，统筹协调汇率制度改革与国内财政政策、货币政策、改革政策之间的关系，努力实现政策互补和风险对冲，更好地服务我国实体经济发展。

（二）全面深化改革，消除“制度疲劳”

日本的经济体制、金融体系和企业模式，在其高速发展过程中发挥重要作用，但由于未能随着发展阶段和外部环境的变化而及时调整，最终出现了“制度疲

劳”，成为经济发展的阻碍。中国应吸取日本的教训，将全面深化改革，尤其是供给侧结构性改革作为当前及下一阶段的工作主线。在“改革开放创新+财政货币政策”的新型宏观调控框架下，重点推进以下几个方面的工作：一是继续调整政府和市场关系。继续推动政府职能转变，持续推进简政放权、放管结合、优化服务，提高行政效能，同时应加快完善统一开放、竞争有序的现代市场体系；二是加快推进国企改革。我国目前已经出现了类似于日本的僵尸企业，且大多集中在国企领域，应以国有企业改革为突破口，化解过剩产能，处置僵尸企业，降低杠杆率，并进一步放松行业管制，释放经济活力，形成良好的市场竞争环境；三是加快推进金融体制改革。推动符合标准的民间资本设立中小型金融机构，增强间接融资机构之间的竞争机制；同时应加大证券市场的发展，扩大企业的直接融资渠道；四是鼓励创新创业。创新创业关系到一国TFP和竞争力的提高，政府应致力于将发展基点置于创新之上，以科技创新为核心，以人才发展为支撑，推动科技创新与大众创业万众创新有机结合，塑造更多依靠创新驱动、更多发挥先发优势的引领型发展。

（三）完善金融监管，防范泡沫经济

在日本泡沫经济的形成、发展与破灭中，金融监管的缺位具有不可推卸的责任。对我国来说，一是要平衡金融监管与金融自由化进程。应充分汲取日本上世纪80年代在推动金融自由化改革中的教训，在放松管制的同时应强化市场风险约束，建立有效的宏观审慎监管体系和市场化的退出机制，避免因金融机构的盲目竞争造成的风险积聚和资产泡沫的催生；二是要规范金融机构信贷业务，加强信贷流向监控。监管部门应加强对涉房贷款首付比例和房贷利率的监管，确保商业银行在信贷审批与投放过程中认真落实财产抵押评估等核心环节，不断去杠杆化。同时，商业银行要加强事后监管，适时监测信贷资金流向，抑制投机活动的频发；三是要加强对非银行金融机构、影子银行的监管。监管部门应定期开展融资平台“大户”检查和平台贷款风险排查，严格控制过热地区和高负债房地产企业贷款规模，健全完善房地产贷款风险监测系统。同时，要注重建立民间借贷、非法集资等与银行业之间的防火墙，严防风险向银行体系传染；四是积极引导商业银行优化信贷结构。应积

极引导商业银行加大对战略性新兴产业和消费信贷投放，严控“两高一剩”行业信贷规模，避免培养僵尸企业。

（四）完善社会保障，应对老龄压力

完善社会保障体系是解决我国“未富先老”问题的必经途径。借鉴日本应对人口老龄化的有益经验，我国可在社会保障制度建设、完善延长退休配套政策和增强养老金体系多样性三个方面着力缓解老龄压力。一是加强户籍、生育以及养老等社会保障制度建设，并不断完善相关配套公共服务。鼓励、引导社会力量，有序参与育儿、养老等公共服务领域，增加社会有效供给，满足社会需求；二是制定合理有效的退休金支付机制和积极的高龄劳动者就业政策。通过设定配套的养老金和劳动力市场改革政策措施，既解决高龄劳动者继续工作阶段和退休后的激励问题，又能够降低公共养老金支出，避免过度增加企业成本；三是进一步增强养老金体系的多样性和提高养老金的内生性供给。在认清金融市场风险、满足基本养老保障的前提下，以安全性、收益性和长期性为原则，通过开发和使用多种形态的金融产品来积极发展和完善养老金市场。同时，在固定收益类、股票类和未上市股权类等资产种类及其比例幅度内合理配置资产、完善投资管理，在保证安全的前提下实现养老金的保值增值，缓解养老金资产供给不足的现状。

代　跋

莫干山夜话：探究国家成功发展之路

黄剑辉　贾　康

黄剑辉：大家晚上好！今天“2016新莫干山会议”隆重开幕，下午大家已经享受了一场思想盛宴，晚餐之后立刻转到这个会议室，召开莫干山夜话。贾院长，当年莫干山就有夜话的传统。

贾康：叫挂牌讨论。今天晚上挂的牌是从几本书引发的。

黄剑辉：对。84年就有挂牌讨论的传统。本场夜话研讨的主题“探究国家成功发展之路”，是我思考一两天之后的题目。由贾院长手里拿的这本著名学者阿西莫格鲁《国家为什么会失败》的书，后来增加了几本参考书，包括美国著名经济学家曼斯奥尔森先生的书。这本书结论里写到一句话“强化市场型政府，乃经济发展之根本”，这本书核心就是讨论这个问题。怎么打造一个把市场强化的政府，核心结论就是政府要强化市场。“权力与繁荣，如何对待权力，如何促进经济的繁荣”，后来思考从正面探究国家成功发展之路。

我觉得，古往今来，千百年来，仁人志士反复思考、研讨的问题，就是一个国家、一个民族如何才能实现更好的发展，实现强国富民，实现全球的和平发展，生态的改善，民生的改善，最终落脚点在这个地方。但过程和路径就很难讲了！因为08年金融危机至今已经过去八年，如今还没有走出困境，而且还局部加重，好像看不清前景。就像2014年莫干山会议的前三天，笼罩在层层迷雾中。

今天还有一本威廉·伊斯特利写的、姜世明译的《经济增长的迷雾》，怎么走出这场迷雾。贾院长也是1984年中青年的代表，这两年，贾院长积极促进中国经济学界推出了供给侧改革理论与实践。有请贾院长发言！

贾康：大家好！谢谢黄院长的介绍！我简短谈谈自己的认识关于法治共和的包容性发展。在供大家讨论的几本书里，我侧重从《国家为什么会失败》说起。这本书之外，还有《经济增长的迷雾》——副标题标明探讨的是经济增长（定义为、实际体现为人均收入的提高）过程中发展政策的成败。国家的成败和政策的成败，它背后有没有规律性的东西，是我们特别需要认识和揭示的，我从这个视角上非常简单地谈谈认识框架。我注意到《国家为什么会失败》这本书出了中文版之后，有比较广泛的介绍。比如当时留下的介绍材料里面，专门强调了国家发展在争取成功、避免失败过程中制度的重要性，而制度最重要的使命，就是从市场经济运行的基石层面，处理怎么保护产权的问题，推到怎样全面法治化。所提到的基础理论源头，就是制度经济学代表人物诺斯的认识框架，后面跟着的一句话说："从诺斯理论本身来看，美则美矣，了则未了"。制度经济学的框架在现实生活中，在中国等经济体对应的又有转轨经济学，又有现在我们在新供给经济学中探讨的供给侧五大要素里，制度供给要素的作用等等。显然，面对探讨的任务，有待于各方面的仁人志士共同深化，进一步形成能够回应现实挑战的认识。

关于这方面，我想特别注重地提一下，书作者之一的阿西莫格鲁这位专家，他有专门关于这方面的认识，曾针对制度视角下中国未来经济增长写了专文。我看了以后，觉得他的点睛之笔就是在接近全文结束的时候说了这样一段话："如果没有社会和政治的转型，中国的经济增长不可能持续"，强调要把社会和政治结合经济在一起，进而寻求共识，他说"追赶型的增长无疑对中国非常重要。中国在这个阶段也做得非常成功"，指的是改革开放的起飞过程，超常规的高速增长过程，但是接着往下他话锋一转："追赶型增长依靠的是技术转移、外包生产等等"（这是我们作为后发优势的）“但这种技术的采纳和改进，到了工资开始增长之后就行不通了，而中国的工资水平已经开始上升”——这正是这几年我们供给侧研究问题中所特别强调的，原来支持我们的劳动力低廉比较优势正在迅速撤空，现在中国普遍面临的已是“民工荒”、“招工难，用工贵”，后面跟着的是扩大城镇与工矿建成区的土地资源开发成本迅速抬高，以及现在资本雄厚了，但资本常规投资边际收益递减，感觉供需两头越来越对不上。

作者强调的是随“这种技术的采纳和改进，到工资开始增长之后就行不通了，而中国的工资水平已经开始上升了，随着中国融入世界经济，现有增长方式的潜力将枯竭”，即按照老路走，我们所说的增长动力的支撑因素要枯竭。这时“只有通过技术创新，才能实现持续性的增长”（这又涉及到全要素生产率）“而创新需要我前面说的那些广泛的社会和政治制度的变革”，这是他的点睛之笔。

我觉得，从这个视角来说，需要有对于《国家为什么会失败》这本书形成的把复杂问题简洁化处理的认识框架的把握。把这个书看下来，它给出的简洁认识框架是什么？就是各个经济体、各个国家，无论怎样的千差万别，但最基本的是可以区分为两种类型的增长：一是基于包容型制度安排，二是基于与之对立的非包容性制度安排。我认为，它直接聚焦在现在可以提炼为人类文明发展前沿概念上的“包容性发展”。其实从中国的决策层到社会方方面面，在胡锦涛任总书记期间，已经接受了这个概念，现在我们就是要走好包容性发展之路。这里面非常丰富的内容，就很值得展开讨论了。

既然讲包容，强调的是共赢多赢，对应的是供给侧创新过程中，现在前沿概念的大数据、云计算、移动互联时代的“共享经济”——在一个个经济主体行为的内在逻辑上，客观的发展潮流是去接近“共享经济”。在整个社会方面，这个“共赢多赢”过程，当然为中国提供了前所未有历史发展机遇，我们要争取的是和平发展、和平崛起，实现这种超常规发展中重返世界第一阵营的民族复兴“中国梦”。

而这个过程中，习近平总书记强调的是中国的发展和其他经济体的发展，合乎逻辑的是“人类命运共同体的发展”。从供给侧创新推出的共享经济，到整个战略层面认定的命运共同体的发展，这里面内在的规律和现在形成的核心概念，就是所谓包容性发展。而包容性发展一定需要有包容型的制度安排，使我们在这样的方向上顺应客观规律推进现代化过程。在这样的认识框架之下，具体的分析，要进一步推到方方面面有争议的一些对接到“怎么做”的讨论要点上面。

现在我注意到，虽然大家都接受了包容性发展的概念，但到底怎么走发展之路，中国的思想界以及相关的各方面，显然还有不同思路。无论是做反思和前瞻，都明显有不同思路的对撞，这不需要多说了。看看这大半年，中国最活跃的信息来源：微信圈，以及更直截了当地宣泄情绪的微博、博客的文章，也包括传统媒体信息里面，明显可以看出有种种争议后面的不同取向。怎么样找到和尽可能形成可以对接实践过程的共识，是我想谈的要点。最简单的说，我自己在《国家为什么会失败》以及其他几本书读后的启发之下，就寻找可以走通的包容性发展之路方面，现在所形成的最新概念，是制度安排上应“把权力和人性关进法律治共和的笼子里”的一套可行体系。

“把权力关进笼子”是总书记的原话，大家都认同。稍微展开一些，这个“权力”首先讲的是公共权力。政府手上公共权力后面，更广泛的是整个社会成员在一起的权力和权利体系，持权力、权利者都是人，对人必然有必须进一步认识的人性。经济学上对人性的概括，过去大家知道的是经济人假设，经济人假设后面又会推演到不得不讨论的政治人概念，有更丰富的不同侧面的讨论。权力和人性要一起讨论，我认为要一起考虑关进法治共和的笼子里，这是从习近平总书记的话开始而必须进一步讨论的问题。当然，如果能够达到如下这样的境界，则可以实现以公民权力为基础和自爱、博爱兼容为取向的包容性发展。这种包容性里，就要处理多少年争论不休的什么是自由、民主，怎么处理博爱等等问题。如果纳入法治的制度安排框架，可以使我们所推崇的自由、民主得到合理的保障和必要的制约。

看到许多纠结的事情，稍微展开一点，说说“自由”。我注意到共产党作为革命党发展的时候，最有感召力的是延安时期“延河颂”中说的“自由之神在纵情歌唱”。当时延安那么低下的物质保障条件，却吸引这么多人：全中国有进步思想的成十万计的年轻人，不计物质条件考虑，很多人从富裕家庭出来，要到延安去，追求什么呢？自由。这个自由到裴多菲那里，是“生命诚可贵，爱情价更高；若为自由故，两者皆可抛”，都推到了这样至高无上的高度。马克思主义的“初心”，就是“自由人的联合体”这一共产主义远大理想。

我认为这里面不能走极端，从学术上理性探讨，任何的自由不可能不受限制，但把自由看成需要打压的东西，这是违反人最根深蒂固的本性。人性必然有共性存在，我不否定人性有差异性，有人愿意强调为阶级性，但我认为阶级性的分析工具这里很容易陷入标签化、扩大化误区，可以就说共性和个性。人本性里寻求自由的共性是“人同此心，心同此理”，问题就是怎么得到必要的保障和合理的约束，只有法治的框架才能处理这样的矛盾问题，才能升华到整个社会有包容性发展的制度安排，去逐步争取接近“自由人的联合体”的高度文明状态。

同样是要讨论一下民主，可知有何等的纠结？大家看这么多汗牛充栋的讨论民主的思想文献，一个极端可把他直抬高到天上，另一个极端把他说到必然引出的是悲剧，多少罪恶以民主之名推行，要踩到脚下。实际生活中可以看到，从古希腊一直到中国文化大革命，民主之名带来了很多的人间血泪、浩劫和惨痛的社会代价。在古希腊，讨论民主的时候，其实首先“民主”是贬义词，“共和”才是褒义和真意。我们在辛亥革命以后，表述“走向共和”的时候，已经形成了民主与共和共性的重叠。比如说1949年讨论国名的时候，一开始提的是“中华人民民主共和国”，后来专家提出“共和”已经包含了“民主”之意，不用专门列出来了，所以可以简洁称为“中华人民共和国”。

我觉得确实应该这么理解，民主是共和的必要组成部分，但不是全部。民主一定要受到一定的制约和调解，所谓美国是民主制度，真实情况不是直接的民主，是代议制民主。为什么大家一说西方民主，马上想到一人一票呢？这也是明显的认识误区。“一人一票”式的民主，非常容易陷入“多数人的暴政”状态。我认为，要对这些事情做学者的严谨讨论之后，回到《国家为什么会失败》这本书的框架里，给我们展开的启发是，真问题不是在表面上被人们所推崇的自由民主，真问题和关键问题在于法治共和，国际上通行语言就是“宪政共和”。在中国特定语境里，宪政这个词还容易引起不必要的误解和争论，按真意可换一个说法为“法治共和”，没有实质性的矛盾。

讲法治，当然要讲到法治能够使社会成员通过社会代价最小的方式，去寻求“最大公约数”的利益平衡，而且这个最大公约数出来以后，可以得到的是在法治保障条件下可持续的多轮的动态优化，来实现中国的包容性发展。中国在改革开放以后的探讨过程中，在指导思想、核心概念上，已经接近这样的基本认识。到三中全会，我认为最精辟的提炼是“国家治理体系和治理能力的现代化”。“治理”概念取代“管理”理念，强调的就是不要再把这样的运行机制，看作是各级政府自上而下的简单管控，而是多元主体更多平面展开，充分互动，把管理和自管理、组织和自组织、调控和自调控合在一起，所形成的包容性发展的这样一套制度安排与机制联结。“治理”二字要寻求的就是这样升级的发展，我们应该牢牢把握三中全会精神，抓住以后要对应的现实问题，来应对挑战，解决现在碰到的种种纠结和困难。

所以，我们如能更多以理性的讨论推出关于包容性发展的一些更清晰的、可以和操作对接的观点和意见，我觉得就是在这种会议讨论之中和讨论以后，大家可以进一步去推进有价值的、对实际生活产生建设性的研究路径。我先做这一点抛砖引玉的发言，谢谢大家！

（时间：2016年9月24日

地点：浙江莫干山芦花荡饭店一号会议室）

附录

华夏新供给经济学研究院

简介

华夏新供给经济学研究院是由贾康、白重恩、王庆等 12 位学者发起设立、经政府管理部门批准成立于 2013 年 9 月的新型民间智库组织，现任理事长为中国民生银行董事长洪崎先生，监事长为蚂蚁金服集团总裁井贤栋先生，院长为华软资本管理集团股份有限公司董事长王广宇先生，首席经济学家为贾康先生。按中央《关于加强中国特色新型智库建设的意见》的精神，研究院秉承“求真务实融合古今，开放包容贯通中西”的全球视野和时代责任感，以“责任、专业、团结、创新”为文化，以“人才是核心，研究是基础，社会效益是追求”为理念，践行勤勉奋进的“梅花精神”和开放包容的“牡丹精神”，打造学习型组织和创新型团队。研究院通过构建跨界合作的“中国新供给经济学 50 人论坛”和“中国养老金融 50 人论坛 (CAFF50)”，努力建设具有高学术品味和国际影响力的中国特色新型智库。已有百位经济学家、实业家、金融界精英和媒体人士加盟的新供给研究院的研究团队，通过举办新供给双周学术研讨会、季度宏观经济形势分析会、《中国 2049 战略》圆桌、新供给金融圆桌以及新供给年度重点课题研究等活动，致力于建设特色鲜明、制度创新的高端智库，为中国改革开放予以理论阐释和提出积极建言，持续推动中国经济改革和发展实践，为中国和世界经济繁荣和社会进步竭尽所能。

China Academy of New Supply–side Economics

China Academy of New Supply-side Economics is a new civil think tank organization established in September, 2013 by 12 scholars including Jia Kang, Bai Chongen and Wang Qing etc., and approved by government administration department, with President of China Minsheng Banking Corp. Ltd. Hong Qi as current Director-General, President of Ant Financial Services Group Jing Xiandong as Supervisor, Chairman of the Board of China Soft Capital Wang Guangyu as President and Jia Kang as Chief Economist. In accordance with the spirits of the Opinions on Strengthening the Construction of A New Think Tank with Chinese characteristics, the Academy adheres to the spirits of " truth-seeking and pragmatism, integration of the ancient and the present, openness and tolerance, and combination of Chinese and western cultures ", takes basis on global view and the sense of time responsibility, holds the culture of " responsibility, professionalism, teamwork and innovation", sticks to the philosophy of "talent is the core, research is the base and social benefits is the pursuit" and practices diligent and endeavored "plum flower spirit" as well as open and tolerant "peony spirit". The Academy makes efforts to establish a new think tank with highly academic atmospheres and international influence and also Chinese characteristics by means of setting up a cross-discipline cooperative "China New Supply-side Economists 50 Forum" and " China Ageing Finance Forum". Currently, hundreds of economists, industrialists, financial experts and media personnel have joined the research group of China Academy of New Supply-side Economics. Organize new supply-side biweekly academic symposium, quarterly macro economic analysis workshop, China 2049 Strategy round table, new-supply financial round table and annual new supply-side key research programs, etc., and devote to build a high-end think tank with distinctive features and innovative system so as to theoretically explain China's opening up and reform and actively put forward policy suggestions, continuously promote China's economy reform and development practice and make great efforts for China and the world's economic prosperity and social progress.

中国新供给经济学50人论坛

简介

“中国新供给经济学 50 人论坛”（以下简称“论坛”）是由中关村华夏新供给经济学研究院（以下简称“研究院”）内部设立和管理的经济学术研究平台，由中国经济学界、实业界具有较强学术功底和颇具社会影响力的成员组成。

论坛以全球视野和时代责任感，秉承勤勉奋进的“梅花精神”和开放包容的“牡丹精神”，坚持“求真务实融汇古今，开放包容贯通中西”的基本理念，以战略性、法制性、国际性、实践性思维，致力于通过构建跨界合作的新型研究平台，对中国改革开放予以理论阐释和提出积极建言，夯实中国经济学理论基础，特别是新供给经济学理论创新，以经济学理论的不断发展创新持续推动中国经济改革和发展的成功实践，为中国和世界经济繁荣竭尽所能。

第一届论坛成员是国内外有影响力的经济学家、企业家和相关行业专家等。为了突出论坛的广泛性和跨行业特点，论坛设立特邀研究员和特邀媒体合作伙伴，注重其所在行业的影响力。为了培养青年人才，论坛设立特邀论坛成员，侧重于培养具有较大发展潜力，年龄在 40 岁以下（不包括 40 岁）的青年学者。论坛专职工作人员具备高素质，忠实勤勉、有奉献精神。

中国新供给经济学 50 人论坛秘书处

论坛秘书长：王广宇

China New Supply–side Economist 50 Forum

China New Supply-side Economist 50 Forum (hereafter referred to as " Forum ") is an internal economic and academic research platform established and managed by China Academy of New Supply-side Economics, composed of members with strong academic foundation and great social influence in China economic circles and business community.

The forum has global view and senses of time responsibility, adheres to diligent and endeavored "plum spirit" as well as open and tolerant "peony spirit", sticks to the basic philosophy of " truth-seeking and pragmatism, integration of the ancient and the present, openness and tolerance, and combination of Chinese and western cultures " , and takes strategic, legal, international and practical view. By means of establishing a cross-discipline cooperative new type think tank platform, the forum is committed to theoretically explaining China's opening up and reform and actively putting forward suggestions, building a solid foundation for Chinese economics theories, especially the innovation of new supply-side economics theories, continuously promoting China's successful reform and development practice based on the continuous developing and innovative economic theories, and making great efforts for China and the world's economic prosperity and social progress.

The members of the first session of the forum are influential economists, entrepreneurs and relevant industry experts both at home and abroad. To highlight the breadth and cross-discipline characteristics of the forum, the forum sets specially invited researchers and media partners, focusing on their influence in corresponding industry. To cultivate the young talent, the forum sets specially invited members, and focuses on the cultivation of young prospecting scholars with age less than 40 years old (not including 40 years old). The forum has high-quality, loyal, diligent and dedicated staff.

Secretariat of New Supply-side Economist 50 Forum

Secretary-General: Guangyu Wang (Concurrent)

中国养老金融50人论坛

简介

中国养老金融 50 人论坛 (CAFF50) 由华夏新供给经济学研究院和中国人民大学董克用教授联合多家机构共同发起，于 2015 年 12 月 9 日正式成立。论坛成员由政界、学界和业界具有深厚学术功底和重要社会影响力的人士组成，致力于成为养老金融领域的高端专业智库，旨在为政策制定提供智力支持，为行业发展搭建交流平台，向媒体大众传播专业知识。论坛的使命为：推动我国养老金融事业发展，促进我国长期资本市场完善，推进普惠养老金融建设，践行改善民生福祉的社会责任。

中国养老金融 50 人论坛秘书处

论 坛 秘 书 长：董克用

China Ageing Finance Forum (CAFF50)

Introduction

China Ageing Finance Forum (CAFF50) was established on December 9, 2015, which was launched by Professor Keyong Dong, China Academy of New Supply–side Economics and other organizations. Members of CAFF50 are top experts on ageing finance from political, academic, and industry areas, who also have great reputation and social influence. Committed to become a high–quality and independent think tank, CAFF50 acts to provide research support for policymakers, to build a communication platform for industry professionals, and to be a financial literacy center for the public. The mission of CAFF50 is promoting the development of ageing finance industry, perfecting the long-term capital market, impelling the construction of inclusive pension finance, and undertaking obligations to improve people's livelihood and well-being in China.

Secretariat China Ageing Finance Forum (CAFF50)

Secretary: Keyong Dong (Concurrent)